Über dieses Buch

Im Jahr 1755 kam ein junger Schweizer Gelehrter, Henri Alexandre de Catt, auf einem Boot nach Amsterdam mit einem Herrn in ein angeregtes Gespräch, der sich als Kapellmeister des polnischen Königs vorstellte. Erst am nächsten Tag erfuhr er, daß dieser eindrucksvolle Herr der König von Preußen war. Drei Jahre später wurde Henri de Catt als Vorleser an den preußischen Hof berufen: Bis zu seiner ungnädigen Verabschiedung 1780 blieb er Gesellschafter und enger Vertrauter Friedrichs des Großen – und wurde sein „Eckermann".

Von Tagebuchaufzeichnungen ausgehend, schrieb Catt, ein feinsinniger und bescheidener Mann, einen Bericht seiner Erlebnisse und Gespräche mit dem König. Im Zentrum stehen nur wenige und unruhige Jahre bis zum Sommer 1760, ergänzt durch Berichte bis 1762. Schauplätze des Siebenjährigen Kriegs beherrschen die Szenerie – ein düsterer Hintergrund, vor dem die Gestalt Friedrichs des Großen ersteht. Aus den zahlreichen Mosaiksteinchen täglicher Gespräche und Beobachtungen setzt der militärisch ganz unerfahrene Gesprächspartner das Bild eines ringenden, von der militärischen Niederlage bedrückten, aber willensstarken Menschen zusammen, der den Beinamen „der Große" nicht nur den späteren Siegen, sondern vor allem der Einzigartigkeit seines Wesens verdankte. Catt hat seine Erinnerungen erst in späterer Zeit niedergeschrieben, als er den König in jahrzehntelangem, vertrautem Umgang kannte. So entstand ein lebendiges Gesamtbild, das zwar nirgends die verehrungsvolle Zuneigung verbirgt, aber durch das hohe Maß an Wahrheitsliebe und Gerechtigkeitssinn zu einem der wahrhaftigsten Zeugnisse aus dem unmittel[illegible] Preußenkönigs wurde.

dtv bibliothek

Literatur · Philosophie · Wissenschaft

Friedrich der Große
Gespräche
mit Henri de Catt

Deutscher Taschenbuch Verlag

Vollständige Ausgabe.
Herausgegeben und übersetzt von Willy Schüßler.
Unveränderter photomechanischer Nachdruck der zuletzt 1955 erschienenen Ausgabe in der Reihe ‚Sammlung Dieterich' (Band 79). Der Nachdruck erfolgt mit freundlicher Genehmigung des Verlages Carl Ed. Schünemann, Bremen.

April 1981
Deutscher Taschenbuch Verlag GmbH & Co. KG, München
Lizenzausgabe mit freundlicher Genehmigung des Verlages Carl Ed. Schünemann, Bremen
Umschlaggestaltung: Celestino Piatti unter Verwendung eines Holzschnitts von Hugo Bürkner
Gesamtherstellung: C. H. Beck'sche Buchdruckerei, Nördlingen
Printed in Germany · ISBN 3-423-06115-4

Inhalt

Einführung

Erste Begegnung

Der Zufall, dem der große Friedrich einen so starken und verhängnisvollen Einfluß auf sein Schicksal zuschrieb, muß wohl in freundlichster Laune gewesen sein, als er jene Fäden knüpfte, die das erste Zusammentreffen des Königs mit seinem späteren Gesellschafter herbeiführten. Heinrich Alexander de Catt, von Geburt ein Schweizer aus Morges am Genfer See, Studierender an der Universität Utrecht, reiste im Juni 1755 auf einem Flußboote nach Amsterdam. Unterwegs plauderte er lebhaft mit einem Herrn in schwarzer Perücke und zimtfarbenem Gewande, der sich für den Kapellmeister des Königs von Polen ausgab. Erst am folgenden Morgen wurde es dem jungen Gelehrten bekannt, daß jener wohlunterrichtete Fremde der König von Preußen gewesen war, und nach sechs Wochen empfing er aus Postdam die ehrenvolle Aufforderung, als Vorleser an den Hof des Monarchen überzusiedeln. Eine Krankheit hinderte ihn damals, dem Wunsche des Königs nachzukommen; erst zwei Jahre später, als der Ruf erneut an ihn erging, begab er sich zu dem einstigen Reisegefährten, um in dessen Dienst zu treten.

Europas Antlitz hatte sich inzwischen verändert. Wohl hatte es in seinen düsteren Zügen schon lange unheildrohend gewetterleuchtet; nun aber stürmte das entfesselte Unwetter des Siebenjährigen Krieges darüber hin, jenes langwierigen und wechselvollen Kampfes, den Friedrich führen mußte zur Behauptung Schlesiens und der Machtstellung seines Staates.

Der Österreichische Erbfolgekrieg und die Schlesischen Kriege

Schon seit beinahe zwei Jahrzehnten waren die Gegensätze und Spannungen in Mitteleuropa so tiefgehend, daß es den Künsten der Diplomatie allein nicht gelingen konnte, sie zu beheben, besonders nicht die durch die Machtverschiebung beim Aufstieg Preußens entstandenen. 1740, im gleichen Jahre noch, in dem Friedrich den preußischen Thron bestiegen hatte, starb der Deutsche Kaiser Karl VI. Da männliche Nachkommen ihm versagt geblieben waren, hatte er durch ein Hausgesetz, die „Pragmatische Sanktion", zur Erbfolgerin seine Tochter Maria Theresia bestimmt und war unermüdlich bestrebt gewesen, dieser anfechtbaren Regelung die Anerkennung aller europäischen Höfe zu gewinnen. Nach seinem Tode aber war dann, im Widerspiel berechtigter Ansprüche und eigennütziger Strebungen, die Lage doch wesentlich verworrener, als es nach so lebhaften Bemühungen um eine friedliche Duldung zu erwarten gewesen wäre. Bayern's Kurfürst Karl Albert, der die „Pragmatische Sanktion" nicht anerkannt hatte, erhob sofort Ansprüche auf die Erbfolge der gesamten österreichischen Monarchie und auf die Kaiserkrone. Spanien und August III. von Polen/Sachsen erhoben ebenfalls Ansprüche. Friedrich, im Glanze und Kraftgefühl seines jungen Königtums, war entschlossen, den bevorstehenden Streit zur Mehrung seiner Macht zu benutzen und verlangte auf Grund eines Erbvertrages von 1537 und anderer Verträge die schlesischen Fürstentümer Liegnitz, Brieg, Wohlau und Jägerndorf gegen Anerkennung Maria-Theresias als Kaiserin, 2 Millionen Taler und ein Bündnis mit ihr gegen alle ihre Feinde unter Beistand seiner gesamten Heeresmacht. Der Vorschlag wurde abgelehnt. Daraufhin fiel Friedrich am 16. Dezember 1740 in Schlesien ein.

Friedrich hatte wohl kaum die militärische Kraft des Feindes, wohl aber die Fähigkeiten und die Charakterstärke seiner Gegnerin unterschätzt. Doch was, trotz des Sieges bei Mollwitz (10. April 1741), im ersten Ansturm nicht gelang: Österreich zum Frieden zu zwingen — das war endlich die Frucht einer achtzehnmonatigen, hinhaltenden und von Enttäuschungen und Mißerfolgen nicht freien Kriegführung sowie einer von Friedrich nach dem Grundsatz der unmittelbaren Nützlichkeit ohne jede Sentimentalität betriebenen wechselvollen Vertrags- und Bündnispolitik. So verbündete er sich mit Bayern und Frankreich. Kursachsen, Kurköln, Schweden und Neapel schlossen sich an; England, Rußland und Holland traten auf Seite Maria-Theresias. Um ihren gefährlichsten Gegner los zu werden, erklärte sie sich bereit, im Frieden zu Breslau (11. 6. 1742) den größten Teil Schlesiens an Preußen abzutreten.

Schon 2 Jahre später, 1744, zog Friedrich erneut ins Feld, um einer Wiedereroberung der neu gewonnenen Provinz zuvor zu kommen. Der Krieg gegen die Verbündeten stand für Österreich recht günstig, so daß vorauszusehen war, die Kaiserin würde versuchen, Schlesien zurückzugewinnen. Doch Friedrichs Einmarsch in Böhmen mißlang und endete mit dem Rückzuge; die Lage des Königs war bedenklich. 1745 fiel aber nach einer Kette glänzender Erfolge, den Siegen von Hohenfriedberg, Soor, Katholisch-Hennersdorf und Kesselsdorf, die Entscheidung dennoch zu Preußens Gunsten; im Frieden zu Dresden (25. Dezember 1745) wurden die Breslauer Bedingungen bestätigt. Friedrich behielt Schlesien und erkannte dafür Maria Theresias Gemahl, Franz von Lothringen, der als Franz I. den Thron bestieg, als Deutschen Kaiser an.

Zehn Friedensjahre

Ein Jahrzehnt des Friedens war nun dem König beschieden. Er nutzte es, die Verwaltung des Staates zu verbessern und dessen Hilfsquellen zu erschließen, einerseits, um die Schäden des Krieges zu heilen, die sein mit Reichtümern ohnehin nicht gesegnetes Land erlitten hatte, andererseits, um es stark und bereit zu machen für eine Entscheidung, die er nahen fühlte und die einer jungen Großmacht im Herzen des Erdteils nicht erspart bleiben konnte.

In dieser Zeit stiller und segensreicher Arbeit mochte Friedrich, nach den Aufregungen und Entbehrungen der Feldzüge, weniger denn je Kunst, Philosophie und Geselligkeit missen. Die alten, unvergessenen Rheinsberger Tage des Kronprinzen wurden nun auf neuem Schauplatze wieder lebendig: in Sanssouci, das 1747 eingeweiht und bezogen wurde. Hier einte die königliche Tafelrunde Dichter, Gelehrte und Freunde zu jener einmaligen, unnachahmlichen Gemeinschaft der Geister, die in schöner Freiheit und ohne engendes höfisches Zeremoniell in Friedrichs strahlender Persönlichkeit ihren natürlichen Mittelpunkt hatte.

Unterdessen blieb jedoch Maria Theresia nicht müßig. Sie hatte sich mit dem Verlust Schlesiens keineswegs abgefunden und hoffte immer noch, es zurückgewinnen zu können. Nach zwei verlorenen Kriegen bedeutete freilich ein neuer Waffengang ein ungeheures Wagnis; Österreich suchte daher Bundesgenossen gegen das unbeliebte und gefährliche Preußen. Durch kluge Ausnutzung der mannigfachen Gegensätze unter den europäischen Staaten, der Haßgefühle und Sicherungsbestrebungen einzelner Monarchen und Regierungen gelang es Maria Theresia, Friedrich im geheimen einzukreisen. Österreich und das Deutsche Reich, Rußland, Frankreich, Schweden und Sachsen bildeten den eisernen Ring um den König und seinen Staat, den man gemeinsam zu überwältigen und zu zerschlagen hoffte. Auf Preußens Seite standen nur einige kleinere deutsche Länder — vor allem Hannover, Braunschweig und Hessen-Kassel —, von den Großmächten allein das früher feindliche England, das wegen eines Kolonialkrieges in Nordamerika (2. König-Georg-Krieg, 1755—63) Frankreichs Gegner war.

Der Siebenjährige Krieg

Nach Beendigung des Zweiten Schlesischen Krieges hatte Friedrich im Bewußtsein, das gesteckte Ziel glücklich erreicht zu haben, den Ausspruch getan, er wolle künftig keine Katze mehr angreifen, es sei denn, um sich zu verteidigen. Aber durch vertrauliche Berichte und erkaufte Nachrichten erlangte er Gewißheit darüber, was die unversöhnlichen Verbündeten gegen ihn planten. Eine von ihm daraufhin in Wien verlangte Erklärung, daß er in den nächsten zwei Jahren nicht angegriffen werde, wurde schroff abgelehnt. So entschloß er sich zum Gegenschlage. Wenn es noch eine Möglichkeit gab, sich gegen die erdrückende Übermacht zu behaupten, so lag sie nach menschlichem Ermessen allein im Angriff, der in den Aufmarsch der Feinde hineinstieß und durch schnelle Siege einzelne Gegner von vornherein ausschaltete.

Im August 1756 fiel Friedrich in Sachsen ein. Das sächsische Heer, das, auf sich allein gestellt, den offenen Kampf nicht wagen konnte, zog sich in ein befestigtes Lager bei Pirna zurück, wo es von den Preußen eingeschlossen wurde. Eine österreichische Armee unter Browne, die dem Bundesgenossen zu Hilfe eilte, wurde von Friedrich bei Lobositz geschlagen. Die Sachsen, deren letzte Hoffnung damit hingeschwunden war, ergaben sich; ihr Land wurde in preußische Verwaltung genommen. Die hereinbrechende kalte Jahreszeit zwang dazu, die Winterquartiere zu beziehen; der Widerstand Sachsens, der einer Selbstaufopferung gleichkam, hatte den König gehindert, sogleich in Böhmen einzurücken und, wenn ein freundliches Schicksal es fügte, die Österreicher zum Frieden zu zwingen. Friedrich harrte nun in Dresden des Frühlings und nutzte die unfreiwillige Muße, die Welt mit den belastenden Schriftstücken aus den sächsischen Archiven bekanntzumachen und damit seinen Einfall in Sachsen zu rechtfertigen.

Für das Jahr 1757 erhoffte Friedrich die Entscheidung. Der König marschierte in Böhmen ein und errang bei Prag über Prinz Karl von Lothringen einen Sieg, der aber durch schwere Verluste und den Tod des Feldmarschalls Schwerin teuer erkauft war. Gegen ein zweites österreichisches Heer unter Daun wagte Friedrich mit zu schwachen Kräften den Angriff und unterlag bei Kolin der feindlichen Übermacht. Er mußte Böhmen räumen; auch die Lausitz ging verloren. In Westdeutschland siegten die Franzosen bei Hastenbeck über die hannoversche Armee unter dem Herzog von Cumberland; in Ostpreußen wurde ein preußisches Heer von den Russen bei Groß-Jägersdorf geschlagen. Preußens Himmel war umdüstert von drohendem Gewölk, und der Untergang schien nahe. Da zerriß Friedrich mit zwei denkwürdigen Siegen das Netz der tödlichen Gefahren: Er schlug die durch Thüringen vorrückenden Franzosen und Reichstruppen am 5. November bei Roßbach und gewann mit diesem glänzenden Erfolge das Herz auch vieler deutschempfindenden Nichtpreußen. So schildert Goethe, daß er und seine Schwester „Fritzisch" waren, im Gegensatz zu ihrem Vater.

Friedrich eilte nach Schlesien, wo unterdessen Schweidnitz und selbst Breslau verlorengegangen waren, und zwang durch die mit überlegener Feldherrnkunst geführte Schlacht bei Leuthen (5. Dezember) die Österreicher zum Rückzug. In der Hauptstadt der befreiten Provinz, in Breslau, verbrachte der König den Winter; hier schloß sich ihm auch sein neuer Gesellschafter Heinrich de Catt an, der ihm in schicksalsschweren wie in friedlicheren Jahren ein treuer Weggenosse blieb.

Der Feldzug des Jahres 1758 sollte Friedrichs alten, strategisch bedeutungsvollen Plan verwirklichen: über Mähren ins Herz Österreichs vorzustoßen; doch er schlug fehl. Die Belagerung von Olmütz mißlang, weil ein wichtiger Geleitzug, der auf dreitausend Wagen Schießbedarf, Proviant und Geld heranführte, dem Feinde in die Hände fiel. Der König trat den Rückzug an und mußte nun die vorrückenden Russen aufzuhalten suchen. Bei Zorndorf, am 25. August, griff er sie an; doch sein Sieg war so schwer errungen, daß die Gegner es wagen konnten, ihn als Niederlage der Preußen zu feiern. Einen unerwarteten Schlag erlitt Friedrich im Oktober 1758, als Feldmarschall Daun ihn in seinem mangelhaft gesicherten Lager bei Hochkirch — zwischen Bautzen und Löbau — überfiel und besiegte. Sein von peinigenden Selbstvorwürfen gesteigerter Schmerz über dieses Unheil wurde vermehrt durch die eben damals eintreffende Nachricht vom Tode seiner Lieblingsschwester, der Markgräfin Wilhelmine von Bayreuth. Wenngleich die Folgen der verlorenen Schlacht nicht so verhängnisvoll waren, wie er es im ersten Augenblick befürchten mußte, und Daun sogar Sachsen wieder räumte, so blieb doch die Lage des Königs angesichts der Überzahl seiner Feinde, der Verluste an kampfstarken Truppen und der drohenden Erschöpfung seiner Hilfsmittel durchaus bedenklich. Drei freudlose Wintermonate verbrachte Friedrich in Breslau in einsiedlerischer Zurückgezogenheit, von trüben Stimmungen gequält, in Literatur, Philosophie und Schriftstellerei einen kargen Trost suchend.

Die Ereignisse des Jahres 1759 rechtfertigten alle Sorgen und Ahnungen und brachten den preußischen Staat an den Rand des Abgrundes. Friedrich fühlte sich zum Angriff nicht mehr stark genug und verhielt sich abwartend bis in den Sommer hinein. Dann aber rückten die Russen vor, schlugen des Königs Generale und vereinigten sich mit einem starken österreichischen Korps. Da trat ihnen Friedrich selbst entgegen, unterlag aber am 12. August in der unglücklichen Schlacht bei Kunersdorf bei Frankfurt an der Oder, der blutigsten des ganzen Krieges. Die Niederlage schien vernichtend zu sein; der König sah, verzweifelt, den Zusammenbruch und das Ende Preußens vor Augen. Doch die Feinde nutzten den günstigen Augenblick nicht aus, und nach erstaunlich kurzer Frist stand der geniale königliche Feldherr zu neuem Widerstande bereit. Trotz dieser ans Wunderbare grenzenden Leistung in hoffnungsloser Lage ließ sich aber das Kriegsglück nicht erzwingen.

Dresden ging verloren und blieb bis zum Kriegsende in der Hand des Feindes. Aufs schwerste aber traf es den König, daß General Finck mit seinem gesamten Korps bei dem sächsischen Orte Maxen am 21. November von zahlenmäßig überlegenen Kräften umstellt wurde und in Gefangenschaft geriet.

Das Jahr 1760 begann mit einem Unheil gleicher Art; diesmal brach das Verhängnis über seinen General Fouqué herein, der bei Landeshut in Schlesien am 23. Juni überwältigt wurde. Auch die Belagerung Dresdens schlug fehl. Dann aber, endlich, begann das finstere Gewölk sich zu teilen. Aus einer militärisch höchst bedenklichen Lage, zwischen mehrere feindliche Heere fast unentrinnbar eingekeilt, errang Friedrich bei Liegnitz am 15. August einen bedeutsamen Sieg über die Österreicher. Da fuhr ein neuer Blitz hernieder: Ein russisch-österreichisches Korps besetzte und brandschatzte Anfang Oktober Berlin! Der König eilte herzu, und die Hauptstadt wurde schnell wieder frei, so daß Friedrich sich gegen Daun wenden und ihn bei Torgau am 3. November in einer schweren Schlacht schlagen konnte.

Einer aus Österreichern und Russen bestehenden starken Armee vermochte er 1761 nur ein halb so großes Heer entgegenzustellen. So sicherte er sich gegen Überraschungen, indem er bei Bunzelwitz ein festes Lager bezog, das die Gegner auch mit überlegenen Kräften nicht anzugreifen wagten. Dennoch fehlte es nicht an Enttäuschungen: Das von Nettelbeck verteidigte Kolberg mußte sich den Russen ergeben, und England stellte nach dem Tode des preußenfreundlichen Ministers Pitt die Zahlung der Hilfsgelder an Friedrich ein.

Die große Schicksalswende trat dann überraschend in den ersten Tagen des Jahres 1762 ein. Zarin Elisabeth, die leidenschaftliche Feindin, starb, und ihr Nachfolger Peter III. war ein glühender Bewunderer des großen Preußenkönigs. Er schloß sogleich Frieden und stellte Friedrich nach einem Bündnisvertrage sogar Hilfstruppen in Stärke eines Korps von zwanzigtausend Mann zur Verfügung. Fast schien es aber, als wolle der beinahe unfaßbare Glücksfall sich sogleich wieder in sein Gegenteil verkehren; denn Peter wurde schon Mitte Juli gestürzt und ermordet, und seine Nachfolgerin Katharina II. rief das russische Korps zurück. Doch diesmal blieb der Erfolg dem König treu. Der russische General Tschernyschew ließ sich bewegen, noch wenige Tage zu verweilen, und die bloße Anwesenheit der Russen half bei Burkersdorf, südlich von Schweidnitz, am 21. Juli den Sieg über Daun erringen. Damit fiel Schweidnitz, ja ganz Schlesien außer der Grafschaft Glatz, in Friedrichs Hand. In der letzten Schlacht des Krieges, bei Freiberg in Sachsen, am 29. Oktober, schlug Friedrichs Bruder Prinz Heinrich schließlich neben österreichischen Truppen die Reichsarmee.

Maria Theresia war nach diesen Mißerfolgen zum Frieden bereit. Im Februar 1763 wurden zu Hubertusburg die Verträge geschlossen, die den Siebenjährigen Krieg beendeten. Friedrich behielt Schlesien; Preußen war zur anerkannten europäischen Großmacht aufgestiegen.

Catts Erinnerungen

Nicht lange nach der Schlacht bei Leuthen trat Heinrich de Catt seinen Dienst als Vorleser und Gesellschafter des Königs an. Wenn der Neuling auf dem Kriegsschauplatz gehofft hätte, glanzvolle Jahre an der Seite des Königs zu verleben, so wäre ihm bittere Enttäuschung beschieden gewesen. Olmütz, Hochkirch, Kunersdorf, Maxen, die Besetzung Berlins bezeichnen die wesentlichen Mißerfolge jener Jahre, über die sein Bericht sich erstreckt. Gerade die schwersten Zeiten des Siebenjährigen Krieges sind der düstere Hintergrund, vor dem die Gestalt Friedrichs des Großen erscheint, wie Catt sie erstehen läßt, indem er die Mosaiksteinchen täglicher Gespräche und Beobachtungen aneinanderfügt: kein strahlender Gott aus olympischreinen Höhen, sondern ein ringender Mensch, auf den die Keulenschläge des Schicksals niedersausen und der dennoch die ganze Wucht seines unzerstörbaren Willens, seiner beinahe rätselhaften Widerstandskraft dem Unglück entgegenwirft, Erfolge erzwingt und endlich siegt, weil er nicht unterging — ein strebender, leidgeprüfter Mann, dem der geistige und seelische Genuß, dem Philosophie, Literatur und Musik zur Kraftquelle werden, ohne die sein Wesen unverständlich bleibt. Mensch zu sein, ist des Menschen köstlichstes Ziel; dieser große Mensch, der zufällig eine Krone trug, ist diesem Ziele beglückend nahe gewesen. Neben seiner genialen militärischen und staatsmännischen Begabung sind es seine Charakterzüge, die ihn zu dem überragenden Herrscher machten, dessen Ruhm noch heute strahlt und dem schon seine Zeit den höchsten Titel der Geschichte, den Beinamen „Der Große", gegeben hat.

Was ein Großer schuf, ist zeitbedingt und vergänglich; doch was er war, das wirkt in fernste Weiten. Daß er Tausende antreibt, nun ihrerseits alle Möglichkeiten ihres Wesens auszuschöpfen und bis zu den Grenzen ihrer Kraft vorzudringen, selber sich zu der Wirklichkeit zu gestalten, die noch in Ahnen und Wollen ungeboren liegt — das macht seine Unvergänglichkeit aus. So ist es denn auch eine mehr als nur wissenschaftliche Tat, das Bild eines großen Mannes der Nachwelt zu übermitteln; das Bild wird zum Vorbilde für den Nachstrebenden, wird ein Wirkendes, weckt Werdendes, es steht im Dienste des Lebens.

Nicht gleichgültig ist es freilich, aus welchem Geiste und aus welcher Gesinnung heraus eine solche Darstellung erfolgt. Von Catt darf betont werden, daß er beseelt war von echter Verehrung für Friedrich und begabt mit klarem Blick und starkem Gerechtigkeitsgefühl. So muß das Bild, das er voll reinen Willens vom König entwarf, als vollwertig und wahr angesehen werden. Die Zeit hat das vor mehr als hundert Jahren ausgesprochene Urteil des Berliner Geschichtschreibers Friedrich Buchholz voll bestätigt, der da behauptete: „Wir kennen nur zwei Spiegel, worin man Friedrichs Bild auf eine angemessene, d. h. auf eine der Wahrheit entsprechende Weise erkennen kann, vorausgesetzt, daß man mit dem dazu nötigen Sinn ausgestattet ist. Der erste dieser Spiegel sind seine Gedichte. Der zweite Spiegel sind die bis jetzt noch ungedruckten Denkwürdigkeiten des Herrn von Catt, obwohl diese nur den kurzen Zeitraum von etwa dritthalb Jahren umfassen. Friedrichs unendlich schönes Gemüt ist darin auf eine Weise dargestellt, welche nichts zu wünschen übrig läßt, und was das Beste in dieser Darstellung des großen Mannes ist: man findet darin keinen einzigen Zug, den man verdächtig nennen möchte."

Diese Treue des Berichtes gründet sich nicht allein auf Catts ehrlichen Willen — der vielleicht Irrtümern und Erinnerungsfehlern unterworfen gewesen wäre —, sondern auch auf seine Arbeitsweise. Während der Kriegsjahre führte er, oft unter schwierigsten Verhältnissen, ein Tagebuch über seine Erlebnisse und seine Gespräche mit dem König, und diese Aufzeichnungen liegen seiner ausführlichen Darstellung zugrunde. Freilich ist er bei der Abfassung seiner Erinnerungen nicht immer streng jenen ersten oft kurzen und nur andeutenden Notizen gefolgt Häufig hat er Äußerungen und Vorgänge, die zeitlich auseinanderlagen, zu abgerundeten und wirkungsvollen Berichten zusammengestellt; auch hat er mehrfach fremde Quellen benutzt, besonders bei der Schilderung militärischer Vorgänge. Der einzige Nachteil, der aus diesem Verfahren erwuchs, besteht darin, daß die „Gespräche" nicht ohne weiteres zur zeitlichen Festlegung der Geschehnisse und Unterhaltungen benutzt werden können. Ihren Wert vermindert das jedoch in keiner Weise; er beruht auf einer vielseitigen Beleuchtung und Erkenntnis der überragenden Gestalt des Königs und ist unabhängig von einer peinlich genauen Datierung. Bedeutungsvoll ist in dieser Hinsicht auch der Umstand, daß die endgültige Niederschrift dieser Erinnerungen erst in späterer Zeit erfolgte, als Catt den König aus jahrzehntelangem, vertrauten Umgang kannte, so daß ein lebendiges Gesamtbild des großen Friedrich entstand, wie kein anderer es hätte entwerfen können.

Nur eine kurze Spanne umfassen Catts „Gespräche". Sie enden mit dem Sommer des Jahres 1760. Noch war es eine Zeit des Unheils, des tiefsten Leides. Zu lichteren Jahren führt erst der „Anhang zu den Tagebüchern", der der vorliegenden Verdeutschung als letzter Teil angefügt ist. Die Siege bei Liegnitz und Torgau sind errungen; Elisabeth von Rußland stirbt, und Peter III. wird der Bundesgenosse Friedrichs. So deuten die Schlußblätter des Cattschen Berichtes auf eine hellere Zukunft und auf den nicht mehr fernen Abschluß des Friedens.

Nach dem Kriege

Berlin, Potsdam, Sanssouci — was während sieben böser Jahre Sehnsucht und Zukunft gewesen war, wurde nach dem Hubertusburger Frieden Erfüllung und Gegenwart. Aber die alten Freunde waren tot; die Vergangenheit war nicht wieder zum Leben zu erwecken, und der berühmteste Mann des ganzen Abendlandes lebte dahin in schmerzlicher Einsamkeit.

Für Catt begann nun eine ruhigere Zeit. Sein gewinnender Freimut, seine Ergebenheit, seine vornehme Zurückhaltung, seine heitere Lebensbejahung hatten ihn dem König wert gemacht, und er durfte sich weiterhin seines vollen Vertrauens erfreuen. Bereits vor dem Friedensschlusse hatte er sich mit Ulrike, der Tochter des Kommerzienrates Kühn, vermählt und lebte mit ihr in glücklicher Ehe. Seit 1760 gehörte er der Berliner Akademie an, und als deren Mitglied verfaßte er in den nun folgenden Friedensjahren eine Anzahl wissenschaftlicher Arbeiten. Um Catts äußere Lage zu verbessern, verlieh ihm der König ein Vikariat zu Halberstadt.

Noch einmal wurde der ruhige Gang der Jahre unterbrochen. Im Bayrischen Erbfolgekriege (1778/79) rückte Friedrich der Große wiederum ins Feld, und Catt begleitete ihn auch diesmal.

Nach der Heimkehr konnte er sich der königlichen Gunst jedoch nicht mehr lange erfreuen. Im Jahre 1780 fiel er in Ungnade, die bis zu des Königs Tode währte. Was den Zwiespalt hervorgerufen haben mag, darüber sind nur ein paar unwahrscheinliche Gerüchte bekannt. So hat man Catt beschuldigt, er sei bestechlich gewesen, er habe sich bei einer Ordensvermittlung gewinnsüchtig und unehrlich gezeigt, und er sei an Lieferungen für die Bücherrei geldlich beteiligt gewesen. Vergebens hat Catt versucht, sich zu rechtfertigen; jedenfalls haben seine Beteuerungen nicht vermocht, den König umzustimmen, der in seinen letzten Lebensjahren noch zwei andere Vorleser heranzog. Daß es der langjährige Gesellschafter des großen Friedrich wagen durfte, die Anschuldigungen dem Urteil einer breiten Öffentlichkeit zu unterbreiten, das deutet keineswegs auf einen schuldbeladenen Mann, und da kaum noch Licht in jene dunkle Angelegenheit zu bringen ist, so tut man gut, sich an den liebenswürdigen, aufrichtigen und klugen Catt zu halten, dessen Bild aus seinen „Gesprächen" so freundlich hervortritt. Wahrscheinlich hat sich an ihm selber schmerzlich erfüllt, was er in seinen Erinnerungen von Friedrichs Hartnäckigkeit in vorgefaßten Meinungen zu berichten weiß.

Im Jahre 1786 schloß der König die Augen zum ewigen Schlummer. Um neun Jahre überlebte ihn Catt, der in Postdam blieb und von Friedrichs Nachfolger durch eine erhebliche Verbesserung seiner Einnahmen ausgezeichnet wurde. Er starb, vielleicht erblindet, als Siebzigjähriger am 23. November 1795.

Es ist ein Geschick voll heimlicher Tragik, neben einem großen Menschen leben zu müssen, vor dessen Glanze alle Vorzüge und Tugenden der anderen verblassen. Aber die Geschichte wird Catts Eigenwert nie vergessen, sie verdankt ihm das einzigartige Buch der Gespräche, das auch ihm sein Stück Unsterblichkeit sichert.

Erster Teil

Bei der Niederschrift dieser Erinnerungen mache ich es mir zur Aufgabe, alles aufzuzeichnen, was ich vom großen Friedrich gesehen und gehört habe in den vierundzwanzig Jahren, während welcher er mich mit seinem uneingeschränkten Vertrauen beehrt hat. Weder die Güte dieses einzigartigen Mannes, noch die Ungnade, in die ich unerwartet und, so wage ich zu behaupten, unverdient fiel und die fünf Jahre, bis zu seinem Lebensende, währte, soll mir Geist und Herz beirren; unbeeinflußt von seiner Güte wie von seiner Härte werde ich mit jener Ehrlichkeit und Wahrhaftigkeit berichten, die man sich und andern schuldet; denn nichts ist so niedrig wie Schmeichelei und nichts so häßlich wie Tadel, den der Groll eingibt.

Wenn man von einem großen Manne spricht, so ist es sehr schwer, von ihm zu reden, ohne ihn überschwenglich zu loben oder zu schmähen; hier in meiner Schrift ist nur die reine Wahrheit zu finden, und ich hoffe, daß der Leser im Hinblick auf diese Wahrheit Nachsicht haben wird mit der Art, wie ich sie ihm darbiete.

Da ich durchaus kein Kriegsmann bin, so werde ich mich hüten, selbst von der erhabenen Kriegskunst zu sprechen; ich müßte mit Recht fürchten, daß die Feldherren mich in meine Schranken weisen würden. Wenn ich jedoch zuweilen von Truppenbewegungen, Schlachten und Belagerungen berichten und über diese Dinge urteilen muß, so geschieht es in Anlehnung an den hervorragendsten Feldherrn selbst, der mit mir darüber gesprochen und die Urteile selber gefällt hat.

Da man in diesen Erinnerungen sehr viele verstreute Einzelzüge finden wird, die der Charakterisierung des Fürsten dienen, so beabsichtige ich sie am Schlusse meines Werkes zusammenzustellen[1]. Ich werde Friedrich zergliedern, wie er Leibniz zergliedern mußte, um ihn deutlich zu zeigen, und ich werde in einem Bilde alle Stücke dieser Zergliederung wieder vereinigen; es wird endgültig diesen Mann darstellen, mit dem sich das gegenwärtige Geschlecht so viel beschäftigt hat und mit dem sich wahrscheinlich die künftige Generation noch mehr beschäftigen wird.

An dem Bilde, das ich entwerfen werde, wird der Leser vielleicht mit einigem Vergnügen feststellen, wie sehr der unsterbliche Friedrich einem antiken Fürsten ähnelt, mit dem er sich oft verglich, indem er selbst mir Züge einer, wie er sagte, überraschenden Ähnlichkeit zeigte.

Wenn ich von der Umgebung Seiner Majestät und von mir selber spreche, so leitet mich dabei weder Egoismus, noch Parteilichkeit, noch Kritiksucht; von beiden rede ich einzig in dem Bestreben, allen denen die Züge Friedrichs aufzuweisen, die ihn in großen wie in unbedeutenden Verhältnissen kennenlernen möchten.

*

Der König, der im Jahre 1755 nach Wesel gegangen war, um die Regimenter dieser Stadt zu besichtigen, entschloß sich plötzlich, nach Holland zu reisen und Amsterdam zu besuchen. Er nahm nur den Ingenieuroberst Herrn von Balbi und jenen Kammerdiener mit, welcher während des Krieges auf Festung gesetzt wurde.

Ich will hier nicht an alles erinnern, was die Neuigkeitskrämer von dieser Reise gesagt haben; wie mir der König sagte, war das Seltsamste, was ihm in dieser berühmten Stadt begegnete, der Empfang, den ihm ein reicher Sonderling bereitete, welcher Gemälde besaß.

[1] Diesen Plan einer zusammenfassenden Charakterisierung des Königs hat Catt nicht ausgeführt.

„Mein Herr, ich habe erfahren, Sie besäßen schöne Gemälde."
„Wohl wahr ..."
„Wäre es mir erlaubt, sie zu besichtigen und zu bewundern?"
„Wer sind Sie, mein Herr? Ich kenne Sie nicht."
„Ich bin der Kapellmeister des Königs von Polen."
„Gut, Herr Kapellmeister, ich bin Ihr ergebener Diener. Ich habe heute morgen keine Zeit; kommen Sie am Nachmittag wieder."
Dagegen war nichts zu tun, und der König ging wieder weg.
Durch einen jener seltsamen Zufälle, welche die Geschehnisse der Welt miteinander verketten, befand ich mich auf demselben Boote, das ihn nach Utrecht führte. Der König hatte das Zimmer dieses Bootes gemietet; er bemerkte mich.
„Wie heißen Sie, mein Herr? Treten Sie hier ein; Sie werden hier besser aufgehoben sein als dort."
Ich trat nach längerem Zögern ein. Er sprach über Politik, Philosophie, Religion, über verschiedene Regierungen und mehrere Könige Europas, und er sprach mit solcher Gewandtheit und in einem so entschiedenen Tone, daß ich nicht umhin konnte, ihn darauf hinzuweisen, daß diese betonte Entschiedenheit keineswegs übereinstimmte mit seiner angeblichen völligen Unkenntsnis des Landes, das er durchreiste.
„Wie können Sie in diesem sumpfigen Lande leben? Werden Sie sich lange hier aufhalten?"
„Nein; ich habe die Universität Utrecht kennenlernen wollen, und ich werde bald die beabsichtigten Studien unter dem berühmten Professor Wesseling[1] beendet haben."
„Ich habe von diesem geschickten Manne voll Lob reden hören; aber Sie werden zugeben: Alle diese Geschöpfe sind Pedanten — dieser hier vielleicht weniger als andere, da er sich nicht ‚Wesselenius' nennt. Da Sie nach Utrecht

[1] Peter Wesseling (1692—1754), Professor, lehrte in Utrecht Staatsrecht, Geschichte und Philologie.

reisen, so werde ich das Vergnügen haben, Sie hinzugeleiten, und wir können noch hübsch miteinander plaudern."

Er sprach dann tatsächlich viel über Wolff[1], über den zureichenden Grund, den Satz des Widerspruchs und über die prästabilierte Harmonie[2].

„So wie Sie mich hier sehen oder vielleicht beurteilen, habe ich diese Fragen eifrig studiert. Meine Eltern liebten meinen entschiedenen Geschmack am Studium durchaus nicht; aber ich täuschte meine Eltern; ich habe studiert und bereue es nicht. Das Wissensgebiet, auf dem ich am wenigsten bewandert bin, ist die Politik; dieses Studium des Betruges ist meiner Wesensart wenig angemessen."

So erreichten wir Utrecht.

„Leben Sie wohl mein Herr! Ich hoffe Sie bei meiner Rückkehr in diese Stadt wiederzusehen; ich werde mich dort nach Ihrem Befinden erkundigen. Wenn Ihnen übrigens ein Abendessen im Gasthause angenehm wäre, so wäre es mir eine Freude, noch einige Augenblicke mit Ihnen zu verbringen. Ich werde Sie nicht lange aufhalten; denn ich will in der Nacht abreisen."

Einer anderweitigen Verpflichtung wegen vermochte ich diese Einladung nicht anzunehmen. Der König brach um drei Uhr morgens nach Arnheim auf. Da er von seinem Kammerdiener erfahren hatte, daß man wußte, er sei der König von Preußen, und daß ihn der Magistrat am Schlagbaum erwartete, um ihn zu begrüßen, so reiste er sofort ab, indem er den Oberst von Balbi in seine Kutsche setzte und selbst den nachfolgenden Bagagewagen bestieg.

Am Schlagbaum trat der Magistrat an die Kutsche heran, hielt eine Ansprache an den Obersten Balbi und beendete

[1] Christian Wolff (1679—1754), Professor der Philosophie in Halle a. d. Saale. Des Atheismus beschuldigt und durch Friedrich Wilhelm I. 1723 seines Amtes enthoben, lehrte er bis zur ehrenvollen Rückberufung durch Friedrich d. Gr. (1740) in Marburg. Seine an Leibniz anknüpfende Lehre (Rationalismus), nach welcher der Verstand alle Fragen zu klarer — und damit nützlicher — Erkenntnis führen kann, übte auf Friedrich tiefen Einfluß. — [2] Die von Gott vorhergewollte Weltordnung — ein wesentlicher Begriff der Leibnizschen Philosophie.

die feierliche Rede mit dem gemeinsamen Rufe: „Gott sei gelobt, daß wir den Verteidiger der protestantischen Religion bei uns sehen!" Seine Majestät im offenen Wagen unterdrückte mit Mühe ein schallendes Gelächter.

Am folgenden Tage erfuhr ich, daß dieser Kapellmeister des Königs von Polen, der mir so gebildet, entschieden, lebhaft und widersprechend erschienen, der König von Preußen war. Nach sechs Wochen erhielt ich einen Brief aus Potsdam. Seine Majestät sagte mir, wenn ich den Reisenden wiedersehe wollte, der mich einst an der Nase herumgeführt habe, so wäre ich willkommen; ich sollte nur meine Bedingungen stellen und mich bereithalten, nach der Antwort auf meinen Brief abzureisen; diese Antwort würde nicht auf sich warten lassen. Ich bezeugte meine ergebendste Dankbarkeit und mein dringendes Verlangen, mich zu dem zu begeben, der im Boote einen so tiefen Eindruck auf mich gemacht habe, daß ich ihn zum Herrn meines Geschickes machen wollte. Nach einer sehr gnädigen Antwort bereitete ich meine Abreise vor, als eine Krankheit, die langwierig zu werden schien, mich hinderte, die ersehnte Reise zu unternehmen. Ich schilderte meinen Zustand, und der König geruhte, mich seines Mitgefühls zu versichern.

Im Jahre 1757 wiederholte Seine Majestät der König die Vorschläge, die er mir gemacht hatte; er sagte mir, wenn ich noch immer geneigt wäre, in seinen Dienst zu treten, und wenn mir mein Zustand diese Reise gestattete, so brauchte ich mich nur Anfang März 1758 nach Breslau zu begeben.

13. März 1758

Ich reiste ab und kam am 13. März gegen ein Uhr in Breslau an; unmittelbar darauf überbrachte mir ein Läufer des Königs folgenden Brief des Rates Eichel:

„Mein Herr, nachdem ich Ihre Ankunft erfahren und dem Könige darüber berichtet habe, beehre ich mich Ihnen mitzuteilen, daß Seine Majestät mich beauftragt hat, Ihnen zu sagen, daß sie Sie heute um fünf Uhr, also unverzüglich, erwartet, um selbst mit Ihnen zu sprechen. Ich entledige mich dieses Auftrages, indem ich Sie der Hochachtung versichere, mit welcher ich bin

Eichel."

Am 13. März 1758. An Herrn de Catt

Ich begab mich zum Schlosse und wurde von dem Adjutanten, Herrn von Oppen, der sich sofort wieder zurückzog, vor den König geführt. Ich war tief bewegt, den Fürsten unter so ganz anderen Umständen wiederzusehen als damals auf dem Boote mit seinem zimtfarbenen Gewande und seiner großen, runden Perücke.

„Ah, guten Abend, mein Herr", sagte er, „guten Abend! Ich freue mich, Sie wiederzusehen! Hätten Sie mich wiedererkannt?"

„Ja, Sire."

„Und woran?"

„An Ihren Augen."

„Aber ich bin abgemagert."

„Das ist wahr; es ist sogar erstaunlich, daß Sie so viele Strapazen zu ertragen vermögen."

„Diese Anstrengungen sind außerordentlich groß, und ich führe ein Hundeleben. — Sie werden müde sein; nehmen Sie Platz, und ich werde Ihnen klarlegen, welche Absichten ich mit Ihnen habe. Ich wünsche, daß Sie mir während dieses elenden Krieges folgen und mir Gesellschaft leisten. Ich fordere nur eines von Ihnen: daß Sie mir mit jener Ehrlichkeit begegnen, die die Grundlage Ihres Charakters ist. Ich verhehle Ihnen nicht, daß ich genaue Erkundigungen über Sie eingezogen habe; sie lauten günstig. Bemühen Sie sich also, dem schönen Bilde zu entsprechen, das man mir von Ihnen entworfen hat und das ich mir selbst von Ihnen mache. Unter den jetzigen Umständen kommt es mir vor allem darauf an, ehrliche Seelen um mich zu haben. Ich habe so häufig Treulose und Undankbare in meiner Umgebung gehabt, daß ich wahrlich anfange, der Menschen überdrüssig zu werden, und ich würde ihrer tatsächlich ganz und gar müde werden, wenn ich nicht immer wieder um einiger ehrlicher Geschöpfe willen die Bosheit derer verziehe, die mich mit ihren durchtriebenen Spielen zum Narren gehabt haben. — Gehen Sie morgen früh zu Eichel; er wird Ihnen mitteilen, was ich für Sie tun will. Wenn Sie mit meinem Anerbieten zufrieden sind, so wäre ich Ihnen sehr verbunden, wenn Sie schleunigst Ihre kleine Feldausrüstung zusammenstellen wollten, damit Sie sich mir in acht Tagen im Kloster Grüssau anschließen könnten, wohin ich mich zu begeben gedenke. Da Sie eine Reise nach Ihrer Schweiz unternehmen möchten, was ich verständlich finde, so wird die günstigste Zeit dazu im Juli sein, da Sie dann nur wenig Gepäck brauchen. Ich will Sie nicht länger mehr aufhalten; Sie werden müde sein. Guten Abend! Kommen Sie so schnell wie möglich zu mir!"

14. März 1758

Am folgenden Tage war ich bei Herrn Eichel, dessen Vorschläge ich annahm, übrigens ohne recht zu wissen, ob das, was man mir bot, für meine Lebensweise ausreichen würde.

„Wenn ich Seiner Majestät wieder begegne," sagte mir der Rat, „werde ich ihr Bericht erstatten über Ihre Bereitwilligkeit, ihre Bedingungen anzunehmen, und ich werde mir erlauben, Ihnen darüber zu schreiben."

18. März 1758

Tatsächlich sandte er mir am 18. März aus Grüssau folgenden Brief:

„Seine Majestät ist zufrieden mit Ihnen und erfreut, Sie in ihrem Dienste zu haben. Sie bietet Ihnen neunhundert Taler, wie wir bereits besprochen hatten, und die Erlaubnis, sich für drei Monate nach der Schweiz zu begeben. Da jedoch die beste und bequemste Zeit für diese Reise die zu Anfang des Feldzuges sein dürfte, so wünscht Seine Majestät, daß Sie diese Zeit abwarten und sich inzwischen in Grüssau ihm anschließen, wo sein Hauptquartier sein wird. Da nun infolge der Reise, die Sie in zwei Monaten antreten werden, Ihr Feldzug nicht lang sein wird, so werden Sie nicht nötig haben, sich eine umfangreiche Ausrüstung zuzulegen, deren Kosten übrigens Seine Majestät tragen wird."

In der Antwort an Herrn Eichel bat ich ihn, dem Könige meinen Dank zu Füßen zu legen sowie ihm meine Freude auszudrücken, in seinem Dienst zu stehen, und mein dringendes Verlangen, mich baldigst in das Hauptquartier zu begeben.

Um mir schnell und wohlfeil zu meiner Ausrüstung zu verhelfen, hatte mich der Rat bei seiner Abreise Seiner Exzellens Herrn von Schlabrendorff, dem stellvertretenden Minister für Schlesien und seinem besten Freunde, empfohlen, sowie auch mehreren Personen, die mir nützen konnten. Ich erkannte zum ersten Male den Einfluß eines Kabinettsekretärs und das Aufsehen, das ein Mann erregt, den der König in seine Nähe ziehen will: Man bemüht sich um ihn, ohne ihn zu kennen; man widmet sich ihm, sucht ihn auf, erweist ihm Zuvorkommenheiten in jeder Weise; man flüstert ihm gute oder böse Meinungen ein über Personen, die man liebt, haßt oder fürchtet; man ist dem Manne gegenüber, von dem man vermutet, er werde sich Gunst erwerben, ebenso dienstfertig, wie man sich kühl zeigt, wenn der Herr sich von dem Gegenstande seiner Wahl abwendet. In beiden Fällen tritt die gleiche Leichtfertigkeit, die gleiche Kleinlichkeit, die gleiche Gemeinheit zutage. Daher wird ein Mann von Ehre und Charakter sich weder jemals berührt fühlen von solchen Zuvorkommenheiten, noch ihr Aufhören bedauern; er wird sich glücklich schätzen, nur von der kleinen Anzahl Menschen gewürdigt und gesucht zu werden, die sich ihm trotz der königlichen Gunst nicht leichtfertig an den Hals werfen und ihn noch viel weniger trotz der Ungnade im Stiche lassen.

Während der Zeit in Breslau sah ich täglich den ehrenwerten Marquis d'Argens; er zeigte sich mir so, wie ich ihn seither immer gesehen habe. Er gab mir tausend

Freundschaftsbeweise und Ratschläge, die er für notwendig hielt für die neue Laufbahn, in die ich eintreten wollte.

„Nach Ihrem ersten Besuche bei Seiner Majestät dem Könige verbrachte ich mit ihm den Rest des Abends. Er sprach von Ihnen“, sagte der freundliche Marquis, „in den schmeichelhaftesten und vorteilhaftesten Ausdrücken. Das ist günstig; denn wenn unser Philosoph — so nannte er ihn — sich eine Vorstellung einhämmert von eines Menschen Wert oder Unwert, so geht er nicht leicht wieder davon ab; was er einmal entschieden hat, ist gut entschieden und unwiderruflich. Glaubt er, daß ein Mensch Geist habe, oh, so hat er ihn eben trotz Sturm und Flut; hält er ihn unglücklicherweise für einen Dummkopf, so mag er die beste Begabung haben, in seinen Augen bleibt er dumm bis ans Ende der Welt. Ich interessiere mich aufrichtig für Sie; von ganzem Herzen gebe ich Ihnen folgende Ratschläge: Reden Sie wenig; seien Sie unserem Philosophen gegenüber bedächtig und gesetzt, aber ohne Zwang und Ziererei; lassen Sie sich möglich wenig auf Späßchen ein; bekunden Sie nur geringes Verlangen nach Vertraulichkeiten, mit denen er sich Ihnen nähern könnte und, nach der Art und Weise, wie er von Ihnen zu mir gesprochen hat, nähern wird, und lassen Sie dieses geringe Verlangen besonders dann sich zeigen, wenn er Ihnen etwas über seine Familie sagen sollte; bemängeln Sie um Gottes willen weder seine Prosa noch seine Verse; bitten Sie ihn um nichts, besonders nicht um Geld, und beachten Sie so wenig, wie die Höflichkeit es gestattet, alle die, die er für Toren, Schurken, Ränkeschmiede und Querköpfe hält.“

Ich begegnete ferner Herrn Mitchell, dem Gesandten des englischen Hofes. Ich war ihm von seinem und meinem guten Freunde, dem General von Cornabe[1], angelegentlichst empfohlen worden; daher bewies er mir während meines kurzen Breslauer Aufenthaltes in rührendster Weise sein Interesse. Seine lehrreiche, offene und ehrliche

[1] Ein holländischer General, mit dem auch Catt in Briefwechsel blieb.

Unterhaltung bewegte mich, wie mich das Bild überraschte, das er mir vom gegenwärtigen Stande der Dinge entwarf; was er mir von den Leuten sagte, die ich suchen oder meiden sollte, hat sich als aufs genaueste der Wahrheit entsprechend erwiesen.

„Im großen und ganzen", sagte er, „werden Sie mit Ihrer Stellung zufrieden sein. Seine Majestät der König ist außerordentlich von Ihnen eingenommen. Am Tage Ihrer Ankunft sagte er mir bei Tische, daß er Sie erwartete, und ich benutzte die Gelegenheit, ihm alles mitzuteilen, was mein Freund Cornabe, den Seine Majestät seiner Talente wegen schätzt, mir vorher über Sie geschrieben hatte. Seien Sie frei und offen zum Fürsten, ohne zu sehr mit ihm vertraut zu werden; und wenn Sie abends beieinander sein werden, so stellen Sie in den Vordergrund immer Fragen der Literatur, der Philosophie und besonders der Metaphysik, die er vor allem liebt; sprechen Sie mit ihm über französische Dichter, und wenn er Ihnen seine Verse zeigt, so urteilen Sie darüber nur, insoweit er es von Ihnen fordert; wenden Sie das Gespräch so, daß er redet und nicht Sie selbst."

21. März 1758. Kloster Grüssau

Nach beendeter Ausrüstung verließ ich Breslau und erreichte am 21. März morgens in Grüssau das Kloster, wo Seine Majestät in den Zimmern des Prälaten wohnte. Der König war von meiner Ankunft unterrichtet und sandte mir seinen Generaladjutanten, Herrn von Wobersnow; nach einer sehr schmeichelhaften Begrüßung sagte mir der General, daß er Auftrag habe, mich zu seiner Tafel zu führen, wo alle Adjutanten speisten, mich ihnen vorzustellen, mich ihrer Aufmerksamkeit zu empfehlen und mich aufzuklären über alles, was mich etwa verwirren könnte bezüglich der Märsche, die uns bevorständen.

„Nach dem Essen werde ich Sie zu Seiner Majestät führen, welche Sie um drei Uhr erwartet."

Ich wurde zu dieser Stunde vom General hingeführt, welcher sich zurückzog, als er Seine Majestät kommen sah.

„Ach, da sind Sie ja," sagte der König; „ich bin sehr erfreut, Sie wiederzusehen, und rechne Ihnen Ihre Eile, hierherzukommen, hoch an. Wenn Sie nicht zu müde sind, können wir eine Stunde miteinander plaudern."

Da ich versicherte, daß ich mich keineswegs angestrengt fühlte, so wurde aus meinem Besuche, der nur eine Stunde währen sollte, eine dreieinhalbstündige Sitzung.

Ich hätte mir im voraus niemals Anfang und Inhalt der Unterhaltung des Königs während dieser ganzen Zeit vorstellen können; meine Überraschung entsprach der Befriedigung, die ich empfand.

„Am Beginn einer Laufbahn, die Ihnen, mein Lieber, viel Neues bringen wird, werden Ihnen einige Winke von Nutzen sein. Alles, was Sie von meinem Unternehmungen sehen werden oder vielleicht zu erraten vermögen, alles das muß Ihnen heilig sein, ebenso alles, was ich Ihnen etwa darüber sage; oft verberge ich meiner Umgebung meine Absichten, ja, ich täusche sie sogar; denn wenn sie sie ahnte, könnte sie darüber sprechen, ohne die Folgen zu überblicken, und ich hätte den Nachteil davon. Ich kann mich nur durch das Geheimnis retten.

Man wird sich von allen Seiten zu Ihnen drängen; man wird Ihnen schmeicheln, um zu erfahren, was Sie vielleicht von mir gehört haben und welches die Ziele meiner gegenwärtigen Tätigkeit sind. Ich erwarte von Ihrer Ehrenhaftigkeit, daß Sie diese Schmeicheleien zurückweisen und in keinerlei Weise diese Neugier befriedigen, welche viel mehr von der Bosheit als vom Wissensdrang eingegeben ist. Seien Sie überzeugt, daß man fast immer verwerflichen Gebrauch von Ihren Mitteilungen machen würde. Seien Sie also auf der Hut!

Ich habe in meinem Gefolge einige Adjutanten, mit denen ich Sie bekannt machen will; denn Sie werden sie vermutlich am häufigsten sehen, da sie nun einmal von allem unterrichtet sind. Oppen[1] ist ein gutes, sehr braves Kind,

[1] Karl Friedrich von Oppen, Flügeladjutant des Königs, gefallen 1758 in der Schlacht bei Zorndorf, wo er 41 Wunden erhalten haben soll.

aber übermäßig eifersüchtig auf die Gunstbezeigungen, die ich den anderen erweisen könnte, und er ist im stillen eifrig tätig, sie zu unterbinden.

Gaudi[1] ist geistvoll, hat Fähigkeiten und Kenntnisse; aber er zählt zu den Mißvergnügten. Diese jungen Leute, welche beinahe nichts gesehen haben, urteilen und entscheiden, als hätten sie eine umfassende Erfahrung. Sie werden künftighin häufig Gelegenheit haben zu beobachten, daß diese Sucht, zu entscheiden und zu kritisieren, unter meinen Adjutanten ziemlich verbreitet ist. — Marwitz[2] ist ein Mensch von höchsten Fähigkeiten; aber seine Seele ist umdüstert, sein Geist ist herb; immer ist er unzufrieden mit dem, was geschieht, aber allerwege sehr zufrieden mit sich selbst. Sein Herz ist für die Freundschaft nicht geschaffen. — Die übrigen meiner Adjutanten ordnen sich so ziemlich dem Einflusse der drei genannten unter. Begegnen Sie allen und besonders jenen dreien mit möglichster Zurückhaltung. Sicherlich würden sie Sie bei näherem Verkehr verdrießlich machen und würden Ihnen gegen mich und Ihre jetzige Stellung Furcht und Mißtrauen einflößen. Halten Sie sich an das, was ich Ihnen sage; reden Sie offen mit mir über Dinge, die Sie quälen oder verwirren, und sollte man Ihnen Scherereien bereiten, so seien Sie überzeugt, daß ich ihnen schnell ein Ende mache. Leihen Sie niemandem Geld, wer es auch sei, und vermeiden Sie, soweit es möglich ist, das Spielen und die lauten Vergnügungen, die man Ihnen künftig etwa vorschlägt.

Wenn Herr Mitchell wieder zu uns kommt, so suchen Sie seine Gesellschaft so oft wie möglich; er ist mir aufrichtig zugetan. Dieser Mann hat gründliche und umfassende Kenntnisse. Sein Herz ist die Ehrlichkeit selbst; er ist freilich zuweilen ein wenig lebhaft und schroff; aber er beruhigt sich schnell wieder.“

[1] Friedrich Wilhelm Ernst von Gaudi (geb. 1725), Hauptmann und Flügeladjutant; 1758 vorübergehend Adjutant Keiths. — [2] Georg Wilhelm von Marwitz, Adjutant.

Bei dieser Gelegenheit erzählte er von Herrn Mitchell folgende Geschichte, die wesentlich dazu beigetragen hat, die Achtung des Königs vor ihm zu erhöhen. Gelegentlich eines Essens beim König zu Breslau ergingen sich die Generale in Lobreden über den Feldzug des Jahres 1757, der soeben zu Ende geführt worden war.

„Welch ruhmvoller Feldzug!" sagte der eine.

„Nichts in der Weltgeschichte gleicht ihm!" sagte der andere.

„Wie viele Bände könnte man schreiben über die Regierung Eurer Majestät!" rief ein dritter.

Da sprach Herr Mitchell, der dieser Reden und unverblümten Lobhudeleien überdrüssig war: „Nun, meine Herren, das schönste Lob, das man über die Regierung eines Fürsten aussprechen könnte, würde nur einige Zeilen umfassen."

Die Generale blickten einander an und schienen sich zu fragen, wie man so keck sein könnte.

„Herr Mitchell, Sie haben recht," sagte der König; „was Sie da sagen, ist wahr und tief gefühlt; und wenn es mir gestattet ist, Ihrem gescheiten Ausspruche ein Wort hinzuzufügen, so will ich bekennen, daß nach meiner Meinung der der größte Fürst ist, der die Wahrheit liebt und sucht; gleich hoch schätze ich den achtbaren Mann, der sie ihm zu sagen wagt."

Nachdem Seine Majestät der König mir diese Ratschläge gegeben und mir die Menschen beschrieben hatte, mit welchen ich nun zusammenleben mußte, schilderte er seine Lebensweise und seine Beschäftigung. „Ich bleibe hier, um die Belagerung von Schweidnitz zu decken[1], die nun beginnen soll; sobald die Stadt genommen ist, werde ich Grüssau verlassen, um meine Operationen fortzusetzen. Während des Feldzuges stehe ich des Morgens um drei Uhr auf, zuweilen auch früher. Ich gestehe, es kostet mich

[1] Friedrich stand bereit, einen feindlichen Angriff in den Rücken der unter dem Befehle des Generals Treskow vor Schweidnitz liegenden Belagerungsarmee zu verhüten. Eroberung der Festung Mitte April 1758; über fünftausend Gefangene.

oft Überwindung, mich so zeitig zu erheben; ich würde viel lieber noch ein paar Augenblicke im Bett bleiben, so müde bin ich; aber die Geschäfte würden darunter leiden. Ich streite mich vor dem Aufstehen mit meinem Diener herum, welcher Auftrag hat, mich zu wecken und mich nicht wieder einschlafen zu lassen. Wenn ich aufgestanden bin, so bringe ich selbst mein Haar in Ordnung, kleide mich an, trinke eine Tasse Kaffee und lese meine Depeschen; nachdem ich sie gelesen habe, spiele ich eine Stunde Flöte, zuweilen auch länger, wobei ich mich immer mit meinen Briefen und den Antworten beschäftige, die ich geben muß. Dann kommen meine Sekretäre, und ich sage ihnen, was sie schreiben sollen. Darauf lese ich meine alten Bücher, neue nur selten, bis zur Stunde der Parade, wo ich die Parole ausgebe. Ich lese noch einen Augenblick vor dem Essen, das pünktlich auf zwölf Uhr festgesetzt ist. Gewöhnlich speisen einige Generale bei mir und jetzt auch der Prälat des Klosters. Dieser Mann amüsiert mich köstlich durch seine Albernheit; während der ganzen Mahlzeit ist er die Zielscheibe meines Spottes. Ich lege ihm dornige Fragen vor, die er nicht beantworten kann; dann schlägt mein Prälat kräftig Kreuze und sagt sich sicherlich: ‚Ach, was für ein König ist das! Er wird unfehlbar in der Hölle braten müssen!‘ Stellen Sie sich seine Dummheit vor! Dieser Tage bitte ich mir ein griechisches Testament von ihm aus. ‚Wie, Sire, Sie verstehen griechisch?‘ — ‚Aber ja, ohne Zweifel!‘ — ‚Wann wünschen Sie dieses Testament zu haben?‘ — ‚Bringen Sie es morgen mit, wenn Sie wieder zum Essen kommen.‘

Der Prälat brachte mir ein dickes Buch; ich öffnete es — es war die ‚Summa‘ des heiligen Thomas[1]. Sie können sich denken, daß ich ihn nicht schonend behandelte; denn er gab mir diesen heiligen Mann aufs Geratewohl.

Nach dem Essen spiele ich zur Verdauung auf der Flöte, unterzeichne meine Briefe und lese wieder bis vier Uhr.

[1] **Thomas v. Aquin (1225—1274), der größte scholastische Theologe; seine Hauptschrift heißt „Summa theologiae“.**

Um diese Zeit werden nun Sie erscheinen; wir werden bis sechs Uhr plaudern; da beginnt mein kleines Konzert. Wenn Sie Freude haben an einer leidlichen Musik, so hängt es nur von Ihnen ab, ob Sie zuhören wollen. Ein halb acht ist alles vorüber. Nach dem Konzert, das ich übrigens nur im Hauptquartier habe, beschmiere ich mitleidlos Papier mit Prosa und mit Versen bis um neun Uhr, wo ich mich anschicke, mich in Morpheus Arme zu legen. Das ist meine Lebensweise. Sie ist so ähnlich, wie sie in Potsdam sein wird, im Frieden freilich — wenn es Ihnen und mir vergönnt sein sollte, dieses unschätzbare Gut wiederzugewinnen. Und, mein Herr . . . Aber ich habe Sie ja viel zu lange hier behalten! Guten Abend, guten Abend! Ich schäme mich dieser maßlosen Schwätzerei! Morgen um drei Uhr werde ich Sie mit einem Hauptmann bekannt machen. Herrn Guichard, der in meinen Dienst tritt. Das ist ein Gelehrter, der einige Jahre Lektor an der Universität Leiden gewesen ist; da er es müde geworden war, so lange auf einen Lehrstuhl der griechischen Sprache zu warten, den man ihm versprochen hatte, so verließ er das akademische Kollegium und seine teuren Kollegen auf . . *us,* um Soldat zu werden. Wir werden sehen, was an ihm ist."

22. März 1758

Am folgenden Tage begab ich mich um drei Uhr zu Seiner Majestät, wie sie es am Abend zuvor befohlen hatte. Sie begann mit der Reise nach Holland.

„Sagen Sie mir aufrichtig, wofür Sie mich gehalten haben!"

„Für einen sehr gelehrten, sehr lebhaften, sehr entschiedenen französischen Edelmann."

„Gelehrt bin ich genug; lebhaft bin ich sehr, vielleicht zu sehr; was die Entschiedenheit anlangt, so ist sie sicherlich nicht mein Fehler. Dieser entschiedene Ton, an dem Sie Anstoß genommen haben, war erkünstelt."

„Gerade dieser Ton hätte mich auf den richtigen Weg führen können."

„Der Ton war doch aber wohl gut?"

„Sehr gut!"

„Aber wieso dann?"

„Als Sie von den Großen, den Fürsten, den Königen, Ihren teuren Brüdern und von den Regierungen sprachen, die Sie angeblich nicht kannten, als Sie die Fürsten tadelten, die die Wissenschaften nicht beschützten, da entschlüpfte Ihnen der Ausdruck: ‚Ich meinerseits —'"

„Wie? Sie haben dieses ‚Ich meinerseits' bemerkt?"

„Gewiß; denn sie stockten, und nur einen Augenblick später vollendeten Sie den Satz folgendermaßen: ‚Ich meinerseits wende mich ab von solchen Fürsten; ich schätze sie gar nicht.' — ‚Es gibt jedoch einige, die die Wissenschaften sehr begünstigen, und solche, die sie geradezu pflegen.' — ‚Ja; man erzählt, der König von Preußen gehöre zu ihnen; er schreibe selbst oder vielmehr beschmiere er Papier mit Versen und mit Prosa; aber ich schätze ihn nicht.' — ‚Warum nicht?' — ‚Weil ein schriftstellender König ein wunderliches und anspruchsvolles Wesen ist, welches oft um der Wissenschaft willen die Staatsangelegenheiten vernachlässigt, die vor allem Anspruch haben auf seine Sorgen und auf seine volle Aufmerksamkeit; weil er ferner pedantischer ist oder zu werden Gefahr läuft, als alle Pedanten der Universitäten. Nach meiner Reise durch Holland werde ich vielleicht nach Preußen gehen; dann werde ich ja sehen, was denn nun an diesem großen Herrn ist, von dem man soviel spricht und der mir ganz danach aussieht, als ob er noch viel mehr von sich reden machen wird. Wenn ich bei meiner Rückkehr das Vergnügen habe, Sie hier wiederzusehen, so werde ich Ihnen sagen können, was für ein Mann dieser König von Preußen eigentlich ist."

Seine Majestät der König ist häufig auf jene Unterhaltung im Flußboote zu sprechen gekommen, die ihn, wie er sagte, äußerst belustigt habe.

„Ich habe einst eine Reise nach Straßburg unternommen," fuhr er fort, „und zwar unter dem Namen eines Grafen du Four, eines reichen böhmischen Edelmannes. Nur Algarotti begleitete mich. War das eine tragikomische

Reise! Ich habe sie in Versen beschrieben, die Voltaires Beifall fanden; Sie erkennen an diesem Beifall, daß ich gar kein so schlechter Poet bin, wie Sie vielleicht denken!

Am Tage meiner Ankunft fragte mich an der Mittagstafel ein Offizier, der mir zur Seite saß, wer der Herr da — er meinte Algarotti — wäre. ‚Der Herr da,' sagte ich, ‚ist ein Italiener aus Italien.' — Der Offizier wurde unwillig: ‚Sie machen sich lustig über mich,' sagte er; ‚was für eine Antwort ist denn das!' — Allgarotti merkte, daß die Sache ernst werden konnte, und begann mit dem Offizier ein Gespräch so voll Höflichkeit, daß er ihn besänftigte und erheiterte, und wir beendeten die Mahlzeit, indem wir eine ganze Reihe Champagnerflaschen entkorkten.

Nachdem ich in dieser Stadt mehrere Bekanntschaften gemacht hatte, lud ich sie zum Diner ein. Als der Herzog von Broglie[1] von dieser Einladung erfuhr, sagte er zu einigen der Geladenen: ‚Nehmen Sie sich wenigstens in acht, meine Herren! Der Fremde lädt Sie ein, um zu spielen und Ihnen das Geld aus der Tasche zu ziehen!' In einer Gesellschaft, zu der ich eingeladen war, schlug man mir ein Spiel vor. ‚Ich spiele überhaupt nicht, meine Herren; als mir mein Vater zu reisen erlaubte, verbot er mir jegliches Spielen. Ich bin ein viel zu gehorsamer Sohn, als daß ich den Anordnungen meines teuren Vaters zuwiderhandelte.' Man berichtete dem Herzog von Broglie diese Äußerung. ‚O,' rief er, ‚das ist nur Verschmitztheit; ich warne Sie nochmals: nehmen Sie sich in acht!' Ein verteufelter Trommler, der bei einem Regiment in Potsdam gestanden hatte, erkannte mich und sagte zum Herzog: ‚Gnädiger Herr, dieser Fremde ist der König von Preußen.' — ‚Du bist ein Lügner; das ist nicht wahr!' — ‚Nichts ist so wahr wie das, gnädiger Herr!' — Der Herzog ließ mich einladen, den Abend bei ihm in auserlesener Gesellschaft zu verbringen. Als ich eintrat, sah ich, wie der Herzog in einer Ecke seines Zimmers den

[1] Marschall von Broglie, französischer Generalgouverneur in Straßburg.

Trommler beim Arm hielt und so, daß ich es hören konnte, zu ihm sprach: ‚Halunke, rede: Ist das da wohl der König von Preußen?' — ‚Aber ja, gnädiger Herr, ja, er ist es selbst!' — Darauf kam der Herzog mit sehr feierlicher Miene auf mich zu: ‚Ich bin Marschall, mein Herr; wie Sie sehen, habe ich einen Orden, und ich habe die besten Regierungen in Frankreich kennengelernt; man versichert, daß Sie der König von Preußen seien; ist das wahr?' — ‚Ich soll mein eigener König sein, mein Herr? Sie machen sich lustig über mich! Ich bin ein guter und ehrlicher Edelmann, dem sein Vater erlaubt hat zu reisen, um große Städte und große Menschen zu sehen — wie Sie einer sind, Herr Marschall!' — ‚Nun gut, so sind Sie sein Bruder.' — ‚Ich versichere Ihnen, daß ich es nicht bin.' — ‚Sie kennen ihn doch?' — ‚Nicht besser als Sie ihn kennen können.' — ‚Madame, nun sehen Sie nur, wie man lügen kann!' schrie der Marschall, indem er wütende Blicke auf den armen Trommler warf, den er gezwungen hatte, in der Zimmerecke zu bleiben. Einige Augenblicke später ging ich hinaus und reiste sofort ab."

Der König liebte es, diese Geschichte zu erzählen, und jedesmal belehrte er mich über die Gefahren, die besonders auf Reisen damit verbunden sind, mit unbekannten Leuten schlechte Scherze zu treiben, die man sich nicht einmal den besten Freunden gegenüber erlauben sollte.

Einen Augenblick nach diesem Bericht über die Reise nach Straßburg wurde der Hauptmann Guichard gemeldet, der bei der Vorstellung versicherte, daß er entzückt sei, unter einem so großen Fürsten zu dienen, der soviel von sich reden mache.

„Aber mein Herr, für einen Mann, der soeben von der Universität kommt, verstehen Sie recht hübsche Dinge zu sagen. Der Sohn des Herrn Diafoirius[1] könnte sich nicht besser ausdrücken als Sie."

„Ich sage die Wahrheit, Sire . . ."

„Auf den Bericht hin, den mir Hellen erstattete, habe ich

[1] Gestalt aus dem Lustspiel „Der eingebildete Kranke" von Molière.

Sie in meinen Dienst genommen. Sie werden im Gefolge meines Heeres und immer im Hauptquartier sein, bis ich Sie besser kenne und eine Verwendung für Sie habe. Morgen mögen Sie nach Breslau reisen, um Ihre Ausrüstung zu beschaffen, und richten Sie es so ein, daß Sie vor dem Ende der Belagerung zurückkehren. — Ich habe Ihr Werk über das Heer der Alten überflogen; sagen Sie einmal, mein Herr, warum ist eigentlich das Vorwort so gut und das Werk selbst so schlecht geschrieben?"

„Ich habe mir das Vorwort schreiben lassen, und das Werk habe ich selbst verfaßt."

„Wer hat denn dieses Vorwort geschrieben?"

„Das war Maubert[1]."

„Maubert, dieser ehemalige Mönch? Wo zum Teufel haben Sie die Bekanntschaft dieses drolligen Kauzes gemacht, der sich selbst so sehr lobt und Satiren gegen die Fürsten schreibt?"

„Es war in London ..."

„Offenbar in einem Freudenhause?"

„Nicht so ganz, Sire. Ich habe ihn durch einen seltsamen Zufall kennengelernt. Aber ich werde doch Eure Majestät nicht langweilen, wenn ich es erzähle?"

„Oh, durchaus nicht; es wird sicherlich erheiternd sein, und wenn es sehr lustig ist, wollen wir lachen."

„Bei der Rückkehr von einem Abendessen hörte ich kurz vor meinem Hause entsetzliche Schreie; man wollte dem Zimmermädchen einer Dame Gewalt antun ..."

„Das war sicherlich Maubert!"

„Nein, Sire, er ist im Grunde zu ehrenhaft dazu."

„Der und ehrenhaft!"

„Ich verteidigte es also, und in dem Augenblicke kommt ein Unbekannter vorüber, der mir beispringt, um die Ehre dieses armen, schon völlig erschöpften Mädchens zu retten. Dieser Unbekannte war Maubert. Wir brachten das Zimmermädchen zu seiner Herrin, und als wir es verließen, gab ich ihm meinen Namen und meine Wohnung

[1] Jean Henri Maubert de Gouvest (1721—1767), Militärschriftsteller.

an. Ich bat Maubert, mit mir zu kommen. Nachdem wir über unser Abenteuer gescherzt hatten, erwähnte ich ein Werk, an dem ich arbeitete. Das war der Anfang unserer Bekanntschaft."

„Haben Sie nicht später irgendwelche Nachricht von Ihrem Schützling erhalten? Das erscheint mir alles so wunderbar."

„O doch, Sire! Am folgenden Tage erschien das Zimmermädchen bei mir im Auftrage seiner Herrin, um mir zu sagen, daß sie entzückt sein würde, einen so galanten und entschlossenen Mann wie mich kennenzulernen."

„Bravo! Sie gingen doch darauf sicherlich zu der Dame, und sie faßte eine schöne Neigung zu Ihnen?"

„Jawohl, und zwar eine sehr starke! Sie wollte mich heiraten; doch als schon alles vorbereitet war, wurde sie von den Pocken befallen, und meine würdige, achtenswerte Dame starb daran."

„Ach, Herr Guichard, sollte nicht etwa deren jüngere Schwester [1] an diesem traurigen Tode schuld sein?"

„O nein, Sire, das bestreite ich! Es war zweifellos die ältere Schwester!"

Der König lachte während dieser hübschen Erzählung unaufhörlich.

„Sie haben mich köstlich unterhalten; lernt man in Leiden so trefflich erzählen? Ich mache mir jedoch Vorwürfe, Sie an einen so bitteren Schmerz erinnert zu haben; lassen Sie uns noch ein wenig von Ihrem Buche sprechen, um Sie von Ihrem Leide abzulenken. Sie glauben also, daß nur die römischen Soldaten so tapfer und fähig waren, schwere Anstrengungen auszuhalten, so weite Märsche zu machen und so große Lasten zu tragen, und daß meine Soldaten in jeder Hinsicht hinter den römischen zurückbleiben?"

„Ich glaube, Sire, daß Ihre Soldaten ebenso tapfer sind wie die römischen; aber bezüglich der Märsche und der zu tragenden Lasten wurden sie unbedingt von den Römern übertroffen."

„Unbedingt? Urteilen Sie nicht vorschnell, mein Herr

[1] Die Syphilis.

unglücklicher Liebhaber! Sie werden unsere Märsche sehen und dabei das feldmarschmäßige Gepäck eines preußischen Soldaten kennenlernen. Leben Sie wohl, meine Herren! Sie, unglücklicher Liebhaber, ehemaliger Sekretär des großen Cäsar, beschaffen Sie sich Ihre Ausrüstung; und Sie, Catt, kommen Sie morgen zur selben Stunde wieder."
Der Hauptmann begleitete mich heim und hielt sich einige Augenblicke auf.
„Ich muß gestehen, daß dieser kluge Fürst sehr heiter, sehr höflich, sehr gewandt, sehr zartfühlend und sehr liebenswürdig ist."
„Darin bin ich ganz Ihrer Meinung, Herr Hauptmann. Obwohl ich nicht die Ehre habe, Sie zu kennen, so möchte ich Sie an einem guten Rat teilhaben lassen, den man mir gegeben hat und den ich als nötig und nützlich erkannt habe. Er lautet: Vermeiden Sie möglichst alles, was dem Könige Veranlassung zum Spott geben könnte, den er liebt und zuweilen ziemlich weit treibt."
„Aber Sie haben ja gesehen, er hat sehr gelacht über mein Abenteuer."
„Gerade das hat mir Ihrentwegen leid getan, ebenso wie Ihre Lobrede auf die Kraft des römischen Soldaten. Sie versteiften sich zu sehr darauf. Der König schien mir ernst zu werden."
„Aber dieses Lob ist wohlverdient!"
„Das mag sein, ja, es ist sicherlich so, weil Sie jene Kraft für zu groß halten, als daß Sie darüber schweigen möchten; aber lassen Sie lieber Ihr Buch sprechen."

23. März 1758

Am folgenden Tage fragte mich der König, wie ich seinen Hauptmann gefunden hätte.
„Geben Sie zu, daß er lächerlich ist und uns viel Gelegenheit zum Lachen geben wird!"
„Er erschien mir gebildet, sehr beschlagen in den römischen Altertümern und voll Diensteifer."
„Ja, aber er zeigt kein weltmännisches Benehmen; er weiß nicht, was sich schickt; kurz, er belustigte mich."

„Aber, Sire, mir scheint, man könnte einem gebildeten Manne so manches nachsehen. Gerade Eure Majestät, die Sie die Wissenschaften lieben, müssen mehr als andere Nachsicht üben mit einer Art und Weise, die der der großen Welt nicht genau entspricht."

„Gewiß; diese Nachsicht übe ich übrigens durchaus gegenüber den Gelehrten und ihrem Verkehrstone, und ich scherze niemals darüber, wenn sie sonst nützliche Kenntnisse und einen guten Charakter haben. Ohne diesen Charakter und ohne Tugend ist auch das umfassendste Wissen nur wie ein tönendes Erz und eine klingende Schelle. Sie sehen, mein Herr, daß ich meine Schriftstellen noch kenne! Die Welt hat kein schöneres Genie hervorgebracht, als Voltaire es ist; aber ich verachte ihn ganz und gar, weil er nicht ehrlich ist. Wenn er es wäre, wie überlegen müßte er dann jedem Lebenden sein! Indem die Natur diesen Genies die Tugend versagt, die ihnen zur Zierde gereichen würde, scheint sie dadurch alle entschädigen zu wollen, die keine oder nur mittelmäßige Gaben haben. Auch Newton tröstet in seiner Erklärung der Offenbarung des Johannes die Menschen, die ihm an Genie nachstehen.

Da ich einmal bei Voltaire bin, will ich Ihnen von seinem Streit mit Maupertuis erzählen. Während eines Abendessens bei mir war Voltaire unendlich liebenswürdig; er übertraf sich selbst und plauderte entzückend, während Maupertuis kein Wort zu sagen wußte. Nach beendeter Mahlzeit gingen Voltaire, Maupertuis, d'Argens und zwei Offiziere in meinem Garten spazieren. Der Marquis[1] und die Offiziere sagten zu Voltaire: ‚Wie entzückend waren Sie beim Abendessen, und wie köstlich haben Sie uns unterhalten! Nicht wahr, Herr von Maupertuis?' — ‚Durchaus nicht; er hat mich tödlich gelangweilt.' — ‚Das überrascht mich gar nicht,' sagte Voltaire; ‚denn Sie sind ein langweiliger Mensch.' Hinc lites[2], mein Lieber, hinc Akakia[3].

[1] Marquis d'Argens wird im folgenden häufig nur „der Marquis" genannt. —
[2] Verdeutschung der lateinischen Aussprüche am Schlusse dieses Bandes! —
[3] Diese Schmähschrift zur Verhöhnung des Akademiepräsidenten Maupertuis veröffentlichte Voltaire gegen das ausdrückliche Verbot Friedrichs d. Gr.;

Der Schlingel hatte mir feierlichst versprochen, daß er diese Schmähschrift nicht drucken lassen würde, die übrigens geistvoll, wahr und witzig ist. Er hatte mir dieses Versprechen sogar schriftlich gegeben — und dieser durchtriebene Schelm schickte sie dennoch dem Drucker.
Voll Entrüstung über diese Falschheit ließ ich in einer Anwandlung von Zorn diese Schmähschrift verbrennen; bald darauf aber bereute ich die Tat, wie ich es in der Folgezeit überhaupt bereute, mich in die literarischen und akademischen Streitigkeiten dieser beiden Toren gemischt zu haben. Um den angerichteten Schaden ein wenig wiedergutzumachen und um Voltaire zu beruhigen, sandte ich schleunigst den Abbé de Prades zu ihm, dem ich auftrug, dem Erzürnten einige angenehme Dinge zu sagen und mir zu berichten, wie er sie aufgenommen habe. Als der Abbé erscheint, kommt ihm Voltaire mit wütender Miene entgegen, die sich noch mehr ausprägt, als ihm der Geistliche Empfehlungen vom Könige überbringt. ‚Mich zu verbrennen! Mir diesen Lumpen, diesen Lappländer Maupertuis vorzuziehen, mir, der ich mich so gut stand mit meinem Herrn, dem König von Frankreich, den ich törichterweise um dieses Vandalenkönigs willen verlassen habe, der Sie herschickt! O dieser Schuft! Der Erzherzog Joseph wird mich rächen!‘ Der Abbé, der nach dieser hübschen Szene zu mir kam, erzählte mir alles haarklein, und ich lachte herzlich darüber. Am folgenden Tage schickte ich ihn wieder hin, damit er sich nach dem Befinden meines Treulosen erkundigte, der schon wußte oder doch vermutete, daß der Abbé wiederkommen würde. Was tat nun der Verfasser der ‚Mérope‘? Er ließ sich ein Bad zurichten und Suppenkräuter hineintun und rief dem Abbé zu: ‚Kommen Sie, kommen Sie! Nun sehen Sie, wie mich dieser Mann herunterbringt! Er tötet mich, Herr Abbé, mich, der ich ihn geliebt habe, der ich ihm treu gewesen bin, der ich ihm seine abgeschmackte Prosa und seine prosaischen Verse verbessert habe! Aber er wird mir nicht entrinnen,

der erzürnte König brach darauf endgültig mit dem Dichter, nachdem er die Schrift durch den Henker öffentlich hatte verbrennen lassen.

dieser Unglückliche!‘ Sie können sich denken, daß ich über diese zweite Szene, die mir genau beschrieben wurde, noch viel herzlicher lachen mußte. — Es gibt nichts Komischeres, mein Lieber, als diesen Voltaire angesichts eines Unglücks oder des Todesgedankens. Dieser Schwachkopf ist dann der Spielball fürchterlichster Schrecknisse; er bildet sich ein, daß tausend Teufel ihn packen wollten; Sie werden sicherlich hören, daß er in der Todesstunde alle Beichtväter und Priester kommen läßt; er wird uns alle beschimpfen. Kein Mensch war jemals so inkonsequent wie er.

Ich dagegen bin und bleibe fest in meinen Grundsätzen; ich fürchte den Tod nicht, wohl aber den Schmerz:

Der Schmerz ist ein Jahrhundert, ein Augenblick der Tod[1].

Bei ehrlicher Selbstprüfung fürchte ich mich nur, wenn ich sehe, daß ich gegen jenes ewige Sittengesetz verstoßen habe, dem wir uns alle um seiner selbst willen unterwerfen müssen; ich fürchte dann die Schande, nicht alles getan zu haben, was ich mir und den andern schuldig bin, und ich bemühte mich, angerichteten Schaden wiedergutzumachen. Ich habe dazu Eure religiösen Grundsätze nicht nötig; wenn ich sie wie Ihr hätte, so würde ich abdanken und als Einsiedler leben:

Furcht schuf die Götter, Gewalt schuf die Könige.

Davon können Sie überzeugt sein!‘

„Ich bin es bezüglich der Wahrheit der zweiten Hälfte dieses Verses; aber ich kann dem Anfang nicht zustimmen. Das Dasein Gottes beruht auf einem anderen Grunde als auf dem der Furcht.“

„Oh, Sie wollen mich bekehren! Das wird Ihnen nicht gelingen; ich bleibe fest in meinen Überzeugungen!“

Ich habe häufig bemerken können, daß er keineswegs fest in diesen und anderen Überzeugungen und oft voll seltsamster Unentschlossenheit war.

„Nachdem ich Ihnen den boshaften, treulosen und ge-

[1] Aus: Gresset (vgl. Namenverzeichnis!), „Die Kartäuserin“.

fährlichen Voltaire gezeigt habe, will ich Ihnen ein Wort von denen sagen, die einst meine literarische Gesellschaft bildeten."

In diesem Augenblick übergab man ihm einen Brief; er warf einen Blick auf das Siegel und rief: „Ach, Catt, er ist von Voltaire! Er erinnert sich also noch, daß ich lebe!" Er öffnete den Brief und las ihn oder verschlang ihn vielmehr mit den Augen; nachdem er ihn wiederholt gelesen hatte, gab er ihn mir.

„Wie gewandt dieser Mensch angenehme Dinge zu sagen versteht! Kein Mensch kann besser schreiben! Wie schade, daß man ihm nicht trauen kann! Ich gestehe, daß mir dieser Brief außerordentliches Vergnügen bereitet hat. Mit der Antwort werde ich ihm meine beiden Oden schicken, deren Entwurf ich Ihnen vorgelesen habe; aber zuvor will ich sie ordentlich beenden. Ich bin überzeugt, daß er mit Ihnen zufrieden sein wird."

Bei diesen Worten erinnerte ich mich dessen, was der König soeben erst über die Falschheit dieses Mannes gesagt hatte, dessen Lobreden ihm nun so sehr schmeichelten, und das überraschte mich nicht wenig. Dem König fiel meine ernsthafte Miene auf.

„Was haben Sie denn?" fragte er.

„Aber Sire, wenn Voltaire so boshaft ist, wie Sie behaupteten, wird er dann nicht einige Strophen der ‚Ode an die Franzosen' und einige Verse der ‚Ode an die Deutschen' mißbrauchen? Würde es Ihnen nicht Kummer bereiten, wenn er Ihr Vertrauen täuschte?"

„Er wird sich wohl hüten, meine Verse zu zeigen; denn man könnte meinen, er habe sie geschrieben, und das hält ihn davon ab. Nein, da er Reue zeigt und den lebhaften Wunsch, mit mir in Briefwechsel zu treten, so wird er nicht daran denken, mich wieder zum Narren zu haben."

„Ich wünsche es von ganzem Herzen."

„Guten Abend! Ich werde Ihnen morgen von meinen anderen Schöngeistern erzählen, daß sie nicht an Voltaire heranreichen."

Am folgenden Tage redete er zuerst von Maupertuis.
„Dieser Mann hat Talent und gründliche Kenntnisse; aber seine zuweilen recht seltsame Einbildungskraft leitet ihn oft irre und läßt ihn auf die wunderlichsten und ungereimtesten Ideen verfallen. Er will jedoch jeden von seinen Ansichten überzeugen und wird ernstlich böse, wenn man sie nicht anerkennt. Da er eifersüchtig ist auf die geringsten Gunstbezeigungen, die ich denen angedeihen lasse, welche mir näherkommen, so läßt er seine böse Laune an ihnen aus, und es ist kaum zu glauben: er schmollt mit mir! Sein Ehrgeiz ist außerordentlich rege; aber sein Genie entspricht ihm nicht. Er ist aufbrausend und macht sich oft lächerlich mit seinen Ansichten, die Maß und Ziel vermissen lassen; aber sein Herz ist ehrlich und mit dem Voltaires gar nicht zu vergleichen. Hören Sie nur, was Piron eines Tages entgegnete, als ihm Voltaire sein Herz anbot: ‚Pfui, Herr von Voltaire, Sie geben mir das schlechteste Stück Ihrer selbst!'
Algarotti hat seinen Verstand aufs beste gepflegt; er hat es verstanden, sich das Interessanteste aus der Philosophie, der Literatur und den schönen Künsten anzueignen. Mit Ausnahme Voltaires hat niemals ein Mensch, den man nach seiner Meinung über die verschiedenen Wissensgebiete fragte, mit einem so auf allen diesen Gebieten gültigen Gelde bezahlt wie er. Er hat Geschmack und ist ein zarter, auserlesener, feiner, geschmeidiger Geist, dabei listig und überaus eigennützig; ein unangenehmes Interesse hat er in einer Herzensangelegenheit bewiesen, die ihn mit der schönen Tänzerin Barberina verband.
La Mettrie war heiter, kurzweilig leichtsinnig; er war geistvoll, hatte einige Kenntnisse und eine ungezügelte Einbildungskraft. Er war so leichtgläubig daß er alles gelten ließ was man ihn glauben machen wollte und so närrisch, daß er Schändlichkeiten über Leute schrieb, die er überhaupt nicht kannte. Wenn sich die Angegriffenen beklagten, so entschuldigte er sich und versicherte feierlich, daß er sich bemühen wollte, den angerichteten Schaden

wiedergutzumachen; außerdem überhäufte er sie mit Lobreden, die sie ebensowenig verdienten wie die Beschuldigungen, die er ausgesprengt hatte. Er war sehr uneigennützig und fühlte sich am glücklichsten, wenn er kein Geld mehr hatte. Er stellte sich dann nackt in sein Zimmer, klatschte sich auf die Hinterbacken und rief: ‚Ich habe kein Geld mehr; bravo, ich habe kein Geld mehr!‘ Übrigens war er ein Schuft.

Der gute, ehrliche Jordan ist mein besonderer Freund gewesen. Obwohl die Großen dieser Erde sehr wenig auf die stets uneigennützige Freundschaft derer zählen können, die ihnen sich nahen, so konnte ich mich auf seine Freundschaft und auf seine ungemeine Ehrlichkeit verlassen. Der Umgang mit ihm war ungezwungen und lehrreich. Er war sehr beschlagen in der Literatur, hatte jedoch wenig Geschmack. Er hatte ein so weiches Herz, daß es ihn betrübte, wenn er in der Zeitung von Schrecknissen las, die sich in Amerika zugetragen hatten; er weinte dann über das Schicksal dieser Unglücklichen. ‚Bedenken Sie, Sire, daß man dort so viele arme Leute in scheußlichster Weise niedergemetzelt hat! Ist das nicht schrecklich?‘ Und er zerfloß in Tränen. Mein guter Jordan fürchtete sich entsetzlich vor dem Tode, der ihn dann infolge der Lustseuche ereilte.“ (Ich selbst habe übrigens niemals davon gehört und bezweifle es.)

„Der Marquis d'Argens, den Sie ja bereits kennen, ist die Ehrlichkeit selber, auf die ich mich völlig verlassen kann. Er ist sehr bewandert in der Literatur; wenn er mehr Geschmack hätte, könnte man ihn zu den bedeutendsten Literaten des Jahrhunderts zählen. Wie Sie bemerkt haben werden, ist er immer ziemlich unsauber und gefräßig; aber ich sehe ihm diese kleinen Mängel nach in Anbetracht seiner so beträchtlichen, reinen und interessanten moralischen Vorzüge. Ich liebe und achte ihn von ganzem Herzen. Wir streiten oft miteinander über gelehrte Dinge; denn er will immer mehr wissen als ich. Er ärgert sich, wenn ich die entgegengesetzte Meinung vertrete; aber er überwindet seinen Unwillen rasch und beendet den Streit immer durch einen provencalischen Scherz.

Der Abbé de Prades hat Mutterwitz, ist erstaunlich unbesonnen und verfügt über einen Vorrat von Boshaftigkeit, wie man ihn nur bei Priestern findet. Diese Boshaftigkeit hat schon zahlreiche ärgerliche Zusammenstöße mit mir veranlaßt. Er kennt eigentlich nur die Kirchengeschichte, diese allerdings ziemlich gut. Der Marquis, der mich veranlaßt hatte, diesen Abbé zu nehmen, kam eines Tages mit ihm auf eine literarische Frage zu sprechen und war von seiner völligen Unkenntnis ganz überrascht. Er drängte ihn dazu, schleunigst Rollin zu lesen: ‚Lesen Sie ihn! Lesen Sie dieses Buch Tag und Nacht, damit Sie sich vor dem König nicht blamieren, der gerade dieses Werk liest und sicherlich darauf zu sprechen kommen wird!'

Dieser Abbé hat mich grausam betrogen; ich habe ihn auf der Festung Magdeburg einsperren lassen, und er wird vor dem Friedensschluß nicht wieder freigelassen werden. Darget war ein gutmütiges Kind, wenig gebildet, aber rechtschaffen. Hören Sie an: Als die Österreicher im Hauptquartier Valory entführen wollten, sagte Darget zu den Husaren, er wäre Valory[1]. Man brachte ihn zum Prinzen Karl, und Darget sagte nun, daß er mein Sekretär und nicht Valory sei. Dieser Streich hat mir gefallen, und ich habe infolgedessen meinen ‚Palladion' geschrieben, worin ich dieses Abenteuer verherrliche und mich ein wenig über den guten Darget lustig mache.

Ich werde Ihnen in Potsdam dieses närrische Gedicht vorlesen. Aber werden wir unser Potsdam wiedersehen? Das liegt ganz verhüllt in dunkler Zukunft!

D'Arnaud ist begabt und geistvoll. Er schreibt hübsche Verse; es gibt Stücke von ihm, deren Voltaire sich nicht zu schämen brauchte. Aber er ist sehr menschenfeindlich und sieht alles in den schwärzesten Farben. Zuweilen über-

[1] Valory, der französische Gesandte in Berlin. Statt seiner wurde im September 1745 im Lager bei Jaromircz der Sekretär Darget gefangen. Dieser Vorfall gab Friedrich den Stoff zu seinem komischen Heldengedicht „Palladion".

rascht er durch Schlagfertigkeit. So war er eines Abends mit Voltaire bei mir. Ich sagte von dessen Nichte, der Madame Denis: ‚Sie werden zugeben, Voltaire, daß Ihre Nichte ein wenig lächerlich ist.' — ‚Aber sie hat viel Geist und viele Kenntnisse.' — ‚Das mag sein, und man behauptet sogar, daß gerade dieser Geist und diese Kenntnisse sie noch lächerlicher machten.' — ‚Das ist sehr wahr!' sagte darauf d'Arnaud. Voltaire erhob sich bei diesen Worten und sprach in majestätischem Bühnentone: ‚Wie, Sire, so schmäht man in meiner Gegenwart meine Nichte, die ich liebe und schätze? Man verbündet sich gegen sie, und Sie, kleiner d'Arnaud, Sie Mißgeburt des Parnasses, Sie, dem ich erst die Grundbegriffe der Verskunst beigebracht habe, Sie, den meine Nichte aufgenommen, beschützt und in seiner Dürftigkeit unterstützt hat, gehen Sie; Sie sind undankbar und falsch!' — ‚Die Wohltaten, die mir Ihre lächerliche Nichte erwiesen hat', antwortete d'Arnaud, ‚die kenne ich sehr wohl; aber ich weiß auch, daß ich zum Entgelt für diese Wohltaten bei ihr habe schlafen müssen.' — Der sonst so schlagfertige Voltaire war von dieser Entgegnung so betroffen, daß er kein Wort zu sagen wußte; ein paar Minuten lang war er wie versteinert und machte mir solche Sorge, daß ich den beiden Herren einen guten Abend wünschte, nur um dieser tragikomischen Szene ein Ende zu machen."

Während seines Aufenthaltes im Kloster Grüssau bis zur Einnahme von Schweidnitz las der König die ‚Analyse' von Bacon, Cäsar, Tacitus und einige Bände Plutarch. Sie bildeten seine regelmäßige Lektüre. An jedem Abend sprach er mit mir über die Abschnitte, die er tagsüber gelesen hatte.

„Bei der Unterhaltung mit Ihnen über das Gelesene muß ich mich in die Dinge versetzen, die ich gelesen habe; ich gelange dadurch zu erhöhter Klarheit der Gedanken und zu größerer Gewandtheit in ihrer Wiedergabe."

Er verbesserte bis zu drei Malen jene beiden Oden, damit sie, wie er sagte, würdig würden, dem Erzvater des edlen Geschmackes vorgelegt zu werden.

Unabhängig von dieser Lektüre und von diesen Dichtungen las mir der König oft aus den Trauerspielen seines Lieblingsdramatikers Racine vor. Als er sich eines Tages lebhaft erhob und mit starker Stimme Stücke deklamierte, die er auswendig wußte — und das waren viele —, da glaubte der wachhabende Lakai, der ziemlich gut französisch sprach, daß man ihn gerufen hätte, und er kam mehrmals herein und unterbrach den König, der ihn im Schauspielertone zu allen Teufeln schickte.

„Wirklich, mein Herr“, sagte der Lakai, als ich wegging, „ich war nicht wenig erschrocken! Ich glaubte tatsächlich, der Verstand Seiner Majestät habe gelitten. Wenn das so weitergeht, so fürchte ich sehr, daß es nicht gut abläuft! Wie er umherging, wie er schrie!“

Wenn er mir ein Trauerspiel vorlas, stellte er jedesmal die Bedingung, daß er bei jedem Akte eine Prise Tabak nehmen dürfte.

„Ich kann diesen spanischen Tabak nicht entbehren; es ist eine eingewurzelte Gewohnheit. Ich besudele mir dabei Gesicht und Kleidung. Wie widerlich das ist! Nicht wahr, ich bin beinahe ebenso schlampig wie unser guter Marquis!“ Als er eines Tages ‚Iphigenie auf Tauris‘ von La Touche las, sagte er: „Sie werden mir zugeben, daß die Verse und Gespräche nicht annähernd so gut sind wie die von Racine und daß ich guten Grund habe, wenn ich diese neuen Trauerspiele nur sehr selten lese.“ —

Als man ihm die Eroberung von Schweidnitz meldete, sprach er: „Oh, diese Nachricht ist soviel wert wie mein Trauerspiel! Aber meinen Sie nicht auch, daß es grausam ist, so viele brave Leute ins Jenseits zu schicken, und wozu? Wegen ein paar elender Geländezipfel und einiger kleiner Nester! Ich werde die Geschichte dieses Krieges schreiben; hier habe ich bereits meine Aufzeichnungen, wie ich sie auch in den Kriegen der Jahre 40 und 44 gemacht habe. Ich werde sie Ihnen vorlesen, wenn wir so glücklich sein sollten, unsere Penaten wiederzusehen. Ich werde für meine Familie und für die Nachwelt schreiben, damit sie mich richtig beurteilt. Ich selbst beurteile mich täglich mit möglichster Strenge, mein Lieber; ich weiß und gestehe es offen, daß wir alle Don Quijotes sind und schwere Fehler machen, und dieses Geständnis wird die Glaubwürdigkeit des Guten steigern, das ich getan habe. Zum mindesten sind meine Absichten immer die besten gewesen, und ich bin unaufhörlich auf der Hut gewesen, daß mein Geist sich möglichst wenig von meinem Herzen beirren ließe, und umgekehrt. Guten Abend! Ich habe noch einige Anordnungen zu treffen und ein paar Briefe zu schreiben, ferner zu verfügen, daß der liebenswürdige Dichter de Fontenailles[1], mein Gefangener, auf sein Ehrenwort nach Frankreich zurückkehren möge. Morgen werde ich mit Ihrer militärischen Unterweisung beginnen." —

„Da Sie demnächst unsere schönen Abenteuer miterleben werden, so müssen Sie gut Bescheid wissen über alles, was vorgeht, was getan wird und was man tun könnte. Was würde man dazu sagen, wenn Sie als mein Begleiter keine blasse Ahnung von unserem Handwerk hätten und von militärischen Angelegenheiten so unvernünftig sprächen wie Voltaire! Stellen Sie sich vor, daß er in einer Epistel über die gefährliche Kunst, Menschen zu vernichten, die er törichterweise meine Lieblingskunst nannte, in einem Verse sagte: ‚Die Kugel fliegt, das Pulver flammt.' Ich schrieb darunter: ‚Das Pulver flammt, die Kugel fliegt — so muß mein militärischer Sachverständiger schreiben!' Eines Tages sagte er zu mir: ‚Aber Sire, sind Sie während des Kampfes nicht voll Wut und Begeisterung?' — ‚Durchaus nicht; denn gerade dann muß man so ruhig wie möglich sein und, wenn es angeht, einen so kühlen Kopf wie Marlborough haben.' — ‚Aber Ihre Kämpfer rufen Sie zu Heldentaten auf; doch, Sire, sind es nicht in Wahrheit kannibalische Taten? Welcher Unterschied zwischen Ihnen und uns! Sie zerstören die Welt, und wir klären sie auf.

[1] Der französische Hauptmann de Fontenailles, der bei Roßbach in preußische Gefangenschaft geraten war, schrieb an den König einen hübschen gereimten Brief und bat darin um seine Freilassung; Friedrich d. Gr. gewährte sie ihm um seiner zierlichen Verse willen.

Was besonders Sie von Kannibalen trennt, das ist der Umstand, daß Sie gleich mir sittliche Grundsätze haben und daß wir ihnen folgen, Sie als ein großer Mann und ich als der ergebene Bewunderer Eurer Majestät.'

Damit Sie diese Torheiten Voltaires vermeiden können, werde ich Sie in unseren Feldzug einweihen, soweit Sie es nötig haben, um darüber mitzureden. Sie müssen zunächst wissen, daß ich die Leitung der Belagerung meinem General Treskow übertragen hatte, welcher mit zwanzig Bataillonen und dreiunddreißig Schwadronen die Einschließung des festen Platzes begann. Da der Boden noch nicht genügend aufgetaut war, konnte man mit dem Ausheben der Laufgräben nicht vor dem 1. April beginnen, und am 7. war die Verbindung hergestellt. Für die Nacht vom 14. zum 15. ordnete man einen Sturmangriff an, welcher vorzüglich gelang. Der Kommandant, Herr von Thürheim, gab das Zeichen zur Übergabe, und die Kapitulation fand am selben Tage statt. Außer meiner Artillerie, die Sers dort zurückgelassen hatte, als im vergangenen November Herr von Nadasdy diese Festung einnahm, haben wir einundfünfzig Kanonen und fast siebentausend Feuerwaffen erobert. Wir haben die ganze Garnison gefangengenommen, die aus zwei Generalen, einhundertachtundsechzig Offizieren und viertausendneunhundertzwölf Soldaten bestand. So, das mag Ihnen für den Anfang genügen; wenn Sie länger bei mir sind, werde ich Ihnen mehr darüber sagen."

19. April 1758

Am 19. April verließ der König Grüssau und bezog sein Quartier in Schwenkfeld bei Schweidnitz. Er besichtigte auf der Durchreise die Belagerungsarbeiten, deren Leitung in den Händen des Ingenieurobersten Herrn von Balbi gelegen hatte. Der Oberst, der alle diese Einrichtungen zeigte, wurde mit allen Zeichen der Freundschaft und der Hochschätzung empfangen. „Sie haben Wundertaten verrichtet, Balbi; ich bin höchst zufrieden mit Ihnen; nehmen

Sie zum Zeichen meiner Genugtuung und meiner Erkenntlichkeit diese Epistel, die ich gestern schrieb und worin ich Ihrer Begabung Gerechtigkeit widerfahren lasse."

Ich kann mich nur noch des Anfanges dieser seltsamen Epistel entsinnen:

Empfangen Sie, mein teurer Balbichon,
Die Verse meiner hoch erfreuten Muse.

Der König pries darin Balbis überragende Fähigkeiten, seine Tätigkeit, seinen Eifer, und er beglückwünschte ihn, daß er unfehlbar eine große Rolle in den Jahrbüchern der Weltgeschichte spielen würde; wenn aber wider Erwarten die Mißgunst verhindern sollte, daß er in diesen Jahrbüchern glänzte, so würde er doch in seinem Geiste in leuchtenden und unverlöschlichen Zügen fortleben.

Am Tage der Ankunft in Schwenkfeld wurde ich um drei Uhr nachmittags gerufen.

„Da stehe ich also am Beginn meines Feldzuges. Gott weiß, was von ihm und von mir zu halten sein wird. Es gibt nichts Grausameres, als unaufhörlich Krieg führen zu müssen, und das stumpfsinnige Volk hält mich für einen glücklichen Sterblichen! Ich bin es nicht, selbst nicht in meinem lieben Potsdam, das ich vielleicht nicht wiedersehen werde. Sehen Sie hier mein Festmahl: An jedem Morgen sind vierzig Briefe zu lesen; die Hälfte davon ist nichtssagend; ein Viertel ist sehr gleichgültig oder mißlich, und der Rest enthält die unangenehmsten Nachrichten. Sie kennen mich vielleicht noch nicht genügend; aber Sie dürfen überzeugt sein, daß ich lieber als Privatmann leben möchte und daß ich dieses einfache und zurückgezogene Leben, wo man sich selbst gehört, meinem Königtum vorziehen würde. Ich habe von zwölfhundert Talern gelebt; ich würde mich um den Preis eines ruhigen Lebens mit weniger begnügen. Ein Privatmann kann sogar mit acht Groschen täglich auskommen! Doch ich baue hier schöne Luftschlösser! Ich habe eine Lebensaufgabe; ich habe ein Volk, das ich liebe — Gott ist mein Zeuge! Ich muß um jeden Preis auf meinem Posten bleiben, seine Lasten ertragen und mich opfern für dieses Volk, das ich gern glücklich machen möchte.“

Nach dieser Unterredung ließ er den Hauptmann Guichard rufen.

„Nun, mein Herr, haben Sie die Belagerungsanlagen gesehen?“

„Noch nicht, Sire; ich werde sie morgen besichtigen.“

„Aber Herr Hauptmann, man soll niemals auf morgen verschieben, was man heute besorgen kann! Für einen Neuling sind Sie recht wenig neugierig, Herr Hauptmann!“

Auf den Ruf des Königs kommt ein Grenadier vom ersten Bataillon herein, welcher, ohne ein Wort zu sagen, die volle Ausrüstung eines Soldaten in das Zimmer des Königs bringt. Der Grenadier verschwindet wieder.

„Sie sagten mir in Grüssau, daß ein römischer Soldat viel mehr zu tragen gehabt hätte als die unseren; da man nicht so leichtfertig urteilen soll, habe ich die ganze Ausrüstung eines preußischen Soldaten hereinbringen lassen, damit Sie sich selbst überzeugen mögen, ob Ihre Behauptung richtig ist.“

Ich war beunruhigt wegen des armen Hauptmanns; denn ich vermutete stark, daß man ihn verspotten wollte. Tatsächlich stellte ihn der König mitten ins Zimmer, ließ ihn die Haltung eines Rekruten einnehmen, richtete ihm das Kinn in die Höhe, setzte ihm den Hut vorschriftsmäßig auf, wobei er ihm fast den Kopf einschlug, umgürtete ihn mit dem Säbel, hängte ihm die Patronentasche mit sechzig Patronen und den Tornister um und reichte ihm das Gewehr, das er ihn ordnungsmäßig halten ließ. Nachdem der Hauptmann so ausstaffiert worden war, sagte Seine Majestät lachend:

„Ich muß gestehen, Sie sehen gut aus! Sie gleichen völlig einem preußischen Soldaten; Sie werden sehen, daß Sie ihn Ihren Römern vorziehen lernen werden. Nicht wahr, Catt, der Hauptmann sieht wie ein richtiger ‚Suldat‘ aus, wie der Marquis zu sagen pflegt!“

Ich antwortete nicht. Der König konnte es mir ansehen, daß diese Posse peinlich war für mich, für den, der sie trieb, und für den, der sie über sich ergehen lassen mußte.

„Aber Sie lachen ja gar nicht?" sagte er zu mir.

„Nein, Sire."

„Und warum nicht?"

„Weil mir Herr Guichard blaß geworden zu sein scheint."

„Oh, bleich! Das kommt von der Freude, die er darüber empfindet, wie ein großer Grenadier auszusehen! — Aber ich will Ihnen einen Brief vorlesen, den ich gestern abend aus dem Haag von einem bedeutenden Manne empfangen habe."

In diesem Briefe schlug man dem Könige Mittel vor, die Holländer in den Krieg zu verwickeln für den Fall, daß Prinz Ferdinand die Franzosen über den Rhein zurückjagen sollte.

„Was sagen Sie dazu?"

Und von Zeit zu Zeit warf er dem Hauptmann einen kurzen, seltsamen Blick zu.

„Warum sollte ich die Holländer zu zwingen versuchen, an unseren Streitigkeiten teilzunehmen? Was haben sie mir Böses getan, daß ich sie darein verwickeln sollte? Warum sollten sie nicht, zum Wohle ihres Staates, die Meister ihres Handelns oder ihres Unterlassens bleiben? Wird es denn diesen politischen Teufeln niemals in den Kopf kommen, daß man aufrichtig an die Dinge herangehen und die Ruhe derer achten muß, die, zu ihrem größeren Vorteil, ein Interesse daran haben, bei sich den Frieden zu erhalten? Ich leide zu sehr unter den Übeln des Krieges, als daß ich die anderen Mächte veranlassen möchte, sie mit mir zu teilen."

Nach diesen schönen moralischen und philosophischen Reden und nachdem diese für den Hauptmann in jeder Hinsicht peinliche Sitzung reichlich drei Viertelstunden gewährt hatte, wandte sich Seine Majestät endlich zu ihm und nahm ihm selbst die ganze Ausrüstung ab, mit der er beladen worden war.

„Nun, Herr Hauptmann, finden Sie nicht, daß die Bürde meiner Soldaten recht beachtlich ist, und glauben Sie nun, daß sie der eines römischen Söldners nahekommt?“

„Ich glaube es“, antwortete er mit einer traurigen und abwesenden Miene, die mir unendlich weh tat.

„Wir werden jetzt große Märsche unternehmen, Herr Hauptmann. Ich hoffe, Sie werden die Überzeugung gewinnen, daß sie ebenso groß sind wie die der Römer, und Sie werden kriegerische Unternehmungen zu sehen bekommen, von welchen Sie keine Ahnung hatten und nicht haben konnten. Leben Sie wohl, mein Herr! Seien Sie ein wenig Preuße, und Sie werden Ursache haben, mit mir zufrieden zu sein.“

„Sie werden mir zugeben“, sagte darauf der König zu mir, „daß man über gewisse Dinge nur nach sorgfältigem Vergleich urteilen kann. Die Herren Schriftsteller aber entscheiden diese Fragen von ihrer Schreibstube aus. Es ist gut, ihre Gedanken an Hand der Praxis richtigzustellen. Glauben Sie nicht auch, daß unser Hauptmann nach der Erfahrung, die er soeben hat machen müssen und die ihn, wie es mir scheint, betrübt hat, nicht mehr so leichtfertig urteilen wird, wenn er wieder schreibt? Ich glaube gewiß, daß er nicht wieder von Märschen und von Gepäck sprechen wird.

Ich habe meine beiden Oden verbessert. Morgen früh will ich sie noch einmal durchsehen; denn dem Patriarchen der Literatur darf man vom Guten nur das Beste senden. Er hat mir oft gesagt, wie ich es anfangen müßte, gute Verse und gute Prosa zu schreiben, und wie peinlich ich mit meinen Dichtungen sein sollte. Er hat mich stramm in Zucht genommen, sage ich Ihnen! Wenn ich ihm Dichtungen schickte, so schrieb er darunter: ‚Pah, das ist keinen Pfifferling wert und sollte völlig gestrichen werden — das mag gehen — jenes ist leidlich — diese Verse sind gut‘ — und er ließ es mich bis zu zwanzigmal umarbeiten, bis es gut geworden war, und dann schrieb er immer noch: ‚Wie ist es nur möglich, daß Sie diese vier Verse geschrieben haben, die bewundernswürdig sind, und daß die übrigen so schlecht sind? Legen Sie sich ein Reimlexikon an!' Ich bin seinem Rate gefolgt und habe mein Lexikon vor der Schlacht bei Leitmeritz[1] begonnen; ich setze es fort in den Augenblicken, die mir der Schlachtenlärm läßt."

Nach beendeter Sitzung ging ich heim, wo ich den Herrn Hauptmann Guichard traf, der mich erwartete, um mit mir über das soeben Erlebte zu sprechen.

„Hat der König nichts zu Ihnen gesagt?"

„Nichts — aber er schien mir betrübt zu sein wegen der Prüfung, der er Sie unterworfen hat."

„Er und traurig? Glauben Sie mir, er ist weder für Traurigkeit noch für Menschlichkeit empfänglich! Ich bestreite ihm das Recht, sich Philosoph zu nennen! Der Salomo des Ostens hätte nicht so gehandelt; man muß ein Salomo des Nordens sein, um einen ehrlichen Menschen wie mich kaltblütig leiden zu sehen! Dennoch: seine Soldaten reichen nicht heran an die Söldner des alten Rom!"

„Denken Sie das — aber sagen Sie es ihm niemals wieder! Fürchten Sie eine neue böse Erfahrung!"

„Tiberius hätte mich nicht eine Stunde lang Posten stehen lassen!"

21. April 1758

Am 21. brach man nach dem kleinen Städtchen Nimptsch auf. Der König sah auf dem Marsche ein Packpferd, das unter seiner Last fast zusammenbrach, und fragte seinen Generaladjudanten, den General von Wobersnow: „Aber wer ist denn nur so einfältig, ein armes Tier derart zu beladen? Es kann ja nicht bis zum Ziele durchhalten!" Um den König zum Lachen zu reizen, und zwar zum Lachen auf meine Kosten, sagte der General, dieses Pferd gehörte mir.

„Man sieht doch gleich", sagte der König lachend, „daß

[1] Gemeint ist die Schlacht bei Lobositz, 1756; Sieg über den österreichischen General Browne, der den Sachsen hatte zu Hilfe eilen wollen.

er zum erstenmal einen Marsch mitmacht! Wie drollig das ist!"

Als ich nach dem Mittagessen gerufen wurde, kam mir der König beim Betreten des Zimmers mit lautem Lachen entgegen. Je mehr ich mich darüber zu wundern schien, desto mehr lachte er.

„Aber mein Gott, wie ist's denn nur möglich!" Und er lachte von neuem. Endlich, nach einer halben Stunde, war dieser Auftritt vorüber, der mich schon zu beunruhigen angefangen hatte.

„Wie ist es nur möglich, daß ein geistvoller und kluger Mensch ein armes Packpferd so beladen kann, daß ihm fast das Kreuz bricht?"

„Ich verstehe nicht, was Eure Majestät mir zu sagen geruht."

„Aber es war doch Ihr Packpferd, das sich geradezu bog unter der Last seines Gepäcks! Wobersnow hat es mir gesagt!"

„Es tut mir leid, daß Ihr Generaladjutant, der offenbar nicht gewußt hat, wie er Eure Majestät unterhalten soll, Ihnen eine so kindische Unwahrheit erzählt hat. Mein Packpferd trägt nichts weiter als eine einfache Matratze und einen kleinen Futtersack; meine anderen Packpferde sind krank und sind mit meinem ganzen Gepäck nach Schweidnitz geschickt worden. So ist es in Wahrheit; der General aber hätte es lieber unterlassen sollen, Eure Majestät auf meine Kosten zu belustigen."

„Das ist nicht recht", sprach er; „ich werde es ihm sagen."

Ich berichtete dem General diese ganze Unterhaltung und bat ihn dringend, künftig derartige Scherze zu vermeiden. Dieser General war im Grunde ein guter Mensch, sehr tapfer, aber sehr beschränkt. Auf diese Weise suchte man häufig den König zu erheitern, der nichts dringender wünschte, als Gelegenheit zu haben, seine entschiedene Vorliebe für den Spott zu befriedigen.

Während dieser Sitzung in Nimptsch sprach er mit mir über die Erziehung der Kinder.

„Man muß sich vor allem bemühen, sie vernünftig zu

machen, ihnen einen geraden Verstand zu geben. Zu diesem Zwecke muß es einem weniger darauf ankommen, daß sie viel lernen, als daß sie das, was sie behalten sollen, auf eine klare und bestimmte Weise lernen. Man muß auf das, was sie gelernt haben, zurückkommen, muß dafür sorgen, daß sie mit den Worten klare Begriffe verbinden, und muß vor allen Dingen danach streben, daß sie Freude am Lernen haben, das die Jugend keineswegs liebt. Das ist der Plan, den ich für die Erziehung meines Neffen[1] entworfen habe. Man möge die Kinder nicht in allem bevormunden; wenn sie Torheiten begehen, nun gut, so werden sie sich bessern, sobald sie deren Folgen erkannt haben. — Ich wünsche durchaus nicht, daß man meinem Neffen zu viel Ehrerbietung erweist. Ich lasse ihm alle Generale vorgehen, und wenn sie ihm zu viel Hochachtung bezeigen, so lasse ich durchblicken, daß mir das mißfällt. Die Prinzen wissen so schon zeitig genug, daß sie Prinzen sind! Vor allen Dingen sollen sie jedoch wissen, daß sie Menschen sind und daß sie die Menschen brauchen. So bin ich erzogen worden. Im allgemeinen gelingt es den Jugenderziehern ebensowenig, brauchbare Menschen heranzubilden, wie es den Moralisten gelingt, die Sitten zu verbessern: Beide wollen immer jenseits der Grenzen der menschlichen Natur wirken. Die Moralisten sollten lieber alle gute Ärzte sein; bevor sie von der Moral sprächen, sollten sie gute Arzeneien verschreiben; solange die Leiden nicht gestillt sind, wird ein Moralist immer in den Wind reden.

Wer die Menschen leiten will, muß vor allen Dingen ihren Geschmack, ihre Meinungen, ihre schwache Seite kennen, die wir alle haben. Diese Schwäche ist die Klaviersaite, die man anschlagen muß, wenn man den gewünschten Ton hören will.

Meine hannoverische Großmutter[2] sagte eines Tages zum

[1] Friedrichs Thronfolger Friedrich Wilhelm, Prinz von Preußen, der spätere König Friedrich Wilhelm II. (1744—1797, König 1786), Sohn des Prinzen August Wilhelm, des Bruders Friedr. d. Gr. — [2] Sophie Charlotte, Königin von Preußen (1668—1705), Gemahlin Friedrichs I., eine geb. Prinzessin von Hannover, die geistvolle Freundin von Leibniz.

Marquis Desalleurs[1]: ‚Wie ist es möglich, daß so viele Ihrer französischen Damen sich verführen lassen?‘ — ‚Um der Juwelen willen, Madame.‘ — ‚Ach, wer wird sich der Juwelen wegen wegwerfen!‘ — ‚Aber hunderttausend Taler ...‘ — ‚Pfui, wie gemein, sich um Geld zu verkaufen!‘ — ‚Aber eine schöne Perlenkette ...‘ — ‚Ach, hören Sie auf, Herr Marquis! Sie werden mir noch so viel darüber sagen, daß ich Ihnen nichts mehr erwidern kann.‘

Meine Großmutter liebte nämlich die Perlen über alles; sie waren ihre Leidenschaft. So sind wir nun einmal, Sie und ich und alle anderen: schwach und unvollkommen. Aber hätte uns die Gottheit nicht auch weiser und vernünftiger schaffen können und somit empfänglicher für das Glück?“

„Sie hätte es zweifelsohne gekonnt; aber es scheint nicht im Schöpfungsplane gelegen zu haben.“

„Ach, ich höre Pope reden! Lassen wir ihn vernünfteln — dieses System der besten Welt würde uns zu weit führen. Wir wollen danach trachten, die Menschen kennenzulernen, wie sie nun einmal sind. Guten Abend!“

22. bis 24. April 1758

Am 22. reiste der König von Nimptsch nach Münsterberg. Unterwegs rastete man in Heinrichau, einem Kloster der Zisterziensermönche. Diese Mönche hielten eine Ansprache an seine Majestät und wünschten ihr einen glücklichen Feldzug.

„Wenn Ihr Wunsch ernst gemeint ist“, erwiderte der König, „so werden Sie zufrieden mit mir sein können. Aber wenn Sie das Gefühl nur vortäuschen und meinen Feinden Nachrichten geben, wie es schändlicherweise einige Ihrer Ordensbrüder getan haben, so werde ich Sie ohne Erbarmen samt und sonders aufhängen lassen!“

Sie beteuerten ihre Ehrlichkeit und ihre bisherige Treue und schwuren unwandelbare Treue auch für die Zukunft.

[1] Französischer Gesandter am Hofe des Kurfürsten Friedrich III. (=Königs Friedrich I.).

Der Prälat lud das Gefolge des Königs zu einer sehr hübschen Zwischenmahlzeit ein. Einer der Mönche sagte zu dem Adjutanten von Marwitz: „Seine Majestät ist sehr gnädig; es ist schade, daß sie mit dem Aufhängen der Leute so schnell bei der Hand ist."
Wir kamen gegen elf Uhr in der kleinen Stadt Münsterberg, dem nunmehrigen Hauptquartier, an. In diesem Orte machte ich die Bekanntschaft des Generals von Lentulus und des Obersten von Schwerin, des Befehlshabers der Gendarmen.

Nach dem Mittagessen begann Seine Majestät der König über diese beiden Offiziere zu sprechen, mit welchen er mich durch das Fenster ziemlich lange hatte reden sehen.
„Sie haben lange mit Lentulus und Schwerin geplaudert. Was haben sie Ihnen gesagt?"
„Sie haben mir gratuliert zu dem Glück, in Ihrem Dienste zu sein. Sie haben über ihre Dienstfertigkeit Ihnen gegenüber gesprochen und haben es beklagt, daß Sie sich bei Gefechten und in Schlachten den Gefahren zu sehr aussetzten."
„Lentulus ist ein hervorragender Offizier, den ich den Österreichern weggeschnappt habe; er ist tapfer und klug, ein Abkömmling jener alten Schweizer, Ihrer Landsleute. Wenn Sie öfter mit ihm zusammentreffen, wird er Ihnen sagen, wie wir zueinander stehen und mit welch unwandelbarer Treue ich mich meinen Freundschaften widme. — Schwerin ist ebenfalls ein gutes Kind und versteht seine Sache aufs beste. Er ist so tapfer wie Lentulus; aber in mancher Beziehung ist er ein Sonderling, und ich behandle ihn zuweilen wie einen Straßenjungen. Das betrübt ihn, und er beklagt sich darüber, wobei er meinen Rockschoß festhält. Er wirft mir sogar vor, daß ich undankbar sei, daß niemand mir mehr ergeben sei als er und daß ich niemanden schlechter behandle als ihn. Wir beenden dann den Streit, er mit großartigen feierlichen Versicherungen und ich mit tiefen Verbeugungen und mit dem Ausdruck lebhafter Besorgnisse wegen seiner Anhänglichkeit an mich. ‚Schämen Sie sich nicht, mir eine solche Lob-

rede zu halten?' sagt er und geht davon. Vergeblich rufe ich ihn zurück; er stellt sich taub.

Lentulus und Schwerin haben Ihnen gesagt, daß ich mich der Gefahr zu sehr aussetze; und warum sollte ich es nicht tun, da so viele brave Leute für mich und das Vaterland den Gefahren trotzen? Wenn Sie erst eine Zeitlang mit mir am Kriege teilgenommen haben, so werden Sie selbst sehen, daß ich so handeln muß. Ein Fürst, der Krieg führt und dessen Gefahren meidet, der verdient nicht, daß man sich um sein Schicksal bekümmert; dadurch bedeckt er sich mit unauslöschlicher Schande. Zwar behaupte ich nicht, daß er sich wie ein Grenadier in Gefahr begeben müsse. Er darf niemals vergessen, daß er das Haupt eines Heeres ist, das sein Vertrauen in seine Geschicklichkeit und seine Vorsicht setzt und für das er sein Leben schonen muß. Aber wenn die Gefahr sehr groß ist, wenn es nötig erscheint, daß er sich opfert, so werden ihn Ehre und Klugheit die Augenblicke erkennen lassen, wo dieses Opfer erforderlich ist, und er wird nicht lange zögern, es zu bringen zum Heile des Vaterlandes und um der Ehre willen. —

Mein ganzes Offizierkorps ist im allgemeinen sehr gut; es sind viele darunter, die imstande wären, ein Heer zu führen und ausgezeichnete Feldzugspläne zu entwerfen, und wie viele gibt es doch dabei, deren ganzes Verdienst ich nicht kenne und nicht einmal kennen kann! Bricht es sich aber Bahn und gelangt es zu meiner Kenntnis, so fördere ich den Betreffenden in hervorragender Weise. und dadurch reize ich zum Wetteifer an, der überall so nötig ist, besonders aber beim Waffenhandwerk. Deshalb muß man sich wohl hüten, verdienstvolle Männer zu demütigen; daher auch bin ich sehr, ja sogar ängstlich darauf bedacht, zu loben, was gelobt werden muß. Die Offiziere, die sich Mühe geben, die bestrebt sind, sich weiterzubilden, die Klugheit beweisen, die können sicher sein, daß bei mir ihre Anstrengungen nicht verloren sind. Sie wissen sogar, daß ich mir ein Vergnügen daraus mache, sie zu belehren und zu leiten.

Meine Truppen sind gut und wohlgeschult. Ich sorge dafür, daß ihnen alles, was sie ausführen sollen, zur Gewohnheit wird. Das ist das ganze Geheimnis. Wenn man von vornherein weiß, daß man eine Sache gut machen wird, so geht man leichter, besser und mutiger daran. Ich ermutige meine Soldaten, ich packe sie bei der Ehre, ich belohne sie, und wenn es nötig ist, verspreche ich ihnen diese Belohnungen schon vorher, um sie anzuspornen.

Nach der Schlacht bei Breslau[1] fürchteten sie sich vor den Kanonen; da versprach ich hundert Dukaten für jede Kanone, die ein preußischer Soldat eroberte, und das hatte einen wunderbaren Erfolg. So vorteilhaft ist es, das Herz der Menschen zu kennen und zu wissen, was sie zur Pflichterfüllung bewegen kann. Die Kanone entscheidet alles, mein Lieber. Herr von Turenne rühmte sich seiner vortrefflichen Artillerie, und dabei bestand sie doch nur aus siebzehn Kanonen; was würde er zu uns gesagt haben, die wir jeder über mehr denn zweihundert verfügen! Ich wollte beinahe immer darauf wetten, eine Schlacht zu gewinnen; aber jetzt kann man nichts tun gegen diese schreckliche Artillerie."

Während dieses dreitägigen Aufenthaltes in Münsterberg las mir der König sein Gedicht über den Krieg[2] vor.

„Ich habe dabei mit großen Schwierigkeiten zu kämpfen gehabt. Nichts ist mühsamer, als Vorschriften über irgendeine Kunst in gute Verse zu bringen. Diese Schwierigkeiten habe ich ziemlich gut überwunden; dafür habe ich Voltaire als Bürgen, der mir seine Anerkennung ausgesprochen hat. Das will nicht wenig besagen, mein Lieber, den Beifall eines großen Dichters zu finden, der nicht schmeichelt und auf diesem Gebiete schwer zu befriedigen ist. Vielleicht habe ich mein Herz zu sehr an die Dichtkunst und an die Beredsamkeit gehängt; aber sie bilden meine Erholung. Wenn ich nur sie habe, so langweile ich mich nie und kann die ganze Welt entbehren. Glauben

[1] Österreichischer Sieg über Friedrichs General Herzog August Wilhelm von Braunschweig-Bevern im Jahre 1757, nach der für Preußen unglücklichen Schlacht bei Kolin. — [2] „L'Art de la Guerre" (Die Kriegskunst).

Sie aber nicht, daß ich großen Wert auf meine Werke lege; nein, wenn ich auch ein wenig die Schrulle habe, ein Schriftsteller zu sein, so bin ich doch gänzlich frei von Dünkel.“

Von Münsterberg aus machte der König einen Abstecher nach Glatz, um, wie er sagte, damit dem Feinde zu imponieren.

„In fünf Tagen kann ich Ihnen sagen, ob ich glücklich oder unglücklich sein werde.“

25. April 1758

Er marschierte am 25. mit der Vorhut ab, und sein Hauptquartier wurde in Neiße aufgeschlagen. Als er bei seiner Ankunft in dieser Stadt vom Pferde stieg, bemerkte er die Edelleute der Umgegend, Prälaten, Domherren und andere Kleriker, die gekommen waren, ihm ihre Aufwartung zu machen. Der König, der nicht bei bester Laune war, weil er unterwegs unter der Kälte zu leiden gehabt hatte, empfing diesen und jenen nicht besonders gut. Die Kleriker vor allem wurden nicht geschont, und die Begrüßung, die er ihnen zuteil werden ließ, war noch weniger liebevoll als die, die er den Mönchen zu Heinrichau bereitet hatte.

„Meine Herren“, sagte er zu den Priestern, „ich weiß sehr genau, daß die meisten von Ihnen eine starke Vorliebe für den Beruf eines Spions haben. Hüten Sie sich! Wenn ich die geringste Untreue Ihrerseits bemerke oder wenn ich darauf aufmerksam gemacht werde, so lasse ich Sie wie schlimmstes Gesindel an einem der Türme der Stadt aufhängen.“

Alle machten eine tiefe Verbeugung und zogen sich zurück, die Edelleute sehr unzufrieden mit der Kälte des Empfangs und die Priester sehr entrüstet über die Hitze und die Bitterkeit der Vorwürfe des Königs, die sie durchaus nicht verdient hatten.

Am Nachmittag beschäftigten diese Priester den König noch völlig, und während meiner ziemlich langen Sitzung sprach er nur von ihnen.

„Sie können sich von diesem Priestergesindel keine Vorstellung machen, mein Lieber! Das sind die größten Schurken, die es gibt. Ich bin mit diesem Pfaffengeschmeiß unerhört gütig gewesen, und es hat mir's stets mit Treulosigkeit gelohnt. Unaufhörlich lassen sie dem Feinde Nachrichten zukommen und fügen mir unersetzlichen Schaden zu. Wenn ich daher einen von ihnen ertappe, einen Prälaten, Domherrn oder Priester, so soll die Todesstrafe, die ihn trifft, diese ganze kapuzenbedeckte Rasse in Schrecken setzen."

„Ich glaube gern, daß es unter ihnen sehr schlechte Geschöpfe gibt, wie man sie in allen Ständen finden wird. Aber es gibt darunter sicherlich viele, die nicht der geringsten Untreue fähig wären."

„Viele, mein Lieber? Treten Sie nicht zu sehr für sie ein! Was sagen Sie zu diesem verdammten Fürstbischof Schaffgotsch[1], der mich in nichtswürdigster Weise verraten hat? Ich habe ihn stets mit Güte und Gnade überschüttet; ich habe ihn bei mir in Potsdam gehabt; er hat stets an meiner Tafel gespeist; ich habe mich ihm zuvorkommend erwiesen durch allerlei Rücksichten und Wohltaten — und dieser niederträchtige Schurke hätte, wenn's ihm möglich gewesen wäre, mich, Breslau, mein Heer den Österreichern ausgeliefert, die ihn verachten. Als er erfuhr, daß ich über seinen Verrat Bescheid wußte, floh er; aber die ewige Gerechtigkeit wird ihm bis in seine Zufluchtsstätte folgen, und vielleicht erwägt er dort, die Österreicher selbst zu verraten. Nichts betrübt mich so wie diese Verrätereien; solche Verräter und heimtückischen Menschen erfüllen mich mit Abscheu. Wissen Sie, was ich tue, wenn ich einen entdecke? Ich lese Marc Antonin[2]!

Ich habe während der Nacht in Münsterberg einen seltsamen Traum gehabt, und ich weiß nicht, wie das zugeht, ich habe sehr häufig dieselben Träume. Mir träumte also, mein Vater sei des Nachts mit sechs Soldaten in mein Zimmer gekommen und befehle ihnen, mich zu

[1] Aus dem berühmten schlesischen Grafengeschlecht. — [2] Marc Aurel.

binden und nach Magdeburg zu bringen. ‚Aber warum nur?' frage ich meine Bayreuther Schwester[1]. — ‚Weil Sie Ihren Vater nicht lieb genug gehabt haben.' — Und ich erwachte schweißgebadet, wie wenn man mich in den Fluß getaucht hätte. Welche absonderlichen Gedanken, welche wirren Bilder tauchen empor während des Schlummers der Vernunft! Sie formt aber deren viele auch dann, wenn sie wach ist, und gerade diese Träume, die die Menschen im wachen Zustande haben, sind ihnen gewöhnlich verhängnisvoll.
Glauben Sie aber bitte nicht, daß ich wie viele Schwachköpfe und alte Weiber auf Träume in alberner Weise Wert lege! Sie sind nichts weiter als der Ausfluß eines Unbehagens, das den Körper quält, oder des Blutes, das von den Verdrießlichkeiten des Tages zu erregt ist."
Und vielleicht, sagte ich mir selbst, als ich diese Betrachtung hörte, vielleicht ist der Traum ebenso wie die Kälte schuld an dem Tone, in dem der König heute morgen zu den hiesigen Priestern gesprochen hat.
Dieser Traum veranlaßte den König, mir viel von seinem Vater zu erzählen.
„Welch schrecklicher Mann!" sagte er, „aber auch welch gerechter, kluger und sachkundiger Mann! Sie können sich nicht vorstellen, welch große Ordnung er in alle Verwaltungszweige gebracht hat. Kein Fürst erreichte ihn in der Fähigkeit, in die geringsten Einzelheiten einzudringen, und er drang in sie ein, um, wie er sagte, alle Teile der Staatsverwaltung auf den höchsten Grad der Vollkommenheit zu bringen. Nur durch seine Sorgen, seine unermüdliche Arbeit, seine von peinlichster Gerechtigkeit erfüllte Politik, seine große und bewunderungswürdige Sparsamkeit und die strenge Manneszucht, die er in dem von ihm geschaffenen Heere einführte, nur dadurch sind meine bisherigen Leistungen ermöglicht worden. In seiner Lebensweise war er von erstaunlicher Einfachheit; aber, mein Lieber, er war auch von beinahe unerhörter Strenge bezüglich der der anderen. Er ließ nicht mit sich spaßen;

[1] **Vgl. Namenverzeichnis unter Friedrich d. Gr.: Seine Familie.**

wer ihm bei schlechter Laune unglücklicherweise in die Quere kam, den bedachte er plötzlich mit Stockschlägen und mit Fußtritten auf die Rückseite.

Ich werde niemals eine Szene vergessen, die mich fast ebenso ergriff wie später die unglückliche Küstriner Angelegenheit, von der ich erzählen werde.

Ich war noch ein Kind und lernte ein wenig Latein; ich deklinierte mit meinem Lehrer: mensa, ae, dominus, i, ardor, ris, als plötzlich mein Vater ins Zimmer trat. ‚Was machst du da?' — ‚Papa, ich dekliniere mensa, ae', sagte ich in kindlichem Tone, der ihn hätte rühren müssen. ‚O du Schurke, Latein für meinen Sohn! Geh mir aus den Augen!' und er verabreichte meinem Lehrer eine Tracht Prügel und Fußtritte und beförderte ihn auf diese grausame Weise ins Nebenzimmer. Erschreckt durch diese Schläge und durch das wütende Aussehen meines Vaters, verbarg ich mich, starr vor Furcht, unter dem Tische, wo ich in Sicherheit zu sein glaubte. Ich sehe meinen Vater nach vollbrachter Hinausbeförderung auf mich zukommen — ich zittere noch mehr; er packt mich bei den Haaren, zieht mich unter dem Tische hervor, schleppt mich so bis in die Mitte des Zimmers und versetzt mir endlich einige Ohrfeigen: ‚Komm mir wieder mit deiner mensa, und du wirst sehen, wie ich dir den Kopf zurechtsetze!'

Später sah er nur immer voll Erbitterung, die ich niemals habe verstehen können, daß ich mich damit befaßte, meinen Geist zu pflegen und zu schmücken und Kenntnisse zu erwerben. Bücher, Flöte, Schriftstücke — wenn er sie erwischen konnte, wurden sie in den Kamin geworfen, und immer war die Verbrennung meiner Bücher von einigen Schlägen oder von sehr nachdrücklichen Verweisen begleitet. Die einzige Lektüre, die er mir gestattete, war die des Neuen Testamentes; man hätte fast glauben mögen, er wollte einen Gottesgelehrten aus mir machen, so ermahnte er mich unaufhörlich zur Lektüre der Bibel und solcher Bücher, die darauf Bezug hatten.

Die Strenge meines Vaters gegen mich, meine Schwestern

und meine Brüder, mit Ausnahme des Prinzen Heinrich, für den er immer eine Vorliebe gezeigt hat, die übermäßig schlechte Behandlung, meine ganz entgegengesetzten Neigungen, die so rechtlich, so unschuldig, ja so gleichgültig wie nur möglich waren, der fortgesetzte Zwang, unter dem er mich in jeder Hinsicht hielt, die immer wieder erwachende Furcht — alles das ließ mich, wahrlich recht unbesonnen, den gewaltsamen Plan fassen, mein Vaterhaus zu verlassen; aber, zum Teufel, wußte ich etwa, wohin ich gehen sollte? Das beweist Ihnen, mein Lieber, daß es das rasche Aufbrausen eines sehr verbitterten, sehr jungen und schrecklich unbesonnenen Geistes war. Ich lieh mir einige hundert Dukaten; denn dank der Sparsamkeit meines Vaters hatte ich oft keinen Pfennig in der Tasche. Ich sprach über meinen Plan mit Keith und Katte, die beide sehr liebenswürdig, aber ebenso unbesonnen waren wie ich. Wir setzten den Tag für unseren schönen Streich fest, und als wir bereit waren davonzugehen, wurde mein Vater durch einen Brief von außerhalb von dem schönen Plan benachrichtigt, den ich aufgestellt hatte. Ich wurde eingesperrt, krumm und lahm geschlagen und nach allen Regeln geohrfeigt. Ohne mein gute und hervorragende Mutter, die mir mit meiner Bayreuther Schwester zu Hilfe kam, welche ebenfalls sehr schlecht behandelt wurde, wäre ich vermutlich gestorben unter den Schlägen, die ich empfing. Wie Sie wissen, schickte man mich nach Küstrin.

Keith rettete sich. Katte, den ich von dem drohenden Unheil nicht benachrichtigen konnte, bestand hartnäckig darauf zu bleiben, und er wurde gefangengesetzt. Ach, mein Lieber, welche bejammernswerte Geschichte! Und welcher Barbarei bin ich in dieser höllischen Zitadelle ausgesetzt gewesen! Niemand sprach mit mir, weil er es nicht wagte; man überließ mich mir selbst und meinen traurigen Gedanken an meinen Freund Katte, dessen Schicksal mich mehr quälte als das meine. Man gab mir mein Essen durch einen kleinen Schalter, und dieses stets abscheuliche Essen reichte gerade zu, mich vor dem

Hungertode zu bewahren; später bekam ich eine flache Schüssel zum Mittagbrot. Ich glaubte schon, daß alles zu Ende ginge, als eines Morgens ein alter Offizier mit mehreren Grenadieren hereinkam, alle in Tränen aufgelöst. ‚Ach mein Prinz, mein teurer, armer Prinz', sagte der Offizier schluchzend, ‚mein guter Prinz!' Ich glaubte sicher, daß man mir den Kopf abschlagen wollte. — ‚So reden Sie doch! Muß ich sterben? Ich bin bereit dazu, daß die Barbaren mich ins Jenseits befördern! Nur schnell!' — ‚Nein, mein teurer Prinz, nein, Sie werden nicht sterben! Aber erlauben Sie, daß diese Grenadiere Sie an das Fenster führen und Sie dort festhalten.'

Sie hielten mir tatsächlich den Kopf, damit ich sähe, was vorging. Gütiger Gott, welch furchtbares Schauspiel, mein Lieber! Mein lieber, treuer Katte sollte unter meinem Fenster hingerichtet werden! Ich wollte meinem Freunde die Hand reichen; aber man stieß mich zurück. ‚Ach, Katte!' schrie ich; dann wurde ich ohnmächtig und machte damit die gefühllose Absicht derer zunichte, die mich hatten zwingen wollen, dieses grausame und barbarische Schauspiel mit anzusehen.

Man ließ abstimmen, ob ich ebenfalls hingerichtet werden sollte. Einige Generale, die meinem Vater und seiner Strenge ergeben waren, stimmten für meinen Tod. Ich wußte es, und als ich den Thron bestieg, behandelte ich diese feigen Schmeichler so, als ob ich ihre Niedertracht nicht kannte. Ich habe mich nicht an ihnen gerächt — und nun sagen Sie, ob ich nicht ein Philosoph bin!

Wenn Sie daran zweifeln, so bedenken Sie, daß Grumbkow zu meinem Vater bezüglich meiner Person sagte: ‚Eure Majestät müssen diesen Schurken hinrichten!' Das war eine Scheußlichkeit, und sie hat meiner Philosophie nichts anhaben können. Zweifeln Sie noch immer?

Aber das Folgende wird Sie überzeugen: Ich hatte in mein Regiment einen Soldaten eingestellt, der aus einem Orte desertiert war, dessen Kommandant Sydow war. Als Sydow erfuhr, daß ich den Soldaten hatte, erbat er ihn sich zurück. Ich schrieb ihm einen sehr aufrichtigen Brief und bat ihn, mir diesen Mann zu lassen, für den ich ihm zwei andere geben wollte. Statt mir zu antworten, sprach er mit meinem Vater darüber, der mir den Befehl erteilte, diesen Soldaten schleunigst zurückzuschicken. Ich schickte ihn also zu Sydow mit der inständigen Bitte, den armen Teufel nicht zu bestrafen. Aber weit entfernt, meine Bitte zu erfüllen, ließ er ihn dreißigmal Spießruten laufen und teilte mir dann mit, was er getan hatte. Ich habe den Thron bestiegen und Sydow in seinem Befehlsbereich belassen. Nun also, was sagen Sie dazu?"

„Daß nur große Männer angetanes Unrecht vergessen und verzeihen können."

„Nach Beendigung meines abscheulichen Küstriner Aufenthaltes erfuhr ich auch, daß meine ehrenwerte und zärtliche Mutter eines Tages zu meinen Geschwistern gesagt hatte, sie sollten vor dem König einen Kniefall tun, um ihn um Gnade anzuflehen. Die Markgräfin von Bayreuth, als die Älteste, warf sich meinem Vater zu Füßen, als er durch sein Vorzimmer ging. Sie wurde mit Ohrfeigen empfangen; die übrigen krochen vor Furcht unter einen Tisch, wie ich es bei dem mensa-Abenteuer getan hatte. Mein Vater, den Spazierstock in der Hand, wollte gerade die armen Kleinen verprügeln, als die Erzieherin, die Gräfin Kameke, hereintrat und um Gnade für ihre Kinder bat. ‚Scheren Sie sich weg, Sie Rabenaas', sagte der König. Sie antwortete, sie gerieten in Streit, und die erbitterte Gräfin sagte zum König: ‚Der Teufel wird Sie holen, wenn Sie meine armen Kinder nicht gehen lassen', und bei diesen entschlossenen Worten holte sie die Kinder unter dem Tische hervor und ließ sie in ein Zimmer gehen, wobei sie den König mit einer Miene anblickte, die Eindruck auf ihn machte. Am Tage nach dem Abenteuer sah der König die Gräfin; er dankte ihr, daß sie ihn am Begehen einer Torheit gehindert hatte. ‚Ich werde immer Ihr Freund sein', sagte er zu ihr, und er hat Wort gehalten.

Sie werden es verstehen, daß diese Szene einen unauslöschlichen Eindruck auf mich gemacht hat; Sie sehen ja, daß sie mir in meine Träume folgt und mir immer wieder meinen Vater zeigt, wie er erbittert ist über mich und bereit, mich zu schlagen.

Wir wollen Ihren kleinen militärischen Lehrgang fortsetzen. Sie wissen, daß ich in Breslau meinen Feldzugsplan entworfen habe. Mit der Eroberung von Schweidnitz habe ich ihn auszuführen begonnen, und ich bin jetzt im Begriff, mit einer Armee von fünfundsechzig Bataillonen und einhundertachtzehn Schwadronen nach Mähren zu marschieren. Ich werde Olmütz belagern, und nach der Einnahme dieser Stadt werde ich Ihnen sagen, wohin ich Sie dann führen werde.

Der General Fouqué folgt mir mit dem Troß, mit Lebensmitteln, der schweren Artillerie, der Munition und allem, was zur Belagerung nötig ist, und das Korps, das er führt, ist dazu ausersehen. Ich habe hier einige tausend Wagen zusammenbringen lassen, die alle diese Dinge wegführen sollen, und ich habe mich zu diesem Zwecke des Vorwandes bedient, daß das Magazin von Neiße nach Glatz gebracht werden müßte. Das ist mir gelungen, und es erschien dem Feinde einleuchtend, den ich übrigens so getäuscht habe, daß er meint, der Beginn des Feldzuges werde sich in Böhmen vollziehen.

Sie sehen, daß man in meinem Handwerk, so wie in allen übrigen, List und Kunstgriffe braucht. Alles ist gründlich und seit langem vorbereitet gewesen. Wenn Sie sich eine Vorstellung von dem machen wollen, was die Römer *impedimenta* des Heeres nannten, so sehen Sie sich nur an, was wir mitführen! Außer dem, was ich Ihnen schon geschildert habe, der Unzahl unserer Wagen, der Belagerungsartillerie, den Feldgeschützen, die die Regimenter bei sich haben, besitzen sie auch noch sechsundsechzig Zwölfpfünder, fünfzehn Vierundzwanzigpfünder, neunzehn Haubitzen und sieben Mörser. Ist soviel Kriegsgerät nicht wirklich schrecklich? Wie mühsam ist es doch, einen Menschen aufzuziehen, und welchen Aufwand macht man dann, um ihn wieder zu vernichten! Das schreit ja geradezu nach Rache! Barbaren, schließt Frieden! Aber die Barbaren hören mich nicht! Ach, nicht der Geist der Menschlichkeit wird uns dazu veranlassen, diesen Frieden zu schließen, sondern der Goldmangel wird es tun. Man wird sich solange den Hals abschneiden, bis dieses gemeine Metall ausgetilgt ist."

27. April 1758

Am 27. marschierte Seine Majestät aus Neiße ab mit der Vorhut in Stärke von sechzehn Bataillonen, dreizehn Kavallerie- und zehn Husarenschwadronen und begab sich nach Neustädtel, wo das Hauptquartier aufgeschlagen wurde. Die Bataillone von Wedell, von Carlowitz und Kleist bildeten die Deckung von tausend mit Mehl und Futter beladenen Wagen, die der Vorhut folgten, und der Marschall von Keith ließ in Neiße, das wir soeben verlassen hatten, fünfzehn Bataillone der Hauptarmee einmarschieren an Stelle der des Vortrabs, die daraus abgezogen waren. Das alles berichtete mir der König am Nachmittag nach beendetem Marsche.

„Wenn ich doch mit Ihnen von unserem Marsche nach Potsdam sprechen könnte! Gott weiß, dieser Marsch scheint mir noch in schrecklicher Ferne zu sein; aber wenn wir hinkommen, wie will ich mich dann durch Ruhe und durch Studium entschädigen für all die Plackereien, die mich bedrücken! Welch ein Hundeleben! Sie kennen vielleicht die Geschichte von jenem jungen Manne, der seinem Beichtvater seine Fehler, seine Vergnügungen, seine Ränke eingestand und diesen bei jedem neuen Geständnis rufen hörte: ‚Ach, welch Hundeleben!' — ‚Aber mein Vater, ist es denn ein so großes Verbrechen, die Freuden der Liebe zu kosten, die hübschen Mädchen zu verführen und solchen Ehemännern Hörner aufzusetzen, die den hohen Wert ihrer besseren Hälfte nicht zu schätzen wissen? Und sollte man wirklich um dieser munteren und so vergänglichen Vergnügungen willen ewige Pein zu leiden haben?' — ‚Ach, du Unglücklicher,' sagte der Pater, ‚ich spreche ja gar nicht von deinem Leben, sondern von meinem, und das ist ein Hundeleben!'

Das meine, mein Lieber, ist gewiß eins: das werden Sie mir zugestehen, wenn Sie erst noch einige Zeit bei uns sind. Glauben Sie, daß auch nur ein einziger Mensch um den Preis des Lebens, das ich führe, dieser vielgeplagte König von Preußen sein möchte?"

„Ich denke wohl, daß sehr viele Leute, und besonders die, welche große Abenteuer lieben, gern noch mehr erleiden möchten als Sie, wenn sie dafür Eure Majestät sein und Ruhm genießen könnten."

„Ach, zum Teufel, das ist ein schöner Ruhm: Brennende Dörfer, eingeäscherte Städte, Tausende von unglücklichen Menschen, so viele Metzeleien und Schrecknisse aller Art, das eigene Ende schließlich — sprechen wir nicht mehr davon; die Haare stehen mir zu Berge! Nach Potsdam, nach Potsdam! Das brauche ich, um glücklich zu sein! Wenn Sie diese Stadt sehen, wird sie Ihnen sicherlich gefallen. Zu meines Vaters Zeiten war es ein elendes Nest; wenn er jetzt wiederkäme, würde er seine Stadt sicherlich nicht wiedererkennen, so habe ich sie verschönert. Ich habe die Pläne der schönsten Bauwerke Europas, insbesondere Italiens, ausgewählt und lasse sie im kleinen und meinen Mitteln entsprechend ausführen. Die Größenmaße sind sehr gründlich berücksichtigt worden. Alle meine Bauwerke gefallen den Leuten; davon werden Sie sich überzeugen können. Ich gestehe, daß ich gern baue und schmücke, aber ich tue es von meinen Ersparnissen, und der Staat braucht nicht darunter zu leiden. Wenn ich bauen lasse, beschäftige ich die Menschen, und das ist im Staate von großer Bedeutung; nichts ist verhängnisvoller, als Müßiggang mit anzusehen und unnütze Wesen zu ernähren. Der Staat leidet unsäglich darunter. Das Geld, das ich für meine Bauten ausgebe, bleibt in meinem Lande; es läuft hier um, und das ist noch ein weiterer Vorteil, der meiner Bautätigkeit entspringt. Sie können sich nicht vorstellen, wieviel Geld ich ausgegeben habe, um mein Potsdam angenehm zu machen; ich würde mich schämen, Ihnen zu sagen, wieviel mein Sanssouci mich kostet! Mir würden die Ausgaben ewig leid tun, die ich dort für Gemälde,

Standbilder, Säulengänge, Gärten gemacht habe, wenn ich nicht alles, wie gesagt, von meinen kleinen Ersparnissen bezahlt hätte. Ich möchte Ihnen eine Vorstellung von meinem Sanssouci vermitteln und will es Ihnen skizzieren. Sie können sich die Zeichnung, die ich Ihnen entwerfe, aufheben, und wenn Sie es nach dem Kriege sehen, so werden Sie mir frei und offen sagen, ob meine Zeichnung richtig gewesen ist."

Er entwarf mir tatsächlich den Plan von Sanssouci, der Galerie, den Gärten, dem chinesischen Schloß, dem schönen Säulengang, den Gewächshäusern, bezeichnete auf dieser Zeichnung den Standort der Statuen und wurde damit erst gegen neun Uhr abends fertig.

„Es ist genug für heute; denn morgen werden wir sehr zeitig von hier aufbrechen. Guten Abend! Schlafen Sie besser, als ich es tun werde; denn mir ist sehr heiß, und ich bin unruhig, ohne daß ich wüßte, warum."

28. April 1758

Am 28. setzte der König den Marsch mit der Vorhut fort. Am Abend zeigte er mir auf der Karte das Gelände und die Dörfer, welche die Truppen besetzten.

„Wenn wir in Roßwalde gerastet hätten, so hätten Sie ein seltsames Dorf kennengelernt. Der Graf Hoditz[3], der dortige Grundherr, hat dieses Dorf zu einem reizenden Aufenthalt gemacht. Er lebt hier mit etwa zwanzig hübschen Bauermädchen und ebensoviel jungen Bauern, welche er angelernt hat, kleine Opern aufzuführen, Konzerte zu geben und die Fremden zu unterhalten, die hierher kommen, um diesen angenehmen Ort zu sehen. Der Graf ist eifersüchtig auf diese Mädchen, deren einige sehr hübsch und ziemlich gut erzogen sind und die in mehr als einem

[1] Graf Albert Joseph Hoditz (1706—1778) hatte seinen Besitz Roßwalde in Mähren zu einem kleinen „Feenreich inmitten der herrlichsten Gartenanlagen" gestaltet. Im Alter drückten ihn Schulden; als er ihretwegen Roßwalden verlassen mußte, ließ ihm Friedrich d. Gr. in Potsdam eine Wohnung einrichten und bewahrte ihn vor Not und Sorgen. Häufiger Gast an des Königs Tafel.

Sinne in seinem Dienste stehen, und er läßt sie mit erstaunlicher Sorgfalt und voll Unruhe überwachen, welche alle erheitert, die ihrer innewerden. Wehe den Armen, die fast alle als Schäferinnen gekleidet sind, wenn sie dem Besuche des Grafen Blicke zuwerfen, die zu neugierig sind und die er immer zu ausdrucksvoll findet; sie werden eingesperrt bei Wasser und Brot. Wenn er Bälle gibt, und das kommt häufig vor, so beobachten zwanzig Späher die Mädchen, und wenn einige dieser Gänschen jemandem die Hand zu sehr drücken oder sie sich zu sehr drücken lassen, so hört man eine Stimme rufen, bei deren Klang sich alle Schäferinnen von den Gästen entfernen, für die ihr Herz vielleicht schon zu schlagen begonnen hatte. Wenn man sich eine Anschauung des Lebens jener alten arkadischen Hirten verschaffen will, so hat man in Roßwalde die beste Gelegenheit dazu. Der Graf hat es sich zur Aufgabe gemacht, jene schönen Romane zu verwirklichen, und es ist ihm nicht übel gelungen. Er vermeidet nach Möglichkeit alles, was den Verdacht erwecken könnte, er führe ein etwas zu lockeres Leben; denn die Kaiserin, die die Heiligkeit selber ist, würde dieses Leben nicht gestatten. Sie glaubt, der Graf unterhalte sich mit Schauspielen, und so läßt man ihn sich vergnügen. Der Graf ist ein Ehrenmann; zwar liebt er die Tafelfreuden und alle Arten Vergnügungen; aber sein Herz ist ehrenhaft, und er ist mir außerordentlich zugetan. Wir stehen miteinander im Briefwechsel, soweit es die Umstände erlauben und ihm daraus keine Unannehmlichkeiten erwachsen können. Wenn wir Potsdam wiedersehen, so werde ich ihn bitten, mich zu besuchen, und Sie werden entzückt sein, seine Bekanntschaft zu machen. Er hat Geist, besonders eine starke Einbildungskraft, und er hat ziemlich viel gelesen."
Der Graf Hoditz war während meiner diesmal nicht sehr langen Sitzung der einzige Gegenstand der Unterhaltung. Seine Majestät war sehr ermüdet und begab sich schon gegen acht Uhr zu Bett, um an anderen Tage sehr zeitig aufbrechen zu können.

29. April 1758

Der König marschierte, noch immer mit der Vorhut, am 29. nach Troppau und hielt sich an diesem und dem folgenden Tage in dieser kleinen Stadt auf.

„Diese armen Leute von Troppau sind beunruhigt über meine Ankunft", sagte er mir am Abend. „Als ich vom Pferde stieg, fand ich die ganze Kaufmannschaft in Tränen vor, die mich inständig bat, Plünderungen zu verhindern. Sie haben mich gerührt, versichere ich Ihnen. ‚Bin ich denn ein Trenck[1], daß ich euch ausplündern sollte?' habe ich zu ihnen gesagt. ‚Ihr könnt versichert sein, daß Ihr keinen Verlust zu beklagen haben werdet, und wenn man Euch gegen meine Erwartung irgendwelchen Schaden zufügt, so wißt Ihr, wo ich wohne; ich werde Euch Genugtuung verschaffen. Aber hütet Euch vor dem Spionieren! Sonst werde ich Euch mit unerbittlicher Strenge behandeln!'

Man müßte ein sehr großer Barbar sein, mein Lieber, wenn man ohne Ursache arme Teufel bedrücken wollte, die im Grunde wider Willen in unsere erlauchten Streitigkeiten geraten."

Ich bewunderte diese Denkungsart und dieses Mitleid mit den Unglücklichen; es ist rührend, es bei einem Fürsten zu finden, der so leicht das Böse zu tun vermag. Der König bemerkte, daß ich von dem Gesagten sehr bewegt war. Er maß dieser Tatsache solche Bedeutung bei und lobte meine Empfindsamkeit so sehr, daß er mich ganz verlegen machte. „Bewahren Sie sich sorgfältig diese Empfindsamkeit! Sie ist eine der schönsten Gaben der Natur. Wenn sie uns auch sehr vielen Unannehmlichkeiten aussetzt, so ist sie doch auch die Quelle vieler Freuden, wenn sie mit Lebensklugheit gepaart ist."

So moralisierte er, als er sich dem Fenster näherte und dort plötzlich auf zwei Scheiben ziemlich deutlich geschriebene französische Verse bemerkte.

[1] Franz von der Trenck (1710—1749), der berüchtigte Freischarenführer im Österreichischen Erbfolgekrieg; Oheim Friedrichs von der Trenck (vgl. Amalie, Schwester Friedrichs d. Gr.).

„Kommen Sie her, kommen Sie her! Wer hätte hier an solchen Fund gedacht:

Will Eigennutz mit Eigennutz sich schlagen,
So müssen w i r *des Krieges Schrecknis tragen.*

Das ist der Ausdruck des Schreckens der armen Leute, die geglaubt haben, ich wollte die Stadt plündern lassen. Nun die anderen:

Doch wer da löscht des Zornes wilde Gluten,
Sich selbst besiegt, und seines Hochmuts Fluten
Im Zaume hält, der ist vor aller Welt
Groß durch sich selbst; der ist der wahre Held!

Der König las diese letzten Verse noch zwei- oder dreimal. „Wer zum Teufel hat das geschrieben, und wen hat man damit gemeint?“

Ich antwortete ihm, es sei der Schluß eines Epigramms gegen den Prinzen Eugen, das der berühmte Rousseau[1] in einem Augenblicke des Verdrusses über den Prinzen gedichtet habe.

„Sagen Sie lieber: der Undankbarkeit! Man erzählt, es hätte dem Prinzen mißfallen, daß er ihm gegenüber seinen Freund, den Grafen Bonneval[2], zu hitzig verteidigte. Daß nun der Prinz ihm seine Unzufriedenheit ausdrückte, war das ein Grund, durch ein Epigramm einen großen Mann anzuschwärzen, der ihn mit Wohltaten überhäuft hatte? Rousseau hatte die Gewohnheit, Epigramme zu dichten, so sehr angenommen, daß ihn auch sein Unglück nicht davon hat heilen können, und er hat unaufhörlich Epigramme verbreitet, die gegen seine alten und seine neuen Freunde und sogar gegen seine eifrigsten Beschützer gerichtet waren, wofür Sie hier ein Beispiel haben. Könnten Sie sich des Anfangs dieses Epigramms entsinnen? Ich habe es vergessen.“

„Ja; ich glaube, es lautete so:

[1] Der Lyriker Jean Baptiste Rousseau; vgl. Namenverzeichnis! — [2] Graf Alexander de Bonneval (1761—1747), in französischen, dann in kaiserlichen, seit 1728 in türkischen Kriegsdiensten.

Ist der ein Held, der Völker unterdrückt?
Nun, das ist auch Tiberius geglückt!
Ist der ein Held, der herrscht, von Furcht umwittert?
Der eigne Herr hat vor Sejan[1] *gezittert!*
Doch wer da löscht ..."

„Sie werden zugeben, daß dieser Charakterzug des Dichters niederträchtig ist! Einen großen Mann so anzugreifen! Welchen Wert haben Talente, wenn sie nicht von einem ehrlichen Herzen verschönt sind? Ich meinerseits sehe sie nicht für voll an."

Bei dieser Gelegenheit sprach er vom Prinzen Eugen.

„Ich habe ihn im Rheinfeldzuge gesehen[2]. Obgleich er geschwächt war durch das Alter und die Anstrengungen, hatte er immer noch sehr erleuchtete Augenblicke, besonders vor der Mahlzeit. Nach dem Essen litt er an Verdauungsbeschwerden, und er nahm dann fast gar nicht mehr an der Unterhaltung teil. Er hatte mir erlaubt, ihn täglich einige Augenblicke zu sprechen, bevor man sich zu Tische setzte. Er geruhte dann, mich zu belehren und mir jene großen Richtlinien und Grundsätze einzuprägen, die ich niemals wieder vergessen habe. ‚Gehen Sie immer ins Große, wenn Sie Feldzugspläne entwerfen. Fassen Sie sie so weit wie möglich; denn man erreicht sie doch niemals ganz. Denken Sie unaufhörlich nach über Ihr Handwerk, Ihre Kriegshandlungen und die der Generale, die sich als fähig erwiesen haben; dieses Nachdenken ist das einzige Mittel, jene Behendigkeit des Geistes zu erwerben, die alles erkennt und begreift, was in den jeweiligen Verhältnissen von Vorteil ist.' Von der Güte des Prinzen gegen mich gerührt, und begeistert von den Lehren, die er mir gab, wollte ich unter Dankesbezeugungen ihm meine Bewunderung für seine überragenden Fähigkeiten und

[1] Sejan, unter dem römischen Kaiser Tiberius Präfekt der Prätorianer, kriecherisch und hochmütig, täuschte schmählich das Vertrauen seines kaiserlichen Herrn, indem er selbst nach dem Throne strebte. Er wurde im Jahre 31 n. Chr. hingerichtet. — [2] 1734 hatte sich, auf Befehl des Vaters, der 22jährige Kronprinz den preußischen Hilfstruppen angeschlossen, die den Österreichern unter Prinz Eugen gegen die Franzosen zur Verstärkung geschickt wurden. Friedrich empfing in diesem Rheinfeldzuge die Feuertaufe.

seinen unsterblichen Ruhm zu erkennen geben. Der Prinz wechselte jedoch plötzlich den Gegenstand der Unterhaltung, und nach Tische sagte mir einer seiner Offiziere, daß dem Prinzen nichts unangenehmer sei als derartige Lobeserhebungen und daß er ein ebenso bescheidener Mensch wie großer Heerführer sei; wenn ich den Prinzen über Dinge, die mich interessieren und aufklären könnten, reden hören wolle, so müsse ich alles vermeiden, was wie Schmeichelei aussehe. Ich ließ es mir gesagt sein: Kein Lob entschlüpfte mir wieder, und so wurde ich weiter belehrt, wie ich es wünschte. Wenn ich etwas wert bin, wenn ich ein wenig mein Handwerk verstehe, besonders in seinen schwierigsten Teilen, so verdanke ich diesen Vorzug dem Prinzen Eugen. Daher auch ziele ich immer auf die Hauptsachen ab, gebrauche alle meine Kräfte und gebe Kleinigkeiten auf, wenn nichts Vernünftiges dabei herausspringt. Soll ich Ihnen genau sagen, was am Prinzen Eugen Besonderes war? Mit einer bewundernswürdigen und erhabenen Einsicht in alle seine Handlungen, im Kriege wie in der Politik, verband er überlegene Fähigkeiten, teils die Dinge zu seinem Vorteil zu wenden und Nutzen daraus zu ziehen, teils seine Fehler wiedergutzumachen; denn auch die größten Menschen begehen sie. Standhaft, klug und tugendhaft, ohne Furcht vor den Feinden des Staates wie vor seinen eigenen, besiegte er jene und zwang diese, ihn zu achten und zu fürchten. So war der Prinz Eugen!“

30. April 1758

Der König zog gewöhnlich Nutzen aus allem, was er gesehen oder gehört hatte, indem er es zum Gegenstande seiner Beschäftigung, seiner Erholung oder seiner Gespräche machte. Die am Vorabend entdeckten Verse weckten bei ihm Gedanken an Poesie und Deklamation.

Als er mich eintreten sah, kam er auf mich zu. „Mein Herr, alles in der Natur deklamiert, und warum sollte ich es nicht tun? Ich habe meine Ode an die Franzosen überarbeitet, um sie würdig zu machen, dem Patriarchen geschickt zu werden, wenn er mir die Ehre erweisen wird, mir zu schreiben. Ich werde sie Ihnen vortragen."

Er konnte sie auswendig und deklamierte sie so, als ob sie ein Trauerspiel wäre.

„Glauben Sie nicht, daß allein die Überarbeitung meiner Ode mich diesen Morgen beschäftigt habe; ich habe etwas viel Nützlicheres getan! Ich habe über eine Abhandlung für den Sultan nachgedacht, die ihn zum Kriege gegen meine Feinde bewegen soll. ‚Wachen Sie auf, Erhabene Hoheit, wachen Sie auf! Der große Eugen, der Ihnen so unselige Schläge zugefügt hat, ist nicht mehr; der unbarmherzige Tod hat ihn hinweggenommen aus dieser Welt, die ihn bewunderte. Rächen Sie all das Leid, das er Ihnen angetan hat! Die Zeit ist günstig; Sie brauchen nur zu erscheinen, so wird Ihnen der Sieg gewiß sein. In Ihrem Edelmute werden Sie es nicht gleichgültig mit ansehen, wie ein armer Fürst von allen Mächten Europas angegriffen wird. Die Österreicher verbreiten das Gerücht, daß ich den Krieg liebe: Erhabene Hoheit, glauben Sie es nicht; es ist falsch! Man hat mich zum Kriege gezwungen, und wenn ich mich auch nach besten Kräften verteidige, so muß ich doch unterliegen, wenn Sie mir nicht bald zu Hilfe kommen.' Aber Seine Hoheit stellt sich taub; gleich der verderbten Welt meidet sie die Unglücklichen. Kämpfen wir denn also allein, und, wenn nötig, sterben wir für das teure Vaterland und für den Ruhm!

Das sind nette Sachen, nicht wahr? Auf solche Weise schläfere ich meine Sorgen und meine Unruhe ein."

Als ich mich dem Fenster näherte, sah ich, daß ein Teil der Verse gegen den Prinz Eugen so zerkratzt war, daß ich sie nicht hätte entziffern können, wenn ich sie nicht am Abend vorher gesehen hätte. Bei einigen Erkundigungen, die ich wegen dieser Verse einzog, hatte ich erfahren, ein Franzose, der dort gewohnt hatte, habe sie mit einem Diamanten geschrieben. Der König war eifrig bestrebt, sich auszudenken, wer wohl diese Verse geschrieben haben könnte. Daher sagte ich ihm, was ich über den

Schreiber erfahren hatte, und daß auch im Schlosse des Fürsten Liechtenstein diese selben Verse an die Fensterscheiben geschrieben ständen. Das hatte mir ein Offizier mitgeteilt, der dort einquartiert war.

1. bis 3. Mai 1758

Am 1. Mai zog Seine Majestät mit der Vorhut weiter und gelangte nach Alt-Zeschdorf, am 2. nach Gibau, am 3. nach Starnau, einem Dorfe, das ganz verheert war durch das Fleckfieber, eine pestartige Krankheit, welche die Kroaten eingeschleppt hatten und die fast alle Bauern dahingerafft hatte. Während dieser drei anstrengenden Marschtage war ich nur zu sehr kurzen Sitzungen bei Seiner Majestät dem König, der mir jedesmal sehr ermüdet zu sein schien; er überarbeitete einige seiner Gedichte und las sie mir vor.

„Als wir gestern durch Gibau kamen, hörte ich deutlich Halleluja rufen. Das hat mich an eine Geschichte erinnert, die ich Ihnen erzählen will; vielleicht kennen Sie sie noch nicht. Der alte Herzog von Württemberg[1] lag mit schwerem Fieber krank in Italien. Eines Tages schrie er: Halleluja, halleluja! Der Arzt war beunruhigt, glaubte, das Fieber wäre gestiegen, und wollte ihm den Puls fühlen. ‚Was tun Sie da, Herr Doktor? Ich fühle mich sehr wohl. Ich versuche gerade, ob ich Vergnügen daran finden kann, meinen eigenen Tod zu preisen; aber der Teufel soll mich holen, wenn ich es vermag!‘ Der Arzt schlug kräftig Kreuze und zog sich zurück. Diese Rede des Fürsten war ein wenig stark; aber so sind die Menschen: Über gewisse Punkte ihres Glaubens spaßen sie, und über andere beunruhigen sie sich. Warum? Weil sie nicht standhaft in ihrem Glauben sind, oder weil sie nur halb glauben. Ich dagegen bin fest in meiner Meinung, die ich mir entwickelt habe, und in meinem Glauben. Ich habe es Ihnen ja schon gesagt: Je mehr Sie mich kennenlernen werden, desto mehr werden Sie mich immer als denselben erblicken. Ich habe alle

[1] Karl Alexander, Herzog von Württemberg.

Religions- und Philosophiesysteme studiert und mir daraus genommen, was mir am wenigsten unvernünftig erschien; ich habe eingesehen, daß man, um glücklich zu sein, sittliche Grundsätze haben muß, daß man sich über seine Lebensaufgabe klarwerden und sie nach Kräften erfüllen, daß man mäßig leben und sich nicht allzuviel aus dem Leben machen muß. Als der Herzog von Nivernois[1] in Berlin war, setzte ich ihm diese Gedanken auseinander, die ich Ihnen soeben vorlegte. ‚Aber Sire, man erzählt, Eure Majestät glaube nicht an die Unsterblichkeit der Seele?' — ‚Das ist wahr.' — ‚Daß sie materiell sei?' — ‚Auch wahr.' — ‚Aber Sie denken...' — ‚Jawohl; aber vielleicht nicht so gut wie Sie.' — Mein Herzog schluckte das mit Anstand hinunter. Guten Abend! Auf morgen!"

4. Mai 1758

Am 4. marschierten wir nach Littau. Ich wurde unmittelbar nach dem Mittagessen gerufen. Der König ließ eine große Karte von Mähren aufhängen und zeigte mir die Lage von Littau, die der anderen Orte, wo er sein Quartier aufschlagen wollte, und die Stadt Olmütz.

„Das ist der Beginn meiner Kriegsunternehmungen und damit der Anfang einer für Sie ganz neuen Lage. Gott weiß, was mir an Glück oder Unglück bereitet ist; ich weiß nur, daß ich alles tun werde, was in meinen Kräften steht, um vorwärts zu kommen, und daß ich mich nicht schonen werde. Sie werden vielleicht noch Gelegenheit genug haben, das zu bemerken.

Die Stadt Littau hat einen Festungswall und ziemlich gute Mauern. Wenn man hier Infanterie eingesetzt hätte, so hätte ich nicht so leicht hereinkommen können. Aber der Feind hatte die Vorstädte nur mit Husaren besetzt, die sich zurückzogen, als sie die ersten Kanonenschüsse hörten. Meine Husaren verfolgten sie auf dem Wege nach Olmütz und machten einunddreißig Mann zu Gefangenen. Das ist freilich kein großer Fang; vielleicht werden wir morgen mehr haben."

[1] Nivernois war 1756 als bevollmächtigter Minister Frankreichs in Berlin.

„Ich habe diese Gefangenen gesehen, Sire, und habe beobachtet, daß einer unserer Husaren einen Österreicher verband, dessen Arm beinahe nur noch an einem Faden hing. Das hat mich lebhaft gerührt."

„Sie werden solche Hilfsbereitschaft oft beobachten. Unsere Husaren teilen sogar eroberte Vorräte mit denen, welchen sie sie erst geraubt haben. Menschlichkeit in einer Hinsicht, Barbarei in der anderen — so ist die Welt beschaffen, und, wohl oder übel, muß man sie nehmen, wie sie nun einmal ist. Sie haben die Menschlichkeit eines unserer Husaren bewundert; was sagen Sie nun zu folgender Geschichte, von der ich gern glaube, daß sie eine Fabel ist? Nach einer Schlacht wurde ein verwundeter Soldat, der dem Tode nahe war, mit den anderen begraben. Glücklicherweise legte man ihn oben auf seine Kameraden. Als er nach einiger Zeit wieder zu sich kommt, erhebt er sich und geht zu seinem Hauptmann, der ihn schon in der Liste gestrichen hatte. Als dieser ihn sieht, schreit er ihn an: ‚Halunke, schere dich weg; du bist gestrichen!' Nicht wahr, der Herr Hauptmann war viel weniger wert als der Husar, der heute früh seinen Gefangenen verband? Mitleid, Menschlichkeit und Tugend, darin unterscheiden sich die Menschen, und es ist in dieser Hinsicht ein ungeheurer Unterschied zwischen ihnen. Unglücklicherweise werden diese Tugenden für nichts geachtet, und es ist ein noch größeres Unglück, daß der Verbrecher, dem seine Unternehmungen glücken, oft angesehener ist als der redliche Mensch, den Schicksalsschläge treffen. Der Verfall der Sitten ist unerhört und allgemein; ich beobachte ihn überall, in allen Kreisen, in allen Ständen, besonders auch am Hofe, wo man nichts um der Tugend willen tut.

Was jedoch im Umgang mit den Menschen das erste Erfordernis ist, das ist das Herz. Aber ach, mein Lieber, was für seltene Pflanzen sind doch die ehrlichen Leute! Eines der Dinge, die ich am wenigsten in der Gesellschaft dulde, das ist die Undankbarkeit, die wahrhaft widerwärtig ist. Wenn ich sehe, daß man mir Unrecht tut aus Leichtfertigkeit oder Unachtsamkeit, so achte ich gar nicht darauf; wenn ich jedoch sehe, daß man mir mit Überlegung den Dolch ins Herz zu bohren sucht und noch darüber lacht, so schaudert mich, und ich gestehe es, ich muß mich dann rächen. Ich gehöre nicht zu denen, die auch noch die andere Wange darbieten, wenn man ihnen eine Ohrfeige gegeben hat."

Nach diesen schönen moralischen Erörterungen wurde der König benachrichtigt, daß vier Regimenter sächsischer Reiterei, darunter mehrere hundert Husaren, bei Olschan lagerten und dort als Bedeckung eines Vorratslagers wären.

„Gut", sagte er; „da wird morgen ein kleiner Schlag zu tun sein! Ich werde mich jetzt zu Bett legen, damit ich um drei Uhr morgens zu Pferde sitzen kann. Bei meiner Rückkehr werde ich Ihnen den schönen Streich erzählen, über den ich nachsinne. Guten Abend!"

5. Mai 1758

„Mein, Herr, Sie sehen mich ruhmbedeckt zurückkehren! Heute bei Tagesanbruch trabte ich los mit den Dragonern von Normann, Czettritz, Krockow, Platen und allen Husaren, denen zwei Regimenter Infanterie und vier Bataillone folgten, um Herrn de Ville zu vertreiben, dessen Anwesenheit zu Olschau man mir gemeldet hatte. Als ich dort ankam, befand ich mich bloßem Gebüsch gegenüber. Der General, der dort ein Korps befehligte, hatte sich in der Nacht hinter Proßnitz zurückgezogen, und er hatte in Olschau nur dreihundert Husaren gelassen. Wir haben vierzig von ihnen gefangengenommen und haben viel Heu, aber sehr wenig Korn und Mehl erbeutet. Sie werden zugeben, daß ich große Wundertaten vollbracht habe! Auf dem Rückmarsch von meinem glänzenden Vorstoß bin ich mit Zietens Husaren auf Olmütz zu geritten. Ich habe die Befestigungen des Teufelsberges erkundet; ich habe eine Überschwemmung gesehen, die sie verursacht haben, ich habe erfahren, daß die Besatzung aus zehn unvollständigen Bataillonen besteht, daß in der Stadt eintausendfünfhundert Bayern, dreihundert Kroaten, zweihundert Dragoner der verschiedensten Regimenter, sowie Husaren sind, daß die Generale Marschall und Bretton den Oberbefehl haben und daß die Festung reichlich mit Lebensmitteln und Schießbedarf versehen ist. Das ist mein Tageslauf, und Sie wissen soviel wie ich, ohne vielleicht aus Ihrem Zimmer herausgekommen zu sein. Ich bin ganz elend vor Müdigkeit und leide sehr unter Hämorrhoiden; sie haben mich die ganze Nacht gestört. Aber man muß sich Gewalt antun; es wäre meiner jetzigen Lage schlecht angemessen, zu sehr auf mich selbst zu achten. Meine Maschine muß um jeden Preis laufen; ich behandle sie wie eine alte Mähre mit schweren Sporen. Wenn ich nicht zu diesem Zustande gezwungen wäre, so wäre mein Entschluß bald gefaßt! — Um mich zu erholen, will ich jetzt das Trauerspiel ‚Britannicus'[1] lesen; aber vergessen Sie nicht, daß ich vor jedem Akt, den ich lese, eine Prise Tabak nehmen muß. Sie sehen, ich bin nicht zu anspruchsvoll."

Er flocht beim Lesen viele Bemerkungen ein; aber ich kann mich nicht aller mehr entsinnen. Als er zu der schönen Szene im dritten Aufzuge kam, wo Burrhus zu Nero sagt:

Berauscht Euch der Gedanke nicht wie Wein:
Wohltäter eines großen Volkes zu sein?
O köstlich Glück, wie es kein schönres gibt,
Ein Volk zu führen, das Euch herzlich liebt ...

da vermochte er nicht weiterzulesen, da er in Tränen ausbrach, und als er bemerkte, daß ich bewegt war sowohl von seinen Tränen als von der so rührenden Rede des Burrhus, da sprach er: „Ach, mein Lieber, nein, es gibt nichts, was pathetischer, ergreifender und erhabener wäre als diese Rede des Burrhus! Ich lese sie niemals ohne lebhafteste Rührung. Was könnte diesen Unmenschen zur

[1] Eines der bedeutendsten Bühnenwerke des klassischen französischen Dichters Jean Baptiste Racine (1639—1699).

Güte bewegen? Das ist das *timet timentes* des Seneca." Nachdem er sich in seiner Ergriffenheit wieder ein wenig gefaßt hatte, fuhr er fort; als er jedoch die nächsten anderthalb Verse beendet hatte, die da lauten:

Die Herzen flögen Euch voll Jubel zu.
Erkennt Ihr Euer Glück? . . .

hielt er wieder inne und sagte: „Ich kann nicht weiterlesen! Dieser Racine zerreißt mir das Herz!"

Er war in der Tat nicht mehr fähig, die Szene zu beenden; er schloß das Buch und weinte noch im Umhergehen. „Glücklich die Fürsten", sagte er, „die einen Burrhus haben, der sie berät und sie tadelt! Aber ach, unglücklicherweise haben sie nur Schmeichler, die sie irreführen!"

Diese Szene, deren Zeuge ich gewesen war, ergriff mich noch stärker, als ich sie nach meiner Heimkehr noch einmal vor meinem geistigen Auge vorüberziehen ließ. Wie glücklich ist doch ein Volk, wenn sein Oberhaupt seine schönste Genugtuung in dem Gedanken findet, daß dieses Volk ihn segnet und liebt, daß alle Herzen ihm zufliegen, wenn er seufzt und leidet, weil die Pflicht ihn zwingt zu strafen! Und wie glücklich muß auch dieser König sein durch die gleichen Gefühle! Seine Denkungsart muß ihn über die Schicksalsschläge erheben. Die Worte des Königs, die den Stempel der Wahrheit trugen, verbanden mich ihm auf eine so aufrichtige und zarte Weise, daß auch einige Unzuträglichkeiten die lebhafte Teilnahme nicht haben abschwächen können, die ich für ihn empfand.

6. Mai 1758

Bei der Nachricht, daß der Feind starke Posten in Lostitz, Mirau und Müglitz hatte, vermutete man, daß das wohl die Vorhut des Marschalls Daun sein könnte, und auf Grund dieser Vermutung ließ der König dreiundzwanzig Bataillone und zwölf Schwadronen in Stellung gehen, indem er den rechten Flügel auf die Vorstädte von Littau

und den linken auf die Rumpach stützte. Man stellte auf dem Berge zwanzig Kanonen auf. Die Bataillone Heyden und Rath standen auf dem linken Flügel. Auf ihrer Rechten setzte er eine Batterie von zehn Vierundzwanzigpfündern ein und ließ ein starkes Verhau an dem Flusse und zur Linken des Heeres errichten. Die Front wurde gedeckt durch die Dörfer Aschmeritz, Haniowitz und Mühldörfel, welche durch Gräben und Teiche getrennt waren. Der König ließ außerdem zehn Zwölfpfünder auf der Schanze von Littau aufstellen. Diese Geschütze bestrichen die Ebene vor der Front und ermöglichten mit der großen Rumpach-Batterie ein Kreuzfeuer.
„Nun betrachten Sie unsere heutige Arbeit!"
Er zeigte mir auf der Karte die soeben geschilderte Stellung und erläuterte mir die getroffenen Anordnungen.
„Sie können sich nun schon eine kleine Vorstellung machen, wieviel Sorgen und Mühen es verursacht, Krieg zu führen. Aber all dies ist nur ein sehr schwacher Anfang der Schmerzen.

O selig, wem ein stilles Glück genügt,
Wer nicht dem Joch, das schwer mich drückt, sich fügt,
Wer unbekannt im Dunkel leben darf,
Das Gott wie einen Mantel um ihn warf![1]

Ich hätte mir gewünscht, ein ruhiges Leben zu führen; glauben Sie mir, das entsprach meinem Geschmack und meiner Neigung. Aber die Götter haben anders über mich verfügt, und obwohl ich die Ruhe über alles liebte, haben sie mich gezwungen, große Abenteuer zu bestehen. Und dennoch hält man mich für glücklich: Glücklich wie ein König — sagt das stumpfsinnige Volk.
Sehen Sie zu, ob ich dieser glückliche Sterbliche bin: Schon seit sechs Jahren vor dem Kriege war ich unruhig, weil ich das Unwetter voraussah, und nun, nach seinem Ausbruch, wieviel Leiden, wieviel unerhörte Anstrengungen, und welche Schicksalsschläge! Ich brauche all meine

[1] Racine, Iphigenie, I. Aufzug, I. Auftritt.

Philosophie, um die Last zu ertragen, die auf mir liegt. Als einfacher Privatmann — der zu sein ich mir oft gewünscht habe — würde ich ruhig und nach meinem Geschmack leben; ich würde sicherlich einige Freunde haben und wollte sie mir sorglich warm halten. Ich würde leben; denn ohne die süße Freundschaft verdient das Leben seinen Namen nicht! Seien Sie versichert, daß ich den ganzen Wert dieses Gefühls kenne: Ich habe oft gute Freunde verloren, und wenn mir dieses Unglück widerfuhr, so schloß ich mich in meiner Kammer ein und weinte da in der Einsamkeit wie ein Kind.

Freundschaft, du Freude aller großen Seelen —
Die Fürsten, die erlauchten Undankbaren,
Sie können dich zum Unglück nie erfahren!

Je besser Sie mich kennenlernen, desto mehr werden Sie einsehen, daß ich eine Ausnahme bilde von dieser leider nur zu richtigen Betrachtung. Es ist selten, ja sogar äußerst selten, daß Könige dieses Gefühl kennen. Im allgemeinen gehören die Fürsten zum Pöbel, mein Lieber; man verdirbt im Umgange mit ihnen; nicht wahr?"

„Ich habe nicht die Ehre, die Fürsten zu kennen, und wenn es doch der Fall wäre, so hätte ich kein Recht, darüber zu urteilen. Denen jedoch, welche dem Bilde ähneln, das Sie mir von Ihrer Art zu fühlen entworfen haben, wird meine Bewunderung und meine Huldigung gehören."

„Dann prophezeie ich Ihnen, daß Sie während Ihres ganzen Lebens keinen großen Aufwand an Huldigungen und Bewunderung werden machen können. Die Dinge liegen so, wie ich es Ihnen gesagt habe."

7. Mai 1758. In Aschmeritz

Am 7. marschierten wir nach Aschmeritz, wo während des viertägigen Aufenthaltes des Königs das Hauptquartier war. Er unternahm mehrere Vorstöße, um den Feind und seine verschiedenen Posten auszukundschaften. Obgleich er ermüdet war und viel unter den Hämorrhoiden zu leiden hatte, war er ziemlich heiter; seine Unterhaltungen hatten nicht mehr, wie die vorhergehenden, jenen Anflug von Traurigkeit. Er machte sich über die schönen Damen lustig. „Eine Dame von höchstem Rang war einstmals schrecklich erregt, weil eine andere in der Kirche einen Platz vor ihr eingenommen hatte. ‚Aber gnädige Frau', sagte man ihr, ‚der gütige Gott sieht Sie auf Ihrem Platze so gut wie auf jedem andern.' — ‚Nein, nein', antwortete sie, ‚das ist nicht wahr! Sicherlich hat er mir einen Streich spielen wollen.'

Eine Großherzogin ließ auf dem Totenbett einen Beichtvater rufen, welcher der Kranken ihren hoffnungslosen Zustand vorstellte und sie ermahnte, den Augenblick, der ihr noch bliebe, zu benutzen, um ihren Frieden mit dem Himmel zu schließen. Die Großherzogin aber, deren Gedanken noch ganz dem Diesseits gehörten, sprach nur von ihren Nichtigkeiten. ‚Aber Madame, wie kann man so reden in einer Lage wie der Ihren, während Sie schon mit einem Fuße in jener andern Welt stehen?' — ‚Ach, pfui, pfui, ehrwürdiger Vater, welche Stellung lassen Sie mich da einnehmen: ein Bein hier, das andere dort! Pfui, mein Vater, Sie bedenken nicht, was Sie sagen!' —

So sind die meisten Frauen; die Eitelkeit ist immer wach in ihnen und folgt ihnen bis ans Grab aller Eitelkeiten. Eitel oder gefallsüchtig, so sieht man sie stets. Ich habe oft zu Frauen, deren Gefallsucht keine Grenzen kannte, gesagt: ‚Meine Damen, Sie tun, was alle tun; aber Sie hätten ein wenig mehr Anstand und Selbstachtung nötig. Ich verzeihe Ihnen Ihre Ränke, solange sie Folgen der Leidenschaft sind; aber wenn sie aus Eigennutz hervorgehen, kann ich sie Ihnen nicht vergeben!'

Während eines Mittagessens bei meiner Mutter kam ich recht ausführlich auf die Damen unserer Stadt zu sprechen; ich redete lang und breit über ihre Gefallsucht, über ihre schlauen Machenschaften und über die Damen, welche sogar den Spott nicht achteten. ‚Aber wie können Sie uns so beurteilen?' sagte mir eine der Zuhörerinnen. ‚Sie kennen uns nicht; Sie pflegen ja keine Gemeinschaft mit uns!' — ,Oh, verhüte Gott, Madame, daß ich Sie aus mir selbst heraus beurteilte! Was ich soeben über Ihre wenig erbaulichen Ränke gesagt habe, das habe ich von meinem guten Freunde Jordan!' — Bei diesem Worte wandten sich alle Schönen gegen den armen Jordan, der an unserem Essen teilnahm, und ziehen ihn aller sieben Todsünden. — ,Meine Damen', sagte er äußerst kaltblütig zu ihnen, ,der König hat Ihnen sehr hübsche Dinge erzählt; aber in seiner Rede war der einzige Fehler, daß ich ihm niemals dergleichen gesagt habe. Sie können überzeugt sein, meine Damen, daß es sich in Wahrheit so verhält. Der König ist ein großer Schalk.' Während wir die Mahlzeit beendeten, lachten wir herzlich über alles, was hier geäußert worden war, und über die kühle Ruhe des guten Jordan.

Trotz allem, was ich Ihnen über das schöne Geschlecht gesagt habe, gibt es höchst achtenswerte Frauen, die um ihres Geistes, ihrer Anmut und ihrer Selbstachtung willen die Huldigung der verständigen Männer wohl verdienen." Bei dieser Gelegenheit entwarf er mir ein Bild der Kaiserin-Königin, ihrer Talente, ihres Mutes, ihrer Wohltätigkeit, ihres Edelmutes und ihrer unbescholtenen Tugend.

„Sie ist zwar meine Feindin und fügt mir viel Schaden zu; aber ich muß ihr Gerechtigkeit widerfahren lassen, wie sie es verdient; man sieht selten solche Fürstinnen wie sie.

Obgleich ich Ihnen gesagt habe, daß ich von jeher die Zurückgezogenheit und ein ruhiges Leben geliebt habe, so glauben Sie aber nicht, daß ich ein Barbar sei. Ich verstehe es, mich der Welt zu zeigen und, wenn es sein muß, sie zu unterhalten; ich kann so würdevoll auftreten wie ein anderer. Wenn ich in Berlin bin, gebe ich ziemlich häufig prunkvolle Mahlzeiten, und ich gebe sie gut, mein Herr! Ich spreche dabei mit jedem seinem Geschmacke entsprechend, und ich tue das so trefflich, daß die Eingeladenen mit sich und mit mir zufrieden sind. Gegenwärtig fühle ich freilich, daß ich einer Rückkehr in diese Verhältnisse nicht mehr gewachsen bin. Wenn ich sie erleben sollte, so werde ich mich aus dieser großen und schönen Welt der Hauptstadt auf mein hübsches Schloß zu ‚Potzedam' verbannen, wie der Marquis es nennt, und da werde ich mit meinen Freunden ganz der Philosophie und der Wissenschaft leben. Aber ist mir dieses Glück vorbehalten? Und wann werde ich es erreichen? Wenn Sie Maupertius wären, so würde ich Sie bitten, Ihre Seele seherisch zu begeistern[1], um ins düstere Dunkel der Zukunft zu dringen. Wenn Sie der Gerechte im Sinne des Evangeliums wären, so würde ich Sie bitten, für mich zu beten; denn des Gerechten Gebet vermag viel. Ich würde Sie anflehen, mich mitsamt meinem ganzen Heere nach Potsdam zu versetzen oder das Heer meiner Feinde mit einem Schlage an die türkischen Grenzen zu befördern. Welch schönes Schauspiel müßte es sein, mein Lieber, diese Heere droben im luftigen Raume marschieren zu sehen, und welch süßes Vergnügen, in Frieden zu leben! Aber es gibt keinen Maupertius mehr; die verhängnisvolle ‚Akakia' hat ihn bei lebendigem Leibe begraben; es gibt keinen überragenden Gerechten mehr, die menschliche Schwäche läßt soviel Tugend nicht zu. Ach, mein Lieber, ich sehe schon, ich werde mich auch noch weiter tüchtig herumschlagen müssen — und wozu? Um mir einen Namen zu machen? Es gibt wahrlich nichts Schwierigeres als das; denn man sieht die Menschen fast immer die ungeeignetsten Wege dazu einschlagen. Aber wenn man sich nun einen Namen machte, dieses heißgeliebte Ziel der ehrgeizigen Sterblichen erreichte, entschädigte dann dieser Name für die Leiden und die Unannehmlichkeiten, die man ertragen muß, um ihn zu erwerben? Meiner Treu, wir sind wirklich große Narren!"

Nach dieser Unterhaltung sprach der König von der Berliner Oper, ihrer Leistungsfähigkeit und den hervorragenden Sängern, die er dort hatte.

„Wenn ich mein Berlin wiedersehe, so werde ich eine

[1] Vgl. Catts Bericht vom 29. Aug. 1760, S. 500.

Oper aufführen lassen, die durchweg von großer Schönheit ist."

Er will mir ihren Namen sagen, kann sich aber nicht darauf besinnen. Er sucht und sucht und wird endlich ungeduldig.

„Das ist teuflisch", sagt er. „Ich kann diesen Namen nicht finden. Guten Abend! Vielleicht erwische ich ihn. Wenn ich ihn nicht finde, so ist es mir unmöglich einzuschlafen."

Nachts um ein Uhr wird an meiner Tür geklopft. „Wer ist da?"

„Es ist der Diener. Ich komme im Auftrage des Königs. Euer Herr muß geweckt werden. Ich bringe ihm ein Schreiben, das er beantworten soll."

Eine Kerze wird angezündet, und ich lese folgende Worte: „Ich habe den Namen gefunden: Montezuma[1]! Jetzt werde ich ruhig einschlafen; tun Sie das gleiche! In der Vermutung, daß Sie des Namens wegen unruhig sein und nicht schlafen könnten, habe ich Ihnen eine schlechte Nacht ersparen wollen."

10. Mai 1758

Die Nacht war freilich gar nicht so schlecht gewesen; denn ich schlief bereits ruhig. Nachdem ich geweckt worden war, war es mir aber nicht mehr möglich, wieder einzuschlafen. Ich dankte jedoch am folgenden Tage dem König für die gute Absicht. Er erzählte mir an diesem Tage eine sehr ungewönliche Angelegenheit. Als wir von der Bosheit der Menschen sprachen, sagte er mir, daß einer seiner Adjutanten, welcher die Kasse verwaltete, daraus zwölftausend Taler unterschlagen habe. Der König bemerkte den Fehlbetrag, machte den Adjutanten darauf aufmerksam und sagte ihm: „Ich weiß, daß Sie mir wiedergeben könnten, was Sie mir genommen haben. Behalten

[1] Oper von Karl Heinrich Graun, italienischer Text von Tagliazucchi, durch Friedrich d. Gr. später ins Französische übersetzt. — Montezuma, der letzte König des mächtigen und blühenden Aztekenreiches (Mexiko), unterlag dem spanischen Eroberer Ferdinand Cortez, als dessen Gefangener er 1520 starb.

Sie es! Aber da Sie hier nicht an der rechten Stelle wären, so rate ich Ihnen, Ihren Abschied zu nehmen. Ich werde vor jedermann Ihre Gemeinheit verbergen, sowohl um Ihrer Eltern willen, die Sie vielleicht verzogen haben, als auch Ihretwegen, obwohl Sie nur meine Verachtung verdienen.

Sie sehen, mein Lieber, daß ich trotz allem ein guter Mensch und ehrlicher Christ bin."

Ich habe übrigens niemals etwas über diesen Betrug von anderer Seite erfahren können.

Ich erinnerte ihn bei dieser Gelegenheit an ein Gespräch, in dem er behauptete, daß die Menschen bei allem, was sie täten, einem Zwange folgten.

„Wenn das so ist, Sire, so ist dieser Adjutant sehr unglücklich. Er hat gar nicht die Freiheit gehabt, das Geld in Ihrer Kasse nicht zu nehmen, und man vermag nicht zu sagen, mit welchem Rechte man ihn für schuldig halten kann. Er ist es nicht mehr als ein andrer, der das Geld in der Kassette unberührt gelassen hätte."

„Aber er hat gewußt, daß es ein ihm anvertrautes Gut war; er hat fühlen müssen, daß er das Vertrauen mißbrauchte, das ich in ihn setzte, und daß er seine Ehre wegwarf."

„Nach der Vermutung Eurer Majestät ist auch das Notwendigkeit. Er hat weder sehen noch fühlen können, was Sie soeben sagten."

„Es ist wahr, darin liegen große Schwierigkeiten. Wissen Sie, es ist am besten, mit seinem Urteil zurückzuhalten. Die eine wie die andere Seite bietet diese beträchtlichen Schwierigkeiten."

Dieses Problem der Notwendigkeit und der Freiheit war sein Lieblingsthema. Er kam oft darauf zurück, und wie es mir schien, waren seine Gedanken darüber weder ganz richtig noch genügend befestigt in ihm; er wechselte häufig die Art der Fragestellung und änderte oft seine Meinung über diese Angelegenheit, die er den schönen Hauptgegenstand der göttlichen Metaphysik nannte.

11. Mai 1758. In Schmirsitz

Der König marschierte am 11. mit fünfzehn Bataillonen, achtunddreißig Schwadronen und neunzig schweren Geschützen nach Schmirsitz, wo er sein Hauptquartier aufschlug. Nachdem er mich um drei Uhr des Nachmittags hatte rufen lassen, sagte er zu mir:

„Hier werden wir für einige Zeit bleiben. Ich habe mir die Meinung eines meiner Husarenmajore zu eigen gemacht, daß die ganze feindliche Armee aus Böhmen abgezogen ist; einige Überläufer haben versichert, daß sie gegen Brünn ziehe. Da Sie noch keine klaren Vorstellungen von unseren Unternehmungen haben und da Sie sie für Ihren militärischen Lehrgang brauchen, so kommen Sie bitte näher, und folgen Sie mir auf meiner Karte."

Er zeigte mir die Verteilung der Truppen und sagte mir dann: „Die verschiedenen Stellungen, die ich meinen Truppen angewiesen habe, sind ziemlich gut. Ich kann sehr leicht auf dieser Seite der Morawa den Anmarschweg nach Olmütz verteidigen, und Daun kann Fouqué nicht mehr daran hindern, mit der schweren Artillerie und der Munition anzurücken. Wissen Sie, warum?

„Nein, Sire."

„Weil das Korps, das bei Neustadt liegt, dem Feinde nicht mehr erlaubt, Abteilungen in das Gebirge zu schicken, das Schlesien von Mähren trennt, und weil das Lager zu Aschmeritz, wo der Marschall Keith den Oberbefehl führt, und das meine zu Schmirsitz beide so stark sind, daß man uns nicht ungestraft hier angreifen könnte. Dem feindlichen Heere fehlen noch viele Dinge; abgesehen von dem Vorratslager in Olmütz, gibt es kein Mehl in dieser Provinz; denn keiner der Generale hat vermutet, daß hier der Kriegsschauplatz sein würde. Die Bäckerei für meine Armee wird morgen in Drzowitz eingerichtet werden, und die des Korps von Keith in Littau. Das ist alles Wissenswerte. Haben Sie alles gut verstanden, was ich Ihnen gesagt habe? Haben Sie auf der Karte alles gut verfolgt?"

„Ich glaube wohl, Sire."

„Nun wohl, so wiederholen Sie Ihre Lektion! Denn nur durch die Wiederholung erwirbt man klare Vorstellungen, begreift man die Dinge gut und prägt sie sich gründlich ein."

Ich wiederholte also; bis auf einige Punkte, die er richtigstellte, fand er, daß ich für einen Neuling ziemlich gut begriffen hätte, was er mir auseinandergesetzt hatte.

„Sie können jetzt ruhig daheimbleiben; denn Sie werden sehen, daß wir Olmütz ohne Schwertstreich nehmen; ich selbst sage Ihnen das! Wenn Sie spazierenreiten, so werden Sie gut daran tun, sich das Lager und die verschiedenen Stellungen anzusehen, von denen ich gesprochen habe, und wenn Sie einige Offiziere aus Ihrem Bekanntenkreise treffen, so bitten Sie sie, Ihnen im Gelände zu zeigen, was sie bei mir auf der Karte gesehen haben. Ohne solche Veranschaulichung laufen die militärischen Begriffe Gefahr, verwechselt zu werden. Aber Sie werden müde sein; ich bin es außerordentlich und werde mich zur Ruhe legen, um morgen früh gegen drei Uhr wieder auf den Beinen zu sein; denn in diesem erbärmlichen Leben, das ich führe, darf man nicht so lange im Bett bleiben wie einst die Herzöge von Vendôme[1]."

12. Mai 1758

Als ich um vier Uhr gerufen wurde, fand ich den König damit beschäftigt, die ‚Kartäuserin' von Gresset zu lesen.

„Welch ein liebenswürdiger Poet ist doch dieser Gresset; wie elegant ist er!" sagte er. „Es ist sehr schade, daß er zu oft die gleichen Gedanken bietet, die er hierhin und dorthin wendet. Man möchte sagen, er scheut sich, sie im Stich zu lassen. Aber das sind unbedeutende Mängel im Vergleich mit den Schönheiten, von denen seine Dichtungen voll sind.

[1] Die Brüder Louis Joseph (1654—1712) und Philipp v. Vendôme (1655 bis 1727), beide als französische Feldherren im Dienste Ludwigs XIV. mehrfach erfolgreich, doch wegen ausschweifender Vergnügungen berüchtigt. Voltaire schrieb vom Herzog v. V.: „Essen und Schlafen stahlen ihm zuviel Zeit."

Es kann nichts Treffenderes und Wahreres geben als seine Verse. Beim Lesen dieser ‚Kartäuserin' koste ich ein süßes Gefühl aus: Ich lerne die Begebenheiten des wirklichen Lebens besser würdigen, und es scheint mir bei dieser Lektüre, als sei ich zufriedener mit den anderen und mit mir selbst. Haben Sie diesen reizenden Gresset schon öfters gelesen?"

„Ja, Sire, sehr häufig! Er ist einer meiner Lieblingsdichter. Wenn ich Kummer habe, so lese ich seine ‚Kartäuserin', und mein Ärger vergeht."

„Sie haben Kummer? Daran ist ja gar nicht zu denken! Ich ganz allein habe ihn und muß ihn haben! Da Sie mit besonderer Vorliebe die Werke von Gresset lesen, so will ich Ihnen eine Regel sagen, die ich immer anwende, wenn ich Gedichte lese. Um mich nicht durch den Wohlklang und die Schönheit der Verse soweit bestechen zu lassen, daß ich schließlich wohlaufgeputztes, verworrenes Geschwätz für gut halte, so setze ich die prunkenden Verse, die ich finde, in Prosa, und oft bemerke ich dabei, daß ich etwas ganz ohne Grund bewundert hatte. Wenn ich Ihnen künftighin Trauerspiele oder Oden oder Episteln vorlese, so werde ich Ihnen zeigen, wie ich diese Regel anwende. Ich wandle die Verse um; so bildet man seinen Geschmack, so unterscheidet man sehr schnell das Gute und das Natürliche von dem, was weder gut noch natürlich ist. Haben Sie einmal versucht, Verse zu machen?"

„Zuweilen, Sire!"

„Haben Sie nicht zufällig den Entwurf oder die Abschrift Ihrer Versuche aufbewahrt?"

„Ich glaube einen zu haben von einem Gedicht auf einen Freund, der mit einem akademischen Preise ausgezeichnet worden war."

„Oh, bringen Sie es mir morgen mit! Ich werde Ihnen meine Meinung darüber sagen."

„Eure Majestät wird es sehr langweilig finden."

„Das tut nichts! Bringen Sie es immerhin mit! In dem Augenblick, in dem man einen Versuch wagt, kann man nicht schon Meister sein; aber man kann es werden durch Übung und Verbesserung."

13. Mai 1758

Am folgenden Tage zeigte ich meine Verse. Sie wurden zergliedert, wobei er mir immer sagte, daß sie ziemlich erträglich seien. Doch ließ er den folgenden Schluß unverändert:

Wär' ich berühmt durch freundliches Geschick,
So ließ' ich dir den Ruhm; er lockt mich nicht;
Denn deine Freundschaft ist mein ganzes Glück.

„Ich sage nichts zu Ihren letzten Versen; sie sind sehr gut. Glauben Sie mir, fahren Sie fort, sich zu üben, wählen Sie einen interessanten Gegenstand, und wenn Sie dann etwas geschrieben haben, so zeigen Sie es mir. Aber machen Sie sich auf eine ernstliche Teilnahme gefaßt! Ich werde Ihnen die Verse mit aller Strenge verbessern und werde Sie immer von vorn anfangen lassen, bis sie gut sind. So ist Voltaire mit mir verfahren, wie ich Ihnen erzählt habe; ich werde Ihr Voltaire sein."

„Ich wollte sehr glücklich sein, wenn dieser Voltaire das in mir fände, was der Dichter der ‚Henriade'[1] in dem gefunden, dessen Verse er verbesserte."

„Aber sagen Sie mir aufrichtig, finden Sie nicht, daß meine Verse, die ich Ihnen vorgelesen habe, ein wenig Racineschen Fluß haben?"

Und ohne eine Antwort abzuwarten, fuhr er fort: „Ich werde Ihnen ein Stück meines Gedichtes über den Krieg vorlesen. Es gibt nichts Schwierigeres in der Dichtkunst, als Vorschriften über irgendeine Kunst interessant zu machen. Voltaire hat mir versichert, daß es mir gelungen sei, daß die Regeln, die ich in meinem Gedicht aufstelle über die mörderische Kunst — mit seinen Worten: über die höllische Kunst, Menschen zu töten — verschönt seien durch ihre Einkleidung in wohlgelungene und fließende

[1] Voltaires Heldengedicht zum Preise Heinrichs IV. von Frankreich; in Einzelheiten glänzend, als episches Kunstwerk jedoch wenig bedeutend, obwohl in Frankreich lange Zeit hochgeschätzt.

Verse. Er schmeichelte mir nicht, als er mir dieses Lob spendete; denn er sagte mir unumwunden, daß die Verse meiner anderen Dichtungen einer gewissen Sorgfalt und Vollendung ermangelten und daß sie nicht immer die besondere französische Farbgebung erreichten, daß ich indessen durch die Bilder, die ich entwerfe, und durch die treffenden Ausdrücke meine Verse mit Gedanken, großen Ausblicken und sehr poetischen Stellen erfüllte. Wie Sie sehen, schmeichelte er mir nicht; daher konnte ich mich auch auf das Lob verlassen, das er dem Wohlgelungenen erteilte. — Aber glauben Sie, ich wäre zufrieden mit meinem Tagewerke, wenn es sich darauf beschränkte, daß ich über meine Verse schwatzte? Ich habe einiges getan, was sehr wohl gute Verse aufwiegt, und wenn ich nicht mehr habe tun können, das Schicksal, ach, das Schicksal hat es nicht zugelassen.

Da der General de Ville mit einem Dutzend Regimentern Kavallerie und Ulanen hinter dem Engpaß von Predlitz lagerte, so wollte ich verhindern, daß er die rechte Flanke des Generals Seydlitz beunruhigte, den ich nach Tobitschau und Kremsier gesandt habe. Zu diesem Zwecke habe ich mich sehr frühzeitig mit Reiterei und Infanterie in Marsch gesetzt. Ich bin gegen diesen Herrn in zwei Abteilungen vorgerückt. Die linke sollte ihn in der Flanke fassen, und die andere, die die Straße entlang zog, welche der Kaiserweg heißt, sollte ihn in der Front angreifen. Die Vorposten des Feindes, die wir in Uhrschitz antrafen, zogen sich auf die Abteilungen zurück, die vor Prödlitz standen, und diese auf die Hauptmacht ihres Generals. De Ville zog über Wischau nach Raußnitz ab, und zwar in größerer Ordnung, als ich es wünschte. Er hat jedoch Tote auf dem Platze gelassen; wir haben drei Offiziere und einundvierzig Mann gefangengenommen; wir haben in Wischau achtzig Fässer Mehl und mehr als sechzehnhundert Scheffel Hafer gefunden, die meine Husaren in unser Lager bringen lassen. Sehen Sie diese Orte hier auf meiner Karte! Das alles ist keine große Angelegenheit; aber es ist immerhin mehr wert als Verse.

Aber was höre ich da? Das ist ja ein Heidenlärm! Wir wollen sehen, was da los ist."

Ein Bauer folgte einer Marketenderin, die ihm ein Pferd gestohlen hatte. Er klagte und schrie laut, daß man ihm auch seinen letzten Besitz wegnähme. Er wandte sich an den König, den er nicht kannte, und indem er ihn beim Arm fassen wollte, sagte er zu ihm: „Mein guter Herr, lassen Sie mir mein Pferd wiedergeben!"

Der König fuhr die Diebin sehr heftig an. Sie mußte vom Pferde steigen, und er ließ ihr durch einen herbeigerufenen Unteroffizier zwanzig Stockschläge verabreichen.

„Nimm dein Pferd," sagte der König zu dem Bauern, „und wenn man dir Unrecht zufügt, so komm zu mir."

Der Bauer weinte vor Rührung und fragte einen Unteroffizier: „Wer ist denn der Herr? Er ist sehr gut!" — „Es ist der König." — „Wie, der König von Preußen?" — „Ja!" — „Aber man hatte mir doch gesagt, er wäre so böse!"

Der König hatte diese Antwort gehört und sagte zu mir bei der Rückkehr in sein Zimmer:

„Sie sehen, man hat mich hier in einen schönen Ruf gebracht! Ich muß meine Feinde Lügen strafen. Wenn wir zuweilen brennen und plündern, so geschieht es nur, weil man uns dazu zwingt. Man müßte schon ein sehr großer Barbar sein, wenn man heiteren Herzens diese armen Dörfler quälen wollte, die für nichts und wieder nichts in unseren Streit geraten. Wenn sie darunter leiden, so ist das eine notwendige Folge unserer Märsche und unserer Kämpfe. Ich ordne übrigens immer an, zu schonen, was irgend geschont werden kann. Guten Abend! Wenn Ihre Wortgewandtheit Ihnen erlaubt, Verse zu machen, so folgen Sie willig ihren Eingebungen, und zeigen Sie mir morgen Ihre dichterischen Erzeugnisse."

14. Mai 1758

„Nun", sagte er, als ich eintrat, „was hat Ihre Redefertigkeit zustande gebracht? Werde ich Verse zu sehen bekommen?"

„Nein, Sire; sie ist stumm geblieben. Sie ist außerordentlich widerspenstig, und das betrübt mich tief."
„Vielleicht haben Sie keinen Stoff?"
„Augenblicklich gar keinen!"
„Sie haben mir aber doch erzählt, daß Sie in Breslau eine sehr gelehrte junge Dame kennengelernt hätten, in der die Seele eines Benedektiners wohnte. Nun gut, bezeugen Sie ihr doch Ihr Bedauern, daß Sie sie haben verlassen müssen, und daß alles, was Sie hier sehen, nicht ihren Anblick ersetzen kann, auch wenn das nicht auf den Buchstaben genau richtig sein sollte; denn Sie wissen ja, daß es die Dichter nicht so genau nehmen und daß sie es sich ohne Gewissensbisse erlauben, die Dinge anders darzustellen, als sie in Wirklichkeit sind. Diese dichterische Freiheit ist nicht etwa ein Unrecht gegen irgend jemand; also Mut, spornen Sie Ihren Pegasus an und preisen Sie die junge Dame mit der Benediktinerseele. Da ich heute morgen Ruhe hatte, so habe ich das Stück nochmals durchgesehen, das ich in Grüssau geschrieben habe und das ich Voltaire senden will, wenn er mir schreibt. Ich will es so vollkommen gestalten, daß er zugeben muß, ich habe, nachdem er mich verlassen hat, diese glänzende und hohe Kunst durchaus nicht vernachlässigt,

die, ob sie gleich durch ihren Reiz bewegt,
unsicher ist und wenig Frieden bringt,
und den, der sie zutiefst im Herzen trägt,
in einem Wirbel blinden Hasses zwingt,
der wild aus Fuchsern, Spröden, Dummen schreit.
Der Mucker Opfer wird, wer sich ihr weiht!

Nachdem ich meine Ode durchgesehen und mir dabei gehörig den Kopf gekratzt, die Lippen zerbissen und die Fingernägel abgenagt hatte, habe ich meinen ‚Britannicus' gelesen, und diese Lektüre hat mich von neuem traurig gestimmt. Ich habe dabei einige Betrachtungen angestellt, die ich Ihnen mitteilen will; Sie sollen mir sagen, ob sie richtig sind, und Sie werden sehen können, in welcher Weise ich immer lese."

Nachdem er mir seine Gedanken über die Charaktere des Stückes dargelegt hatte, sprach er: „Sie werden nun sagen: Kritik ist leicht, doch die Kunst ist schwer. Das weiß ich wohl; aber ich kritisiere ja auch gar nicht; ich setze Ihnen ja nur auseinander, was mir in dem Gewebe dieses Stückes Schwierigkeiten gemacht hat, und ich bewundere mit allen Kennern sowohl das kühne und wahre Gemälde vom Hofe des Kaisers Nero, als auch die wohlgelungene Charakterentwicklung dieses abscheulichen Menschen und die lebendige Teilnahme, die die Tugend des Burrhus und die weise Durchführung dieses hervorragend geschriebenen Stückes weckt. Finden Sie nicht auch, daß Lisois im ‚Duc de Foix'[1] eine gewisse Ähnlichkeit mit Burrhus hat, daß aber Voltaire nicht an Racine heranreicht?

Ich könnte Ihnen noch mehr Beobachtungen mitteilen, die ich gemacht habe; aber ich will Ihnen lieber diesen schwungvollen und trefflichen vierten Aufzug noch einmal vorlesen."

Er las ihn mir also vor, und seine Augen verkündeten die Rührung seines Herzens.

„Nein, ich kann diesen Akt nicht lesen, ohne ihm in Tränen der Empfindsamkeit und der Bewunderung den Tribut zu zollen, den er verdient.

Jetzt will ich ein wenig musizieren. Wenn Sie die Musik lieben, so mögen Sie hierbleiben; aber genieren Sie sich nicht. Meine Musik ist ziemlich leidlich. Ich spiele sowohl die Solos, die ich selbst komponiert habe, als auch die, welche mir Quantz geschrieben hat."

Ich blieb, ich hörte zu, und ich bewunderte ihn.

„Sie sehen, mein Lieber, daß mir bei den Griechen die Demütigung erspart geblieben wäre, die Epaminondas[2] erlitt: nämlich zu gestehen, daß ich nichts von der Musik verstände. Sie gewährt mir Erholung und beruhigt ebenso wie die Poesie meine Sorgen und meine Leiden. Aber ich widme der einen wie der andern nur kurze Augenblicke,

[1] Von Voltaire. — [2] Epaminondas (um 418—362 v. Chr.), thebanischer Feldherr; siegte über die Spartaner bei Leuktra (371 v. Chr.); gefallen bei Mantinea.

und auch dann noch niemals die, welche den Staatsgeschäften vorbehalten sind. Gute Nacht! Ich empfehle Ihrer Begeisterung die schöne Benediktinerin."—

15. Mai 1758

„Verse, mein Herr, Verse!"

„Ich habe keine, Sire."

„Aber Sie sind ein schrecklicher Mensch! Wie, sollte dieses Wesen mit der Benediktinerseele Sie nicht begeistern können?"

„Bisher hat es das nicht vermocht. Diese Seele ist so hoch erhaben über die meine, daß ich fürchten müßte, sie durch meine Lobeserhebung zu entstellen."

„Nun gut, so reden Sie von ihren Reizen; schildern Sie die elegante Taille, ihren schönen Busen, ihre elfenbeinweißen Zähne."

„Aber wenn all dies nicht zutrifft, Sire?"

„So werden Sie es eben vorgeben, und, potzblitz, Sie werden sie als die Schönste der Schönen bezeichnen und diese Behauptung gegen Tod und Teufel verteidigen!"

Der Ritter Mitchell, der vor den Fenstern des Königs vorüberritt, machte der Unterhaltung über das Dichten ein Ende.

„Das ist ein ausgezeichneter Mann", sagte der König; „von allen Engländern, die ich bisher kennengelernt habe, hat er mich am meisten interessiert. Er hat große Kenntnisse in der Literatur und der Geschichte. Sein Herz ist die Ehrlichkeit selbst. Er ist mir außerordentlich zugetan. Es fehlt ihm nur jene gewinnende Freundlichkeit und Anmut, die der Lord Chesterfield seinem Sohne immer wieder empfahl. Vor der Schlacht bei Leuthen bot mir Mitchell Hilfsgelder von seiten seines Hofes an. ‚Ich brauche sie nicht', sagte ich: ‚denn ich weiß nicht, was aus mir wird.' — ‚Nehmen Sie sie nur', sagte er gutmütig; ‚Sie werden es schon schaffen; das sage ich Ihnen voraus!' — Als er mir das sagte, hatte er Tränen in den Augen; ich wurde dadurch ganz gerührt. Sprechen Sie mit ihm über diese Begebenheit; er wird sie Ihnen so darstellen, wie sie wirklich verlief. Das ist ein braver Mensch. — Ich habe hier noch einen Engländer, und zwar einen Schotten wie Mitchell, einen ganz einfachen, ganz schmucklosen und durch und durch ehrlichen Mann wie jener. Es ist Grant. Er ist ein tapferer Offizier, der es verdiente, daß Sie seine Bekanntschaft machten; bitten Sie doch Mitchell, daß er sie Ihnen vermittelt. Aber folgen Sie meiner Warnung: Hüten Sie sich, seine kleinen Windhunde zu tadeln, deren er immer einige bei sich hat; hüten Sie sich vor allem, ihnen auf die Pfoten zu treten. In diesen beiden Punkten versteht er keinen Spaß. Wenn ich selbst es mir etwa einfallen ließe, seine Hunde anzuschwärzen oder ihnen einen Nasenstüber zu verabreichen, so würde er wütend werden und mich einfach stehen lassen. Nun bedenken Sie, was er wohl tun würde, wenn Sie oder andere ihnen das geringste Leid antäten! Das ist nun eben seine Schwäche oder seine Schrulle. Im übrigen ist er ein Ehrenmann. Ich will Ihnen zwei Geschichtchen von ihm erzählen, die recht bezeichnend für ihn sind. Sie haben mich sehr belustigt.

In einem unserer Quartiere höre ich eines Tages in der Nähe meiner Wohnung Lärm. Ich gehe hinaus und frage, was los sei. Da berichtet mir ein Adjutant: ‚Grant hat seine Pferde in einem Stall untergebracht, und Ihre Stallknechte wollen sie wieder hinausbringen, um die Pferde Eurer Majestät dort einzustellen, welchen eine sehr schlechte Unterkunft angewiesen worden ist; aber Grant macht nun deswegen diesen entsetzlichen Lärm.‘ — ‚Wir wollen selbst einmal nachsehen‘, sage ich zu dem Adjutanten. Wir gehen also zum Pferdestall, und ich sehe Grant mit erhobenem Stocke stehen. ‚Was ist denn hier los? Ich bitte Sie, Grant, was soll denn dieser Spektakel bedeuten?‘ — ‚Ach, Sire‘, sagt er, ‚Ihre Stallknechte, diese Schurken, wollen meine Pferde hinausbringen. Vergeblich kann ich Ihnen sagen, daß mir dieser Ort hier angewiesen worden ist, daß ich mir keine neuen Pferde kaufen kann, wenn ich diese hier einbüße, daß es daher besser ist, wenn Eure Majestät dieser Verlust trifft, den Sie leicht wieder

ersetzen könen — diese Kerle sind so dumm, so schrecklich dumm, daß sie nicht einsehen wollen, daß ich recht habe.' — Ich lachte herzlich über diese Szene und sagte zu Grant, indem ich ihm auf die Schulter schlug: ,Sie haben recht, mein Freund! Ihre Pferde müssen hierbleiben, und meine müssen hinaus!' Ich befahl den Stallknechten, sich zu entfernen und auf Grants Pferde gut achtzugeben, wenn sie nicht Stockhiebe haben wollten. ,Wünschen Sie, daß ich sie ihnen verabreiche, Sire, so werde ich es sofort tun.' — ,Nein, augenblicklich ist es nicht nötig.'
Wie Sie hören, ist dieser Grant ein recht belustigender Sonderling. Er bewies es auch einige Zeit später bei einem Geschehnis, das sehr bezeichnend für ihn ist. Als ich bei dem Bürgermeister eines Dorfes wohnte, hatte ich mich hinter den Pfeiler des Hauses gesetzt, ohne daß Grant mich bemerkte, der mit einem meiner Generalmajore in angeregter Unterhaltung auf einer Bank saß. Der General beklagte sich Grant gegenüber, daß ich ihn seit mehr als einer Woche nicht zu Tische geladen hätte: ,Ich gestehe, daß mich das beunruhigt und mir schlaflose Nächte verursacht.' — ,Ich begreife nicht', erwiderte Grant, ,wie zum Teufel man sich beunruhigen kann, weil man vom König nicht zum Essen eingeladen wird. Was trägt das bei zum Glück des Lebens? Wenn mich der König vor die Wahl stellte, daß er meine Bezüge vermindern wollte, wenn ich nicht bei ihm speiste, so würde ich sagen: ,Sire, vermindern Sie mein Gehalt!' Ach, Herr General, pfeifen Sie auf die Könige und ihre Mahlzeiten; alle Dinge haben nur insoweit Wert, als sie zu unserem Glück und zu unserem Vergnügen beitragen.'
Ich verschwand, ohne daß ich bemerkt worden wäre, und ging in mein Zimmer zurück. Am folgenden Tage lud ich Grant zum Mittagessen ein. Obgleich er mit ziemlichem Appetit aß, sagte ich zu ihm: ,Grant, was fehlt Ihnen nur? Sie essen ja nicht?' — ,Mir, Sire? Mir fehlt gar nichts, und ich esse mit gutem Appetit.' — ,Nein, Ihnen fehlt etwas. Vielleicht speisen Sie nicht gern bei mir, und es ist kein Vergnügen für Sie; vielleicht gehören Sie zu jenen

Leuten, die da sagen: Was gehen mich die Könige und ihre Diners an, wenn sie und ihre Mahlzeiten nicht zu meinem Glück beitragen?' — ,Ach, Sire, ich verstehe!' antwortete er. ,Welcher Verräter mich auch verraten haben möge, das ist niederträchtig!' Und dann erzählte er mir das ganze Gespräch, das er geführt hatte. ,Soviel ist wahr an der Sache! Aber Sire, Sie werden zugeben, daß man von einer ganz verfluchten Neugier besessen sein muß, um die Gespräche zweier Freunde zu belauschen, und daß es noch viel häßlicher ist, sich zum Verräter herzugeben. Würde ich den Menschen kennen, der Ihnen berichtet hat, was wir gesagt haben, so wollte ich ihm mit eigenen Händen die Augen auskratzen.' Damit nun Grant im Quartier nicht Alarm schlagen und fälschlicherweise einen Unschuldigen anklagen könnte, sagte ich ihm, daß ich selbst dieser Verräter und verfluchte Neugierige sei. ,Goddam, das hätte ich nicht vermutet! Aber was ich gestern gesagt habe, das ist dennoch richtig. Glauben Sie, Sire, ich bin vernünftiger als einer, der viel Aufhebens davon macht, ob er bei einem Könige speist oder nicht speist, und den es tief betrübt, wenn er nicht eingeladen wird."

16. Mai 1758

Die Sitzung dieses Tages verlief recht eigenartig. Als ich ins Zimmer trat, bemerkte ich, daß Seine Majestät mit Rechnen beschäftigt war.

„Ach, guten Tag, mein Lieber! Raten Sie einmal, was ich berechne!"

„Ihre Schätze."

„Ach, ich habe keine mehr; das wenige, was ich hatte, ist fast erschöpft. Also raten Sie!"

„Sie berechnen vielleicht, wieviel Sie während dieses Krieges schon ausgegeben haben."

„Das weiß ich nur zu genau, das brauche ich nicht zu berechnen. Also Mut, raten Sie weiter!"

„Sie können so viele Dinge berechnen, daß es sehr schwierig wäre, gerade das Richtige zu treffen."

„Sie werden es also nicht erraten. Ich berechnete, wie viele Minuten ich schon gelebt habe, und ich sitze schon eine Stunde über dieser Rechnung. Welche Summe — und wie viele verlorene Augenblicke! Diese Zeit, die da flieht, ohne jemals stillzustehen, diese Zeit, die unsere Tage, Stunden, Minuten hinwegführt, diese Zeit wird mit Gleichgültigkeit hingenommen, ohne daß man ihrer so recht achtete; und doch schreit uns die Natur bei jeder Gelegenheit ins Ohr: ‚Ihr Sterblichen, nützt die Zeit! Vergeßt niemals den Wert eines Augenblickes, auf dem doch die Unendlichkeit der Zeit beruht, und beschleunigt die Flucht Eurer Tage nicht noch durch eitle Nichtigkeiten!‘

Während der ganzen Zeit, die ich zu meiner Berechnung brauchte, habe ich eine Menge Betrachtungen angestellt, dabei auch die, die ich Ihnen mitteilte. Es sind darunter mehr düstere und demütigende als heitere und rühmliche. Dennoch glaube ich, daß ich einer jener armen zweibeinigen, ungefiederten Sterblichen bin, die verhältnismäßig wenig kostbare Augenblicke des Lebens verloren haben. Ach, mein Lieber, das Schicksal eines Königs ist recht traurig; er trägt sehr viel Last um anderer willen. Durch rechten Gebrauch der Zeit beseitigt ein König alle Hindernisse, die seinem Wohlbefinden und dem seines Volkes entgegenstehen.

Es war ein Glück für mich, daß ich schon als sehr junger Mensch immer die entschiedene Neigung hatte, zu lernen, meinen Geist zu bilden und ihn vorzubereiten für das, was ich eines Tages sein sollte. Ich fühlte frühzeitig, daß ich ohne die beständige Übung meiner Fähigkeiten die Rolle eines Königs nur recht traurig spielen würde. Sie können sich nicht vorstellen, was ich in Rheinsberg alles getrieben habe! Ich studierte Tag und Nacht. Ich fühle jetzt, daß ich Werke hätte lesen können, die mir für meinen Beruf nützlicher gewesen wären; aber indem ich die Dichtkunst, die schönen Künste und die Philosophie pflegte, glaubte ich, mir die Eignung für alles zu erwerben, und ich habe mich darin auch gar nicht so gewaltig getäuscht. Neben dem Studium habe ich die Übungen nicht vernachlässigt, die dem Körper Kraft, Geschicklichkeit und Anmut verleihen; ich habe tanzen gelernt, und ich tanze für meine Verhältnisse ziemlich gut; zur Not könnte ich sogar Luftsprünge machen."

Und der König führte mir sogleich fünf oder sechs vor, die ihn ein wenig außer Atem brachten. Nach einem Augenblick des Ausruhens wiederholte er sie und sagte, ich sollte einige Menuettschritte ausführen und ihm die Hand reichen. Er berichtigte meine Schritte und zeigte mir, wie ich es besser machen könnte.

„Welch ergötzliches Schauspiel für den Marschall Daun und den Prinzen Karl", sagte er, „wenn sie sähen, wie der Sieger von Lissa in einer Bauernstube Kreuzsprünge übt und Herrn Catt lehrt, der Vorschrift gemäß und mit mehr Anmut die Hand zu reichen!"

Er lachte sehr bei diesem Gedanken, und ich lachte ebenfalls über den Vorgang.

„Bin ich nicht verrückt, mein Lieber? Was sagen Sie zu mir?"

„Daß Sie in Ihrer gegenwärtigen Lage gut daran tun, alles zu ergreifen, was Sie zerstreuen kann."

„Gewiß, *non semper tendit arca Apollo* — Sie sehen, daß ich noch ein wenig Latein kann; ich wüßte aber noch mehr ohne jene verteufelte Geschichte mit *mensa, ae* — *ardor, ris*[1].

Nun ist's genug. Wir wollen zu Bett gehen, und ohne an unsere Kreuzsprünge zu denken, wollen wir uns vor dem Einschlafen noch einen Augenblick jener Stunden erinnern, die so schnell entfliehen. Guten Abend!"

17. Mai 1758

Heute war weder von flüchtigen Minuten, noch von Luftsprüngen, noch vom Tanzen die Rede.

„Ich habe heute morgen und nach dem Mittagessen bis zu diesem Augenblicke viel gelesen. Ich bin überzeugt,

[1] Vgl. Catts Aufzeichnungen unterm 25. April 1758, S. 47.

daß der General, der mir gegenübersteht, der berühmte Marschall Daun, nicht wie ich die Nase in die Logik von S'Gravesande gesteckt hat. Ich habe alle Kapitel gelesen, welche die Vernunftschlüsse betreffen. Ich gestehe Ihnen, daß ich die Hauptbezeichnungen dieser Schlüsse fürchterlich pedantisch finde. Sie haben mich ganz grillig gemacht. Bei dieser Gelegenheit habe ich daran gedacht, daß es gar nicht so übel wäre, wenn die Natur dem Menschen einen Schornstein auf den Kopf gesetzt hätte, damit die Dämpfe, die sich da drinnen entwickeln, entweichen könnten. Und da ich nun einmal dabei bin, die Natur in Bewegung zu setzen, so wünschte ich auch, daß sie uns wie den Enten nur eine Kloakenöffnung gegeben hätte, damit man keine Kolik bekäme, damit man ohne viele Schmerzen lebte, damit man wie ein Licht auslöschte. All dies wäre nicht übel; aber die Natur weiß darin besser Bescheid als wir. Ohne Zweifel, alles muß so sein, wie es nun einmal ist in dieser sogenannten besten aller Welten, wo man auf alle mögliche Art leidet, wo man Krieg führt, wo man brennt, plündert, schändet, metzelt, und wo man unaufhörlich dem schlimmsten aller Übel, der Treulosigkeit, ausgesetzt ist. So liegt es auch in der Weltordnung, daß diese armen Bewohner Mährens, trotz der Bilder von Teufeln und Heiligen, womit sie ihre Stuben schmücken, bedrückt werden von Wesen, die sie nicht kennen, und tagtäglich mit Klagen kommen, daß man ihnen ihre notwendigste Habe entführe. Ich habe meinen Offizieren Befehl erteilt, diesen Klagen ein Ende zu machen, dieses diebische Gesindel niederzuhalten und es zu zwingen, zurückzugeben, was es diesen Unglücklichen gestohlen hat.

Am ersten Tage werde ich in der Richtung auf Olmütz vorgehen, um die Stellungen zu bezeichnen, welche die Belagerungstruppen besetzen sollen. Sie werden es sehen: Ich werde diese Stadt erobern, werde Daun schlagen, Brünn rechts liegen lassen und auf Wien zu marschieren, und mein Bruder Heinrich wird nach Prag gehen, das er belagern und nehmen wird. Wir werden Frieden bekom-

men, und dann, ja, dann werde ich mehr lesen als alle Benediktiner zusammen.
Die Seele ist ein Feuer, das man nähren muß und welches erlischt, wenn es sich nicht ausbreitet. Wenn ich in meiner frühen Jugend nicht gehindert worden wäre, wie viele Kenntnisse hätte ich dann erworben, sowohl in der Philosophie, als auch besonders in der Geschichte, die unser Hauptstudium sein muß. Ich wußte schon sehr frühzeitig aus mir selbst und aus meinen Beobachtungen, daß ein Prinz etwas wissen und seinen Geist durch fleißiges Lernen bilden muß. Ein unwissender Prinz ist in der Welt und in seinem Staate eine sehr traurige Figur. Aber ach, mein Lieber, wie viele Hindernisse hemmen einen Prinzen in dem Bestreben, so kenntnisreich zu werden, wie es vorteilhaft für ihn wäre! Wieviel Umstände wirken zusammen, einen Prinzen unwissend oder einfältig zu machen! Wie verwöhnt man ihn, wenn er kaum der Kindheit entwachsen ist, mit Lobreden und Schmeicheleien! Alles, was er tut, ist göttlich gut: ‚Wieviel Anmut Seiner Hohheit eignet! Wie geistvoll er ist! Welch entzückende Antwort! Haben Sie sein Urteil über diese Sache gehört? Ganz gewiß, er wird ein großer Mann werden!‘ Mein junger Herr Dummkopf schluckt das alles glatt hinunter; er dünkt sich wunder was, wenn man es ihm wiederholt, und keine barmherzige Seele wagt ihm zu sagen, daß er ein armer Dummling ist, daß er, hinsichtlich der Begabung und der Kenntnisse, weniger ist als das Kind eines Privatmannes, das man weder lobt noch ermutigt und das alles aus eigener Kraft leistet, oder weil man es nicht verzieht. Der Doktor Swift hatte sehr recht, als ihn der immer wiederholte Ruf anekelte: ‚Ach, wie liebenswürdig und klug ist dieser junge Prinz für sein Alter‘, — daß er seinem Volke und dem ganzen Europa vorschlug, die schwierige Frage zu lösen: ‚Wenn die Prinzen so vollkommen, so erleuchtet, so gut, so liebenswürdig sind, warum sind sie all das so wenig im reifen Alter oder sobald sie Könige werden?‘
Ich entsinne mich einer Erzählung, die ich in Rheinsberg

in der ‚Orientalischen Bücherei' gelesen zu haben glaube. Ein großer Perserkönig hatte seinen Sohn einem seiner Minister, der um seine Entlassung gebeten hatte, zur Erziehung übergeben. ‚Nimm meinen Sohn', sagte der Herrscher zu ihm, ‚und unterrichte ihn gemeinsam mit dem deinen in der friedevollen Zurückgezogenheit und im Schoße der Tugend und der Unschuld.' Der ehrenwerte Minister teilte seine Sorge gleichmäßig zwischen den beiden Kindern, und nach mehreren Jahren kam er mit ihnen zum Könige zurück. Der Herrscher war erfreut, seinen Sohn wiederzusehen; aber seine Freude wurde sehr gemindert, als er fand, daß der Sohn seines Ministers besser ausgebildet war. Er machte auf diesen Unterschied aufmerksam und beklagte sich darüber. Der Minister antwortete: ‚Herr, mein Sohn hat besseren Gebrauch als der deine von dem Unterrichte gemacht, den ich beiden gleichmäßig erteilte; denn mein Sohn hat gewußt, daß er die Menschen braucht; deinem Sohne aber habe ich nicht verbergen können, was man ihm schon in seiner ersten Kindheit so oft wiederholt hatte: daß die Menschen ihn selbst nötig hätten.'

Das eben, mein Lieber, ist die Schwierigkeit dieser Angelegenheit, die stets wohl bedacht werden sollte von allen, die hauptsächlich zur Prinzenerziehung berufen sind, besonders aber auch von denen, die eines Tages die schwere Bürde des Königtums werden tragen müssen. Man sollte daher die Prinzen von dem Augenblicke an, da sie zu lallen beginnen, treuen Menschen anvertrauen wie diesem weisen Minister, von dem ich soeben sprach. Hinsichtlich einer natürlicheren Erziehung sind die Privatleute jenen gegenüber zumeist im Vorteil; aber es gibt zuweilen auch sehr dumme Privatleute; es muß jeder sein Teil bekommen.

Dem Herrn von Morrien, dem sehr dummen Gatten einer sehr liebenswürdigen und höchst geistvollen Frau, der zum Überfluß auch noch Hofmarschall der Königin war, empfahl eines Tages ein Freund den Grafen Essex mit der Bitte, ihn der Königin vorzustellen. ‚Ich versichere

Ihnen', sagte dieser Freund, ,daß es sich nicht etwa um jenen Grafen Essex handelt, der unter der Königin Elisabeth enthauptet worden ist.' Sagt doch dieser famose Herr von Morrien, als er den Grafen meiner Mutter vorstellt: ,Übrigens wage ich Eurer Majestät zu versichern, daß es sich nicht etwa um jenen Grafen Essex handelt, der unter der Königin Elisabeth enthauptet worden ist.'

Sie können überzeugt sein mein Lieber, daß das durchaus keine Fabel ist; das ist ein wirkliches Geschehnis, dessen Wahrheit Sie später in Berlin nachprüfen können. Ich werde Ihnen auch noch manches andere von diesem frisierten Tölpel erzählen; aber jetzt muß ich noch einen Brief absenden. Gute Nacht! Denken Sie weder an den Prinzen, noch an Morrien und seine Dummheiten, sondern an Morpheus, der mehr wert ist als jene beiden. Ihnen wird er wohl seinen Mohn spenden; aber ich weiß nicht, was er für mich tun wird!"

18. Mai 1758

Ich wurde um fünf Uhr nachmittags gerufen; das war fast stets die festgesetzte Zeit. Man brachte einen Stoß Briefe, die der König am Morgen diktiert hatte und die er nun unterschreiben wollte.

„Sehen Sie nur diese ungeheure Menge Briefe, mein Lieber!"

Während des Unterzeichnens überflog er schnell den Inhalt der Antwort. Bei der einen merkte ich, daß ihm die Zornesröte ins Gesicht stieg, und ich sah ihn den ganzen Brief kräftig durchstreichen.

„Das ist verteufelt schlecht", sagte er, „ganz verteufelt schlecht! Mein Schreiber betont, daß das mir Gesandte hervorragend sei, und ich finde es abscheulich."

Ich wußte nicht, um was es sich handelte.

„Denken Sie, ich habe aus Holland ein Buch über die Politik bekommen. Ich beauftrage meinen Schreiber, einfach den Empfang des Buches zu bestätigen und meinen Dank zu sagen, und dieser alte Dummkopf läßt es sich einfallen, zu schreiben, das Buch sei bewundernswert. O zum Teufel, wenn es das ist! Wenn er beklagenswert gesagt hätte, so hätte er recht gehabt!"

Als er den Brief zurücksandte, setzte er leise hinzu:

„Das ist äußerst schlecht, erbärmlich, abscheulich! Ein andermal vermeide man, mich etwas sagen zu lassen, was ich weder meine noch überhaupt meinen kann."

Der Rat schrieb den Brief noch einmal, bestätigte ganz einfach den Empfang des Buches und dankte für die freundliche Aufmerksamkeit. Seine Majestät unterzeichnete, ohne ein Wort zu sagen. Als ich dem Rat am folgenden Tage begegnete, schwur er bei allen großen Göttern, daß man ihm befohlen hätte, eine große Lobrede auf das empfangene Werk zu halten.

„Trotz der ungeheuren Flut von Briefen habe ich doch noch andere Dinge getrieben, mein Lieber. Ich habe etwas von Cicero auswendig gelernt. Hören Sie zu; ich habe mich schon geräuspert wie der Marquis; jetzt fange ich an..."

Er trug die ganze Rede des Cicero für Marcellus vor; er hatte dabei das Buch in der Hand, nahm es aber nur einige Male zu Hilfe. Nach einer kleinen Pause gab er mir das Buch.

„Ich will Ihnen das schwungvolle Stück noch einmal vortragen; folgen Sie im Buche, um zu sehen, wo ich einen Fehler mache; in diesem Falle verbessern Sie mich. Ich glaube, daß ich ebensogut damit fertig werde wie ein Prediger mit seiner Predigt."

In der Tat hörte er erst auf bei dem Abschnitt „Von den verschiedenen, durch ihre Wildheit furchtbaren Völkern". Ich glaube, er hätte noch einmal von vorn angefangen, wenn sich nicht ein Husarenoffizier hätte melden lassen, der aus Schnabelin bei Olmütz kam, dem Hauptquartier des Marschalls Keith. Der König sprach eine halbe Viertelstunde mit ihm, gab ihm einen kurzen Brief mit und verabschiedete ihn.

„Nun, mein Herr, was sagen Sie zu mir? Habe ich meine Aufgabe nicht gut behalten?"

„Sehr gut, Sire! Ihr Gedächtnis faßt leicht und sicher.“ „Weil ich es sehr gepflegt habe! Ich lerne oft auswendig, was in Versen oder in Prosa Eindruck auf mich macht, und wenn ich einmal im Wagen reise, besonders dann, wenn ich mich in das Winterquartier begebe, so lerne ich auf meiner Reise einige hundert Verse von Racine oder von Voltaire oder einige Seiten von Fléchier und von Bossuet. Es kostet mich viel mehr Zeit, meinem armen Kopfe Prosa einzuprägen, als Verse zu lernen; aber wenn sie einmal darinnen ist, dann ist sie es für immer. Machen Sie es wie ich; lernen Sie jeden Tag etwas auswendig; die Zeit und Ihre Lebensweise erlauben es Ihnen. Wenn man sein Gedächtnis nicht pflegt, so rostet es ein, und ohne es sind keine Kenntnisse möglich. Guten Abend! Der Redner will zu Bett gehen; es ist acht Uhr, und dieser Herr muß sehr frühzeitig wieder zu Pferde sein.“

19. Mai 1758

Am heutigen Tage hatte ich nur eine ganz kurze Sitzung. „Ich bin sehr müde“, sagte er, „und ich fühle, daß ich anfange, alt zu werden. Ich bin heute nach dem Mittagessen vor Olmütz gewesen, um den Belagerungstruppen die Stellungen anzuweisen, die sie besetzen sollen. Der Marschall[1] ist gut mit Truppen, Lebensmitteln und Munition versehen; außerdem hat er vor den Festungswerken mindestens drei Viertel des Geländes unter Wasser setzen lassen; er bessert die Befestigungen aus, erhöht die Brustwehren, zerstört die Vorstädte und die Häuser, die ihm gefährlich werden könnten. So bereitet er sich auf eine hartnäckige Verteidigung vor, und wir unsererseits tun alles mögliche, um ihn gut anzugreifen und die Stadt zu nehmen. Wir müssen abwarten, wie das Schicksal entscheidet.“

Wie mir scheint, begann Seine Majestät der König zu vermuten, daß diese Belagerung doch nicht so leicht sein würde, wie er es mir bei seiner Ankunft in Schmirsitz

[1] Der österreichische Marschall Daun.

ankündigte, als er meinte, Olmütz könnte ohne viele Mühe genommen werden.

„Da ich die Einschließung der Stadt von dieser Seite der Morawa habe vornehmen lassen, so habe ich angeordnet, daß der rechte Flügel diesen Fluß berühren und der linke sich bis gegen Horka erstrecken soll. Um dieses ganze Gelände zu besetzen, wird das Belagerungskorps in fünf Lagern quartieren."

Er zeigte mir auf seiner Karte die Orte, von welchen er sprach.

„Was für ein Leben, mein Lieber, was für ein Leben! Was für ein Hundeleben! Wann werden meine Soupers in Potsdam wieder beginnen, wo wir mit fünf oder sechs Freunden so viele Dinge schwatzten, die am andern Tage wieder vergessen sind! Maupertuis verdarb uns das Abendessen zuweilen durch seine kleinliche Eifersucht; haben Sie ihn gekannt?"

„Nein, Sire."

„Nun, er hat den verdrießlichsten Gesichtsausdruck, den ich jemals gesehen habe, ist aber ein Mann von rücksichtslosester Ehrlichkeit und wich niemals davon ab. Er ist eine Million Meilen von der Anmut Voltaires entfernt; aber bezüglich des Herzens ist der Lappe Maupertuis dem Affen Voltaire um ein Jahrhundert voraus. Wenn der Lappe und der Affe mich nur hörten, wie regneten da sogleich die Epigramme auf mich herab! Voltaire hat die Schwäche zu glauben, er habe ein erträgliches Äußeres, und Maupertuis hat die zu meinen, er sei dem ewigen Vater gleich, weil er die Pole abgeplattet[1] hat. — Ist das nicht eine recht üble Nachrede? Ich sollte lieber schweigen und Ihnen einen guten Abend wünschen! Auf morgen für länger!"

Nochmals: 19. Mai 1758

Kaum war ich hinausgegangen, als ich zurückgerufen wurde. Seine Majestät der König kam mir entgegen,

[1] Berechnung der Polabplattung der Erde durch Maupertuis; vgl. Namenverzeichnis.

als ich in sein Zimmer trat, und hielt ein Blatt Papier in seiner Hand.

„Sie haben Ihre Benediktinerseele in Breslau nicht besingen wollen. Sie haben mir diese Aufgabe überlassen, und ich habe mein möglichstes getan, Ihre Absicht zu erfüllen. Sie sollen es selbst beurteilen. Hören Sie zu!"

Und er las mir ein langes Gedicht vor, das das lebhafte Bedauern ausdrückte, die angenehme Gesellschaft der schönen Breslauerin mit den Mühen der Unannehmlichkeiten des Feldlagers vertauscht zu haben.

„Nun, was sagen Sie zu diesem Stück, das ich heute nach dem Mittagessen zusammengepfuscht habe?"

„Es ist wirklich reizend!"

„Was würde die Benediktinerin sagen, wenn sie es sähe?"

„Sie würde es hübsch finden; aber sie würde heftig Kreuze schlagen über die ‚süße Verzückung' und den ‚Genuß', die beide nicht vorhanden waren; sie würde sich entsetzen über den ‚schönen, schwellenden Busen', von dem nichts zu entdecken war, und wer weiß, Sire, was sie sonst noch alles dazu sagen würde."

„Sie würde sagen: ‚Oh, dieser Schurke! Wie verderblich ist doch der Umgang mit Königen!' Jetzt bin ich also in die Schranken getreten; nun ist es an Ihnen, darinnen zum Wettbewerb zu erscheinen und es besser zu machen als ich."

„Das wäre ein vergeblicher Versuch, es besser zu machen als Sie, wiewohl ich mir die Fähigkeit wünschte."

„Erlauben Sie, daß ich es Ihnen sage: Da spricht ein wenig die Trägheit aus Ihnen! Sich zu weigern, eine liebenswürdige Benediktinerin zu besingen, das ist ganz unverzeihlich! Prägen Sie sich übrigens die Wahrheit ein, daß die Schönen bei derben Ausdrücken gar nicht so leicht erschrecken. Sie halten es zumeist wie die frommen Schwestern von Nantes; Wenn sie Anzüglichkeiten aus dem Schnabel des Papageis[1] hören, so regen sie sich gar nicht darüber auf und stellen sich, als ob der nette Vogel

[1] „Vert-Vert" von Gresset. Vgl. Namenverzeichnis.

sich einer fremden Sprache bediene; läßt er aber ein tausendfach gebrauchtes Wörtlein vom Teufel hören, so fliehen die Nonnen, zitternd vor Entsetzen.
Werden Sie nun nicht sagen, ich sei ein alter Tor, daß ich Sie mit solchen Albernheiten unterhalte? Aber dieser alte Tor sucht sich zu erheitern; man kann ihm das schon einmal hingehen lassen. Guten Abend, und nochmals gute Nacht! Und denken Sie nicht mehr an den ‚schwellenden Busen' — das ist kein Schlafmittel für so junge Leute wie Sie!"

20. Mai 1758

„Nun, haben Sie das Gedicht noch einmal gelesen, und haben Sie nichts darin gefunden, was etwa hinkt? Sagen Sie es mir aufrichtig!"
Da ich mit der Antwort zögerte, so kam ihr Seine Majestät zuvor:
„Sicherlich haben Sie einiges bemerkt; was ist es? Sie würden mich Ihnen verpflichten, wenn Sie es mir mitteilten. Glauben Sie nicht, ich wäre in meine Werke so verliebt, daß ich dächte, es wäre nichts daran zu tadeln! Ich habe diesen Schriftstellerdünkel durchaus nicht!"
Auf diese bescheidene Versicherung hin, von deren Wahrheit ich überzeugt war, machte ich mehrere Bemerkungen über den Reim und die Ausdrucksweise. Einige davon billigte er, und er verbesserte sofort die betreffenden Stellen; andere wieder erkannte er nicht an. Er dankte mir dann für meine Kritik, die ich übrigens nur in Form von Zweifeln vorbrachte.
„Ein Schriftsteller mag so berühmt sein wie er will, er hat immer jemand nötig, der ihn auf die Fehler aufmerksam macht, die ihm unterlaufen. Man verliebt sich in sein Werk, liebkost es, sieht es in den schönsten Farben; der weniger voreingenommene und kaltblütigere Leser hingegen sieht, was besser sein könnte. Racine und Boileau befragten stets einsichtige Freunde. Voltaire fragte den Sprachreiniger d'Olivet um Rat und bat ihn, bei der Prüfung der ihm gesandten Gedichte ein unerbittlich

strenger Richter zu sein. Wenn diese Berühmtheit Verbesserungen wünschten — sollte ich dann nicht darum ersuchen, der ich armselig und nicht würdig bin, ihnen ihre Schuhriemen zu lösen? Sie sehen, mein Lieber, wie sehr ich Ihnen verbunden sein muß, wenn Sie mir Ihre Bemerkungen mitteilen; aber Sie müssen mir erlauben, das zu bestreiten, womit ich nicht einverstanden bin; denn ich gehöre nicht zu denen, die sich leicht ergeben."

„Ich wollte gern ein d'Olivet sein, um Ihren Wunsch zu erfüllen, und ich würde Eurer Majestät den Dienst erweisen, den der große Sprachreiniger Herrn Voltaire erwiesen hat."

„Mein Lieber, Sie können mich auf die Fehler, die mir unterlaufen, aufmerksam machen, auch wenn Sie kein d'Olivet sind. Wie oft habe ich nicht Voltaire selbst, sogar Voltaire, verbessert!"

Da der König häufig einen Gedanken weiterverfolgte, der auf den Gegenstand der Unterhaltung Bezug hatte, und, wie er sagte, ihn gründlich wälzte, so sprach er jetzt viel von Voltaire und seinem teuflischen Charakter.

„Wenn Sie ihn ruhig sehen, so brütet er sicherlich über irgendeiner Bosheit. Es ist sein größtes Vergnügen, die Leute gegeneinander aufzubringen, und wenn es ihm gelungen ist, so lacht er unbändig, hüpft und macht Luftsprünge. ‚Diese Lumpe', sagt er mit spöttischem Lachen, ‚diese Lumpe — so muß man sie behandeln!'

Eines Tages schrieb er die Hälfte eines recht beißenden Spottgedichtes gegen den guten Marquis d'Argens und ging damit zu ihm. ‚Sie wissen,' sagte er zu ihm, ‚ein wie aufrichtiger Freund ich Ihnen bin, und in dieser Eigenschaft muß ich Sie warnen wegen einer Sache, die Sie sehr angeht: Was haben Sie Algarotti getan, daß er so aufgebracht über Sie ist?' — ‚Ich? Nichts! Ich liebe ihn und bin überzeugt, daß er mir wohlgesinnt ist.' — ‚Hier ist jedoch der Anfang eines Gedichtes,' sagte Voltaire, ‚das nicht gerade von dieser Zuneigung zeugt, deren Sie sich schmeicheln.' Er las es vor. Der Marquis hatte soviel Selbstbeherrschung, daß er nicht etwa heftig auffuhr.

‚Wenn Algarotti diese Verse geschrieben hat,' sagte er, ‚so gebe ich zu, daß das unwürdig ist und daß ich diese Treulosigkeit nicht von ihm erwartet hätte.'

Dieser Schurke Voltaire ging nun zu Algarotti, um ihm zu sagen, daß der Marquis außerordentlich gegen ihn aufgebracht sei, daß er abscheuliche Dinge über ihn gesagt habe und daß er nicht begreifen könne, was die Veranlassung dazu sei. Algarotti erkannte sofort die ganze Bosheit Voltaires, stellte sich aber, als sei er gegen den Marquis in Harnisch gebracht worden, und sobald Voltaire weggegangen war, begab er sich zu d'Argens und erzählte ihm, was soeben vorgefallen war; der Marquis hingegen sagte ihm, was er vorhin gehört hatte, und die beiden verständigten sich darüber, daß sie nicht in die Falle gehen wollten, die Voltaire ihnen gestellt hatte, sie erwiesen einander mehr Freundlichkeiten als je zuvor, und Voltaire war diesmal beschämt. Dieses warhaft niederträchtige Verhalten gelangte zu meiner Kenntnis, und ich sagte bei Tische, daß Voltaire, der damals sich unwohl fühlte, ein elender Schuft sei. Das wurde ihm am folgenden Tage zugetragen, und der Schelm schrieb mir einen Brief: ‚Aber Sire, wie können Sie mich einen Schuft nennen, mich, der ich Dichter bin wie Sie, der ich dasselbe Herz habe wie Sie, dessen Denkungsart der Ihren gleicht!' Kann man sich etwas Unverschämteres denken? Wenn Sie ihn sähen, so würden Sie eine so günstige Vorstellung von ihm erhalten und er würde Ihnen so schmeichelhafte Dinge sagen, daß Sie sich wundern würden, wie man schlecht von ihm denken kann. Sie würden ihn bedauern, und acht Tage später würde er Ihnen die gemeinsten Streiche spielen. So ist dieser Herr Arouet[1]; ich schildere ihn der Wahrheit gemäß. Wenn er aus der Welt verschwunden wäre — wegen einer unglücklichen Liebelei nahm er einmal Opium, und man hatte große Mühe, ihn wieder zum Leben zu erwecken — die Welt hätte im Grunde nicht viel dadurch verloren. Ich wiederhole es Ihnen: Auch

[1] Voltaire hieß eigentlich François-Marie Arouet.

die glänzendste Begabung ist nichts gegen ein ehrliches Herz. Man hat von Voltaire gesagt, man müßte ihn wie einen Papagei in einen Käfig stecken, wenn man seiner müde wäre, und wohl darauf achten, was man spräche, damit er nicht die letzten Worte wiederholte; ich aber sage, daß man ihn in einen eisernen Käfig stecken und ihn daran hindern müßte, sein Können zu Streichen zu mißbrauchen; denn diese sind immer niederträchtig und gefährlich. Zwar begegnet man in seltenen Fällen ausgezeichneten Charakteren, um derentwillen man die menschliche Bosheit im allgemeinen und die außerordentliche Bosheit Voltaires im besonderen verzeiht — aber es gibt nichts Schlechteres als den Menschen; davon seien Sie überzeugt, mein Lieber. Das ist eine sehr traurige Wahrheit, aber sie ist unglücklicherweise unumstößlich. Hören Sie: Wenn ich hier oder später in Potsdam mir den Anschein gäbe, als sei ich unzufrieden mit Ihnen, und wenn ich sagte: ‚Catt macht auffalend viel Ausgaben; er muß doch wohl schon geplündert oder seine Stellung ausgenutzt haben' — so würde man zunächst nichts dazu sagen; bestände ich aber darauf und fragte: ‚Was denken Sie darüber?' — so würde bald einer sagen: ‚Ja, es stimmt, er macht ziemliche Ausgaben.' Ein anderer würde lächeln und durch dieses Lächeln zu erkennen geben, daß er meine Behauptung richtig findet. Nun, das ist das Gesindel, mit dem Sie vielleicht werden leben müssen. Möge der Himmel Sie davor bewahren und Ihnen eine gute Nacht schenken!"

21. Mai 1758

Ich wurde um fünf Uhr gerufen und blieb nur einen Augenblick dort.

„Meine heutige Arbeit ist nicht gerade klein gewesen. Ich habe einen kleinen Vorstoß vorbereitet, der morgen bei Tagesanbruch unternommen werden soll; ich werde Ihnen später darüber berichten. Man wird sicherlich nicht sagen können, daß ich mit gekreuzten Armen tatenlos dastehe. Es wäre mir unmöglich, einen Augenblick untätig zu sein. Es ist ein großes Glück für jeden Menschen und besonders für einen Fürsten, sich frühzeitig an Arbeit gewöhnt zu haben. Wissen Sie, wem ich zu Dank verpflichtet bin für diese Gewohnheit und diese Vorliebe für das Studium, das mehr als alles andere mir das Leben süß macht? Meiner Bayreuther Schwester! Als sie sah, daß ich gar kein Verlangen trug, mich zu beschäftigen und zu lesen, und daß ich nur umherzuschlendern liebte, sagte sie eines Tages zu mir: ‚Aber, mein lieber Bruder, schämst du dich nicht, unaufhörlich umherzulaufen? Ich sehe dich niemals mit einem Buche in der Hand. Du vernachlässigst deine Fähigkeiten, und wenn du dereinst berufen wirst, eine Rolle zu spielen, was für eine wird es dann sein?' Diese Worte und einige Tränen dazu rührten mich tief; ich begann zu lesen, fing allerdings mit Romanen an.

Es war jedoch Befehl gegeben worden, mich am Lesen zu hindern; so war ich gezwungen, meine Bücher zu verstecken und Maßnahmen zu ergreifen, daß man mich nicht beim Lesen ertappte. Wenn mein Erzieher, der Marschall Finck, und mein Kammerdiener schliefen, so stieg ich über das Bett meines Dieners hinweg und schlich ganz, ganz leise in ein anderes Zimmer, wo beim Kamin eine Nachtlampe brannte. Bei dieser Lampe zusammengekauert, las ich das Volksbuch von der schönen Magelone und andere Bücher, die meine Schwester und verschwiegene Leute mir verschafften. Diese nächtliche Lektüre dauerte einige Zeit; aber in einer Nacht muß doch mein Marschall einen Hustenanfall haben — er hört mich nicht atmen, wird unruhig, betastet mein Bett, und als er mich nicht findet, ruft er laut: ‚Mein Prinz, mein Prinz, wo sind Sie?' Alles ist auf den Füßen; ich höre den Lärm und laufe schnell zu meinem Bett, indem ich behaupte, ich hätte ein dringendes Bedürfnis gehabt. Man glaubte mir, und ich wagte nicht wieder zu entwischen; die Sache wäre zu gefährlich gewesen. Aber ich habe mich später in Rheinsberg[1] dafür entschädigt; ich habe ungeheuer viel gelesen, und ich hätte es im Übermaß getan, wenn ich nicht streng

[1] Schloß Rheinsberg, zwischen Prignitz und Uckermark am Grienerick-See, Geschenk Friedrich Wilhelms I. für den jungverheirateten Kronprinzen.

darauf geachtet hätte, mir aus meiner Lektüre Auszüge anzufertigen. Jede Woche las ich diese wieder durch.
Sie sehen, mein Lieber, ich habe sehr gegen Hindernisse anzukämpfen gehabt, schon seit meiner frühesten Jugend. Mein Vater hielt mich zunächst für eine Art menschlichen Teig, aus dem man formen könnte, was einem beliebte. Aber wie sehr täuschte er sich darin! Er tat alles, um einen Jäger aus mir zu machen, und ich wurde es nicht, und ich war es so wenig, daß ich auf dem Posten, den man mir angewiesen hatte und auf dem ich das Wild unfehlbar vorüberkommen sehen mußte, mich mit Lesen beschäftigte und sowohl Hasen wie Hirsche entwischen ließ, ohne sie überhaupt zu Gesicht bekommen zu haben. Sie können sich denken, daß man mir eine schöne Szene bereitete; man überhäufte mich mit Vorwürfen und Spöttereien; man machte sich lustig über meine Unaufmerksamkeit und meine Gleichgültigkeit, und mein Vater rief verzweifelt und voll Herzweh: ‚Aus dem Jungen wird niemals etwas werden!'
Er wollte durchaus nicht, daß ich läse, und ich habe vielleicht mehr gelesen als alle Benediktiner zusammen. Er wünschte nicht, daß ich tanzte, und ich habe es dennoch getan, ja, ich habe den Tanz sogar geliebt und sehe es noch heute gern, wenn die Jugend sich ihm hingibt. Übrigens tanze ich seit dem Jahre 1750 überhaupt nicht mehr.
Mein Vater wollte, ich sollte Soldat werden; aber er hat es sich nicht träumen lassen, daß ich es eines Tages in dem Maße sein würde wie jetzt. Wie würde er staunen, mein Lieber, wenn er mich hier in Schmirsitz inmitten einer Armee sähe, die etwas wert ist, und besonders einer Kavallerie[1], von der er nicht die geringste Vorstellung haben konnte! Er würde seinen Augen nicht trauen!"

Friedrich bezog es 1736 und bewohnte es bis zu seinem Regierungsantritt; im Kreise erlesener Freunde genoß er hier, nach seinem eigenen Urteile, die glücklichste Zeit seines Lebens. —

[1] Die preußische Kavallerie war im Ersten Schlesischen Kriege in der Schlacht bei Mollwitz der österreichischen noch weit unterlegen; der König hat sie erst durch strenge Zucht zu einer brauchbaren Truppe herangebildet.

Seine Majestät malte sich diesen Gedanken häufig aus und wiederholte ihn mir bei tausend Gelegenheiten.

Um sechs Uhr wurde ich mit den üblichen Wünschen für eine gute Nacht weggeschickt, und der König begab sich zu Bett.

22. Mai 1758

Als ich um sechs Uhr gerufen wurde, fand ich beim Eintreten den König mit der Betrachtung der Karte beschäftigt.

„Kommen Sie her, Herr Catt, und sehen Sie sich auf dieser Karte an, was heute ein alter Haudegen geleistet hat, der schon um ein Uhr nachts aufgestanden ist. Der große Loudon beabsichtigte unsere Zufuhr zu stören und die Verbindung mit dem Korps des Prinzen Moritz zu erschweren, und er wollte daher Teile seines Korps von Konitz nach Namiest und Lautschan in den Rücken meiner Truppen schicken, die dort lagern, und meine Absicht war, Herrn von Loudon zu vertreiben. Wir sind in vier Abteilungen gegen ihn vorgegangen, und alle vier haben sich ihm zugleich genähert; aber dieser Herr da drüben erhielt durch seine Vorposten rechtzeitig Kenntnis von unserem Marsche, der sehr gründlich verabredet war, und zog sich von Gehölz zu Gehölz bis nach Konitz zurück. Wir sandten ihm einige Kanonenschüsse hinüber, und er hat sie beantwortet. Die Engpässe und das an Schwierigkeiten sehr reiche Gelände erleichterten seinen Rückzug. Wir nahmen drei Offiziere und dreiundvierzig Mann gefangen. Das, mein Lieber, ist das Ergebnis des heutigen Tages. Es ist nicht glänzend; aber im Kriege, wie auch in jeder anderen Sache, tut man das, was man kann, und selten das, was man will. Wenn man daher ein wenig Erfolg haben will in den Angelegenheiten der Welt und besonders in kriegerischen Unternehmungen, so muß man die größten Pläne machen; denn man bleibt immer dagegen zurück. Aber wenn man solche Pläne entwirft, so ist man sicher, in irgendeinem Punkte Erfolg zu haben. Einem Menschen, der nur kleine oder halbe Pläne macht, dem wird nichts gelingen; dessen können Sie versichert sein. Dieser Mensch mit halben Plänen hat wenig Ehrgeiz, und man muß viel haben, wenn man in großen Dingen Großes leisten will."

„Und auch Genie, Sire!"

„Zweifellos! Der starke Ehrgeiz entzündet es, hilft ihm und ersetzt es zuweilen. Verbinden Sie das alles mit der Weisheit, und Sie werden eine Vorstellung von dem Ehrgeiz haben, wie ihn jemand haben muß, der sich in der Welt einen Namen machen will.

Der Vater meines guten Markgrafen[1] hatte diesen Ehrgeiz nicht. Er trank morgens, mittags und nachmittags; wenn er dann voll Wein war, prügelte er alle seine Stallknechte und sagte dabei zu ihnen: ‚Ich bin der Sohn des Großen Kurfürsten.' Am Abend trank er von neuem; aber dann prügelte er nicht mehr, sondern sprach über Religion, stellte die Grundsätze des rechten Glaubens auf und redete soviel unvernünftiges Zeug wie möglich. Sein Bruder war ein wenig gebildeter; aber diese Bildung war immer noch recht barbarisch; das können Sie sich denken! — Wenn heutzutage ein Fürst so unanständige Reden führen wollte, so würde man ihn in keiner guten Gesellschaft dulden, und man würde recht daran tun. Ich aber werde recht daran tun, zu Bett zu gehen; denn ich bin müde, als hätte ich die schönsten und mühsamsten Dinge von der Welt geleistet. Guten Abend!"

23. Mai 1758

Nachdem der König am Morgen seine Befehle erteilt hatte, hatte er, wie auch vor meinem Erscheinen, den Abriß der Logik von Wolff gelesen. Diese Lektüre, die ich nicht vermutet hätte, gab den Anlaß zu einer Unterhaltung über seinen Vater und über den Philosophen, den dieser des Landes verwiesen hatte.

„Sie würden wohl nicht glauben, daß ich inmitten dieses ganzen Wirrwarrs in der Logik von Wolff den ganzen

[1] Karl Friedrich Albert, Markgraf von Brandenburg-Schwedt, erfolgreicher Offizier.

Abschnitt über die Ideen der Dinge gelesen habe. Ich habe es aber wirklich getan, und sogar gründlich. Ich könnte des langen und breiten darüber reden, was eine Idee ist, wie unsere Sinne uns die Möglichkeit geben, über Dinge, die außer uns existieren, nachzudenken, wie und in welchem Falle es leicht oder schwierig ist, Ideen zu erwerben; ich könnte Ihnen wie ein großer Gelehrter die verschiedenen Grade unserer klaren oder unklaren Ideen bezeichnen und könnte Ihnen, was das Erhabenste ist, eine adäquate und eine inadäquate Idee beschreiben — schöne Wörter, nicht wahr? — aber ich begnüge mich damit, Ihnen meine Vermutung mitzuteilen, daß sich der erhabene Wolff in der Definition der Freude irrt, welche er eine Leidenschaft der Seele nennt, die durch den Genuß einer schönen Gegenwart erregt wird. Aber sie kann sicherlich auch hervorgerufen werden durch die Erinnerung an eine schöne Vergangenheit oder durch die Hoffnung auf eine schöne Zukunft. Ich bin fröhlich, weil ich meine Feinde zu schlagen hoffe, und ich bin es noch bei der Erinnerung, daß ich sie geschlagen habe. Haben Sie Wolff gelesen?"

„Ja, Sire, häufig sogar!"

„Sie werden zugeben, daß er allerlei Plunder zusammengestoppelt hat, wie Voltaire sich ausdrückt!"

„Ich gebe zu, daß seine Werke zu weitschweifig sind und daß er mit weniger, aber bestimmten Worten seine Ideen und das System des Leibniz hätte darlegen können; aber gerade seine Methode, Sire, gibt ihm eine große Überlegenheit über alle anderen Philosophen. Seine exakte Art der Begriffsbestimmung und der Gedankenführung war für Voltaire nicht geschaffen, und ich möchte glauben, daß er Wolff mit so wenig Grund herabgesetzt hat, wie er seinen weisen Locke lobte, den er nicht gelesen hatte."

„Das ist wahr. Wie haben Sie erfahren, daß er Locke nicht gelesen hatte?"

„Ich habe diese Anekdote von Leuten erfahren, denen Voltaire selbst dieses Geständnis gemacht hat; als sie ihn in die Enge trieben mit einigen Behauptungen, die er aufgestellt hatte, räumte er ein, daß er Locke nicht gelesen hätte, nicht einmal den Auszug aus seinen Werken."

„Er hat mir gleichfalls dieses Geständnis gemacht. Er ist doch ein zu seltsames Geschöpf! Wie kann man über ein Werk reden, das man überhaupt nicht kennt, und noch dazu in solchen Lobeserhebungen! Man hat gesagt, er schreibe alle Bücher, die er liest; man könnte sagen, er lobe oder tadle oft die, die er nicht liest. Was jedoch Wolff betrifft, so können Sie überzeugt sein, mein Lieber, daß er etwas von ihm gelesen hat."

„Dieses Etwas scheint mir aber nicht hinzureichen, einen Schriftsteller und seine Werke mit solcher Sicherheit zu verwerfen."

„Sie haben recht. Aber ich, der ich Wolff gelesen und durchdacht habe — ich finde ihn weitschweifig, langweilig und ermüdend. Um eines seiner Werke zu verstehen, muß man ständig auf das zurückgreifen, was er in anderen gesagt hat."

„Das ist die Folge seiner Methode."

„Aber diese Methode ist nur für die höheren Schulen geeignet."

„Eure Majestät erhoben jedoch diese Methode sehr, als Sie darüber an Voltaire schrieben. Sie waren bezaubert von der Art der Wolffschen Gedankenführung und rühmten ihre Schönheit und Kraft."

„Wohl wahr; aber ich habe mich seither gewandelt, und ich meine, man könne und müsse über philosophische Fragen einfacher und verständlicher schreiben. Trotz allem, was ich Ihnen gesagt habe von meiner Meinung über seine Werke, habe ich mich außerordentlich für sein Schicksal interessiert. Sie wissen ja, daß das verfluchte Pfaffengeschmeiß, das eifersüchtig war auf Wolffs hohe Verdienste, Mittel und Wege fand, meinen Vater zum voraus gegen Wolff und seine Philosophie einzunehmen. Man schrie über Religionslosigkeit; das ist die Alarmglocke der eifersüchtigen, schwarzen und unwissenden Seelen. Bei dem Worte Religionslosigkeit ließ mein Vater, der darin, wie in manchen anderen Dingen, keinen Spaß verstand, Wolff mit Schimpf und Schande aus Halle jagen, wo er damals Philosophie lehrte. In meiner Entrüstung über diese Vorgänge gelang es mir, meinen Vater zur Ernennung einer Kommission zu veranlassen, die die Werke des Philosophen prüfen sollte. Dieser einsichtige und ehrliche Ausschuß erkannte Wolffs völlige Unschuld und das Verdienst seiner Werke an. Er erstattete meinem Vater einen getreuen Bericht. Nachdem dieser seine finsteren Vorurteile aufgegeben hatte, die ihm eingeflößt worden waren, verdroß es ihn, so weit gegangen zu sein. Er gab sein Unrecht zu, bemühte sich, es wiedergutzumachen, und setzte alles ins Werk, um unseren Philosophen zur Rückkehr nach Halle zu bewegen. Der Philosoph aber, der sich seit seinem Rücktritt mit Ehren überhäuft sah, wies die Anerbieten meines Vaters einfach ab, und dieser verdiente seiner Übereilung wegen ein wenig diese Weigerung, die ihn heftig ärgerte. Es war eine meiner ersten Sorgen nach meiner Thronbesteigung, den Philosophen zurückzurufen, ihn mit Ehren zu überschütten und ihm dadurch die Achtung zu bezeigen, die er verdiente. Das, mein Lieber, hat mir einen recht guten Ruf in der literarischen Welt verschafft.

Es ist schade, daß mein Vater, der doch den seltensten Verstand und die ehrlichsten Absichten hatte, sich von all den Vorurteilen leiten ließ, die man ihm nach Belieben einflößte, und daß er eine so entschiedene Verachtung alles dessen bekundete, was Philosophie oder Literatur hieß. Dagegen hatte er nun einmal eine ausgesprochene Abneigung.

Als er eines Tages über einem Portal des Berliner Schlosses Schriftzeichen bemerkte, fragte er einen seiner Begleiter, was sie zu bedeuten hätten. — ‚Das sind lateinische Verse von Wachter.‘ — Bei dem Worte ‚Verse‘ ließ er auf der Stelle den armen Wachter kommen und sagte zornig zu ihm: ‚Ich befehle Ihnen, unverzüglich die Stadt und meine Staaten zu verlassen!‘ Er ließ es sich nicht zweimal sagen und reiste nach Hannover ab.

Mein Vater behandelte den jungen Baratier kaum besser, den man ihm als ein Wunder an Gelehrsamkeit vorstellte. Ohne Zweifel um ihn zu demütigen, fragte er ihn, ob er im öffentlichen Rechte Bescheid wüßte. — ‚Nein, Sire.‘ — ‚Nun, so studieren Sie es,‘ sagte mein Vater, ‚bevor Sie sich für einen Gelehrten ausgeben.‘ Und damit verabschiedete er ihn.

Ich habe niemals begreifen können, wie mein Vater mit so gesundem Menschenverstand und bei solcher Klugheit nicht hat fühlen können, wie wichtig es für einen Fürsten ist, Untertanen zu haben, die aufgeklärt sind durch die Wissenschaften und durch die gute Philosophie, und daß einem König kein größeres Unglück begegnen kann, als über unwissende und daher meist abergläubische Untertanen zu herrschen. — Ich habe Ihnen ja hübsch etwas vorgeschwatzt! Wie spät ist es denn?

„Neun Uhr!“

„Das ist zu spät! Ein andermal werde ich beim Reden eine Uhr auf den Tisch stellen. Gehen Sie schnell zu Bett! Guten Abend! Neun Uhr — ich muß morgen sehr früh aufstehen!“

24. Mai 1758

Als ich heute eintrat, sah ich tatsächlich eine Uhr auf dem Tische stehen; der König wies darauf hin.

„Der Teufel hole Wolff und seine adäquaten und inadäquaten Ideen! Ich habe beinahe kein Auge zugetan, und die paar Augenblicke, während welcher ich geschlafen habe, waren unruhig und von einem seltsamen Traume erfüllt. Mir träumte, meine Mutter stiege aus dem Grabe im Dom! mein Bruder, der Prinz von Preußen, und meine Bayreuther Schwester gaben ihr die Hand und führten sie; ich ging meiner Mutter entgegen, um ihr die Hand zu küssen, als mein Vater auf mich zukam, mich mit zorniger Miene betrachtete und in erregtem Tone zu mir sagte: ‚Was tust du da? Schere dich hinweg, und Sie, meine Markgräfinnen, kommen Sie näher!‘

Sind das nicht recht verschrobene Gedanken: Da ich gestern

ziemlich viel von meinem Vater gesprochen habe, so ist sein Bild während meines unruhigen Schlummers in meinem Geiste noch einmal entstanden.

Ist es zu glauben, daß es sehr viele Menschen gibt, die den Träumen starken Glauben schenken, die sich beunruhigen oder sich freuen, je nachdem, ob ihre Traumbilder heiter oder traurig waren, und die Ihnen mit der größten Ernsthaftigkeit versichern, daß man je nach den Umständen zur Erklärung eines Traumes oft das Gegenteil annehmen muß? Kann man eine solche Kinderei und Dummheit verstehen? Wenn die Natur sich soviel Mühe gegeben hat, uns die Zukunft zu verbergen, wenn ihr jeder Augenblick unseres Lebens tiefstes Stillschweigen schwört, wie könnte sie sich dann so widersprechen, uns die Zunkunft anzukünden durch einen wirren Haufen sinnloser Träume? Und was ich von den Träumen sage, denke ich auch von den angeblichen Propheten: Woher sollten sie wissen, was uns begegnen wird? Sollte sie die Natur vorzugsweise ausgewählt haben, um den armen Sterblichen von der Zukunft Kunde zu geben, sie darüber zu belehren und damit zu beunruhigen? Bloße Albernheiten, mein Lieber, Albernheiten wie alles, was *credat Judaeus Apella, non credo ego.* Ich gestehe Ihnen, daß ich mir eines Tages im Winterquartier zu Breslau zum Vergnügen einen dieser Propheten oder Wahrsager kommen ließ; er berechnete sehr gelehrt: Wenn der Kriegsschauplatz in Schlesien sein und das Korps Fouqué sich im Gebirge festsetzen sollte, so würden dieses Korps und der General in Gefangenschaft geraten. Ich schickte meinen Propheten schnell weg und machte mich weidlich lustig über ihn und seine törichten Voraussagen. Ich gestehe jedoch, mein Lieber, daß ich zuweilen Ahnungen gehabt habe, als müßte mir etwas Unangenehmes zustoßen, und daß ich mich ihren Eindrücken nicht entziehen konnte; sie beschäftigten mich mehrere Tage lang. Als ich aber sah, daß mir nichts geschah, da lachte ich sowohl über die Träume, wie über die Ahnungen und die Propheten. Seitdem habe ich alle möglichen Vorurteile abgeschüttelt, weil ich mich ernstlich bemüht habe, die Dinge dieser Welt zu prüfen und sie mit sehr philosophischem Blick zu betrachten. Und Sie, Catt, sagen Sie mir einmal ganz ehrlich — ich werde Sie nicht verraten —: Glauben Sie nicht doch ein wenig an Ahnungen, Träume und Propheten? Seien Sie ganz aufrichtig!"

„Ich habe die Ehre, Ihnen zu sagen, daß ich an nichts von alledem glaube."

„Aber wenn Sie sich unbehaglich fühlen, wenn Ihr Blut träge kreist, wenn Sie innerlich oder äußerlich Hämorrhoiden haben, neigen Sie dann nicht dazu, traurig zu sein, eingebildete Übel zu fürchten und sich zu überreden, daß sicherlich ein Unheil über Sie hereinbrechen will?"

„Wenn ich mich unbehaglich fühle, Sire, so bin ich zweifellos nicht heiter; aber in meinem Unbehagen male ich mir keine eingebildeten Übel aus; ich habe an denen genug, die ich erleide; und Hämorrhoiden kenne ich nur dem Namen nach."

„Oh, welch glücklicher Sterblicher sind Sie, mein Lieber! Diese Hämorrhoiden sind eine der Qualen meines Lebens, und wenn ich einen Anfall habe, dann befällt mich Traurigkeit, und ich sehe oft schwarz in allen Dingen. Ich hätte geglaubt, daß es Ihnen als einem guten Rechtgläubigen nicht fernliegen würde, die Möglichkeit von Prophezeiungen zuzugeben. Es gibt deren ja eine Unmenge in Ihren heiligen Büchern, die Sie gelesen haben und die ich so gut wie Sie besitze."

„Sire, ohne Zweifel erkennt meine strenge Gläubigkeit die Wahrheit der Prophezeiungen an, die ich gelesen habe; aber diese selbe Gläubigkeit schließt in meinem Geiste jeden Gedanken an moderne Prophezeiungen aus."

„In Ihrer Kindheit hat man Ihnen doch wohl sicherlich von Propheten, Träumen, Gespenstern erzählt, und oft haften diese ersten Eindrücke während des ganzen Lebens."

„Man kann sich ihrer erinnern, Sire, ohne daß sie noch Einfluß haben auf unsere Art zu denken und zu fühlen.

Ein wenig Philosophie berichtigt alle jene Vorstellungen, die man uns in unserer Kindheit eingeredet hat."

„Sie glauben jedoch, daß es in der Natur Wesen gibt, die man Geister nennt?"

„Wenn Eure Majestät mit den Geistern Gespenster meinen, so glaube ich nicht an solche Wesen; wenn Sie jedoch darunter Wesen verstehen, die verschieden sind von der Materie, wie es im kleinen die Seelen sind, die unseren Körper beleben, so gebe ich ihr Dasein durchaus zu."

„Wie können Sie zum Beispiel glauben, Ihre Seele sei ein Wesen, das verschieden ist von Ihrem Körper? Es ist kein Fünkchen Philosophie in Ihrem Glauben! Sehen Sie denn nicht, daß das, was Sie Ihre Seele nennen, an Erkenntnis zunimmt in dem Maße, wie Ihr Körper kräftiger wird? Sehen Sie nicht, wenn der Körper des Herrn Catt krank ist, daß dann seine Seele ihre Tätigkeiten nicht mehr so gut ausführt; daß diese offenbar schwächer wird, wenn jener merklich verfällt? Daher schließe ich, daß der ordnungsmäßige Zustand des Körpers das Denken verursacht und daß es nur in der guten Organisation besteht. Nun, mein Herr, ich setze Sie den drohenden Spitzen eines unwiderleglichen Beweisgrundes aus. Was können Sie mir antworten?"

„Daß ich mir die Freiheit nehme, Sie zu fragen, was Sie von folgenden beiden Beweisen denken. Man sieht, daß die Kraft des Pulvers in der Kanone in dem Maße wächst, wie das Wetter trocken ist, daß bei feuchtem Wetter das Pulver weniger wirksam ist, und daß es gar nicht wirkt, wenn es naß ist. Ist es nicht also die Trockenheit, die die Kraft des Pulvers ausmacht, und besteht diese Kraft nicht in dem Mangel an Feuchtigkeit? — Zweitens: Man sieht, daß ein gewisser Quantz um so besser spielt, je besser seine Flöte ist, daß er auf einer scharfen und verstimmten Flöte nicht mehr so gut spielt, und daß er überhaupt nicht spielt, wenn er keine Flöte hat. Macht also nicht die Flöte Musik, und besteht der Musiker nicht in dem guten Zustande des Instrumentes? — Eure Majestät werden die Richtigkeit dieser Gedankengänge nicht zugeben. Sie werden einwenden, daß sie voraussetzen, zwei Dinge könnten auch nicht zwei Dinge sein und sich gleichzeitig verbessern und verschlechtern, und das sei falsch, weil es möglich sei, daß diese beiden Dinge dem Einfluß der gleichen Ursache unterliegen, daß das eine das andere zur Bedingung habe und ohne es nicht wirken könne, oder daß das eine das Mittel sei, dessen das andere sich notwendigerweise bedienen müsse; mit einem Worte und mit einem Wolffschen Ausdrucke, den Sie mir bitte gestatten wollen: *cum hoc, ergo propter hoc;* daß man zu einem folgerichtigen Urteil, ob zwei Dinge verschieden sind oder nicht, ihre bekannten Eigentümlichkeiten betrachten müsse, und wenn das eine eine Eigenschaft aufweist, die in Widerspruch steht mit einer Eigenschaft des andern, daß dann diese beiden Dinge zweifellos verschieden sind. Das wird, so denke ich, Ihre Antwort auf meine Schlußfolgerungen sein, und ich bitte Sie, die Anwendung davon zu machen."

„Die Anwendung ist vollauf gemacht: Das eine nimmt zu, wenn das andere kräftiger wird — und umgekehrt. Also!"

Da dieses „Also" das gleiche war, was er von Anfang an gesagt hatte, so antwortete ich nicht mehr.

„Sie lassen mich ohne Antwort, mein Lieber. Nicht wahr, Sie geben zu, daß Ihre Betrachtungen über meine Beweisgründe nicht logisch sind? Ich werde jedoch daran denken, was Sie mir gesagt haben, und Sie werden sehen, wie ich es zu Pulver stoßen werde."

Er vergaß so völlig die Uhr auf dem Tische und sein Gelübde, abends nicht mehr so viel über die erhabene Metaphysik zu reden, daß es fast zehn Uhr war, als ich mich zurückzog. Da ich beim General Seydlitz zum Abendessen eingeladen war, begab ich mich ein Viertel nach zehn Uhr zu ihm und bat um Entschuldigung, daß ich hatte auf mich warten lassen.

„Sicherlich hat der König wieder allein geplaudert. Wenn er anfängt, so findet er nicht so bald ein Ende."

„Der Fehler lag bei uns beiden“, sagte ich; „ich habe auch nicht schlecht geschwatzt!“
Das Abendessen verlief sehr heiter und dauerte bis ein Uhr. Die Nacht war sehr kalt; ich litt darunter und bekam heftige Halsschmerzen.

25. Mai 1758

Der Läufer des Königs kam um vier Uhr mit dem Befehle, mich sofort zu Seiner Majestät zu begeben; er sah, in welch traurigem Zustande ich mich befand, und sagte es ihm. Der König sandte mir sofort seinen Wundarzt Schlau, der mir in den Hals sehen sollte, welcher stark entzündet war. Er erstattete Bericht und kam eine halbe Stunde später mit einem Brief Seiner Majestät wieder: „Lassen Sie sofort einen Aderlaß vornehmen; mit Ihrer Krankheit ist nicht zu spaßen. Verlassen Sie auf keinen Fall Ihr Zimmer; tun Sie alles, was Ihre Wiederherstellung beschleunigen kann. Im Kriege darf man nicht krank sein. Vale!“
Dem Befehl zufolge wurde sofort ein Aderlaß vorgenommen. Während der fünf Tage, die ich im Zimmer verbrachte, schickte der König täglich zweimal, morgens und abends, seinen Wundarzt, der, wie er mir sagte, stets über mein Befinden berichten mußte.

26. Mai 1758

Seine Majestät der König sandte mir heute nachmittag ein Briefchen, dem er eine Epistel an den Marquis d'Argens beilegte. Es lautete:
„Sie erhalten hier ein Hirngespinst. Lesen Sie es; vielleicht macht es Ihnen Spaß und beruhigt einen Augenblick Ihre Schmerzen. Geben Sie es mir zurück, wenn Sie wieder ausgehen können, und vergessen Sie nicht, daß ich es gern habe, wenn man mich nicht schont. Vale!“

28. Mai 1758

Der König ließ mir am Vormittag sagen, daß die Aushebung des Laufgrabens in der Nacht begonnen worden sei und daß der Feind nichts davon gemerkt habe; daß man nicht einmal eine Katze dabei verloren habe; daß man dabei sei, schwere Geschütze und Mörser in Stellung zu bringen und daß ich einen schönen Spektakel zu hören bekommen werde.

29. Mai 1758

Am 29. wurde mir gesagt, daß all dies getan sei; aber ich hörte nichts von dem schönen Spektakel, den er angekündigt hatte.

30. Mai 1758

Heute ging ich aus, obwohl ich noch litt. Ich war um drei Uhr bei Seiner Majestät. Als der König mich eintreten sah, kam er mir entgegen:

„Aber, gütiger Gott, wie sehen Sie aus! Sie hätten noch daheim bleiben müssen; ich habe es Ihnen sagen lassen! Man darf Halskrankheiten nicht so leicht nehmen. Das kleinste Übel dieser Art kann im Handumdrehen eine Bräune[1] werden."

Ich dankte ihm für die Gnade, daß er Teilnahme an meinem Ergehen bewiesen hatte, und ich hätte noch mehr darüber gesagt, wenn er mich nicht unterbrochen hätte. „Ich selbst habe den Aderlaß verordnet. Sie vermuten wahrscheinlich nicht, daß ich ziemlich viel von der ärztlichen Kunst verstehe. Ich weiß jedoch so viel davon, daß ich im Notfalle, und sogar wenn Sie ein hitziges Fieber hätten, mutig darangehen würde, Sie durchzubringen. Wenn es sich um Frieseln handelte, so würde ich mich nicht einmischen; bei allen anderen Arten des Fiebers sollten Sie aber sehen, daß ich nicht so ungeschickt bin, wie Sie vielleicht vermuten. Sie müssen wissen, daß ich einem Trommler meines Regiments das Leben gerettet habe. Er hatte sehr hohes Fieber; da die Stabsärzte ihn aufgegeben hatten und mir versicherten, er könnte unmöglich wieder gesund werden, so übernahm ich die Behandlung.

[1] Diphtherie.

Ich ließ ihm aller halben Stunden ein Glas Wasser mit ein paar Tropfen Vitriol geben, und in einem Zeitraum von zwei Tagen brachte ich ihn durch, nicht ohne mich über die Dummköpfe von Wundärzten lustig zu machen. — Gelegentlich meiner Besuche in den Hospitälern, wohin mich mein Vater schickte, um mir eine Vorstellung von menschlichem Elend zu verschaffen und um mich Mitgefühl zu lehren, lernte ich gleichzeitig die Krankheiten, ihre verschiedenen Merkmale und die Heilmittel kennen, die angewandt werden müssen; denn ich ließ mir über alles Bericht erstatten. Ich lernte noch viel mehr; denn an jenen Orten hatte ich tausendfach Gelegenheit, die sittlichen Schäden zu studieren, die tausendmal schlimmer sind als die körperlichen Leiden, und ich führe darauf meine ziemlich eingehende Kenntnis des menschlichen Herzens zurück; die Menschen können mir da kaum etwas weismachen.

Um meine therapeutischen, pathologischen, diätetischen Kenntnisse zu vervollkommnen — sagen Sie selbst, ob ich nicht Griechisch kann! — habe ich mich häufig mit Lieberkühn unterhalten, der einer unserer großen Ärzte und ein sehr berühmter Anatom ist. Als ich jedoch bemerkte, daß er immer mit Därmen, Magen und Lungen in den Taschen zu mir kam, da wurde ich dieses Arztes und seiner Vorträge überdrüssig. Bei einer seiner Sitzungen bei mir wurde ich von einem Stück Hirn, das er aus der Tasche zog, so angeekelt, daß ich eine Zeitlang nicht einmal den Anblick von Fleisch ertragen konnte. Der tolle La Mettrie, der in der Medizin viele theoretische und sehr wenig praktische Kenntnisse hatte, hat mir zahlreiche Begriffe seiner Kunst vermittelt, die mehr dazu geschaffen ist, die Menschen zu töten, als sie zu retten. Wenn er merkte, daß die Erörterungen mich zu ermüden begannen, so schloß er immer mit einigen Geschichten. ‚Ich behandelte eine vornehme Dame, die an einem bösartigen Fieber litt; ich verhehlte ihr nicht, daß ihr Zustand verzweifelt war.‘ — ‚Aber, mein Gott, Herr La Mettrie, wie werde ich denn nach Paris zurückkehren?‘ — ‚Auf der

Landstraße, gnädige Frau, auf der Landstraße!' "
Als der König aufgehört hatte, mich über seine medizinischen Kenntnisse zu unterhalten, gab ich ihm seine Epistel an den guten Marquis zurück. Er fragte mich, ob ich etwa Bemerkungen dazu zu machen hätte. Ich teilte sie ihm mit, zwar nicht alle, aber doch zwei oder drei, die mir wesentlich zu sein schienen. Er war damit einverstanden.

„Ich werde das Stück in einigen Tagen verbessern; wenn es Ihnen dann mehr zusagen sollte, so werde ich es abschicken, und Sie können sich eine Abschrift davon anfertigen. Mein ehrlicher Marquis hat Sorgen; er zeigt sie mir an, vergißt aber nicht, mich auch davon in Kenntnis zu setzen, daß er zahllose Arzeneien einnimmt, um sein Blut zu verbessern, das verdorben ist durch den Kummer, welchen ihm meine Lage verursacht, sowie die absichtlichen Schwierigkeiten, die man ihm in Frankreich der Gelder wegen macht, die er aus seinem väterlichen Besitztum ziehen muß. Sie werden ihn kennenlernen. Entsinnen Sie sich, daß ich Ihnen gesagt habe, der gute Marquis werde Berlin verlassen, sobald mir in diesem Feldzug ein Unheil zustößt. Der Marquis ist die liebenswürdigste, treueste, zuverlässigste Seele, die ich kenne. Zum Unglück für ihn ist aber diese Seele so furchtsam wie möglich; ein Nichts erschreckt ihn, ein Nichts macht es ihm unmöglich, das ihm Gemäße zu ergreifen. Diese grundlose Furcht, diese Unentschiedenheit und Unentschlossenheit sind das Unglück der Menschen. Wo wäre ich, und was sollte aus mir werden, mein Lieber, wenn die Natur mir nicht meine ein wenig standhafte und mutige Seele gegeben hätte, die entschlossen ist, das Unglück zu überwinden oder es nicht zu überleben.

Aber Sie sind noch schwach, mein Lieber. Ich will Sie nicht länger aufhalten. Gehen Sie heim; nehmen Sie die Beruhigungspulver ein; ich habe Schlau befohlen, er soll sie Ihnen dreimal täglich geben. Guten Abend und gute Nacht!"

Meine Überraschung war nicht gering, als ich beim Eintritt in das Zimmer des Königs ihn mit einer Nadel Papiere zusammenheften sah.

„Raten Sie, womit ich mich beschäftige", sagte er zu mir. „Sie heften", sagte ich.

„Aber was hefte ich? Ich sehe schon, Sie werden es nicht erraten. Ich hefte und binde meine Torheiten und meine Verse. Ich sitze schon eine Stunde bei dieser hübschen Arbeit. Hätten Sie gedacht, daß ich ein Buchbinder bin?" „Nein, ich hätte es nicht vermutet."

„Man muß alles probieren und sich an alles wagen und muß mit Voltaire sprechen: ‚Wenn man alles probiert, alles getan oder zum mindesten versucht hat, so ist es sehr süß, nichts zu tun.' Aber, mein Lieber, wann kommt diese glückliche Zeit, daß ich mich ausruhen und mit Nichtigkeiten beschäftigen kann? Sie wissen ja übrigens, daß alles seinen zureichenden Grund hat; so sollen Sie auch den Grund für meine Buchbindertätigkeit wissen. Da ich fast immer an einem Tage der Woche meine Schmierereien und meine Auszüge nochmals überlese, so habe ich nun alles vereinigt, was ich im Winterquartier und bis heute zusammengekritzelt habe; das ergibt schon ein hübsches Bändchen. Seit meinem vierundzwanzigsten Jahre habe ich regelmäßig alles, was ich geschrieben und gelesen habe, wiederholt. Diese Arbeitsweise ist wunderbar, mein Lieber. Ich fahre sehr gut damit; ich vergegenwärtige mir meine eigene Lektüre wieder und kann mit gültiger Münze zahlen, wenn man mich nach dem Inhalt fragt. Meine Methode verschafft mir außerdem das Vergnügen, zu sehen, wie mein Urteil und mein Geschmack vollkommener werden; was von meinen Dichtungen, von meinen Auszügen, von meinem Lesestoff mir gefallen hatte, erscheint mir oft nach einigen Jahren unerhört langweilig. Nur Racine ist davon ausgenommen: Je mehr ich ihn lese, desto mehr neue Schönheiten finde ich. Je öfter ich die Werke der Philosophie und der Metaphysik wieder durchgehe, desto deutlicher erkenne ich darin Widersprüche und Unklarheiten. Diese Herren Metaphysiker verhalten sich in ihren Werken wie die Chinesen, wenn sie gemeinsam essen: Nach einem Augenblicke des Schweigens sagt einer von dem Haufen: ‚Ong, hi'; ein anderer im Hintergrund sagt: ‚Ah, o.' — ‚Was soll das bedeuten?' fragt man sie. — ‚Oh, wir verstehen uns, und es gibt nur sehr wenige, die es verstehen können.' So gibt es auch in der Metaphysik solche ‚Ong, hi, ah, o', die ebenso verständlich sind wie die ‚Ong, hi, ah, o' der Chinesen. Aber wo gäbe es keine Unverständlichkeiten und Ungewißheiten? Man findet sie überall; sie drängen sich uns von allen Seiten auf. Was mich betrifft, so habe ich mein System, und, nehmen Sie keinen Anstoß daran, ich glaube, daß mit dem Tode alles vorüber ist. Sollte ich mich übrigens täuschen, so werde ich eine freudige Überraschung erleben, und diese Freude würde nicht gering sein. Wie denken Sie darüber?"

Als ich antworten wollte, meldete man einen Husarenoffizier, der mit einem Briefe vom Marschall Keith kam. Der König öffnete den Brief, las ihn, wie es mir schien, voll Unruhe, betrachtete darauf seine große Karte und sagte nach einem Augenblick zu mir:

„Ich muß dem Marschall antworten. Guten Abend; auf morgen!"

1. Juni 1758

„Wie Sie gesehen haben, empfing ich gestern einen Brief von meinem guten Marschall. Meine Unternehmungen vor Olmütz gehen nicht so schnell, wie ich es wünschte. Ich habe jedoch den berühmten Balbi dort, einen Meister im Angriff auf eine Stadt; ich habe den Marschall, einen bewundernswerten Menschen. Er hat alle Vorzüge der Kaltblütigkeit, großer Begabung und einer langen Erfahrung. Sein Wert ist unbezweifelbar. Er ist niemals unsicher, niemals unentschlossen. Es fehlt ihm nur die Kenntnis unserer Sprache, damit er nicht zuweilen in der Erteilung von Befehlen behindert wäre. Dieser Mann ist zum Soldaten, Politiker und Wissenschaftler wie geschaffen, und ich kann mich seiner mit Vorteil in allen möglichen Fällen bedienen. — Ich habe meinen tapferen Zieten. Er ist voll Kraft und Kühnheit. Erfolge machen ihn nicht überheblich, wie Mißerfolge ihn nicht niederdrücken können. Er ist zufrieden, wenn er nur mit dem Feinde handgemein werden kann. Aber er hat eine große Eigentümlichkeit: Er ist unfähig, einen leidlichen Angriffsplan zu machen, wenn er das Gelände nicht gesehen hat; sobald er es aber gesehen hat, macht er hervorragende Pläne von solcher Genauigkeit, Klarheit und Richtigkeit, daß man sich wundert. Er braucht nur einen Augenblick, um zu sehen und Entscheidungen zu treffen. In Seydlitz habe ich schon den großen General und den Marschall erkannt, als er noch Fähnrich war, wie ich auch in dem Bauern Czettritz schon den General sah. Nun sagen Sie noch, ich wäre kein Menschenkenner!"

„Ich sage es nicht, Sire, und werde mich hüten, es jemals zu behaupten."

„Seydlitz zeichnet sich aus durch Geistesgegenwart und Tatbereitschaft; er ist dazu geschaffen, alle Schäden zu heilen, alle Unordnung zu entwirren, seine Vorteile wahrzunehmen. Unter allen, die ich kenne, ist er der einzige, der aus der Kavallerie Höchstleistungen herauszuholen vermag. In seinem und des Staates Interesse ist es zu bedauern, daß er sich zu sehr dem Vergnügen und den Frauen hingibt. Czettritz hat nicht so glänzende Eigenschaften; was ihn auszeichnet, ist seine Zuverlässigkeit und sein klarer, zielbewußter Verstand; aber er ist langsam.

Damit habe ich Ihnen eine ziemlich genaue Beschreibung meiner Generale gegeben; Sie dürfen aber nie vergessen, daß der Offizier, der Glück hat, auf die Dauer der geschickteste General ist. Dieses Schicksal, dieses Glück, dieser Zufall, wie sie es nennen wollen, trägt oft den Sieg davon über die ausgezeichnetsten Kenntnisse. Der Marschall, den ich Ihnen als so gewandt im Umgang

geschildert habe, ist sehr zartfühlend und angenehm in der Unterhaltung, und in dieser Hinsicht überflügelt er alle, von denen ich soeben gesprochen habe. Mit der ernsthaftesten Miene erzählt er sehr kurzweilige Geschichten und ist sehr schlagfertig. Eines Tages erzählte man an meiner Tafel, daß das Pferd des Generals Apraxin[1] in der Schlacht bei Jägerndorf verwundet worden wäre. ‚Jawohl', antwortete der Marschall, ‚aber mit den Sporen!' Er erzählte uns bei demselben Diner, daß ihm während der Schlacht bei Roßbach zwei recht hübsche Bäuerinnen einen französischen Soldaten, dem sie die Hände gebunden hatten, am Gängelbande zugeführt hätten. ‚Sehen Sie nur, Herr General, wie diese Huren mich behandeln! Ist es denn diesen Henkerinnen erlaubt, einen französischen Soldaten am Gängelbande zu führen, als wäre er ein Hund? Aber Herr von Soubise[2] wird mich schon rächen!' "
Der König führte auch noch folgende Begebenheit an: „Ich wollte den Feind bei Zittau angreifen und fragte den Marschall Keith, was er dazu meinte. Er antwortete: ‚Wenn Eure Majestät den Ruhm des Prinzen Karl vermehren wollen, so müssen Sie angreifen!'

Da haben wir ja wieder schön geschwatzt! Genug für heute! Gehen Sie heim zum Gurgeln; das wird für Ihr Leiden nützlicher sein als mein Geschwätz! Guten Abend!"
Auf diese Weise beendete er fast immer unsere Unterhaltung.

2. Juni 1758

Die Beschreibung, die mir der König von einigen seiner Generale gegeben hatte, interessierte mich sehr; mit der so gewonnenen Vorstellung betrachtete ich sie mit vermehrtem Vergnügen. Ich versuchte das Gespräch auf

[1] Russischer General, fiel in Ostpreußen ein, schlug den preußischen Feldmarschall Lehwaldt am 30. Aug. 1757 bei Groß-Jägersdorf (westl. Insterburg), zog sich aber dann zur allgemeinen Überraschung zurück. Kaiserin Elisabeth entließ ihn daraufhin, um ihn vor ein Kriegsgericht zu stellen. — [2] Charles de Rohan, Fürst von Soubise (1715—1787), französischer Heerführer, wurde 1757 bei Roßbach geschlagen.

einige andere Offiziere zu bringen, die ich gern gewürdigt gesehen hätte. Das bot weiter keine Schwierigkeiten; denn es erschien mir nichts leichter, als den König zu veranlassen, über einen gewünschten Stoff zu plaudern, wenn es sich nicht gerade um große Staatsangelegenheiten oder um neue Unternehmungen handelte. Was der König über diese Dinge denkt, ist gar nicht so leicht zu erfahren.

Ich sagte ganz einfach: „Ich habe gestern mit unendlichem Vergnügen Eure Majestät einige Ihrer Generale würdigen hören. Ich glaube gern, daß Sie deren noch eine ziemliche Anzahl haben, die würdig sind, Ihnen zu dienen."

„Zweifellos habe ich noch einige; aber streichen Sie die Worte ‚ziemliche Anzahl'. Ein guter General ist in allen Ländern und in allen Heeren ein seltenes Wesen. Es ist wahr, ich habe deren vielleicht mehr, als andere Fürsten haben; denn unter diesen großen Herren und Herrschern gibt es nur wenige, die sich gleich mir so große Mühe geben, gute Offiziere heranzubilden. Ich übe unaufhörlich mit ihnen, indem ich alles erläutere, was ich getan habe; ich predige ohne Unterlaß, und ständig lasse ich junge Offiziere zu mir kommen, die mir Talent zu haben scheinen, und ich unterrichte sie mit aller erdenklichen Aufmerksamkeit. Kennen Sie einen Fürsten, der wie ich den Schulmeister spielt?"

„Keinen einzigen, Sire."

Ich hoffte, er würde nun über diese Generale sprechen, die er selbst herangebildet hatte; aber ich hoffte vergeblich. Der König war noch ganz im Banne seiner Morgenlektüre, des Urteils Voltaires über Karl XII.[1], und er sprach während der ganzen Sitzung von diesem nordischen Helden.

„Voltaire erhebt Karl XII. bis in den Himmel und stürzt Peter I. bis in die tiefste Hölle. Er ist ungerecht in seinem

[1] Die „Geschichte Karls XII." von Voltaire, 1731 erschienen, galt als das Muster der erzählenden Geschichtsschreibung, „interessant wie ein Roman", im Gegensatz zu der vorher üblichen trockenen Aufzählung von Tatsachen.

Urteil. Sie können überzeugt sein: Gäbe der russische Hof diesem Schurken einige tausend Rubel, damit er Peters I. Überlegenheit über seinen Gegner im selben Maße dartäte, wie er jetzt seine Unterlegenheit feststellt, so würde er schreiben, daß Peter ein General und Karl XII. ein frecher Unteroffizier sei. Und dann: Ist Voltaire überhaupt fähig, militärische Talente zu würdigen, er, der nicht den Schatten einer Kenntnis unseres Handwerks hat, wie ich Ihnen, glaube ich, bereits einmal gesagt habe? Er kann sich nur darüber lustig machen.

Nachdem ich alle Feldzüge Karls XII. ganz genau verfolgt und durchdacht habe, lautet mein Urteil dahin, daß er mehr tapfer als geschickt, mehr unternehmungslustig als klug, kühn und glänzend gewesen ist. Seine ersten drei Feldzüge sind bewundernswert. Er greift Kopenhagen an, befreit Holstein, schlägt bei Narwa achtzigtausend Russen, überschreitet die Düna, greift die Sachsen an: bis dahin verdient er Bewunderung. Aber von diesem Augenblick an ist keine Folgerichtigkeit mehr in seinen Unternehmungen. Nach der Niederlage der Sachsen mußte er den Zaren angreifen und ihn aus Ingermanland vertreiben; nach der Vernichtung des Zaren wäre August[1] von selbst gefallen. Sehen Sie, wie er den Krieg in Polen führt — folgen Sie mir hier auf der Karte —: Er versichert sich keines einzigen Stützpunktes; er versichert sich weder der Weichsellinie noch des Bugs, wo er sich hätte festsetzen können. Bei diesen Vorkehrungen hätte er nicht so viele unnötige Schlachten zu schlagen brauchen.

In dem Feldzuge in der Ukraine versäumte er, sich Vorratslager zu schaffen. Und warum mußte er überhaupt nach der Niederlage der Sachsen in ein Land gehen, in dem es so viele Sümpfe, Einöden und Flüsse gibt, in ein Land, wo er sich von den Hilfsmitteln entfernte, die ihm Polen und Schweden liefern konnten, nämlich Lebensmittel und Menschenersatz? An Stelle dieser so mangelhaft vorbereiteten Märsche mußte er Ingermanland und

[1] August II. der Starke, König von Polen und Kurfürst von Sachsen (1670—1733).

Livland durchqueren und geradewegs auf Petersburg marschieren: über die Ostsee konnte er leicht Ersatz aus seinem Lande heranziehen und dadurch leistungsfähig bleiben. Das sind einfache und natürliche Überlegungen; Sie selbst müssen das fühlen. Ich könnte Ihnen die Fehler zeigen, die er bei Pultawa beging — besonders den, daß er diese Stadt nicht einnahm, in der ein großes Vorratslager war, daß er wartete, bis der Zar vorrückte und sich eine gute Stellung wählte — aber ich fürchte, daß Sie mir Einhalt geböten. Kritik ist leicht, und die Kunst ist schwer. Das weiß ich besser als sonst jemand; das soll mich jedoch nicht hindern, wenn ich erst ein wenig Ruhe habe — ach, werde ich sie überhaupt jemals haben? — und mein armer Kopf sich ein wenig ausgeruht hat, militärische Betrachtungen über Karl XII. zu schreiben und ihn besser zu würdigen, als man es bisher getan hat. Aber, mein Lieber, wir wollen jetzt zu Bett gehen; wir werden morgen früh oder vielleicht auch am Nachmittag von hier weggehen."

3. Juni 1758

Der König verließ Schmirsitz um drei Uhr und kam um sechs Uhr abends in Klein-Latein an, wo er sein Hauptquartier einrichtete. Das erste Bataillon von Lattorff blieb als Bedeckung zurück; das zweite besetzte Groß-Latein, und die Moehringschen Husaren wurden bis auf die Höhe von Czakow vorgeschoben. Das sagte mir Seine Majestät der König, der übler Laune zu sein schien, als ich bei ihm war. Ich vermutete das nach dem Gegenstande unserer Unterhaltung; aber ich konnte die Veranlassung nicht ahnen.

„Man spricht mit so viel Wohlgefallen von den Großen und ihrem Glück. Man hält sie so leicht für die glücklichsten Sterblichen, daß es einen dauern kann. Sie sind viel mehr zu beklagen, mein Lieber, als Sie glauben. Gewöhnlich werden sie schlecht bedient, oder man führt ihre Befehle nur mangelhaft aus, oder wenn sie etwas Mühsames fordern, so wird man ihrer überdrüssig. Ein Haufe unwissender Menschen kritisiert ihre Maßregeln, ihre Feldlager, ihre Manöver, selbst ihre vernünftigsten Pläne; man begnügt sich nicht damit, sondern forscht neugierig ihrem Privatleben nach; man schiebt ihnen Absichten unter, die sie nicht haben, und regt sich gewaltig über sie auf bei der geringsten Bevorzugung derer, die sie nach ihrer Meinung verdienen. So sieht das Schicksal der Könige aus, und das alles wird häufig denen zum Ekel, die sich nicht, wie ich es vermag, über diese Erbärmlichkeiten hinwegsetzen können.

Ich werde vermutlich nicht lange in diesem elenden Dorfe bleiben, und wir werden in einigen Tagen nach unserem Schmirsitz zurückkehren. Gott weiß, was mich dort erwartet! Ich weiß auch nicht, was mir heute gefehlt hat; ich bin vom frühen Morgen an ganz schwermütig gewesen. Vielleicht ist das Unbehagen, das ich empfinde, von den Hämorrhoiden verursacht worden, die im Anzuge sind. Um Sie nicht zu langweilen und um Sie nicht ebenso verdrießlich zu machen, wie ich es bin, wünsche ich Ihnen einen guten Abend!"

Das war die ganze Unterhaltung während dieser Sitzung.

4. Juni 1758

Ich wurde heute früher als gewöhnlich gerufen; es war zwei Uhr. Ich fürchtete schon, der König sei krank; aber beim Eintreten sah ich, daß ich mich geirrt hatte, und das freute mich sehr.

„Ich hatte Ihnen schon gestern gesagt, mein Lieber, daß die Hämorrhoiden mein Unbehagen verursachten. Sie sind in der Nacht erschienen, und zwar so stark, daß ich fast drei Schalen Blut verloren habe. Augenblicklich fühle ich mich wohl, ganz wie ein anderer Mensch, und wäre bereit, Ihnen Kreuzsprünge vorzuführen, wenn Sie es wünschen."

Ich sagte nichts dazu, und die Kreuzsprünge unterblieben. Hätte ich nur ein einziges Wort verlauten lassen, so hätte er ein halbes Dutzend im Gange getan, was mir seinetwegen wehgetan hätte.

„Ich habe heute morgen meine Epistel an den Marquis noch einmal gelesen und habe Ihren Ausstellungen zufolge einige Verse verbessert. Sehen Sie, wie gelehrig ich bin! Bei den Versen jedoch, wo die schlechte Rechtschreibung nach Ihrer Meinung den Reim beeinträchtigt, habe ich's nicht so genau genommen. Warum sollte man sich so quälen! Und dann reimt man ja vor allem fürs Ohr. Ich habe wohl in meinen Gedichten um des Reimes willen *crep* statt *crêpe* stehen lassen. Was tut's? Sie werden sehen, man wird es mir hingehen lassen! Schicken Sie meine Epistel, so wie sie ist, an meinen guten Faulenzer, den Marquis, und beschwören Sie ihn gleichzeitig, seinen Magen nicht mehr mit Kassia, Rhabarber und Sennesblättern vollzustopfen. Sie können sich von meiner Epistel eine Abschrift anfertigen und damit tun, was Sie wollen. Sicherlich wird der Marquis sich durch meine Meinung geschmeichelt fühlen, daß er sich ganz nach Belieben und ohne Zeugen seiner teuren Babette hingeben könne; wer weiß, mein Lieber, ob nicht meine beiden Verse dem geliebten Vaterlande einen Bürger einbringen! Die Marquise ist für den Marquis eine köstliche Frau; sie ist voll Geist, voller Kenntnisse, voller Begabung und voll Zuvorkommenheit für ihn. Man begegnet wenig Frauen, die so gelehrt sind wie sie, und man würde deren sehr wenig finden, die ihrem Teuren gegenüber so aufmerksam und nachgiebig sind wie die Marquise. Unsere Schönen in Berlin benehmen sich nicht so gegen ihre zärtlichen Gatten. Wenn die guten Ehemänner bei uns daheim nicht tägliche Streitereien haben wollen, so sind sie gezwungen, jeden Geschmack und jede Laune ihrer besseren Hälfte zu teilen, die sie verwöhnen — so wie Gatte und Gattin ihre teure Nachkommenschaft verwöhnen. Wenn wir wieder in Berlin sind, so werden Sie sehen, daß alles wahr ist, was ich Ihnen sage, und daß ich kein Tüpfelchen hinzufüge zu der erbaulichen Nachgiebigkeit, die unsere Ehemänner ihren Teuren gegenüber beweisen, und, ganz unter uns gesagt, nur zu dem Zwecke, um zu vermeiden, daß ihnen

Hörner aufgesetzt werden, was einen Gegenstand ihrer beständigen und leider nur zu begründeten Furcht bildet." In dieser Weise sprach er von Berlin, als der Lakai ihm ein Paket brachte, das dorther kam.

„Öffne dieses Paket," sagte der König zu ihm; „wir werden ja bald sehen, was darinnen ist."

Es wurde geöffnet.

„Es sind Manschetten, mein Lieber, schöne Manschetten aus der Potsdamer Fabrik. Wer zum Teufel schickt mir Dinge, die ich nicht bestellt habe? Und wie lang sie sind! Aus einem Paar kann man ja zwei machen!"

Mit diesen Worten ergriff er die Schere und schnitt sie in der Mitte durch, dann ein zweites Paar, ein drittes, und so fort bis zum sechsten.

„Jetzt habe ich also zwölf Paar Manschetten! Nun sehen Sie, wie haushälterisch ich bin, wie ich alles auszunutzen und zu vervielfältigen verstehe! Was brauche ich so lange Manschetten? Sie brauchen weder lang noch schön zu sein; denn, wie Sie vielleicht schon gemerkt haben, habe ich die schlechte Angewohnheit, mit der Feder über meine Manschetten zu fahren. Wenn sie schön wären, so fiele es mir nicht so leicht, meine Feder auszuwischen. Es ist ja nicht gerade schön, was ich da tue, aber ich nehme es nicht so genau. Sehen Sie sich meine Stiefel an; Sie werden nicht sagen können, daß sie sehr elegant und vom besten Leder Europas gefertigt seien. Sie sind bequem, und das genügt mir. Sehen Sie mein Gewand an; ich habe es in Schmirsitz ein wenig zerrissen, und man hat es mir schlecht und recht mit weißem Zwirn geflickt. Mein Hut entspricht meiner übrigen Kleidung: alles zeugt von Gebrauch und Alter, und alles ist hundertmal besser für mich, als wenn es neu wäre. Ich liebe weder das Gepränge, noch glänzende Äußerlichkeiten, noch die Eitelkeit. So bin ich nun einmal, mein Lieber, und nun nehmen Sie mich auch, wie ich bin. Eins freilich könnte besser sein, daß nämlich mein Gesicht immer mit spanischem Tabak besudelt ist. Das ist eine verfluchte Angewohnheit! Nicht wahr, ich sehe ein bißchen wie ein Schwein aus? Gestehen Sie es nur!“

„Ich gebe zu, Sire, daß Ihr Gesicht und Ihre Uniform stark mit Tabak bedeckt sind.“

„Nun, mein Herr, das gerade nenne ich, ‚ein bißchen wie ein Schwein aussehen‘! Wenn meine gute Mutter noch lebte, so wäre ich sauberer, oder genauer gesagt, weniger unsauber. Meine zärtliche Mutter ließ mir jedes Jahr ein Dutzend Hemden mit hübschen Manschetten nähen, die sie mir nachschickte. Nach ihrem unersetzlichen Verlust sorgt niemand mehr für mich — aber rühren wir diese Saite nicht an! Guten Abend, mein Lieber, und gute Nacht! Ich möchte Ihnen wohl eine Babette wünschen; aber die Babetten unseres Feldlagers verkaufen das Vergnügen, das sie bereiten, zu teuer — wenn es überhaupt ein Vergnügen zu nennen ist! Nochmals guten Abend.“

5. bis 6. Juni 1758

Der König, der sich trotz seiner Hämorrhoiden nach überstandenem Anfall so wohl befand und so gut aufgelegt und, wie er es nannte, leichtfertig war, befand sich heute sehr übel nach dem Genusse von Makkaroni, wovon er beim Diner ein wenig zu viel gegessen hatte. Er hatte eine ziemlich heftige und schmerzhafte Kolik, so daß er seine Zuflucht zu den gewöhnlichen Heilmitteln nehmen mußte, zu Klistieren und zu abführenden und krampfstillenden Pulvern. Ich wurde weder an diesem, noch am folgenden Tage gerufen. Da die ersten Einläufe erfolglos blieben, so mußte man ihm eine ziemliche Anzahl einflößen. Diese Kolik beunruhigte mich. Ich erkundigte mich oft beim Arzt, wie sie verliefe und ob sie nicht lästige Folgen haben könnte.

„Durchaus nicht, mein Herr; aber Sie dürfen überzeugt sein, daß es nicht die letzte sein wird. Trotz hundert böser Erfahrungen, die der König mit diesen verteufelten Makkaroni gemacht hat, ißt er sie doch immer wieder. Wenn er wenig davon äße, so ginge es noch an; aber er verspeist sie in großen Mengen. Wenn Sie ihn wiedersehen, so wird er Ihnen sagen, daß er an einer heftigen Kolik gelitten habe — deren Ursache ihm rätselhaft sei; denn er esse ja so wenig! Hüten Sie sich ja, ihn ahnen zu lassen, daß Sie Bescheid wissen. Er dächte dann, daß Sie mit mir unter einer Decke steckten, und er würde es mir nie verzeihen. Sie können beruhigt sein: Vielleicht heute abend, vielleicht auch morgen wird er schon wieder Flöte spielen — wird mir aber im selben Augenblick versichern, daß er noch sehr zu leiden habe."

7. Juni 1758

Der Arzt hatte sehr richtig geraten. Als ich um drei Uhr gerufen wurde, sprach ich dem König meine Besorgnisse aus wegen der überstandenen Leiden.

„Ach, mein Lieber, ich habe die heftigste Kolik gehabt, die man sich denken kann. Das war wirklich kein Spaß; und dabei weiß ich nicht einmal, wie ich sie mir zugezogen habe. Wenn Sie sähen, wie wenig ich esse, so würden Sie sagen: ‚Aber wie kann man leben, wenn man so wenig ißt und sich doch so viel Bewegung macht!' Ich glaube, daß meine verteufelte Kolik eine Folge der Hämorrhoiden ist, die so plötzlich aufhörten. Wie glücklich sind Sie, daß Sie diese höllische Krankheit nicht kennen! Bevor sie auftreten, hat man unerhörte Beschwerden, und wenn sie da sind, leidet man an Appetitlosigkeit und empfindet jeden Augenblick Brechreiz. Sie würden mir bald zum Verhängnis werden, wenn ich nicht im Essen so mäßig wie möglich wäre. Wenn ich unter diesem Übel leide, so vollzieht sich der Ablauf meiner geistigen Tätigkeit nicht so reibungslos, wie ich es wünschte. Von der guten oder schlechten Gesundheit hängen alle unsere Gedanken und unsere ganze Philosophie ab.

Nun sagen Sie nach Feststellung dieser Tatsache, mein Lieber, ob das, was Sie Seele nennen, nicht eine Wirkung des Organismus und der Tätigkeit dieses selben Organismus ist! Wenn irgend etwas mich auf den Gedanken bringen könnte, daß es einen Unterschied gebe zwischen diesem Organismus und dem, was wir das Denken nennen, so wären das folgende beiden Beispiele, die ich Ihnen anführen will, und ich bitte Sie, sie in Ihren Mußestunden einmal durchzudenken."

Meine Überraschung war nicht gering, als ich ihn dieselben beiden Beispiele vom Pulver und von Quantz anführen hörte, die ich ihm eines Tages entgegengehalten hatte, als er den Organismus und das Denken miteinander vermengte. Ich hütete mich weislich, ihn darauf aufmerksam zu machen, daß ich selbst ihm diese beiden Fälle angeführt hatte; ich sagte einfach, daß sie in der Tat meine Aufmerksamkeit zu verdienen schienen und daß ich sie im stillen durchdenken wollte.

„Das wird sehr gut sein, mein Lieber. Der Geist bildet sich durch das Nachdenken, und Sie werden erkennen, daß Sie mir zu Dank verpflichtet sind dafür, daß ich Ihnen Gründe verschaffe für Ihre Ansicht, die Ihnen so teuer ist. Welcher Schmerz, wenn Ihre Seele kein durchaus geistiges Wesen wäre! Ursache genug, daß Sie die beiden Beispiele, die ich gefunden habe, von allen Seiten betrachten! Ich meinerseits, das gestehe ich ganz offen, ich weiß eigentlich nicht, was man darauf entgegnen könnte. — Erlauben Sie, daß ich damit aufhöre! Ich bin noch ein wenig schwach von dem vorgestrigen und gestrigen Anfall und will mich zeitig zu Bett legen. Morgen werden wir in unser altes Quartier zurückkehren. Ich wünsche Ihnen einen guten Abend, keine Hämorrhoiden und keine Koliken! Guten Abend!"

8. Juni 1758

Nachdem wir nachmittags in Schmirsitz angekommen waren, wurde ich um sechs Uhr gerufen.

„Jetzt bleibe ich in diesem Orte, fest wie ein Fels, bis zur Einnahme der Stadt, wenn nicht etwa Herr Balbi den Kopf verliert und gegen diesen festen Platz einen Fehlschlag tut. Ich werde morgen ein wenig zusehen, was vorgeht. Ich bin heute schon umhergelaufen und habe meine Hämorrhoiden und meine Kolik tüchtig spazierengeführt; man darf nicht zu viel Rücksicht auf sich selber nehmen und sich verzärteln; nichts ist gefährlicher. Obgleich ich krank bin, so bin ich doch bei Wind und Wetter draußen und sitze zu Pferde, während andere klagen und fest in ihrem Bett liegen würden. Wir sind geschaffen, um tätig zu sein; Tätigkeit ist das beste Heilmittel gegen alle Leiden des Körpers; ich sage: des Körpers; denn wenn es überhaupt etwas gibt, die Leiden des Herzens zu heilen oder zu besänftigen, so ist es ein wenig Philosophie, die im Unterrichte der höheren Schulen nicht gelehrt wird." Er führte darauf folgende Verse von Chaulieu an:

Philosophie! Wer ihrem Dienst sich weiht,
Hat einen Zufluchtsort im eignen Busen.

„Man hat mir auf unserem heutigen Marsche eine sehr hübsche Geschichte erzählt: Ein achtzigjähriger Bauer trug Wasser in den Laufgraben. Einem meiner Offiziere bewegte er das Herz, als er sah, daß dieser von der Last der Jahre gebeugte arme Teufel zu dieser Arbeit verwandt wurde, die ihm sehr schwer fallen mußte, und er sagte in freundlichem Tone zu ihm: ‚Guter Mann, Ihr seid zu alt, um soviel Anstrengungen auszuhalten; Ihr braucht kein Wasser mehr zu tragen. — ‚O doch, mein Herr, ich werde es auch weiterhin tragen, und ich kann es, ohne mir Schaden zuzufügen. Aber um eine Gefälligkeit bitte ich Sie, und ich beschwöre Sie, mir zu versprechen, daß Sie sie mir gewähren wollen: daß Sie mir nämlich nach der Einnahme der Stadt meine Bibel und meine Psalmen wiedergeben lassen, die mir die Olmützer Jesuiten weggenommen haben. Wenn Sie mir diese Freude bereiten, die mich glücklich machen wird, so verpflichte ich mich, freudig soviel Wasser in Ihren Laufgraben zu tragen, wie Sie wollen.‘ Der Offizier versprach ihm, daß er seine Bücher wiederbekommen sollte. Mein Lieber, ist das nicht ein Mensch, der sich verzehrt vor Eifer für das Haus Gottes? Und ist das nicht erbaulich?"

„Sehr erbaulich, Sire!"

„Das finde ich auch. Glauben Sie mir, solche Leute denken

oft besser als andere, die, nach der Erziehung, welche sie genossen haben, noch besser denken sollten. Dieser Bauer erinnert mich an einen Panduren, der fahnenflüchtig geworden war, was bei diesen Kerlen sehr selten vorkommt. Man führte ihn mir zu. ‚Wohin willst du gehen?‘ sagte ich zu ihm. — ‚Nach Rom, mein Herr!‘ — ‚Aber was zum Teufel willst du denn in Rom?‘ — ‚Mein Herr, ich diene dem Kaiser schon so lange, daß es hohe Zeit ist, daß ich dem lieben Gott einmal diene.‘ — ‚Daran tust du recht‘, sagte ich zu ihm; ‚ich wollte wohl, daß alle deine Kameraden so dächten!‘ — Mein Pandur fing an zu lachen und erwiderte mir: ‚Das könnte Ihnen so passen, mein Herr!‘

Dieser Mann hatte Geist, obwohl er dem Heiligen Vater so ganz ergeben war.

Ein französischer Soldat, der bei Roßbach gefangengenommen wurde, war ja das nun viel weniger! Wenn mein Pandur ihn gehört hätte, ich glaube, er hätte ihn niedergemacht. Dieser Schelm also kommt nach der Schlacht geradewegs zu mir: ‚Herr Generalmajor, ich bitte Sie um die Erlaubnis, nach der Auvergne zu reisen, woher ich stamme.‘ — ‚Zweifellos willst du dort Messen hören?‘ — ‚Ich pfeife auf die Messen und auf den Papst, der uns hat besiegen lassen, und ich glaube, Herr Generalmajor, Sie pfeifen genau wie ich auf den Heiligen Vater.‘ Ich lachte über die Reden dieses Schelms, der immer wieder sagte, daß er sich über den Papst lustig mache. Mitten im Plaudern bemerkt er, wie einer unserer Unteroffiziere alle Gefangenen sammelt und sie nach der Größe in drei Gruppen antreten läßt. ‚Sehen Sie, Herr Generalmajor, sehen Sie diesen Schuft! Er will uns nach preußischer Art dressieren, und wir sind nur erst einen Augenblick hier!‘

Ich werde vernünftiger sein als der Unteroffizier und Sie nicht länger zur Geduld erziehen; ich habe die Ihre schon zu lange mißbraucht. Gute Nacht! Morgen werde ich die Belagerung besichtigen und meine Leute zu lebhafterer Tätigkeit anspornen.“

9. Juni 1758

„Ich kam, ich sah und — habe nichts besiegt, weder die Langsamkeit meiner Leute bei den Belagerungsarbeiten, noch die Dummheit derer, die, infolge falscher Nachrichten, Kanonen und Menschen verlieren. Stellen Sie sich vor, man hat erst heute morgen begonnen, aus Batterien der zweiten Linie zu feuern! Wenn es so weitergeht, werden wir in alle Ewigkeit dort stehenbleiben. Bedenken Sie, nachdem Le Noble die falsche Nachricht empfangen hatte, der Transport von Munition und Mehl, den der General Puttkammer führt, sei schon über Gibau hinaus, und nachdem er auf diese Nachricht hin den Weg von Sternberg, woher er gekommen war, fortsetzen wollte, hat er sich von Lanjus überraschen und angreifen lassen, der ihm drei Kanonen und zweihundert Mann abgenommen hat. Ist das nicht, um sich dem Teufel zu verschreiben, wenn es einen gäbe? So habe ich auf eine vorteilhafte Sache mindestens zwanzig unangenehme erfahren — und nun sagen Sie mir, ob nicht das Leben, das ich führe, wirklich ein Hundeleben ist!
Le Noble brauchte nur ein wenig Entschlossenheit und gesunden Menschenverstand, um dem Verhängnis zu entgehen — gesunden Menschenverstand, den man niemals entbehren kann."

„Aber, Sire, dieser gesunde Menschenverstand scheint mir gar nicht so sehr allen gesunden Menschen gemein zu sein; er ist sogar sehr selten."

„Ihr Einwand ist sehr richtig, ist außerordentlich richtig! Als ich noch jünger war, hielt ich den Verstand nicht für so selten; je länger ich aber lebe, desto mehr überzeuge ich mich, wie außerordentlich er es ist."

Mit großer Sorge sah ich die üble Laune und die Unruhe des Königs, die verursacht waren durch die Langsamkeit in den Belagerungsarbeiten und besonders durch den Verlust, den sein General Le Noble erlitten hatte, derselbe, den er, wie ich erfuhr, bei der Tafel gelobt hatte. Um ihn abzulenken von den unangenehmen Gedanken, die ihn beschäftigen, sagte ich ihm, daß man mir am vergangenen

Tage eine recht hübsche Geschichte von Grafen Turpin[1] erzählt habe, „dem Eure Majestät eine Reise durch Preußen gestattet hatte, damit er die Truppen besichtigen konnte."

Bei dem Namen Turpin sagte der König lebhaft: „Ei, der Graf reiste mit mir gemeinsam!" Und ohne meine Geschichte abzuwarten, fragte er mich: „Woher wissen Sie das?"

„Von Ritter Mitchell."

„Ich selbst habe es ihm erzählt; nun gut, als ich also mit dem Herrn Grafen von Turpin in Preußen war, wagte ich ihn zu fragen: ‚Was sagen Sie zu diesem Königreich?' — ‚Es ist sehr schön, Sire!' — ‚Wenn es Ihnen gehörte, was würden Sie damit beginnen, Herr Graf?' — ‚Sire, ich würde es schleunigst verkaufen und es in Frankreich verzehren.'

Hat Ihnen Mitchell die Geschichte so erzählt? Sie hat sich zugetragen, wie ich es Ihnen gesagt habe."

„Genau so, Sire, hat es mir der Ritter erzählt."

„Welch drolliger Herr ist dieser Graf! Er hat die Sucht, Verse zu schreiben, und macht sie mit zweiundzwanzig Silben: ‚Warum soll man sich quälen, Sire? Freiheit muß sein!'

Unter den Franzosen, die zu uns kommen, gibt es einige, die sehr liebenswürdig, vielseitig gebildet und von großer Höflichkeit sind; aber die große Mehrzahl ist bodenlos leichtsinnig und ohne irgendwelche Lebensart. Da haben wir zum Beispiel den Ritter Cogolin gehabt. Auf einer Reise von Potsdam nach Berlin verlangte er, daß der Postillon in gestrecktem Galopp durch unseren verfluchten Sand führe. Der Postillon antwortet ihm, die Pferde könnten nur im Schritt vorwärtskommen; der Ritter wird zornig und versetzt dem Postillon einen Schlag mit dem Spazierstocke: ‚Halunke, ich werde dich lehren, schneller zu fahren!' Der flegelhafte Postillon zahlt es ihm mit zwei wohlgezielten Ohrfeigen heim, wirft meinen Herrn Ritter mitsamt seinem Koffer aus dem Wagen und fährt davon.

[1] Graf Lancelot Turpin besuchte 1750 den preußischen Hof.

Der arme Cogolin steht ganz betäubt mit seinem Koffer auf der Landstraße, lädt ihn auf den Rücken und wandert so hübsch sachte nach der großen Stadt. Von dort schreibt er an mich und führt lebhafte Klagen wegen seines Erlebnisses. Ich antwortete ihm, daß ich sein Mißgeschick lebhaft bedauerte, und bat ihn, künftig unseren Postillionen nicht so eilig Stockschläge zu geben; denn diese Leute seien von allen lebenden Wesen die flegelhaftesten. ‚Was für ein erbärmliches Land ist doch dieses Preußen,' sagte er; ‚man kann hier nicht einmal einen Postillon durchprügeln, ohne ein paar Backpfeifen zu beziehen!'
Ich habe dann noch mehrere gekannt, die ohne irgendwelche Kenntnisse sich hinsetzten und ein Werk verfassen wollten: Nun mal los, man bringe uns Papier und Tinte her; wir müssen Verse schreiben! — Aber, wie gesagt, ich habe in Berlin auch sehr liebenswürdige und interessante Franzosen gesehen — besonders den Grafen Gisors[1]. Um seinetwillen verzeihe ich die Lächerlichkeiten all der anderen."

Ich bemerkte mit Freuden, daß keine Rede mehr war von Le Noble und der Belagerung, und ohne Zweifel hätte er mir noch mehr erzählt von diesem Grafen Gisors, der ihn sehr zu interessieren schien, oder vielleicht hätte er noch neue Geschichtchen begonnen, wenn man ihm nicht zwei Briefe hereingebracht hätte. Nachdem er sie gelesen hatte, sagte er:

„Hier gibt es Arbeit für mich: ein Brief in Geheimschrift, den ich entziffern muß. Also guten Abend! Wenn Sie heute abend Verse schreiben, so machen Sie keine mit zweiundzwanzig Silben!"

10. Juni 1758

Um fünf Uhr fand ich den König damit beschäftigt, das Schloß Sanssouci, die Gärten, den Säulengang, das chinesische Schlößchen auf Papier zu zeichnen, wovon er mir schon einmal eine Skizze entworfen hatte.

[1] Graf Gisors, Sohn des französischen Generals und Staatsmannes, Herzogs von Belle-Isle.

„Sehen Sie einmal, welch hübsche Arbeit ich hier vorhabe!“ Da ich am Ende der Terrasse bei einem kleinen Gehölz eine Art Mausoleum bemerkte, so fragte ich ihn, ob es sich um ein antikes Bauwerk handelte.

„Nein, mein Lieber, es ist ein Gewölbe. Ich werde es mit Zypressen umpflanzen lassen, und dort wird dann meine letzte Ruhestätte sein. Meinen Sie nicht auch, daß ich da wohl aufgehoben sein werde?“

„Eure Majestät sprechen da einen betrüblichen Gedanken aus.“

„Aber wieso denn? Müssen wir nicht eines Tages sterben, und sollen wir uns nicht mit diesem Ende beschäftigen? Ja, sollen wir nicht mit aller Ruhe daran denken, und sollte ich es nicht mehr tun als jeder andere?

Der ich das Alter eilig nahen fühle
Und aus des Lebens tausend Wechselfällen
Verfall und Welken schmerzlich kennenlernte —
Was könnt' ich hoffen von dem Lauf der Jahre?

Und dann, mein Lieber was ist denn eigentlich der Tod?

Der Tod kann nur des Lebens Ende sein;
Ihm folgt nicht Glück, ihm folgt nicht Höllenpein.
Er beut uns Zuflucht, endet unsre Qual;
Die ewge Ruhe blüht in seinem Tal.
Oh, süßes Wissen du im Erdenkummer:
Er ist ein stiller, friedenreicher Schlummer,
Den nie ein Weckruf stört zu neuem Leid;
So will's die weiseste Notwendigkeit.
Wir traten ohne Furcht in dieses Sein!
So laßt uns ohne Furcht den Ausgang finden.
Wie töricht ist die sorgenvolle Pein
Vor Übeln, die wir drunten nicht empfinden!

Da haben wir einen Philosophen, der bezüglich der Vernunft alle jene Philosophen auf ‚us‘ übertrifft, nicht wahr? Chaulieu scheint mir ein Philosoph zu sein, der zu sich selber sagt: ‚Ich will glücklich werden auf dieser Welt, und um dieses Ziel zu erreichen, bin ich bestrebt mich frei zu machen von jeglichem Zwang und jedes unbequeme Joch abzuschütteln; ich versage mir kein Vergnügen, sondern erkenne vielmehr gerade in ihm den einzigen Inhalt meines Lebens; ich werde mit allen Kräften alles bekämpfen, was sich meinen Ansichten entgegenstellt, die ich für sehr weise halte.' So etwa stelle ich mir die Philosophie des Herrn von Chaulieu vor, wenn er ‚Charon und seine Barke mit Verachtung betrachtet'."

Um ihn von diesem Gespräch abzulenken, das mir nutzlos schien und das sich vermutlich in die Länge ziehen würde, wollte ich sein gutes Gedächtnis loben.

„Eure Majestät haben ein glänzendes Gedächtnis! Es ist erstaunlich, wieviel Sie auswendig gelernt und mit welcher Genauigkeit Sie es behalten haben."

„Das kommt daher, daß ich mein Gedächtnis tüchtig geübt habe. Aber um das handelt es sich ja gar nicht. Sie verdammen doch die Gedanken meines göttlichen Abbé[1], und als guter Gläubiger verschreiben Sie sich mit Haut und Haar der Lehre von der Unkörperlichkeit und Unsterblichkeit der Seele."

„Ich weiß nicht, Sire, ob ich mich ihr nun gerade mit Haut und Haar verschreibe, also ohne Überlegung, wie Sie nach Ihrem Ausdrucke vermuten; aber ich gestehe — ich glaube an ihre Unkörperlichkeit und Unsterblichkeit."

„Wie ist es nur möglich, daß Sie daran glauben können! Sehen Sie denn nicht ein, daß die Seele nur die andere Seite des Körpers ist, daß es folglich ungereimt ist, zu behaupten, sie könnte nach der Zerstörung unseres Leibes fortbestehen und sich erhalten? Sie hängen so sehr voneinander ab, daß eines ohne das andere nicht bestehen kann. Und sagen Sie es mir doch ganz aufrichtig: Können Sie sich in irgendwelcher Weise ein Bild machen von einem unkörperlichen Wesen? Können Sie es aufzeichnen, so wie ich mein Sanssouci aufgezeichnet habe? Wenn Sie es können, bitte, so zeichnen Sie mir doch einmal dieses unkörperliche Wesen!"

[1] Chaulieu war Abbé.

„Ich könnte es nicht, Sire, weil ein unkörperlicher Stoff weder Gestalt noch sinnlich wahrnehmbare Eigenschaften hat; aber ich kann mich sehr wohl überzeugen, daß das, was in mir denkt, keine körperlichen Bestandteile hat. Kann man mit guten Gründen die Möglichkeit eines unkörperlichen Stoffes leugnen, weil man ihn sich nicht in körperlicher Gestalt vergegenwärtigen kann? Und dann, Sire, wenn ich die gegenseitige Abhängigkeit von Leib und Seele annehme, die durchaus besteht, kann ich dann aus der Abhängigkeit zweier Dinge folgerichtig auf ihre Einheit oder Gleichheit schließen? Ich setze einmal den Fall, man kündigte Eurer Majestät in diesem Augenblicke die Eroberung von Olmütz an. Ihre Freude darüber ist um so größer, als Sie die Eroberung augenblicklich nicht erwarteten. Nun wage ich Sie zu fragen: Welches Gemeinsame haben denn hier die Wirkung und ihre Ursache? Ein artikulierter Laut hat Ihr Ohr und Ihr Gehirn getroffen und erschüttert; das ist eine körperliche Wirkung; aber auf diese Erschütterung folgt das Gefühl der Freude, auf dieses Gefühl der Gedanke, die Pläne, die Sie sich gemacht hatten, weiter zu verfolgen. Besteht zwischen diesem Gefühl und zwischen diesem Gedanken irgendwelche Ähnlichkeit mit der Erschütterung der Gehörsnerven? Können Sie eine mechanische Verbindung auffinden zwischen dieser Erschütterung, welche Sie erfahren haben, und jenen Gedanken, die daraus folgten?“

„Herr Catt, Herr Catt! Ihre Phantasie führt Sie irre! Sie haben einen heiligen Abscheu vor der Körperlichkeit Ihrer Seele, und Ihre Phantasie veranlaßt Sie zu reden!“

„Ich glaube vielmehr, Sire, daß es gerade mein Verstand ist, der sich auflehnt gegen jene Körperlichkeit und der meine Worte veranlaßt.“

Da ich diese Unterhaltung kurz abbrechen wollte, die mich beunruhigte, weil sie offenbar eine gewisse Schärfe bekam, so sagte ich: „Aber, Sire, in Klein-Latein erwiesen Sie mir die Ehre, mir zwei Beispiele anzuführen, die Sie gefunden hatten, vom Pulver und von Quantz, und Sie sagten mir, diese beiden Beispiele machten es einem ziemlich einleuchtend, daß es tatsächlich einen Unterschied zwischen unserem Körper und dem Denkenden in uns geben könnte."

„Das stimmt. Aber diese Beispiele beweisen nicht die Unsterblichkeit der Seele, wovon Sie seit Ihrer frühesten Jugend durchdrungen sind, und Sie würden es nicht wagen, diese Behauptung von der Unsterblichkeit philosophisch zu betrachten, nur weil Sie fürchten, sie widerlegt zu sehen — Ihre Philosophie sähe, wie die meine, keinen notwendigen Zusammenhang mehr zwischen der Unkörperlichkeit Ihrer Seele und ihrer Unsterblichkeit."

„Ich gestehe Eurer Majestät ganz offen, daß ich in der Tat diesen notwendigen Zusammenhang nicht sehe. Ich kenne die Natur meiner Seele nicht genau genug, um entschieden daraus zu folgern, daß sie nach dem Tode sich ihres früheren Zustandes erinnern wird und daß sie ihre Fähigkeiten auch fernerhin wird üben können. Der Gedanke der Unsterblichkeit meiner Seele und die Hoffnung darauf gründen sich nicht auf das, was ich von ihrer Natur weiß, und nicht auf das, was ich von den Keimen glaube, die vor der Befruchtung da sind, sondern auf das, was ich von Gott und seiner Vollkommenheit kenne. Ich fühle sehr gut, daß ich mich dieses Beweises nicht gegen Philosophen bedienen kann, die das Dasein eines Gottes und seiner Eigenschaften leugnen; aber diese Philosophen werden mir niemals beweisen, daß der Mensch wirklich stirbt."

„Nun, wer leugnet Ihnen denn das Dasein Gottes? Ich nicht! Man muß einen Gott gelten lassen, wenn man im Weltall sowohl bestimmte Ziele, als auch sehr einfache und oft überraschende Mittel erkennt, sie zu erreichen. Diese Welt kann nicht durch Zufall entstanden sein; es ist zuviel Ordnung darin. Ich kenne Gott nicht, aber, wie gesagt, ich bete ihn immer aufs Geratewohl an. Glauben Sie mir, es gibt im Grunde überall Ungewißheiten; aber ich habe meine Weltanschauung, und ich behelfe mich damit, daß ich sage, alles, was wir sehen, ist ewig, und mit dem Tode ist alles aus. Wenn ich mich irre, mein Lieber, nun, so werde ich sowohl die Freude der Überraschung haben, als auch das Vergnügen, mit Ihnen dort oben oder dort unten — sagen Sie, wie es Ihnen beliebt — weiter zu plaudern. Aber lassen Sie uns das so spät wie möglich tun. Vielleicht wäre ich ebenso gläubig geworden wie Sie, wenn ich besonders in meiner Jugend und im Laufe meines Lebens die Gläubigen jene Pflichten hätte erfüllen sehen, die ihr Glaube ihnen vorschreibt. So war zum Beispiel mein Vater ein sehr guter Gläubiger und eifriger Reformierter. Als er sehr krank war, rieten ihm die Priester und ermahnten ihn sogar dazu, sich mit seinem Schwager in Hannover[1] zu versöhnen, der ihn sehr gereizt hatte: ‚Sie müssen ihm schreiben, Sire, und ihm sagen, daß Sie all sein Unrecht vergessen wollen.' — ‚Nun gut, so schreibt; aber wenn ich wieder gesund werde, so gebt ihm meinen Brief nicht; schickt ihn nur in dem Fall ab, daß ich sterben muß.'

Und doch — hätte ich zu meinem Vater gesagt — und doch muß man nach der Religion, die man bekennt, seinen Groll, seinen Haß, seine zornigen Aufwallungen, seine Rachegelüste opfern und seinem Bruder, der einen beleidigt, siebenzigmal siebenmal vergeben, wenn anders uns selbst unsere Schuld vergeben werden soll. Ach, mein Lieber, wie doch das böse Beispiel der Eltern in zahllosen Fällen die Jugend verführt und verderbt! Wie müßten Väter und Mütter sich bemühen, ihren Kindern nur ein gutes Beispiel zu geben, die sich immer danach bilden, was sie hören und was sie tun sehen. Dann erst könnten diese Eltern sagen: ‚Hier bin ich mit den Kindern, die du mir gegeben hast!'

Scherzen Sie nicht über meine Gelehrsamkeit und meine Lehre! Nichts ist wahrer als das, was ich Ihnen gesagt habe. Erlauben Sie, daß ich Ihnen noch einiges wünsche: eine gute Nacht, eine unkörperliche und unsterbliche Seele, und daß Sie Ihren künftigen Kindern einmal, gemeinsam

[1] Georg II. August, König von England, Kurfürst von Hannover. Vgl. Namenverzeichnis!

mit Ihrer besseren Hälfte, beständig ein gutes und heilsames Vorbild sein mögen. Sie sehen, daß ich zwar nicht so ganz und gar wie Sie calvinisch denke, daß mein Denken jedoch sehr moralisch ist. Nun aber: guten Abend! Sonst halte ich Sie noch eine Stunde fest! Ich glaube, es ist schon längst acht Uhr durch!"

„Es ist fast um zehn Uhr, Sire!"

„Zehn! Da hört aber doch wirklich der Spaß auf!"

Ich fand das auch ein wenig; denn ich war bis zur Mitternacht beschäftigt, diese seltsame Unterhaltung aufzuschreiben.

11. Juni 1758

„Wissen Sie wohl, mein Herr, daß ich Ihnen sehr böse sein werde, wenn Sie mich noch einmal bis zehn Uhr festhalten, mich, der ich gewöhnlich schon um drei aufstehe?"

„Wir brauchen ja nur diese Fragen nicht wieder zu erörtern, in welchen ich unglücklicherweise nicht mit Eurer Majestät übereinstimme."

„Aha, ich sehe schon, ich sehe schon — Sie fürchten, daß ich Ihnen Ihr religiöses System in den Grund bohre!"

„Das fürchte ich keineswegs, Sire!"

„Aber nicht wahr, Sie würden es doch recht bedauerlich finden, wenn Catt nicht unsterblich wäre! Diese Unsterblichkeit schmeichelt Ihnen und kitzelt Ihre Eitelkeit, und so halten Sie Ihre Seele für unsterblich."

„Sire, nicht weil ich es wünsche, glaube ich das, sondern weil es auf Beweise gegründet ist, die niemals zu zerstören sind. Und wenn Sie annehmen, daß ich es nur glaubte, weil es meinem Wunsche entspricht, wollten Sie mir dann diese süße Hoffnung entreißen, die Triebfeder meiner Taten vernichten und mich eines Trostes berauben, wenn ich von Leiden bedrängt würde, denen wir in diesem Leben so sehr ausgesetzt sind?"

„Ach, mein Lieber, wenn Sie es so auffassen und in diesem Tone sprechen, so werde ich mich sehr hüten, Ihnen ein Trugbild zu rauben, das Ihnen schmeichelt, Ihre Hoffnungen zu zerstören und Sie der Verzweiflung zu überantworten. Wenn es schon barbarisch ist, einen Mann von der Untreue seiner teuren Gattin zu benachrichtigen, so ist es noch hundertmal barbarischer, ihm eine Weltanschauung darzureichen, die alle seine Hoffnungen zunichte macht.

Und dann gebe ich zu, daß Sie ja Ihrer Weltanschauung zufolge gar keine Gefahr laufen, ob Sie sich nun täuschen oder nicht."

Ich hatte nicht übel Lust, ihn vor diese Entscheidung zu stellen; aber ich verzichtete darauf aus Furcht, aufs neue einen unnützen Streit zu entfesseln, der die Sitzung wieder bis zehn Uhr verlängert hätte. Seit diesem Augenblicke hat der König nur noch selten mit mir über diese Dinge gesprochen, wovon er mir nur recht unklare und unbestimmte Begriffe zu haben schien.

Der König kam auf das zurück, was er mir am Vorabend von den Zwistigkeiten seines Vaters mit dem Kurfürsten von Hannover gesagt hatte und von dem häufig verhängnisvollen Beispiel, das die Eltern den Kindern gäben.

„Ich sprach gestern über meinen Vater. Sie dürfen nun aber nicht denken, er habe uns böse Beispiele gegeben; nein, er ist uns immer ein Vorbild gewesen. Die Fehler, die seine Kinder etwa begangen haben, sind ihre eigenen Fehler; mein Vater hat sie nicht veranlaßt. Er war wahrlich in jeder Hinsicht ein Ehrenmann; er war letzten Endes ein philosophischer König in des Wortes vollster Bedeutung. Vielleicht hatte er eine zu hohe Meinung von der menschlichen Natur, wenn er verlangte, daß alle seine Untertanen und seine gesamte Umgebung so sittenstreng sein sollten wie er selbst.

Wenn Sie jetzt ein neues Solo von Quantz hören wollen, so werde ich es Ihnen vorspielen, und diese Musik wird Sie nicht bis zehn Uhr festhalten. Ich habe sie nach Tische geübt; sie schien mir alles zu übertreffen, was ich von ihm auf diesem Gebiete habe. Dieser Mann altert nicht."

Dieses Solo dauerte eine Stunde, und so blieb mir diesmal ein schöner Abend, der mir Zeit ließ zum Speisen.

12. Juni 1758

Nachdem ich um vier Uhr gerufen worden war, hörte ich die Vorlesung des Trauerspiels ‚Mithridates' mit an, und wie immer sagte der König: „Ich muß mindestens bei jedem Aufzuge eine Prise nehmen."
Er trug daraus mehrere Szenen auswendig vor, und er tat es mit jener Teilnahme, die er allem widmete, was er gut finden wollte. Denn wenn er ein Stück in Prosa oder in Versen nicht gut finden wollte, so las er es schlecht und unzusammenhängend. Wie üblich, so stellte der König auch heute Betrachtungen an über das Vorgetragene.

„So hat der eine König schon seit vierzig Jahren
Die Männer Roms gehetzt, die seine besten waren.

Mit Verlaub, Herr Racine, Mithridates hat diese Besieger der Könige nur dreißig Jahre lang abgehetzt!

Fast nackt die Söldner, tief im Dunkel dumpf geschart,
Und Ordnung wird nur schwer geschaffen und bewahrt.

Welch wahres und lebendiges Bild dieses nächtlichen Kampfes, dieser Verwirrung und Unordnung, dieser in die Schrecknisse der Nacht versprengten Truppen! Wie bewundernswürdig ist Racine in seinen so malerischen Darstellungen!"
Bei einer anderen Szene sagte der König: „Es gibt in diesem Auftritt viele Stellen, aus welchen man durch Vergleiche erkennt, daß die Verse Corneilles gut durchdacht und die Racines gut empfunden sind. Ich habe bei meiner Lektüre immer derartige Vergleiche angestellt; nichts bildet den Geschmack mehr als das, mein Lieber.

Nach Rom, ihr Söhne, will ich jetzt marschieren!
Der Plan verwirrt euch, und ihr glaubt vielleicht,
Verzweiflung mache den Entschluß mir leicht.
Nun wohl — die Welt wird dann erst Beifall spenden,
Wenn wir so große Pläne kühn vollenden."

Als er diese Verse vorgetragen hatte, sagte er: „Ich Possenreißer, der ich so tief unter dem großen Mithridates, dem Schrecken der Römer[1], stehe, ich habe es gewagt, in einem Briefe an meinen Bruder Heinrich seine Rede nachzuahmen: ‚Mein lieber Bruder, ich werde dem Feinde entgegenziehen, ich werde ihn aus seinen Verschanzungen treiben und ihn schlagen, ich werde Breslau belagern, ich werde die Österreicher bis nach Böhmen hinein jagen.' Diese Rede überrascht Sie, aber ich halte Wort!

Ich brauche einen Rächer — keine Liebste!

Denken Sie hierbei nicht an den Vers des ‚Cid'[2]:

Nur eine Ehre gibt's — doch viele Weiber —

und an die hübsche Antwort Heinrichs des Vierten an die schöne Gabriele, als es sich um de Sully handelte: ‚Ich lasse lieber zehn solche Liebsten wie Sie laufen, meine Teure, als einen solchen Diener wie ihn'?

Nur tot wird Mithridates ausgeliefert.

Das ist ein Tod, der des großen Königs würdig ist, ein treffender Zug seines Charakters, und so, mein Lieber, muß ein König sterben. Der Haß des Mithridates ist in diesem Stück so gut entwickelt, sein Mut und seine Unerschrockenheit sind so stark betont, und selbst seine Eifersucht ist so gut wiedergegeben, das Ende dieses Helden ist so edel und so groß, daß man sehr übelgelaunt sein müßte, wenn man ihm nicht um seiner Gefühle willen seine Schwächen verzeihen und es dem Dichter um seines männlichen und erhabenen Tones und seiner stets reinen, gefälligen und wohlklingenden Verse willen nicht nachsehen wollte, daß die Gestalten und Situationen in seinen Stücken oft dieselben sind oder es doch der Mehrzahl der Leser zu sein scheinen, deren Blick nicht scharf genug ist, um die feinen Abstufungen dieser Charaktere zu bemerken, die ihr einziger Unterschied sind. Es war ein gutes

[1] Mithridates (132—63 v. Chr.), seit 120 König von Pontus (am Schwarzen Meer); gefährlichster Feind der Römer in Kleinasien; nach wechselvollem Kriegsglück 66 von Pompejus am Euphrat geschlagen. Er tötete sich selbst. — [2] Eines der Meisterwerke von Corneille.

Stück, das ich Ihnen vorgelesen habe, und es waren armselige Bemerkungen, die ich Ungeweihter dazu zu machen gewagt habe. Ich will jetzt mein Solo noch einmal spielen, und da Sie es schon gestern gehört haben, wünsche ich Ihnen eine gute Nacht!"

13. bis 14. Juni 1758

Der König war sehr mit Depeschen beschäftigt, die er empfangen hatte, und ließ mich heute nicht rufen, auch nicht am folgenden Tage, und zwar einer neuen Verdauungsstörung wegen. Ich war besorgt wegen seiner Gesundheit; aber sein Wundarzt beruhigte mich.

„Wir haben heute etwas zu viel Pastete gegessen", sagte er mir, „und haben eine Verdauungsstörung. Ein Einlauf und meine Pulver werden Wunder wirken. Er will morgen die Belagerung besichtigen und ist jetzt, um sieben Uhr, schon im Bett."

15. Juni 1758

Als ich gegen sechs Uhr bei Seiner Majestät eintreten wollte, sagte der Wundarzt zu mir: „Mein Herr, sprechen Sie um des Himmels willen nicht von Koliken, Verdauungsstörungen, Einläufen und Pulvern! Der König liebt es nicht, daß man mit ihm darüber spricht. Nach seiner Art wird er Ihnen soviel darüber sagen, wie Sie wissen sollen." — Ich ging hinein.

„Nun bin ich also zurück von meinem Abstecher nach Olmütz. Ich habe mir die Arbeiten für diese Belagerung angesehen, die kein Ende nimmt. Ich fange an zu glauben, daß Herr Balbi ein wenig einfältig ist. In der Nacht vom 13. zum 14. hat der General Draskovich mit siebenhundert Mann die Batterien des linken und mit dreihundert Mann die des rechten Flügels angegriffen. Obwohl sie ohne Umstände zurückgeschlagen worden sind und einen Verlust erlitten haben, der nicht von Pappe ist, so haben sie doch sieben Kanonen vernagelt. Aber meine Artilleristen haben sie sehr schnell wieder instand gesetzt. Draskovich hat drei Offiziere und siebzig Mann auf dem Platze

gelassen, und wir haben zweiunddreißig Gefangene gemacht. Das sind rechte Lappalien; aber was wollen Sie, wenn man nicht mehr tun kann?
Dieser Abstecher hat mir wenigstens den Gewinn gebracht, daß ich meine Hämorrhoiden so gründlich abgeschüttelt habe, daß sie mich nicht mehr stören. Aber gestern belästigten sie mich so, daß es nicht zu sagen ist; ich wäre nicht fähig gewesen, mich mit Ihnen zu unterhalten."

16. Juni 1758

„Ich habe eine ziemlich unruhige Nacht verbracht. Das ist vielleicht noch eine Folge meiner Hämorrhoiden oder meiner gestrigen Reise, die mein Blut zu sehr in Wallung gebracht hat. Wie doch dieses mehr oder minder erregte Blut, ebenso wie das Fieber, die Menschen beeinflussen kann! Heute könnte ich weder Verse schreiben noch im geringsten lesen. Mir erscheint alles in trübem Lichte. Es gibt lichte Tage, mein Lieber, und es gibt auch sehr düstere. Ich glaube, es geht jedem so, daß er abwechselnd bald diese, bald jene erlebt. Haben Sie einen Begriff von dem, was ich Ihnen da sage?"
„Ja, Sire! Wenn ich ein Unbehagen empfinde, so sehe ich alles schwarz, wie ich alles in rosigen Farben sehe, wenn ich mich wohlfühle."
„Nicht wahr, wir sind doch arme, elende Geschöpfe!"
„Für meine Person gebe ich das zu, Sire."
„Und ich gebe es für meine Person zu! Ob ich mich nun wohlfühle oder nicht, ich empfinde diesen Einfluß der Tage, und der des 18. Juni ist mir nicht günstig; denn an einem solchen Tage begann all mein Unheil."
Ich brauchte nicht lange zu raten, was er wohl meinte; denn er fuhr sogleich fort: „Ich kann Ihnen versichern, wenn dieser Tag von Kolin meinen Plänen entsprechend verlaufen wäre, so hätte ich eine Schlacht gewonnen, die diesem unheilvollen Kriege zunächst ein Ende bereitet hätte."
Ich erwartete nun eine Beschreibung dieser Schlacht; aber ich hatte mich getäuscht; denn der König fügte sofort

hinzu: „Denken Sie aber nicht, mein Lieber, daß ich wie ein Römer an gute und böse Tage glaube. Ich glaube, daß alle Tage gleich sind und gleichmäßig Gutes und Böses bringen, und wenn ich diesen 18. für verhängnisvoll halte, so liegt der Grund darin, daß er es für mich und die Menschheit wirklich gewesen ist. Wenn nur wenigstens meine Belagerung gut ablaufen wollte, so wäre damit vieles Unheil schnell geheilt."

Gelegentlich dieser Erwähnung der Belagerung bat ich Seine Majestät um die Erlaubnis, dort hinzugehen, wenn die Sitzung beendet wäre.

„Oh, welch verruchte Neugier! Was wollen Sie denn dort?"

„Ich möchte gern den Laufgraben sehen und mir eine Anschauung einer Belagerung verschaffen; vielleicht werde ich keine Gelegenheit wieder dazu haben."

„Da ich es an Ihren Augen sehe, daß Sie wie eine Nonne sind, die von ihren Wünschen verzehrt wird, so gehen Sie, mein Lieber, gehen Sie! Wie spät ist es denn?"

„Fast sieben Uhr."

„Brechen Sie also auf; es ist Zeit. Aber sprechen Sie vorher bei Wobersnow vor und bitten Sie ihn, Ihnen zwei Husaren als Ordonanzen mitzugeben, die Ihnen den Weg zeigen. Sie könnten sich sonst verirren oder in Gefangenschaft geraten, und man würde sagen: Was zum Teufel hatte er im Getümmel zu tun? Gute Reise! Und böses Mißgeschick bleibe Ihnen fern!"

17. Juni 1758

Der König ließ um zehn Uhr morgens fragen, ob ich zurück wäre. Man sagte, nein. Nach einer Stunde schickte er wieder — ich war noch immer nicht daheim. Als um fünf Uhr ein Bote kam, kehrte ich gerade zurück.

„Mein Herr, Seine Majestät hat schon dreimal nach Ihnen geschickt, um zu erfahren, ob Sie zurück seien. Kommen Sie doch bitte schnell!"

„Ach, der Herr Reisende!" sagte der König. „Sie unternehmen ja recht lange Ausflüge!"

„Wenn man als Kurier gesandt wird, Sire, so hängt man von dem ab, der einen schickt. Ich bin im Galopp als Kurier gekommen."

„Welche Botschaft bringen Sie?"

Ich übergab ihm darauf einen Brief des Marschalls Keith, der mich gebeten hatte, bei ihm zu speisen und zu warten, bis er einen Bericht an den König fertiggestellt hätte über ein Treffen, das stattgefunden hatte, und er ersuchte mich, ihn sofort nach meiner Rückkehr abzugeben.

Seine Majestät der König liest den Bericht, macht große Augen, wirft den Brief auf den Tisch, betrachtet seine Karte, beginnt zu schreiben, läßt einen Jäger kommen, den er mit einem Briefe an den Marschall absendet — alles das war das Werk eines Augenblicks.

Er betrachtete nochmals die Karte; dann kam er auf mich zu und sagte: „Der Marschall Keith schreibt mir, Saint-Ignon habe zweimal den armen General Meier angegriffen, der gefallen ist. Wir haben bei diesem Angriff einige Offiziere und etwa fünfzig Mann verloren; der Feind ist mit einigen Verlusten zurückgeschlagen worden. Und Sie? Was haben Sie gesehen und erfahren?"

Ich sprach nicht von dem Gefecht, das nicht sehr glücklich verlaufen war. Ich sagte einfach, daß die Sappe schon ziemlich weit vorgetrieben sei, obgleich ein Geschütz auf der Brustwehr der linken Schanze unaufhörlich auf den Sappenkopf feuere und dadurch die Arbeiten sehr störe, daß man aber nur einige Mann verloren habe.

„Sie müssen müde sein; gehen Sie zu Bett. Und wenn Sie auf mich hören wollen, so gehen Sie nicht wieder zu dem Laufgraben; Sie haben für Ihren militärischen Lehrgang genug davon gesehen. Guten Abend! Ich habe noch einige Briefe zu schreiben."

Der König hatte so obenhin von dem Gefechte des Generals Meier gesprochen. Ich bringe hier die Einzelheiten, wie sie mir der Marschall bei Tische mitgeteilt hat.

Der General Meier hatte die Nachricht empfangen, daß ihn General Saint-Ignon angreifen wollte; er zog daher das Bataillon Nimschöffsky zur Verstärkung heran und blieb die ganze Nacht unter den Waffen. Die Patrouillen, die der General während der Nacht vorgeschickt hatte, kehrten nicht zurück, und obwohl am frühen Morgen des 17. alles ruhig blieb, hätte der General infolge des Ausbleibens der Patrouillen doch annehmen müssen, daß der Feind heranrückte. Statt auf der Hut zu sein, schickte er aber das Bataillon Nimschöffsky zurück, ließ seine Kavallerie absitzen und ordnete Futterholen an. Da fiel der General Saint-Ignon, von dessen Marsch man keine Ahnung hatte, unvermutet über Meier her mit drei Regimentern Dragoner, einem Regimente Husaren, einer Abteilung Ulanen und einigen hundert Kroaten, die zur Unterstützung der Kavallerie aufgestellt waren. Unsere Dragoner, die in ihrem Lager von dieser starken Truppenmacht überrascht wurden, vermochten nicht standzuhalten und verloren ihre Zelte und ihre Ausrüstungen. Meier zog sich bis vor das Dorf Drozdein zurück, wo das Bataillon Nimschöffsky Stellung genommen hatte. Der Feind folgte ihm, zog sich aber, von Artilleriefeuer aufgehalten, auf Groß-Teinitz zurück. Herr von Meier marschierte nun mit dem Rest seiner acht Schwadronen und dem Bataillon nach Holitz. Als er an dem Deich vorüberwollte, der zur Morawa führt, griff ihn der Feind zum zweiten Male an, veranlaßte ihn, im Galopp vorüberzureiten, und kam sogar mit unseren Dragonern ins Handgemenge. Da gaben unsere Freikompanien, die auf der anderen Seite standen, noch gerade rechtzeitig eine Salve ab, so daß nunmehr der Feind mit einigen Verlusten sich zurückzog. Der Marschall Keith, der mit einigen Bataillonen und den Württemberger Dragonern anrückte, überschritt die Morawa, vereinigte sich mit dem General Meier, verjagte den Feind aus Holitz und besetzte in aller Ruhe dieses Dorf, während Herr von Saint-Ignon den Weg nach Prerau einschlug. Das Regiment Bayreuth verlor bei diesem Angriff an Toten sechsundfünfzig Mann und fünf Offiziere, darunter den General Meier, und dreihundertachtzig Verwundete, Gefangene und Versprengte. So verhielt sich in Wahrheit diese Sache, von der ich kein Wort erwähnte.

18. Juni 1758

Als ich zu Seiner Majestät dem König ging, der mich um zwei Uhr zu sich befohlen hatte, erfuhr ich von einem Adjutanten, daß er die traurige Nachricht von dem Tode seines Bruders, des Prinzen von Preußen[1], erhalten habe und daß er dadurch tief erschüttert worden sei. Ich trat ein und sah den König sitzen, den Ellenbogen auf den Tisch gestützt und ein Taschentuch in der Hand, mit dem er sich die Stirn bedeckte. Er sah mich einige Minuten lang starr an; dann erhob er sich und sagte mit Tränen in den Augen: „Ach, mein Freund, welch unheilvolle Nachricht habe ich empfangen! Mein armer Bruder ist nicht mehr!" Und er schluchzte.

Das betrübte mich tief, und ich begann ebenfalls zu weinen. Er sah meinen Schmerz, und indem er zu meiner Überraschung seinen Arm um meinen Hals legte, sagte er: „Mein Freund, er ist für immer von mir gegangen, mein Bruder, den ich so zärtlich liebte! Sie sind ein sehr guter Mensch, daß Sie so lebhaft teilnehmen an meinem Schmerz. Das Leben, das Sie hier mit mir führen, ist sehr traurig, und welche Schicksalsschläge erwarten uns vielleicht noch! Aber, mein Freund, ich vermag sie alle zu tragen; jedoch Menschen zu verlieren, die uns lieb oder befreundet waren, das ist der einzige herzzerreißende und unersetzliche Verlust. Mein lieber Bruder ist nicht mehr!" Ich versicherte ihn meiner aufrichtigsten Teilnahme und wies ihn darauf hin, wie sehr ich in diesem gramvollen Augenblick auf die Tröstungen der Vernunft und der Philosophie zählte, die die Berechtigung dieser so notwendigen und natürlichen Tränen dartun und sie damit lindern und besänftigen könnten. Er entgegnete:

[1] August Wilhelm, ältester Bruder des Königs und Thronfolger. (Vgl. Namenverzeichnis.)

„Ich fühle wohl, was Ihr gutes Herz Ihnen in diesem Augenblick eingibt; aber, mein Lieber:

Philosophie, Vernunft — auf sie hab' ich gebaut;
Doch mildern sie den Schmerz des irdischen Gewühls?
Ein Tor, wer ihren, ach, so schönen Lehren traut;
Sie brechen nimmermehr die Allmacht des Gefühls.
Zwar nennt es die Vernunft vergebliches Beginnen,
Um Unersetzliches die Freude zu verneinen —
Und dennoch fangen jetzt die Tränen an zu rinnen;
Ich fühle, es ist süß, sich herzlich auszuweinen."[1]

Und er vergoß tatsächlich Tränen. Nachdem diese schmerzliche Sitzung eine Stunde gedauert hatte, sagte der König: „Mein Lieber, ich kann es im Zimmer nicht mehr aushalten. Es kommt mir vor, als müßte ich hier ersticken. Ich will ausreiten, freie Luft atmen und mich in der Einsamkeit meinen traurigen Gedanken überlassen. Wenn Sie die Liebenswürdigkeit haben wollten", — diesen Ausdruck gebrauchte er — „gegen fünf Uhr noch einmal zu kommen, so würden Sie mich Ihnen sehr verpflichten. Es ist süß, sein Herz den so seltenen Menschen auszuschütten, die unseren Schmerz teilen können."

Der König unternahm wirklich ganz allein, nur von einem Stallknecht begleitet, einen einstündigen Ausritt in die Umgebung. Ich sah ihn wegreiten und wiederkommen und war so schmerzlich bewegt, daß ich's nicht beschreiben könnte.

Ich erschien um fünf Uhr, wie er es befohlen hatte.

„Mein Ausritt hat mir ziemlich wohlgetan; ich kann wenigstens wieder frei atmen. Aber mein Herz ist bedrückt, und ich kann mich an den Gedanken nicht gewöhnen, meinen Bruder verloren zu haben, den ich zärtlich liebte; ja, der Himmel ist mein Zeuge, daß ich meinen Bruder aufrichtig liebte, und Sie dürfen mir glauben, daß es wenig Männer gibt, die ihre Familie so lieben wie ich die meine. Nichts befriedigt mich so sehr, als wenn ich

[1] Verse von Chaulieu: „Auf den Tod des Marquis de la Fare, 1748".

ihr greifbare Beweise dafür geben kann, und niemals versäume ich eine Gelegenheit dazu. Darin muß mir meine Familie Gerechtigkeit widerfahren lassen. Auch Bürger können einander nicht mehr lieben, als ich die Meinen liebe. Ich gebe zu, daß diese Zuneigung nicht alltäglich ist bei denen, die man, mindestens hinsichtlich der Moral oft mit Unrecht, die Großen der Erde nennt. Ich muß Ihnen mit der gleichen Offenheit sagen, daß mein Bruder, den ich nun verloren habe und um den ich aus vielen Gründen lange Leid tragen werde, um seines ausgezeichneten Herzens, seiner Zuneigung zu mir und seines Eifers für das Vaterland willen meine zärtliche Liebe vollauf verdiente."

Der König hätte sicherlich noch mehr darüber gesprochen, wenn man ihm nicht einen Haufen Briefe gebracht hätte. „Hier steht mir Arbeit bevor! Guten Abend, mein Lieber! Und denken Sie an einen armen Betrübten!"

19. Juni 1758

Am Vormittag hatte ich die Ehre, bei der Parole den Prinzen Ferdinand[1] zu sehen und ihm mein Beileid auszusprechen zu dem erlittenen Verluste. Er lud mich ein, mit dem Ritter Mitchell in seinem Zelte zu speisen. Der gute, achtenswerte Prinz schien sehr gerührt zu sein. Er weinte viel über den Tod seines Bruders, der ihm so teuer gewesen war, und fragte mich, wie der König sich befände.

„Er ist sehr traurig", sagte ich, „und sehr bekümmert über diesen Todesfall, der so unerwartet eintrat."

Um drei Uhr wurde ich gerufen.

„Sie sehen in mir einen Mann, der den Schlag nicht überwinden und sich nicht trösten kann über den Verlust seines guten Bruders. Er ist an den Folgen eines Schlaganfalls gestorben, den er erlitten hatte. Er malte und ließ sich etwas vorlesen. Meine Schwester Amalie aber, welche inkognito dort weilte, bemerkte, daß das Befinden meines Bruders schlechter war als sonst, und ließ alle Ärzte und

[1] **Des Königs jüngster Bruder. (Vgl. Namenverzeichnis!)**

Wundärzte Berlins kommen. Es wurde eine Beratung abgehalten: Mutzel wollte ihm trotz der Aderlässe, die der Wundarzt meines Bruders, Puchtert, aus eigenem Antriebe vorgenommen hatte, von neuem zur Ader lassen, da ihm Bluttropfen aus der Nase kamen, die man ihm oft herausziehen mußte, so dick und zäh waren sie; die anderen, so einfältig wie nur möglich, waren der gegenteiligen Meinung, trotz der Gründe und inständigen Bitten Mutzels, und sie vertraten die Ansicht, daß mein Bruder zu schwach wäre zu weiteren Blutverlusten. Mein armer Bruder aber wurde das Opfer dieser Dummheit; ein Schlaganfall traf ihn, der seinem Leben ein Ende machte. Meine Schwester, die an der Tür stand und nicht einzutreten wagte, ließ einen Priester hineingehen, der vor meinem armen Bruder, der schon gar nicht mehr lebte, nach Herzenslust hochtrabende Reden hielt. Man hat den Leichnam geöffnet, und man hat, was besonders beklagenswert ist, den gesündesten Körper gefunden, den man jemals gesehen hat. Ich habe meiner Schwester Amalie geschrieben, daß man ihn beisetzen solle mit allen Ehren, die wir ihm schulden und die er verdient. Aber ach, mein lieber Bruder wird unempfindlich sein für solche Ehre und wird weder meinen Kummer noch meine Tränen sehen! Was diesen Kummer unendlich vermehrt und was mir seinen Verlust noch beklagenswerter macht, ist ein Streit, der sich während des vorigen Feldzuges zwischen uns abgespielt hat. Sie werden sicherlich davon haben reden hören."

Ich wollte nicht antworten; aber er bat mich so inständig, ihm alles mitzuteilen, was ich darüber gehört hätte, und er wiederholte so oft, daß er Wert auf meine Offenheit legte und daß sie ihm meine aufrichtige Ergebenheit beweisen würde, daß ich nicht länger zögerte, seinen Wunsch zu erfüllen.

„Ich habe folgendes darüber gehört, Sire. In Ihrem Lager zu Leitmeritz haben Sie den Prinzen rufen lassen und haben ihm Anweisungen gegeben bezüglich der Führung der Armee, die Sie ihm anvertrauten. Um sicher zu sein, daß er Eure Majestät recht verstanden hatte, habe Ihnen der Prinz einen Brief geschrieben, in dem er die erhaltenen Befehle wiederholte und Sie fragte, ob er sie recht erfaßt habe oder nicht. Sie haben darauf den Prinzen ohne Antwort gelassen, und er habe dann seine Bewegungen auftragsgemäß ausgeführt. Infolge des Brandes von Zittau und des Mangels an Mehl und Brot sei der Prinz auf Bautzen zu marschiert. Als Eure Majestät jedoch von diesem Marsche hörte, haben Sie an den Prinzen einen sehr heftigen Brief geschrieben, worin Sie ihn mit Schroffheiten überhäuften. Nachdem Sie dann mit einem Regimente Husaren in der Gegend von Pirna bei der Armee des Prinzen eingetroffen waren, haben Sie ihm den Rücken gewandt, als er zu Ihnen gekommen sei, und Sie haben den General Goltz gesandt mit den Worten: ‚Melden Sie meinem Bruder und allen seinen Generalen, daß ich sie eigentlich alle einen Kopf kürzer machen lassen müßte.‘ “

Bei diesen Worten erhob sich der König und sagte erregt: „Was Sie mir da soeben vom Kopfabschlagen sagen, ist eine ganz besondere Verleumdung. Sie müssen mich ja nun schon genügend kennen, um selbst zu wissen, daß ich nicht fähig bin, so zu reden und meinem Bruder solche Worte zu sagen. Sicherlich haben Ihnen hier einige alberne Mißvergnügte diesen Ausspruch mitgeteilt, der meiner Denkungsart sowohl, als auch der Wahrheit und dem gesunden Menschenverstande widerstreitet.“

„Hier hat niemand mit mir über diese Angelegenheit gesprochen, Sire“ — und das entsprach auch der Wahrheit. „Eure Majestät wünschten, daß ich Ihnen aufrichtig mitteilte, was ich erfahren habe, bevor ich die Ehre hatte, in Ihrem Dienste zu sein, und ich habe gehandelt, wie Sie es mir befohlen hatten.“

Da er annahm, es könnte mir leid tun, daß ich ihm gehorcht hatte, oder ich könnte zu sehr niedergedrückt sein wegen seiner Erregtheit, als er Einspruch erhob gegen die Verleumdung, beruhigte er sich und sprach in sehr gemäßigtem Tone:

„Ich lege Wert darauf, daß Sie mir die Wahrheit gesagt haben. Reden Sie auch künftig bei jeder Gelegenheit auf diese Art mit mir, die mir gefällt, und Sie werden es nicht zu bereuen haben. — Ich werde Ihnen ein andermal erzählen, was wahr ist an dieser Geschichte und an diesem Zwist, der mich viele Tränen gekostet hat, und Sie werden dann erkennen, daß die Könige genau wie die Privatleute häufig den gräßlichsten Verleumdungen ausgesetzt sind. Wenn irgendwelche Toren, deren es hier eine große Zahl gibt, Sie fragen, was ich wohl über meinen Bruder sage, so gehen Sie voll stolzer Verachtung an ihren Fragen und an ihren Personen vorüber. Guten Abend! Ich will mich zu Bett legen; ich muß morgen zeitig auf sein; denn ich habe großes Futterholen befohlen."

Ich war schon auf der Schwelle der Tür, als er sagte:

„Noch ein Wort! Was denken Sie nun über meinen Traum, den ich letzthin hatte, in dem mein Vater meinen Bruder und meine Bayreuther Schwester hereinführte und ihnen befahl näherzukommen — und ferner auch über das, was ich Ihnen kürzlich über das Verhängnis bestimmter Tage sagte? Erwägen Sie das einmal vor dem Einschlafen; aber hüten Sie sich, den Träumen Glauben zu schenken und die glücklichen Tage weiß, die unheilvollen oder unglücklichen, vom furchtbaren Verhängnis betroffenen Tage aber schwarz zu stempeln. Sowohl der Glaube an Traumbilder, als auch die Vorstellung, daß es für unsere Taten günstige und gefährliche Stunden gebe, sind Hirngespinste der Schwachköpfe. Guten Abend!"

20. Juni 1758

Ich wurde um fünf Uhr gerufen. Seine Majestät schien mir sehr ermüdet und immer noch traurig zu sein.

„Mit elf Bataillonen und zweitausend Pferden bin ich heute morgen zum Futterholen gegen Prödlitz vorgestoßen und habe die feindliche Armee erkundet. Ihre Front ist unzugänglich; überall gibt es nur Engpässe, durch die man nicht vorrücken kann, und die Flügel sind so gut gestützt, daß es unmöglich ist, sie zu umgehen. Als wir anrückten, haben sie sich in Schlachtordnung gestellt, und als sie erkannten, um was es sich handelte, sind sie in ihre Quartiere zurückgekehrt.

Ich glaubte, mein Lieber, der heutige Wirrwarr würde mich von meinen trüben Gedanken ein wenig ablenken; aber sie bleiben immer dieselben. Zu dem Schmerze über den erlittenen Verlust gesellt sich nun das neue Leid darüber, daß ich von Ihnen hören mußte, wie falsch man mich beurteilt in meinem Zwiste mit meinem Bruder. Ich will Ihnen die Wahrheit darüber sagen, mein Lieber. Nach der unglücklichen Schlacht bei Kolin, die so grausam meine Hoffnungen vernichtete, nämlich die in Prag eingeschlossene Armee gefangenzunehmen, mit den Österreichern einen schnellen und sicheren Frieden zu schließen, vielleicht sogar gleich auf dem Schlachtfelde, und dann gegen die Franzosen zu marschieren, die wir mit klingendem Spiele in ihre Heimat getrieben hätten — nach dieser unglücklichen Schlacht war ich bekanntlich gezwungen, Böhmen zu verlassen. Ich schickte meinen Bruder mit einem Teile meines geschlagenen Heeres voraus. Ich gab ihm Anweisungen, das stimmt, und sie waren notwendig. Aber wenn ich nicht antwortete auf seinen Brief, in welchem er mich fragte, ob er mich richtig verstanden hätte, mußte ihm dann nicht mein Schweigen ein Beweis dafür sein, daß er meine Meinung richtig erfaßt hatte? Denn wenn das nicht der Fall gewesen wäre, hätte ich dann nicht die falsch verstandenen Gedanken berichtigt, die lästige Folgen hätten haben können? Ich befahl ihm, niemand um Rat zu fragen, da ich mich völlig auf seine Klugheit verließe, wie ich auf seine Tapferkeit baute; denn man kann keinen tapfereren Menschen finden, als er es war. Wenn er sich dagegen doch von jemand beraten lassen wollte, so sollte er sich Winterfeldt anvertrauen, und er sollte niemand um Rat fragen als ihn. Endlich befahl ich, er sollte Zittau um jeden Preis halten. Was aber tat er? Er wich zurück und wich wieder zurück. Winterfeldt schlägt vor, Zittau zu befestigen. Er bittet dringend um die Erlaubnis, sich mit einem Korps in die

Umgegend zu begeben, um den Österreichern den Zutritt zu wehren, die laut Nachrichten, welche Winterfeldt empfangen hatte, auf jener Seite Truppenbewegungen vornahmen. Er aber hört nicht auf Winterfeldt, mit dem er seit einiger Zeit aus Gründen, die ich nicht kenne, umzufrieden ist, sondern folgt den treulosen und albernen Ratschlägen des berüchtigten Grafen Schmettau[1]. Infolgedessen wird Zittau von den Österreichern bombardiert; man sieht sich gezwungen, es zu verlassen, läuft querfeldein davon und zieht sich in Richtung auf Bautzen zurück. Als ich aus dieser Nachricht erkannte, daß alles für uns verloren war, da war ich meiner selbst nicht mehr mächtig und schrieb einen geradezu vernichtenden Brief; das ist wahr. Ich gestehe auch, daß ich im ersten Zorn, als mir die ganze Maschine schon der Auflösung nahe zu sein schien, mich sehr kräftiger Ausdrücke bediente, die mir leid taten, als mein Blut sich ein wenig zu beruhigen begann. Aber, mein Lieber, versetzen Sie sich einmal einen Augenblick in meine Lage: War es nicht niederschmetternd, meinen Bruder, seine Familie, das Vaterland und mich als Opfer gefährlicher Ratschläge zu sehen, die erteilt und angehört wurden in dem verderblichen Hange, vorzugsweise nur das zu sagen und zu hören, was von diesen unbedachten Ratschlägen angenehm war, welche von Leuten gegeben wurden, die ihren eigenen Vorteil über den seinen, den meinen und den des Vaterlandes stellten? Mein Bruder verließ das Heer und reiste nach Dresden. Zweifellos wäre er in dem Augenblicke der Krisis, in der ich mich befand, zu mir zurückgekehrt, wenn die Schurken, die ich nur zu gut kenne, das Feuer nicht geschürt und ihm nicht täglich wiederholt hätten, daß es mit seiner Ehre unvereinbar wäre, im Heere zu bleiben, noch mir die Art und Weise, wie ich ihm geschrieben hatte, zu verzeihen. Ist das alles nicht abscheulich? Wie hat man dann nicht aufgehört, ihn während seines Aufenthaltes in Oranienburg zu erbittern! Einen Teil der Ab-

[1] **Über den General Schmettau vgl. Catts Bericht vom 12. Sept. 1758, S. 256.**

scheulichkeiten, die man gegen mich spie, habe ich wiedererfahren; ich habe es aufrichtig beklagt, daß mein Bruder mit solchem Wohlgefallen diesem Teufelsgezücht sein Ohr lieh. Wenn er es so gut gekannt hätte wie ich, so hätte er es mit Abscheu von sich gestoßen. Ach, mein Lieber, wie unglücklich sind doch die Fürsten, wenn sie nur Leute um sich haben wollen, die ihnen schmeicheln, oder wenn sie, ohne es zu wollen, solche Leute haben, die voll niederträchtiger List die Schwachheiten der Fürsten nähren! Diese abscheulichen Schmeichler sind das unheilvollste Geschenk, das der göttliche Zorn den Königen machen kann.

Wäre mein Bruder nur von seinem Adjutanten Hagen[1], seinem Sekretär Hainchelin und noch zwei anderen so ehrlichen Seelen umgeben gewesen, so wäre sein Leben in Oranienburg ruhiger und sein Herz leichter geneigt gewesen, sich mit dem meinen zu vereinigen. Ich bin dessen sicher, was ich da behaupte; denn sein Herz war die Güte, die Rechtschaffenheit, die Wohltätigkeit selbst. Daß ich es so gut kannte, das hat mich die Erbitterung, die man ihm gegen mich eingeflößt hat, nur noch schmerzlicher empfinden lassen. Wären wir beide uns selbst überlassen worden, so hätten wir bei meiner Lebhaftigkeit sehr schnell das beiderseitige Unrecht vergessen."

Während dieses ganzen langen Gespräches, in dem der König das zu berichtigen sich vorgenommen hatte, was ich ihm als öffentliche Meinung über sein Verhältnis zu seinem Bruder mitgeteilt hatte, erwähnte er jenen Ausdruck vom Kopfabschlagen überhaupt nicht; es fiel mir auch gar nicht ein, etwa wieder davon anzufangen; denn diese Frage hätte eine neue Auseinandersetzung verursacht, die noch lange gedauert hätte, und unser bisheriges Gespräch war lang genug gewesen. Das merkte der König selbst.

„Wir plaudern zu viel, mein Lieber! Guten Abend! Hoffentlich sind Ihre Gedanken anders als die meinen, die

[1] General Karl Ferdinand Freiherr von Hagen; er starb 1759 an seinen Kriegsverletzungen.

mich allem Anschein nach bis ins Bett verfolgen werden! Guten Abend!"

21. Juni 1758

„Sie finden mich hier über dem Lucretius sitzen. Das ist mein Brevier, wenn ich Kummer habe. Wie spät ist es?"
„Fünf Uhr, Sire!"
„Ich habe vor drei Stunden einen meiner Adjutanten weggeschickt, und er ist noch nicht zurück. Der Herr fürchtet offenbar, daß er eine Lungenentzündung davonträgt, wenn er zu schnell läuft. Sie können sich nicht vorstellen, wie verzärtelt einige dieser Herren sind."
Diese Rede ließ mich Unannehmlichkeiten für den armen Adjutanten fürchten. Als er jedoch eintrat, um Bericht zu erstatten, da sah ich zu meiner Freude, daß er davonkam mit einem „Zum Teufel, wo sind Sie denn so lange geblieben?" Und als er einen Brief übergab, sagte der König sogar zu ihm: „Ah! Das ist gut! Ruhen Sie sich nun aus."
„Ich habe ihn falsch beurteilt, mein Lieber; er hat es nicht an Schnelligkeit fehlen lassen. Man muß jedem Gerechtigkeit widerfahren lassen, dem man es schuldet. Er hat den Marschall in seinem Quartiere zunächst nicht angetroffen, und das war die Ursache der Verzögerung, die mich ungeduldig machte. Sie sehen, mein Lieber, daß ich meine Schuld wohl einzugestehen und sie dadurch gutzumachen weiß!"
„Bekenntnis und Wiedergutmachen sind immer die Eigenschaften eines großen Mannes."
„Das alles ist mir ganz selbstverständlich."
„Und dennoch Sire, ist nichts so selten wie solche Eingeständnisse."
„Bei mir nicht", sagte er; „das haben Sie schon merken müssen."
Damit endete die Unterhaltung; man hatte den General Seydlitz gemeldet.
„Keinen Augenblick Ruhe!" sagte er zu mir. „Ich habe so viele Dinge zu tun, so viel Unglück zu fürchten, daß mir die heiße Angst aufsteigt, wenn man mir Leute mit

neuen Nachrichten meldet. Aber ich muß sehen, was denn los ist! Leben Sie wohl! Gute Nacht! Auf morgen!"

22. Juni 1758

Am Morgen gegen zehn Uhr, als Seine Majestät sich ins Feldlager begeben hatte, ging das Dorf Schmirsitz in Flammen auf. Ein elender Sattelknecht, der in einem Wagenschuppen rauchte, in welchem sich Stroh befand, verschuldete dieses Unglück. Der König bemerkte vom Lager aus die große Feuersbrunst und kam schleunigst herbei, um sich zu vergewissern, was es wäre. Er erteilte Befehle; aber alles wurde eine Beute der Flammen. Von dem großen Dorfe blieb nichts übrig als das Haus, in dem der König wohnte, und die Schäferhütte, die mir als Wohnung angewiesen war. Eine Mutter, die ihr Kind retten wollte, erstickte mit ihm in den Flammen, und sie verbrannten beide. Dieses traurige Schauspiel und der Anblick so vieler Unglücklicher zerrissen mir das Herz. Man hörte nichts als Schreien und Stöhnen. Der Wirt, bei dem ich wohnte, ein kranker Mann von über achtzig Jahren, widersetzte sich den Helfern, die ihn retten wollten: „Ach, laßt mich hier sterben! Sollte ich leben, nur um Elende zu sehen und um selbst noch elender zu sein?" Man riß ihn mit Gewalt hinweg. In dem Augenblicke, als man ihn auf den Hof brachte, stürzte das Haus zusammen. Das wenige Vieh, das dem alten Manne geblieben war und das man nicht retten konnte, wurde bei dem Einsturz der Scheunen zermalmt. Bei dem Trümmerhaufen des eingestürzten Hauses und beim Anblick seines verlorenen Viehs hauchte der arme Greis seinen Geist aus. Die Frau, die Kinder, einige Nachbarn, die zur Hilfe gekommen waren, alle umringten und liebkosten den Toten und klagten, und einer nach dem andern umarmte meinen Diener, der ihre Sprache redet und den sie beschäftigt und eifrig bemüht gesehen hatten, meinen armen Wirt zu retten.

Bestürzt und lebhaft gerührt von dem Schauspiel des Morgens, schilderte ich um sechs Uhr abends dem Könige den ganzen Eindruck, den dieser Anblick auf mich gemacht hatte, und alles Unheil, das meinen armen Wirt und seine Familie betroffen hatte.

„Der Greis ist glücklich, und seine Familie ist nicht allein so elend. Diese Feuersbrunst schmerzt mich unendlich um dieser armen Leute willen. Es wird schon viel heißen, wenn mir meine Feinde diesen Brand nicht in die Schuhe schieben; diese Herren da drüben schreiben mir sehr flink Scheußlichkeiten zu, deren sie selbst fähig sind. Nicht wahr, der Krieg ist doch eine sehr grausame Angelegenheit! Was für ein Leben führen doch diese armen Soldaten, die während der Ausbildung mehr Schläge als Brot bekommen und die, wenn sie im Felde weniger geschlagen worden sind, sich zur Ruhe setzen, die meisten mit Schmarren und nach dem Verlust einiger Glieder. Der Bauer leidet noch viel mehr; man gibt ihn dem Untergange preis, und er ist oft gezwungen, im Elend umzukommen. Sie werden also zugeben, daß meine Halsstarrigkeit und die der Königin viele Menschen unglücklich macht, daß es auch sehr wenige Kriege gibt, die so unheilvoll sind wie die unseren. Freund und Feind leiden darunter, und wer weiß, mein Lieber, wer weiß, ob das alles nicht erst den Anfang der Schmerzen und der greuelvollen Verwüstung bildet, um mit dem Propheten zu sprechen."

„Dieses Bild, das Eure Majestät mir entwirft von den Szenen, die uns vielleicht noch bevorstehen, ist ein sehr trauriges Gemälde. Möge der Himmel uns vor diesen Schrecknissen bewahren!"

„Und Sie glauben wirklich, mein Herr, daß er sich in die Streitigkeiten, Auseinandersetzungen und Blutbäder mischt, die wir Schelme erdulden und verursachen? Glauben Sie, wenn ich in meinem Garten zu Sanssouci spazierengehe und dabei einen Ameisenhaufen zertrete, daß ich dann nur daran denke, daß es auf meinem Wege kleine Wesen gibt, die sich beunruhigen und quälen? Wäre es nicht lächerlich von diesen Tieren, zu denken — vorausgesetzt, daß sie mit Verstand begabt sind —, daß ich Kenntnis hätte von ihrem Dasein und daß ich auf dieses Dasein Wert legte? Nein, mein Freund, legen Sie diese Eigenliebe ab, die Ihnen vortäuscht, der Himmel sei unaufhörlich mit Ihrer Erhaltung beschäftigt, und prägen Sie sich fest ein, daß die Natur sich nicht um die Einzelwesen kümmert, sondern nur um die Art; diese soll nicht untergehen. Was folgt daraus? Daß ein König durchaus nicht zu wissen braucht, daß er einen Ameisenhaufen zertritt, der auf seinem Wege sich befindet; und wenn ihn wichtige Angelegenheiten beschäftigen, die seine ganze Aufmerksamkeit erfordern und die er oft nicht alle übersehen kann, daß er dann gar nicht daran denkt, daß es überhaupt Ameisen gibt und ob sie in seinen Gärten und Parken leben."

„Das mag alles sein, Sire. Was ich aber nicht recht verstehe, ist das, daß die Natur, wie Sie das schaffende und erhaltende Prinzip nennen, die Art erhalten könnte, ohne sich nur im geringsten um die Einzelwesen zu kümmern, deren Gesamtheit doch erst die Art ausmacht, von der Sie gesprochen haben."

„Warten Sie, mein Lieber! Da sind Sie gefangen! Also alles, was Sie nicht verstehen, das ist nicht und kann nicht sein? Eine nette Logik?"

„Sie wäre tatsächlich nett, wenn das wirklich meine Meinung wäre, wie es auch eine nette Ansicht ist, daß alles Gedachte, eben weil man es denkt, von unbestreitbarer Wahrheit sei."

Er antwortete mir nicht, sondern wünschte mir eine gute Nacht. Und das war das Beste für den König, der mir sehr ermüdet und durch den Streit sehr erhitzt schien.

23. Juni 1758

Es kamen an diesem Nachmittag so viele Menschen, so viele Ordonnanzoffiziere und berittene Jäger vom Marschall, vom General Seydlitz und von allen Posten, daß ich gar nicht gerufen wurde. Der König war bis neun Uhr abends beschäftigt. Da mir dieses ununterbrochene

Kommen und Gehen von Offizieren etwas Neues war, so fragte ich einen Adjutanten, was alles das zu bedeuten hätte. Er sagte mir, man sei in Unruhe wegen eines großen Geleitzuges, der unterwegs sei; die Belagerung mache nur geringe Fortschritte, und die feindliche Armee scheine einige Bewegungen vornehmen zu wollen; es gebe noch mehrere Ursachen, über die er aber nichts habe erfahren können; diese Offiziere und Jäger aber bringen über all diese Angelegenheiten Meldungen von ihren Befehlshabern.

„Ich fürchte wie Sie, daß Seiner Majestät viele neue Unruhe daraus erwachsen wird", sagte der Adjutant.

24. Juni 1758

Ich wurde um fünf Uhr gerufen und traf Seine Majestät vor seiner großen Karte sitzend an.

„Treten Sie näher und sehen Sie sich an, welches jetzt die Stellung des großen Marschalls[1] ist. Er hat seinen rechten Flügel bis Dobromielitz vorgeschoben, wo er sein Hauptquartier einzurichten geruht hat. Er plant irgend etwas, und es bezieht sich ohne Zweifel auf meinen großen Geleitzug, den ich erwarte und der für die Belagerung von großer Bedeutung ist. Daher treffe ich auch meine Maßnahmen, daß er heil und wohlbehalten ankommt. Dieser Geleitzug ist nicht von Pappe! Er bringt mir Lebensmittel, Munition und das, was wir zur Vermeidung eines sehr unedlen Wortes den ‚Nerv des Krieges' nennen — Geld! Ich bekomme ferner mit meinem schönen Geleitzug Ersatzmannschaften, wie auch Genesene und mindestens zwölfhundert Pferde. Sie werden einsehen, daß das alles keine Kleinigkeit ist und sehr geeignet erscheint, die Gier meiner Feinde zu reizen. Der Marschall hat auch schon Loudon marschieren lassen, der sich anschickt, mit vier Bataillonen Infanterie, zwei Regimentern Dragoner und einigen tausend Kroaten sein Lager bei Konitz zu verlassen, um nach Sternberg zu ziehen. Ich werde ihn auskundschaften lassen. — Der gestrige Tag war durch

[1] Daun.

eine große Menge Meldungen so ausgefüllt und voll Scherereien, daß ich keinen Augenblick Zeit hatte, mit Ihnen zu reden. Diese Meldungen werden noch häufiger werden. Wir gehen in diesem Drama der Lösung des Knotens entgegen; der Eifer und die Tätigkeit der Schauspieler nehmen zu. Die Herren Gelehrten machen sich lustig über unser Handwerk; Voltaire zieht es ins Lächerliche. Es ist schlecht, dieses Handwerk, wegen der Leiden, die es verursacht; aber es sind viele Fähigkeiten nötig, es auch gut auszuüben. Voltaire, dieser Schuft, versteht nichts davon. Er sagte mir, das Lesen der Schlachtberichte langweilte ihn höchlichst, und er verstände nichts davon. Ich dagegen sagte ihm: ‚Wenn ich von den Feldzügen des Prinzen Eugen, Montecuccolis[1], Luxemburgs[2] lese, so regt mich diese Lektüre zu tausend Gedanken an; sie weitet meinen Blick, und ich ziehe immer viel Nutzen daraus.‘ Dieser Schurke lachte darauf aus vollem Halse: ‚Soviel Studium, um zu lernen, wie man Menschen tötet! Das kann einem wirklich leid tun! Sind denn die Angelegenheiten des Krieges so verzwickt, daß man einen umfassenderen Geist braucht, sie recht zu begreifen, als um den Plan eines Gedichtes zu entwerfen?‘ Sie sehen, daß er nicht das geringste von dem verstand, wovon er mir etwas vorschwatzte. Ich bitte Sie, was würde dieser Schuft wohl beginnen, wenn man ihm eine Menge zumeist einander widersprechender Meldungen brächte, wie es mir so oft und erst gestern wieder geschehen ist; wenn es sich darum handelte, entweder die Pläne oder die plötzlichen Einfälle des Feindes zu erraten und eine sofortige Entscheidung zu treffen in Angelegenheiten, die von höchster Wichtigkeit sind? Herr von Voltaire, Herr von Voltaire, Sie wissen nicht, was Sie sagen, und schwatzen doch darüber, wie Ihr Lusignan[3] auf der Bühne schwatzt.“

[1] Raimund Graf von Montecuccoli (1609—1680), kaiserlicher Feldherr; focht im 30jährigen Kriege, später gegen Schweden, Türken, Franzosen (gegen Turenne). — [2] Marschall Luxemburg, französischer Heerführer in den Raubkriegen Ludwigs XIV. — [3] Gestalt in Voltaires Trauerspiel „Zaïre“ (1732), seinem dramatischen Meisterwerk.

„Sire, ich sehe einen Husarenoffizier kommen."
„Noch irgendein elender Brief, mein Lieber! Das nimmt kein Ende! Guten Abend! Ich muß mit ihm sprechen und muß eine Antwort erteilen. Das wird das Beruhigungspulver sein, das mir eine ruhige Nacht verschafft! Welch erbärmliches Leben!"

25. Juni 1758

An diesem Tage war ich nur einen Augenblick bei Seiner Majestät dem König, der die Zusendung mehrerer Briefe erwartete, die er unterzeichnen mußte.
„Es ist nun ganz sicher", sagte er, „daß der Marschall die Bewegung ausgeführt hat, die ich Ihnen gestern auf der Karte zeigte. Seine Bewunderer werden sagen, diese Bewegung sei ein Meisterstück der Kriegskunst. Sie haben ja auch gesagt — wie ich von einem Offizier erfahren habe, der in unsere Gefangenschaft geraten ist —, daß die ganze Generalität verblüfft gewesen sei von dem geschickten und kühnen Marsch, den der große Marschall am 17. von Gewitz nach Ewanowitz unternommen habe, bei welchem er seinen rechten Flügel auf diesen Marktflecken und seinen linken auf den Berg rechts von Prödlitz stützte. Aber sehen Sie es sich hier einmal auf der Karte an: Dieses angebliche Meisterstück vollzog sich hinter einer großen Anzahl von Engpässen, die uns von ihnen trennen und von welchen Herr von Loudon einen großen Teil besetzt hält. Wir sind nicht so ruhmredig, mein Lieber, obwohl wir, mit Verlaub, oft ähnliche Märsche machten. Wir sind bescheiden, und wir blähen uns nicht auf wie die Frösche. — Aber hier kommen meine Briefe; ich habe noch einiges hinzuzufügen. Guten Abend! Und wenn Sie eines Tages Truppen befehligen sollten, so vergessen Sie niemals, auch wenn Sie noch so schöne Bewegungen auszuführen vermögen, daß es gut ist, bescheiden zu sein."

26. Juni 1758

Es kamen an diesem Tage noch sehr viel mehr Meldungen an als am 23., und ich wurde nicht gerufen. Einige Adjutanten und der edle Ritter Mitchell, die ich traf, sprachen alle von ihrer Besorgnis wegen des Geleitzuges und der Belagerung.

„Der König muß wohl sehr beschäftigt sein", sagte der Ritter; „denn er hat allein gespeist. Vielleicht ist auch seine Laune nicht rosig. In solchem Falle bleibt er gewöhnlich allein. Beunruhigen Sie sich übrigens nicht zu sehr wegen der Reden dieser Leute; ich habe den Eindruck, daß sie sehr leicht in Aufregung geraten, und oft einer Nichtigkeit wegen. Es ist erstaunlich, daß der König in seiner Lage so heiter sein kann. Welch ein Mann! Solche beschert die Natur der Welt nur selten!"

27. Juni 1758

Am Abend um sieben Uhr befahl mich Seine Majestät der König zu sich. Ich fand ihn traurig.

„Sie sehen mich stets beschäftigt und immer in düsterer Stimmung. Ich kann den Verlust meines guten Bruders nicht vergessen. Alle Verdrießlichkeiten, in welchen ich mich jetzt befinde, können keinen Augenblick das Bild meines Bruders verdrängen, den ich immer betrauern werde. Ach, mein Freund, wie grausam ist es doch, gute Freunde zu verlieren! Und wie ist doch dieses Leben, das ich nun seit langem führe, ein wahres Hundeleben! Das ist mein Kehrreim und wird es immer bleiben, bis alles hier zu Ende ist. Aber ich sehe den Tag dieses Endes noch nicht, das ich herbeisehne. Sehen Sie es etwa?"

„Sire, wie könnte ich es auch nur ahnen, wenn es sogar den Blicken Eurer Majestät sich entzieht?"

„Lassen Sie uns also dem Kommenden mit Ergebung entgegensehen! Glauben Sie mir übrigens, mein Lieber: Es ist gut, die Zukunft nicht zu kennen. Wenn ich vor vierzehn Jahren gewußt hätte, was alles mir bis zu diesem Augenblicke begegnet ist, wieviel Kummer hätte ich dann im voraus empfunden um des Kummers willen, den ich jetzt erlebe!

Wissen Sie schon, daß der große Marschall mit seiner gesamten Armee gegen uns vorgerückt ist?"

„Nein, Sire!"

„Nun gut, so betrachten Sie meine Karte. Er hat diesen Marsch gemacht und lagert zwischen Klenowitz und Dobromielitz. Täglich hat er uns ausgekundschaftet, als ob er plante, uns anzugreifen. Wie wollte ich den Himmel segnen, wenn er seinem Liebling den Gedanken eingäbe, uns auf die Probe zu stellen! Aber es wird nichts daraus werden. Mich verwirft der Himmel, weil ich weder Predigt noch Messe höre."

„Hörte etwa Marlborough sie, Sire?"

„O nein, zweifellos nicht! Er war klüger, wie er auch geschickter war als der edle Herr Daun, der mir gegenübersteht: Ich glaube, daß alle Truppenbewegungen auf seiner Seite einige gegen meinen Geleitzug ausgesandte Abteilungen decken sollen. Doch wie, zum Teufel, soll man hinter seine Schliche kommen, wenn man durch hundert Engpässe und einen Haufen leichter Truppen hindurchmüßte? Aber lassen wir Daun mitsamt seinen Engpässen und seinen Messen, die er andächtig hört! Wir jedoch wollen schlafen gehen; ich muß sehr zeitig aufstehen. Der Gott des Friedens sei mit Ihnen!"

28. Juni 1758

Ich wurde um acht Uhr abends gerufen. Seine Laune war an diesem Abend so düster wie der Himmel. Er zog über die Führer des Geleitzuges her und über den armen Balbi, der die Belagerungsmaßnahmen leitete. Ohne seine Beschwerden genauer auszusprechen, beklagte er sich über das Unglück, es mit Stümpern zu tun zu haben und durch sie seine mit peinlichster Genauigkeit entworfenen Pläne vereitelt zu sehen.

„Da ich vermute, daß man gestern meinem Geleitzug eine Abteilung entgegengesandt hat, so habe ich Zieten befohlen, am frühen Morgen aufzubrechen und ihr mit einigen Bataillonen, einigen Regimentern Kürassiere und ein paar Schwadronen Husaren entgegenzutreten. Ich hoffe, er wird noch zeitig genug eintreffen, um Unheil zu verhüten. Ich bin überzeugt, daß dieser brave Mann alles tun wird, was er tun kann, und daß er seine ganze Klugheit anwenden wird. Trotz meines Vertrauens zu ihm wollen aber meine beunruhigenden Befürchtungen nicht weichen; das gebe ich zu. Ich denke, daß in meiner jetzigen Lage diese Unruhe und diese Befürchtungen bei Ihnen keinen Anstoß erregen werden."

„Nein, gewiß nicht, Sire! Ich finde sie ganz natürlich unter diesen Umständen ..."

„Wieso ‚unter diesen Umständen?' Sollten Sie etwas erfahren haben? Sagen Sie es mir ganz offen!"

„Nichts, Sire. Ich bin heute nicht weiter aus dem Hause gekommen, als um den Ritter Mitchell zu besuchen."

„Nun, und was hat er Ihnen gesagt? Was denkt er von alledem?"

„Daß Olmütz schon nach wenigen Tagen genommen werden kann, wenn der Geleitzug ankommt."

„Dein Wille geschehe! Leben Sie wohl, und gute Nacht! Ich dagegen werde schlecht schlafen. Ich sage es Ihnen noch einmal: Mein Leben ist ein Hundeleben! Darum bitte ich Gott, usw. ..."

29. Juni 1758

„Gute Nachricht!" sagte der König, als ich um sechs zu ihm kam. „Gute Nachricht: Krockow wird heute abend mit der Vorhut und der Spitze des Geleitzuges bei der Belagerungsarmee eintreffen. Er bringt siebenunddreißig mit Geld und zweiundsiebzig mit Munition beladene Wagen, sieben Schwadronen, sieben Bataillone und fast sechshundert Husaren. Das alles bildet eine recht ansehnliche ‚Spitze', nicht wahr?"

„Zweifellos, Sire! Ich hoffe, daß nun auch der Rest des Geleitzuges ebenso sicher eintrifft und daß Eure Majestät bald die Nachricht von seiner glücklichen Ankunft erhalten."

„Wir wollen uns nicht zu große Hoffnungen machen, mein Lieber! Wir wollen bescheiden sein, den Ausgang abwarten und uns ihm unterwerfen, wie er auch sei. Sie sind jung und hoffen daher; ich bin schon alt und neige mehr zur Furcht als zum Hoffen; das ist ganz in der

Ordnung. Als ich in Ihrem Alter war, da glaubte ich, alles müßte mir gelingen, und niemals könnte mir ein Unglück widerfahren. Die Erfahrung, und zwar eine recht rauhe Erfahrung, hat dieses kleine Übermaß glühender Eigenliebe beseitigt. Die Schule des Unglücks ist eine gute Schule, mein Freund! Ich habe aus meinen philosophischen Büchern gelernt, alle Leiden zu ertragen; aber weder die Erfahrung, noch die Philosophie hat mich bis heute lehren können, den Verlust der Freundschaft gleichmütig zu erdulden.
Ich habe noch viele Briefe abzusenden. Daher wünsche ich Ihnen eine gute Nacht. Ich habe Sie nur kommen lassen, um Sie von der Ankunft der Spitze des Geleitzuges in Kenntnis zu setzen. Bitten Sie für den übrigen Teil! Die Belagerungsarmee braucht ihn sehr nötig!"

30. Juni 1758

Der heutige Tag war voller Unruhe. In jedem Augenblick trafen Offiziere ein, die verdrießliche Nachrichten überbrachten. Als ich mich zum Könige begab, der mich um sechs Uhr zu sich befohlen hatte, begegnete ich dem General Seydlitz, der soeben bei ihm gewesen war.
„Das geht übel aus, mein Freund", sagte der General zu mir, „und das Schlimmste ist, daß Seine Majestät die Berichte nicht glauben will, die man ihm erstattet. Er wird zornig, wenn man ihm Nachrichten bringt, die ihm mißfallen; er bildet sich ein, man habe falsch gesehen. Ich habe gesagt, was ich beobachtet habe und was ich von den Bewegungen des Feindes halte; ob er nun Nutzen zieht aus meinen Meldungen oder nicht — ich habe als Freund des Vaterlandes gesprochen."
Ich trat bei Seiner Majestät dem Könige ein, welcher die Karte betrachtete. Er blieb unbeweglich eine gute Viertelstunde davor stehen, ohne zu bemerken, daß ich da war. Endlich erblickte er mich, und ich sah, daß er in sehr düsterer Stimmung war.
„Man hat mir so viele und so verschiedenartige Nachrichten gebracht, daß man sich am liebsten dem Teufel ver-

schreiben möchte! Der Feind, der Truppenbewegungen vorgenommen hat und noch heute vorbereitet — der arme Rest meines Geleitzuges, der in Gefahr ist — die Schwierigkeit, genaue Nachrichten darüber zu erlangen, da alle Straßen von Gibau bis Olmütz vom Feinde besetzt sind — alles das, mein Freund, ist nicht zum Lachen! Meine verdammten Ingenieure, die den Laufgraben in unsinnigster Weise angelegt haben, haben mich in diese Mistpfütze gestoßen, in der ich nun sitze. Sie haben nichts als Schurkereien begangen! Es sind schmierige Schurken, die keine Pfeife Tabak wert sind! Wenn nur mein Zieten die richtigen Maßnahmen getroffen und mir keinen Strich durch die Rechnung gemacht hat, dann ist vielleicht alles gar nicht so schlimm, wie man es mir sagt. Es ist ein grausames Geschick, von so vielen Leuten abhängig zu sein, die beim geringsten Hindernis, das sich entgegenstellt, den Kopf verlieren. Ich bin heute nicht gerade in rosiger Laune, mein Lieber, und um Sie nicht zu langweilen und um Sie nicht mit meinen düsteren Gedanken anzustecken, will ich Ihnen nun einen guten Abend wünschen. Mögen Sie niemals eine Belagerung zu leiten haben! Wenn Sie aber dennoch dieses Unglück treffen sollte, so bewahre sie das Geschick vor Ingenieuren, die den Laufgraben achtzehnhundert Schritt vor der Brustwehr anlegen! Meine Nachtruhe wird nicht glänzend sein. Ich will noch Befehle an Retzow schicken, daß er mit Gewalt versuchen soll, zu nehmen und zu retten, was er kann."

1. Juli 1758

Die traurigen Nachrichten, die ich am Morgen von den Adjutanten, von Herrn Mitchell und besonders vom General Seydlitz vernommen hatte, der sich heute zweimal zu Seiner Majestät begeben hatte: daß der Geleitzug völlig vernichtet sei, daß wir einen beträchtlichen Verlust an Toten und Gefangenen erlitten haben, daß der Feind eine Bewegung gemacht, die Morawa überschritten und ein Lager auf den Höhen von Groß-Teinitz und Czechowitz bezogen habe — diese traurigen Nachrichten erweckten in mir tausend Besorgnisse, und ich gestehe, daß ich ihretwegen die heutige Sitzung fürchtete, wenn sie in diesem Augenblicke der drängenden Arbeit und der Gefahr überhaupt stattfinden sollte. Ich suchte ihr aber nicht zu entgehen, als ich um fünf Uhr gerufen wurde, und wie groß war meine Freude, als ich beim Eintreten den König mit heiterem und ruhigem Antlitz auf mich zukommen sah und er zu mir sagte:

„Der Wind und das Geschick sind uns nicht günstig!"

Als ich Verse hörte, war ich schnell beruhigt.

„Der Verlust meines Geleitzuges, der Mangel an Munition, die Ungeschicklichkeit meiner sogenannten Ingenieure, die Bewegungen des Feindes — alles zwingt mich, Mähren zu verlassen. Während der Nacht wird die Belagerung aufgehoben, und morgen werde ich sehr zeitig aufbrechen, und zum Erstaunen des großen Marschalls, der große Augen machen wird, werde ich einen Weg einschlagen, den er kaum vermuten wird. Ich werde ihn nicht stören bei seinen Andachten, die er im Heere anberaumen und die er auch selbst halten wird, um dem Himmel Dank zu sagen für meinen Rückzug aus dieser Gegend. Er möge Hymnen singen und Halleluja rufen, soviel er will, wenn wir nur dadurch einen Vorsprung gewinnen und wenn nur der Abtransport meiner Belagerungswerkzeuge nicht gestört wird. Alle Maßnahmen sind getroffen. Sie müssen sich zeitig schlafen legen, und ich werde es auch tun; denn wir müssen morgen früh um drei Uhr bereit sein. Sie werden Böhmen zu sehen bekommen, das Ihnen noch unbekannt ist; aber wir werden dort weder so lange, noch so ruhige, noch so häufige Sitzungen abhalten können wie hier in unserem armen Schmirsitz; denn ich sehe voraus, daß meiner viel Arbeit wartet. Ich hoffe, daß ich allem die Spitze bieten kann, obwohl unsere Lage außerordentlich gespannt ist. Aber, mein Lieber:

Was soll ich tun in diesem höchsten Leid?
Ich halte stand, und trotzig weich' ich nicht
Der endlos langen Widerwärtigkeit,
Bis ihre Kraft an meiner Kraft zerbricht.

Diese Verse, die unser Freund Chaulieu auf die Gicht bezog, welche ihn quälte, wende ich auf das Schicksal an, das mich verfolgt. Ich habe nicht weniger als er jene Entschlossenheit, die uns die Schicksalsschläge so gut ertragen läßt.

Lassen Sie Ihre kleine Ausrüstung in Ordnung bringen! Schlafen Sie gut, wie ich es zu tun gedenke! Auf morgen, in einem elenden Nest! Guten Abend!“

Zweiter Teil

Als ich die Gewißheit erhalten hatte, daß ich beim König bleiben und ihm auf seinen Märschen folgen sollte, da wollte ich eine leidlich richtige Vorstellung gewinnen von diesem außerordentlichen Manne, seiner Art und dem Tone seiner Unterhaltung, von allem, was ihm gefallen, seine Teilnahme erwecken oder ihm Kummer machen könnte ,und ich meinte daher, ich müßte einige Zeit hindurch mit möglichster Genauigkeit alles aufzeichnen, was er mir in den Unterredungen sagte, die er mit mir abzuhalten geruhte, und ich dürfte auch das nicht vernachlässigen, was mir im ersten Augenblick vielleicht nebensächlich erschiene. Während dreier Monate habe ich diese Aufgabe sorgfältig und redlich erfüllt. Jeden Abend nach meiner Heimkehr schrieb ich nieder, was ich gehört hatte, und wenn ich mir Rechenschaft gab von der Unterhaltung, so bediente ich mich der Ausdrücke, die Seine Majestät angewandt hatte, so gut ich mich ihrer entsinnen konnte, und ohne mich darum zu kümmern, ob ich etwa Gegenstände der Unterhaltung oder ihre Darstellungsweise wiederholte.

Diese, wie ich zugebe, mühsame Arbeit hat mir den erhofften Gewinn gebracht. Indem ich meine Aufzeichnungen wiederholt durchlas, habe ich gelernt, ein wenig den Geschmack und den Ton dieses großen Mannes zu erfassen und weniger zu fürchten, bei meinen Unterhaltungen mit ihm in Verlegenheit gesetzt zu werden.

Jetzt, da ich nun in gewissem Umfange diese gewünschte Kenntnis des gekrönten Philosophen habe, jetzt, da unsere häufigen und schnellen Märsche meine Sitzungen und die

Gespräche kürzer und seltener machen werden, als sie in den ersten Monaten waren, werde ich einen Weg einschlagen, der ein wenig verschieden ist von dem bisher verfolgten: Ich werde mir nämlich den mühevollen Zwang nicht mehr auferlegen, mit derselben Genauigkeit wie bisher die oft ziemlich langen Gespräche ungekürzt niederzuschreiben.

Von den künftigen Unterhaltungen werde ich zumeist nur den Hauptinhalt oder den Gegenstand angeben, wenn mich nicht besondere Umstände zwingen, zu meinem ersten Verfahren zurückzukehren. Indem ich endlich mir mehr Betrachtungen gestatten werde, die ich bis hierher nicht anzustellen gewagt habe, werde ich Sorge tragen, nunmehr auch Urteile über den König und seine Maßnahmen anzuführen, die ich von den einsichtigsten Männern seines Gefolges und seines Heeres habe fällen hören. Stets werde ich die Quelle anführen, aus der ich meine Behauptungen geschöpft habe, wie ich auch immer bezeichnen werde, was ich selbst von meinem Herrn sage, und wegen dieses letzteren bitte ich meine etwaigen Leser um gütige Nachsicht.

2. Juli 1758. Im Hauptquartier Brelschina

Wir haben dieses armselige Schmirsitz verlassen, wo so schöne Hoffnungen erblüht waren. Prinz Moritz brach, dem empfangenen Befehle gemäß, um Mitternacht mit zehn Bataillonen und dreißig Schwadronen von dort auf, um das Lager von Netztawa gemeinsam mit dem Korps des Generals Wedell zu besetzen, das er unterwegs treffen sollte.

Der König folgte um vier Uhr morgens mit siebzehn Bataillonen und dreiunddreißig Schwadronen über Kosteletz, Hluzov, Teutsch-Premeslowitz bis auf die Höhen hinter Brzesko, wo das Heer lagerte. Das Hauptquartier wurde in Brelschina eingerichtet.

Nach allen Anordnungen und Anstrengungen des vorigen und des heutigen Tages erwartete ich kaum, daß mich der König rufen würde. Ich wurde indessen doch gegen sechs Uhr abends zu ihm befohlen. Ich sah es ihm sofort an, daß er schlechter Laune war, und ich erwartete einen Zornausbruch gegen die armen Ingenieure, die er nicht eben schonte. Ich hatte mich nicht getäuscht.

„Sie sehen, mein Freund, wie wenig sich die Angelegenheiten des Lebens vorausberechnen lassen und wie einem der Erfolg versagt bleiben kann, selbst wenn man Vorbereitungen getroffen hat, die die besten zu sein schienen. Als ich nach Schmirsitz kam, da hoffte ich, Olmütz zu nehmen und den Plan durchzuführen, von dem ich Ihnen gesprochen habe. Das Schicksal hat es anders gefügt, vielleicht um uns in noch größere Schwierigkeiten zu bringen. Ich werde nun meine Anstrengungen verdoppeln, um den Schaden wieder zu heilen, den meine Memmen verursacht haben. Wenn mir nichts in die Quere kommt, so werden Sie sehen, daß ich das Beste getan habe, was ich in meiner jetzigen Lage tun konnte. Als meine Feinde bemerkten, daß ich abzog, da haben sie geglaubt, ich würde nach Schlesien zurückgehen, und sie freuten sich darüber, mir unangenehme Nachhutgefechte liefern zu können. Diese hübschen Herren haben nicht vermutet, daß ich nach Königgrätz marschieren würde und daß Böhmen der Kriegsschauplatz werden könnte, wenn das große Heer der Zufälle nicht dagegen ist."

Bis dahin ging alles gut; aber die Zornausbrüche ließen nicht länger auf sich warten.

„Sie werden zugeben, daß mir jene Leute das Leben recht sauer machen und daß meine Ingenieure, diese Truthähne, meinen Kummer nur vermehren durch all die Tölpeleien, die sie begangen haben. Von ihrem Tafelberge aus, den ich ihren Memmenberg nenne, haben sie den Laufgraben angelegt, und sie haben sich ins Fäustchen gelacht, daß der Feind nichts gemerkt hatte von ihrer Arbeit, die achtzehnhundert Schritte vor der Festung vor sich ging. Und als man sie vom Wasserfort mit Geschützen beschoß, die ihre Anlagen bestrichen, da erörterten meine gelehrten Herren Feiglinge, anstatt dem Schaden abzuhelfen, den das Geschütz uns zufügte, umständlich den

Unterschied zwischen Schüssen, die zerstören, und Schüssen, die die Anlagen bestreichen sollen, und vertraten noch umständlicher die Ansicht, daß die Schüsse des Forts der ersten Art zuzurechnen seien. So haben sie durch ihre Albernheit den Verlust vieler braver Leute verschuldet, und sie sollen mir Rechenschaft darüber ablegen. Ich habe dem Marschall Keith geschrieben, er solle diesen ungefiederten Zweifüßern sagen, ich würde ihnen statt der Bürgerkrone eine Eselsmütze schicken, und wenn es mich die Ohren des besten meiner Maultiere kosten sollte. Morgen werde ich Herrn Memmen-Balbi sprechen, und ich werde ihm den Kopf waschen nach allen Regeln der Kunst!"

Das alles war nicht angenehm zu hören. Schon im voraus empfand ich die Qual dieses Ingenieur-Obersten, den er seit der Eroberung von Schweidnitz „meinen teuren, meinen geschickten Balbichon" nannte. Wie doch die Zeiten sich ändern!"

3. Juli 1758. Im Hauptquartier Mährisch-Trübau

Der König marschierte nach Mährisch-Trübau. Dort richtete er sein Feldlager ein, dessen rechter Flügel auf der Höhe von Porstendorf und dessen linker in Richtung auf Undangs lag. Der Marschall Keith, der über Littau und Müglitz marschiert war, kam mit dem Chef des Ingenieurkorps dort an. Kaum war Herr von Balbi eingetroffen, als er auch schon Befehl erhielt, sich zum König zu begeben. Er meldet sich, und nachdem er eine gute Stunde im Vorzimmer gewartet hat, sieht er den König mit feuerrotem Gesicht auf sich zukommen, der ihm im drohendsten Tone die erdenklichsten Schroffheiten sagt. Diese grausame Sitzung dauerte fast eine Stunde. Der gute Oberst ging an meinem Quartier vorüber, das sich neben dem des Königs befand. Ich sah schon an seiner Miene, daß man ihm fürchterlich zugesetzt hatte, und ich beklagte ihn von Herzen.

„Es ist unmöglich, mein Herr, sich all die Scheußlichkeiten vorzustellen, die er mir gesagt hat. Ich weiß nicht, wo zum Teufel er nur seine Ausdrücke hernimmt, deren einer immer höllischer ist als der andere. Ich bitte Sie, wie kann dieser Mann das Unmögliche verlangen! Die Festung ist anfänglich nur von einer Seite eingeschlossen worden. Bei den ungeheuren Arbeiten, die wir zu leisten hatten, sind wir nicht genügend unterstützt worden, und es hat häufig an Munition gefehlt. Die Belagerten waren um ein Drittel stärker als wir. Im Hinblick auf diese Verhältnisse hat unser tüchtiger General Fouqué gesagt, diese Belagerung käme ihm wie eine Opernaufführung vor, bei der die Phantasie mit höchster Kraft arbeiten müßte, um sich mit so vielen Ungereimtheiten vertraut zu machen."

„Seien Sie unbesorgt, verehrter Herr Oberst! Der König, der sich, wie fast immer, in diesem ersten heftigen Augenblick nicht beherrschen konnte, wird sich mit der Zeit beruhigen und einsehen, daß Sie nicht all die Fehler haben, die er Ihnen andichtet. Sie werden sehen, er wird Ihnen seine Gnade bewahren."

„Ach, mein Herr, wie wenig Sie doch noch den ‚Pater Prior'[1] kennen! Er ändert seine Meinung nie, besonders, wenn er sich dadurch eine Blöße gäbe. Er ließe es sich wohl einfallen, einzugestehen, daß eine Sache durch seine Schuld mißglückt ist! Die Kanone würde eher vorwärts laufen als zurück, wenn man sie abschießt! Nein, mein Herr, Sie kennen ihn nicht, und der Himmel behüte Sie davor, daß Sie ihn jemals durch eigene Erfahrung kennenlernen! Man kann diesem Manne tausend Dienste erweisen — wenn man das Unglück hat, auch nur einen Augenblick zu versagen, in Dingen besonders, von denen er sich einbildet, man beeinträchtige seine Eigenliebe, so sind sofort die tausend erwiesenen Dienste für immer zum Teufel. Ach, welche traurigen Beispiele dafür könnte ich Ihnen anführen! Aber ich muß abreisen; denn ich habe den Befehl dazu erhalten — und wahrscheinlich auf Nimmerwiedersehen! Bewahren Sie mir Ihr Andenken!"

[1] Lord Marschall verglich Sanssouci mit einem Kloster und nannte den König „notre Père Abbé", unser Pater Prior.

Die Niedergeschlagenheit des braven Obersten tat mir und allen, die sein Verdienst kannten, unendlich leid. — Ich wurde am Abend ziemlich spät und nur für einen Augenblick gerufen.

„Ich habe," sagte der König, „zunächst meinen Anti-Poliorketes, den Obersten Balbi, gesprochen, und ich habe ihm den Kopf so gründlich gewaschen, daß er sich dessen nicht rühmen wird. Haben Sie ihn gesehen?"

„Ja, Sire."

„Nun, und was hat er zu Ihnen gesagt?"

„Daß er verzweifelt sei, Eurer Majestät mißfallen zu haben, und daß er nur mit Schmerzen die Ungnade überleben werde, mit der Sie ihn überschütten."

„Gut, gut! Man muß diese Herren von Zeit zu Zeit lehren, die Dinge nicht als Kleinigkeiten zu behandeln, besonders nicht Dinge von so großer Wichtigkeit wie das Mißlingen einer Belagerung. Sie kennen diese Leute noch nicht genügend, die ich zu führen habe, mein Lieber. Ich bin genötigt, zuweilen gegen sie einzuschreiten, oft genug gegen meinen Willen; aber wenn ich zu nachgiebig wäre, wenn ich mich nicht gezwungenermaßen von Zeit zu Zeit aufs hohe Pferd setzte, so würden Sie mich bald Hals über Kopf herunterfliegen sehen! Balbi ist nicht der einzige, der Eseleien begangen hat; mein guter Zieten hat auch eine auf dem Gewissen: Um ein paar verfluchte Wagen zu erwarten, die plötzlich nach Troppau umgekehrt waren, von wo er sie nachkommen ließ, hielt er sich am 29. sehr zur Unzeit mit dem Geleitzug in Neudorfl auf. Wenn er, ohne sich um diese Wagen zu kümmern, seinen Marsch fortgesetzt hätte, so wäre der Geleitzug glücklich beim Belagerungsheere eingetroffen; denn das Korps Ziskowitz wäre zu spät gekommen, um ihn anzugreifen, und innerhalb der ersten vierzehn Tage nach Ankunft meines Geleitzuges hätte ich, nach der Berechnung des Marschalls Keith, die Festung gehabt. Herr Daun hätte vergeblich manövriert, um diese Eroberung zu verhindern; ich hätte ganz wie er manövriert, und wir hätten dann ein hübsches Spiel zu sehen bekommen. Sie sehen, mein Freund, was so die Grundlagen großer Begebenheiten sind: Lange oder weniger lange Ohren, Memmen-Berge, Erörterungen über den Unterschied zwischen zerstörenden und bestreichenden Kanonenschüssen, einige verhängnisvolle Wagen, die einen wichtigen Marsch verzögern — alles das hat Gewalt über mich. — Morgen werde ich mehr in der Verfassung sein, mit Ihnen zu plaudern. Mein armer Kopf ist ganz zu Brei geschlagen und ist heute keine Pfeife Tabak wert."

4. Juli 1758. Im Hauptquartier Mährisch-Trübau

Jedermann im Hauptquartier beklagte das Schicksal des Obersten von Balbi; alle erhoben Einspruch gegen die Härte, mit welcher der König ihn behandelt hatte, noch dazu in Gegenwart des wachthabenden Lakaien. Alle gaben zu, und auch der Marschall Keith, gewiß ein rechtschaffener und zuständiger Beurteiler, räumten ein, daß die Belagerung zu leichtfertig, ohne genügende Kräfte, unternommen worden sei; wenn der gute Balbi schuldig sei, so sei er es nicht allein, ja, er sei es am wenigsten von allen.

Bei dieser Gelegenheit erzählte mir eine sehr achtenswerte Persönlichkeit ein recht seltsames Geschehnis, das ich aber für sehr wahrscheinlich halte, wenn ich es in Verbindung bringe mit dem, was ich vom König selbst gehört habe, und mit der Art, wie er über Träume dachte. Die Persönlichkeit sagte mir folgendes:

„Sie müssen wissen, daß der Herr Oberst von Balbi sein anfängliches Glück einem Traume verdankt. Was ich Ihnen sage, ist die lautere Wahrheit: Ihr und mein Halbgott, der dem Himmel und der Hölle, der Zeit und der Ewigkeit trotzt, ist abhängig von den Eindrücken, die während des Schlafes ein mehr oder minder erregtes Blut verursacht. In einer Nacht träumte ihm also, er sei in einen Fluß gefallen und sei dem Ertrinken nahe, als plötzlich der Oberst Balbi erscheint und ihm die Hand reicht, ihn aus dem Wasser zieht und ihn somit rettet. Der Oberst, bis dahin vergessen und an Berlin gefesselt, wird auf der Stelle nach Potsdam gerufen, wo ihn der König, ohne von dem geleisteten Dienste zu sprechen, gründlich verhätschelt und ihn geraume Zeit mit Nektar und Ambrosia füttert. So ist mir der Vorgang Wort für Wort dargestellt worden."

Ich war um vier Uhr bei Seiner Majestät dem König. Er sprach sofort über den Obersten von Balbi. Ich glaubte zu bemerken, daß es ihm etwas leid tat, ihn so behandelt zu haben, wie er es am Abend zuvor getan hatte.

„Ich verstehe nicht, wie dieser Balbi so schlecht mit dieser Belagerung fertig geworden ist, der doch bei Schweidnitz so vorzüglich gearbeitet hat. Man ist nur sehr selten von einem Augenblick zum andern derselbe, und das ist ein großes Unglück für die Menschen und ihre Handlungen."

Es war keine Rede mehr von „Herrn Feigling", und darüber freute ich mich.

„Der unvergleichliche ‚große Marschall' wird nach zahlreichen Ave Marias unsere Belagerungsarbeiten und meine Stellungen zu Schmirsitz und Aschmeritz besichtigen. Mir ist's, als könnte ich ihn sich blähen sehen wie einen Frosch oder wie eine schwangere Frau. Vielleicht wird er wieder etwas dünner angesichts der Märsche, die ich gemacht habe und noch machen werde."

5. Juli 1758. Im Hauptquartier Zwittau

Die Anstrengungen des Tages, Kopfschmerzen und, wie mir der Arzt sagte, mehr noch ein wenig Kolik zwangen Seine Majestät, sich zu Bett zu begeben, um so mehr, als sie sehr zeitig ihren Marsch fortsetzen wollte. Daher hatte ich heute nicht die Ehre, sie zu sehen.

6. bis 8. Juli 1758. In Leutomischl

Der König marschierte mit dem Regiment Lattorff, dem Bataillon Retzow und den Leibgarden nach Leutomischl, wo er den Prinzen Moritz traf. Der Markgraf Karl[1] blieb mit den anderen Truppen im Lager von Zwittau, um dort den Marschall Keith zu erwarten.

[1] Karl Albert, Markgraf von Brandenburg-Schwedt.

Während der drei Tage, die wir in dieser Stadt blieben, beschäftigte sich der König am Morgen einige Augenblicke damit, seine Verse noch einmal zu lesen und zu verbessern. Nach dem Mittagessen las er mir seine Verbesserungen vor.

„Hier habe ich eine Epistel ‚Über den Zufall', an meine Schwester Amalie gerichtet. Es ist nur erst ein Entwurf; ich will ihn nach der Art Boileaus bearbeiten, sobald ich besser in Stimmung bin als jetzt. Dieser Zufall ist doch eine recht große Macht; er beherrscht die Hälfte dieses närrischen Planeten, den wir bewohnen. Wenn der frühere Besitzer dieses Schlosses, in dem ich hause, mich so vom Zufall reden hörte, so würde er rufen: ‚O dieser Gottlose, wie kann er auf Erfolge hoffen!' Sie wissen wohl nicht, wer der Herr dieses Schlosses war?"

„Nein, Sire."

„Es ist Trauttmannsdorff, der ein guter Philosoph war, ohne vielleicht jemals ein philosophisches Werk gelesen zu haben. In der Todesstunde — in *periculo mortis,* wenn Sie Latein hören wollen — ließ er seinen Arzt rufen. ‚Herr Doktor', fragte er ihn, ‚wie viele Augenblicke habe ich noch zu leben? Sprechen Sie ganz offen zu mir!' — ‚Sehr wenige, edler Herr.' — ‚Nun, das genügt! Guten Abend, Herr Doktor!' — Trauttmannsdorff läßt seine Leute kommen, ordnet alle seine Angelegenheiten, verfaßt ein Rundschreiben an seine Bauern, worin er seine Bereitwilligkeit erklärt, allen Schaden zu ersetzen, wenn sich etwa einer über ihn zu beklagen hätte oder er einem auch nur das geringste Unrecht zugefügt haben sollte, verheiratet endlich seine Tochter mit dem Grafen von Wallenstein und entschläft in den Armen der Philosophie. Wenn Sie bei meinem Tode zugegen sind, so werden Sie sehen, daß ich ruhig dahingehen und ebenso wie jener enden werde. Wenn Sie mir nicht neulich zu verstehen gegeben hätten, daß man Dinge achten muß, die die meisten Menschen verehren, so würde ich Ihnen den Grund ins Ohr sagen, weshalb ich dem Tode wie einem einfachen Schlummer entgegensehe, der uns von allen Qualen befreit — so aber: pst, den Mund halten!"

„Ich glaube gleich Ihnen, daß der Tod alle Qualen und Sorgen dieses Lebens endet; ich glaube auch gleich Ihnen, daß der Tod ein Schlummer ist; aber das Erwachen, Sire ..."

„Aber ich bin nicht in der Stimmung, mich zu streiten. Lassen wir also Schlaf und Erwachen in Frieden und lesen wir ‚Athalia'[1] — immer unter der Bedingung, daß ich eine Prise nehmen darf!"

Er las, oder vielmehr, er deklamierte die beiden ersten Szenen. Als er an folgender Stelle der zweiten Szene des ersten Aktes gelangte, in der Joad von der Königin spricht:

In meine schwachen Hände gib den starken Feind!
Die starre Königin mach' schwankend im Entschlusse,
Und über sie und Mathan wollest du, o Gott,
Den Geist der Unvorsichtigkeit, des Irrtums breiten,
Der der Tyrannen Sturz schon im voraus verkündet.
Nun drängt die Zeit. Lebt wohl —

da deklamierte er statt dessen:

„In meine schwachen Hände gib den starken Feind!
Die starre Königin mach' schwankend im Entschlusse,
Und über sie und K a u n i t z wollest du, o Gott,
Den Geist der Unvorsichtigkeit, des Irrtums breiten,
Der der Tyrannen Sturz schon im voraus verkündet.
Nun drängt die Zeit. Lebt wohl."

Bei diesem „drängt die Zeit; lebt wohl" erhebt er sich, und ich stehe ebenfalls auf.

„Leben Sie wohl! Ich denke gerade daran, daß ich noch ein paar Worte an Keith schreiben muß. Ein andermal werde ich Ihnen die Fortsetzung dieses erhabenen Stückes vorlesen."

So endete eine meiner Sitzungen während des Aufenthaltes in Leutomischl.

[1] Trauerspiel von Racine, 1691; biblischer Stoff nach dem 2. Buch der Könige.

Am letzten Tage wurde ich sehr zeitig gerufen. Der König schien mir traurig zu sein. Nach einem Augenblick brach er das Schweigen und sprach wieder von seinem Bruder, den er verloren hatte.

„Mein Freund, der Tod meines Bruders geht mir nicht aus dem Sinn. Vergeblich suche ich mich durch Arbeit abzulenken; sein Bild drängt sich meiner Seele immer wieder auf und verdammt sie zu den Qualen der Hölle. Ich beklage ihn wegen seines guten Herzens, seiner aufrichtigen Liebe zum Vaterland und zu mir und, mein Lieber, wegen seines Endes in der Blüte der Jahre. Wenn ihn teuflische Seelen wenigstens nicht gegen mich erbittert hätten, wenn er nur nicht so viele treulose und falsche Reden anzuhören gehabt hätte, wenn er sich nur mir gegenüber ausgesprochen hätte, wer weiß, ob er nicht vielleicht noch lebte, und wenn er dennoch gestorben wäre, wie denn alles sterben muß, so hätte ich wenigstens die schöne Genugtuung gehabt, zu wissen, daß er nichts gegen mich auf dem Herzen hatte und daß er nicht mit vielleicht unwilligen Gedanken ins Grab gegangen ist. Mein Freund, mein Freund, wie verdammenswert sind doch diese Leute, wer sie auch seien, die Uneinigkeit in die Familien tragen! Es sind Ungeheuer, die man ersticken müßte! Der Haß, den sie zwischen Verwandten entzünden, die sich von Natur vertragen müßten, dieser Haß ist unglücklicherweise oft gerade der hartnäckigste und heftigste."

Nach dieser Rede erschien er mir träumerisch, und erst nach einer ziemlich langen Pause sprach er mir von einem Plane, den ich gewiß nicht erwartet hatte.

„Einer der Gründe, aus welchen ich diesen — das beteure ich Ihnen! — so zärtlich und ernstlich geliebten Bruder für immer betrauern werde, ist auch der, daß sein Tod einen Plan zunichte gemacht hat, der mir teuer war. Es war der Plan, dem Throne zu entsagen, meinem guten Bruder die Zügel der Regierung zu überlassen und ein geruhiges Leben zu führen — ja, mein Freund, dem Throne zu entsagen, nicht, um als Katholik im modernen Rom zu leben, nicht, um Abt von Saint-Germain des Prés zu werden, sondern nur, um mir als rechter Weiser eine ruhige Zwischenzeit bis zu den Qualen des Todes zu verschaffen. Es stecken vielleicht noch zehn oder zwölf Jahre Leben in mir, mehr nicht. Wenn aber alles zu Ende geht, warum sollte ich nicht die Ruhe auskosten, die Ruhe im Schoße der Gemeinschaft einer kleinen Zahl aufgeklärter Freunde, die ich mir wählen würde? Das war mein Plan, den dieser jammervolle Tod zerstört.

Gott ist mein Zeuge, daß ich mein Volk zu sehr liebe, als daß ich es noch größeren Leiden als den gegenwärtigen aussetzen möchte. Mein Freund, aus allem, was ich Ihnen gesagt habe über meinen seelischen Zustand und über meinen Wunsch, dem Throne zu entsagen, ersehen Sie, daß ich kaum noch schöne Tage zu erhoffen habe, und wenn ich Berlin wiedersehen sollte, welchen Schmerz werde ich doch dort empfinden! Ich würde dort die zärtlichste aller Mütter nicht mehr antreffen; Sie können es sich nicht vorstellen, wie herzlich ich sie geliebt habe! Ach, was wäre aus meiner lieben Mutter geworden, wenn sie alle meine Schicksalsschläge mit angesehen hätte, sie, die mich über alles Begreifen lieb hatte! Ich werde meinen Bruder nicht wiedersehen; wie viele Freunde habe ich auch verloren! Ich werde nur aufs tiefste betrübte Menschen sehen, die sich für mich geopfert haben.

Und ich sollte mich nicht für sie opfern? Das wäre der Gipfel der Undankbarkeit!“

Damit endete diese Unterhaltung. Sie erschien mir sehr eigenartig. Man wird hier vielleicht Betrachtungen anstellen, die sich auch meinem Geiste aufdrängten, daß nämlich der König zuweilen mit einer Art Begeisterung redete und darauf in einer Weise handelte, die der ersten völlig widersprach. Ich hatte diese Bemerkung bereits gemacht, als ich das, was er mir häufig zu sagen geruhte, mit seinen Dichtungen verglich, die er mir vorlas. Diese Verschiedenheiten waren aber viel mehr eine Folge dieser

Begeisterung, als die Folge eines Mangels an Offenheit. Als er mich verabschiedete, sagte er mir, daß wir am folgenden Tage sehr zeitig aufbrechen würden und daß es während einiger Tage wohl geschehen könnte, daß er mich nicht zu sehen bekäme; denn er sähe voraus, daß auf den Märschen viel Arbeit seiner harrte, und beim Wiedersehen müßte ich mich gefaßt machen auf Berichte von Märschen der Nachhut, von Streifzügen und vielleicht auch auf unangenehmere Nachrichten als solche Berichte.

9. Juli 1758. In Hruschowa

Alles setzte sich in zwei Abteilungen in Marsch. Der Prinz Moritz schlug mit der ersten den Weg über Sedlischt, Hermanitz, Wratkowich ein und bezog ein Lager bei Tissowa. Der König marschierte mit der zweiten Abteilung über Nedoschin und Czerckwitz nach dem Lager bei Hruschowa oder Hraschowa. Der linke Flügel stützte sich auf dieses Dorf, wo sich das Hauptquartier befand, der rechte auf Buczina, und der Markgraf Karl blieb mit zehn Bataillonen und dreißig Schwadronen auf den Höhen von Leutomischl, um den Marschall Keith zu erwarten, der mit seinen drei Divisionen dorthin kommen sollte. Ich wurde weder an diesem, noch am folgenden Tage gerufen.

10. Juli 1758. In Holitz

Seine Majestät begab sich an diesem Tage mit zwei Kolonnen nach Holitz und lagerte dort, die Rechte des Heeres auf den Berg hinter Alt-Holitz, und die Linke auf den Kapellenberg gestützt. Das Hauptquartier war in Holitz. Diese beiden Märsche waren äußerst mühsam, sowohl des zurückgelegten Weges, als auch der außerordentlichen Hitze wegen, welche die Soldaten sehr quälte.

11. Juli 1758. In Lhotka

Man marschierte an diesem Tage über Rzetize und über den Deich von Bohumielitz auf Wisoka. Der rechte Flügel lag in Lhotka oder Illota, und der linke in Trzebetsch;

das Hauptquartier befand sich im ersten Orte. Ich sah den König nicht, der sich während dieser drei Tage sehr zeitig zu Bett begab, da er stets schon um zwei Uhr morgens aufstand.

12. Juli 1758. In Rokitna

Ich wurde um fünf Uhr gerufen.

„Ach, guten Tag, mein Lieber! Wie ist's Ihnen ergangen seit unserem letzten Zusammensein in Leutomischl? Sie haben wohl schon gemerkt, daß die Märsche, die wir machen, keine Kleinigkeit sind. Seitdem wir uns das letztemal gesehen haben, bin ich nicht vom Pferde gekommen. Gestern früh habe ich den Prinzen Moritz mit der ersten Kolonne nach Swinary bei Königgrätz geschickt. Er hat eine Brücke über den Adler geschlagen und die Kroaten vom jenseitigen Ufer verjagt. Ich habe die vom Feinde abgebrochene Elbbrücke bei Wisoka wiederherstellen lassen in der Absicht, die Stadt von der anderen Seite her einzuschließen und heute morgen den Kroatenberg einzunehmen; aber meine Vorbereitungen sind vergeblich gewesen; denn heute bei Tagesanbruch war das Nest leer. Der General Buccow und Herr von Janus, die mit viertausend Mann die Stadt und den Kroatenberg verteidigten, haben sich zum Rückzug entschlossen und, mit Gottes Hilfe, den Weg nach Chlumetz eingeschlagen.

Als ich heute morgen um sieben Uhr unterwegs erfuhr, daß Retzow von den Generalen Loudon, Saint-Ignon und Siskovich mit beträchtlichen Kräften angegriffen worden sei, da habe ich mich beeilt, ihn zu unterstützen, und da der Feind sich aus Holitz zurückgezogen hat, so bin ich nicht weiter vorgerückt, sondern habe hier, links von diesem Dorfe, mein Lager aufgeschlagen. Das, mein Lieber, ist mit zwei Worten das Hauptsächlichste unserer großen Arbeiten. Da Sie an unseren schönen Abenteuern teilnehmen, so müssen Sie auch darüber unterrichtet sein. Im übrigen wünsche ich Ihnen einen guten Abend; denn ich bin so müde, daß ich meine armen Augen kaum noch offenhalten kann. Auf morgen um drei Uhr!"

13. Juli 1758. In Rokitna

Ich begab mich um diese Stunde zu Seiner Majestät.

„Wie Sie mich hier sehen", sagte der König, „habe ich die ganze Nacht kein Auge geschlossen. Mein zu erregtes Blut hat den Schlaf verjagt, den ich so nötig hatte. Was hilft's — der Herr muß wohl oder übel auf dem Posten sein, ob er nun geschlafen hat oder nicht. Ich habe beinahe üble Laune. Halten Sie mich für einen launenhaften Menschen?"

„Es wäre nicht zu verwundern, wenn Sie es zuweilen wären bei soviel Verdrießlichkeiten aller Art."

„Ach, mein Lieber, das ist eine gar zu vorsichtige Antwort! Ich fragte Sie nicht nach dem, was Sie mir geantwortet haben, sondern ich fragte Sie, ob Sie wohl meinten, daß ich leicht übellaunig würde."

Ich wollte darauf antworten; aber er drängte so sehr und auf so verschiedene Weise, daß ich sagte: „Ja, Sire!"

„Und wieso haben Sie bemerkt, mein Lieber, daß ich leicht üble Laune bekomme?"

Da ich sah, daß er sich ein kleines Vergnügen daraus machte, mich in Verlegenheit zu setzen, und daß er mich zwang, mich zu erklären, so sagte ich ganz einfach:

„Sire, ich habe eine gewisse Neigung zur Launenhaftigkeit bemerkt, teils wenn man Ihnen einen Bericht überbrachte, der Ihnen unerwartet kam oder der den Vorstellungen widersprach, die Sie sich gemacht hatten, teils wenn Ihre Leute Ihre Befehle aus Furcht nicht so ausführten, wie Sie sie erteilt hatten."

„*Bene, bene, dignus est intrare in nostro corpore,* der so *bene* sprach! Jetzt, mein Lieber, reden Sie rund heraus, und das gefällt mir. Ja, ich habe oft schlechte Laune, das gebe ich zu; aber wieviel Grund habe ich auch dazu! Diese Berichte, von welchen Sie sprechen und über die ich mich ärgere, sind häufig ganz ungereimt und unvernünftig. Man sagt mir viel häufiger, was man sich einbildet, als was man gesehen hat, und meine Leute sind so schwerfällig und häufig so ungeschickt, daß ich oft gezwungen bin, ihnen vorzubuchstabieren, was sie wissen und behalten sollen. Glauben Sie aber nicht, mein Freund, daß ich mich dieser üblen Laune überließe, ohne Überlegungen anzustellen, die sie mäßigen und ihre Wiederkehr seltener machen können. Ich tue in dieser Hinsicht alles, was ich auch in Friedenszeiten tue, wenn ich unangenehme Dinge sehe oder erfahre: Ich führe alles ins Feld, was mir an Überlegung zur Verfügung steht, um die Erregung des ersten Augenblickes zu vermeiden, die bei mir sehr heftig ist, und solange diese Heftigkeit des ersten Augenblicks dauert, hüte ich mich sorgfältig. Entscheidungen zu treffen über das, was ich sehe, was ich höre und was mir die Galle hat überlaufen lassen. Trotz meiner Vorkehrungen kann ich diese anfängliche Erregung nicht immer verhindern, und in diesem Falle begeht der Herr zuweilen Torheiten, derentwegen er sich in die Finger beißt. Irgend jemand hat gesagt, es sei eine Torheit, von seinen Fehlern zu sprechen; ich dagegen sage, es ist eine Torheit, unsere Fehler nicht einzugestehen, wenn Freunde, die wir um Aufklärung gebeten haben, sie uns zeigen. Sie sehen, daß ich aufrichtig bin; ich werde es auch hinsichtlich der wenigen guten Eigenschaften sein, die ich etwa habe. Von ihnen werde ich reden dürfen, ohne jemand demütigen zu wollen, und ich werde besonders die guten Eigenschaften der anderen anerkennen, welchen Gerechtigkeit widerfahren zu lassen mir ein Vergnügen ist — wie ich auch viel Vergnügen daran finde, den Dummköpfen, Muckern, Einfaltspinseln aller Art, an welchen die gute Welt Überfluß hat, Gerechtigkeit angedeihen zu lassen.

Nach all diesen schönen Dingen, die ich Ihnen gesagt habe und die ich Ihnen zum Nachdenken überlasse, wünsche ich Ihnen eine gute Nacht. Ich will zu schlafen versuchen. Ich hoffe, der Schlaf wird mich besser behandeln als in der vergangenen Nacht; ich habe ihn sehr nötig; denn morgen muß ich sehr frühzeitig zu Pferde sitzen, und ich werde, verstärkt durch drei Bataillone und alle Dragoner und Husaren vom Korps des Marschalls Keith, die Ehre haben, die Nachhut des Ganzen, also auch die Ihre, zu bilden.

Auf morgen also, in den Vorstädten von Königgrätz!" Diese Unterhaltung war recht merkwürdig. Der König hatte mehrmals versucht, mich in Verlegenheit zu setzen; aber er bemühte sich merkwürdigerweise, es dadurch zu erreichen, daß er mich seine Fehler angeben ließ und daß er sie selbst eingestand, daß er mich zu überzeugen suchte, meine aufrichtigen Worte erweckten seine Teilnahme, und ich hätte nie etwas zu befürchten, wenn ich mit ihm offen über ihn selbst spräche, besonders wenn er mich dazu aufforderte. Ich vermochte in diesem Augenblicke nicht zu entscheiden, ob der König das, was er zu mir sagte, sich nur einbildete, oder ob er wirklich so über den Gegenstand unseres Gespräches dachte. Aber ich bemerkte, wie ich es schon früher zuweilen erkannt hatte, daß Seine Majestät mir in jeder Hinsicht das vorteilhafteste Bild von sich selbst verschaffen wollte. Diese Erkenntnis machte mir Vergnügen. Ich bemühte mich, daraus für Seine Majestät und für mich selbst Nutzen zu ziehen. Bei allen sich bietenden Gelegenheiten berief ich mich auf seine Größe, seine Seelenstärke, auf jene Tugenden, die ein Merkmal der Helden und der Weisen sind; ich drückte ihm meine Verwunderung aus, daß er in den für sein Dasein so gefährlichen Umständen seine gute Laune und jene seelische Ausgeglichenheit bewahrte, die beide die wahre Größe anzeigen.

Er hatte zu oft gegen jene abscheulichen, gerade gegenwärtig besonders unheilvollen Schmeichler geredet und tat es immer wieder bei jeder Gelegenheit, als daß ich hätte daran denken können, selbst einer zu sein, auch wenn nicht schon mein Charakter diese Treulosigkeit verhindert hätte. Mein einziger Zweck bei meinen Lobreden war der, ihm ein Bild von sich selbst vorzuhalten, wie Europa und die Weisen ihn sahen.

„Wenn Voltaire mich lobte", sagte er, „so hat er mich angespornt, meine Kräfte zu verdoppeln, um dieses Lob zu verdienen. So muß ich behandelt werden. Wenn man sich in meiner Jugend bemüht hätte, mich mehr zu erheben als zu demütigen, glauben Sie wohl, mein Lieber, es wäre mehr aus mir geworden, als es nun der Fall ist. Aber meine Erziehung war verfehlt; ich habe mich selbst erziehen müssen und habe es teilweise auch getan, immer aber mit der Erinnerung an jene Demütigungen, die man mir bereitet hatte."

14. Juli 1758. In Königgrätz

Wir marschierten an diesem Tage, ohne vom Feinde beunruhigt zu werden. Der König überschritt den Adler bei Königgrätz, und die ganze Armee bezog ein neues Lager. Der rechte Flügel der ersten Linie stützte sich auf Rusek; das Zentrum hatte den Kroatenberg vor seiner Front; der linke Flügel erstreckte sich über die Meierei der Domherren hinaus gegen Swinarka. Der größte Teil der Reiterei lagerte auf dem rechten Flügel der beiden Linien. Der rechte Flügel der zweiten Linie stützte sich auf Pilletitz und der linke auf Slatina. Seine Majestät besetzte die Vorstädte von Königgrätz.

Das war unsere Stellung, wie sie mir der König auf der Karte zeigte, als ich gegen fünf Uhr abends bei ihm war. Er hatte sogar die Güte, mir auf Papier das Lager aller seiner Truppen aufzuzeichnen.

Während der beiden Tage, die der König in Königgrätz blieb, sprach er mit mir über seine militärischen Maßnahmen und setzte die Lektüre der ‚Athalia' fort, die, wie ich berichtete, bei jenem Verse des zweiten Auftrittes unterbrochen worden war: „Nun drängt die Zeit. Lebt wohl."

„Ich habe Fouqué mit neunzehn Bataillonen und fünfundzwanzig Schwadronen ausgeschickt, damit er die Verbindung zwischen der Grafschaft Glatz und der Metau aufrecht erhalte. Er wird eine solche Stellung beziehen, daß die Truppen des Feindes weder meine schwere Artillerie, die ich nach Glatz zurücksende, noch die Transporte von Lebensmitteln angreifen können, die ich für den Bedarf meiner Armee von dorther beziehe. Ich habe soeben erfahren, daß der General Loudon nach Opotschna marschiert ist und in Hohenbrück eine Truppenabteilung aufgestellt hat, um uns die Verbindung mit Glatz zu erschweren. Aber dieser Herr wird um den Lohn für seine Mühen kommen. Der große Marschall läßt bei Pardubitz Brücken über die Elbe schlagen, zweifellos um dort mit seinem Heere den Fluß zu überschreiten. Ich vermute, Sie werden ihn zwischen Urbanice und Chlum ein Lager beziehen sehen; betrachten Sie diese Orte auf meiner Karte."

An diesem ersten Tage war der König sehr angestrengt und ging sehr frühzeitig zu Bett. Er fragte mich, ob ich in der Stadt wohnte. Ich sagte ja und erzählte ihm mein Erlebnis mit dem Prinzen Moritz, das mein Quartier betraf.

Der Prinz Moritz hatte mir das Jesuitenkloster als Quartier angewiesen. Dieses Kloster, das voll Verwundeter und voll übler Dünste war, sagte mir nicht zu, und ich ließ den Prinzen durch seinen Adjutanten, den Obersten Kleist, bitten, mir ein anderes Quartier geben zu lassen. „Das ist nicht möglich," sagte er; „man muß nicht so zimperlich sein. Ich wohne selbst oft in ähnlicher Umgebung, wo es stinkt wie die Pest. Wer ist denn dieser Herr?"

„Durchlaucht, es ist ein Schweizer. Er ist bei Seiner Majestät dem König als dessen Gesellschafter."

„Welche Religion hat er?"

„Er ist Protestant, Durchlaucht."

„Protestant!" Da kam der Prinz plötzlich von hinten auf mich zu und umarmte mich: „Gott sei gelobt, daß der König endlich einen ehrlichen Mann um sich hat, und noch dazu einen Protestanten! Schnell, Kleist, ein gutes Quartier! Das beste Quartier der Stadt! Speisen Sie bitte bei mir!"

Der König lachte herzlich über diese Szene, die ich ihm zweimal erzählen mußte.

„Waschen Sie sich übrigens sorgfältig das Gesicht, da er Sie mit seiner Krebsgeschwulst am Munde so tüchtig geküßt hat. Er ist ein eigentümlicher Mensch, dieser gute

Moritz; aber er ist tapfer wie sein Degen. Es gibt kein größeres Fest für ihn, als zu kämpfen. Er sieht immer alles in rosigem Lichte. Was für ein Mensch wäre aus ihm geworden, wenn seine Erziehung nicht vernachlässigt worden wäre; aber er ist und bleibt so, wie ihn die Natur geschaffen hat."

15. Juli 1758

Der König nahm am Abend um vier Uhr die Lektüre der ‚Athalia' wieder auf. Bevor er begann, deklamierte er lachend:

„Und über sie und Kaunitz wollest du, o Gott,
Den Geist der Unvorsichtigkeit, des Irrtums breiten,
Der der Tyrannen Sturz schon im voraus verkündet."

Nach diesem Gebete sprach er voll Inbrunst: „Mein Freund, fahren wir fort, und vergessen wir die Prise Tabak nicht!"

Er kam im sechsten Aufzuge des ersten Aktes an die Stelle, wo der Chor singt:

Die ganze Welt ist voll von seiner Herrlichkeit!
Gebet und Flehen steigt zu seinem Himmel auf!
Sein Reich bestand, eh' er die Welt aus Nichts erschuf.
Singt und lobpreiset seine Güte! Ein Tag kündet
Dem andern Tag von seinem Ruhm und seiner Macht.
Voll ist die ganze Welt von seiner Herrlichkeit.
Singt und lobpreiset fröhlich seine große Güte!

„Das ist schön, mein Freund, das ist wirklich schön; aber Sie werden zugeben, daß das Rousseau[1] noch besser geschildert hat als Racine:

Es spricht von der ewigen Macht
Das Herz mit jeglichem Schlage.
Der Tag offenbart sie dem Tage,
Die Nacht verkündet's der Nacht.

Wenn Rousseau auch nicht dieselbe Frische der Farbgebung in seinen rührenden Gemälden hat wie Racine,

[1] Der Lyriker Jean Baptiste Rousseau. Vgl. Namenverzeichnis.

so hat er doch zweifellos vor ihm die Kraft voraus, wenn es sich um großartige Schilderungen handelt. Verzeihen Sie mir diese kleinen Betrachtungen und Vergleiche, die ich anstelle und auch künftig noch anstellen werde. Wir haben beide Vorteil von ihnen. Wie ich Ihnen schon einmal sagte, ist das seit jeher meine Methode gewesen, und sie hat nicht wenig dazu beigetragen, meinen Geschmack zu bilden.

Wenn Sie mir noch eine Betrachtung gestatten wollen, so behaupte ich: Rousseau, mit all der Pracht und all der Kraft in seinen Versen, hat trotz allem diese wohlgelungenen Stellen seiner rührenden Gemälde nicht so mit den erhabenen und schrecklichen Beschreibungen zu verbinden gewußt wie Racine. Dieser Chor, den ich Ihnen vorlese, wird für alle, die zu lesen verstehen, immerdar ein Beweis dafür sein."

Als der König zu Athalias Traum, Akt zwei, Auftritt fünf, gelangte,

Wie es ein Schreckenstraum in meine Seele prägte —

hielt er einen Augenblick inne und fragte mich, ob ich mich noch des Traumes entsinne, den er in Schmirsitz von seinem Vater, seinem Bruder und seiner Schwester, der Markgräfin von Bayreuth, gehabt habe. Ich bejahte es. Er sagte darauf:

„Ein Traum — und soll mir denn ein Traum die Ruhe rauben?

Sie hat recht! Das sind alles trügerische Einbildungen!"

In dem gleichen Auftritt sagt Abner zu Mathan:

Wie, Mathan? Ist von einem Priester hier die Rede?
Der ich im Krieg mich nähre von des Blutbads Schrecken,
Ich scharfes Werkzeug königlicher Rachgelüste,
Ich bin's, der seine Stimme leiht den Leidbedrückten!

„So, mein Lieber, denken die tugendhaften Krieger, so denken diese priesterlichen Schurken, die beinahe immer Gott, Könige und Menschen zum besten haben. Diese durchtriebenen Schelme sind stets bereit, alles ihren

Interessen zu opfern. Sie sind solche abscheulichen Schmeichler, die, wenn sie das Ohr der Könige haben, die Ränder der Abgründe mit Blumen besäen und ihren Augen die traurige Wahrheit verbergen."

Er sprach aus dem Gedächtnis, was Mathan zu Nabal sagt:

„Wie kannst du meinen, Freund . . .

Alles, was Mathan hier sagt, ist in Flammenschrift in die Klöster und in die Köpfe der Priester eingeschrieben."

„Man wird jedoch wohl Ausnahmen anerkennen müssen, Sire. Nicht jeder Priester ist ein Mathan!"

„Nein, gewiß nicht; die Welt würde zu unglücklich sein, wenn es so wäre. Was ich Ihnen von diesen Schuften sage, ist nur im großen und ganzen wahr. Aber lassen wir sie; sie machen mir den Kopf warm!

Vernehmlich werde nun das Wort des Herrn,
Und unsern Herzen möge seine göttliche
Weissagung das sein, was den zarten Gräsern
Im Lenz der Frühtau ist.

Das reicht aber nicht heran an jene schönen Verse einer Ode von Rousseau, deren ich mich entsinne:

Welt, wache auf bei meiner Stimme Ton!
Ihr Völker, lauscht; merkt auf, ihr auf dem Thron!
Schweig, Weltall, still, um Hohes zu erfahren!
Zu Leierklängen singe ich voll Klarheit;
Der Heilge Geist flößt mir die ew'ge Wahrheit
Ins glüh'nde Herz. Ich will sie offenbaren.

Kennen Sie majestätischere Verse als diese, mein Lieber?"

Der König stellte noch mehrere Betrachtungen an über die Kunst und die Klugheit in dem Verhalten des Joad, als er zu Josabeth sagt:

Es ist nicht Zeit, Prinzessin . . .

„Diese so einfache, natürliche und überraschende Lösung des Knotens!

Komm, teures Kind, du edler Sproß aus Königsblute!"

Aber ich übergehe diese Erörterungen, um zu dem Urteil zu kommen, das er über das ganze Stück abgab:
„Racine hat in dieser vollendeten Tragödie durch die einfachste, aufs beste durchgeführte Handlung einen Stoff entwickelt, der von Natur einer so großen Teilnahme nicht fähig zu sein schien, wie er sie für ihn erweckt. Die Rolle der Athalia ist stark, die Josabeths aber sehr schwach; Abner ist oft überflüssig. Joad spricht und handelt sehr wie ein Geistlicher in einer Priesterherrschaft; Mathans niederträchtige Bosheit erkennt der Zuschauer weniger aus seinen Taten, als aus seinen Reden; der kleine Joas rührt und betrübt uns wahrhaft. Kurz, hinsichtlich des Stiles wie der Handlung ist ‚Athalia' ein unnachahmliches Stück."
Der König beendete, sich erhebend, seine Betrachtungen, indem er deklamierte:

„Bedenke und vergiß es nie, der Juden König,
Daß auch die Könige der Himmel streng beurteilt,
Daß auch die Unschuld einen Rächer und die Waise
Auch einen Vater hat.

Hoc est non verum!
„*Verum,* Sire!"
„Jetzt, mein Lieber, will ich Sie in die Rolle einweihen, die Sie während mehrerer Tage zu spielen haben: Sie sollen nämlich ruhig in Königgrätz bleiben und hier warten, bis ich zurückkomme. Ich kann Ihnen nicht sagen, wann das sein wird. Voraussichtlich wird meine Abwesenheit etwa drei oder vier Tage dauern. Ich beabsichtige, Herrn von Loudon aus Opotschna zu vertreiben, der sich dort eingenistet hat und von diesem Orte aus meine Geleitzüge sehr stören kann. Ich breche morgen früh um zwei Uhr auf und nehme die Husaren von Zieten, die Dragoner von Normann, drei Regimenter und ein Bataillon Infanterie mit. Ich komme — sehen Sie hier meine Karte — durch Bleschno, Nepasitz, Jenkowitz und Miestetz bis gegen Mokrey; alles sehr wohlklingende Namen, nicht wahr? Fouqué wird auf der anderen Seite

von Opotschna erscheinen. Leben Sie wohl; lassen Sie es sich gut gehen. Küssen Sie weder den Prinzen Moritz, noch die schönen Damen, wenn sie Ihnen begegnen sollten. Beten Sie für einen alten Haudegen, der, meiner Treu, alles tut, was er tun kann, und der weder sich selbst, noch sein Streitroß schont, das ihn trägt. Guten Abend, guten Abend!“

16. bis 22. Juli 1758

Während dieser Abwesenheit des Königs, der mir wegen seiner gegenwärtigen Lage und seiner außerordentlichen Anstrengungen leid tat, sah ich häufig den edlen Ritter Mitchell, mit dem ich mich täglich über den König unterhielt und über alles, was ihn interessierte. Ich brachte ihm einige Hefte meiner Unterhaltungen mit diesem großen Manne. Er versicherte mir aufrichtig, daß er sie gut fände und daß ich, wenn ich sie fortsetze, den ganzen König haben würde; diesen Ausdruck gebrauchte er. Er bat mich um die Abschrift von einigen. Da er, wie ich, dem König sehr zugetan war und voll Eifer für alles, was auch nur die geringste Beziehung zu ihm hatte, so zögerte ich nicht, ihm einige Gespräche aus den ersten Tagen nach meiner Ankunft, das von dem Tage, als der Hauptmann Guichard als Grenadier ausstaffiert wurde, und zwei aus Schmirsitz, zu geben.

„Je mehr ich davon lese,“ sagte er eines Tages zu mir, „desto deutlicher sehe ich diesen Mann, unsern teuern ‚Pater Prior‘, daraus hervortreten.“

Jeden Tag ritten wir ins Freie hinaus. Der König war immer wieder der Gegenstand unserer Gespräche.

Zuweilen, aber nicht so häufig, wie ich es gewünscht hätte, sah ich den Marschall von Keith, der sehr an Asthma litt. Als ich mit ihm von der Überschreitung der Morawa und dem Marsche des Marschalls Daun sprach, sagte er: „Ich weiß nicht, was unsere Herren wollen. Sie haben diesen schönen Marsch als Kleinigkeit angesehen. Ich gestehe, als ich davon erfuhr, habe ich große Augen gemacht.“

Da ich Gelegenheit hatte, Genaueres über diesen edlen Marschall zu erfahren, so wird man mir vielleicht gern gestatten, die folgenden Einzelheiten anzuführen.

Der Marschall Keith galt in seinem Vaterlande als offener Rebell, da er, wie auch sein Bruder, die Partei des Thronprätendenten ergriffen hatte. Nach der Niederlage dieses unglücklichen Fürsten verließ er seine Heimat Schottland und trat in spanische Dienste. Von dort ging er nach Rußland, das für ihn Verwendung hatte. Er diente unter dem Marschall Münnich in dem Kriege Rußlands gegen die Türkei, und bei der Eroberung von Oczakow trug er am Knie eine Wunde davon, die er nur mit dem Wasser von Barège heilen konnte. Als er in den Pyrenäen ankam, brach seine Postkutsche. „Man braucht sich nicht zu wundern," sagte der Marschall zum Postillon, „daß ein Wagen bricht, wenn er eine Reise von zweitausend Meilen hinter sich hat." — „Wo, zum Teufel kommen Sie denn her?" fragte ihn der Postillon. — „Vom Monde."

Nach der Heilung seiner Wunde diente dann der Marschall Keith im Kriege der Russen gegen die Schweden und war, wenn ich mich nicht irre, der Oberbefehlshaber in der Schlacht bei Wilmanstrand, wo die letzteren völlig geschlagen wurden. In Abo, der Hauptstadt Finnlands, lernte er dann Fräulein Eva Mertenis kennen, die seine Geliebte wurde und die den Marschall, wie man behauptet, ein wenig nach ihrem Willen lenkt.

Die Kaiserin Elisabeth belohnte den Marschall mit dem Geschenk sehr beträchtlicher Ländereien. Aber dieses Geschenk schützte Herrn von Keith nicht vor der Abneigung, die man von anderer Seite gegen ihn hegte. Diese Abneigung bewog ihn, Rußland zu verlassen, um den Rest seiner Tage frei und ruhig in Venedig zu verbringen. Die Kaiserin zerstörte diesen Plan des Herrn von Keith, indem sie ihm dieselben Ländereien wieder wegnahm, mit welchen sie ihn beschenkt hatte. Da er somit jeder Einnahmequelle entblößt und ohne jedes Vermögen war, nahm er das Anerbieten des Königs von Preußen an, der ihn als Marschall in seinen Dienst nehmen, ihn zum

Gouverneur von Berlin ernennen und mit dem Schwarzen Adlerorden auszeichnen wollte.

„Das ist ebensoviel wert", sagte er, „wie die schönsten Ländereien in einem noch recht wilden Lande."

Als im Jahre 1756 dem Hause Österreich der Krieg erklärt worden war, befehligte Marschall von Keith die Armee, die in Böhmen einzog, während der König das sächsische Heer im Lager von Struppen eingeschlossen hielt. Die Ränke des verstorbenen Generalleutnants von Winterfeldt, der den Marschall zu verdrängen suchte in der Hoffnung, selbst den Oberbefehl zu erhalten, veranlaßten den König, nach Böhmen zu gehen, wo er in eigener Person die Schlacht bei Lobositz gewann, und als der Monarch gezwungen war, nach Sachsen zurückzukehren, da übernahm der Marschall von Keith wieder den Oberbefehl und führte die Armee in ihre Winterquartiere. Im Jahre 1757 befehligte er den Teil des Heeres, der Prag diesseits der Moldau einschloß. Er war an der Schlacht am 6. Mai nicht beteiligt; da er aber von der Höhe die Bewegungen der beiden Heere leicht erkennen konnte, so sah er deutlich, daß die Schlacht gewonnen war.

„Sie ist gewonnen, sie ist gewonnen!" sagte er zu seinem Adjutanten, Herrn von Cocceji. „Wir wollen zu Mittag speisen."

Der Marschall saß kaum zu Tische, als er den Tod des Marschalls von Schwerin erfuhr, mit dem ihn eine sehr zarte Freundschaft verband, wie sie unter Rivalen immer sehr selten ist. Er erhob sich sofort, schloß sich in seinem Arbeitszimmer ein und ließ eine Stunde später seinen Adjutanten rufen, dem er seinen lebhaften Schmerz klagte, über diesen Verlust.

„Er ist nicht mehr, der große Schwerin! Er ist nicht mehr, er, der geboren war mit all den Gaben, die den großen Mann ausmachen, und der emporgestiegen war zu allen erreichbaren Ehren und Würden. Nachdem er sich mit unsterblichem Ruhme bedeckt hatte, ist er auf dem Felde der Ehre gefallen. Ein solches Glück ist mir nicht vorbehalten!"

Am Ende des Jahres nahm der Marschall Keith an der Schlacht bei Roßbach teil und befehligte dann ein kleines Korps, mit dem er in Böhmen einzog. Der Zweck dieses Einbruches des Marschalls war der, beim Feinde Befürchtungen wegen Prag zu wecken und ihn dadurch zu zwingen, aus der Lausitz mehrere fliegende Korps heranzuziehen, die sonst den Marsch des Königs hätten aufhalten können, der damals mit seinem Heere auf dem Wege nach Schlesien war, wo er die berühmte Schlacht bei Leuthen gewann.

In Königgrätz lernte ich auch den Herrn Hauptmann von Cocceji[1] genauer kennen, der die Freundlichkeit hatte, mir einen Teil der Einzelheiten über den Marschall von Keith mitzuteilen, dessen Adjutant er, wie bereits gesagt, war und dessen Vertrauen er besaß. Er verdiente es um seiner Talente und um seines Charakters willen, wie er auch das Vertrauen des Königs verdiente, der ihn, nach dessen eigenen Worten, als einen hervorragenden Menschen ansah, der geschaffen sei, eine große Rolle zu spielen.

„Wenn seine Tadelsucht, der er sich ziemlich häufig überläßt, ihn nicht zu sehr beherrscht und nicht jedes Maß übersteigt, so wird er ein Mann sein, wie ich deren nur sehr wenige gekannt habe. Sein Vater, mein Kanzler, war ein Mann von großer Begabung; ich habe ihn immer sehr geschätzt, und sein Andenken ist mir noch immer teuer. Diese Tadelsucht tut mir leid bei einem jungen Menschen, besonders wenn ich Zuneigung zu ihm empfinde."

Ich gebe hier getreu das Urteil Seiner Majestät wieder.

23. Juli 1758

Der König kam heute von Opotschna nach Königgrätz zurück und ließ mich um vier Uhr rufen. Bevor ich jedoch von meiner Sitzung berichte, muß ich ein Wort sagen über einen Vorfall, der sich am Morgen, unmittelbar nach der Rückkehr Seiner Majestät, zugetragen hatte.

Nachdem der Geleitzug bei Olmütz überfallen worden

[1] Johann Friedrich Heinrich Freiherr von Cocceji, der zweite Sohn des Großkanzlers Friedrichs d. Gr.

war, hatten die leichten Truppen des Feindes alle Wege so gut besetzt, daß seitdem keine Briefe hatten abgehen und ankommen können. Endlich meldet man heute morgen dem König einen Kurier nicht nur mit einem, sondern sogar mit mehreren Felleisen voller Briefe. Er befiehlt, daß man sie samt und sonders auf sein Zimmer bringe; dort, in Gegenwart des Rates Eichel, entsiegelt der König, begierig auf Nachrichten, ohne Unterschied die ersten Briefe, die ihm in die Hände fallen, die für die Prinzen, für Herrn Mitchell und einen der meinigen, und liest alle. Er wäre darin fortgefahren, wenn der Rat ihm nicht gesagt hätte: „Aber, Sire, diese Briefe sind nicht für Eure Majestät bestimmt; hier ist das Bündel, das Sie angeht."

„Schnell, geben Sie sofort die gelesenen zurück und überbringen Sie meine Entschuldigungen."

Das erfuhr ich vom Rat, als ich beim Empfang meiner Briefe einen geöffneten und ganz zerknitterten bemerkte. „Dieses Öffnen der Briefe war außerordentlich komisch", sagte er zu mir. „Noch nie habe ich den König so neugierig und so erregt gesehen wie in dem Augenblicke, als die Briefbündel eintrafen. In seiner Ungeduld hat er beim ungestümen Entsiegeln mehrere Briefe so sehr zerrissen, daß ich in Verlegenheit bin, wie ich es den Eigentümern sagen soll."

Unter den drei Briefen, die ich empfing, las ich in dem, den Seine Majestät geöffnet und überflogen hatte, folgenden Abschnitt, der mich seines Inhalts wegen recht beunruhigte und mich in Ungewißheit und Angst versetzte, ob Seine Majestät ihn zu Gesicht bekommen hätte:

„Es überrascht mich sehr, mein Freund," schrieb mir ein schweizerischer Offizier in piemontesischen Diensten, „daß Sie, seitdem der König von Preußen Sie zu sich berufen hat, mir nicht das geringste Wort von Ihrem Glücke gesagt haben, mit diesem großen Manne so eng verbunden zu sein. Ich nehme an, daß Sie mir geschrieben haben, da Sie ja wissen, wie sehr ich teilnehme an Ihrem Ergehen, und daß Ihr Brief unglücklicherweise falsch geleitet oder aufgefangen worden ist, wie das in Kriegszeiten häufig vorkommt. Welche Bewandtnis es aber auch mit Ihrem Schweigen haben möge, das ich Sie zu erklären bitte, das ich Ihnen aber nicht zur Last lege, so wünsche ich Ihnen alles erdenkliche Glück bei Ihrem Helden, der auch der meine ist. Ich wünsche Ihnen Gesundheit, die mehr wert ist als die Helden und alles, was sie zu geben vermögen. Da ich die Ehrlichkeit Ihres Charakters und Ihre Grundsätze kenne, so bin ich völlig überzeugt, daß es nicht an Ihnen liegen wird, wenn Sie mit ihm nicht auskommen sollten; das würde einzig und allein seine Schuld sein. Man behauptet, der Salomo des Nordens sei schwierig zu behandeln und sei sehr anspruchsvoll; er demütige die, welche die Ehre haben, mit ihm zu leben, um so mehr, wen er einigen Grund zur Unzufriedenheit mit ihnen hat; er neige sehr zu Mißtrauen und werde selbst derer leicht überdrüssig, deren Dienste er belohnen sollte. Vielleicht wären diese Gerüchte nicht entstanden, wenn er, wie König Salomo, in seinem Palaste auch nur den dritten Teil der schönen Frauen hätte, die der jüdische König besaß. Mehr als die schönen Künste, die Philosophie und die erhabene Nichtigkeit der Metaphysik, die man nur aus Eitelkeit pflegt, sind die Frauen — wenn man sich ihnen nur nicht zu ausschließlich hingibt, wogegen die Natur sich übrigens wehrt — geeignet, unsere Launenhaftigkeit und unseren Charakter zu besänftigen, uns in der Gesellschaft umgänglicher und anspruchsloser zu machen und uns so nachsichtig zu stimmen, wie es Königen und Privatleuten wohl ansteht. Im übrigen, mein Freund, seien Sie glücklich, und sagen Sie mir, daß Sie es sind; Sie werden auch mich dadurch glücklicher machen. Ich erbitte keine Nachrichten von Ihnen; denn ich weiß, daß Sie sie mir in keiner Weise zukommen lassen würden, und das ist richtig so. Ich habe den Verfasser der ‚Henriade'[1] gesehen, der den einstigen Abgott seiner Zuneigung, seiner

[1] Voltaire.

Eitelkeit und seiner Habsucht nicht wenig verlästert! Schreiben Sie mir sehr bald!“

Dieser verteufelte Erguß des Briefes beunruhigte mich. Ich sagte mir jedoch, es wäre wohl möglich, daß der König es überhaupt verschmähte, auf diese Erörterungen einzugehen, und wenn er doch mit mir darüber spräche, er vielleicht in scherzhaftem Tone schnell darüber hinwegginge. So trat ich ziemlich ruhig um vier Uhr bei ihm ein.

„Ah, guten Tag, mein Lieber! Wie geht es Ihnen? Was haben Sie angefangen? Was haben Sie gesehen?“

Nachdem ich diese Schlag auf Schlag gestellten Fragen beantwortet hatte, sagte er: „Übrigens, ich habe Ihnen da zwei Briefe geschickt. Den einen habe ich geöffnet. Ich bitte Sie deswegen tausendmal um Verzeihung. Seien Sie versichert, daß meinerseits keineswegs böse Absicht vorgelegen hat.“

Er erzählte mir darauf, was mir sein Rat Eichel bereits gesagt hatte, und er machte sich Vorwürfe wegen seiner Neugier, mehr aber noch wegen seiner Erregtheit, die in dem Augenblick, als die Briefe eintrafen, ins Ungemessene gestiegen war.

„Sie sehen, daß ich mich nicht schonend behandle, wenn ich ein Unrecht getan habe. Was mich an Ihrem Briefe, den ich gelesen habe, belustigt hat, ist der kleine Ausfall gegen Ihren gehorsamen Diener. Voltaire scheint bei Ihren Schweizern nicht gerade in schonender Weise über mich geredet zu haben! Aber er ist ein Gott — lassen wir ihn!“

Da ein kleiner Hieb gegen meinen Freund, der mir geschrieben hatte, wohl vonnöten war, so erteilte er ihn mittelbar:

„Die jungen Offiziere sind oft seltsame Schlingel. Einst begegnete ich einem — er stammte, glaube ich, aus Ihrer Heimat — der in meinen Dienst treten wollte. Ich fragte ihn, ob er schon einen Feldzug mitgemacht hätte. — ‚Ja‘, sagte er. — ‚Unter welchem General?‘ — ‚Unter dem Marschall von Richelieu.‘ Und nun ließ es sich mein Schelm einfallen, ihn zu tadeln. — ‚Gehen Sie‘, sagte ich ihm; ‚es kommt einem jungen Manne nicht zu, seinen General zu tadeln, wie Sie es tun.' Ich möchte keinen von ihnen haben, wie sie alle beschaffen sind; kaum haben sie etwas gesehen, so tadeln und urteilen sie ohne ein Spur von Überlegung."

Da diese Geschichte von dem jungen Offizier wohl kaum von ungefähr erzählt wurde, so bezog ich sie auf meinen Freund und war sehr zufrieden, daß die Zurechtweisung nicht so schlimm ausgefallen war, wie ich es befürchtet hatte.

Er sprach endlich von seinem Vorstoß nach Opotschna.

„Er ist nicht glänzend gewesen. Herr von Loudon hat das Lager abgebrochen, und ich habe von seinen Leuten nur einen Hauptmann und sechsundneunzig Mann mir gegenüber gehabt. Einige davon hat man im Park von Opotschna niedergesäbelt. Das, mein Lieber, ist meine ganze Heldentat. Sie sehen, das Schicksal begünstigt mich nicht mehr. Ich erwarte meine Briefe, die man entziffert. Gott weiß, was ich darin finden werde; das Herz sagt mir, daß es nichts Gutes sein wird. Auf morgen!"

Ein Husar des Königs erzählte mir folgende heitere Begebenheit: „Am Tage nach unserer Ankunft in Opotschna plauderte ich mit der Tochter des Pächters. Sie sagte mir, daß der Kaiser[1] hierher käme, um Fasanen zu schießen; er gäbe aber keinem etwas. „Euer König macht einen besseren Eindruck als unser Kaiser; aber man sagt, er sei auch nicht freigebiger als unser Fürst. Sicherlich wird er uns auch nichts geben." — Unglücklicherweise hatte mich der König von seinem Fenster aus mit diesem Mädchen plaudern sehen. Als es hinweg war, ließ mich Seine Majestät rufen.

„Was machtest du da mit diesem Mädchen?"

„Sie erzählte mir vom Kaiser."

„Was sagte sie dir?"

„Daß er zuweilen hierher käme, um Fasanen zu schießen."

„Und dann?"

Er drängte so, daß ich gezwungen war, ihm alles zu sagen. Er lachte herzlich über die Worte dieses Mädchens.

[1] Franz. I., Gatte und Mitregent der Maria Theresia.

„Besuche sie noch einmal", sagte er, „und laß sie hübsch erzählen; aber gib ihr keine . . ."
Man kann keine größere Neugier sehen, als die unseres teuren Herrn. Alles will er wissen, alles erfahren bis zu Kleinigkeiten, derentwegen er kaum den Mund verzieht."
Das war die Erzählung des Leibhusaren.

24. Juli 1758. In Königgrätz

Bis jetzt habe ich noch keine Sitzung erlebt, die mich so gerührt hätte wie die heutige. Ich habe sie noch oft, und stets voll Rührung, vor meinem geistigen Auge vorüberziehen lassen.

Wenn es ein erhabenes Schauspiel ist, einen Menschen zu sehen, der in großen Gefahren gegen das Schicksal ankämpft, so sah ich solch ein Schauspiel. Die traurige Lage, in der der König sich befindet, die rührende, zurückhaltende und entschlossene Art und Weise, in der er davon sprach, die Anstrengungen, die er machen will, um das Schicksal zu besiegen, das ihn grausam verfolgt — das alles erweckte meine Teilnahme mehr, als ich es schildern könnte. Ein Mann, der heftige Schmerzen erduldet, der beträchtliche Verluste erleidet, der sich am Rande des Abgrundes befindet, der die Übel erträgt, ohne gegen sein Geschick zu toben und ohne sich maßlosen Klagen zu überlassen — ein solcher Mann erringt unsere Teilnahme viel leichter als ein anderer, der in bittere und kindische Klagen ausbricht und Befreiung sucht in einem phantastischen und geistvollen Redeschwall gegen Schmerz und das Schicksal; leichter auch als einer, der in einem Übermaß von Eitelkeit erklärt, Schmerz und Schicksalsschläge seien überhaupt kein Übel. So erschien mir der König bei jenem Gespräche, von dem ich getreulich Rechenschaft ablegen will.

„Mein Freund, ich habe sehr unheilvolle Nachrichten empfangen. Man meldet mir, daß der General Fermor, der im Juni die Weichsel überschritten und seine verschiedenen Korps in Posen gesammelt hatte, mit seiner Armee in Stärke von achtzigtausend Mann bis Meseritz vorgerückt und mit seiner Vorhut bis nach Schwerin und

Kloster-Paradies vorgestoßen sei. Ich sehe also, daß er Absichten auf Pommern und die Neumark hat. Damit fällt mein Plan, hier zu bleiben; neues Unheil erwartet mich noch; zahllose Unglückliche werden das traurige Opfer unserer neuen Pläne sein. Das rührt mich, mein Freund, das zerreißt mir das Herz. Vielleicht macht man sich in diesem Augenblicke, da ich hier spreche, über meine Verlegenheiten lustig und kann sich nicht vorstellen, daß ich mehr leide unter dem Unglück, das ich für mein armes Volk und für so viele tapfere Offiziere befürchte, die sich für mich opfern, als unter meinem eigenen. Trifft uns nicht schließlich das Unglück auch gemeinsam? Mein Entschluß ist gefaßt. Sie werden mich meine Anstrengungen verdoppeln sehen, um diese Übel zu verhindern, die zu fürchten ich Ursache genug habe. Alles, was mir der Himmel gegeben hat an Standhaftigkeit und Ausdauer, werde ich aufbieten in diesen entscheidungsschweren Augenblicken. Wenn das Opfer meines Lebens nötig ist, um alles zu retten, so wird dieses Leben meinem Volke und meinem Heere gehören. Ich werde dieses Opfer gern bringen. Es wird mich keine Überwindung kosten. Ich habe dieses traurige Leben bisher nicht geschont, das werden mir meine Leute bezeugen können; Sie fühlen wohl, mein Freund, daß ich es auch jetzt zum Wohle meines Landes nicht schonen werde, das mir teuer ist.

Seit meinem Aufbruch von Schmirsitz hatte ich auf Grund mehrerer Berichte, die ich auf Umwegen erhielt, einige Bewegungen meiner anderen Armeekorps befohlen. Aber aus meinen gestrigen Briefen sehe ich, daß das alles nicht genügt, um gegen Fermor zum Angriff überzugehen. Ich muß Böhmen verlassen. Den größten Teil meines Heeres werde ich in Schlesien lassen. Ich werde mit einem Korps zur Armee von Dohna stoßen und die Russen angreifen. Die Österreicher werden sagen, sie haben mich durch ihre klugen Maßnahmen gezwungen, Böhmen zu verlassen. Das ist durchaus nicht wahr, mein Lieber! Doch sie mögen sagen, was sie wollen, wenn nur mein neuer Plan ge-

lingt, den zu entwerfen ich gezwungen war. Denken Sie daran, und vergessen Sie es nie, daß wir nicht fliehen und daß wir mit Ehren abziehen. Erinnern Sie sich stets: Wenn ich mich sträube gegen das Schicksal, das mich verfolgt, und das menschenmögliche tue, es mir günstig oder doch weniger ungünstig zu stimmen, so werde ich im Notfalle mit Wonne das Opfer meines mühseligen Lebens bringen. Dieses Opfer bin ich mir selbst, meinen Grundsätzen und mehr noch meinem Volke schuldig, das so sehr für mich leidet. Sie werden zugeben, daß niemals ein Fürst sich in ähnlicher Lage befand. Von allen Seiten mit starken Heeren angegriffen, muß ich mich von einem Orte zum andern begeben, oder vielmehr, ich muß laufen. Stets bin ich wie einer, der den Schluß eines Epigramms sucht und ihn nicht finden kann. Wenn ich endlich nach so vielen Mühen, so vielen Sorgen, so vielen Anstrengungen, so vielen Gefahren unterliege, so wird es kein großer Ruhm sein, mich und mein Heer vernichtet zu haben. Nicht wahr, mein Freund?
Wir werden morgen sehr zeitig nach Rohenicz aufbrechen. Da Herr Daun auf den Einfall kommen könnte, etwas zu unternehmen, so werde ich die Nachhut bilden. Wir werden sehr eilen, mein Lieber, Unsere kurzen Gespräche werden mehr von Märschen, Nachhutgefechten und Schlachten handeln, als von Literatur und Philosophie. Guten Abend!"

25. Juli 1758. Im Hauptquartier Rohenicz

Um fünf Uhr befahl mich Seine Majestät zu sich.
„Dieser Marsch ist sehr mühevoll gewesen, mein Lieber, und wir sind beim Angriff auf die Vorstadt von Königgrätz ziemlich heftig beschossen worden. Ich habe zwei Offiziere verloren, die ich bedaure: den General von Saldern und den Oberst Blanckenburg. Das sind immerhin Verluste, wie Sie sehen. Ich habe mein Lager hier auf den Höhen von Jessena und Kralowa-Lhota aufgeschlagen; wenn Sie diesen wohlklingenden Namen behalten wollen, so müssen Sie ihn hübsch auf Ihre Täfelchen schreiben. Der rechte Flügel berührt das erste dieser Dörfer. Die

Husaren von Zieten decken die rechte Flanke der Kavallerie, die in zweiter Linie liegt. Die Jäger sind in den Wäldern vor dem rechten Flügel; die Mitte meines Heeres hat dieses wohlklingende Kralowa-Lhota vor sich. Die Linke erstreckt sich bis zu den Wäldern von Bohuslawitz. Den Husaren von Möhring ist ihr Platz seitwärts davon angewiesen worden, und hier in unser Hauptquatier habe ich das Bataillon Nimschöffsky gelegt. Rebentisch, der die Spitze übernommen hatte mit dem ganzen Troß von Lebensmitteln und den Kranken des Heeres, ist heute auf Nachod zu marschiert; Fouqué muß diesen Marsch sichern. Mehr kann ich Ihnen heute nicht sagen. Ich bin ganz außerordentlich überanstrengt; ich will die Müdigkeit ausnutzen, die mich jetzt befällt. Guten Abend! Auf morgen; wir bleiben einige Tage hier."

26. bis 29. Juli 1758

Während dieses kleinen Aufenthaltes in Rohenicz waren meine Sitzungen sehr kurz. Die Unterhaltung betraf in der Hauptsache seine gegenwärtige heikle Lage und die unerhörte Schwierigkeit, dauernd ein Leben zu führen unter der Notwendigkeit, sich allerorts und auf allen Seiten dieser Menge von Feinden gegenüberzusehen, die ihn überall umgaben; unaufhörlich müßte er seine Pläne ändern, und stets, ohne eine Minute zu verlieren. „Das alles ist nicht leicht, mein Lieber. Aber was soll man tun? Der Kelch ist da, und der Herr muß ihn austrinken — oder . . ." Er hielt inne, um mich zu fragen, ob ich wohl die wohlklingenden Namen und die Orte seines Feldlagers behalten hatte. Ich sagte ja.

„Nun gut, so zeichnen Sie es hier auf diesen Fetzen Papier."

Ich zeichnete, und das brachte mir ein *„bene dignus in nostro corpore"* ein.

Bei Erwähnung dieser schwierigen Namen erzählte er mir, was ihm in seinen ersten Kriegen begegnet war, als er die Notwendigkeit erkannte, ein wenig die Sprache des Landes zu verstehen, in dem er Krieg führte.

„Ich legte mir ein kleines Wörterbuch der Fragen an, welche zu stellen ich in diesem Böhmen vielleicht Gelegenheit haben konnte. Stolz auf mein Wörterbuch und auf mein Wissen, rufe ich kühn einen vorübergehenden Bauern herbei und frage ihn ebenso kühn über das Gelände der Umgegend. Mein Bauer hört mich an und antwortet, da er philosophischer gestimmt ist als ich, mit furchtsamer und bescheidener Miene. Und ich großer Dummkopf sperre Mund und Nase auf und merke erst jetzt daß es nicht genügt, Fragen stellen zu können, sondern daß man auch die Antworten verstehen und, eben um sie zu verstehen, die Sprache kennen muß. Kann man sich eine größere Albernheit denken? Nicht wahr, man würde sie keinem Quintaner verzeihen! Und wir brüsten uns oft und bilden uns etwas ein auf unsern Geist! Dieses kleine Abenteuer und noch einige andere haben mich überzeugt, daß die Bescheidenheit eine schöne Tugend und die Dünkelhaftigkeit eine Torheit ist. Hätten Sie mich einer solchen Einfalt fähig gehalten?"

„Nein, gewiß nicht!"

„Nun also, so war die Geschichte!" —

Der König sagte mir am 28., daß er den General Retzow mit sechs Bataillonen, zwei Infanterieregimentern, zwei Dragonerregimentern und einem Husarenregiment ausgesandt habe, um das Korps des Generals Loudon aus Opotschna zu vertreiben und darauf in Neustadt ein Lager zu beziehen, um die linke Seite der Armee zu decken und die Verbindung mit Glatz aufrecht zu erhalten. Da aber Herr von Loudon seine Stellung verlassen und sich in der Richtung auf Sahornitz zurückgezogen hatte, so setzte Herr von Retzow seinen Marsch auf Neustadt fort und richtete sein Feldlager hinter dieser Stadt ein.

30. Juli bis 2. August 1758. In Jessenitz

Am Abend um sechs Uhr wurde ich gerufen. Seine Majestät der König unterhielt mich von seinem Tagewerke.

„Meine ganze Armee hat die Metau in vier Kolonnen durchzogen, da ich vermutete, der General Loudon, der hinter Opotschna lagert, würde etwas gegen meine Nachhut unternehmen. Ich ließ zehn Schwadronen Husaren, zwei Regimenter Dragoner und zehn Bataillone sich auf der rechten Seite in dem Walde links von jenem Dorfe in den Hinterhalt legen. Aber meine Bemühungen waren umsonst; von Opotschna her ist keine Katze zum Vorschein gekommen. Unsere Zietenschen Husaren sind feindlichen Husaren nachgejagt, die von Librzitz kamen, und haben einen Offizier und dreiundvierzig Mann gefangengenommen. Das ist unsere ganze Beute, mein Lieber; Sie sehen, wir sind bescheiden.

Unser Feldlager will ich Ihnen auf Papier zeichnen. Meine gesamte Infanterie lagert in erster Linie; der rechte Flügel hat den Wald vor sich, der zwischen Jacobi-Hof und Dobrawitz liegt; die Garden sind darüber hinaus vorgeschoben. Betrachten Sie meine Karte; diese Linie hält den Kamm der Höhen besetzt, und Jacobi-Hof liegt vor der Front der Armee. Das alles ist gut in Deckung. Der linke Flügel erstreckt sich bis an die Sümpfe von Miestetz und lehnt sich an dieses Dorf an. Meine gesamte Kavallerie lagert in der zweiten Linie.

Retzow hat heute früh von Neustadt aufbrechen und nach Studnitz marschieren müssen. Der große Marschall Daun hat sein Lager zu Libschan abgebrochen und ist in drei Kolonnen auf Holohlaw zu marschiert. Er hat seinen rechten Flügel auf Rodow und den linken auf Ertina gestützt. Sind Sie mir gut gefolgt, und haben Sie alles richtig verstanden, mein Lieber?“

„Ja, Sire!“

„Gut also; dann wissen Sie so viel davon wie ich selbst.“

„Wenn es dem Himmel gefiele, daß es so wäre, Sire, so bäte ich Sie um den Oberbefehl über ein Korps, und ich schmeichle mir in der Annahme, daß Sie es mir anvertrauen würden.“

„Gern“, sagte der König; „denn ich glaube, Sie haben Glück.“

„Bisher habe ich nur das gehabt, bei Eurer Majestät zu sein.“

„Ach, mein Lieber, das ist ein recht erbärmliches Glück! Kann denn ein unglücklicher Fürst irgendeinen Menschen glücklich machen?"

„Wäre es einem Unwissenden gestattet, Eure Majestät um Aufklärung zu bitten über den Hinterhalt, den Sie unterwegs eingerichtet hatten?"

„Ja; ich sehe es voll Freude, wenn man zu lernen sucht. Was wollen Sie wissen?"

„Warum werden so viele Truppen verwandt zu einem Hinterhalt auf so engem Gebiete? Können diese Truppen nicht leicht in Verwirrung geraten, und kann die große Zahl nicht ihre Entdeckung herbeiführen?"

„Ihre Überlegung ist durchaus nicht falsch. Sobald man sich entschlossen hat, einen Hinterhalt zu legen, mein Lieber, so muß man ihn stark machen, und sein Befehlshaber muß Begabung und Entschlossenheit besitzen; sonst setzt man sich der Gefahr aus, mit seinem eigenen Hinterhalt Unglück zu haben. Ich weiß wohl, daß diese stark belegten Hinterhalte ein sehr weites Gelände brauchen und daß jeder Mann viel leichter bemerkt werden kann. Aber es ist besser, entdeckt zu werden, weil man zu viel Mann hat, als geschlagen zu werden, weil man zu wenig hat. Ich weiß auch aus den Erfahrungen der anderen und aus meiner eigenen, daß diese starken Hinterhalte nur sehr selten und in langen Zeiträumen einmal zum Ziele führen; aber darf ich die geringste Gelegenheit versäumen, bei der ich auch nur einen Schimmer der Möglichkeit eines Erfolges zu sehen vermeine? Einen starken Hinterhalt, mein Lieber, einen starken Hinterhalt mit einem sehr klugen Offizier an der Spitze — oder gar keinen Hinterhalt! Schreiben Sie sich das auf Ihr Täfelchen! Aber hier kommt mein guter Zieten, der mit einer kleinen Verstärkung der Kavallerie wieder zu mir stößt. Guten Abend; wir brechen morgen sehr zeitig von hier auf."

Das ist die Zusammenfassung der beiden Gespräche, die ich mit Seiner Majestät im Lager zu Jessenitz führte während der beiden Male, die ich die Ehre hatte, sie zu sehen.

3. August 1758. In Kleny

Die Armee brach von Jessenitz auf und marschierte in drei Kolonnen auf Skalitz zu. Die Kürassiere waren an der Spitze der ersten und der zweiten Kolonne: die Dragoner, die Husaren und die Freikompanien bildeten die Nachhut. Der rechte Flügel des Lagers berührte Skalitz. Die Freikompanien und die Jäger besetzten den Skalitzer Park, der jenseits der Aupa liegt; sie sollten die rechte Seite der Armee schützen, deren Front durch große Teiche gedeckt war. Die gesamte Kavallerie wurde auf den linken Flügel gelegt, der sich gegen die Anhöhe erstreckte, auf der die Kapelle des heiligen Wenzeslaus steht. Das alles sagte mir Seine Majestät der König, der mich nur für einen Augenblick kommen ließ. Nachdem er mich derart mit der Anlage seines Feldlagers bekannt gemacht hatte, sagte er, ich sollte ihn beglückwünschen, daß er einen so großen Heiligen wie diesen Wenzeslaus habe, der ihn zweifellos beschützen werde.

„Ich bin so müde und so matt, daß ich kaum meine armen Augen offenhalten kann. Ich will schlafen gehen. Auf morgen, in einem anderen Lager; denn ich muß näher an Nachod herankommen."

4. August 1758. In Wisoka

Schon am frühesten Morgen setzte Geschützfeuer ein; es begann um zwei Uhr. Ich stand auf, um mich zu erkundigen, was es gäbe. Der Generaladjutant sagte mir einige Stunden später — denn man hatte zunächst nicht gewußt, was das alles zu bedeuten hatte —, daß der General Loudon mit einem Korps von sieben- bis achttausend Mann unsere Freikorps und die Jäger angegriffen habe, die den Skalitzer Park besetzt hielten; daß eine Batterie von acht Geschützen, die dem Parke gegenüber auf einer Anhöhe aufgestellt worden war, ein lebhaftes Feuer eröffnet habe, während eine Abteilung Kroaten im Schutze des Gestrüpps an der Aupa entlanggekommen sei und den Park von allen Seiten angegriffen habe; daß einige Haubitzen und einige schwere Kanonen auf dem rechten

Flügel unserer zweiten Linie von der Seite her den Feind beschossen und ihm viele Verluste zugefügt haben; daß aber die Kroaten trotzdem in den Park eingedrungen seien und vermöge ihrer großen Zahl unsere Jäger und Freikompanien zum Rückzuge gezwungen haben; daß der Prinz Moritz, der zunächst von Skalitz mit zwei Bataillonen vorgegangen sei, mit den Freikompanien, die sich bei seinem Eintreffen wieder sammelten, den Feind mit dem Bajonett zurückgetrieben habe; daß wir endlich etwa fünfzig Kroaten niedergemacht und vier Offiziere und sechsundfünfzig Mann gefangengenommen haben, daß wir selbst aber auch mäßige Verluste gehabt haben.

„Wenn ich übrigens meine Meinung äußern darf", fuhr der Adjutant fort, „so geht sie dahin, daß Herr von Loudon diesen Angriff auf unsere Freikompanien nur unternommen hat, weil er vermutete, wir würden uns diesen Morgen in Marsch setzen, und aus diesem Grunde hatte er sich vorgenommen, sich der Höhen jenseits der Aupa zu bemächtigen, um uns gehörig beschießen zu können, wenn wir aufbrächen."

Derselbe Generaladjutant sagte unmittelbar nach dem Mittagessen, daß man lebhafte Bewegungen der feindlichen Armee beobachtete und daß wir uns gegen vier Uhr in Marsch setzen würden.

In der Tat marschierte um diese Zeit die gesamte Armee in zwei Kolonnen auf die Höhen von Wisoka, wo sie ihr Lager aufschlug. Ich wurde nicht gerufen.

5. bis 6. August 1758. Im Hauptquartier Reuvis

Ich wurde um fünf Uhr gerufen. Seine Majestät sagte mir über den Angriff auf den Park zu Skalitz etwa dasselbe, was mir der Generaladjutant davon erzählt hatte; der Unterschied bestand darin, daß dem Könige zufolge der Feind viel mehr Leute verloren hatte, und wir viel weniger.

„Da kaum noch von anderen Dingen die Rede ist als von Märschen, weil wir eben unaufhörlich marschieren, mein Lieber, so will ich Sie von meiner Arbeit in Kenntnis setzen. Meine Armee ist in zwei Kolonnen marschiert, die erste über Porzitz, Stiarky und Hochsichel — betrachten Sie meine Karte, und schreiben Sie sich diese Namen auf, auf die sich nur sehr schwer harmonische und reiche Reime finden ließen —, die zweite über Nachod, Schlaney, Sedmakowitz und Machau. Zur Bedeckung habe ich jeder Kolonne vier Bataillone Grenadiere, Freikompanien, Jäger und hundert Husaren mitgegeben, die die Nachhut übernahmen. Meine Wagen haben die Spitze gebildet, und mein Marsch ist sehr gut gesichert gewesen. Ich habe mein Lager diesseits von Politz aufgeschlagen, auf den Höhen, die die Dörfer Radesch und Machau umsäumen. Die Dragoner lagern in dritter Linie, alle Husaren vor der Armee, und meine ehrlichen Freibataillone in den nächsten Wäldern, wo sie einige Wanderer ausplündern werden, wenn sie ihnen in die Hände fallen. Sehen Sie zu, ob Sie das alles richtig auf Ihr Täfelchen geschrieben haben. Sie können überzeugt sein, daß mich das sehr interessiert und daß ich eines Tages vielleicht meine Zuflucht dazu nehmen werde.“

„Wie, Sire? Zuflucht zu mir?“

„Jawohl, mein Lieber, und zwar aus folgendem Grunde. Ich habe den Plan, die Geschichte dieses Krieges zu schreiben, wenn ich sein Ende erleben sollte. Ich habe auch die der Kriege 40 und 44 geschrieben, einzig und allein für mich und meinen Nachfolger; ich werde sie Ihnen mit meinem Vorwort vorlesen. Ich habe mir über meine beiden vorigen Feldzügen Notizen gemacht; aber oft genug verlege ich sie, und noch häufiger schreibe ich so klein, daß ich nicht entziffern kann, was ich geschrieben habe. So werden Ihre Täfelchen meine Schmierereien berichtigen; auf diese Weise werden Sie und ich uns unsterblich machen. Verlegen Sie also Ihre Aufzeichnungen nicht; Sie werden selbst zuweilen Vergnügen daran haben, sich zu erinnern, was wir getan haben, und wenn Sie es wiedersehen, werden Sie sagen: ‚Da schrieb ich auf, was mir dieser alte, Krieg führende Schwätzer sagte; da sah ich ihn, wie er sich unaufhörlich beklagte, über seine Lage seufzte, sie zu überwinden wünschte, mich immer wieder anschrie, sein Leben sei ein Hundeleben; wie er immer in fieberheißer Angst schwebte und in Sorgen, was wohl daraus werden sollte, wie er mir zuweilen schöne Tragödien vordeklamierte, um seine Unruhe einzuschläfern; wie er mich wie einen Rockschoß umhersausen ließ und mich zu sich rief, wenn ich zu nichts anderem Lust empfand, als mich auszuruhen oder zu schlafen.' Diese Dinge werden Ihre Täfelchen Ihnen ins Gedächtnis rufen. Aber hoffen wir, mein Freund, daß uns das Schicksal nicht immer ungünstig gesinnt ist. Aber wie, bin ich nicht ein alter Tor, daß ich mir einbilde, es gebe überhaupt noch ein Glück für mich?

Ja, Göttin, ich gehe irre.
Doch sei nur du mit mir;
Was auch das Schicksal verwirre,
Ich trotze ihm mit dir.
Des Kelches Bitterkeiten
Verwandelst du in Wein,
Und die am Abgrund schreiten,
Hüllst du in Blumen ein."

Der König war guter Laune, da er Verse[1] anführte. Am folgenden Tage war er so gut aufgelegt, daß ich es wagte, ihm von den Plünderungen zu berichten, die die Freischaren und sogar die Soldaten in den Dörfern vornahmen. Als ich vorgestern in Wisoka ankam und mich in das mir angewiesene Quartier begab, traf ich alle Bauern, soweit sie im Dorfe geblieben waren, bei großem Klagegeschrei an. Man hatte ihnen alle ihre Geräte und Vorräte weggenommen.

„Wir sind verloren", schrien sie, „wir sind verloren! Was soll aus unseren armen Kindern werden? Der Schwerin hat uns nicht so behandelt; er hätte jeden Soldaten aufhängen lassen, der uns auch nur ein Huhn genommen hätte."

[1] Aus der Ode „An die Phantasie" von Chaulieu.

Mein Diener erklärte mir diese traurigen Klagen. Wie wenig vermag oft menschliche Klugheit zu nützen! Diese armen Bauern hatten geglaubt, ihre Vorräte wären in größerer Sicherheit in einem Hause, das einen Keller hatte, und brachten sie alle aus ihren Wohnungen dorthin. Ein Major Lattorff, den ich bat, diesen Unglücklichen zu Hilfe zu kommen, begab sich auf meine Bitten zu ihnen voll solcher Güte, daß ich ganz gerührt wurde. Er ließ ihnen wiedergeben, was die letzten Plünderer gerade noch mitnahmen, als er eintraf.

Der König bezeigte mir seinen Kummer über diese Greueltaten und versicherte mir, daß er die strengsten Befehle erlassen habe, ohne Unterschied gegen alle, die sich Ausschreitungen zuschulden kommen ließen.

„Indessen, Sire, plündert man nicht nur, sondern zerstört auch noch die Hütten dieser Unglücklichen, selbst wenn man gutes Brennholz vor jedem Quartier findet."

„Ja, ich weiß es, daß diese Schurken die Häuser einreißen. Begann man doch bereits das meine abzubrechen, als ich dazukam! Ich ließ diese Lumpe krumm und lahm schlagen und befahl bei der Parole, die Offiziere sollten sorgfältig darüber wachen, daß man künftig ähnliche Ausschreitungen nicht wieder beginge, die zweifellos Abscheu erregen müssen. Der erste, der plündert oder ein Haus zerstört, soll auf der Stelle gehängt werden. Jene armen Leute sind sehr zu beklagen."

„Wenn Eure Majestät durchsetzt, daß sie es nicht mehr sind und daß sie in Zukunft nichts mehr zu leiden haben, so werden sie Sie segnen."

7. August 1758. Im Hauptquartier Wernersdorf

Man marschierte an diesem Tage in zwei Kolonnen nach Wernersdorf. Die erste berührte Politz, Bukowitz, Pickau, Lechau und Bodisch, die zweite Hutberg und Bergicht; acht Grenadierbataillone, Freikompanien, die Jäger und einige hundert Husaren bildeten die Nachhut. Man lagerte in drei Linien auf den Höhen, die den Ort Wernersdorf umsäumen, wo das Hauptquartier war. Wir sahen in

Wernersdorf die Schanzen und Verhaue, die der Feind im Frühling angelegt hatte, um uns den Einmarsch in Böhmen zu verwehren, da er dachte, wir wollten dahin ziehen. Der König ließ alle Schanzen zerstören und alle Verhaue anzünden. Das Heer hatte einen Rasttag, um dem Gefolge Zeit zu lassen, die Hohlwege zu durchziehen.

8. August 1758

Am Tage unserer Ankunft hatte ich Seine Majestät nicht gesehen; am folgenden Tage wurde ich für einen Augenblick gerufen.

„Wir alle brechen von hier auf, um große Abenteuer zu wagen. Morgen früh um drei Uhr zieht als erster General Seydlitz ab mit den Leibgarden, den Gendarmen, den Karabiniers und seinem Kürassierregiment. Ihr ergebener Diener wird ihm folgen und mit nur elf Bataillonen zur Armee des Grafen Dohna stoßen. Die Zeit drängt; ich werde wie ein Baske laufen müssen. Die Russen dringen mit Macht vor; wir müssen sie aufhalten; wenn sie zuviel Boden gewinnen, so wird alles aus sein. Der Markgraf Karl wird die Truppen befehligen, die in Schlesien bleiben müssen. Morgen werden wir unser Grüssau wiedersehen, wo wir einst ruhigere Tage verlebten als jetzt. Dort können Sie sich ausruhen von dem Hundeleben, das Sie meinetwegen seit einigen Monaten führen; für eine Lehrzeit ist das gar nicht so übel."

9. August 1758. In Grüssau

Der König marschierte mit vier Kolonnen nach Friedland; dort legte er sie wegen der Schwierigkeit des Weges zu zwei zusammen und setzte seinen Marsch bis Grüssau fort. Er schlug das Lager auf den Höhen hinter Hermsdorf, Grüssau und Neuen auf. Diese Dörfer blieben vor der Armee, deren linker Flügel bis über die Neuener Kirche hinausragte. Alle Husaren lagerten dem Parke von Grüssau gegenüber, den die Freikompanien besetzt hielten. Der Marsch war mühevoll; wir trafen erst am späten Nachmittag ein. Ich wurde nicht gerufen.

10. August 1758. In Grüssau

Von diesem Marsche und den vorhergehenden ermüdet, schlief ich bis gegen sechs Uhr abends und hätte noch länger geschlafen, wenn mich mein Diener nicht geweckt hätte.

„Mein Herr, ich sehe, daß man zum Aufbruch rüstet. Der König ist schon längst voraus."

„Wohin will er denn?"

„Ich weiß es nicht."

Ich trage ihm auf, meine kleine Ausrüstung in Ordnung zu bringen, kleide mich schnell an und gehe zum Hauptquartier, um mich wegen dieses Aufbruches des Königs zu erkundigen. Dort sehe ich einen seiner Adjutanten und frage ihn:

„Wo ist Seine Majestät?"

„In Landshut", sagt er, „und von dort aus will er morgen den Russen entgegenziehen."

„Ich will zu ihm."

„Hat er es Ihnen befohlen?"

„Nein, aber ich werde trotzdem gehen."

„Glauben Sie mir, tun Sie das nicht! Der König hat alle benannt, die ihm folgen sollten. Wenn er Ihnen nichts gesagt und nichts hat bestellen lassen, so bleiben Sie hier, glauben Sie es mir, und hüten Sie sich wohl, ihm nachzureisen. Er wird Sie abweisen, wie er alle unfreundlich abgewiesen hat, die ihn baten, ihn begleiten zu dürfen. Ich selbst, mein Herr, bin ohne Umstände zurückgeschickt worden. Er ist sehr übler Laune; ich wiederhole es: Glauben Sie mir, und bleiben Sie hier!"

Ich folge dem Rate nicht, den man mir gibt, sondern steige zu Pferde und reite im Galopp nach Landshut. Ich frage, wo das Hauptquartier des Königs sei, und erfahre, daß es nicht in der Stadt, sondern in der Vorstadt ist. Ich begebe mich dorthin; unterwegs begegne ich Offizieren, die von dort zurückkommen.

„Wohin wollen Sie?"

„Zu Seiner Majestät, dem König."

„Sicherlich hat er Ihnen befohlen, ihm zu folgen?"

„Nein."
„Um Gottes willen, so lassen Sie sich bei ihm nicht sehen! Er wird Sie schön auf den Schwung bringen!"
Ich ritt dennoch weiter. Als die, die an der Reise teilnehmen sollten, mich ankommen sahen, fragten sie mich wie die anderen, ob ich Befehl hätte, ihm zu folgen, und ohne meine Antwort abzuwarten, sagten sie:
„Aber zum Teufel, wie kann er Sie so in der Welt umherjagen?"
„Er jagt mich nicht in der Welt umher; ich selbst komme ja, um ihn um die Erlaubnis zu bitten, ihm zu folgen."
„Hüten Sie sich! Ziehen Sie sich schnell zurück! Hier kommt der König!"
Diese Herren freuten sich sicherlich darauf, zu sehen, wie ich genau wie die anderen zurückgeschickt wurde.
„Was ist das? sagte der König zu mir. „Was wollen Sie? Was tun Sie denn hier?"
Ich gestehe, ich war von diesem Anfang wenig erbaut. Ich sagte ganz einfach, daß ich den Zeitpunkt seiner Abreise von Grüssau nicht gekannt hätte und daß ich hergeeilt wäre, um ihn inständig zu bitten, ihm folgen zu dürfen. Der König sagte schon ruhiger — und jene Herren hörten es wohl, was mich sehr freute —:
„Ich rechne Ihnen Ihre Aufmerksamkeit hoch an. Ich habe Ihnen in Grüssau nichts mitteilen lassen, weil ich Ihre Anstrengungen nicht noch vermehren wollte" — und indem er mir die Hand auf die Schulter legte, wiederholte er es mir, daß ich ihm einen Gefallen erweise und daß er erfreut sei, daß ich an diesem mühevollen Zuge teilnehmen wolle, und er fügte hinzu, er bedauere es, daß ich mit nur einem Packpferd vorliebnehmen müsse; er selbst habe auch nur einen Wagen, weil er sich durch nichts auf dem Marsche hindern lassen wolle.
„Sire, so werde ich also nur ein Packpferd mitnehmen."
„Es ist gut. Sehen Sie zu, wo Sie die Nacht verbringen können. Guten Abend, mein Lieber. Und ich bin Ihnen sehr verbunden."
Die Offiziere des Gefolges beeilten sich, zu mir zu kommen

und mich zu den freundlichen Worten zu beglückwünschen, die er zu mir gesprochen hatte. Ich dankte ihnen für ihre aufrichtigen Glückwünsche und kehrte in die Stadt zurück, wo ich die Nacht in dem Wagen des Herrn Mitchell verbrachte, der an der Reise teilnahm.

11. August 1758. In Rohnstock

Der König marschierte mit zwei Kolonnen. Die erste zog über Hohenfriedberg bis Rohnstock, wo das Hauptquartier eingerichtet wurde; die zweite besetzte Falkenhain und die Umgegend. Der General Seydlitz stieß zu diesem Korps, und die Kavallerie, die er führte, wurde in den Dörfern vor Rohnstock untergebracht. Seine Majestät hatte alles Gepäck dieser Regimenter nach Schweidnitz schicken lassen.

Ich hatte Befehl, um vier Uhr nachmittags mich zu ihm zu begeben.

„Wieder ein Marsch! Aber ich muß noch acht tüchtige Märsche machen, bevor ich mit diesen Barbaren in Schußweite bin und sie so teuer wie möglich die Greueltaten bezahlen lassen werde, die sie in meinem armen Lande begehen. Überall, wo sie vorüberkommen, lassen sie nichts als Verwüstung zurück.

Wenn ich, meinem brennenden Verlangen entgegen, nicht den Erfolg haben sollte, den ich erhoffe, so wird man mich sicherlich tadeln, und doch werde ich das menschenmögliche getan haben. Ich weiß nicht, mein Freund, ob Sie sich eine ganz richtige Vorstellung machen von meiner Lage und von der Notwendigkeit, unter diesen unglücklichen Umständen oft gegen die Regeln zu handeln, die ich für gut befinde, sei es, um mich aus einer gefährlichen Lage zu befreien, sei es, um mich gegen einen Feind zu wehren, den ich vor mir habe, damit ich einem andern entgegenzueilen vermag, der mich bedroht. Ich muß fast stets mit einer Schnelligkeit und einer Kühnheit handeln, wie sie die Vorsicht und die Klugheit nicht zulassen würden. Aber, mein Lieber, wie sollte ich mit dieser klugen Vorsicht, die so nötig ist in allen weniger dringenden Fällen als in denen, in welchen ich mich ununterbrochen befinde, so viele gefährliche und verzweifelte Lagen überwinden, wenn ich mich auf der einen Seite behauptete und auf der anderen ausgeraubt würde und dort so standhafte Leute fände, daß es mir unmöglich wäre, sie zu verjagen? So bin ich gezwungen, mein Lieber, in meinen Plänen dem Zufall mehr zu überlassen, als ich es in einer weniger heiklen Lage tun würde. Ich muß arbeiten und laufen wie ein Herkules, ohne doch die Kraft dieses Sohnes des großen Jupiter zu haben.

Aber, mein Freund, wenn ich dem Zufall einen solchen Spielraum lassen muß, wenn ich so überstürzte Märsche zu machen und so schnelle und folgenschwere Entscheidungen zu treffen gezwungen bin, wie sollte ich da keine Fehler begehen, wie sollte ich da jeden Vorwurf vermeiden und der Kritik keine Angriffspunkte bieten? Ich hoffe, daß die Leute meines Handwerks, die sich von meiner Lage eine richtige Vorstellung machen und sehen werden, daß ich in diesem Kriege, den ich voll Kraft aushalte, von den gegen mich vereinten Kräften zu Boden gedrückt werden muß, daß diese Leute Nachsicht üben werden bezüglich der Fehler, die ich begangen habe und vielleicht auch noch begehen werde, und daß sie wenigstens mit Turenne, der unser aller Meister ist, sagen werden, daß der Mann unseres Handwerks, der sich nie eines Fehlers schuldig gemacht hat, nicht lange Krieg geführt haben kann.

Sie wissen jetzt, mein Lieber, das Geheimnis meiner Lage, der überstürzten Art und Weise, mit der ich Entscheidungen treffen und handeln muß; Sie kennen meinen brennenden Wunsch, aus dieser verfluchten Zwangslage herauszukommen und das Vaterland zu retten. Wenn dieses und ich selbst noch unglücklicher werden sollten, wenn für uns alles aus sein sollte, so bitten Sie darum, mein Freund, daß mir die erste Kanonenkugel den Kopf wegreißt.

Ich will Sie nicht länger aufhalten. Morgen marschieren wir bei Tagesanbruch ab. Guten Abend. Nochmals meinen Dank für die Freude, die Sie mir damit bereiten, daß Sie mich begleiten wollen!“

Man gestatte mir hier, ein für allemal zu versichern: Wenn ich diese Ausdrücke der Güte des Königs gegen mich anführte und noch fernerhin anführen werde und damit die liebenswürdige Art des Königs, mich zu behandeln, kenntlich mache, so treibt mich dabei gewiß nicht der Wunsch nach Selbstverherrlichung. Wie gesagt, hatte ich mir vorgenommen, einen getreuen Bericht zu geben über die Gespräche, mit welchen er mich beehrte, und ich habe es getan, ohne etwas auszulassen, auch nicht die Redensarten und Worte, deren er sich bediente, soweit ich mich ihrer eben entsinnen konnte. Wenn die Gunstbezeigungen, die ein großer Mann den Leuten erweist, die ihm dienen und ihm ergeben sind, die damit Ausgezeichneten ehren, so gehört doch die größere Teilnahme dem großen Manne selbst, der so gnädig ist, da man von der wahren Größe Güte und Nachsicht als etwas Selbstverständliches erwartet. Die Herren vom Gefolge des Königs finden durchaus nicht, daß er etwa gütig und nachsichtig sei, und sie beklagen sich darüber, daß er häufig unter Mißbrauch seines königlichen Vorrechtes um der geringsten Kleinigkeit willen jenes oberste, heilige Gesetz der menschlichen Gesellschaft mißachte, niemandem etwas Unfreundliches zu sagen und keinen, wer es auch sei, zu demütigen. Man erkennt aus dem soeben Gesagten, daß das nicht immer zutraf und daß es einige Ausnahmen von der Regel gab. Wenn ich bemerkt habe, daß er ein wenig zu unfreundlich die Menschen zurückstieß, die Rechenschaft ablegen wollten über Aufträge, die ihnen erteilt worden waren, so habe ich das mit derselben Offenheit mitgeteilt, mit der ich über das berichte, was mich betrifft.

12. bis 19. August 1758

Ich komme auf unsere Märsche zurück. Am 12. stieß der König bis Liegnitz vor, am 13. bis Heinzendorf, wo man am 14. rastete. Wir waren am 15. in Dalke, am 16. in Wartenberg, am 17. in Plaute, am 18. in Crossen, am 19. in Ziebingen, wo das gesamte Korps das Lager bezog mit

Ausnahme des Regimentes Asseburg, das das Hauptquartier zu decken hatte. Am 20. begab sich der König nach Frankfurt; die Infanterie zog in die Stadt, und die Kavallerie lagerte vor der Lebuser Vorstadt. Wenn man sich die Mühe macht, auf der Karte dieser Gegend nachzusehen, so wird man voll Überraschung die Schnelligkeit erkennen, mit der das Korps in dieser außerordentlich heißen Zeit vorrückte.

Während dieses ganzen Marsches las der König am Morgen, nach Erledigung seiner militärischen Angelegenheiten, für sich selbst die drei Bände der ,Tusculanen' von Cicero, und jeden Abend um fünf Uhr, zu welcher Zeit ich immer gerufen wurde, las er mir vor ,Von der Natur der Götter'[1]. Er machte oft Bemerkungen dazu, die ich in einem anderen Zusammenhang anführen werde; aber ich gestehe, es überraschte mich, daß er, trotz häufiger Gelegenheit dazu, die Religion nicht berührte; er sprach mit mir überhaupt nicht darüber, obgleich die Lektüre ihm einen ganz natürlichen Anlaß dazu bot. Alles, was er zu mir sagte, als die Rede war von jener schönen Ordnung, die aus jedem Teile des Weltalls leuchte, war dieser Ausruf:

„Oh, mein Freund, wenn man kein Wesen anerkennt, das dieses Weltall erhält, so muß man den gesunden Menschenverstand verloren haben. So viele bewundernswerte Absichten und so viele Mittel, sie zu erreichen, künden ganz augenscheinlich ein geistiges Wesen an, welches diese Ziele erdacht und die Mittel angewandt hat, sie zu erreichen. Der Mensch hat ja Vernunft, und man muß vermuten, daß eine höhere Vernunft ihm dieses Stücklein Geist gegeben hat, dessen er sich erfreut. Sind Sie nicht meiner Meinung?"

„Zweifellos, Sire! Ich müßte ja den Verstand verloren haben, wenn ich es nicht wäre — bis auf die Beweisführung selbst."

„Ich möchte es lieber eine augenscheinliche moralische Gewißheit nennen", sagte er.

In Wartenberg wohnte Seine Majestät der König bei den

[1] Von Cicero.

Jesuiten, glaube ich. Er geht mit mir im Hofe spazieren, als er eine klagende Stimme vernimmt, die aus einem Keller kommt. Er ruft einen Ordensbruder:

„Was höre ich hier? Mir scheint, es klagt jemand?" und er blickt den Bruder an, den er fragt, und erkennt an dessen Gesichtsausdruck und an der gestammelten Antwort, daß da etwas Außergewöhnliches vorliegt.

„Ich muß unbedingt wissen, was das zu bedeuten hat! Sagen Sie die Wahrheit, oder der Teufel soll Sie alle holen!"

Der arme Bruder ist durch den Ton des Königs aus der Fassung gebracht und eingeschüchtert worden und sagt: „Sire, es ist ein Bruder, der sich schlecht geführt hat; er verbüßt seine Strafe."

„Rufen Sie mir Ihren Prior, und lassen Sie sofort diesen Gefangenen heraus; ich will ihn sehen und mit ihm sprechen."

Man gehorcht. Seine Majestät sieht ein wahres Skelett erscheinen, ist darüber sehr entrüstet und sagt zu dem Pater und einigen anwesenden Brüdern:

„Ich muß gestehen, daß ihr ein großes Lumpenpack seid, wenn ihr einen armen Unglücklichen so behandelt."

Er befragte den gefangenen Ordensbruder.

„Sire, es ist wahr, ich habe gegen einige Regeln des Gehorsams verstoßen, und man hat mich fast ein Jahr lang in einem finsteren Gefängnis bei Wasser und Brot sitzen lassen, wo ich noch oft gegeißelt worden bin."

Da fuhr der König, dessen Entrüstung noch gewachsen war, diese Herren in allen Kraftausdrücken der deutschen Sprache an, und nachdem er sie wie Lumpe behandelt hatte, befahl er ihnen ernstlich, den Bruder sorgfältig zu pflegen und ihm künftig so viele Freundlichkeiten angedeihen zu lassen, wie sie ihm bisher Härte erwiesen hatten.

„Sie bürgen mir dafür — und Sie", wandte er sich an den unglücklichen Bruder, „benachrichtigen Sie mich, ob man Ihnen gegenüber das erfüllt, was ich befohlen habe.

Wenn nicht, so soll ihnen allen der Teufel im Galopp über die Köpfe reiten!"

Endlich schloß er seine Zornausbrüche mit einer kurzen Predigt über die Duldsamkeit und den Geist der Barmherzigkeit, der verzeiht und die Verirrten voll Milde wieder aufnimmt.

Der König war so gütig, mir zu erklären, was ich nicht hatte verstehen können, da die Unterhaltung in deutscher Sprache geführt worden war.

„Was für elende Schelme sind doch das! Und ich, ‚der ich im Krieg mich nähre von des Blutbads Schrecken, ich bin's, der seine Stimme leiht den Leidbedrückten'[1] — während für diese Diener des Friedens das Blut noch immer zu langsam fließt."

Als der König in Crossen ‚Von der Natur der Götter' las, brachte man ihm einen Brief, in welchem ausführlich von den Greueltaten der Kosaken berichtet und gemeldet wurde, daß Küstrin niedergebrannt worden sei. Je länger er in diesem Briefe las, desto heißer stieg ihm die Glut ins Gesicht.

„Fühlen Sie nur", sagte er, „wie meine Stirne brennt! Sie sehen, welch große Mühe es mir macht, das Ungestüm des ersten Augenblickes zu überwinden. Ich fürchte nichts für mich, wohl aber für meine armen Leute. Was mich betrifft, so ist meine Stellung klar. Sollte ich getötet werden, meinetwegen; ich habe mein epikureisches Gebet verrichtet." Und er wiederholte es mir, wie ich es bereits aufgezeichnet habe.

Das ist die Zusammenfassung dessen, was in meinen Sitzungen seit Rohnstock bis hierher geschah.

20. August 1758. In Frankfurt

Obwohl der König von dem anstrengenden Marsch und der unerhörten Hitze dieses Tages außerordentlich ermüdet war, ließ er mich doch um sechs Uhr rufen.

„Ich habe Sie kommen lassen, mein Lieber, um Ihnen folgendes zu sagen: Obwohl ich empfänglich bin für Ihre Aufmerksamkeit, mir zu folgen" — das waren seine

[1] Anspielung auf eine Stelle aus ‚Athalia'.

eigenen Worte — „so würde ich dennoch gern sehen, daß Sie hierblieben, während ich mit den Russen kämpfe. Hören Sie auf meinen Rat! Meine Feinde beschuldigen mich, ich verlangte, daß jedermann in meiner Umgebung kämpfe und sich der Gefahr aussetze. Das ist eine Verleumdung. Aber was wollen Sie dagegen tun? Wenn Sie mir folgen und Ihnen in der Schlacht ein Unglück zustößt, was sehr leicht geschehen kann, so werden diese Feinde sagen: ‚Liegt es nun nicht klar am Tage, daß er ohne Grund die Leute in Gefahr bringt, bei denen gar keine Notwendigkeit dazu vorliegt?' Und dann, wenn man gegen mich lärmt, wird man über Sie lachen und wird sagen: ‚Was zum Teufel hatte er auf dieser Galeere zu tun?'[1] Also, mein Freund, bleiben Sie hier; bitten Sie um guten Erfolg, und wenn ich zurückkomme aus der Schlacht, die bestimmt stattfinden wird, so werde ich Sie wieder mitnehmen."

Nach meinen bescheidenen Vorstellungen, daß ich diesen nun einmal begonnenen Marsch auch brennend gern fortsetzen möchte, bestand der König auf seinen Einwänden, und ich bestand ebenfalls voll Ehrerbietung auf meinem Wunsche.

„Sie wollen es also; nun, meinetwegen! Aber denken Sie daran, und sagen Sie es auch den anderen, daß ich Ihnen gegenüber diese Bemerkungen gemacht habe und daß ich Sie gebeten habe, bis nach der Schlacht hier zu bleiben. Morgen früh will ich mit der Kavallerie nach Manschnow marschieren, wo ich die Armee des Grafen Dohna treffen werde. Da der General Fermor Anstalten gemacht hat, bei Schaumburg die Oder zu überschreiten, so hat Dohna dieses Lager bezogen, um ihm den Übergang zu wehren."

21. August 1758. In Manschnow

Sobald der König in Manschnow angekommen war, erkundete er die Ufer des Flusses, sowie die Stellung des Feindes vor Küstrin. Der General Fermor hatte vor dem Oderdeiche, gleichlaufend mit ihm, Befestigungen anlegen lassen. Obwohl das Feuer seiner Artillerie fortgesetzt sehr

[1] Vers aus „Scapins Schelmenstreiche" von Molière.

lebhaft war, so waren die Festungswerke doch durchaus noch nicht sehr beschädigt. Beim Anblick Küstrins, das eingeäschert war, gab der König seiner Entrüstung Ausdruck, und wenn ihm auf seinem Wege Kavallerie begegnete, so schrie sie: „Vater, seien Sie unbesorgt; wir werden diese Schurken niedersäbeln und keinen Pardon geben; wir schleifen alle unsere Säbel!"
Als der König durch die Stadt ritt, benutzte ich diese Gelegenheit, sie ebenfalls zu besichtigen. Der Anblick so vieler zerstörter Häuser und so vieler Unglücklicher, die alles verloren hatten und nun ohne Unterkunft waren, rührte mich sehr lebhaft. Ich sah das Schloß und ließ mir das Zimmer zeigen, das der König innegehabt hatte.[1] Meine Ergriffenheit war außerordentlich groß, als ich diese Art Loch sah. Ich versank in allerlei Betrachtungen, und als ich jene Zeit mit dem gegenwärtigen Augenblick verglich, konnte ich mich der Tränen nicht erwehren. Beide waren es Zeiten des Unglücks; aber das Unglück war von sehr verschiedener Art: einst der mutmaßliche Erbe der Krone, gefangengesetzt und in Gefahr, den Kopf einzubüßen — und nun dieser Prinz als König, bereit, eine Schlacht zu schlagen vor diesem Orte, wo ihm soviel Leid widerfahren war, von allen Gefahren des Kampfes bedrängt, dessen Ausgang ja immer ungewiß ist und in dem er Krone wie Leben verlieren konnte, wenn sich ihm nicht etwa gar noch schrecklichere Abgründe auftaten.
Der König, der mich bemerkt hatte, als er Küstrin durchquerte, sagte am Abend zu mir: „Nicht wahr, mein Lieber, der Anblick dieser unglücklichen Stadt schneidet einem in die Seele."
„Ja, Sire; ich bin sehr traurig geworden."
„Sie hätten jenen Ort des Schreckens sehen können, wo ich so barbarisch eingesperrt war."
„Ich habe ihn gesehen, Sire, und habe viele Tränen vergossen."
Da legte der König seine Hand auf meine Schulter und

[1] Als Kronprinz, während seiner Gefangenschaft nach dem mißglückten Fluchtversuch.

sagte: „Mein Freund, wir wollen nicht mehr vom Vergangenen sprechen, sondern wollen uns mit der Gegenwart beschäftigen, die mir noch verhängnisvoller werden kann als jene. Ich habe, weiß Gott, viel Kummer in meinem Leben gehabt; aber ist man nicht schließlich geschaffen, um zu leiden? Und was ist denn dieses Leben, das man so zärtlich liebt? Es ist ein Rauch, der verweht und der mehr oder weniger sichtbar wird.

Ich habe Manteuffel mit der Vorhut abgesandt. Er soll dem Dorfe Schaumburg gegenüber eine Stellung beziehen, wo der Feind eine Batterie aufgefahren hat, um den Flußübergang zu schützen. Kanitz ist mit zwei Regimentern nach Wrietzen marschiert, um die Boote zu geleiten, die dort hinkommen zum Bau unserer Oderbrücke."

22. August 1758. In Gorgast

Wir kamen in Gorgast an. Die Infanterie, die der König mitgenommen und die er einen Tag in Frankfurt gelassen hatte, damit sie ruhen sollte, traf seit dem frühen Morgen in diesem Dorfe ein. Ich wurde am Morgen für einen Augenblick gerufen.

„Es bereiten sich hier Zeiten des Schreckens vor", sagte der König. „Wir werden heute bei Eintritt der Nacht abmarschieren, und morgen, wenn es dem Glücke gefällt, den großen Fluß überschreiten. In unserem nächsten Quartier werde ich Ihnen alles sagen, was ich getan habe. Ruhen Sie sich aus, und vergessen Sie nicht, für ein Geschöpf zu beten, das das Gebet der Gerechten sehr nötig hat."

23. August 1758. In Klossow

Die gesamte Infanterie und die Husaren, die das Lager zu Beginn der vorigen Nacht abgebrochen hatten und in zwei Kolonnen marschiert waren, kamen um sieben Uhr morgens in Güstebiese an, ohne Russen zu treffen, weder in dem Dorfe noch auf den Höhen jenseits der Oder. Da der König mit aller Sorgfalt die Vorbereitungen für den Übergang über die Oder hatte treffen lassen, so begann man um neun Uhr, eine Brücke zu bauen, die zu Mittag fertig war. Während des Baues dieser Brücke gingen die Vorhut und ein Teil der Zietenschen Husaren in Fähren über den Fluß; als aber die Brücke vollendet war, begannen die Regimenter Ruesch und Malachowski hinüberzuziehen; die Infanterie mit dem Troß der Artillerie folgte ihnen, und die Kavallerie, die erst an diesem Morgen um drei Uhr aus dem Lager gezogen war, ging als letzte hinüber. Das ist das, was ich gesehen habe und was mir der König am Abend in Klossow sagte, wohin er mit der Vorhut marschiert war, nachdem der größte Teil des Heeres den Fluß überschritten hatte.

„Ich bin glücklich herüber, und es befriedigt mich, meine Armee so kampfesfreudig gesehen zu haben. ‚Vater', haben sie mir unterwegs mehrmals zugeschrien, ‚führen Sie uns schnell an den Feind; wir wollen siegen oder sterben für Eure Majestät!' Diese Worte haben mir das Herz bewegt."

„Ich habe diese Rufe ebenfalls gehört, Sire. Ich habe sie mir erklären lassen und habe den Himmel gesegnet wegen dieser erfreulichen Kampfeslust."

Was ich nicht wußte und was mir Seine Majestät gütigst auseinandersetzte, war der Umstand, daß durch das Manöver, das gemacht worden war, das Korps des Generals Rumianzow, das in Schwedt war, von seinem Heere abgeschnitten worden war. Unsere Armee lagerte zwischen Zellin und Klossow, wo das Hauptquartier eingerichtet wurde.

Bevor ich beim König eintrat, hatte ich einen Vorgang beobachtet, der mich aufs äußerste empörte. Man hatte in das Quartier Seiner Majestät einen Kalmücken gebracht, den man gefangengenommen hatte. Ein General, der ihn sah, kam heran und begann, den armen Teufel in Ausdrücken zu beschimpfen, die dieser nicht verstand. Als der General bemerkte, daß der Kalmück ein Bild auf der Brust hängen hatte, wollte er es mit seinem Spazierstocke berühren. Der Gefangene aber, welcher glaubte, man wollte ihm seinen Heiligen wegnehmen, verbarg es mit beiden Händen. Da versetzte ihm der wütende General so heftige Stockschläge auf die Hände, daß diese anschwollen und schwarz wurden. Da der Kalmück gut festhielt und seinen Heiligen beschützte, wobei er den General, der ihn so grausam schlug, traurig anblickte, versetzte ihm dieser Schläge ins Gesicht, daß es bald ganz von Blut überströmt war. Bei diesem Anblick lief mir die Galle über. Ich sagte ihm, wenn man diese Kalmücken und Kosaken als Barbaren betrachtete, so gäbe es doch auch sehr viele andere Leute, die man einer noch größeren Barbarei beschuldigen könnte. „Was sagt Er, dieser ... usw." — „Wenn der König diesen Vorgang gesehen hätte, der so erstaunlich gegen die allerbesten Grundsätze der Menschlichkeit verstößt ..." — Bei diesem Worte beruhigte sich der General und bat mich, niemals über diesen Vorgang zu sprechen.

„Aber nicht wahr, diese Kerle sind doch große Schufte?" Ich wollte nicht antworten; aber ich hörte voll Freude, daß alle Anwesenden Einspruch erhoben gegen diese Unmenschlichkeit des Infanteriegenerals.

24. August 1758. Im Hauptquartier Neudammer Mühle

Um drei Uhr nachmittags marschierte der König mit zwei Kolonnen weiter, und gegen acht Uhr abends schlug er ein Lager auf zwischen Nabern und Dermietzel. Er selbst führte die Vorhut am Mietzelkanal in Stellung; diese Vorhut war mit einem Teil der Artillerie über die Brücke von Dammühle gezogen und hatte somit den genannten Kanal im Rücken. Man konnte während des Marsches einen Teil des feindlichen Lagers auf der Höhe von Zicher sehen; man sah sogar, wie die Kavallerie drüben sich bei unserer Annäherung in Schlachtordnung setzte; es kam jedoch zu keinem Gefecht.

Da wir so spät ins Lager gekommen waren, da es ferner der Vorabend einer Schlacht war und da ich bereits vor dem Aufbruch beim König gewesen war, so dachte ich gewiß nicht, daß ich gerufen würde. Es geschah indessen doch gegen neun Uhr abends. Ich fand den König in einem sehr kleinen Zimmer der Mühle, mit Schreiben beschäftigt. Ich glaubte, der König machte seine Pläne für die Schlacht; aber keineswegs — er schrieb Verse.

„Verse, Sire? Und morgen will Eure Majestät eine Schlacht schlagen!"

„Nun, ist daran etwas so Außergewöhnliches? Kann ich mich nicht an diesem Abend wie an jedem anderen mit Dichten beschäftigen und mich zerstreuen, indem ich vielleicht ziemlich schlechte Verse mache? Meine Gedanken sind während des ganzen Tages bei der Hauptangelegenheit gewesen, die ich von allen Seiten betrachtet habe; mein Plan ist fertig, mein Entschluß gefaßt, und es will mir scheinen, es sei mir nun wohl erlaubt, zu kritzeln und Reime zu schmieden ganz wie ein anderer Mensch."

„Sire, niemand wird Ihnen das verargen. Ich sage nur, daß es in einem so gefährlichen Augenblicke, wie es der vor einer Schlacht sein muß, recht schwierig ist, diese Fähigkeit zum Dichten zu haben."

„Wenn Sie erst, wie ich, seit langem an diesen ganzen Wirrwarr der Schlachten gewöhnt sind, so werden Sie es nicht mehr so seltsam finden, daß man sich am Vorabend einer solchen Schlacht so vergnügt, wie ich es tue. Übrigens, mein Lieber, dichte ich nicht, sondern ich versuche, einen Dichter zu berichtigen und, wenn möglich, es besser zu machen als er. Nachdem Sie heute von mir weggegangen waren, wollte ich Rousseaus Ode an das Glück lesen, und als ich mein Buch aufschlug, fiel mein Auge auf die an den Grafen von Sinzendorff, und zwei Strophen darin erschienen mir ziemlich schlecht. Ein wenig Geduld, mein Lieber; ich habe die letzte Strophe noch durchzusehen und umzuarbeiten; ich werde schnell fertig sein und Ihnen mein schönes Werk zeigen. — Hier ist es. Vielleicht werden Sie finden, daß in Anbetracht eines so anstrengenden Tages, wie der heutige es war, der Herr Poet sich seiner großen Aufgabe noch recht leidlich entledigt hat."

„Ja, Sire, Eure Majestät haben sich ihrer in einem derartigen Augenblick sehr gut entledigt. Ich bezweifle es, daß die Generale, gegen die Sie jetzt und künftig zu kämpfen haben, jemals am Vorabende einer Schlacht Verse machen."

„Ich habe eine bessere Meinung von ihnen als Sie. Sie würden Verse schreiben so gut wie ich, wenn sie es überhaupt könnten. Diese kleine Arbeit erfrischt Kopf und Gedanken, und ich habe es nötig, daß beide recht frisch sind."

„Da diese kleine Arbeit, wie Sie es nennen, mir recht seltsam erscheint, so wage ich Sie um dieses Blatt zu bitten, das Sie soeben geschrieben haben. Es wird mich für immer an ein merkwürdiges und interessantes Erlebnis erinnern."

„Gern", sagte er. „Wenn Sie Freude daran haben und wenn Sie ihm einen Wert beilegen, den es sicherlich nicht hat, so behalten Sie es, und tun Sie damit, was Sie wollen. Die Ode ist eine ziemlich schwierige Dichtungsart; Malherbe hat hier viel zur Vollkommenheit des Wohlklangs und des Stils beigetragen. Wenn den Dichtern so selten Oden gelingen, besonders Oden zum Lobe irgend jemandes, so liegt das daran, daß sie zu stark übertreiben. Durch solche Übertreibung werden die Lobeserhebungen furchtbar abgeschmackt. Mein teurer Racine bleibt in seinen Oden ungeheuer hinter seinen Trauerspielen zurück. Für jene brauche ich Erläuterungen; für diese habe ich sie nicht nötig, und obwohl er in den Versen seiner Tragödien ungefähr das sagt, was ich auch in Prosa sagen könnte, so gleicht doch nichts dem Zauber und dem Wohlklang seiner Verse."

„Ich glaube, Sire, es wäre sehr schwierig, ein Stück von Racine leidlich umzuarbeiten, zum Beispiel: Der die Gewalt der Flut im Zaume hält..."

„Sie haben recht, das wäre sehr schwierig. Aber, mein Lieber, wenn ich nun einmal versuchte, was ich damit anfangen kann?"

Er ergriff schon die Feder, als man ihm die Generale meldete.

„Warten Sie einen Augenblick in meinem Zimmer. Ich

will ihnen meine Anweisungen geben; denn jeder muß genau wissen, was er zu tun hat. Wenn man meinen Anordnungen folgt, so hoffe ich, daß alles gut gehen wird."

Der König ging hinaus und kam zurück, nachdem er eine halbe Stunde geredet hatte.

„Nun also, alles ist gesagt. Wir wollen zusehen, was ich nun über ‚Der die Gewalt der Flut . . .' zu sagen habe."

Nach einer Viertelstunde war er fertig mit dieser Nachahmung, um die ich ihn ebenfalls bat.

„Mein Freund, jetzt wollen wir die Weintrauben essen, die hier stehen; denn wer weiß, wer sie morgen essen wird. Wir werden bei Tagesbeginn aufbrechen.

Ich werde die Russen mit dem linken Flügel des Heeres angreifen und werde den rechten zurückhalten. Ich rate Ihnen, sich bei diesem aufzuhalten; Sie werden da der Gefahr weniger ausgesetzt sein als an jedem anderen Orte. Klammern Sie sich an das Regiment meines armen Bruders, des Prinzen von Preußen; ich hoffe, daß Sie da nur Kanonenschüsse zu ertragen haben werden. Guten Abend. Ich gehe zu Bett, wo man mich sicherlich nicht einzuwiegen braucht. Versuchen Sie, mein Freund, einen Ort zu finden, wo Sie Ihr Haupt niederlegen können. Wenn Sie das Feuer sich entfernen hören, so bedenken Sie, daß das ein gutes Zeichen für uns ist. Guten Abend. Beten Sie für mich und für mein Heer, und vergessen Sie sich selbst nicht."

25. August 1758. Schlacht bei Zorndorf

Ich verbrachte den Rest des Abends am Fuße eines Baumes, in meinen Mantel gehüllt. Als ich nach Mitternacht in einem kleinen Zelte Licht sah, begab ich mich dahin, um den Auszug des vorhergegangenen Gespräches niederzuschreiben. Von dort ging ich zum Quartier des Königs, der schon seinen Kaffee trank. Ich fragte den Diener, der die Wache hatte, ob Seine Majestät ein wenig geruht habe.

„Geruht, mein Herr? Er hat so fest geschlafen, daß ich Mühe hatte, ihn aufzuwecken."

Bei Tagesanbruch überschritt die Armee in zwei Kolonnen die Mietzel, wie es gestern schon die Vorhut getan hatte. Darauf setzte sie sich im Walde in Schlachtordnung und nahm ihren Marsch in drei Kolonnen wieder auf. Die Infanterie bildete die beiden ersten und die Kavallerie die dritte.

Seine Majestät übernahm die Spitze mit der Vorhut, welche der General Manteuffel führte. Alles marschierte nach links, indem man bis Batzlow im Gebüsch blieb. Im Walde sangen Infanterie und Kavallerie Kirchenlieder, was dem König zu mißfallen schien.

„Meine Lumpenkerle haben Angst", sagte er; „denn sie singen Psalmen von Clément Marot. Wir werden bald eine andere Musik zu hören bekommen."

Als man aus dem Walde heraus war, marschierte die Infanterie durch das Dorf Batzlow, von dem ich soeben gesprochen habe, und durch Wilkersdorf; die Kavallerie ritt neben ihr. In der Absicht, die rechte Flanke des Feindes zu umgehen, stieß der König bis zu dem Sumpfe von Quartschen vor, genannt der Hofebruch. Als man auf der Höhe von Zorndorf war, entdeckte man erst jetzt das feindliche Heer, in Schlachtordnung aufgestellt. Infolge des letzten Marsches erschien man in seinem Rücken.

Nachdem der General Fermor uns am vorigen Abend in Klossow bemerkt hatte, scheint er den Plan des Königs, ihn zu umgehen, geahnt zu haben. Wahrscheinlich hatten sie die ganze Nacht gebraucht, die Stellung zu wechseln; denn man erkannte an verschiedenen Bewegungen, die man sie vornehmen sah, daß sie noch damit beschäftigt waren.

Sie waren in vier Linien in einer Art Rechteck aufgestellt. Der rechte Flügel berührte den Wald von Quartschen, und diese Seite war gedeckt durch den Hofebruch und durch tiefe Schluchten.

Die Linke erstreckte sich bis jenseits von Zicher, das im Rücken dieses Flügels lag, und berührte den Wald dieses Dorfes.

Der König, der angeordnet hatte, den rechten Flügel des

Feindes anzugreifen und seinen eigenen zurückzuhalten, ließ hinter Zorndorf die Vorhut in Stärke von sechs Bataillonen und einem Regiment die Schlacht beginnen. Die Linke dieser Vorhut wurde auf eine Schlucht gestützt, und sie hatte Befehl, während des ganzen Angriffs an ihr entlang zu gehen. Die Rechte hatte Zorndorf vor ihrer Front, das von den Kosaken bei unserer Annäherung geräumt worden war, nachdem sie es in Brand gesteckt hatten.

Zwanzig Geschütze wurden vor dem linken Flügel der Bataillone aufgestellt, die für den ersten Angriff bestimmt waren, und vierzig Geschütze wurden rechts vom Dorfe aufgefahren und von einem Bataillon geschützt.

So stellte der König das Heer zur Schlacht auf, indem die beiden Linien der Infanterie ihre Linke auf einen Sumpf stützten und die Rechte sich bis Wilkersdorf erstreckte, das der Flanke dieses Flügels gegenüberlag. Die gesamte Kavallerie wurde in die dritte Linie gestellt.

Das waren die Vorbereitungen dieses Tages. Der Angriff war auf neun Uhr angesetzt. Die Batterie links von Zorndorf begann zu schießen, die rechts ein wenig später. Die Armee setzte sich in Bewegung. Der rechte Flügel der Vorhut durchquerte Zorndorf, trotz der Flammen; der linke ging unterhalb dieses Dorfes vor. Das Heer folgte in einem gewissen Abstande, um den Angriff zu verstärken. Das beiderseits sehr lebhafte Feuer dauerte bis gegen elf Uhr; da traf unser Vortrupp auf den Feind, und es begann das Musketenfeuer. Unsere Infanterie griff den rechten Flügel des Feindes so heftig an, daß sie ihn über den Haufen rannte und seine beiden ersten Linien auf die dritte warf. Unsere Grenadiere durchbrachen sie mit aufgepflanztem Bajonett.

Ohne Zweifel wäre dieser erste Ansturm entscheidend gewesen, wenn nicht unglückliche Umstände den Erfolg beeinträchtigt hätten. Unsere Vorhut, die, wie gesagt, Zorndorf durchquert und jenseits in bewundernswürdiger Ordnung die Schlachtlinie gebildet hatte, zog ein wenig zu weit nach rechts, als sie sich gegen den Feind in Bewegung setzte. Sie entfernte sich infolgedessen von der Schlucht, an der sie immer entlang ziehen sollte, um ihre Flanke nicht zu entblößen und um auf die des Feindes zu treffen.

Dieser Fehler hätte ausgeglichen werden können von der Linken der ersten Linie, wenn sie ein Bataillon über diesen Flügel der Vorhut vorgeschoben hätte. Das wurde jedoch nicht getan, und der Feind nutzte es aus. Seine Kavallerie erschien, und indem sie über die Linke herfiel, schlug sie sie in die Flucht. Die in dritter Linie stehende Kavallerie konnte nicht schnell genug herankommen, um der Linken rechtzeitig zu helfen, welche in Unordnung geriet. Da erschien jedoch der General Seydlitz mit mehreren Regimentern vor der russischen Kavallerie, griff sie an und trieb sie kämpfend bis vor ihre eigene Infanterie des rechten Flügels. Er brach dann auch mit glänzendster Tapferkeit an dieser Stelle durch und richtete ein schreckliches Blutbad an, indem er die beiden ersten russischen Linien auf die dritte zurückwarf. Die Husaren von Zieten und von Malachowski stießen zum General Seydlitz und zeichneten sich bei ihrem Angriffe ganz hervorragend aus. Dieser so bedrängte Flügel entfloh mit größter Beschleunigung in die Wälder von Quartschen und auf die Mietzel zu. Wenn dort die Bauern die Brücken nicht abgebrannt hätten, so wäre die Schlacht entschieden gewesen; so hängen die Ereignisse dieser Welt von Ursachen ab, die man nicht voraussehen kann. Der Feind, der seinen Rückzugsweg versperrt und sich gezwungen sah, zu ertrinken oder sich zu wehren, entschloß sich zum zweiten. Er hielt stand in dem Walde, wo er sich verteidigte und wieder zu schießen begann.

In dem Augenblick, als der König seine Linke in Unordnung und kaum fähig sah, sich wieder zu sammeln, und als er bemerkte, daß der linke Flügel der Russen sich in Marsch setzte, um die Trümmer des rechten zu unterstützen, kam er in vollem Laufe auf den rechten Flügel geritten und hielt vor dem Regimente des Prinzen von Preußen an, dem ich zugewiesen worden war.

„Daß sich Gott im Himmel erbarme!" rief er mit ziemlich lauter Stimme. Aber der Prinz Moritz, der das geschehene Unglück erkannte und seine Folgen voraussah, vielleicht auch mit dem Ausrufe des Königs nicht ganz zufrieden war, nahm seinen Hut, warf ihn in die Luft und schrie mit entschlossener Miene und weittönender Stimme:
„Es lebe der König! Die Schlacht ist gewonnen!"
Die Linie schrie: „Es lebe der König!" Seine Majestät schien einen Augenblick zu lächeln. Der Prinz Moritz und der General Bülow sagten:
„Kameraden, die Leute, die ihr dort weggehen seht, das sind russische Gefangene, die man abführt. Vorwärts! Es lebe der König! Marsch!"
Seine Majestät der König, der im Trab vor dem Regimente Prinz von Preußen vorüberritt, sagte: „Meine Freunde, verteidigt euch noch einen Augenblick! Haltet gut stand, und alles wird gutgehen!"
Darauf ging alles vor. Dieser Flügel, bestehend aus den Regimentern Wedell, Kalckstein, Forcade, Prinz von Preußen und Asseburg, verrichtete Wunder der Tapferkeit; die beiden letzten Regimenter erwarben an diesem Tage unsterblichen Ruhm. Er warf den Feind aus seiner Stellung und nahm ihm seine Geschütze ab. Unsere Kavallerie erschien noch einmal und richtete unter der fliehenden russischen Infanterie ein furchtbares Blutbad an; alles wurde ohne Gnade mit dem Säbel niedergemacht. Da die Russen nicht um Pardon baten, so gewährte man ihnen auch keinen. Ein Teil der russischen Infanterie, der von den genannten tapferen Regimentern auf den rechten russischen Flügel geworfen wurde, wurde von unserer Kavallerie bis zur Schlucht verfolgt, auf die dieser Flügel zu Beginn der Schlacht gestützt worden war.
Unsere Infanterie auf dem rechten Flügel rückte vor bis zu den Sümpfen seitlich von Quartschen, eroberte noch mehrere Geschütze, vernichtete fast die gesamte feindliche Infanterie, die die Kriegskasse bedeckte, und bemächtigte sich dieser zum Teil. Als der Feind sah, daß seine Linke auf das Zentrum und dann auf den rechten Flügel ge-

worfen wurde, daß er keine Möglichkeit zum Rückzuge hatte und daß man ihn von allen Seiten bedrängte, da ließ er seine Truppen eine Wendung machen, so daß sie am Ende der Schlacht, gegen acht Uhr abends, freilich in äußerster Verwirrung, hinter Zorndorf standen, die Front in umgekehrter Richtung als bei ihrer Stellung am Morgen, und einen Teil des Geländes besetzt hielten, das die Linke unserer Vorhut zu Beginn der Schlacht innegehabt hatte. So verbrachte er die Nacht in großer Unordnung. Unsere Armee blieb mit den Waffen in der Hand mitten zwischen den Toten des Feindes, auf den Höhen zwischen Quartschen und Zicher. Das erste dieser Dörfer blieb vor dem rechten Flügel. Was noch übrig war von den Bataillonen unserer Linken, deren größter Teil geflohen war, stellte sich hinter Zicher auf, das der Feind während seines Rückzuges niedergebrannt hatte. Da die Kosaken an diesem Tage alle Dörfer auf dem Schlachtfelde und in der Umgebung in Brand gesteckt hatten, so war es ein herzzerreißendes Schauspiel, diese brennenden Dörfer und die Bauern zu sehen, die mit ihren Frauen von diesen Barbaren verbrannt oder niedergemetzelt worden waren.

Nachdem die Schlacht entscheidend gewonnen war, schrieb der König um achteinviertel Uhr abends auf einer Trommel einen Brief an die Königin und einen an das Ministerium. Er fragte, ob man wüßte, wo ich wäre. Sein Adjutant, Herr von Krusemarck, sagte ihm, daß ich anwesend sei. Man rief mich. Ich beglückwünschte Seine Majestät den König zu der gewonnenen Schlacht und dankte ihm dafür, daß er am Vormittag nachgefragt hatte, ob man mich gesehen hätte.

„Da ich wußte, daß Sie sich beim rechten Flügel befanden, so war ich neugierig, ob Sie wohl noch dort wären. Hatte ich es Ihnen nicht richtig gesagt, mein Freund, daß ein Schlachttag ein Schreckenstag sei? Und was sagen Sie zu diesen Barbaren, die alle meine Dörfer und meine armen Bauern verbrannt haben? Seydlitz hat diese Brandstifter die Greueltaten, die sie begangen haben, teuer bezahlen lassen!“

Als ich dem Könige zuhörte, bemerkte ich einen Russen mit einem Säbel ohne Scheide, der sich mitten in den Menschenhaufen befand, der Seine Majestät umgab. Ich machte ihn darauf aufmerksam.

„Man nehme diesem Kerl den Säbel weg! Wie kommt er denn hierher? Warten Sie einen Augenblick; ich will noch mit Ihnen sprechen. Ich habe noch einige Befehle zu erteilen; das wird bald getan sein."

Eine halbe Viertelstunde später trat ich in sein kleines Zelt, das man aufgerichtet hatte, und beglückwünschte ihn von neuem zu dem Erfolge des Tages.

„Er ist schrecklich gewesen, dieser Tag, und ich habe den Augenblick vor Augen gesehen, wo alles zum Teufel ging. Das wäre auch geschehen, ohne meinen tapferen Seydlitz und ohne den Mut meines rechten Flügels und besonders des Regimentes meines teuren Bruders und des Regimentes Forcade. Ich sage Ihnen, sie haben den Staat und mich gerettet. So wird auch meine Dankbarkeit ebenso lebendig bleiben wie der Ruhm, den sie an diesem Tage erworben haben, wie anderseits meine Entrüstung nicht enden wird über jene preußischen Regimenter, auf die ich zählte. Diese Eselsköpfe sind ausgerissen wie alte Huren und haben mir Augenblicke grausamer Pein verursacht. Diese Lumpenhunde haben einen panischen Schrecken bekommen, den man ihnen noch nicht wieder hat austreiben können. Wie traurig ist's, abhängig zu sein von einem Haufen solcher Schelme!"

„Aber schließlich, Sire, die Schlacht ist gewonnen, und ich beglückwünsche Eure Majestät dazu aus tiefster Seele."

Ich erwartete in diesem Augenblicke wirklich keine Verse, erhielt sie aber dennoch zur Antwort, offenbar auf den Glückwunsch, den ich ausgesprochen hatte.

„Sagt selbst: Wie sinnlos handeln wir darin,
Daß wir Bewundrung zollen solchen Taten!
Führt denn nur über armer Menschen Unglück
Der Weg zur Tugend großer Könige?
Ihr Ruhm sprießt üppig wuchernd aus Ruinen;
Kann er denn ohne Mord und Raub nicht sein?

Ihr Ebenbilder Gottes auf der Erde,
Kann nur durch ungeheure Donnerschläge
Die wahre Größe leuchtend sichtbar werden?[1]

Und dann, mein Lieber:

Der Sieger, der nur seinen Waffen
Triumph und Ruhm verdankt . . .“

Vielleicht hätte er diese Strophe beendet, wenn man nicht Butterbrote hereingebracht hätte; der König aß drei davon hintereinander, ohne ein Wort zu sagen. Er sprach darauf: „Ich glaube, Sie werden nicht abgeneigt sein, ebenfalls zu essen. Nehmen Sie diese beiden, die übrig sind. Das ist wenig für einen jungen Magen, der sicherlich leer ist; aber in dieser Welt, und besonders an einem Schlachttage, muß man es nehmen, wie es kommt. Haben Sie alles begriffen an diesem teuflischen Tage?“
„Sire, ich habe den Marsch und alle Anordnungen wohl erfaßt, die vor der Schlacht getroffen wurden; ich habe auch den Beginn der Schlacht gut beobachtet; aber das übrige ist mir entgangen. Ich habe nichts von den Bewegungen verstanden, die man gemacht hat.“
„Sie sind nicht der einzige, mein Freund; Sie sind nicht der einzige — trösten Sie sich!“
„Ich habe während der Schlacht um einige Erläuterungen gebeten; ich weiß nicht, ob sie richtig sind.“
„Gut, also morgen, wenn wir ein wenig Ruhe haben! Ich werde Sie kommen lassen, und Sie werden mir erzählen, wie man Ihnen die Sache erklärt hat; ich werde dann berichtigen, was falsch ist. Ich werde mich jetzt völlig angekleidet auf mein elendes Bett legen und bedaure Sie, daß Sie die Nacht unter freiem Himmel inmitten der Toten und Sterbenden verbringen müssen. Das kommt davon, wenn man einen alten Kriegsmann auf seinen Zügen begleitet, der umherlief, umherläuft und umherlaufen wird! Schlafen Sie, wenn es möglich

[1] Aus der „Ode an das Glück“ von Jean Baptiste Rousseau.

ist. Ich bin zu aufgeregt, als daß ich auf ein wenig Ruhe hoffen dürfte, die ich sehr nötig habe; denn mein armer Kopf ist ganz verteufelt schwer."

26. August 1758

Der König besichtigte bei Tagesanbruch das Schlachtfeld. Er sah, daß der Feind, dessen Regimenter alle durcheinander geworfen worden waren, sich zu erholen und Brigaden zu bilden begann. Seine Majestät der König ordnete seine Truppen. Er stellte die gesamte Infanterie auf die Rechte, auf deren Flügel das Dorf Quartschen lag; sie stützte sich auf den Hofebruch. Die Husaren wurden auf diesen Flügel gestellt, um ihn zu stärken. Die Kavallerie lagerte auf dem linken Flügel, welcher sich in Richtung Wilkersdorf erstreckte. Als zu Mittag das Gepäck eintraf, das in Damm geblieben war, da schlug das Heer auf demselben Platze seine Zelte auf, wo es der König in Schlachtordnung gestellt hatte.

Am Morgen hatte er den linken Flügel nur ein wenig auf Zicher zurückgenommen. Der ganze Tag verging unter Geschützfeuer, ohne daß es von einer oder der anderen Seite zu einem Gefechte gekommen wäre. Als der König am Morgen den Feind beobachtete, war er dem Gewehrfeuer ausgesetzt. Der Oberst von Schwerin, der die Gendarmen befehligte, bat ihn inständig, sich zurückzuziehen. „Sehen Sie denn nicht, daß man es auf Sie abgesehen hat?"

„Ich sehe es nicht."

„Aber zum Teufel, wenn Sie es nicht sehen, hören Sie dann nicht wenigstens die Kugeln um uns her pfeifen, die die Erde ein paar Schritte von Ihrem Pferde entfernt aufwühlen?"

„Hirngespinste, Herr von Schwerin!"

„Nun gut, so bleiben Sie, solange es Ihnen beliebt. Ich jedoch muß mich dem Regimente erhalten, das ich die Ehre habe zu befehligen, und ich werde mich jetzt an seine Spitze stellen."

Der König lachte sehr über diese kleine, so hübsch gespielte Komödie. Man hatte das große Zelt Seiner Majestät aufgespannt. Er richtete sich darin ein, als müßte er mehrere Tage hintereinander darin zubringen. Ich wurde während des Tages dreimal gerufen.

„Sie sehen mich hier so untergebracht wie in Posedam" — wie der Marquis d'Argens es aussprach — „mit meinen Büchern, meinen Papieren und allem, was ich zu meinen Kritzeleien brauche. Meine Karten bilden den Wandbehang, und diese Bespannung ist mehr wert als die von Brokat.

Nun also, mein Lieber, wie steht es mit der gestrigen Schlacht? Was haben Sie selbst beobachtet, und was haben Ihnen die anderen gesagt über das, was Sie nicht verstehen konnten?"

Ich berichtete über alles. Der König unterbrach mich einige Male, um meine Meinungen zu berichtigen; er machte mich bekannt mit der Geschichte der ganzen Schlacht. Um es mir zu verdeutlichen, zeichnete er auf ein Stück Papier, das ich noch aufbewahre, seine Stellung, die des Feindes, die Art und Weise, wie er angegriffen hatte, die Bewegungen, die unternommen worden waren; um die Schluchten oder die Sümpfe zu bezeichnen, spritzte er Tinte aus seiner Feder; da diese Tinte aber zu reichlich herausfloß, verdarb sie alles, so daß er von vorn beginnen mußte. Endlich spritzte er mit weniger Kraft, und der kleine Plan wurde recht aufschlußreich. Nachdem er ihn beendet hatte, fragte er mich, ob ich alles richtig verstanden hätte.

„Ja, Sire."

„Gut, mein Herr, so wiederholen Sie Ihre Lektion! Sie sehen, Sie haben bei mir einen harten Stand!"

Während er mir diesen kleinen Plan der Schlacht entwarf, flogen ziemlich häufig Kanonenkugeln über und neben seinem Zelte vorüber; dann blickte er mich an und sagte: „Diese hübschen Herren werden uns in unserer Arbeit nicht stören. Wie man sich doch an den Lärm gewöhnen kann!"

In der Zeit zwischen meiner zweiten und dritten Sitzung bei ihm schrieb ich meinen Bericht über die Schlacht nieder. Als ich zu ihm kam, zeigte ich ihn; der König las ihn, und nach einigen Änderungen, zu welchen er mich veranlaßte, fand er ihn ziemlich gut. Er las mir drei und eine halbe Seite vor, die er gleichfalls in dieser Zwischenzeit geschrieben hatte. Sobald ich sie gehört hatte, wollte ich mein Gekritzel zerreißen.

„Zerreißen Sie nicht, was Sie geschrieben haben! Es wird ein Andenken für Sie sein, und wie ich Ihnen sagte, ist es ziemlich gut."

Es ist eine Folge dieser Worte des Königs, wenn ich diesen Bericht so vorlege, wie ich ihn abfaßte in der Absicht, ihn dem König zu zeigen. Ich erbitte dieselbe Nachsicht, die ihm der König erwies; jedoch werde ich in Zukunft vorsichtiger sein, und ich werde mich künftig nur noch sehr selten an militärische Angelegenheiten wagen und auch nur dann, wenn der König geruhte, mit mir darüber zu sprechen. Ich fühle, wenn ich in Zukunft so ausführlich auf Einzelheiten einginge, wie ich es bei dem vorliegenden Berichte getan habe so würde das zu weit führen und mir wohlverdiente Kritik eintragen. Dieses für mich so neuartige Erlebnis, die Güte des Königs mich aufzuklären und meine Ansichten zu berichtigen haben mich verführt; wenn ich auf Nachsicht rechnen will, so weiß ich sehr wohl, daß man mit Recht von mir fordern wird, daß ich der Versuchung nicht wieder nachgebe.

Der König sprach noch einmal mit Entrüstung von jenen preußischen Regimentern, die so feige geflohen waren, und mit begeisterter Dankbarkeit und Bewunderung vom General Seydlitz, von seinem rechten Flügel und besonders von dem Regimente des verstorbenen Prinzen von Preußen und dem des Generals Forcade.

„Diese Regimenter und Seydlitz haben mich gerettet. Was könnte ich doch alles tun, wenn ich mehr solche Führer und mehr solche Truppen hätte!"

Es überraschte mich, offen gesagt, daß er vom Prinzen

Moritz und seiner Tapferkeit nur so nebenbei sprach, der doch in dem Augenblicke, als der Ausruf des Königs verhängnisvoll werden konnte, seinen Hut emporwarf und „Es lebe der König!" schrie und schreien ließ. Als er noch einmal auf das tapfere Regiment Prinz von Preußen zu sprechen kam, erzählte er einen Vorgang, der sich am Morgen zugetragen hatte.

„Mein Freund, das hat mich unsagbar gerührt. Ein Offizier dieses Regimentes, namens Berg, hatte sich vor seinem Zuge auf die Erde gesetzt und stützte seine Hand auf den Oberschenkel. Der junge Mann, der ermüdet war von dem gestrigen Tage, der Nacht und der sehr starken Hitze des Morgens, ruhte so einen Augenblick aus, als ihm eine Kanonenkugel Hand und Oberschenkel zerschmetterte. Man eilte ihm zu Hilfe; er wollte nicht, daß man ihm einen Verband anlegte; er sagte, er glaube, die Schlacht sei noch nicht zu Ende, da man noch immer schieße.

‚Keinen Verband; ich werde sterben, und ich sterbe zufrieden, wenn der König die Schlacht gewinnt und diese Brandstifter vernichten kann.'

‚Er hat sie gewonnen!'

‚So sterbe ich also zufrieden', und er fiel in Ohnmacht."

Als mir der König diese rührende Begebenheit erzählte, die den Offizier wie das Regiment ehrt, da standen ihm die Tränen in den Augen.

„Da Sie kein Zelt haben, so habe ich Wobersnow gesagt, er möchte Ihnen einen Platz in dem seinen einräumen. Sie können da eine weniger böse Nacht als die vorige verbringen."

Ich bedankte mich sehr für diese Güte, die ich sehr nötig hatte; ich hatte jedoch wenig Nutzen davon; denn nachdem ich gegen Mitternacht das Zelt betreten hatte, wurde alles munter.

27. August 1758

Zwei Stunden später, gegen zwei Uhr morgens, begann der Feind, der während des gestrigen Tages in seiner

Stellung und unter den Waffen geblieben war, nach rechts gegen Wilkersdorf und Cammin zu marschieren. Man begleitete ihn mit einer furchtbaren Beschießung. Der König folgte ihm bei Tagesanbruch mit dem ganzen Heere bis über Tamsel hinaus. Da jedoch der General Fermor schon die Höhen von Cammin besetzt und dort seine gesamte Artillerie aufgestellt hatte, so konnte Seine Majestät rein nichts unternehmen. Er bezog in Tamsel sein Hauptquartier.

27. bis 31. August 1758. In Tamsel

Während der fünf Tage, die wir in Tamsel blieben, wurde ich jeden Abend um fünf Uhr gerufen. Diese angenehme Gegend, die einer berühmten und achtenswerten Familie des Landes gehörte, hatte unter dem Aufenthalt und dem Durchzug der Feinde schrecklich gelitten. Sie hatten geplündert und geschändet und Bauern und Bäuerinnen niedergemetzelt. Ich sah noch vor dem Schlosse eine arme Unglückliche, die die Kosaken geschändet, entkleidet und an mehreren Stellen mit ihren Piken durchbohrt hatten. Als ich am ersten Tage beim König war, ging er mit mir durch alle Räume des Schlosses.

„Sehen Sie, mein Lieber ,wie diese Schufte die Möbel der guten Wreechs[1] zugerichtet haben, wie sie die Zimmereinrichtung und alles, was sie nicht mitnehmen konnten, zerbrochen haben! Was sie hier vollbracht haben, das haben diese Barbaren auch bei den meisten Bauern getan. Haben Sie diese Tote vor dem Garten gesehen? Stehen einem da nicht die Haare zu Berge? Heißt das Krieg führen? Müßten die Fürsten, die sich solcher Truppen bedienen, nicht schamrot werden? Sie sind schuldig und vor Gott verantwortlich für alle Greueltaten, die sie begehen.“ Nachdem er die Gemächer des Schlosses besichtigt hatte,

[1] Bei der Familie v. Wreech auf Schloß Tamsel war Friedrich in seiner Küstriner Zeit als Kronprinz häufig zu Gaste gewesen. Der jungen Hausherrin, Eleonore Luise v. Wreech, geb. v. Schönig, Gattin des Obersten v. Wreech, scheint er ungewöhnlich zugetan gewesen zu sein und hat ihr zum mindesten in schwungvollen Versen seine Liebe gestanden. Frau v. Wreech starb 1764.

ging er einen Augenblick in den Garten, den ich im holländischen Geschmack hergerichtet fand. Als er hinausging, warf sich eine ziemlich gut gekleidete und schon bejahrte Bäuerin dem König zu Füßen.

„Steht auf, gute Frau. Was wollt Ihr?"

„Sire, ich komme, um Eure Majestät inständig zu bitten, meinem Sohn, der sich bald verheiraten will, ein kleines Amt zu verleihen, das ihm sein Brot einträgt. Wenn Sie mir diese Gnade gewähren, so segne Sie Gott im Himmel!"

„Meine arme, gute Frau", sagte der König zu ihr, „ich habe es nötig, daß mich der Himmel segnet; aber wie soll ich ihm ein Amt geben, wenn ich nicht einmal sicher bin, das meine zu behalten?"

Die Bäuerin begann zu weinen.

„Warum weint Ihr?" sagte der König, der vielleicht glaubte, daß diese Tränen wegen seiner Äußerung über sein Amt flössen, und ohne eine Antwort abzuwarten, schickte er sie weg, indem er zu ihr sprach: „Euer Sohn möge mit seiner Frau tapfer Kinder zeugen und nach Potsdam kommen, wenn der Frieden geschlossen ist!"

Seine Majestät wiederholte mir dieses Gespräch, das ich nicht hatte verstehen können.

„Nicht wahr, mein Lieber, es ist doch recht drollig, mich in einem solchen Augenblicke um etwas zu bitten!"

„Aber, Sire, diese arme Frau kennt Ihre gegenwärtige Lage nicht. Sie hofft auf Ihr Wohlwollen und bildet sich ein, ein König könne jederzeit und allerorten einige Beweise davon geben."

„O zum Teufel, mein Lieber, das geht nicht! Um auf die Barbaren zurückzukommen: Ich habe den General Bredow mit zwei Kavallerieregimentern auf das Schlachtfeld gesandt, um die Toten zu begraben und die Verwundeten und die eroberten Geschütze abzutransportieren. Nach dem Berichte, den er mir erstattet hat, kann ich Ihnen jetzt mit Bestimmtheit sagen, daß der Feind beträchtliche Verluste erlitten hat, größere, als ich es vermutete." Er gab sie übrigens nicht bestimmt an; ich weiß nicht, ob es aus Vergeßlichkeit geschah. „Außerdem haben wir ihm dreitausend Gefangene abgenommen, darunter sechs Generale und vierundachtzig Offiziere; wir haben hundertundeine Kanone, ein Paar Kesselpauken, siebenundzwanzig Fahnen und einen großen Teil seines Gepäcks und seiner Kriegskasse erbeutet. Wir haben an Toten, Verwundeten und Versprengten etwa fünftausend Mann verloren, sowie einige Geschütze, deren der Feind sich bemächtigte, als meine Eselsköpfe auf dem linken Flügel vor der russischen Kavallerie flohen. Diese Kavallerie taugt übrigens nicht viel; sie hielt der meinen niemals stand. Die Infanterie ist viel mehr wert; sie versteht sich zu verteidigen. Unter guter Führung könnte man etwas mit ihr ausrichten. Die russischen Generale sind so, wie sie mir der Marschall von Keith geschildert hat: schlechte Generale. Infanterie, die gut zum Standhalten und im Stellungswechsel noch sehr unerfahren ist, die weiß sich nicht zu rühren; sie hat standgehalten, und diese Lumpe auf meinem linken Flügel haben mich im Stich gelassen! Ich bin ganz beschämt; ich hätte das für unmöglich gehalten."

Diese Worte des Königs ließen mich vermuten, daß sich in diese Scham ein wenig Eigenliebe mischte, die falsch gerechnet oder nicht auf die Bedenken gehört hatte, die geäußert worden waren. Ich will das erklären. Als der König Schlesien verließ, um den Russen entgegenzuziehen, da fragte er den Marschall Keith, was denn von diesen russischen Truppen zu halten sei.

„Sire, es sind tapfere Truppen, die sich gut zu verteidigen wissen, aber unter schlechter Führung stehen."

„Gut, gut", sagte der König zu ihm; „Sie werden erfahren, daß ich diese Kerle angegriffen und beim ersten Ansturm in die Flucht geschlagen haben werde."

„Sire, diese Kerle fliehen nicht so leicht, und ich glaube es Eurer Majestät sagen zu müssen mit aller Aufrichtigkeit und Teilnahme, die ich Ihnen schulde."

„Nun gut, Sie werden sehen, daß das nicht dieselben Russen sind, die Sie kennen."

Nach einer solchen Rede hätte er die Russen angreifen und ohne weitere Umstände in die Flucht schlagen müssen. Nachdem er sie nun angegriffen und auch tatsächlich in die Flucht geschlagen hatte, hielten sie jedoch gut stand bis um acht Uhr abends, und ich glaube, es war diese Hartnäckigkeit, ihm das Gelände streitig zu machen und sich zu verteidigen, die die Scham, von der er sprach, ein wenig mit verursachte. In der Tat, wie sollte er nun nach dieser Probe dem Marschall von Keith gegenüber die Ansicht verteidigen, diese Kerle wären leicht in die Flucht zu schlagen, oder behaupten, jener habe weniger richtig geurteilt als der König?

Diese Ansicht, die ich hier geäußert habe, ist vielleicht gewagt. Was sie mir aber wahrscheinlich machte, das ist das Stillschweigen, das der König dem Marschall gegenüber über die Schlacht und über alles bewahrte, was irgendwie sich auf die Russen bezog — ein Stillschweigen, welches den Marschall in maßloses Erstaunen setzte, wie er mir selbst sagte, als wir wieder zu der Armee des Markgrafen Karl kamen. Er stellte nicht in Abrede, daß der König einige gute Gründe zur Rechtfertigung seiner vorgefaßten Meinung habe; denn die Russen waren ja tatsächlich anfangs beim Angriff unseres Vortrupps zurückgewichen, und wenn die Brücken nicht niedergebrannt gewesen wären, so wäre die Schlacht schnell entschieden gewesen. Das war die Meinung Seiner Majestät.

Der König las alle Tage morgens und nachmittags seinen geliebten Lukrez; er sagte, das sei sein Brevier, wenn er traurig sei. Aber gegen seine Gewohnheit sprach er während der ersten vier Tage nicht von seiner Lektüre. Endlich, am letzten Tage, sagte er:

„Sie sehen mich mit meinem Lukrez. Das beweist Ihnen, daß ich Kummer habe. Das Leben eines fahrenden Ritters zu führen, durch Länder zu eilen, auf Landstraßen entlangzulaufen, unaufhörlich sich neuen Feinden gegenüberzusehen und ihrer Menge wegen nichts zur Vollendung zu bringen — das alles ist nicht gerade erfreulich, mein Freund. Es sind nicht etwa diese Russen, die noch in Schußweite stehen, die mir Schwierigkeiten machen; ich werde wohl ein Mittel finden, sie von hier zu verjagen. Aber da sind andere Feinde, deren ich mich zu entledigen suchen muß. Ich habe keine Zeit zu verlieren, sondern ich muß ihnen entgegeneilen und sie daran hindern, meine Abwesenheit zu irgendwelchen Unternehmungen auszunutzen, wozu sie große Lust zu haben scheinen. Um mich ein wenig von meinen düsteren Gedanken abzulenken, lese ich meinen Freund Lukrez, und ich spreche wie er: ‚Mächtige Venus, die du den grausamen Gott des Krieges in deinen Armen hälst, der, von deinen Reizen begeistert, sein furchtbares Haupt auf deinen Busen neigt, o rühre gnädig sein Herz, daß die Schrecken des Krieges endlich der Milde des Friedens weichen, den das preußische Volk ersehnt nach soviel Nöten; daß sein fahrender Ritter nach nach seinem Potsdam heimkehren und hier in den Armen der Philosophie einer Ruhe genießen kann, die er entbehrt seit ach, so langer Zeit; daß er seinen treuen Gefährten des Mißgeschicks sehen möge, wie er den Musen sich ergibt und mit einer liebenswürdigen Gattin aller Seligkeiten sich erfreut, deren die armen Sterblichen fähig sind.‘ Das ist meine neue Gebetsformel. Sie kennen die beiden Gebete, die ich ziemlich häufig spreche; sie sind nicht so beredt wie dieses. Nun sagen Sie noch, mein Lieber, ich sei nicht fromm und ich bete nicht und ich sei sehr in Gefahr, eines Tages zum mindesten ein bißchen geröstet zu werden!“

„Obwohl Ihre so häufig wiederholten Gebete mich nicht an eine besonders inbrünstige Frömmigkeit glauben lassen, Sire, so meine ich doch, daß Sie das Rösten nicht zu fürchten haben, wenn Sie dahin gelangen können, ernstlich zu sprechen: ‚O Gott, habe Erbarmen mit meiner Seele, wenn ich eine habe.‘ — Eure Majestät sagten es einige Male; aber das kam nicht aus dem Herzen.“

Er lachte sehr: „Mein Freund, mein Freund, wie ich daran verzweifle, Sie zu bekehren, so hoffen auch Sie nicht, daß ich meine Ansichten ändern könnte! Meine sehr gründlich durchdachten Grundsätze sind unerschütterlich; glauben Sie das nicht auch?“

Ich wollte nicht antworten; aber er drängte so, daß ich wohl sprechen mußte. Da ich nicht auf Einzelgründe für meine Äußerung eingehen wollte, so begnügte ich mich damit, ihm zu sagen:

„Mir scheint, wenn Eure Majestät Ihrer Ansichten und Ihrer Grundsätze so sicher wären, so würden Sie nicht so oft davon sprechen."

Diese Antwort, die Veranlassung geben konnte zu weitläufigen Erörterungen, beendete zu meiner großen Überraschung die Unterhaltung. Der König wechselte sofort deren Gegenstand.

„Wissen Sie wohl, mein Lieber, daß ich nun doch in zehn Monaten Franzosen, Österreicher und Russen geschlagen habe? Ich glaube nicht, daß man meine Anordnungen in dieser Schlacht wird tadeln können; ich versichere Ihnen, daß ich alles getan habe, was menschenmöglich war. Wenn meine Schurken auf der Linken standgehalten hätten, so hätte ich die Geschichte von Leuthen erneuert. Ich habe die Zietenschen Husaren in die Niederlausitz gesandt und ihnen den Prinzen Franz von Braunschweig mit einiger Infanterie folgen lassen. Wir werden wohl morgen früh von hier aufbrechen und Abschied nehmen von denen, die ich nicht völlig habe vernichten können. Guten Abend. Beschäftigen Sie sich ein wenig mit meinem Gebete nach Lukrez. Auf morgen!"

1. September 1758. In Blumberg

Man erhielt die Nachricht, daß die Russen das Lager zu Cammin abgebrochen hätten und sich gegen den Wald von Massin zurückzögen, indem sie über Vietz und Massin nach Landsberg marschierten. Der König verfolgte sie bis zum Walde, ohne die Nachhut erreichen zu können. Nachdem unsere Truppen Blumberg durchzogen hatten, entdeckte man ein Korps Russen, das hinter den Teichen und Sümpfen stand, die in dem Walde sind, und das die Brücken und die Zugänge stark mit Artillerie besetzt hatte, welche unsere Husaren beschoß. Aber sobald unsere Infanterie eintraf und einige Kanonenschüsse abgegeben worden waren, verließ das russische Korps seine Stellung und setzte seinen Marsch fort. Der König richtete sein Quartier und sein Feldlager in Blumberg ein. Ich wurde am Abend um fünf Uhr gerufen; meine Sitzung war sehr kurz. „Ich habe heute von meinen Barbaren nichts weiter erlangen können als viele ihrer Kranken und viel von ihrem armseligen Gepäck. Sind Sie nicht erbaut gewesen von der Art, wie sie dieses arme Dorf zugrunde gerichtet haben? Da diese Schurken die Betten meiner unglücklichen Bauern nicht mitnehmen konnten, so haben sie sie zerstört und die Federn auf die Straße und in die Stuben gestreut und als Streu für ihre Pferde benutzt. Sie werden zugeben, daß das Greueltaten sind; aber, mein Lieber, wenn sie nicht noch viel schrecklichere begangen hätten, so könnte man über diese hier hinwegsehen. Wenn Voltaire das alles hier sähe, wie würde er schreien: ‚O ihr Barbaren! O ihr Räuber! Wenn ihr so unmenschlich seid, wie könnt ihr hoffen, das Himmelreich zu erben?' — Ich habe von hier den General Manteuffel mit zehn Bataillonen und zwei Regimentern Husaren zur Verfolgung der Russen ausgesandt. Der Graf Dohna wird die übrigen Truppen befehligen. Ich jedoch, immer der fahrende Ritter, ich verlasse morgen diese Gegend, um meinen anderen Feinden entgegenzueilen. Die Österreicher sind ziemlich weit in die Lausitz eingedrungen. Ich begebe mich so schnell wie möglich dorthin. Unterwegs vereinige ich mich mit meinem Markgrafen Karl, und dann werde ich zusehen, was mir auszurichten möglich sein wird. Guten Abend. Morgen nachmittag reise ich; ich bezweifle, daß ich Sie an diesem Tage sprechen kann. Wenn nicht, dann gute Reise!"

Der General Seydlitz hatte mich zum Kaffee bei Herrn Mitchell gebeten. Ein großer Teil des Stabes begab sich zu ihm, um den General zu besuchen und ihm Artigkeiten zu sagen über den Ruhm, den er in dieser Schlacht von neuem erworben habe.

„Sie haben den Staat gerettet, Herr General; Sie sind es, der die Schlacht gewonnen hat!"

„Ich, meine Herren? Sie scherzen! Der König allein hat sie gewonnen. Ich habe weiter nichts getan, als was jeder gute Preuße tun muß; ich habe gut gekämpft, und tausend haben ebenso gut gekämpft wie ich. Darum, meine Herren, weg mit den höflichen Redensarten; ich bitte Sie darum. Wir wollen uns einzig und allein das alles in Kopf und Herz schreiben, was wir dem König und dem Vaterlande schuldig sind. Je gefährlicher die Lage unseres teuren Meisters durch die Zahl seiner Feinde ist, desto eifriger müssen wir ausnahmslos unsere Anstrengungen verdoppeln, um ihm gut zu dienen. Und wer ein guter Preuße sein will, der muß sein Leben für nichts achten, es bei jeder Gelegenheit Seiner Majestät zum Opfer bringen; andernfalls ist er ein Judas. Es lebe der König!"

Das war die Rede dieses großen Generals, der nach des Königs eigenem Geständnis die Schlacht gewonnen hatte.

2. September 1758

Am Nachmittag brach Seine Majestät von Blumberg auf und begab sich nach Manschnow mit den Bataillonen Wedell, Billerbeck, Rohr, den Regimentern Below, Forcade, Prinz von Preußen, Asseburg, Kalckstein, den Leibgarden, den Gendarmen, den Karabiniers, den Kürassierregimentern von Seydlitz, Prinz von Preußen und Prinz Friedrich, den Dragonern von Czettritz und von Normann.

3. bis 10. September 1758

Am 3. zog er bis nach Müllrose.

Am 4. nach Trebatsch, wo der König dem Markgrafen den Befehl schickte, ihn in Sonnenwalde zu treffen.

Am 5. nach Lübben, wo ein Bataillon von Wied zum Schutze der Brücken über die Spree zurückblieb.

Am 7. nach Dobrilugk.

Am 8. nach Elsterwerda. Der König, der beabsichtigt hatte, die Armee des Markgrafen in diesem Orte zu treffen, gab in meinem Beisein den Befehl, sich nach Großenhain zu wenden.

Am 9. kam Seine Majestät am Nachmittag durch Großenhain mit elf Bataillonen und den Freikompanien von Du Verger und traf am Abend in Großdöberitz ein.
Am 10. nach Hoflößnitz.
Während dieser achttägigen Gewaltmärsche sah ich den König nur fünfmal und nur für einige Augenblicke. Die Prinzessin Amalie kam zu einer Begegnung mit ihm nach Müllrose.
„Das wäre für mich", sagte er zu mir, „die erste Freude gewesen, die mir seit langer Zeit zuteil geworden wäre, wenn meine gute Schwester die Wunde meines Herzens nicht dadurch wieder aufgerissen hätte, daß sie mir Einzelheiten mitteilte von dem Tode meines teuren Bruders, der für immer der Gegenstand meiner Klagen sein wird, Man hat ihn wahrhaftig getötet, weil man der Ansicht Mutzels nicht folgen wollte, der für wiederholte Aderlässe stimmte. Die anderen Perückenköpfe behaupteten, mein Bruder wäre schon zu schwach und würde einem neuen Aderlaß erliegen. Warum muß unser Leben, und noch dazu ein so teures Leben wie das meines Bruders, das Opfer der Unwissenheit, der Hartnäckigkeit und des ärztlichen Dünkels werden? Die Äskulapischen Henker der Menschen sind nicht allein daran schuld. Es gibt noch andere, die noch viel mehr als jene sich strafbar gemacht haben; das sind jene Schurken, die meinen Bruder unaufhörlich aufgehetzt haben, indem sie ihm mich in den häßlichsten Farben vor Augen stellten. Wenn es eine Gerechtigkeit gibt in dieser Welt, so wird sie mich rächen, so wird sie auch meinen Bruder rächen für alle teuflischen Umtriebe dieser Höllengeschöpfe. Warum hat er ihnen sein Ohr geliehen? Ohne sie lebte er vielleicht noch. Die Güte eines Fürsten ist zweifelsohne eine große Tugend; aber wenn sie nicht verbunden ist mit einer großen Festigkeit der Seele, wenn sie uns veranlaßt, alle Reden anzuhören, die solche Individuen uns zu halten belieben, wenn sie uns wahllos gefährlichen Bekanntschaften ausliefert, wenn sie uns all das sehen, fühlen und hören läßt, wovon unsere Umgebung wünscht, daß wir es hören oder

sehen — mein Freund, mein Freund, so wird diese Güte schließlich schlimmer als die Tyrannei, oder, da dieses Wort Ihnen häßlich erscheinen wird, schlimmer als die größte Herzenshärte. Mein lieber Bruder war zu gutmütig und zu nachgiebig; er beachtete zu wenig, daß die Mehrzahl derer, welche die Fürsten umgeben, von Selbstsucht und Ehrgeiz und häufig von sehr häßlichen Absichten beherrscht sind. Mein Bruder, der in seiner Gutherzigkeit unfähig war, irgendeinen Menschen zu täuschen, konnte sich nicht vorstellen, daß man ihn selbst betrügen wollte.

Ich habe mich, wie er, während meiner Jugendzeit mit nachgiebigen Bekannten abgegeben; ich glaubte wie er, daß die, die ich mir zu meiner Gesellschaft auserwählt hatte, mich nicht betrügen könnten, daß alle ihre Reden nur auf meinen größten Vorteil abzielten. Ich gebe zu, daß ich diesen Gedanken geradezu hätschelte, der einen Teil meines Lebensglückes ausmachte. Aber, mein Lieber, ich beobachtete dennoch, und sobald ich bemerkte, daß jene Ansicht, die mir so schmeichelte, keineswegs richtig war, da beobachtete ich noch sorgfältiger. Ich änderte mein Verhalten. Ich fühlte, daß ich mich nur noch auf durchaus günstige Merkmale verlassen durfte, daß es wichtig für mich war, meine jetzige oder etwaige künftige Umgebung davon zu überzeugen, daß bei mir nichts durch Beziehungen und Ränke zu erreichen war, daß ich ein Mann sei, der selbst sehen kann, und daß meine einmal gemachten Pläne unerschütterlich seien.

Mein Lieber, habe ich nun etwa Nutzen davon gehabt, daß ich die Menschen so einschätzen lernte, daß ich ihnen zeigte, ich habe meinen eigenen Willen und man könne nicht etwa mit mir machen, was man wolle? Nein, nein, ich selbst habe nicht den geringsten Vorteil davon gehabt, daß ich die Falschheit der menschlichen Tugenden erkannte; aber ich glaube dadurch große Vorteile für das Wohl des Staates errungen zu haben. Potztausend, Standhaftigkeit und wackere und ehrliche Leute müssen um einen Fürsten

sein, sonst geht alles bergab. Ich bin davon überzeugt, daß mein Bruder auf dem Throne die Menschen studiert hätte, daß er sich nicht hätte leiten lassen, sondern daß er jene Entschlossenheit gehabt hätte, die ich habe und die ich auch bis zum letzten Atemzuge bewahren werde."
Seine Majestät der König las während dieser Reise am Morgen die ‚Akademischen Untersuchungen' von Cicero, nachdem er seine militärischen Angelegenheiten erledigt hatte. Am Abend sprach er mit mir über das, was er am Morgen gelesen hatte, wobei er mich darauf aufmerksam machte, daß dieses Berichten über seine Lektüre die beste Art sei, sie sich zu eigen zu machen. Nach dieser Darlegung las er mir die Fortsetzung des Buches vor, so daß er außer den ‚Akademischen Untersuchungen' auch die Abhandlung Ciceros ‚Über das höchste Gut und die Übel' durcharbeitete. Eines Abends wollte er das Trauerspiel ‚Andromache'[1] beginnen; aber nach den vier ersten Versen schloß er das Buch, indem er sagte:
„Bin ich nicht ein alter Tor, daß ich eine Tragödie lese, während ich doch wahrscheinlich bald selber eine von ganz anderer Art spielen muß? Ach, mein Lieber, wenn ich doch die hundert Arme des Riesen Briareos[2] hätte, was für schöne Dinge wollte ich vollbringen!"
Am Abend unserer Ankunft in Lübben brachte man ihm, gerade als er bei der Lektüre war, einen Brief.
„Catt", sagte er, „hier ist ein Brief von meinem teuren Marquis. Er beglückwünscht mich zu der gewonnenen Schlacht. Er ist noch in Hamburg, das er sicherlich nicht so bald verlassen wird; dazu kenne ich meinen d'Argens seit sehr langer Zeit zu gut. Wissen Sie, mein Lieber, was er in dieser Handelsstadt tut?"
„Nein, Sire."
„Er ißt Austern und Taschenkrebse, schluckt ganze Apotheken voll Pillen, gebraucht alle Klistiere der Apotheker,

[1] Trauerspiel von Racine, 1667. — [2] Briareos (= „der Wuchtige"), eigentlich Aegäon, nach der griechischen Sage Sohn des Uranos oder des Poseidon und der Gäa, Riese mit fünfzig Köpfen und hundert Armen, Helfer der Götter im Kampfe mit den Titanen.

und ich wette, in dieser Stunde, da ich mit Ihnen spreche, sitzt er luftdicht eingeschlossen in seinem Zimmer.

Trotz dieser kleinen Schwächen, die ich, wie er behauptet, ihm andichte und derentwegen ich oft meinen Scherz mit ihm treibe, liebe ich den Marquis und empfinde für ihn eine eigentümliche Zuneigung. Er ist eines jener Wesen, die sich in jedem beliebigen Augenblicke anzuschließen wissen; auch hat er mein ganzes Vertrauen verdient. Ich werde ihm morgen antworten und ihm meine Lukrezische Gebetsformel schicken. Er hat eine Babette, die ihn glücklich macht; ich werde ihm nicht, wie ich es mit Ihnen getan habe, eine zärtliche Ehehälfte wünschen, die das Glück seines Lebens ausmacht. Wenn ich mein Gebet beendet habe, werde ich meinen teuren Marquis seinem Bett, seiner Apotheke und dem Schutze des Zufalls empfehlen, der die Angelegenheiten dieses irdischen Reiches, das zu bewohnen wir die Ehre haben, so willkürlich regelt und über sie entscheidet. Wenn mein Kopf morgen klar ist, so werde ich ihm alle diese Hirngespinste schreiben."

In Elsterwerda, wo wir, wie gesagt, am 8. eintrafen, ging der König im Schloßgarten spazieren und befahl, man sollte mir bei meiner Ankunft sagen, daß ich mich dahin begeben möchte. Ich fand den König damit beschäftigt, mit seinem Spazierstock einige Linien zu zeichnen.

„Mein Lieber, Sie sehen mich hier mit einem sehr feinen Pinsel einige Wege meines Sanssouci zeichnen. Wenn ich durch diesen Garten gehe, so gebe ich mich einer Täuschung hin. Es scheint mir, ich sei in den Alleen des chinesischen Palais, ich gehe von dort zu meinem Säulengang, ich komme von daher zurück und lenke meine Schritte zur Orangerie und zu meiner Galerie. Ach, mein Lieber, zuweilen verweht das Traumbild; ich finde mich wieder in einem Garten, der nicht der meine ist; mein Sanssouci ist mir unerreichbar und wird es, ach, vielleicht für immer sein."

Als ich ihn anblickte, sah ich, daß seine Augen feucht waren. Diese Worte rührten mich. Ich wollte ihn ablenken von den traurigen Gedanken, die ihn zu bewegen

schienen, indem ich das Gespräch auf einen Brief des Marquis d'Argens brachte, den ich am Morgen empfangen hatte.
„Lassen wir diesen Brief, mein Lieber. Ich sehe, Sie wollen mich aus meinen Gedanken reißen, die Sie für düster halten. Sie sind es durchaus nicht. Lassen Sie sie mir so, wie sie nun einmal sind. Es macht mir Freude, mich des Bildes einer Sache zu entsinnen die für mich nicht mehr besteht."
Dann schritt er weiter, immer den Rasen betrachtend, und sprach eine gute Viertelstunde lang kein Wort. Dann brach er das Schweigen und sagte: „Wir wollen auf die Wege gehen, die am besten instand sind, und wir wollen da zu unserem Freund Cicero kommen, von dem ich Ihnen das Ende seiner schönen Abhandlung vorlesen werde. Das wird schließlich auch besser sein, als viele Betrachtungen anzustellen über das geruhsame Leben, das ich führen könnte und doch nicht führen kann."
Beim Verlassen dieses Ortes hörte er, wie ein Hauptmann des Freibataillons Du Verger seinen Soldaten „Gewehr über" befahl und wie ein Soldat antwortete: „Sogleich, Herr Hauptmann!"
Ich glaubte, daß diese so unerhörte Antwort, die jedem Dienst, und besonders dem preußischen Dienst, so völlig widersprach, die Entrüstung des Königs erregen würde. Aber ich täuschte mich. Er sagte nur lächelnd zu einem Offizier an seiner Seite:
„Es ist offensichtlich, welches Gesindels ich mich bedienen muß! Was kann man den anfangen mit dieser Bande, die, glaube ich, nur zu kosakischer Tätigkeit geeignet ist? Aber diese Schurken lassen es sich einfallen zu plündern! Man müßte sie ohne Barmherzigkeit totschlagen!"
Am 10., dem Tage seiner Ankunft, sah ich den König nicht, und am folgenden wurde ich nur für einen Augenblick gerufen.

11. September 1758. In Hoflößnitz

„Es steht uns nun eine neue Aufgabe bevor, die ernsthaft wird. Wir marschieren morgen los, um die Höhen von Loschwitz und Dürre-Bühlau zu gewinnen und den großen Marschall aus größerer Nähe zu beobachten. Durch diese Stellung werde ich Dresden und ganz Sachsen diesseits der Elbe decken. Wenn uns das alles gut gelingt, so wird es nach meiner Meinung nicht nötig sein, meinem Heere und meinem Volke die Eitelkeit zu predigen. Was für sonderbare, ja unerhörte Dinge geschehen in diesem Kriege; wie viele gewonnene Schlachten, wie viele geschlagene Völker — wirklich, ich sage Ihnen das ohne Eitelkeit, das alles ist mehr als die Arbeiten des Herkules! Wenn ich jünger oder ein nicht ganz so großer alter Schwätzer wäre, was für gewaltige Schläge wollte ich noch an meine Feinde austeilen und besonders an das Haus Frankreich, das mir so viele Scherereien verursacht! Aber wir wollen uns nicht so sehr überheben, mein Lieber, sondern zusehen, was wir noch leisten können. Wenn Sie dem ehrenwerten Marquis antworten, so grüßen Sie ihn von mir. Sagen Sie ihm, ich glaube, Maupertius habe recht mit seiner Behauptung, die Summe der Leiden sei größer als die Summe des Glücks, daß mir das übrigens ziemlich gleichgültig sei, da ich fast nichts mehr zu verlieren habe, und daß die paar Augenblicke, die ich noch zu leben habe, mich nicht so beunruhigen, daß mich um ihretwillen so wie er mit Pillen von Sennesblättern, Kassia und Rhabarber vollstopfte; sagen Sie ihm endlich, wenn er glaube, daß alle diese Mittel sein Leben verlängern können, so möge er sich vollpfropfen damit, weil mir an seinem Leben viel liege. Guten Abend! Wir werden uns morgen nachmittag sehen."

12. September 1758. In der Vorstadt von Dresden

Der König marschierte nach dem Mittagessen mit der Vorhut weiter und ließ sie vor der Stadt Dresden lagern, den rechten Flügel an der Elbe und den linken nach der Radeberger Landstraße zu. Er konnte nicht weiter vorstoßen, da die Nacht hereinbrach und da man die Vorstädte berührte, da auch eine starke Abteilung Kroaten dicht beim Weißen Hirsch die Verhaue besetzt hielt, die der General von Schmettau[1] hatte anlegen lassen, als der Marschall Daun sich Dresden näherte.

13. September 1758. In Schönfeld

Die Vorhut setzte sich in zwei Kolonnen in Marsch auf Schullwitz zu, beseitigte die Verhaue und verjagte die Kroaten aus ihrer Stellung am Weißen Hirsch.

Der Marschall Keith folgte mit der Armee ebenfalls in zwei Kolonnen. Der rechte Flügel besetzte den Triebenberg, auf dessen Gipfel Infanterie gelegt wurde; die Mitte berührte Schullwitz, und der linke Flügel stützte sich auf den Käferberg, vor dem man beträchtliche Verhaue anlegte. Die Infanterie bildete die erste und die zweite Linie, die Kavallerie die dritte und die vierte. Die Husaren von Werner deckten die linke Flanke, die von Zieten lagen in Reserve.

So erklärte mir Seine Majestät der König am Abend in Schönfeld, wo das Hauptquartier war, die Stellung, die er eingenommen hatte. Er fügte hinzu, daß er bei Pillnitz zwei Brücken über die Elbe habe schlagen lassen zur Verbindung mit der Armee seines Bruders, des Prinzen Heinrich, und daß ein Bataillon und eine Abteilung von einigen hundert Mann der Dresdener Garnison diese Brücken verteidigten.

„Wie Sie sehen, wäre es nicht meine Schuld wenn Sie das wenige, was wir tun, nicht richtig begriffen. Ich benutze ausgiebig jede Gelegenheit, Sie in den Stand zu setzen, ganz wie ein anderer über alles zu reden, was sich auf unsere Großtaten bezieht. Was haben Sie zu den prächtigen Salven der Artillerie und der Musketiere gesagt, die Ihre Ohren gestern ziemlich betäubt haben müssen? Der große Herr Marschall hat sie angeordnet

[1] Graf Schmettau, Kommandant von Dresden, erhielt nach der Unglücksschlacht von Kunersdorf, 1759, von dem verzweifelten König die Nachricht, daß er auf keine Hilfe rechnen könne und, wenn er keine Möglichkeit sähe, sich zu halten, eine günstige Kapitulation abschließen möge; die Folge davon war die tatsächliche Übergabe Dresdens. — Über Schmettau als Ratgeber des Prinzen August Wilhelm vgl. Catts Bericht vom 20. Juni 1758, Seite 155.

aus Anlaß der Schlacht bei Zorndorf, von der er vorgibt, Fermor habe sie gewonnen. Aber, mein Lieber, wollen Sie den Zweck dieser ganzen Prahlerei wissen? Es ist der: Der Marschall muß sich um seines Seelenheiles willen mit Messen vollstopfen, so wie mein guter Marquis sich zur Erhaltung seines Magens mit Pillen anfüllt, und so hat er eifrig diese Gelegenheit ergriffen, seiner beherrschenden Neigung nachzukommen. Vielleicht auch läßt Fermor diese Komödie spielen, um die Unannehmlichkeiten zu vermeiden, die ihm das demütige Eingeständnis seiner Niederlage eingebracht hätte. Aber nicht wahr, das alles ist doch ungeheuer lächerlich?"

Während der dreizehn Tage, die der König in Schönfeld blieb, beschäftigte er sich in den Augenblicken, die ihm die militärischen Angelegenheiten ließen, nur damit, kleine Stücke gegen seine Feinde zu dichten.

„Solange ich atme, mein Lieber, solange werde ich mich lustig machen über diese Leute, die so erbittert über mich sind. Wenn ich sie nicht schlagen kann, so will ich sie wenigstens verlästern und in Wut versetzen, so sehr ich es vermag. Diese zweibeinigen, ungefiederten Geschöpfe sind, mehr als Sie es sich vorstellen können, aus Torheiten und Lächerlichkeiten zusammengeknetet. Es ist nicht schwer, mein Lieber, dieses Lächerliche hervorzuheben. Ich tue es, ohne ihnen etwas Anstößiges zu sagen. Ich werde sie mit Lob überhäufen, das sie nicht verdienen, und wenn sie sich höchlichst bemühen, mir den größten Schaden zuzufügen, so werde ich meinerseits mich nicht nur meines Heeres, sondern auch meiner Feder und meiner Tinte bedienen, um ihnen Pfeile zuzuschleudern, die ihnen Kummer bereiten und sie zur Verzweiflung bringen. So werde ich wie Herkules diese Hydra von unablässig sich erneuernden Feinden niederzwingen, die unaufhörlich gegen mich und mein Land losbrechen."

Aus diesem Geiste heraus schrieb der König den ‚Brief eines Schweizers an einen edlen Venetianer' und den ‚eines Sekretärs des Grafen Kaunitz an einen Sekretär des Grafen von Cobenzl', entwarf er die ‚Briefe des

Phihihu' und den ‚Brief der Madame von Pompadour an die Königin von Ungarn mit der Bitte um Abschaffung des Keuschheitskollegiums'. Alle diese kleinen Stücke sind gedruckt worden. Der König ließ aber nur drei oder vier Abzüge anfertigen, und er war so gütig, mir einen davon zu geben. Sie werden in einem Bande mit den anderen zusammen erscheinen, die der König künftig noch schreiben wird; denn mir scheint, er ist nicht gewillt, es bei den vorliegenden zu belassen.

An jedem Abend las er mir vor, was er vollendet hatte. „Nun, mein Lieber, werden hier meine Feinde, der Vielgeliebte, das apostolische Rabenaas und die griechische Hure, nicht hübsch mitgenommen? Glauben Sie, daß sie tüchtig lachen werden?"

„Sicherlich nicht, Sire. Aber sie würden noch weniger lachen, wenn Eure Majestät ihre Heere in Grund und Boden schlagen könnte. Das wäre noch besser."

„Mein Herr, nicht jeder kann schlagen, der es will; das merken Sie sich wohl; aber schreiben kann jeder, der es will und der ein wenig Genie hat."

„Ja, Sire, aber dieser geniale Kopf muß mindestens zweihunderttausend Mann zur Verfügung haben, wenn er seiner Phantasie freien Lauf lassen will."

„Sie haben recht, mein Freund. Sie finden das hier also sehr stark und sehr minderwertig?"

„Zu stark", sagte ich.

„Zu stark! Und zum Teufel, ich sehe wohl, daß einem das Unglück und die Verlegenheit des Nächsten nicht mehr als ein Traumbild ist."

„Ihre Verlegenheiten, Sire, sind ganz gewiß kein bloßes Traumbild für mich. Aber ich wünschte wohl, daß Eure Majestät sich lieber mit Kanonen als mit Schreibfedern daraus befreite, die nicht so wie jene eine Entscheidung herbeizuführen vermögen und die vielleicht gar die Arbeit jener Friedensfedern hinausschieben könnten, die noch mehr ausrichten als die Geschütze."

„Ach, mein lieber Politiker, Sie sagen mir da sehr schöne Dinge; aber es möge Sie nicht verdrießen, wenn ich in

Erwartung der Arbeit Ihrer Friedensfedern mich bis zu deren Beginn meiner unfriedlichen bediene."

Als der Prinz Heinrich sich ins Hauptquartier begab, sagte mir seine Majestät am Abend, daß ich ihm meine Aufwartung machen sollte und daß ich einen sehr liebenswürdigen Prinzen kennenlernen würde, begabt und tapfer und großmütig wie ein König. So schilderte er mir seinen Bruder und fügte hinzu: „Was ich Ihnen von ihm sage, das sage ich ohne irgendwelche Voreingenommenheit. Er ist so, wie ich ihn Ihnen geschildert habe."

Ich hatte die Ehre, ihm meine Huldigungen darzubringen. Zunächst bemerkte ich, daß er jene große Höflichkeit, die die Menschen näherzubringen und zu ermutigen weiß, in hohem Maße besaß. Bezüglich seiner anderen Eigenschaften, von welchen der König gesprochen hatte, verließ ich mich ganz auf dessen Urteil. Es konnte nicht meine Aufgabe sein, in dem kurzen Augenblick, während dessen ich die Ehre hatte, ihn zu sehen, so glänzende Eigenschaften nach Gebühr einzuschätzen.

16. September 1758

Das etwa begab sich, abgesehen vom Militärischen, während dieses Aufenthaltes des Königs in Schönfeld. Über seine Kriegshandlungen in jener Zeit sagte er mir, er habe erfahren, daß die Schweden in der Mark vorrückten, und er sei daher gezwungen gewesen, den General von Wedell mit einigen Bataillonen und einigen Schwadronen auszusenden, die unterwegs noch verstärkt werden sollten. „So, mein Lieber, muß ich mich nach allen Seiten wenden und muß mich von meinen Truppen entblößen, wenn ich sie am nötigsten brauche. Das alles ist so sehr mühsam! Ich tue alles, was möglich ist — und meine Anstrengungen sind von geringster Wirkung. Ich wollte mit überlegenen Kräften den General Loudon angreifen" — das war am 16., und er sagte es mir am Abend —; „mein Ziel war, die feindliche Armee aus ihrer Stellung zu vertreiben, die sie hätte verteidigen müssen, und sie so in eine entscheidende Schlacht zu verwickeln. Meine ganze Armee sollte beim ersten Winke marschbereit sein. Aber da die Menschen denken und die Götter lenken, so haben sie den General Loudon so gelenkt, daß er sich beizeiten zurückzog, obwohl er in der Nacht fünf Regimenter Verstärkung erhalten hatte, und sie haben ihn auf dem Kapellenberg bei Dürren-Fochs eine Stellung beziehen lassen. Die ganze Frucht meines schönen Planes sind nun sechs Offiziere und schäbige dreihundertsechzig Mann, die wir gefangengenommen haben. Sie sehen, daß das Glück alten Schwätzern, wie ich einer bin, nicht hold ist. Es bedroht mich sogar noch im Rücken durch die Belagerung von Neiße, zu der man sich anschickt. Ich müßte nun auch nach dieser Seite laufen — und immer laufen, das ist mein Los, mein Lieber, das ist der Kelch, den ich trinken muß. Morgen marschieren wir. Die Bewegung, die ich mache und mit der ich zufrieden bin, wird den großen Marschall nicht wenig in Erstaunen setzen. Kommen Sie her, ich will es Ihnen erklären. Der große Fabius[1], der sich an sein unangreifbares Feldlager zu Stolpen klammert, bezieht seine Lebensmittel über die Elbe her aus seinen Vorratslagern in Zittau, sogar aus Schlesien über Bautzen, und hat nicht die mindeste Lust zu kämpfen. Das alles ist nicht nach meinem Geschmack. Ich will ihm also die Verbindung mit diesem letzten Orte erschweren und ihm die Lebensmittelzufuhr abschneiden. Ich lasse die Elbbrücken bei Pillnitz abbrechen. Retzow wird von seinem Lager zu Arnsdorf mit seinen beiden Kolonnen auf Hauswalde vorrücken, und Werner wird vor dessen Ankunft die Höhen jenseits von Hauswalde besetzen. Ihr ergebener Diener wird dem General Retzow folgen, und der Marschall Keith wird mit der gesamten Rechten die Nachhut bilden, die unter den Waffen bleibt, bis alle *impedimentum belli* vorüber sind. Er muß immer ein paar Wörter seines Lateins ausspeien; *impedimentum*, ist das richtig?“

[1] Feldmarschall Daun. Fabius Cunctator (= der Zauderer), römischer Diktator 217 v. Chr., wich jeder Schlacht gegen Hannibal aus.

„Wenn Eure Majestät *a* sagten, so wäre es besser.“ „Nun gut, sagen wir also *impedimenta,* und beziehen wir ein Lager auf den Höhen von Hauswalde und Rammenau, während der Marschall Keith das Lager von Arnsdorf besetzen wird, das der General Retzow verlassen hat.

Das also ist mein ganzer Plan. Wenn ich meinen Fabius zum Kampf an einem ihm unerwarteten Ort zwingen kann, so werde ich meinem Freund Horaz sprechen: Mein Haupt wird sich bis zum Himmel erheben.

Morgen also in Hauswalde! Ein wenig Glück, mein Lieber, und wir können einigen Hoffnungsschimmer haben, zu unseren Penaten zurückzukehren.“

25. September 1758. In Hauswalde

Ich wurde nicht gerufen. Seine Majestät war während des ganzen Tages beschäftigt, Briefe und Befehle abzusenden, trotz sehr heftiger Schmerzen, die, wie mir sein Arzt sagte, von einem zerbrochenen Zahne verursacht wurden.

26. September bis 6. Oktober 1758. In Rammenau

Wir marschierten heute nach Rammenau. Da der Marschall von Keith sein Feldlager in Arnsdorf abgebrochen hatte und zum König gestoßen war, so wechselte die ganze Armee die Stellung und lagerte in vier Linien, deren dritte und vierte die Kavallerie bildete. Die Freikompanien von Le Noble und Du Verger besetzten das Gehölz auf der Rechten, andere Kompanien das auf der Linken des Heeres. Die gesamte Rechte wurde durch ein ziemlich dichtes Gebüsch verdeckt, in dem einige Bataillone lagen. Die Husaren von Zieten deckten die rechte, die anderen Husaren die linke Flanke. So beschrieb mir der König die Stellung bei Rammenau.

Er verweilte elf Tage an diesem Orte, vom 26., an welchem wir dort ankamen, bis zum 7. Oktober, an welchem wir von dort aufbrachen. Er war sehr beschäftigt mit seinen militärischen Unternehmungen und oft von Besorgnissen heimgesucht; so wurde er sehr angenehm abgelenkt durch einen Brief, den er von Voltaire empfing. Eines Abends, als ich sehr zeitig gerufen wurde, kam er mir mit einem Papiere in der Hand in der Vorhalle entgegen.

„Mein Freund, ich habe soeben einen Brief von Voltaire erhalten, von seinem Landgute Délices. Er sagt mir sehr schöne Dinge. Obwohl mein Kopf in diesem Wirrwarr hier schlecht dazu aufgelegt ist, ihm mit ebenso schönen zu antworten, so werde ich doch mein Bestes tun. Zuvor aber muß ich meine ‚Ode an die Franzosen' verbessern, die ihn zum Lachen bringen wird; dafür bürge ich Ihnen." Er las mir diesen Brief vor, der ihm soviel Freude machte. Herr von Voltaire schrieb in der Tat sehr schmeichelhafte Dinge und bezeugte die lebhafteste Teilnahme an den Erfolgen des großen Mannes.

„Sie sehen, mein Lieber, daß Voltaire mich durchaus nicht vergißt. Jetzt wird unser Briefwechsel wieder aufleben und wird Bestand haben. Nicht wahr, dieser Mann schreibt göttlich? Wenn sein Herz seinen Talenten gliche, was für ein Mann wäre er dann, mein Freund, was für ein Mann! Und wie würde er uns alle demütigen!"

Eben dieses Herz aber ließen mich die Absendung der Ode fürchten, die so sehr gegen die Franzosen und gegen ihren König gerichtet war. Seine Majestät der König hatte mir so furchtbare Dinge von diesem verderbten Herzen erzählt, daß ich die Freude nicht ganz teilen konnte, die er über diesen Brief empfand. Die Befürchtung, daß Voltaire die Ode zu des Königs Nachteil mißbrauchen könnte, veranlaßte mich, einen günstigen Augenblick zu ergreifen, um den König bescheidentlich zu bitten, daß er, besonders im jetzigen Augenblicke, ein solches Gedicht nicht absenden möchte. Die Gelegenheit bot sich, und ich bat ihn darum. Er hatte mich gegen seine Gewohnheit am Morgen rufen lassen und sagte: „Hier ist meine Ode, die ich so gründlich durchgesehen, verbessert und gefeilt habe, daß nichts mehr daran auszusetzen ist. Sie werden es selbst fühlen: Voltaire muß zugeben, daß der Don Quijote des Nordens" — so sagte er — „die Poesie nicht vernachlässigt hat und daß der Gott der Verse ihn zuweilen immer noch begeistern kann, trotz der Entfernung von seinem alten Meister. Nun also, hören Sie zu!"

Er las. „Nun also, kann man es so gutheißen?"

„Aber beachten Sie diese Strophe! Denken Sie an Voltaires Herz, das Sie fürchten, von dem Sie mir so oft gesagt haben, es sei ein Herz von unerhörter Verderbtheit — kann man dann wirklich alles so gutheißen?"

„Und warum sollte man nicht? Sie können überzeugt sein, Voltaire wird lachen über diese Ausfälle."

„Es wird vielleicht jenes Lachen sein, das, wie Sie mir gesagt haben, eine Bosheit oder auch Rache im Schilde führt."

„Aber was finden Sie eigentlich so stark daran? Sprechen Sie ganz offen zu mir!"

Ich sagte ihm darauf:

„Ich sehe den gemeinen Haufen
So heldenhaft zum Plündern laufen,
Wie er im Kampfe feige ist."

„Nun, haben sich diese Herren in der Schlacht bei Roßbach etwa sehr mutig gezeigt?"

„Truppen lassen sich bisweilen einschüchtern. Man hat tapfere Soldaten grundlos einem panischen Schrecken verfallen sehen, Sire. Das möchte noch angehen; aber dieses hier:

Der Schwächling auf dem Throne,
Spielball der Pompadour —
Mit bösem Liebeslohne
Brandmarkte ihn Natur.
Er fürchtet Pein und Mühen;
Sein Reich ist am Verblühen;
Hier herrscht des Zufalls Blick.
Als Sklave muß er schreiten,
Und schmachtend will er leiten
Der Könige Geschick!

Ach, Sire, da Sie mir erlauben, aufrichtig zu sprechen: Ich fürchte, diesen Ausfall wird man mißbrauchen!"
„Sie glauben also, daß überhaupt keine Wahrheit geeignet sei, Voltaire mitgeteilt zu werden?"
„Sie vermögen das besser zu beurteilen als ich."
„Gut denn, schicken wir's also nicht ab! Dieser Schurke könnte in der Tat mein Vertrauen mißbrauchen. Ich werde ihm ganz einfach meinen Brief senden. Sie können sich eine Abschrift davon anfertigen; wenn er und Sie mich überleben, so können Sie dann mein Zeuge sein, was ich ihm geschrieben habe, und können jedem, der es hören will, verkünden, was wahr daran ist."
Ich bekenne gern, wie groß meine Freude war, daß der König auf meine Bitte hin das Opfer brachte, die Ode nicht abzusenden, die ihm Kummer verursacht hätte.
„Dieser Tag ist tüchtig ausgefüllt gewesen, mein Lieber: Am Nachmittag einen Brief an Voltaire, und am Morgen einen langen Weg und viel Anstrengung.
Da Loudon hartnäckig auf den Höhen von Gießmansdorf blieb, so lag mir daran, ihn von dort zu vertreiben, um dem Feinde jede Verbindung mit Bautzen abzuschneiden. Zu diesem Zwecke hat man gestern die Wege ausgekundschaftet, auf welchen man dem edlen Herrn Loudon entgegenziehen müßte. Ich habe den Prinzen von Württemberg[1] mit einem Regimente Husaren, drei Regimentern Dragoner, einem Regimente und drei Bataillonen Infanterie abmarschieren lassen; er hat den Weg über Burka eingeschlagen, um die rechte Flanke des Feindes zu gewinnen. Folgen Sie mir gut! Der Prinz Moritz ist mit einem Regimente Husaren, einem Regimente Infanterie und fünf Bataillonen rechts vorüber an Gießmansdorf marschiert, um dieses Dorf zu umgehen und die Höhe zu erreichen, die der Feind besetzt hielt. Und ich bin mit den Zietenschen Husaren, zwei Regimentern Infanterie und vier Bataillonen geradewegs auf Gießmansdorf los-

[1] Friedrich Eugen, Prinz von Württemberg. In der Schlacht bei Kunersdorf (vgl. Catts Bericht vom 12. Nov. 1759, S. 382) griff er vorzeitig die russische Infanterie an und wurde zurückgeschlagen.

marschiert. Aber mein Loudon, der zweifellos von unseren Märschen Meldung bekommen hatte, hat um vier Uhr morgens den Rückzug angetreten, und von all meiner Mühe und all meinen schönen Anordnungen habe ich nichts gehabt als sieben armselige Dragoner von einer Feldwache, die wir gefangengenommen haben. Das alles hätte mich in üble Laune versetzt, wenn ich nicht unglücklicherweise schon aus einer langen und traurigen Erfahrung wüßte, daß man niemals alles erreicht, was man wünscht. Herr von Loudon hat sich auf den Bergen hinter Bischofswerda aufgestellt, das wir besetzt haben, nachdem der Feind diese Stadt verlassen hatte."

Während der wenigen Tage, die wir noch in Rammenau blieben, beschäftigte sich der König mit der Verbesserung der kleinen Arbeiten, die er in Schönfeld geschrieben hatte, und seiner ‚Ode an die Deutschen'. Er las mir fast sein ganzes Gedichtbuch vor, von dem er nur einige Abzüge hatte drucken lassen.

„Ich habe diese Gedichte geschrieben, um mich zu beschäftigen und zu zerstreuen. Sie sind nur für mich und für einige Freunde, denen ich sie zum Lesen gebe. Ich war ungeschickt genug, einen Abzug davon Voltaire zu geben. Zwar hat er ihn mir zurückgesandt, nachdem ich es ihm durch Freytag[1] befohlen hatte; aber Gott weiß, ob dieser Lumpenkerl nicht eine Abschrift hat nehmen lassen! Er ist der Mann danach, einem solche Streiche zu spielen."

Bei dieser Gelegenheit sagte ich ihm, daß alle Zeitungen Nachrichten darüber gebracht hätten, in welch heftiger und unwürdiger Weise sich Herr Freytag gegen Herrn von Voltaire aufgeführt habe.

„Ich weiß es", sagte mir Seine Majestät. „Ich weiß, daß Voltaire sich höchlichst aufgeregt und an allen kleinen Höfen, die er berührt hat, Gift und Galle gegen mich

[1] Der preußische Gesandte in Frankfurt a. M., der dort Voltaire, nach dem Bruche mit dem König, auf seiner Rückreise nach Frankreich wochenlang festhalten ließ, bis der Dichter die Poesien Friedrichs d. Gr., sowie den Orden Pour le Mérite und die Kammerherrnschlüssel ausgeliefert hatte.

gespien hat. Mir sind alle Greueltaten bekannt, die er mir zugeschrieben hat. Ich habe darüber gelacht. Aber Sie können überzeugt sein, daß dieser Tölpel Freytag seine Befugnisse überschritten hat. Ich hatte ihn einfach beauftragt, mir mein Gedichtbuch wieder zu verschaffen, und dieser Flegel hat es mit einer Schroffheit gefordert, die ich mißbilligt habe. Ich kenne die Rücksichten, die man den Schriftstellern schuldet, welche sich auszeichnen; wie sollte ich sie vernachlässigt haben einem Manne gegenüber, der sie alle übertrifft! Voltaire hat schändlich gelogen, wenn er die unwürdige Behandlung, die man ihm in Frankfurt hat angedeihen lassen, auf meine Rechnung setzt. Er grollt mir fürchterlich, und trotz seiner Liebenswürdigkeiten traue ich ihm nicht mehr recht."

Dieses Schwanken zwischen Vertrauen und Mißtrauen, das oft in die Erscheinung trat, wenn es sich um Voltaire und um mehrere andere handelte, hat mich immer recht seltsam berührt; bei ruhiger Vernunft mißtraute der König den Streichen, deren Herr von Voltaire fähig war; sobald er sich aber seiner lebhaften Phantasie überließ, die sich geschmeichelt fühlte durch glänzende Bilder und feine Lobreden, die ihm gehalten wurden, so gab er sich ohne Zurückhaltung dem „Patriarchen der Literatur" hin.

7. Oktober 1758. In Bautzen

Der König marschierte heute mit zwei Kolonnen nach Bautzen und ging dort über die Spree, auf welcher er den rechten Flügel seines Heeres stützte; der linke berührte das Dorf Burka. Der Prinz von Württemberg, der vor Bautzen lagerte, marschierte bei unserer Ankunft über Purschwitz nach Weißenburg, wo er sich mit dem General Retzow vereinigte, der dieses ganze Korps zwischen dieser Stadt und Krischa lagern ließ.

Herr von Daun marschierte an diesem Tage auf Kittlitz zu und bezog ein Lager, indem er die Rechte seines Heeres auf die Löbau und die Linke auf den hohen Berg gegenüber Hochkirchen stützte. Herr von Loudon besetzte den Lehnerberg, und als die Nachhut zu ihm gestoßen war, schlug er sein Lager zwischen Postewitz und Schirgiswalde auf. Herr von Esterhazy nahm mit den leichten Truppen Besitz vom Stromberg vor dem rechten Flügel der Armee, und der Prinz von Durlach[1], der von Unwürde aufgebrochen war, überschritt die Löbau und marschierte nach Rosenhain.

„Das ist das, was meine Feinde und ich gestern getan haben", sagte mir der König am Tage nach unserer Ankunft in Bautzen. „Ich war so ermüdet, als ich hier eintraf, und ich litt so grausam an Zahnschmerzen, daß ich Sie nicht kommen lassen wollte, damit Sie sich von einem armen Leidenden etwa langweilen ließen. Bereiten Sie sich darauf vor, mein Lieber: Es deutet alles auf ein gutes Ende des Feldzuges hin, sei es durch die Manöver, die ich vornehmen werde, sei es durch eine Schlacht, zu der es kommen und die nicht von Pappe sein wird! Wenn ich noch ein wenig von meinem alten Glücke hätte, ach, daß es doch dann zur rechten Zeit käme! Aber dieses Glück hat mich im Stich gelassen, und schließlich, wie soll man in dieser Verwirrung und Gärung der Geschehnisse erraten, welches der Ausgang dieses Feldzuges sein wird! Ein günstiges Ereignis kann meine bedrängte Lage zum Guten wenden; aber ebenso kann mich ein Rückschlag zu Boden drücken. Ich muß jedoch auf jedes Ereignis gefaßt sein; ich muß meinen Gleichmut stärken und mich dem wilden Strome der Wechselfälle überlassen, der uns hinwegreißt, und muß morgen marschieren, um zu sehen, ob uns dieser Strom nicht zum Hafen führen wird."

Dieses Vertrauen in dem einen Augenblick und diese Besorgnis im andern wegen der Zufälle in dieser „verfluchten Spielhölle" (wie er es nannte), da er ein so großes Spiel wagte, bewegten abwechselnd den Geist des Königs, der in diesem Augenblicke mehr, als ich es bisher beobachtet hatte, geneigt war, sich trüben Vorstellungen von den Gefahren hinzugeben, die er zu bestehen hatte.

Diese Stimmung, in der ich ihn oft traf, quälte mich, und

[1] Christoph, Prinz (Markgraf) von Baden-Durlach.

als der König bemerkte, daß ich davon zu lebhaft gerührt war, sagte er: „Wir wollen niemals verzweifeln; alles kann noch gut werden. Und ich werde es Sie wissen lassen, wenn ich gute Gründe habe, zu glauben, daß alles nach unseren Wünschen gehen wird."

10. Oktober 1758. In Rodewitz bei Hochkirchen

Der König marschierte während eines dichten Nebels in vier Kolonnen nach Hochkirchen. Als der Nebel sich auflöste erkannte man, daß die feindliche Armee diesem Dorfe gegenüberlagerte, indem ihre Rechte Nostiz berührte und sich bis an den Fluß, die Löbau, erstreckte, die Mitte den Spittelberg besetzt hielt, einen Berg, der alle anderen der Umgebung beherrscht, und die Linke sich auf die Höhe von Plotzen stützte und bis in die Wälder reichte. Als wir auf der Höhe von Hochkirchen ankamen, griffen die Husaren unserer Vorhut einen feindlichen Posten an und nahmen einen Offizier und achtunddreißig Mann gefangen. Der König schlug das Lager auf. Der rechte Flügel der Infanterie erstreckte sich über Hochkirchen hinaus, welches sechs Bataillone besetzten. Die Dragoner von Czettritz deckten die rechte Flanke. Die Freikompanien besetzten ein kleines Stück Heideland vor dieser Flanke, daneben lagerten die Zietenschen Husaren. Die Wachen der Kavallerie wurden über diese vorderen Stellungen hinaus vorgeschoben, um die Ebene von Steindörfel und Meschwitz zu beobachten.

Die Front unseres Lagers, vom Dorfe Hochkirchen bis zur Linken, war durch eine tiefe Schlucht gedeckt, in der ein Bach fließt, dessen Ufer sehr steil sind. Zwei Bataillone besetzten die Dörfer Kuppritz und Niethen, die in dieser Schlucht liegen, und weiter nach vorn stellte man Kavalleriewachen aus.

Der linke Flügel des Heeres lagerte auf der Höhe zwischen Niethen und Lauske, und die Jäger übernahmen hier die Wache. Die Abgründe zwischen Rodewitz und Tschorna deckten die Flanke dieses Flügels. Vier Regimenter Kavallerie wurden in die erste Linie gelegt, und die übrigen lagerten in der zweiten. Der General Puttkammer stellte sich mit fünf Schwadronen vom Korps Retzow, die er geführt hatte, bei Lauske auf den linken Flügel des Heeres. Man stellte vor dem linken Flügel eine Batterie von dreißig Geschützen und vor dem rechten Flügel eine von zwanzig Geschützen auf und verteilte den Rest der Artillerie längs der ersten Linie. Das Korps von Retzow hatte sein Lager zwischen Weißenberg und Krischa inne, wie ich es bereits beschrieben habe.

Der Marschall von Keith folgte am 11. und stieß zu Seiner Majestät mit den Regimentern Lattorff, Forcade, den Dragonern von Krockow, fünf Schwadronen von Zieten und dem Gepäck des Heeres.

Der Prinz von Hessen[1] blieb mit drei Regimentern und fünf Schwadronen Husaren in Bautzen zum Schutze der Bäckerei, die in dieser Stadt eingerichtet worden war.

Da der rechte Flügel der feindlichen Armee, der sich auf die Löbau stützte, nicht völlig gegen einen Handstreich geschützt schien, da das gegenüberliegende Ufer höher war als das, auf dem er lagerte, so entsandte der Marschall Daun vier Grenadierbataillone nach Glossen, das auf der anderen Seite des Flusses liegt, und ließ dieses Dorf gut in Verteidigungszustand setzen. Der General Loudon, der bei Klein-Postewitz gelagert hatte, rückte näher an die Armee heran und stellte seine Infanterie auf die Höhe von Wuischke und die Kavallerie hinter Rachlau; seine leichten Truppen besetzten die Dörfer Klein-Tschorna, Plotzen, Lehn, Kohlwese und Sornßig, sowie die Wälder auf ihrer linken Flanke.

Das Hauptquartier des Königs war in Rodewitz. So war die Stellung der beiden Heere, wie Seine Majestät der König sie mir erklärte, wobei er mir die Orte auf der Karte zeigte. Er ließ mich meinen Lernstoff gut wiederholen; ich schrieb ihn sogar auf und zeigte ihn ihm. Wenn ich das Gelernte hier wiedergebe, so wie es mir dar-

[1] Erbprinz Friedrich v. Hessen-Kassel, Schwiegersohn des englischen Königs; er war 1756 als Generalleutnant in preußische Dienste getreten.

geboten wurde, so geschieht es darum, weil man bei genauer Kenntnis der bezüglichen Stellungen die Folgen besser beurteilen kann, die sich daraus ergeben. Ich werde mich auf keine Einzelheiten dieser Folgen einlassen, die ungünstig für uns waren. Es ist genug und vielleicht übergenug, daß ich versucht habe, die Schlacht bei Zorndorf zu schildern, so daß ich nun nicht die Beschreibung der Schlacht bei Hochkirchen wagen möchte. Ich werde mich darauf beschränken, einige Einzelheiten dieser Schlacht aufzuzeichnen, so wie sie der König mir beschrieben hat. Zuvor aber komme ich zurück auf unsere Ankunft in Rodewitz.

Ich wurde um sechs Uhr abends gerufen. Ich fand den König damit beschäftigt, den Abriß einer Epistel an seine Schwester, die Markgräfin von Bayreuth, zu entwerfen. Er hatte vor einigen Tagen betrübende Nachrichten über die Gesundheit der Fürstin erhalten. Diese Nachrichten beunruhigten ihn sehr; er suchte seinen Schmerz zu lindern, indem er an sie schrieb.

„Sie sehen mich ganz traurig, mein Freund, und in großen Ängsten wegen des Zustandes meiner Schwester. Ich beschäftige mich gerade mit ihr. Ich habe die Skizze einer Epistel an sie entworfen und will sie während unseres Aufenthaltes in diesem Quartier sorgfältig ausarbeiten. Diese Schwester ist mir unendlich teuer; wenn ich das Unglück hätte, sie zu verlieren, so würde mich nichts mehr an das Leben fesseln. Ich glaube, ich habe Ihnen schon gesagt, daß ich gerade ihr einen großen Teil meines geringen Wertes verdanke; sie war es, die mich zur Selbstbesinnung veranlaßte, um mein oft allzu lebhaftes Temperament zu zügeln. Sie hat mich zur Arbeitsamkeit geführt; sie hat mich erkennen lassen, daß jeder Mensch, jeder Prinz, und besonders ein zum Regieren berufener Prinz, sich frühzeitig an Arbeit gewöhnen muß, daß er alle sein Gaben und Kräfte gebrauchen muß, um gründliche Kenntnisse zu erwerben und sich mit ihrer Hilfe in den Stand zu setzen, gut zu regieren. Sie schilderte mir jene trägen, wollüstigen, unaufgeklärten Fürsten, die nichts aus sich selbst heraus tun wollen und tun können, stets ihrer Umgebung preisgegeben sind und durch die Schuld ihrer Ratgeber und ihrer eigenen Triebe unersetzlichen Schaden anrichten, und die der Verachtung und dem allgemeinen Haß verfallen, obwohl sie im Grunde gut sind. ‚Wenn Sie, mein teurer Bruder, nicht voll Eifer die Gaben pflegen, welche die Natur Ihnen zugeteilt hat,' sagte sie eines Tages zu mir, als ich Zimmerarrest hatte, ‚wie können Sie dann erfolgreich wirken zum Glück und zur Ruhe der Untertanen, die Sie eines Tages leiten sollen durch weise Anordnungen und nützliche Einrichtungen? Und wenn Sie Ihren Pflichten nachkommen, deren Erfüllung der Krone so wohl ansteht, welches Vergnügen wird es dann für Sie sein, sich den Musen und den Künsten widmen zu können! Und ich empfehle Ihnen, sich in den Augenblicken, in welchen Ihre Pflichten es Ihnen gestatten, die dazu erforderlichen Kenntnisse zu erwerben.' Nachdem sie mir so meine vorherrschende Neigung eingepflanzt hatte, fleißig zu sein und zu lernen und die Dinge selbst zu erledigen, ohne gezwungen zu sein, mich der Führung anderer anzuvertrauen, da hat sie mir unablässig beigestanden in meinem häuslichen Kummer und hat seine Last erleichtert durch Beweise einer bewundernswerten Zuneigung. Urteilen Sie selbst nach allem, was ich Ihnen gesagt habe, ob mir das Leben noch angenehm sein könnte, wenn ich eine mir so teure Schwester verlöre! Ach, wenn ich zur Rettung meiner Schwester, die in diesem Augenblicke, da ich mit Ihnen spreche, vielleicht schon nicht mehr ist, wenn ich zur Verlängerung ihrer Erdentage, die mir so kostbar sind, mich dem Tode weihen müßte, den tausend Zufälle früher oder später doch herbeiführen, mit welch herzlicher Freude wollte ich mein Leben zum Opfer bringen!"

Und er weinte, als er so zu mir redete. Indem ich einging auf seine Traurigkeit, die mir sehr zu Herzen ging, versuchte ich, sie ein wenig abzulenken. Aber es gelang mir nicht; die Tränen flossen immerzu. Er wollte mir den Abriß seiner Epistel vorlesen; aber da er zu häufiger Unterbrechung gezwungen war, schickte er mich weg, indem er sagte:

„Mein Lieber, warum soll ich Ihnen mit meinen trüben Gedanken beschwerlich fallen? Guten Abend! Kommen Sie morgen um fünf, und Sie werden sehen, welche großen Fortschritte meine Epistel dann schon gemacht hat."

11. Oktober 1758

Er war tatsächlich gut vorwärtsgekommen; denn er hatte nur noch etwa zehn Verse zu schreiben. Er las mir sein Gedicht mehrmals vor und verbesserte einige unklare Ausdrücke.

„Sie haben Recht, mein Lieber, diese Ausdrücke sind nicht gut. Übrigens taugt jeder Vers ganz bestimmt nichts, zu dessen Verständnis eine Erklärung nötig ist. Ich wünsche, daß dieses Gedicht recht gut wird. Es wird gut werden hinsichtlich des Gefühls; mein Herz bürgt Ihnen dafür; ob auch hinsichtlich der Verse, das ist eine andere Frage. Ich müßte in dieser Beziehung sorgfältiger werden. Wenn ich mit meiner Epistel zufrieden sein sollte, so werde ich sie Herrn Arouet schicken; Sie werden zugeben, daß sie diesem Lumpenkerl keinen Anlaß geben wird, etwas gegen mich zu unternehmen."

12. Oktober 1758

Am folgenden Tage sprach er nur über seine Epistel, die er beendet hatte. Er las sie mir mehrere Male vor, wobei er mir einige Dinge wiederholte, die er mir schon am Tage unserer Ankunft von seiner Schwester gesagt hatte. Zu diesen Wiederholungen fügte er hinzu, die Ermahnungen der Markgräfin hätten einen solchen Eindruck auf ihn gemacht, daß er sich fest vorgenommen hätte, sich niemals von einem Menschen lenken zu lassen, wer es auch sei, da das sowohl für den bevormundeten Fürsten wie auch für die Untertanen, die immer das Opfer sind, das größte Verhängnis sei. Bei dieser Gelegenheit führte er folgende Verse, ich glaube von Quinault, an, die er ein wenig veränderte:

„... Wie könnte man wohl meinen,
Daß eine Frau mich leitet, daß ein Mann mich führt?"

13. Oktober 1758

Dieser Tag, der Vorabend der Schlacht, verdient besondere Beachtung. Ich werde, wie ich es schon bisher der Wahrheit gemäß und in ziemlicher Breite getan habe, das Gespräch wiedergeben, das Seine Majestät der König während der beiden Stunden mit mir führte, die ich bei ihm weilte. Nachdem er mir seine Epistel vorgelesen hatte, mit der er sehr zufrieden zu sein schien, und nachdem er mir seine Besorgnisse wegen der Markgräfin wiederholt hatte, sagte er mir folgendes:

„Da ich sehe, daß die Armee des Marschalls eine Stellung inne hat, gegen die nichts auszurichten ist, und daß die Stellung meines Heeres, alles in allem, nicht gerade die sicherste ist, so wäre ich in der Nacht abgezogen, wenn alles, was ich zu dem Marsche brauche, heute von Bautzen herangekommen wäre. Aber der Herr Landgraf vertrödelt die Zeit und läßt mich vielleicht einen Schlag versäumen, den ich im Sinne habe. Er verspricht mir hoch und heilig alles für morgen; aber, mein Lieber, morgen in der Nacht werden wir marschieren, und ich habe es folgendermaßen angeordnet: Ich werde die Löbau bei Weißenberg und Gröditz überschreiten und werde die Holzmühle angreifen lassen, wo eine ganze Horde Kroaten sich aufhält; ich werde mich nach Schöps zu begeben, um auf der rechten Flanke des Feindes ein Lager aufzuschlagen. Gleichzeitig wird Retzow über Seifersdorf marschieren und den Prinzen von Durlach angreifen, der bei Reichenbach lagert. Durch diese Bewegung meines Heeres wird der Prinz vom berühmten Daun abgeschnitten werden, der dann nicht mehr in seinem Lager bei Kittlitz wird bleiben können, da er die Unterbrechung der Verbindung mit Zittau befürchten muß, von wo er seine Zufuhr erhält. Ich habe schon viele

Vorbereitungen getroffen, und damit alles gut ausgeführt wird, habe ich meine Anordnungen, die nicht übel sind, schriftlich niedergelegt."

Er las sie mir vor, wobei er mir auf der Karte die Orte zeigte, durch die er kommen wollte.

„Meine Stellung, die beträchtlichen Truppenentsendungen, zu welchen ich gezwungen war, und der Schlag, den ich zu führen beabsichtige, das alles läßt mich meinen Aufbruch von hier herbeiwünschen, um so mehr, als die Verteidigungsmaßnahmen jener Leute da drüben mir nicht gefallen. Haben Sie nichts in unserem Lager reden hören? Sagen Sie es mir aufrichtig!"

„Sire", sagte ich mit jener Aufrichtigkeit, die er wünschte, man findet, daß die Stellung Ihrer Armee gefährlich ist, daß der Feind Ihr Lager beherrscht und daß das Gelände zur Aufstellung der Truppen in Schlachtordnung nicht geeignet ist."

Er erwiderte darauf kein Wort, sondern kam noch einmal auf seine Epistel zurück, und als er bemerkte, daß es schon spät war, wünschte er mir eine gute Nacht.

„Ich will morgen sehr zeitig zu Pferde sitzen!"

14. Oktober 1758. Am Tage der Schlacht bei Hochkirchen

Unglücklicherweise sollte das früher geschehen, als der König dachte. Zwischen vier und fünf Uhr erschien der Feind mit einem großen Korps Kroaten, das von Infanterie unterstützt wurde, und vor ihm mußten die Kavallerie-Feldwachen auf unserer rechten Flanke, die Zietenschen Husaren und die Freikompanien zurückweichen, die im Dickicht rechts vom Lager standen. Die Bataillone dieses rechten Flügels hatten kaum Zeit, zu den Waffen zu greifen, als der Feind erschien. Das war der Beginn dieser mörderischen Schlacht, die von vier Uhr morgens bis um neun Uhr dauerte. Der König, der immer dem Geschützfeuer und häufig auch dem Musketenfeuer ausgesetzt war und dessen Pferd, das er ritt, verwundet wurde, gab erstaunliche Beweise einer unerschütterlichen Entschlossenheit und jener Kaltblütigkeit, die ihn schon bei anderen Gelegenheiten so sehr auszeichnete. Er vollzog den Rückzug angesichts des siegreichen Gegners so gefaßt und in einer so bewundernswürdigen Ordnung, daß der Feind ihm nicht zu folgen wagte.

Dieser blieb zwischen Pommritz und Hochkirchen, und obwohl er Verstärkung erhalten hatte von allen seinen Truppen, die nicht ins Gefecht gekommen waren, verließ er doch diesen Ort nicht, sondern begnügte sich mit dem, was er erreicht hatte, und betrachtete es sicherlich als einen Erfolg, den er kaum erhofft hatte. Mindestens ist so viel gewiß, daß der Marschall Batterien von zwanzig Geschützen auf dem Stromberg, auf der Höhe, wo das Lager des linken Flügels sich befunden hatte, und auf der, von welcher das Korps des Generals Loudon herabgekommen war, hatte aufstellen lassen, um den Rückzug zu decken in dem Falle, daß er dazu gezwungen würde. Die Sachverständigen werden die Einzelheiten dieses Überfalls und dieser Schlacht schildern; dann wird die verwegene Tapferkeit bekannt werden, die alle unsere Truppen ohne Ausnahmen bei diesem unerwarteten Angriff bewiesen haben, sowie die unerschöpflichen Gegenmaßnahmen des Königs und die Kunst, wie er durch bewundernswerte Manöver Eindruck machte auf den Feind. Daher werde ich über diese Dinge nichts zusammenstammeln, wie ich es unvorsichtigerweise nach der Schlacht bei Zorndorf getan habe, hingerissen von einem Schauspiel, das völlig neu für mich war.

Als die Schlacht begann, wurde ich von dem Diener geweckt, der während der Nacht die Wache bei Seiner Majestät gehabt hatte.

„Herr, stehen Sie auf! Man knallt tüchtig auf unserem rechten Flügel; die Schlacht könnte ernst werden."

Ich war aber so schlaftrunken, daß ich wieder einschlummerte, und es war fünf Uhr vorüber, als die Leute des Schlosses voll Schrecken in mein Zimmer kamen und schrien: „Um Gottes willen, mein Herr, stehen Sie auf! Es ist eine Schlacht!"

Ich war schnell bereit. Als ich hinabstieg und über den Hof gehen wollte, da sah ich ihn ganz mit österreichischen Überläufern und Gefangenen angefüllt. Da sie sich nicht um mich kümmerten, so bestieg ich mein Pferd, ohne so recht zu wissen, wohin ich reiten sollte. Glücklicherweise begegnete ich nach einigen hundert Schritten dem Dragonerleutnant Herrn von Wodtke, der einen Schuß ins Fußgelenk erhalten hatte, welcher ihm große Schmerzen verursachte.

„Sie können nicht zum König gelangen, mein Herr. Folgen Sie mir; vielleicht erreichen wir mit Hilfe des Korps des Prinzen von Württemberg oder des Generals Retzow, welcher vorrückt, einen sicheren Zufluchtsort." Wir gelangten sogar zur Hauptmacht unserer Truppen, die auf dem Rückzuge waren, und einige Zeit später sah ich voll unbeschreiblichen Schmerzes den König, der im Schritt herankam, auf einem blutüberströmten Pferde, das einen Brustschuß erhalten hatte. Er bestieg ein anderes und eilte fort, der Kavallerie Befehle zu erteilen, die mit großen Zwischenräumen in zwei Linien in der Ebene zwischen Kreckwitz und Belgern aufgestellt war.

Das gesamte Gepäck der Armee und der größte Teil der Verwundeten schlug den Weg nach Doberschütz ein, und die Infanterie folgte ihnen in größter Ordnung.

Nach dieser unglücklichen Schlacht schlug das Heer sein Lager eine Meile vom Schlachtfelde entfernt auf, auf den Höhen des Spitzberges, die hinter Kreckwitz, Purschwitz, Klein-Bautzen und Preititz liegen. Ein Bach, der alle diese Dörfer durchfließt, deckte die Front des Lagers. Die Stadt Bautzen lag eine halbe Meile vom rechten Flügel des Heeres entfernt, und der linke war geschützt durch die Sümpfe und Teiche, die sich zwischen Malschwitz und Preititz ausbreiten und mit denen bei Belgern in Verbindung stehen. Das Hauptquartier war in Doberschütz unter dem Schutze des Regimentes von Lattorff.

Der Feind bezog wieder sein Lager bei Kittlitz. Eine Infanteriebrigade und das Korps der Karabiniers und der Grenadiere lagerten auf dem Schlachtfelde.

Eine Stunde nach unserer Ankunft im Hauptquartier hatten wir ein Erlebnis, das unter anderen Verhältnissen, und wenn es nicht die Entrüstung des Königs hervorgerufen hätte, recht erheiternd gewesen wäre. Er schrieb Briefe auf seinem Zimmer, als ein Gardeoffizier ganz aufgeregt eintrat und sagte: „Sire, der Feind kommt ins Dorf!"

Bei diesen Worten eilte der König ungestüm hinaus und rief: „Mein Pferd!" Das ganze Gefolge schrie dasselbe. Es war eine ungeheure Aufregung im ganzen Quartier. Der König lief voraus, bevor sein Pferd erschien, und fragte die ersten Husaren: „Kinder, was ist denn los?" Keine Antwort; sie sausten in vollem Laufe weiter. Da ließ er durch seine Wache den anderen Husaren, die noch folgten, den Weg versperren.

„Zum Teufel, was soll dieser Spektakel bedeuten?"

Ein Husar sagte: „Ach, Eure Majestät, meine Kameraden, die voranlaufen, haben den Bauern ein paar Gänse weggenommen, und die Bestohlenen haben wie die Verrückten zu schreien begonnen. Das ist alles."

Der Zorn des Königs war ungeheuer. Er fuhr sehr heftig den Offizier der Wache an, der den blinden Alarm geschlagen hatte, wie auch alle, die ihm in diesem Augenblick zu Gesicht kamen. Er kehrte auf sein Zimmer zurück, ließ den Offizier rufen und sagte ihm alles Erdenkliche, was geeignet ist, einen Menschen zu demütigen. Der Offizier berichtete mir den ganzen Redeschwall, den man sich besser vorstellen als wiedergeben kann.

Ich wurde an diesem Unglückstage um drei Uhr nachmittags gerufen. Meine Seele war von großer Traurigkeit erfüllt und fürchtete diesen ersten Augenblick des Wiedersehens mit dem König sehr. Ich betrat äußerst bewegt sein Zimmer. Er kam mir mit leidlich offener Miene entgegen und sagte mir in ruhigem Tone folgende Verse aus „Mithridates"[1], wobei er mich ganz eigentümlich anblickte:

[1] Racine, „Mithridates", 2. Aufz. 3. Auftr.

„Nach einem Jahr, Arbat, siehst du mich endlich wieder,
Der ich das Schicksal Wiens stets in der Waage hielt
Und der die ganze Welt in Ungewißheit ließ.
Ich bin besiegt. Daun nutzte den Schutz der dunklen Nacht,
Die uns nur wenig Raum zu mut'gen Taten bot.
Fast nackt die Söldner, tief im Dunkel dumpf geschart,
Und Ordnung wird nur schwer geschaffen und erhalten.
Unordnung allerorts verdoppelt noch den Lärm.
Wir wenden gegen uns, verwirrt, die eignen Waffen.
Von Felsen wird Geschrei furchtbar zurückgeworfen:
Des Nachtkampfs Greuel brechen über uns herein.
Was galt da wahrer Wert im unheilvollen Wirbel?
Viele sind tot; den ganzen Rest hab' ich gerettet."

Bei den Worten „Ich bin besiegt" hielt er inne und war sehr bewegt; bei den Worten „Was galt da wahrer Wert" seufzte er.

Diese Deklamation gab mir die Fassung wieder und beruhigte mich ein wenig. Nach einer Pause von einigen Minuten sagte er:

„Mein Freund, ich bin ein armer Besiegter. Es ist ein schreckliches Unglück, das mich getroffen hat. Ach, daß die Ausblicke der Vorsicht und der Erfahrung so beschränkt sind, daß die Zukunft mit einem dichten Schleier bedeckt ist! Das ist ein Unheil, eine Überraschung, die es gutzumachen gilt. Wir können in Wahrheit sprechen wie Franz I.: Alles ist verloren, nur die Ehre nicht![1] Meine Truppen haben mutig gekämpft, und ich selbst habe mich wahrlich nicht geschont."

Bei diesen Worten begann ich zu sprechen; denn er hatte mir bis dahin keinen Augenblick Zeit gelassen, etwas zu sagen.

„Ja, Sire, Sie haben sich nicht geschont. Das gesamte Gefolge und Ihre ganze Armee sind sogar der Meinung, daß Sie sich der Gefahr zu sehr ausgesetzt haben. ‚Was sollte aus uns werden, wenn unser Vater uns fehlte' —

[1] Franz I., König von Frankreich (1494—1547), nach der Schlacht bei Pavia (1525) in einem Briefe an seine Mutter.

das, Sire, sind die Worte der Soldaten und die Offiziere, die um Sie gezittert haben."

Und das entsprach der Wahrheit. Ich sah Tränen seine Wangen feuchten.

„Was Sie mir sagen, rührt mich tief. Warum, mein Lieber, sollte ich mich nicht der Gefahr aussetzen für alle diese braven Leute, die ihr Leben für mich opfern? Die Gefahr war zu groß, als daß ich sie nicht hätte mit ihnen teilen sollen. Es handelte sich um die verfluchteste Geschichte, die mir bisher vorgekommen ist, und ich mußte wohl meinen Kopf und meine Person aufs Spiel setzen, um die unglücklichen Trümmer aus dem Schiffbruch zu retten."

„Gerade weil dieser Kopf nötig ist, um aus dem Schiffbruch zu retten, Sire, gerade darum muß er geschont werden."

„Schon gut — wenn ich es nicht bin, so wird es mein Bruder sein."

Man meldete dem Könige Generale.

„Da kommen Offiziere, welchen ich Befehle erteilen muß. Wenn Ihnen ein armer Unglücklicher nicht zu langweilig ist, so möchte ich Sie bitten, nachher noch einige Augenblicke bei mir zu verbringen."

Ich verließ ihn um fünf Uhr. Dann wurde ich von neuem gerufen. Der König erschien mir trauriger und niedergeschlagener als im ersten Augenblicke der Begegnung.

„Mein lieber Marschall Keith ist tot! Das ist ein wirklicher Verlust für die Gesellschaft und für das Heer. Was wird der gute Lord sagen zum Verluste seines Bruders, dem er so herzlich zugetan war! Sobald ich wieder mehr zu mir selbst komme, werde ich ihm schreiben, um ihm zu versichern, daß ich seinen Schmerz teile, als wenn es mein eigener wäre, und ich werde in Versen unseren gemeinsamen Verlust feierlich besingen. Ich kann Ihnen gar nicht sagen, wie viele besondere Gründe ich habe, den armen Marschall zu betrauern. Ich habe auch viele Gründe, wegen des Prinzen Franz von Braunschweig ernstlich bekümmert zu sein. Er ist durch eine Kanonenkugel getötet worden. Mit seiner Begabung verband er eine entschlossene Tapferkeit; diese ist erblich in seiner Familie. Wie viele brave Leute verliere ich, mein Freund, und wie verabscheue ich dieses Handwerk, zu dem der blinde Zufall mich von Geburt an verdammt hat! Aber ich habe etwas bei mir, um das Stück zu beenden, wenn es mir unerträglich werden sollte."

Offenbar änderte sich bei diesen Worten mein Gesichtsausdruck so, daß es dem König auffiel. Er sagte zu mir: „Gnädiger Herr, Sie werden blaß?"

Er öffnete seinen Kragen und zog unter seinem Hemd ein Band hervor, an welchem eine kleine, ovale goldene Dose befestigt war, die auf seiner Brust ruhte.

„Hier, mein Freund, ist alles, was man braucht, um dem Trauerspiel ein Ende zu machen."

Er öffnete die kleine Dose, in welcher achtzehn Pillen waren, die wir zählten.

„Diese Pillen", sagte er, „sind Opium. Diese Menge reicht völlig hin, um einen zu jenem düsteren Gestade zu befördern, woher man nicht mehr zurückkehrt."

Nachdem er mir die Dose gezeigt hatte, hängte er sie wieder um den Hals und ließ sie auf seine Brust gleiten.

„Jetzt, mein Lieber, helfen Sie mir wohl, meinen Kragen zu schließen; denn ich bin so ungeschickt, daß ich es nicht kann, und ich will nicht, daß jemand anders von meinem kleinen Hilfsmittel etwas weiß."

Ich schloß ihm den Kragen.

„Das alles", sagte er, „scheint dem rechten Glauben nicht zu entsprechen noch übereinzustimmen mit Ihren kalvinistischen Grundsätzen. Aber Sie stecken nicht in meiner Haut; daher können Sie auch die Notwendigkeit meiner kleinen Dose nicht richtig beurteilen. Da Sie mich nun aber schon länger kennen, so werden Sie zugeben, daß ich in meiner Lage mehr brauche als Entschlossenheit und Beharrlichkeit, um mich zu behaupten, und, mein Lieber, darf ich mir erlauben, auf dieses Mehr zu hoffen? Ich sage es Ihnen ganz offen: Wenn mich neues Unheil trifft, so werde ich ganz gewiß den Zusammenbruch und die Verwüstung meines Vaterlandes nicht überleben. So denke ich darüber. Bilden Sie sich aber nicht ein, daß ich mir etwa Sertorius[1] oder Cato[2] zum Vorbild nehmen wollte. Der Staat, und nicht der Ruhm, wird meinen Entschluß veranlassen. Und dann, mein Lieber, wenn mich das schreckliche Unglück träfe, in der Schlacht gefangengenommen zu werden, könnten Sie wünschen, daß ich diese abscheuliche Demütigung überlebte? Nein, nein, mein Freund; ich werde dann die Bürde eines lästigen Lebens von mir werfen. Und Sie, mein Lieber, so strenggläubig Sie sind, Sie werden mir zugeben:

Hat man alles verloren, ohne Hoffnung und Licht,
Wird das Leben zur Schande, der Tod zur Pflicht[3].

Das macht mir meine Dose wertvoll. Meine Feinde würden recht froh sein, wenn sie sie entdeckten.“
Der König ließ mir keine Zeit, etwas auf diese Worte zu erwidern. Er verabschiedete mich und wünschte mir eine ruhigere Nacht, als er selbst haben würde.
„Morgen früh lasse ich Sie vielleicht rufen, und ich werde Ihnen dann sagen, was wir zu hoffen oder zu fürchten haben. Guten Abend.“
Diese Unterhaltung, die von fünf bis um acht Uhr dauerte, beschäftigte mich außerordentlich. Die Nacht verbrachte ich ebenso unruhig wie der Monarch, der zu stark und aus zu vielen Gründen erregt war, als daß er die Ruhe hätte finden können, die er nach meiner Meinung nötig hatte.

15. Oktober 1758

Ich hatte Gelegenheit, am Morgen mit mehreren erfahrenen Offizieren zu sprechen, die mir ihre Ansicht über die unheilvolle Schlacht mitteilten. „Das Lager war sicherlich in vieler Beziehung mangelhaft“, sagten sie; „es bestand keine Möglichkeit, sich dort zu verteidigen. Man hat uns versichert, daß einige Tage vor der Schlacht der Marschall

[1] Quintus Sertorius, Römer, Gegner Sullas, suchte 81 v. Chr. in Spanien ein Reich zu gründen; im Sertorianischen Krieg erfolgreich gegen die römischen Heere; i. J. 72 v. Chr. ermordet. — [2] Marcus Portius Cato (234—149 v. Chr.), Römer, Feind Karthagos; Vorbild altrömischer Sittenstrenge. — [3] Verse aus Voltaires „Mérope“.

Keith, den wir aufrichtig betrauern, dem König Vorstellungen gemacht habe wegen der Gefährlichkeit des Lagers, daß er ihm seine Bedenken mitgeteilt habe wegen all der Verteidigungsmanöver, Anlegung von Verhauen, Schanzen und noch zahlreicheren Batterien, die beim Feinde zu erkennen waren, Maßnahmen, die nach seiner Meinung auf einen bevorstehenden Angriff hindeuteten — und daß der König diese wertvollen Vorstellungen nicht beachtet habe." Diese Herren sagten mir, daß es schließlich nicht überraschen könnte, daß die Angriffsbewegungen des Feindes uns unbekannt geblieben seien, da die Nacht sehr dunkel war und der Vormarsch in gedecktem Gelände stattfand, in das unsere Streifwachen nicht einzudringen vermochten der Kroaten wegen, welche alle Wälder besetzt hielten und die Bewegung ihrer Armee verschleierten, und die außerdem während der ganzen dunklen Nacht Bäume fällten und so durch den Lärm, den sie verursachten, verhinderten, daß man die fahrende Artillerie hörte. Sie versicherten ferner, daß bei dem außerordentlich dichten Nebel, der sich erst gegen acht Uhr auflöste und der sich mit dem Pulverdampf und dem Rauch des brennenden Hochkirchen mischte, es fast unmöglich war, allen Manövern des Feindes wirksam zu begegnen; denn man konnte nicht fünfzehn Schritte weit sehen — daß man jedoch trotz aller dieser eigenen Nachteile und der Vorteile des Feindes ihn sicherlich zurückgeschlagen hätte, wenn man der Infanterie, die das Dorf angriff, gleichzeitig sieben oder acht Bataillone hätte entgegenstellen können, daß aber unsere Regimenter, die immer diese Stellung zu halten sich bemühten, eines nach dem andern, so wie sie eintrafen, sich in den Kampf einließen und somit notwendigerweise einzeln geschlagen werden mußten, was denn zum Unglück auch geschah, nachdem sie immer zu Beginn ihrer Angriffs einige Erfolge errungen hatten.

„Das sind sehr viele ‚Wenn', antwortete ich ihnen; „mit ihnen könnte man viele schöne Dinge ausrichten."

Sie stimmten endlich alle überein im höchsten Lobe der

geistesgegenwärtigen Entschlossenheit des Königs und der Tapferkeit der Truppen. Unser Verlust betrug mehr als fünftausendachthundert Mann an Toten und Gefangenen; der des Feindes dürfte nicht geringer gewesen sein.

Ich wurde nun doch nicht am Morgen gerufen, wie es der König mich hatte hoffen lassen, sondern am Abend gegen sieben Uhr. Er schien mir ganz außerordentlich niedergeschlagen.

„Ich habe die ganze Nacht kein Auge geschlossen. Sobald ich am Einschlafen war, tauchten tausend gräßliche Vorstellungen auf, um mich dem Schlummer zu entreißen, dessen ich so überaus bedürftig war. Trotz der Mattigkeit, in der ich mich beim Aufstehen befand, mußte ich während des ganzen, langen Tages wie ein Baske arbeiten und habe erst in diesem Augenblicke damit aufgehört. Ich kann Ihnen noch nicht, wie ich es gestern glaubte, irgend etwas Zuverlässiges über unsere gegenwärtige Lage sagen. Aber ich ahne und muß es Ihnen versichern, daß wir das alles überstehen werden. Wenn meine Erwartung unglücklicherweise sich irren sollte, mein Lieber, so ist meine Dose völlig bereit."

Und er legte dabei seine Hand auf die Brust.

„Früher trug ich diese Dose in einer Tasche meiner Beinkleider; aber nachdem ich mir überlegt hatte, daß die, die mich gefangennehmen, vielleicht so große Schurken wären, daß sie mich durchsuchten, da ließ ich an meiner Dose einen kleinen Ring anbringen, durch den ich mein Band gezogen habe, das nun vom Halse auf meine Brust niederhängt, wie Sie gesehen haben. Da müßte ja der Teufel die Hand im Spiele haben, wenn man es da ausfindig machte; ich hoffe, daß man mich nicht gerade völlig nackt antrifft. Es ist nicht zu sagen, mein Freund, wie mich diese Dose beruhigt. Stellen Sie sich einmal vor, ich wäre der Gefangene jener Leute und ihrer Gnade preisgegeben — wie entsetzlich! Nein, meine Seele kann Schimpf und Schande nicht erdulden! Geben Sie zu, mein Freund, daß meine Laufbahn doch recht hart und grausam ist und daß das Los, das ich in der großen Lotterie gezogen habe, ein sehr verhängnisvolles Los ist; aber man muß es behalten, sich damit abfinden und das Menschenmögliche tun, um die Gewinnaussichten zu verbessern. Und dann, mein Freund, ist es auch gut, daß die Könige wie alle anderen Menschen bisweilen vom Unglück heimgesucht werden. Eitelkeit und Hochmut können, wie das Fieber, den Tod eines Menschen verursachen. Ich gestehe Ihnen, daß ich noch immer nicht recht begreife, wie wir so überrascht haben werden können. Das hat nur geschehen können infolge außerordentlicher Nachlässigkeit unserer Posten. Obwohl solch Unheil nur aller hundert Jahre einmal eintritt, so ist das doch ein Schandfleck, über den ich mich nicht eher trösten werde, als bis ich ihn ausgelöscht habe. Aber wir wollen diesen schmerzlichen Gegenstand verlassen und wollen versuchen, ob uns der Schlummer nicht günstiger gesinnt ist. Gute Nacht. Morgen wissen wir vielleicht mehr darüber."

16. Oktober 1758

Seine Majestät der König ließ mich heute morgen um sieben Uhr rufen; als ich eintrat, kam er mir entgegen: „Jetzt, mein Herr, kann ich Ihnen und auch dem sehr berühmten Marschall das sagen, was man Hannibal entgegenhielt: ‚Großer Marschall, Sie verstehen zu siegen; aber Sie verstehen Ihren Sieg nicht auszunutzen! Die Schlacht, die Sie mir geliefert und in der tiefsten Dunkelheit gewonnen haben, ist eine nutzlose Schlacht. Sie haben vergeblich eine Menge Unglücklicher geopfert, die für ihr vergossenes Blut Rechenschaft von Ihnen fordern werden; Sie haben es auf Ihrem Gewissen.' Spaß beiseite, mein Lieber; ich werde diesmal noch einen Ausweg finden; der Marschall wird seinen Erfolg überhaupt nicht ausnutzen. Ich sehe einen Weg, alle seine Pläne zum Scheitern zu bringen und diesen mühevollen Feldzug kurzweg zu beenden. Trotz dieses Hoffnungsschimmers, der mich erquickt, habe ich heute morgen meinen teuren Marschall sehr beweint; ich betraure ihn unsagbar. Er hatte große Pläne, und was er plante, das plante er hervorragend gut. Er widmete sich mir mit dem größten Eifer und mit der denkbar größten Uneigennützigkeit. Wie soll ich diesen schmerzlichen Verlust ausgleichen? Noch wenige Tage vor der Schlacht hat er mir handgreifliche Beweise seiner Zuneigung gegeben. Daß er getötet werden mußte und daß ich, der ich mich in so vielen Schlachten häufig der Gefahr ausgesetzt habe (und ich glaube, darin wird man mir Gerechtigkeit widerfahren lassen), nie erheblich verletzt worden bin, finden Sie das nicht außerordentlich seltsam? Jetzt werde ich mein Pferd besteigen und mein Feldlager besichtigen. Kommen Sie heute abend gegen sechs Uhr für ein paar Augenblicke wieder."

Ich war dann nicht um sechs Uhr, sondern unmittelbar nach seinem Mittagessen bei ihm, das nur eine Viertelstunde dauerte.

„Mein Lieber", sagte er zu mir, „lesen Sie diesen Brief." Der Marquis von Adhemar, Oberhofmeister der Markgräfin von Bayreuth, meldete, daß es mit dieser Fürstin recht bedenklich stünde und sie so schwach wäre, daß man für ihr Leben fürchten müßte. Ich gab dem König diesen Brief zurück.

„Ach, mein Lieber, dieser Brief soll mich nur vorbereiten. Sicherlich ist meine liebe Schwester schon tot. Ich empfing diesen verhängnisvollen Brief bei der Rückkehr von dem Ritt, den ich zum Lager gemacht habe, und um meinen Schmerz zu vergrößern, habe ich mein Gesicht verstellen müssen, damit die Eingeladenen die Traurigkeit nicht bemerkten, die mich beherrschte. Fast alle meine Leute erschrecken, wenn sie etwas Trübes in meinem Gesichtsausdruck zu bemerken glauben. Sie bilden sich gleich ein, daß die Staatsangelegenheiten verzweifelt seien."

Dann führte er folgende Verse aus „Iphigenie"[1] an:

Gerechter Himmel, ja, du schwurst mir Rache,
Und du zerbrichst, was eitle Vorsicht schuf.

[1] Racine, „Iphigenie in Aulis" (1674), I. Aufz., 5. Auftr.

O, daß ich frei in meinem Unglück wäre
Und meinen Schmerz durch Tränen lindern könnte!
Doch ach, wir Könige sind ja nur Sklaven
Der Schicksalsschläge und der Menschenreden;
Wir sehen uns von Zeugen stets umlagert
Und wagen, tief im Unglück, nicht zu weinen.

Nachdem er am Ende dieser Verse einen Augenblick innegehalten hatte, sagte er noch einmal:

„Sicherlich ist meine liebe Schwester schon tot! Glauben Sie, mein Freund, daß sie schon tot ist?"

Und er weinte sehr. „Sprechen Sie, mein Lieber: Sicherlich ist sie schon tot! Schmeicheln Sie mir nicht!"

„Sire, dieses große Unglück liegt im Bereiche der Möglichkeit, und da man Eurer Majestät schreibt, so habe ich allen Grund zu fürchten, daß Sie all Ihre Philosophie und jene Seelenstärke brauchen werden, die Sie so hoch über die anderen Menschen erhebt."

„Man braucht mehr als Seelenstärke dazu, um solche Verluste zu ertragen, mein Lieber. Ich habe genug davon, um das ganze Unglück vom 14. wieder gutzumachen. Lassen Sie nur erst meinen Bruder hier eintreffen[1], und Sie werden sehen, daß Daun nicht den geringsten Vorteil von dem Schlage haben wird, den er uns versetzt hat. Aber wie soll ich den Verlust ersetzen, den ich anscheinend erleiden soll? Wie soll ich meine Schwester wiederbekommen, diese edle, bewundernswerte Schwester, die mich seit meiner zartesten Jugend so herzlich geliebt hat? Als ich die Epistel an meine Schwester schrieb und ihr die ganze Glut meiner Freundschaft schilderte, konnte ich da vermuten, daß sie mir so bald entrissen werden sollte? Will denn nur alles Unglück über mich hereinbrechen? Wie beklage ich Sie, mein Freund, daß Sie ohne Aufhören Zuschauer von Ereignissen sein müssen, die in jedem Augenblicke neu eintreten, um mich zu quälen, und daß Sie um meinetwillen ein so trauriges Leben führen müssen."

[1] Prinz Heinrich, der mit einer erheblichen Verstärkung zum König stoßen sollte. (Vgl. Catts Bericht vom 20. Okt. 1758, S. 290.)

„Sicherlich ist es traurig, aus dem Grunde nämlich, daß ich Eure Majestät leiden sehe. Ich würde mich glücklich schätzen, wenn ich dazu beitragen könnte, Ihre Schmerzen zu lindern."

‚Nach vielen vergossenen Tränen und nach vielen Gesprächen, die seiner Lage angemessen waren, schickte er mich weg mit der Bitte, mich nicht zu weit vom Hauptquartier zu entfernen, da er mich vielleicht in jedem Augenblicke rufen lassen könnte.

17. Oktober 1758

Nachdem ich viele Mühe gehabt hatte einzuschlafen, schlummerte ich endlich tief, als um zwei Uhr nachts ein Lakai des Königs erschien mit dem Befehle, zu kommen, sobald ich angekleidet wäre. Ich vermutete wohl, was diesen Befehl veranlaßt haben konnte, und der Lakai bestätigte es mir.

„Eine Stafette", sagte er, „hat die Nachricht vom Tode der Markgräfin von Bayreuth gebracht. Der König ist sofort aufgestanden und ist jetzt damit beschäftigt, Briefe zu schreiben."

Als ich ankam, fand ich ihn schluchzend. Ich war einige Minuten bei ihm, ohne daß er mir ein Wort sagen konnte. Endlich rief er: „Meine Schwester ist verloren für mich, ohne Wiederkehr, mein Lieber; ich werde sie niemals wiedersehen. Das ist der entsetzlichste Schlag, der mich treffen konnte. So verliere ich Mutter, Bruder, Schwester, alles, was mir teuer ist. Meine Verluste erfolgen Schlag auf Schlag; ein Verlust fällt stets mit einem anderen zusammen. Ach, wie bald werde ich weder Freunde noch Verwandte mehr haben; der Tod nimmt mir alles. Mein Leben ist sehr unglücklich."

Die herzzerreißende Lage, in der ich Seine Majestät sah, drang tief in meine Seele. Ich sagte dem König alles, was man in solchen Augenblicken sagen kann, um den Schmerz zu lindern, indem ich einging auf das Leid, das ihn heimgesucht hatte, und auf die Gründe, die er hatte, betrübt zu sein und eine so zärtlich geliebte Schwester zu betrauern. Ich wies ihn hin auf seine Philosophie, deren Hilfe in so mancher Lebenslage er mir gerühmt hatte, obgleich er mir bei anderen Gelegenheiten wieder von ihrer völligen Unzulänglichkeit gesprochen hatte. Ich berief mich auf jene Beharrlichkeit und jenen Mut, die jedermann an ihm kannte und bewunderte; aber der König, ganz vom Schmerze übermannt und immer in Tränen, antwortete mir nur sehr einsilbig und bat den Himmel, Mitleid zu haben mit ihm und seiner Lage.

Nachdem ich gegen fünf Uhr heimgeschickt worden war, schrieb ich dem König folgenden Brief, den ich sofort absandte:

„Ich weiß, daß das Unglück schwer auf Eurer Majestät lastet und daß der Verlust Ihrer so zärtlich geliebten Schwester der verhängnisvollste Schlag ist, der Sie treffen konnte. Ich habe sehr wohl die ganze Tiefe der Gefühle erkannt, die Sie hegten für die, die der Gegenstand Ihrer ewigen Trauer sein wird; ich habe lebhaft die Leiden beweint, die Sie heimsuchen, und ich beweine sie noch immer wie meine eigenen. Aber, Sire, nichts ist für lange Zeit übermäßig groß. Die Seelengröße Eurer Majestät, die treue Liebe eines ganzen Volkes, die Anbetung eines ganzen Heeres, eine Vorsehung, die alle Ereignisse des Lebens ihren weisesten und nützlichsten Absichten gemäß lenkt — das alles, hoffe ich, wird Ihnen zum Troste gereichen. Nein, mein teurer König wird nicht für immer unglücklich sein!“

Eine Viertelstunde nach Absendung meines Briefes wurde ich von neuem gerufen. Als ich eintrat, kam er auf mich zu und umarmte mich. Seine Tränen, die meine Wangen benetzten, bewegten mich tief. Er bemerkte meine lebhafte Rührung.

„Ich danke Ihnen für Ihren Brief“, sagte er. „Aber ach, in diesem so schmerzlichen Augenblicke gibt es keine Hilfe für mich. Verdammen Sie meine Tränen nicht. Habe ich nicht allen Grund, sie zu weinen?“

„Ach, Sire, es liegt mir fern, sie zu verdammen . . .“

„Wenn alle Leiden, die mich treffen, von einer Vorsehung gelenkt werden, wie es wohl sein kann“ — und damit kam er nun zu einem Punkte meines Briefes —, „so muß man hoffen, daß sie Mitleid mit mir haben wird, und es hat wohl den Anschein, als ob sie es zu empfinden vermag. Glauben Sie das nicht auch?“

„Das glaube ich ganz fest, Sire. Ich meine sogar, daß das die einzige Ansicht ist, die uns stark macht, die oft drückende Last des Lebens zu ertragen.“

„Aber glauben Sie nur, auch eine Dose, über die man verfügen kann, ist ein guter Trost.“

Das waren die ersten Augenblicke nach der verlorenen Schlacht und der Trauerbotschaft vom Tode der Markgräfin. Ich habe sie getreulich für mich selbst aufgezeichnet, da ich eine genaue Vorstellung von der Seele und dem Herzen dieses so außerordentlichen Fürsten gewinnen wollte, und ich berichte darüber mit derselben Treue für die, die begierig sind, ihn kennenzulernen in den verschiedenen schwierigen Lagen, in welchen er sich befunden hat.

18. bis 19. Oktober 1758

Ich wurde am Nachmittag des 17. gegen drei Uhr nochmals gerufen und blieb bis um sieben Uhr, wie auch am 18. und 19. Da das Gespräch immer den soeben erlittenen Verlust betraf und da er mir im Hinblick auf dieses traurige Ereignis nur Dinge sagte, über die er schon einmal gesprochen hatte, so werde ich die Einzelheiten nicht schildern, obwohl ich zunächst diese Gespräche aufschrieb, um sie mit den vorhergehenden zu vergleichen. Aber ich will wenigstens nicht verschweigen, daß er während der ersten vier Tage nach dem Eintreffen der traurigen Nachricht die Fensterläden seines Zimmers fast stets geschlossen halten ließ, so daß ich Seine Majestät kaum erkennen konnte. Einmal öffnete man den Fensterladen ein wenig, da er einen Brief an eine seiner Schwestern schreiben wollte.

20. Oktober 1758

Der Prinz Heinrich, der auf Befehl des Königs vom Lager zu Gamig aufgebrochen war, traf ein mit acht Bataillonen und fünf Schwadronen Husaren. Das war eine erhebliche Verstärkung, sowohl hinsichtlich der Truppen als auch in bezug auf ihren Führer. Die Zusammenkunft des Königs mit dem Prinzen muß sehr ergreifend gewesen sein, da Seine Majestät mir am Abend sagte:

„Ach, mein Lieber, wie haben mein Bruder und ich geweint über unseren gemeinsamen Verlust! Wir haben uns vorgenommen, uns gegenseitig zu trösten. Die Ankunft meines guten Bruders wird eine große Hilfe für mich sein. Ich habe alle Veranlassung, zu hoffen, daß die Staatsangelegenheiten sich günstig entwickeln werden; die des Herzens freilich werden nicht wiedergutzumachen sein. Meine Dose, mein Freund, meine Dose!“ Und nun wiederholte er, was er bereits an dem Tage gesagt hatte, als er sie mir zeigte.

Der König, der seit der verlorenen Schlacht nichts wieder von Truppen, Feldlagern und Märschen erwähnt hatte, begann am heutigen Abend über diese Dinge zu sprechen.

„Ich habe meine Schlachtordnung geändert und die Regimenter in die zweite Linie gestellt, die an dem Unheilstage am meisten gelitten haben. Der große Marschall hat sein Kittlitzer Lager verlassen und sich uns wieder genähert. Sein rechter Flügel — betrachten Sie die Karte — reicht bis zur Schwedenschanze, und sein linker stützt sich auf den Engpaß von Jenkwitz. Seine ganze erste Linie hält die Höhenkette zwischen den beiden Stützpunkten besetzt und macht diese zurückweichende Biegung. Um den linken Flügel des Heeres zu verlängern, hat sich der General Loudon auf den Höhen festgesetzt, die das Dorf Jenkwitz berühren und sich auf Ober-Keyna zu erstrecken. Der Marschall befestigt sein Lager ganz maßlos durch Verschanzungen und stopft alle Anhöhen und seine beiden Flügel voll Kanonen, daß es ein rechter Segen ist. Aber der gute Marschall wird sich in einigen Tagen enttäuscht sehen, dafür bürge ich Ihnen. Obwohl ich ruhig zu sein scheine, bin ich doch sehr tätig, indem ich Truppen aussende, um die Schweden und die Russen zurückzutreiben. Die Nachrichten, die ich über die barbarischen Kosaken empfangen, lassen einem die Haare zu Berge stehen. Sie wüten mit Feuer und Blut in meinem armen Lande; ihr Weg ist furchtbar gekennzeichnet durch alle erdenklichen Greueltaten. Ich hoffe, daß die göttliche Gerechtigkeit mich früher oder später rächen wird an diesen Führern, die solche Greuel anordnen oder zulassen."

21. Oktober 1758

Der König schien mir heute abend viel trauriger zu sein als gestern. Er wollte eine Leichenrede von Fléchier lesen; aber kaum hatte er eine Seite beendet, als er das Buch auch schon niederlegte.

„Ich kann nicht weiterlesen; denn ich weiß tatsächlich nicht, was ich lese. Mein Geist ist nicht zu fortlaufender Lektüre aufgelegt. Ich habe es am Morgen versucht; aber ich habe nicht einmal einige meiner Rhapsodien lesen können, die ich überfliegen wollte, um den düsteren Gedanken Ablenkung zu verschaffen, die auf mir lasten und mich quälen."

In diesem Augenblicke ereignete sich etwas Seltsames. Als Seine Majestät der König von seinen düsteren Gedanken sprach, hörte er eine Unterhaltung dicht unter seinem Fensterladen, der fast geschlossen war. Er öffnete ganz leise das Fenster, lauschte eine reichliche Viertelstunde und schloß es dann wieder mit ziemlichem Lärm. Einige Augenblicke darauf fragte er mich, ob ich nichts über den Verlust hätte sagen hören, den wir in der Schlacht am 14. erlitten hatten.

„Nichts, Sire."

„Man ist jedoch ziemlich geneigt, sich zu unterrichten und zu reden über alles, was an einem solchen Tage geschehen ist, was man hätte tun können und was der Schlacht vorausgegangen ist. Und das ist so übel nicht; denn unsere Vorstellungen werden klarer und umfassender, wenn wir sie mitteilen. — Es wäre überraschend, wenn Sie gar nichts über unseren Überfall gehört hätten."

„Ich hatte die Ehre, Ihnen in Rodewitz zu sagen, was ich über das inzwischen eroberte Lager gehört hatte, und seitdem hat man unaufhörlich“ — und das entspricht der Wahrheit — „von der Entschlossenheit Eurer Majestät gesprochen und von Ihren Maßnahmen, den Rest des Heeres zu retten, und von dem Mute Ihrer Truppen.“

Der König machte ein ungläubiges Gesicht und wünschte mir guten Abend.

„Auf morgen, zur selben Stunde!“

Als ich heimkehrte, erwartete mich der Adjutant Hauptmann von Marwitz.

„Ich beschwöre Sie, sagen Sie mir, was dieses heftig zugeschlagene Fenster bedeuten sollte!“

Ich erzählte ihm, was sich zugetragen hatte, und der Hauptmann wiederum berichtete von seiner Unterhaltung mit einem seiner Freunde.

„Ich hatte mich dicht bei dem verwünschten Fensterladen an die Mauer gelehnt und plauderte so mit meinem Freunde, der mich nach dem wahren Grunde fragte, weswegen ich in Arrest gesessen habe, und was mir der König im Feldlager zu Hochkirchen gesagt hätte. Seine Majestät der König hatte mir auf einem der früheren Märsche befohlen, ein Feldlager einzurichten, und ich führte seine Befehle aus. Da er schon seit einiger Zeit eine Gelegenheit suchte, mir die Leviten zu lesen, so nahm er diese wahr und sagte mir über mein Lager die demütigendsten Dinge: ‚Ihr Feldlager ist abscheulich und gegen alle Regeln des gesunden Menschenverstandes‘, das waren noch seine gemäßigtsten Ausdrücke. Ich erhielt Arrest und blieb darin bis zu unserer Ankunft in Hochkirchen. Der König befahl mir, ihm zu folgen, als er sein schönes Lager aufschlug, und als die Arbeit getan war, sagte er zu mir in jenem spöttischen Tone, den Sie ja kennen: ‚Sehen Sie, Herr von Marwitz, so muß man ein Feldlager einrichten! Lernen Sie, daß man die Dinge nicht zu leicht nehmen darf, besonders aber nicht die Dinge von so großer Wichtigkeit wie ein gut oder schlecht gewähltes Lager! Der Teufel wird Sie holen, wenn Sie ein andermal nicht aufmerksam ausführen, was ich von Ihnen erwarte.‘ Das war nicht erfreulich, mein Freund; aber diese Belehrung war recht lächerlich, um so mehr, als von allen bisherigen und allen möglichen Feldlagern das zu Hochkirchen das am schlechtesten ausgedachte war. — Aber eine andere recht spaßige Sache ist die Antwort, die er dem General Seydlitz erteilte. Dieser General bat ihn, seine Infanterie zurückzuziehen, die nutzlos geopfert würde. — ‚Aber, sagte der König, ‚wenn ich sie zurückziehe, so werde ich die Schlacht verlieren.‘ — ‚Nun‘, versetzte Seydlitz, ‚so möge Eure Majestät sie gewinnen‘, und er gab dem Pferde beide Sporen, um die Kavallerie wieder einzuholen. — Das, mein Herr, habe ich meinem Freunde erzählt. Welche Unvorsichtigkeit! Ich gebe zu, ich bin ebenso unvorsichtig gewesen wie mein Herr, der mich überrascht hat. Aber warum, zum Teufel, will er auch alles sehen und alles hören! Welche verhängnisvolle Neugier! Wenn seine geheiligte Majestät mein Gespräch gehört hat, so wird sie es mir niemals verzeihen.“

„Vielleicht hat der König nicht alles gehört.“

„Um so schlimmer, mein Herr! Es wäre mir lieber, wenn ihm nicht ein einziges Wort entgangen wäre. Wenn er nur schlecht oder halb gehört hat, so wird seine Phantasie diese Hälfte ausgestalten und daraus ein Ganzes machen, das keine Grenzen hat. Wenn der Allergnädigste Herr Ihnen unmittelbar oder versteckt eine Anspielung auf mein Gespräch zu machen scheint, so seien Sie bitte so freundlich, mir mitzuteilen, was er Ihnen gesagt hat.“

Ich versprach es ihm.

(Übrigens täuschte sich der Adjutant. Später, im Winterquartier, sagte er mir selbst: „Ich hätte geglaubt, daß der König mir ewig grollen würde; aber ich bin mit einer seltsamen Strafe davongekommen. Er hat mir ein kleines Schriftstück vorgelesen, das er gegen die Satiriker verfaßt hatte, und während des Lesens hat er mir leichte Schläge mit der Hand gegeben. Ich habe wohl gemerkt, daß mein Gespräch dem Verfasser die Anregung dazu gegeben hatte; aber ich habe getan, als merkte ich nichts, und habe es mir gesagt sein lassen.")

23. Oktober 1758

Der König, den ich bei ziemlich guter Stimmung fand, einer besseren jedenfalls, als während unseres ganzen Aufenthaltes in Doberschütz gehabt hatte, ließ mich am Morgen rufen, nur um mir zu sagen, daß wir am Abend aufbrechen würden, daß ich meine kleine Ausrüstung in Ordnung bringen sollte und daß ich beim Gelingen seines Planes Gelegenheit haben würde, mich zu freuen und das Dunkel zu lichten, das die Andeutungen umhüllte, die er mir seit einiger Zeit gemacht hatte.

„Diese Verdüsterungen der Seele sind die Früchte meines unheilvollen Sterns. Sagen Sie nichts von unserem Aufbruch; ich werde ihn erst heute nachmittag bekanntgeben. Wie Sie sehen werden, liegt mir daran, den Marsch geheimzuhalten.

Da der General Harsch Neiße eingeschlossen hat und sich zur Belagerung anschickt, so muß ich dieser Stadt zu Hilfe kommen; und dann gibt es hier weder Futter noch Lebensmittel. Mein Plan ist nicht so leicht durchzuführen, wie Sie vielleicht denken. Ich muß Görlitz vor dem großen Daun erreichen, der nur einen Tagemarsch bis dorthin hat, während ich wegen der Umwege, die ich machen muß, deren zwei habe, und noch dazu zwei sehr große und mühsame. Daun hat überall Posten ausgestellt, und ich muß die Wachsamkeit des Hochberühmten täuschen. Um sie aber mit Erfolg zu täuschen, habe ich sehr viele Scheinmanöver unternommen; sie werden ihn vielleicht irreführen. Aber mutmaßen wir nicht so viel! Morgen werden Sie ja sehen, was daran ist! Um zehn Uhr wird sich das Heer in zwei Kolonnen in Marsch setzen. Mein Bruder Heinrich wird die Nachhut führen. Guten Tag! Auf morgen, wenn es möglich ist! Machen Sie sich auf einen höllischen Marsch gefaßt!"

24. Oktober 1758. In Ullersdorf

Ich sah Seine Majestät den König erst, als er vom Pferde stieg. Es war fast fünf Uhr.

„Welch Marsch, mein Lieber, welch Marsch! Morgen werden wir unser Lager abbrechen; denn der höchst wohledle Herr, der große Augen gemacht hat, um zu sehen, was ich will, wird sich nach Görlitz begeben, und ich werde die Ehre haben, ihm zuvorzukommen. Ich will mich zu Bett legen; denn meine Müdigkeit ist größer als mein Hunger. Wir haben einen Offizier und etwas über hundert schäbige Kerle gefangengenommen, die uns nicht erwarteten. Der Feind hat sicherlich vermutet, daß mein Heer nach Spremberg ziehen würde, da er sah oder wußte, daß die Lebensmitteltransporte rückwärts nach Kummerau geleitet wurden. Aber er wird sich schön wundern, wenn er uns erst am Schafberg vorüberziehen sieht. Wenn wir Herrn Daun in der Görlitzer Ebene treffen, so kann es leicht geschehen, daß es morgen einige Lumpenkerle weniger in der Welt gibt. Guten Abend."

25. Oktober 1758. In Görlitz

Um fünf Uhr abends wurde ich gerufen. Der König betrachtete seine große Karte.

„Mein Lieber, es sind sehr wenig Lumpenkerle verlorengegangen; aber zum Ausgleich haben wir einen Zuwachs von acht Offizieren und vierhundertachtzehn Mann bekommen, die wir vom Korps der Karabiniers und der berittenen Grenadiere gefangengenommen haben.

Mein Heer ist in drei Kolonnen marschiert, und ich habe mit acht Bataillonen und allen Dragonern und Husaren der Armee die Vorhut gebildet. Mein rechter Flügel stützt sich auf Gierbigsdorf, mein linker berührt Görlitz. Sehen Sie meine Stellung." Er zeigte Sie mir auf der Karte. „Ich habe meine Backöfen aufstellen lassen: Zweihundert Zentner Mehl, die der Feind uns gütigst überlassen hat, sind in diesem Augenblicke recht willkommen. Morgen werde ich Ihnen mehr darüber sagen. Ich bin so müde, ach, so müde, daß ich kaum meine Augen offenhalten kann;

Sie können sich selbst denken, wie nun erst meine geistigen Augen verstopft sind! Schlafen Sie gut und ruhig, da wir im Marschieren gesiegt haben.“

26. bis 29. Oktober 1758. In Görlitz

„Die vergangene Nacht“, sagte der König als ich am 26. um drei Uhr bei ihm war, „ist seit meinem traurigen Verluste die erste, in der ich ein wenig geruht habe. Ich bin auch gleich ein ganz anderer Mensch. Ich kann doch wenigstens ein bißchen zusammenhängend denken, und ich kann Ihnen im Vertrauen und mit ruhigem Verstande sagen, daß die Staatsangelegenheiten jetzt nicht mehr verzweifelt sind; aber die Angelegenheiten meines Herzens sind es. Ich hoffe, meine Armee wird erkennen, daß ich meine Torheit vom 14. ziemlich geschickt wiedergutgemacht habe. Wenn Retzow sofort die Stellung besetzt hätte, die ich ihm befohlen hatte einzunehmen, wenn meine Lumpe von den Freibataillonen wachsamer gewesen wären, wenn der Landgraf die Scheunentore nicht hätte schonen wollen, sondern sie verbrannt hätte, um damit Brot zu backen, so wäre ich am 14. nicht in Rodewitz gewesen, und wenn, und wenn — aber glauben Sie nicht, ich wollte mich rechtfertigen; ich habe Fehler und Torheiten begangen! Gott gebe, daß es die letzten waren; aber da sie ein Sterblicher immer begeht, o Gott, so gib mir, wenn es denn so sein muß, den Geist, sie glänzend wiedergutzumachen — da haben wir beinahe ein Gebet nach Art Ihres Calvin. Ich möchte ihn noch sehr darum bitten, daß auf beiden Seiten alle Torheiten aufhörten und daß jedermann friedlich heimkehren möge; es ist hohe Zeit, daß diese Schrecken enden. Wie werden doch alle Völker gequält! Wie martert man dieses arme Sachsen, wie unterdrückt man es von allen Seiten! Seine angeblichen Freunde bedrücken es nicht schlecht! Ich habe heute früh von meinem Wirte erfahren, daß die Österreicher, wenn sie von ihren Freunden, den guten Sachsen, sprechen, sie nicht anders als ‚lutherische Schufte nennen. Das ist nicht gerade erbaulich. Zu dem Bösen, das man seinen Freunden getan hat, muß man nicht noch das Unrecht hinzufügen, daß man von ihnen in diesem verächtlichen Tone spricht, den sie nicht verdienen."

Der König war infolge dieser beiden Märsche und verschiedener Anordnungen, die sie erforderten, stark beschäftigt, und er erschien mir weniger leidenschaftlich und weniger traurig. Er hatte nur so nebenbei von seinem Verluste gesprochen, und seine Unterhaltung war, ohne gerade heiter und angeregt zu sein, nicht mehr von so düsterer Farbe wie in Doberschütz. Aber dieses Düstere erschien in den letzten drei Tagen unseres Görlitzer Aufenthaltes wieder. Es war stets nur die Rede von dem Kummer über seinen Verlust, von Klagen über sein unseliges Schicksal, von der Möglichkeit, sich von dem allen durch seine Dose zu befreien, wenn das Schicksal auch weiterhin auf ihm lastete. Ich versuchte vergebens, ihn auf andere Gedanken zu bringen; aber er wies sie alle heftig ab. Daher ging ich auf die seinen ein und versicherte lebhaft, daß ich seinen Schmerz aufrichtig teilte. Meine Worte schienen ihn zu beruhigen.

Da ich erfahren hatte, daß ein Einwohner von Görlitz zu seinem Vergnügen ein Modell des Heiligen Grabes hatte anfertigen lassen, so ging ich hin, um mir dieses Denkmal anzusehen. Dieser Einwohner hatte drei Reisen nach Palästina unternommen, das einst während der Kreuzzüge so berühmt war. Bei der Rückkehr von seiner ersten Reise bemerkte er, daß er einige Größenverhältnisse nicht ordentlich erfaßt hatte, und er brach schnell nochmals auf, um sie festzustellen. Bei seiner Ankunft in Görlitz kamen ihm abermals Bedenken, und er unternahm seine dritte Reise, um sie zu zerstreuen. In der Erklärung, die man mir gab, erschienen mir mehrere Punkte, die dieses Monument betrafen, recht zweifelhaft.

30. Oktober 1758. In Lauban

Man brach sehr zeitig von Görlitz auf. Die Infanterie überschritt die Neiße auf Notbrücken, und die Kavallerie benutzte eine Furt. Nach dieser Überschreitung bildete man zwei Kolonnen. Der König marschierte mit den Truppen, die den Fluß am Tage vorher überquert hatten, über Schönborn und Nieder-Geilsdorf auf Lichtenau zu; er selbst führte diese erste Kolonne. Die zweite marschierte über Hermsdorf, Lauterbach, Pfaffendorf, Ober-Geilsdorf und Schreibersdorf. Der Prinz Heinrich befehligte die Nachhut, und diese folgte der ersten Kolonne.

Der General Vela verfolgte sie und beschoß sie stark mit Geschützen. Als sie durch Schönborn zogen, ließ der Prinz auf der anderen Seite des Dorfes Artillerie auffahren. Die Truppen durchschritten den Engpaß und zündeten die Häuser an, die ihn auf beiden Seiten säumten. Als er seinen Marsch über Geilsdorf fortsetzte, wurde er aufgehalten durch einen Engpaß, durch den noch die Kavallerie der ersten Kolonne zog. Diese Gelegenheit benutzten die Kroaten, sich in die Wälder zu schleichen, durch die der Weg führte, den der Prinz einschlagen mußte. Sie wechselten Schüsse mit den letzten Bataillonen der Nachhut, und das währte so lange, bis der Prinz Heinrich Geilsdorf durchzogen hatte, das ebenfalls in Brand gesteckt wurde, um den Rückzug zu decken. Der König ließ die Armee auf den Höhen hinter Geilsdorf lagern, den rechten Flügel auf ein Gehölz gestützt, das von den Freikompanien und den Jägern besetzt war; das Dorf Lichtenau lag im Mittelpunkt des Heeres; ein Regiment und sechs Bataillone der zweiten Linie hielten es besetzt. Die Linke wurde auf eine bewaldete Anhöhe gestützt, wo andere Freikompanien aufgestellt wurden. Die Wernerschen Husaren lagerten vor diesem Flügel, und die Puttkammerschen auf dem Galgenberg. Der Troß der Lebensmittel lag bei Lauban. Das alles sagte mir der König am Abend seiner Ankunft.

31. Oktober 1758

Am folgenden Tage sprach er nur von seinem Marsche, von Truppenbewegungen, von der geschickten Verteidigung seines Bruders und von einer außerordentlichen Torheit, die der General seiner Garden, Herr von Bardeleben[1], begangen hatte, der eine Anhöhe nicht besetzt hatte, wie es der gesunde Menschenverstand erfordert hätte, und dadurch die Truppen einer Beschießung aussetzte, bei der man etwa hundert Mann und einige Offiziere verloren hatte. Der General Bülow wurde in diesem Nachhutgefecht verwundet.

„Da mein Bruder die Feinde tapfer beschossen hat, so ist anzunehmen, daß sie viel mehr als wir verloren haben."

Man hatte Seiner Majestät berichtet, daß der Hauptmann Zetmar von den Zietenschen Husaren Loudon durch einen Pistolenschuß getötet habe.

„Das wäre nicht so übel", sagte der König; „aber ich glaube nicht daran. Loudon wird es sich nicht haben einfallen lassen, mit einem Husaren Pistolenschüsse zu wechseln, obwohl es übrigens wahr ist, wie man mir versichert hat, daß er, so tapfer wie klug, sich in der Schlacht über alle Maßen hinreißen läßt. Aber es ist die Frage, ob das diesmal der Fall war. Übrigens ist mir das alles ganz gleich."

1. November 1758

Der König beschloß, selbst mit achtundzwanzig Bataillonen und achtundsechzig Schwadronen nach Neiße zu marschieren, um dort die Belagerung aufzuheben, und den Prinzen Heinrich mit fast ebensoviel Truppen in den schlesischen Bergen zu lassen, um den Marschall Daun zu beobachten und ihn daran zu hindern, ihm nach Neiße zu folgen. In dieser Absicht marschierte er am 1. November bei Tagesanbruch los und begab sich nach Löwenberg, wo ich nicht gerufen wurde.

2. November 1758. In Pombsen

Am 2., in Pombsen, befahl mich Seine Majestät um vier Uhr zu sich.

„Ich habe bei meiner Ankunft einen Brief von Voltaire empfangen. Obgleich er meinen Schmerz vergrößert hat, so hat er mir dennoch Freude gemacht. Die Unglücklichen

[1] General Ernst Christoph Wilhelm v. Bardeleben wurde 1760 verabschiedet.

haben es gern, daß man mit ihnen über die Veranlassung ihrer Betrübnis spricht. Lesen Sie bitte seinen Brief, daß ich es höre."

Herr von Voltaire bekundete seinen lebhaften Kummer über den Tod der Markgräfin, der er ein schönes Lob spendete, und über die Leiden des Königs, den er krank wähnte. Der König weinte, als ich diesen Brief vorlas, den er rührend fand.

„Hier ist meine Antwort", sagte er, noch immer weinend, „die ich schon fertiggestellt habe für diesen guten Voltaire, der meine Betrübnis so lebhaft teilt."

Die Sitzung war sehr traurig, und die folgenden waren es nicht minder.

3. bis 4. November 1758. In Jauernick

Die Armee traf am 3. in Jauernick ein, nachdem sie in drei Tagen dreizehn Meilen zurückgelegt hatte. Sie rastete am 4. Während der beiden Tage in diesem Orte las der König die Hälfte von Fléchiers Leichenrede auf Turenne, wobei er ständig trübe Bemerkungen machte zu dem, was ihn ergriff.

5. November 1758. In Girlsdorf

Am 5. marschierte er nach Girlsdorf. Dieser Marsch ging über vier Meilen. Obwohl der General Harsch die Beschießung von Neiße eingestellt und sogar seine Artillerie zurückgesandt hatte, so beschloß Seine Majestät doch, ihm entgegenzuziehen in der Meinung, daß er uns vielleicht erwarten und uns eine Schlacht liefern möchte. Am Abend ließ er mich für einen Augenblick rufen; er beendete die Leichenrede, die er am Tage vorher begonnen hatte.

6. November 1758. In Groß-Nossen

Ich wurde ziemlich zeitig gerufen. Der Marsch, den man seit Tagesanbruch unternommen hatte, war sehr mühevoll gewesen. Der König schien jedoch nicht im geringsten ermüdet zu sein.

„Ich erfahre von allen Seiten, daß Herr von Harsch gestern von Neiße abgezogen ist und daß er ein Lager zwischen

Woitz und Gießmansdorf bezogen hat, wo sich das Korps des Generals Wied mit ihm vereinigt hat, das vom Heere des Marschalls abgesandt worden ist. Trotz dieser erheblichen Verstärkung hat es Herr Harsch verschmäht, mich zu erwarten und sich mit mir zu messen. Er hat sich damit begnügt, nur den Laufgraben besetzt zu halten. Nachdem mein braver Treskow das erfahren hatte, hat er gestern um zwei Uhr nachmittags einen Ausfall unternommen und hat den Obersten Marquis von Gravisi mit sieben Offizieren und fast fünfhundert Mann gefangengenommen, sowie etwa hundert andere, die die Gelegenheit benutzt hatten zu desertieren und die den Weg nach der Stadt eingeschlagen hatten. Er hat mir soeben sagen lassen, daß heute morgen um sechs Uhr die Schanzen und der Laufgraben verlassen waren und daß Herr von Harsch, nachdem er das Faschinenlager[1] hatte in Brand setzen lassen, die Neiße bei Glumpinglau überschritten habe, daß er die Brücken angezündet habe und nach Ziegenhals marschiert sei.

Somit wäre also die Belagerung aufgehoben, mein Lieber. Wir werden dort sicherlich sehr viel wertloses Zeug in den Anlagen finden, das der edle Harsch uns überläßt.

In meine schwachen Hände gib den starken Feind!
Die starre Königin mach' schwankend im Entschlusse,
Und über sie und Kaunitz wollest du, o Gott,
Den Geist der Unvorsichtigkeit, des Irrtums breiten,
Der der Tyrannen Sturz schon im voraus verkündet.

Finden Sie, mein Freund, daß ich mein Gebet mit jener Salbung deklamiere, die zur Erhörung nötig ist? Meinen Sie, daß ich es im guten Glauben spreche?"

„Ich zweifle nicht, Sire, wenn man immer mit solcher Innigkeit betete wie Eure Majestät in diesem Augenblick, so würde man viel öfter erlangen, um was man bittet."

„Gut, Sie werden mich häufig mit derselben Glut sagen

[1] Durch Weidenruten oder Draht zusammengehaltene Strauchbündel zur Uferbefestigung.

hören: ‚Wollest du, o Gott...!‘ Morgen gehe ich unter guter Bedeckung nach Neiße. Wenn ich nicht zu spät zurückkehre, so werde ich Sie kommen lassen. Gute Nacht und guten Schlaf! In diesem Dorfe werden wir in Sicherheit sein; denn hier liegen nicht weniger als fünfzehn Bataillone.“

7. bis 8. November 1758. In Girlsdorf

Der König kam sehr spät von Neiße zurück, und ich wurde nicht gerufen. Er legte sich nach seiner Ankunft eine kurze Zeit zu Bett und brach am folgenden Tage mit dem ganzen Heere wieder auf, welches in drei Kolonnen marschierte. Ich war um vier Uhr bei Seiner Majestät.

„Ich war gestern sehr angestrengt von meinem kleinen Abstecher nach Neiße. Mein Blut war so aufgeregt, daß ich kein Auge habe schließen können. Um mir ein kleines Vergnügen zu bereiten, habe ich Herrn Guichard gebeten, mir die Ehre zu erweisen, mit mir zu speisen, und ich habe habe ihm einen ganz kleinen Schabernack gespielt. ‚Herr Guichard‘, sagte ich zu ihm, ‚unser heutiger Ausflug ist ziemlich anstrengend gewesen; zweifellos werden Sie, wie ich, großen Appetit haben.‘ — ‚Ja, Sire, ich habe um so mehr Appetit, als gestern in Nossen so viele Leute waren, daß man selbst für Geld nichts erlangen konnte; so bin ich beinahe nüchtern.‘ — ‚Einen Augenblick Geduld, Herr Hauptmann, und wer werden uns schadlos halten.“

Man brachte die Suppe. Der König bot sie dem Hauptmann an. Als dieser einen Löffel voll nahm, sagte er: „Übrigens, Herr Hauptmann, erzählen Sie mir doch ein wenig die Geschichte jenes Kammermädchens in London[1], das Sie vor den Schuften erretteten, die es vergewaltigen wollten. Das ist recht unterhaltend.“

„Der Hauptmann begann, nicht ohne die Suppe zu betrachten. Ich aß die meine ab; die Teller wurden entfernt, und man brachte den ersten Gang. Ich gab dem Hauptmann eine gehörige Portion, wobei ich ihn bat, in seiner

[1] Vgl. Catts Bericht vom 22. März 1758, S. 19 f.

Geschichte fortzufahren, die mich entzückte. Ich hörte zu und aß, während Herr Guichard mit großen Augen auf seinen Teller blickte, den man wegtrug wie den ersten. Als ich aufhörte zu essen, wiederholte sich der Scherz beim zweiten Gang, und als dieser wie der vorhergehende endete, dankte ich dem Hauptmann für seine Freundlichkeit. Ich versicherte ihm, eine arme Unschuldige einem Notzuchtversuch zu entreißen, den sie sehr zu befürchten hatte, sei viel mehr wert als alle erdenklichen Mittagessen; die schöne Tat, die er vollbracht habe, verdiene besungen zu werden; ich wolle ihm eines Tages, wenn mein Geist freier sei, bei einem Mittagessen den Plan einer Tragödie entwickeln, deren Hauptperson der Hauptmann sein solle. ‚Sie wollen scherzen, Sire; aber ich versichere Ihnen, daß man Tragödien über Begebenheiten geschrieben hat, die weniger interessant sind als die, die ich Ihnen habe erzählen dürfen.' — Da mein Hauptmann der Held einer Tragödie werden zu können vermeint, so soll er es werden, dieser Herr, dafür bürge ich Ihnen; aber ich muß dazu einen sehr freien Kopf haben. Finden Sie dieses Mittagessen nicht erheiternd?"

„Es hat für Eure Majestät erheiternd sein können."

„Ob es auch für Herrn Guichard gewesen sein wird?"

„Ich bezweifle es, Sire."

„Warum bezweifeln Sie es?"

Da die Gelegenheit günstig war, dem König zu verstehen zu geben, daß derartige Scherze mich außerordentlich quälen würden, wenn er sie eines Tages mit mir treiben wollte, so antwortete ich:

„Aber, Sire, wenn Herr Guichard es sich in den Kopf gesetzt hat, er könne die Achtung Eurer Majestät durchaus nicht besitzen, da Sie ihn derart verspotteten, so zweifle ich, daß er in diesem Falle das Mittagessen erheiternd hat finden können. Wenn es ein Glück ist, und zwar das höchstmögliche Glück, die Achtung eines Fürsten zu erringen, dem man aus Zuneigung dient, so ist es der Gipfel des Unglücks, sie nicht erlangen zu können, wenn man alles getan hat, ihrer würdig zu werden."

Der König, der mich ruhig und gütig anhörte, antwortete nicht. Er wechselte den Gegenstand des Gespräches, indem er sagte:

„Wissen Sie übrigens, daß uns der Feind vor Neiße hunderttausend Bomben, Granaten und Kanonenkugeln mit allen Belagerungswerkzeugen zurückgelassen hat und daß unaufhörlich Fahnenflüchtige von ihm zu uns überlaufen? Das ist schon etwas wert; aber ich habe wichtigere Dinge zu erledigen. Meine Nachrichten bekunden, daß Daun mit seinem ganzen Heere auf Dresden marschiert. Daher muß ich mit dem meinen äußerst eilen, um dieser Stadt zu helfen, damit kein Unheil geschehe. Morgen werden wir nach Schweidnitz gehen. Guten Abend; schlafen Sie wohl. Wenn Sie Herrn Guichard sehen, so wird er Ihnen sicherlich von seinem heiteren Mittagessen erzählen."

Er erzählte mir auch tatsächlich davon, wobei er das Verhalten Seiner Majestät des Königs stark verurteilte, der, wie er sagte, bei dieser Gelegenheit, wie fast immer, seine königlichen Vorrechte in befremdender Weise mißbrauchte.

„Er wird dafür bestraft werden! Darf man einen biederen Menschen, der sich ordentlich führt, derart behandeln? Warum zum Teufel bin ich auf diese Galeere gekommen?"[1]

Ich wiederholte ihm bei dieser Gelegenheit alles, was ich ihm in Grüssau und auf unserem ersten Marsche gesagt hatte. Er versprach mir, sich nicht mehr zu solchen Verspottungen herzugeben.

„Ich habe mich vor niemand sehen lassen wollen als vor Ihnen, und ich bitte Sie um etwas zu essen. Mein Magen hält es nicht mehr aus. Welch niederträchtigen Streich hat er mir gespielt!"

9. November 1758. In Schweidnitz

Bei Tagesbeginn brach man nach Schweidnitz auf. Auf dem Marsche herrschte eine empfindliche Kälte. Der König

[1] **Vgl. Catts Bericht vom 20. Aug. 1758, S. 222.**

verspürte üble Nachwirkungen und war gezwungen, sich sofort bei der Ankunft zu Bett zu begeben. Am Nachmittag wurde ich gerufen. Ich traf ihn mit Fieber an; sein Gesicht war feuerrot, als wollte es in Flammen aufgehen.

„Mir geht es gar nicht gut! Fühlen Sie meinen Puls!"

Der Puls schlug äußerst schnell, und sein Kopf, sagte er, wäre ganz verwirrt.

„Da habe ich nun ein Fieber, das mir sehr ungelegen kommt. Aber ich werde diesen Schlingel schon totkriegen! Ich werde es durch Hunger vermindern; ich esse nichts und überschwemme mich mit Tee; das ist mein Universalheilmittel. Da ich genug von der Medizin verstehe, so werde ich mich selbst heilen. Es war mir nicht gut gestern, als ich mich zur Ruhe legte. Die Kälte, unter der ich während des Marsches litt, hat mein Übel vergrößert. Herr Guichard wird sagen, der Himmel bestrafe mich für den Streich, den ich ihm gespielt habe. Der Himmel macht sich recht lustig über ihn und mich; es kümmert ihn sehr wenig, wer speist oder wer nicht speist. Da ich mit Zastrow[1] zu sprechen habe über mehrere Anordnungen, die getroffen werden sollen, so lasse ich ihn jetzt kommen. Dieser Zastrow ist sehr von Prophezeiungen und Propheten eingenommen; er wird mir sicherlich von einigen berichten, die er befragt hat. Ich werde schöne Sachen oder vielmehr rechte Erbärmlichkeiten zu hören bekommen. Wie kann man die Zukunft vorhersehen! Ich weiß nicht einmal, was morgen sein wird, nicht einmal heute abend mit meinem kleinen Fieber. Guten Abend und gute Nacht! Morgen werden Sie erfahren, was die Lügenpropheten hergeleiert haben. Um drei Uhr also!

10. November 1758. In Schweidnitz. Ruhetag

Als ich um drei Uhr beim König eintrat, sah ich sofort an dem noch immer stark geröteten Gesicht, daß es ihm nicht gut ging. Er ließ mir keine Zeit, ihn nach seinem Ergehen

[1] Dem Kommandanten von Schweidnitz.

zu fragen, sondern er sprach sogleich von seinem Kommandanten.

„Wenn ich gestern für Humor empfänglich gewesen wäre, so hätte Zastrow mich königlich amüsiert. Mein Lieber, Sie können sich keine Vorstellung machen von den Armseligkeiten, die er zusammengeschwatzt hat. Er hat nicht weniger als fünf Propheten des Flachlandes und der Berge gesehen; er gibt den letzteren den Vorzug, deren Eingebungen er für besser hält. Alle haben die Unglücksfälle prophezeit und errechnet, die mir zugestoßen sind, den Verlust der Schlacht sowohl als den so entmutigenden Fall, daß ich meine so zärtliche und würdige Schwester verloren habe. Sie haben aus ihren Berechnungen erfahren, daß das Ende des Feldzuges glänzend sein und alle ausgestandenen Leiden wiedergutmachen wird. Aber diese Dummköpfe werden die Leiden meines Herzens nicht heilen! — ‚Zastrow, wie können Sie solchen Hirngespinsten Glauben schenken? Sehen Sie denn nicht, daß diese Schwindler nachträglich prophezeien? Sie haben doch Geist und lassen sich von solchen Schurken betrügen, die Ihnen das Geld aus der Tasche ziehen wollen!' — ‚Ich gebe ihnen keins, Sire, als wenn sie das Richtige getroffen haben. Sie sollen nachträglich prophezeien, Sire, und doch ist mir alles, was ich Ihnen erzählen die Ehre hatte, im Mai und Juli gesagt worden!' — Kurz, mein guter Zastrow hat bei allen Göttern geschworen, daß diese Leute ihm nichts aufbänden, daß sie die Zukunft berechneten und daß sie noch andere Mittel hätten, um Auskunft über das Zukünftige zu erlangen, Wesen, die längst abgeschieden wären und auf ihre Anrufungen oder Beschwörungen zu ihren Zaubereien kämen und ihnen die zukünftigen Ereignisse wie auf einem Bilde zeigten. Mein Zastrow ist so vernarrt in das Können dieser Propheten, daß er mir wirklich leid tut. Ich habe alles mögliche getan, ihn zur Vernunft zu bringen; aber die Einfalt bricht immer wieder durch. Einfalt nenne ich diese Neigung, an Zaubereien, Propheten und sogar an Träume zu glauben. Wie kann man daran glauben, wenn doch alles in der Natur uns zeigt, daß der gegenwärtige Augenblick nichts weiß von dem, der ihm folgt! kann diese Zukunft, die zum Glück der Menschen in eine dichte Wolke gehüllt ist, aufgehellt werden durch Berechnungen, durch Beschwörungen, bei welchen die Schurkerei an allen Enden hervorbricht, und durch all die lächerlichen Mätzchen dieser Toren, die ihre eigenen Seelen in Begeisterung versetzen und die Seelen der Wesen herbeirufen, die nicht mehr sind? Wehe den Menschen, wehe besonders den Fürsten, die sich solchen Phantastereien überlassen! Man hat es im Grunde auf das Geld der einen wie der anderen abgesehen; man strebt danach, sie am Gängelbande zu führen und nach Belieben über sie zu verfügen."

Der König hatte viel, vielleicht sogar zu viel gesprochen. Ich erkannte an seinem Aussehen und an seinem Tone, daß das Fieber gestiegen war. Er empfand es selbst; ich mußte ihm nochmals den Puls fühlen, der außerordentlich stark und schnell schlug.

„Ich will mich auf mein Bett legen und ein Pulver einnehmen. Haben Sie die Güte, gegen sechs Uhr für einen Augenblick wiederzukommen."

Zu dieser Stunde fand ich den König ruhiger. Er zeigte mir seine Hände, die ganz mit roten Flecken bedeckt waren: „Ich habe das bemerkt, nachdem Sie weggegangen waren."

„Ich glaube Sire, das ist ein gutes Zeichen. Sie sollten sich zu Bett legen und Tee trinken; die Hitze wird heraustreiben, was noch herauszutreiben ist."

„Es muß alles ohne das heraus, mein Lieber! Ich habe keine Zeit, mich zu verzärteln. Morgen muß meine alte Figur sehr zeitig auf dem Pferde sitzen. Ich habe keine Zeit zu verlieren, sondern muß laufen wie Don Quijote, um dem vorzubeugen, was man in Sachsen gegen den fahrenden Ritter plant."

Ich ließ es mir einfallen, ihm vorzuschlagen, er sollte zum morgigen Marsch den Wagen benutzen.

„Den Wagen? Mein Freund, ach, was denken Sie! Halten Sie mich für eine alte Frau? Und was sollte meine Armee sagen, wenn sie den hübschen Herrn vermummt und eingepackt in seinem Wagen sähe? Welches Beispiel gäbe ich vielen Offizieren, die es nötig haben, vor dem bösen Beispiel bewahrt zu werden und die, dem meinen folgend, sich beim geringsten Übel verzärteln würden?"

„Wenn die Armee wüßte, daß Eure Majestät krank ist, so würde sie den Rücksichten, die Sie auf Ihre Krankheit nehmen, Beifall zollen."

„Sie irren sich, mein Lieber! Erstens braucht sie gar nicht zu merken, daß ich krank bin, und zweitens würde man mich mit jenem beißenden Spott überschütten, mit dem man den armen Müller bedachte, als er mit seinem Sohne seinen Esel auf den Markt brachte[1]."

„Wenn das geschähe, Sire, so könnten Sie auch mit La Fontaine sagen: ‚Er tat, wie's ihm beliebte, und also tat er's gut.'

Wenn Eure Majestät wohlauf wären, so würde ich mich hüten, vom Wagen zu sprechen."

„Nein, nein, mein Lieber, Sie werden mich nicht überreden! Ich lasse mich nicht bevormunden; nein, mein Herr, ich lasse mich von niemandem bevormunden!"

Ich hätte wohl gewünscht, daß er aufhörte; denn ich sah, daß er sich ereiferte. Aber zu dem Worte „bevormunden" glaubte ich doch etwas sagen zu müssen, und meine Worte veranlaßten ein neues Gespräch, das recht seltsam war.

„Ich sollte Eure Majestät bevormunden wollen? Sire, ich habe niemals daran gedacht, irgendeinen Menschen zu bevormunden, und ich würde noch viel weniger daran denken, es mit Eurer Majestät zu tun."

„Warum sollten Sie nicht daran denken, da doch alle, die zur Umgebung eines Fürsten gehören, bestrebt sind, ihn mehr oder weniger zu bevormunden, die einen auf die eine Art, die anderen auf eine andere? Wenn die Gelegenheit günstig ist, so führen sie den Fürsten ganz und gar. Dann handelt nicht mehr er selbst, sondern seine Lenker oder Lenkerinnen handeln, und die Folgen davon

[1] Nach der Fabel von La Fontaine, „Der Müller, sein Sohn und der Esel".

sind früher oder später unheilvoll, sowohl für den Fürsten selbst, als auch für die, denen er Dank schuldet. Mein Lieber, ich habe frühzeitig die verhängnisvollen Folgen erkannt; die Geschichte aller Völker und aller Zeiten hat es mir ins Ohr geschrien, und ich habe mir vorgenommen, mich von niemand bevormunden zu lassen. Wenn ich diesen Plan durchführen und niemals von ihm abweichen wollte, so mußte ich Kenntnisse erwerben — das empfand ich wohl —, und ich habe sie erworben; ich empfand, daß ich die Zeit ausnutzen und die glückliche Gewohnheit zu arbeiten annehmen mußte, und ich habe bewiesen, daß ich es getan habe, daß ich selbst zu sehen weiß und daß ich es liebe, selbst zu sehen, daß es mir ein Vergnügen und eine Pflicht ist, alles selbst zu prüfen. Nein, mein Lieber, nein, weder Sie noch jemand anders soll mich bevormunden."

Ich lächelte bei diesen Worten.

„Worüber lachen Sie?"

„Sire, ich lache über Ihre Vermutung, ich könnte die Absicht gehabt haben oder noch haben, Sie zu bevormunden." Da der König zu lächeln schien, so fügte ich hinzu: „Ich glaube übrigens, daß es leichter ist, einen Fürsten zu bevormunden, der behauptet, daß das sehr schwierig oder gar unmöglich sei. Bei dieser starken Anmaßung ist man oft nicht auf seiner Hut, und man wird ertappt, wo man es am wenigsten vermutet hätte."

„Ihre Überlegung ist nicht übel; aber was Sie sagen, bezieht sich nur auf Toren, die es nicht verstehen, auf der Hut zu sein, und die nicht wachsam sein können, ohne es merken zu lassen. Glauben Sie nun aber nicht etwa, daß ich mich bei meinem festen Plan, mich nicht bevormunden zu lassen, nun auch guten Ratschlägen verschlösse, die man mir erteilt! Nein, ich höre an, was man mir darlegt; wenn es besser ist als das, was ich mir dachte, so erkenne ich es natürlich an, und ich lasse fühlen, daß ich die Waffen strecke vor den guten Gründen, die man anführt und die ich erörtere, nicht aber von der Person. Ich folgere daraus, daß weder Catt, wenn er Lust dazu hätte, noch sonst jemand mich bevormunden wird, und daß er und ich zu Bett gehen müssen. Morgen sind wir auf dem Marsche, nicht im Wagen, sondern wie ein Schildknappe, der auf Abenteuer auszieht."

Als ich wegging, begegnete ich am Fuße der Treppe Herrn von Zastrow, der sich nach der Gesundheit des Königs erkundigen wollte. Ich sagte ihm, daß er einen starken Ausschlag hätte, daß ich ihm vorgestellt hätte, er würde gut daran tun, im Wagen zu reisen, da die Morgenstunden so kühl wären, daß er mir aber auf meine Vorstellungen, die mir mein Interesse an seiner Gesundheit eingegeben hätte, eine sehr schöne Moralrede gehalten und mir versichert hätte, daß er sich von niemandem bevormunden ließe.

„Ich habe ihm dasselbe empfohlen wie Sie, mein Herr, und er hat mir ebenso geantwortet wie Ihnen. ‚Halten Sie mich für eine alte Hure?' hat er hinzugefügt. Ich fürchte, daß ihm der morgige Marsch sehr schwer fallen wird und daß er das Opfer seiner Hartnäckigkeit oder vielmehr seines Widerspruchsgeistes wird; denn wenn Sie und ich ihm gesagt hätten, daß die Bewegung des Reitens ihm wohltun würde, so hätte er sich vielleicht entschlossen, im Wagen zu reisen."

„Ich zweifle daran, Herr Kommandant; aber schließlich müssen Sie den König besser kennen als ich; ich bin hier noch ziemlich neu."

„Ob ich ihn kenne! Gestern hat er mich rufen lassen. Nachdem er mir einige Anordnungen gegeben hatte, die auszuführen waren, hat er des langen und breiten über das geredet, was er meine Propheten nennt. Er wollte wissen, was sie über seine Lage denken. Ich habe es ihm gesagt. Er hat sich über sie und mich lustig gemacht, und er kam, stets spottend, immer wieder auf sie zurück und auf das, was ich von ihren Prophezeiungen glaubte. Ich sagte ihm, und es schien mir auch so: daß er die Pille recht wohl schlucken würde, wenn sie ein wenig vergoldet wäre."

11. November 1758. In Rohnstock

Der König, der von den Absichten des Feindes auf Dresden, Torgau und Wittenberg unterrichtet war, setzte seinen Marsch mit erstaunlicher Geschwindigkeit fort. Obwohl er krank war, saß er bei Tagesanbruch auf dem Pferde und stand an der Spitze der Vorhut. Es war außergewöhnlich kalt. Der Markgraf Karl, dem auf dem Marsche zu begegnen ich die Ehre hatte, beklagte sich sehr über die Kälte; noch mehr aber bedauerte er den König, der in dem Zustande, in dem er sich befand, Gefahr lief, sich eine ernstliche Krankheit zuzuziehen. Seine Majestät war bei der Ankunft in Rohnstock gezwungen, sich zu Bett zu begeben. Das Fieber war hoch; der Ausschlag war zurückgegangen; sein Kopf war so benommen, daß er, wie er sagte, sich mit nichts beschäftigen konnte. Ich beschwor ihn von neuem, sich in den Wagen zu setzen, wenn am folgenden Tage ein Marsch gemacht würde.

„Es wird einer gemacht; aber ich werde durchaus nicht im Wagen sitzen, ganz gewiß nicht. Ich habe befohlen, Tee zu bringen. Ich werde schwitzen, und morgen werde ich wiederhergestellt sein. Die Kälte war tatsächlich heute morgen sehr stark; ich habe niemals etwas Ähnliches empfunden. Es handelt sich aber jetzt nicht darum, sich zu verzärteln, sondern ich muß alles tun, um meinen Verlust vom 14. auszugleichen. Das gelingt bis jetzt nicht schlecht. Wenn das, was mir noch zu tun übrigbleibt, mir gut gelingt, so wird das die beste Arznei sein, um meinen Ausschlag und mein Fieber zu heilen."

12. bis 15. November 1758

Ohne ganz wiederhergestellt zu sein, wie er es gesagt hatte, fühlte sich der König wohler als am Abend zuvor. Der Ausschlag war wieder erschienen. Nach seiner Ankunft in Schönau legte er sich zu Bett, schwitzte stark und brach am 13. nach Löwenberg auf, wo er einen Tag rastete. „Jetzt bin ich wieder ganz gesund! Meine alte Maschine brauchte nur ein wenig Ruhe; sie hat sie gehabt, und nun ist sie wieder zu emsiger Tätigkeit bereit. Morgen wird mein Bruder Heinrich in Lauban zu mir stoßen. Das wird für mich ein Festtag sein. Ich werde mich einen Tag ausruhen, und von da aus gehe ich ohne Aufenthalt nach Dresden, wenn mir nicht das feindliche Geschick einen seiner Streiche spielt. Da der Teufel nicht immer an der Tür eines armen Mannes steht, so hoffe ich, daß dieses Schicksal mir die Tür von Dresden nicht verschließen wird."

Er las mir am 14. und 15. in Lauban Fléchiers Leichenrede auf Turenne vor. Er sprach ganze Seiten aus dem Gedächtnis, indem er mich beauftragte, im Buche nachzulesen, ob etwas falsch wäre. Er wiederholte zweimal die Stelle, wo der Redner ein Heer schildert, und jene andere, wo er sagt: „Jener Fittich, der zuerst unsere Provinz in Schrecken versetzt hatte, schwang sich schon auf, um sich zu den Bergen zu erheben."

16. November 1758. In Görlitz

Der König marschierte nach Görlitz und überschritt die Neiße. Er fand viele Verschanzungen auf den Höhen diesseit der Stadt. Die Feinde hatten sie errichtet, um die Zugänge nach Lauban zu verteidigen. Sie verließen sie aber, sobald sie die Nachrichten von der Rückkehr des Königs erhalten hatten.

17. November 1758 (Maltitz) bis 18. November 1758 (Bautzen)

Während dieser drei Tage beschäftigte sich der König an den Abenden nur mit der Lektüre der Leichenrede von Fléchier.

„Diese Lektüre führt mir den Verlust meiner geliebten Schwester wieder vor Augen, die mir entrissen worden ist. Alles, was meine Erinnerung an sie weckt, erregt meine Teilnahme. Wenn Sie mir eine Freude machen wollen, so sprechen Sie oft von ihr."

Er vergoß Tränen bei diesen Worten.

„Auf dem Marsche von Maltitz nach hier habe ich mein

Feldlager von Hochkirchen gesehen. Ich habe mich dort einige Zeit aufgehalten, um das Gelände zu prüfen. Ich habe nachgedacht über alles, was geschehen ist und was man an jenem traurigen Tage hätte tun können. Diese Überlegungen, die mir noch von Nutzen sein werden — dessen seien Sie sicher —, haben mich in trübe Stimmung versetzt; diese ist noch gewachsen, als ich an die braven Leute dachte, die an diesem unheilvollen Orte ihr Leben gelassen haben. Ich habe mir den Ort zeigen lassen, wo der Marschall Keith getötet worden ist und wo man seine traurigen Reste niedergelegt hat. Ich habe seinem Adjutanten von Cocceji befohlen, sie nach Berlin bringen zu lassen, damit sie dort ehrenvoll bestattet werden können. Wenn ich so glücklich seine sollte, diese Stadt wiederzusehen, so werde ich dem verdienten Marschall auf dem Wilhelmsplatze ein Standbild errichten lassen[1]. Erinnern Sie mich doch in Dresden daran, daß ich einen Brief schreiben will an den Lordmarschall —; welcher Schlag muß das für ihn gewesen sein!"

Ich erkannte wohl, daß diese Reise über Hochkirchen eine Menge trüber Gedanken geweckt hatte; diese haben noch lange Zeit angehalten.

19. November 1758. In Pulsnitz

Am Nachmittag unserer Ankunft in Pulsnitz wurde ich zeitig gerufen.

„Morgen werden wir in Dresden sein; ich gehe mit meinem Bruder Heinrich und mit den acht Bataillonen dorthin, die er mir zu meiner Unterstützung zugeführt hat. Der große Marschall hat die Liebenswürdigkeit gehabt, sein Feldlager zu Nostitz in der Nacht vom 15. zum 16. abzubrechen, sich nach Gießhübel zurückzuziehen und seine Kavallerie nach Böhmen zurückkehren zu lassen. Somit sind also meine Feinde zum Teufel gegangen, und das ist die Wirkung meines Gebetes: ‚Und über sie und Kaunitz wolltest du, o Gott . . .' O Daun, weder ein Überfall

[1] Das Standbild des Marschalls Keith auf dem Wilhelmsplatze zu Berlin wurde erst 1786 errichtet.

noch die Tausende von Menschen, die ins Gras gebissen haben, noch die eroberten Fahnen machen den Sieg aus! Siehe, Fabius, siehe, welches die Folgen deiner Heldentaten gewesen sind! Indem ich dir meine Bewegungen verschleierte, eilte ich der Stadt Neiße zur Hilfe, deren Belagerung ich aufgehoben habe; mit noch größerer Geschwindigkeit bin ich Dresden zu Hilfe geeilt, um dich zu bitten, daß du dich daraus entfernen mögest, und du hast dich auf meine Bitten hinwegbegeben. Zweibrücken[1], dein Freund, und dein berühmter Hadik haben Leipzig und Torgau aufgegeben, und alles in allem habt ihr mich wieder in den Besitz Sachsens gesetzt, das mir zu Beginn meiner Unternehmungen gehörte. Seid gesegnet vor allen Menschen! Aber Scherz beiseite, mein Freund; es scheint mir, als hätte ich diesen verwünschten Überfall nicht ganz übel wiedergutgemacht. Aber pochen wir nicht darauf! Der Himmel pflegt die Ruhmredigkeit zu demütigen. Seien wir bescheiden; denn wer weiß, was wir noch zu leiden haben werden! Ich bin zu allem bereit; meine Dose ist immer bei mir. Vertrauen Sie aber darauf: Ehe ich mich ihrer bediene, werde ich weder Sorgen noch Arbeit sparen, noch mein Leben schonen."

20. November 1758. In Dresden

Wenn sich der König während der drei Wochen, die er in Dresden blieb, auch ein wenig ausruhte von den außerordentlichen Anstrengungen dieses Feldzuges, so genoß er doch kaum jene Seelenruhe, die so nötig ist, um die Kräfte eines durch so viele Arbeit erschöpften Körpers wiederherzustellen. Ich sah ihn immer traurig, immer mit seiner Schwester, der Markgräfin von Bayreuth, beschäftigt, immer unruhig wegen seines künftigen Heeresersatzes, in dem er eine Quelle immer neuer Unruhen erblickte.

Am Abend seiner Ankunft ließ er mich um fünf Uhr rufen.

Sie sehen mich, mein Freund, bald in den Hütten der

[1] **Friedrich, Prinz (Herzog) von Pfalz-Zweibrücken.**

Armen, bald in den Palästen der Könige. Wo ist man am glücklichsten? Ach, hier gewiß nicht!

Damit wir uns ein wenig erholen, will ich Ihnen ‚Athalia' vorlesen."

Am Ende des ersten Aktes hielt er inne.

„Ich kann auf diesen königlichen Stühlen nicht sitzen. Sie sind so hoch oder scheinen es mir doch zu sein, daß mir schwindlig wird. Ich glaube jeden Augenblick nach rechts oder nach links hinunterzufallen."

Er ließ sich seinen niedrigen Stuhl bringen, dessen er sich im Felde bediente.

„Die Menschen im allgemeinen und die Fürsten und ich im besondern sind rechte Toren, daß wir soviel Geld ausgeben für unbequeme Möbel. Mein Stuhl ist mehr wert als all diese schönen Lehnstühle, und er kostet mich nur drei Taler."

Er setzte die Lektüre fort, und nachdem er das Stück beendet hatte, sagte er: „Ich glaube, in diesen Räumen ist niemals ein Trauerspiel gelesen worden. Wenn der König erst wieder hier sein wird, so würde er sehr erstaunt sein, wenn diese Mauern die Tragödie wiederholten, die ich Ihnen soeben vorgelesen habe, sowie die anderen, die ich noch zu lesen beabsichtige, und die Verse, die ich lernen will. Wissen Sie, womit sich mein geliebter königlicher Bruder[1] unterhält? Er läßt seine Spaßmacher kommen, gibt dem einen zwei kräftige Ohrfeigen, dem anderen einen Fußtritt hintenauf, und alle schreien: ‚Au, au, das tut weh!' Dann bricht mein großer königlicher Bruder in unbändiges Gelächter aus, und ganz außer Atem von den verabreichten Ohrfeigen und Fußtritten schickt er seine hübschen Spaßmacher wieder hinaus. Denjenigen, die das Land regieren wollen, ist selbstverständlich viel daran gelegen, daß mein teurer königlicher Bruder in diesen Vergnügungen nicht gestört wird. Sein edler Minister[2] hat Geist und Talent. Ich weiß nicht, ob er viel gelesen

[1] **August III., König von Polen und Kurfürst von Sachsen. — [2] Graf Brühl. (Vgl. Namenverzeichnis)**

hat und ob er sich mehr in seine Bücherei als in seinen Kleidervorrat vertieft hat; aber ich weiß, daß seine Büchersammlung ungeheuer groß ist. Unsere Leute haben ihre Zahl ein wenig vermindert; das ist nicht wohlgetan. Obgleich der Herr Graf mir den erdenklichsten Schaden zugefügt hat und noch zuzufügen sucht, so bin ich doch nicht für solche Räubereien. Gott weiß, in welche Hände diese schöne Bücherei gefallen ist!"
An diesem ersten Tage blieb ich bis um acht Uhr bei ihm.

November bis Dezember 1758

Der König ging während des Aufenthaltes in Dresden nur ein einziges Mal aus. Ich will hier ein wenig genauer beschreiben, wie er lebte und wie er sich beschäftigte. Nachdem er sehr zeitig aufgestanden war, erledigte er seine militärischen Angelegenheiten, und wenn er diese geordnet hatte, ging er an die Überarbeitung seines Berichtes über die Schlacht bei Hochkirchen. Er arbeitete drei Hefte über diesen Krieg aus, die er mir gütigst vorlas, ebenso wie ein Vorwort zu seinem Werke über den Krieg von 42, in dem er einige Stellen verbesserte.
„Ich habe dieses Vorwort im Jahre 46 für die Geschichte meiner ersten Feldzüge verfaßt", sagte er. „Ich habe versucht, es gut zu machen und alle Parteilichkeit zu vermeiden. Wenn wir jemals Potsdam wiedersehen, so werden Sie erkennen, daß ich mit jener Unparteilichkeit geschrieben habe, die ein Geschichtschreiber niemals aus dem Auge verlieren darf. Wie Sie aus meinen drei Heften gesehen haben, habe ich begonnen, dieser Regel zu folgen, und ich werde auch künftig nicht davon abgehen, wenn mir Zeit und Fähigkeit zur Ausarbeitung bleiben. Ich werde alt, mein Lieber; meine Kräfte beginnen nachzulassen, und ich fühle, daß meine Seele ihre Spannkraft verliert; wie soll man da noch gut vollbringen, was man gut vollendet sehen möchte und was, wenn es wirklich gut geworden ist, meinem Nachfolger von Nutzen sein kann? Nur für ihn allein schreibe ich, mein Lieber. Er wird die Gründe sehen, die mein Handeln veranlaßten, und die

Fehler, die ich gemacht habe und die ich nicht beschönige und entschuldige, und die Mittel, die ich angewandt habe, sie wiedergutzumachen. Er wird auch die Fehler meiner Feinde sehen und wird erkennen, wie sie ihnen hätten abhelfen können. Ich spreche ganz offen davon; ich lasse auch ihrer geschickten Führung Gerechtigkeit widerfahren und verkünde es so treuherzig wie irgendeiner von ihrer Partei. Ich zeige zuweilen auch, wie sie ihre Vorteile und ihre Erfolge besser hätten ausnutzen können. Sie empfinden nach dem soeben Gesagten wohl selbst, mein Lieber, daß meine Erinnerungen, die ich geschrieben habe und noch schreiben werde über das Handwerk, zu dem ein unerbittliches Schicksal mich verdammt, einzig und allein für meinen Nachfolger bestimmt sind, sowie für die Mitglieder meiner Familie, welchen er sie mitteilen will, und für einige Offiziere, die er etwa besonders wird ausbilden wollen. Ich hoffe, daß mein Nachfolger und meine Familie leidlich mit mir zufrieden sein werden, wenn sie meine Aufzeichnungen lesen, und daß sie um meiner reinen und vaterländischen Absichten willen die Fehler, die ich begangen habe, verzeihen und für meine Arbeiten einige Anerkennung haben werden. Das ist alles, was ich erstrebe in diesen Erinnerungen, die fürs Archiv bestimmt sind, aus welchen man sie zum Wohle des Vaterlandes ans Licht ziehen wird."

Diese Worte waren besonders eindringlich durch den Ton natürlicher Bescheidenheit, die wahrhaft großen Männern so wohl ansteht und sogar ihre Größe noch vermehrt, und durch die innige Zuneigung, die er seiner Familie stets bewiesen hat.

Beim Mittagessen in Dresden lagen immer einige Gedecke auf; es wurde sehr schnell erledigt, und unmittelbar nach der Mahlzeit ging er an die Arbeit. Er schrieb an einem Stück, das Betrachtungen enthielt über einige einzuführenden Änderungen in der Art der Kriegführung.

„Mein Lieber, ich habe diesen kleinen Aufsatz meinem Freunde Fouqué zugedacht. Sobald ich in Breslau bin, wird meine erste Sorge sein, diese Schrift zu überarbeiten,

und wenn sie annehmbar ist, werde ich sie ihm schicken und ihn um seine Bemerkungen dazu bitten. Ich denke, es wird diese Frucht meines letzten Feldzuges nicht für so ganz übel ansehen und darin einige gute Abschnitte über die Wahl der Feldlager, über die Vorsichtsmaßregeln bei Märschen und die Vorbedingungen für eine Schlacht finden. Die Kriegskunst hat ihre Anfangsgründe und ihre festen Grundsätze; man muß ihre Theorie sich erwerben und wohl einprägen; ohne die Theorie wird man niemals weit kommen. Früher dachte ich nicht so; man bildete sich ein, daß die Theorie des Waffenhandwerks zum mindesten unnötig wäre; ich sage ‚zum mindesten', denn einige haben sogar gefaselt, sie schadete mehr als sie nützte. Das war ohne Zweifel der Gipfel der Albernheit. Aber jetzt hat das alles sein Gesicht verändert; man ist überzeugt, daß eine genaue und gründliche Kenntnis der Theorie des Handwerks unerläßlich ist, wenn man auf wirkliche Erfolge hoffen will, und daß der Krieg ein Studium und der Frieden eine Arbeit ist.
Wenn meine Feinde meine kleine Arbeit läsen, könnten sie zu meinem Schaden Vorteile daraus ziehen. Trauen Sie mir soviel Gutmütigkeit zu, daß ich sie ihnen mitteilte?"
„Nein, Sire, ich traue sie Ihnen nicht zu. Aber Ihre eigenen Offiziere könnten Nutzen haben von diesem Werke."
„Wenn der General Fouqué es ihnen mitteilte —; es steht ihm frei, wenn er Vorsichtsmaßregeln trifft und wenn er die Offiziere auswählt, die das Bestreben haben, zu lernen und vorwärtszukommen."
Wenn der König nach dem Mittagessen bis fünfeinhalb Uhr abends geschrieben hatte, befahl er mir, mich um sechs Uhr zu ihm zu begeben. Ich blieb gewöhnlich bis zehn. Während dieser Zeit las er ein Trauerspiel und eine Leichenrede von Fléchier und von Bossuet. Eines Tages las er die auf den Prinzen von Condé, worin folgende Stelle vorkommt:
„Mit dieser wunderbaren Fähigkeit, die geringste Kleinigkeit wie den gesamten Kriegsplan zu erfassen, sieht man

ihn immer voll Aufmerksamkeit für alles, was geschieht. Von einem Fahnenflüchtigen, einem Überläufer, einem Gefangenen, einem Vorübergehenden erfährt er alles, was dieser nun sagen will oder was er verschweigen will, was er weiß und, sozusagen, was er nicht weiß; mit so sicherer Folgerichtigkeit arbeitet er. Seine Streifkorps berichten ihm alles bis zu den unbedeutendsten Dingen. Man weckt ihn in jedem Augenblick, denn ihm ist es noch ein unumstößlicher Grundsatz, daß ein geschickter Feldherr wohl besiegt werden könne, daß es ihm aber nicht erlaubt sei, überrascht zu werden. Und wir schulden ihm auch das Lob, daß ihm das nie geschehen ist. Zu welcher Stunde und von welcher Seite auch die Feinde kommen, immer finden sie ihn auf dem Posten, stets bereit, sich auf sie zu stürzen und seine Vorteile auszunutzen."

Als der König diesen Abschnitt ohne Unterbrechung las, hielt er inne bei den Worten „seine Vorteile auszunutzen" und las die ganze Stelle mit leiser Stimme noch einmal. Dann sprach er sie mit lauter Stimme, und als er zu den Worten gelangte: „. . . daß ein geschickter Feldherr wohl besiegt werden könne, daß es ihm aber nicht erlaubt sei, überrascht zu werden" —, da sagte er: „Ach, mein Freund, das ist wahr! Aber wir wollen darüber hinweggehen. Ich habe doch bei Hochkirchen nicht soviel Schaden erlitten, wie ich möglicherweise hätte erleiden können. Doch sei es, wie es wolle, es ist ein unglücklicher Stein in meinem Garten."

Am folgenden Tage las er diese Leichenrede noch einmal; er gab dabei zu, daß ein Feldherr nicht überrascht werden dürfte, machte aber seine kleinen Bemerkungen, wie er es nannte, was er zuvor nicht getan hatte, indem er sich lustig machte über den Redner, der den großen Condé folgende Worte sagen läßt: „Ich zweifle weniger denn je an den Geheimnissen der Religion, jenen Wahrheiten, fuhr er mit entzückender Zartheit fort" (sehen Sie nur diese Priesterseele!), „die sich in meinem Geiste entwirren und aufhellen. Ja, wir werden Gott sehen, wie er ist, von Angesicht zu Angesicht, *facie and faciem.*"

„Hat Condé eine solche Rede halten können? Diese ‚entzückende Zartheit'! Wie schön und lieblich das alles ist! Dieser Redeschwall entstellt das ganze Stück, das im übrigen seine Schönheiten hat. Finden Sie nicht, daß Herr von Condom[1] selber faselt, indem er den Prinzen derart faseln läßt?"

„Herr Bossuet hat eine Tatsache berichtet, Sire. Alle, die über diesen Prinzen geschrieben haben, haben ihn als einen religiösen Menschen geschildert. Sie haben berichtet, daß er häufig von der Religion spreche, und zwar im Tone solcher Überzeugung, daß kein Zweifel an seinen Grundsätzen möglich sei."

„Aber verstand er Latein? Und kann dieses *facie ad faciem* von ihm sein?"

„Ich weiß nicht, ob der Prinz Latein verstand oder nicht; aber der Redner führt diese Worte lateinisch an, die der große Condé vielleicht französisch sagte."

„Aber glauben Sie nicht auch, er versichere uns, daß sein Sterbender sie wirklich lateinisch wiederholt und alle seine Worte — bewundern Sie sie nur! — in vorzüglichem Stil gesprochen habe? Lateinische Worte in wunderbarem Stil — ist das nicht der Gipfel der Lächerlichkeit und theologischer Pedanterie? *Ecoque bonus dormitat Bossuetus.*" (Ich gebe das Latein so wieder, wie er es gesprochen hat.)

Am letzten Abend, den der König in Dresden verbrachte, las er die Epistel, die er an die Markgräfin geschrieben hatte. Er war sehr gerührt und erging sich in bewegten Klagen.

„Ist es zu glauben, daß ich in der Absicht, mich ein wenig zu zerstreuen, den phantastischen Plan gehabt habe, mein armes Potsdam zu besuchen[2]? Dieser Einfall kam aus

[1] Bossuet, nach seinem Bischofssitz benannt. — [2] Während des ganzen Siebenjährigen Krieges weilte Friedrich d. Gr. nur ein einziges Mal in Berlin, vom 4.—12. Januar 1757, und am 13., auf der Rückreise, einen Tag in Potsdam. Während dieses Aufenthaltes schrieb er die berühmte geheime Instruktion für seinen Kabinettsminister Grafen Finck von Finckenstein, in der er für den Fall einer Niederlage, seines Todes oder seiner Gefangennahme die Verfügung trifft, daß von dem Wohle seiner Person völlig abzusehen sei und nur das Staatswohl für alle Maßnahmen ausschlaggebend sein dürfe.

einem Herzen voll Kummer, das oft nicht weiß, was es will. Einen Augenblick der Überlegung hat mir die Selbstbesinnung zurückgegeben. Ich habe erkannt, daß es sich nicht darum handelt, Potsdam zu sehen, sondern Breslau, wo unser Winterquartier sein wird. Wie traurig wird dieses Quartier für mich sein! Ich reise morgen ab; Sie können mir mit meinen Adjutanten folgen; ich jedoch reise allein mit meinen Sorgen und meiner Traurigkeit. Der Kummer steigt hintenauf und reitet mit. Welch erbärmliche Gesellschaft, mein Lieber! Gute Reise und gute Ankunft!"

Der König traf am 14. in Breslau ein. Das Gefolge, das nicht so geschwind vorwärtskam, war erst am 16. dort. Sobald Seine Majestät aus dem Berichte hörte, daß ich angekommen sei, befahl er mir, gegen sechs Uhr zu erscheinen. Aber ein Fieber, das ich mir unterwegs zugezogen hatte und das sich bei meiner Ankunft verschlimmerte, hinderte mich auszugehen und zwang mich, bis zum 2. Januar in meinem Quartier zu bleiben. Er hatte die Güte, mir täglich zweimal seinen Wundarzt Schlau zu schicken, um zu erfahren, wie es mir ginge. Er schrieb mir drei Tage nach meiner Ankunft:

„Ich habe schon viel gearbeitet, seitdem ich hier bin. Mein Stück an Fouqué ist schon durchgesehen und verbessert, und ich beschäftige mich jetzt mit meinem guten Lordmarschall und seinem Bruder. Ich brauche traurige Gegenstände; die allein sind mir angemessen. Schonen Sie sich!"

Die gesamte Armee bezog nun Winterquartiere. Die Truppen unter dem Befehle des Prinzen Heinrich bildeten in Sachsen die Sperrlinie im Bereich der Gebirge von Plauen und Reichenbach bis Pirna. Die Kavallerie, die der König am 18. mitgenommen hatte, als er nach Dresden marschierte, verblieb längs der Elster und zum Teil in der Niederlausitz; der General Wedell bezog mit seinem Korps Quartiere in den Fürstentümern Anhalt und in der Grafschaft Reuß. Der General Zieten führte den Oberbefehl in den schlesischen Bergen und bildete dort seine Kette. Der General Fouqué blieb in der Umgebung

von Leobschütz und schützte Oberschlesien; die übrigen Truppen wurden im Lande verteilt.
Kolberg, Kosel, Neiße, Dresden, Torgau und Leipzig waren befreit worden, kaum daß die Belagerung begonnen hatte; der Sonnenstein sogar vom Feinde verlassen worden; der König war Herr geblieben über Schlesien, Sachsen und Pommern: das war der Erfolg eines Feldzuges, in dem der König, wie in den vorhergehenden, dem erstaunten Europa alle Hilfsmittel eines überlegenen Geistes, eine unerschütterliche Entschlossenheit und eine Tatkraft zeigte, die alle Vorstellung übersteigt.
Meine Hand ist zu schwach, die Taten des Königs aufzuzeichnen und das Lob niederzuschreiben, das ihnen gebührt; ich kann sie nur bewundern.
Diese Märsche, diese Feldlager, diese gewonnenen und verlorenen Schlachten, und mehr als das, der Anblick eines Fürsten, der gegen eine Unzahl von Feinden und Gefahren kämpfte, immer beschäftigt war, immer in die wechselnden Ereignisse aller Art verstrickt wurde, der sich vermöge seiner überlegenen Vernunft über alle seine Taten erhob, sein Unglück mit unbegreiflicher Leichtigkeit wiedergutmachte, seine Vorteile ausnutzte, immer der tiefsten Empfindung fähig war bei den Verlusten der Freundschaft, der mit allen seinen Talenten die Gabe verband, Teilnahme zu erwecken und zu gefallen, der mit mir voll oft ermutigender Güte sich zu unterhalten geruhte über alles, was seine jeweilige Lage, seine seelischen Schmerzen, die Verwirrungen seines Herzens, wie auch die Verkehrtheiten des Geistes betraf, die gelegentlich auftauchten: dieses ganze rührende und für mich so neuartige Schauspiel hat meinen Bericht, den ich darüber gegeben habe, vielleicht zu weitschweifig werden lassen. Ich wage mir zu schmeicheln, daß der Leser, der sich in meine Lage versetzt, es mir verzeihen wird, daß ich so viele Tatsachen und Dinge berichtete und daß ich bei der Neuheit, die sie für mich hatten, glaubte, sie könnten wohl Teilnahme erwecken, da sie auch mich rührten, als sie sich meinen Blicken darboten.

Dritter Teil

Januar bis März 1759. Winterquartier zu Breslau

Das Leben des Königs während des dreimonatigen Aufenthaltes in Breslau war ebenso ausgefüllt und ebenso traurig, wie es in diesen beiden Beziehungen in Dresden gewesen war. Da bei einem solchen Fürsten alles Teilnahme erweckt, so wird man mit Vergnügen und vielleicht mit einigem Vorteil sehen, wie dieser Fürst seine Zeit auszunutzen verstand und wie viele Dinge er in den Kreis seiner geistigen Tätigkeit zog.

Während er in den beiden ersten Monaten seines Aufenthaltes um sechs Uhr morgens aufstand, erhob er sich im letzten Monat schon um fünf, zuletzt sogar um vier Uhr, um, wie er sagte, sich daran zu gewöhnen, rechtzeitig bereit zu sein, wenn er ins Feld rückte. So bereitete er sich auf alles vor, was er tun wollte. Er liebte sonst die unmerklichen Übergänge, und er vernachlässigte sie nur in den Winterquartieren, wo er von großer Bewegung zu großer Ruhe überging.

„Ich weiß, mein Lieber, ich sollte mich nicht so an mein Zimmer klammern und in meinem so einfachen wie bequemen Lehnstuhl sitzen. Aber nach all den Plackereien hat die Ruhe solche Reize für mich, daß ich mich ihr mit Wonne überlasse. Mein übrigens gutes Temperament leidet keineswegs unter diesem Wechsel, der Ihnen ungeheuer groß erscheinen wird. Ich mache Fortschritte während meiner Muße, die eine wirkliche Beschäftigung ist; sie gewährt mir Nutzen und Ablenkung von meinen Sorgen."

Wenn der König angekleidet war, las er seine Depeschen, zerriß oder verbrannte die Briefe, die er nicht beantworten wollte, und spielte eine Viertelstunde Flöte, entweder Solfeggien, die er sich aufgeschrieben hatte, oder andere aus der Phantasie. Dann wurden seine Kabinettssekretäre gerufen. Der König diktierte ihnen die Antwort auf jeden Brief, der zivile oder militärische Angelegenheiten betraf; es waren wenig Antworten jener ersten Art zu schreiben, da er diese Angelegenheiten ziemlich gehen ließ, wie sie wollten.

„In diesen entscheidenden Augenblicken darf nur das Militärische Gegenstand meiner Aufmerksamkeit sein. Wenn ich so glücklich bin, diesen unglücklichen Krieg zu beenden, so werde ich mich mit allen Verwaltungszweigen beschäftigen, um die Mißstände zu beseitigen, die sich dort wohl eingeschlichen haben, sowie die Fehler, die man sicherlich begangen hat, und die Nachlässigkeiten, die ich in Mengen vermute. Aber was soll ich tun? Es bleibt mir nicht Zeit genug, um alles zu betreiben und allem vorzubeugen; bei mir muß alles eilig gehen.“

Wenn die Sendungen erledigt waren, schrieb er entweder Prosawerke oder Episteln in Versen, und diese Arbeit dauerte bis um elf Uhr, wo er die Parole ausgab. Er kehrte dann noch einmal zu seiner Arbeit zurück bis zum Mittagessen. Dieses Mittagessen dauerte nicht lange. Er lud dazu einige Generale ein und Herrn Mitchell, mit dem er sich mehr unterhielt als mit den anderen. Nach der Mahlzeit spielte der König eine Viertelstunde Flöte, und er spielte, wie er sagte, um seine Verdauung zu fördern. Er begab sich dann wieder an seine Ausarbeitungen vom Morgen, oder er verbesserte seine früheren Werke und die Stücke, die er während des Feldzuges geschrieben hatte. Ich werde nachher noch von seinen während des Winterquartiers verfaßten Schriften und von den Werken reden, die er dort gelesen hat. Um fünf Uhr wurde ich gerufen und blieb bis um sieben. Während dieser zweistündigen Sitzung sprach der König über seine Arbeit vom Morgen und vom Nachmittag und las mir dann einige Leichenreden oder etliche philosophische Werke vor, die Veranlassung gaben zu Betrachtungen und zuweilen zu Aussprachen. Die Regeln des Meinungsaustausches wurden aber oft nicht recht innegehalten, und obwohl er mir volle Freiheit gewährte, so erlaubte er sich selbst eine noch viel umfassendere, welche oft die hinfällig machte, die er mir zu gestatten die Güte hatte. Oder er wollte die Ausdrücke begrifflich nicht näher bestimmen, oder er fand die Begriffsbestimmungen schlecht, sobald er durch sie in einen Widerspruch geriet, wenn er in seiner Weise schlußfolgerte; oder endlich, er schnitt mir das Wort ab, indem er erklärte, ich hätte unrecht. Bei einer anderen Gelegenheit jedoch brachte er dann bei dem gleichen Gegenstand das, was er als reine Trugschlüsse verdammt hatte, als richtig und sehr logisch vor. Ich habe schon am Anfang dieser Erinnerungen diese Art des gelehrten Streites geschildert, die der König sich erlaubte. Er schien jedoch ein Vergnügen daran zu finden, mich zu belehren und mich zu logischen Schlußfolgerungen zu veranlassen, und ich hütete mich wohl, ihm diese Freude zu verderben, die es mir ermöglichte, in allen Fällen die Beschaffenheit dieses einzigartigen und überlegenen Geistes zu verfolgen. Eines Tages sagte er zu mir:

„Wenn ich zur Zeit jener alten Sophisten[1] gelebt hätte, so hätte ich wie sie über das Für und Wider aller Dinge streiten können, und ich hätte keinen Spaß verstanden; ich hätte geschrieen wie ein Menschenfresser, wenn die Gründe falsch gewesen wären."

Da ich bei diesen Worten lächelte, so fragte er mich, warum ich lachte, und ohne meine Antwort abzuwarten, sagte er:

„Sie glauben vielleicht, ich wäre ein literarischer Gewaltherrscher geworden?"

„Das behaupte ich nicht gerade, Sire. Aber ich glaube, bei Ihren Auseinandersetzungen mit den hartnäckigen

[1] **Die Sophisten (griechische Philosophenschule seit etwa 440 v. Chr.) erkannten keine objektive, allgemeingültige Wahrheit an; „für jeden sei das wahr, was ihm als wahr erscheint". Aus solcher subjektiven Einstellung heraus vermochten sie jegliche Einrichtung und Wertung nach Belieben zu bejahen oder zu verneinen; auf die daraus folgenden endlosen und unfruchtbaren Streitigkeiten spielt Friedrich d. Gr. hier an.**

Sophisten hätte es Ihnen ebensoviel Vergnügen bereitet, diese Herren zu vernichten, wie Sie es bei der Vernichtung Ihrer Feinde genießen würden."

„Mit Unterschied! Dieses erste Vergnügen ist im Hinblick auf das zweite unendlich klein. Herr d'Alembert würde uns darüber eine algebraische Formel aufstellen, von der Sie und ich nicht das mindeste verständen."

Von sieben bis achteinhalb Uhr spielte der König ein Konzert und einige Soli von Quantz oder solche, die er selbst komponiert hatte, und er hatte deren, wie er mir sagte, einhundertundzwanzig geschrieben.

„Ist das nicht eine anständige Zahl für einen armen Musikantenkönig?"

In den ersten Wochen ließ er mich während seines Konzerts dableiben. Da aber jetzt in der Stadt Gesellschaften und Soupers gegeben wurden, so wünschte er, daß ich daran teilnähme, und ich hörte seine Konzerte erst wieder während der letzten vierzehn Tage seiner Rastzeit.

Nach seinem Konzert las er noch allein bis um zehn Uhr und begab sich dann zu Bett. Im letzten Monat aber ging er um neun Uhr schlafen, um sich daran zu gewöhnen, während des Feldzuges noch früher zu Bett zu gehen.

In dieser Weise spielte sich sein Leben ab; nun folgt hier der Bericht über seine schriftstellerische Tätigkeit.

Nachdem er, wie gesagt, die Betrachtungen über die Kriegführung durchgesehen hatte, die für den General Fouqué bestimmt waren, verbesserte der König seine Epistel an die Markgräfin von Bayreuth. Diese Überprüfung dauerte drei Tage. An jedem Abend las er mir seine verbesserte Epistel vor, und immer vergoß er dabei Tränen.

„Mein Herz ist so voll, daß ich nicht alle Gefühle wiedergeben kann, die mich bewegen. Das betrübt mich aufs tiefste."

Er überarbeitete darauf die Epistel an seine Schwester Amalie, ‚Über den Zufall', und die an den Herzog Ferdinand[1], die er während des Feldzuges entworfen hatte.

[1] Ferdinand, Prinz (Herzog) von Braunschweig-Wolfenbüttel. (Vgl. Namenverzeichnis)

Der König hatte die Überarbeitung dieses letzten Stückes fast beendet, als er aus Hamburg einen Brief vom Marquis d'Argens empfing, der Seine Majestät den König sehr beglückwünschte zu dem glücklich beendeten Feldzug. Der König antwortete sofort.

Da er gegen seine Gewohnheit die Verbesserung seines Stückes unterbrach, um diesen Brief zu schreiben und abzusenden, so habe ich ihn abgeschrieben. Über die anderen Briefe, die er während der Winterruhe an verschiedene Personen sandte, werde ich nachher, am Ende unseres Breslauer Aufenthaltes, berichten.

Als der König alle diese kleinen Stücke verbessert hatte, um, wie er sagte, den Beifall des Patriarchen der Literatur[1] und des Gottes der Verse zu erringen, schrieb er eine Epistel in Versen an den Lordmarschall und eine an Herrn Mitchell; diese beiden Episteln wurden ohne jede Verbesserung abgesandt.

„Ich will, daß diese beiden ehrlichen Geschöpfe umgehend wissen, was ich über sie denke. Wenn ich erst ein wenig mehr Zeit habe, werde ich diese beiden Stücke durchsehen. Oh, ich hoffe, daß sie um meiner wahrhaften Zuneigung willen, die ich für sie empfinde, über die etwaigen Mängel dieser Entwürfe hinwegsehen werden, die sicherlich unter der Nachwirkung meiner jetzigen Lage stehen."

In diesem Briefe an den Lord wiederholte er alle Klagen über den Verlust des edlen Marschalls und seines Bruders. Als er aufgehört hatte, Verse zu schreiben, begann er in Prosa zu arbeiten. Der König schrieb eine Abhandlung über Satiriker und eine über die Schmähschriften. Als er mir diese Stücke vorlas, merkte ich wohl, daß die Unterhaltung seines Adjutanten von Marwitz mit einem seiner Freunde, die er gehört hatte, ihm den Gedanken dazu eingegeben hatte, und was er mir nach der Lektüre sagte, bestärkte mich in meinem Urteil.

„Die meisten Menschen urteilen über das, was sie sehen, ohne die Veranlassung zu kennen, oder sie entscheiden

[1] Voltaire. Über die unangenehmen Folgen der Übersendung seiner „Ode an den Herzog Ferdinand" vgl. Catts Bericht vom 28. April bis 13. Juni 1760.

darüber nach Vorurteilen, die ihnen den Verstand verstopfen, und wenn Bitterkeit oder Groll hinzukommen, so vermengt man alles. Sie werden Gelegenheit gehabt haben, zu sehen, wie sehr man in meinem Heere dazu neigt, alles zu kritisieren, und es ist erbärmlich, daß gerade die Lumpe, die nichts mit rechtem Verständnis gesehen oder gehört haben, am kühnsten darüber urteilen, ob Kriegshandlungen verdienstvoll sind oder nicht, die sich zwar vor ihren Augen vollziehen, von denen sie aber ganz gewiß das Warum nicht ahnen. Sie und noch viele andere sind die, von welchen man sagen kann: Sie haben Augen und sehen nicht; sie haben Ohren und hören nicht. Mein Lieber, ich möchte diese Schurken und auch andere, die es nicht zu sein glauben, von dieser Tadelsucht heilen, einer Sucht, die die Fortschritte auf allen Gebieten aufhält. Aber wie soll man es beginnen, wenn einer sich für so klug hält, daß er alles verdammt, was geschieht? Ich möchte in ihre schwerfälligen Gehirne diesen so wahren Grundsatz prägen: ‚Kritisieren ist leicht, die Kunst ist schwer.'"

Als ich den König eines Tages mit einem heiteren Gesicht sah als gewöhnlich, sagte ich zu ihm: „Sire, soviel ernste Lektüre, wie Sie seit sehr langer Zeit treiben, wird Sie sicherlich noch fromm machen. Diese Leichenreden, diese Predigten, diese heiligen Tragödien künden eine bevorstehende Bekehrung an."

Er antwortete nicht darauf, sondern sah mich unbeweglich, aber lächelnd an und sprach dann von gleichgültigen Dingen. Sechs Tage später kam er auf mich zu, als ich in seine Wohnung trat; er hatte ein Papier in der Hand, das er hinter seinem Rücken verbarg.

„Sie haben mich gefragt, mein Herr, warum ich mich so sehr mit ernster Lektüre beschäftigte." Er überreichte mir darauf das Papier, das er hielt: „Sehen Sie, und urteilen Sie!"

Es war eine Leichenrede, die er verfaßt hatte, auf den Schuhmachermeister Matthäus Reinhart.

„Das, mein Lieber, ist die Frucht meiner Lektüre, die Sie

in Erstaunen gesetzt hat. Bousset und Fléchier haben Leichenreden verfaßt, um das Leben und den Tod berühmter Köpfe zu feiern; ich jedoch, der ich nicht würdig bin, jenen großen Predigern den Schuhriemen zu lösen, ich habe die Leichenrede für einen armen Schuhmacher geschrieben, der um seiner Talente, seiner Tugend und seiner Frömmigkeit willen mehr als Könige und Fürsten verdiente, der spätesten Nachwelt bekannt zu bleiben. Die Schmeichelei, diese unwürdige Schmeichelei, die man nicht umgehen kann, wenn man von jenen ‚berühmten Undankbaren' spricht, hat meine Feder nicht besudelt, als ich das Lob meines Schusters schrieb. Ich habe ihn der Wahrheit gemäß geschildert, diesen so achtenswerten Menschen, den seine Tugenden um so größer machen, als er sie nur sich selbst verdankte. Sind Sie jetzt zufrieden, mein Herr, und glauben Sie, daß meine düstere Lektüre ohne Nutzen für mich gewesen ist?"

Nach vier Tagen kam mir der König entgegen und hatte wieder wie das erstemal die Hände auf dem Rücken.

„Als Sie mich meinen Predigern so zugetan sahen, da schienen Sie zu glauben, ich würde fromm. Ach, mein Lieber, Ihre Befürchtungen sind nur zu begründet gewesen! Ich bin es schon durch und durch! Lesen Sie diese Überschrift; das ist der Gegenstand, den ich jetzt bearbeitet habe."

Es war eine Predigt über das Jüngste Gericht.

„Denken Sie aber nicht, mein Lieber, daß meine Frömmigkeit erst jetzt begonnen habe. Einige Monate nach der Schlacht bei Kolin hatte ich die Hälfte meines erbaulichen Stückes entworfen. Dann war ich so von der Mannigfaltigkeit und Menge der Geschäfte in Anspruch genommen, daß ich mich nicht mehr mit einer Predigt beschäftigte. Ich verfiel in Lauheit. Nachdem ich aber jetzt auf den rechten Weg zurückgekehrt bin, habe ich sie zu Ihrer Erbauung vollendet. Wenn Sie fürchten, vom Strom der bösen Beispiele fortgerissen zu werden, der sich, ach, nicht ablenken läßt, denn das Fleisch ist so schwach — so lesen Sie meine Predigt. Mögen Sie diese letzten Bemühungen einer Stimme freundlich aufnehmen, die Ihnen bekannt ist, diese Reste einer ersterbenden Stimme und eines erlöschenden Eifers."

Er beschloß die Reihe seiner Ausarbeitungen mit dieser Predigt über das Jüngste Gericht, die er mehrmals verbesserte.

„Da der Stoff ernst ist", sagte er, „so habe ich sie auf schwarzgerändertes Papier geschrieben."

Während des Aufenthaltes in Breslau waren seine Gespräche gewöhnlich ernst und traurig. Selten nur sah ich ihn sich ein wenig der Heiterkeit ergeben, und es verging kaum ein Tag, daß er nicht vom Tode seiner Schwester sprach. Er las oft die Epistel wieder, die er für sie verfaßt hatte. Wenn er sie las, so ergriff er alles, was einigen Bezug haben konnte auf die Unkörperlichkeit und die Unsterblichkeit der Seele, und er philosophierte darüber, wie er es früher getan hatte. Eines Abends, als er über diese Frage redete, die ihm so am Herzen zu liegen schien, daß er mit vielem Feuer davon sprach, sprang seine kleine Lieblingshündin unablässig an ihm empor, die er aus Potsdam hatte kommen lassen.

„Geh, du Schäker! Höre auf mit deinen Sprüngen und Liebkosungen! Warum willst du einen Philosophen unterbrechen, der über so ernste Dinge spricht?"

Da er den Gründen, die ich bei unserem Meinungsaustausche anführte, häufig Verse entgegenstellte, so bediente ich mich heute des gleichen Mittels, als er mich fragte, wieso ich denn nicht einsähe, daß unsere Seele, die beständig von unserem Körper abhängig ist, auch mit ihm ende, und wieso mir dieser Gedanke der Zerstörung beunruhigend erscheinen könne. Ich antwortete auf seine Frage:

„Zahllos sind Kummer, Klagen und Verluste.
Was war, ward traurige Erinnerung;
Das Jetzt ist schrecklich, dem die Zukunft fehlt,
Wenn Grabesnacht die Wesenheit zerstört.
Doch hoffen wir: Einst wird es besser sein[1]*."*

[1] **Verse aus Voltaires „Gedicht auf das Unglück Lissabons" (1756), einer Abrechnung mit der zeitgenössischen optimistischen Philosophie.**

Ich erwartete einer seiner üblichen Antworten auf die Verse, die ich anführte; aber zu meiner großen Überraschung sagte er:

„Da Sie mir so schöne Voltairesche Verse anführen, so will ich Ihnen andere sagen, die Sie in Ihrer Ansicht bestärken:

Ich Blinder glaubte die Natur zu sehen;
Ich schritt durch Nacht, geführt von Epikur.
Die stolzen Sterblichen verehrte ich,
Die Himmelsstürmer, welche Götter stürzen.
Die Seele schien mir nur ein schwacher Funke,
Spurlos verweht im Augenblick des Todes.
Du hast gesiegt: Die Seele ist unsterblich,
So wie dein Name und mein Werk es sind[1]."

Ich habe bei vielen Gelegenheiten zu bemerken geglaubt, daß der König oft das bekämpfte, was zu glauben er geneigt war, von dem er im Grunde wünschte, daß es so wäre oder sein könnte. Er kam zu häufig und beim geringsten Anlaß auf den Gedanken der Unsterblichkeit zu sprechen, als daß er ihm hätte gleichgültig sein oder daß er über diese Frage ganz feste Ansichten hätte haben können. In den Augenblicken der Befriedigung und des Erfolges zerstörte die Nacht des Grabes das denkende Wesen; in den Augenblicken des Mißgeschicks, der Verluste und des Todes von Personen, die ihm teuer waren, hatte diese Nacht keinen Einfluß auf das Denken.

„Eines Tages werde ich vielleicht meine Schwester, meinen Bruder und vor allem meine Mutter wiedersehen, die ich alle so zärtlich geliebt habe. Welche Freude wäre es für mich, wenn ich mich mit jenen großen Männern des Altertums unterhielte, die ich so sehr bewundert und deren Werke ich gelesen habe! Wenn auch die Seele so seltsam abhängig ist vom Körper, wenn sie auch kraftlos wird, wenn dieser wankt, so bemerkt man doch zuweilen in den Augenblicken, wenn die Maschine der Auflösung entgegengeht, daß das, was in uns denkt, zu neuer Kraft

[1] Als Worte des Lukrez nach Voltaires „Tempel des guten Geschmacks" (1733).

erwacht, daß es klarere Augenblicke hat als während der Vollkraft des Körpers. Kurz und gut, wenn man keine Vorsehung anerkennt, die alle Ereignisse des Lebens nach dem edlen Ziele einer vollkommenen Weisheit lenkt und die uns geschaffen hat, damit wir glücklich seien, so ist alles in der Natur unerklärlich."

Das waren die Gedanken, die er mir vorhielt, wenn er Schicksalsschläge erlitten hatte. Wie oft hat er mir die folgenden Verse angeführt, wenn er sich niedergedrückt fühlte durch die Arbeit oder den Kummer, die ihm jede Beschäftigung unmöglich machten:

Ist das der Geist, der uns einst überlebt?
Mit unsern Sinnen wächst er und wird schwach, wie sie.
Ach, sollte er mit ihnen untergehen?
Ich weiß es nicht; doch wage ich zu hoffen[1].

Er führte diesen Vers an, als er bei der Verbesserung seiner Epistel an die Markgräfin von der beseligenden Freude sprach, die er beim Wiedersehen empfinden würde. Seine Lektüre während der Ruhezeit entsprach im wesentlichen der Traurigkeit, die ihn beherrschte. Er las zweimal die Leichenreden von Bossuet und von Fléchier und einmal die von Mascaron und von La Rue; die Predigt von Saurin: ‚Was soll ich dir tun, Ephraim? Was soll ich dir tun, Juda? Siehe, deine Frömmigkeit ist wie der Frühtau und wie die Morgenröte, die schnell vergeht'; das ‚Kleine Buch der Fastenpredigten' von Massillon, die Trauerspiele ‚Esther' und ‚Athalia'[2]; die ‚Tusculanae', diese zweimal; ebenso das ‚Wesen der Götter' und ‚*De finibus*'[3]. Er beschloß seine Lektüre mit den sechs ersten Bänden des Lebens berühmter Männer von Plutarch.

Der König unternahm gegen das Ende der Ruhezeit zwei Reisen. Er wollte sich unterreden mit dem Prinzen Heinrich, mit dem er zusammentraf, um ihm seinen Plan für den kommenden Feldzug mitzuteilen, und auf der Hin- und Rückreise lernte er die ganze ‚Kartäuserin'[4] auswendig,

[1] Voltaire an Herrn v. Genouville. — [2] Beide von Racine, 1689 und 1691. — [3] Drei Werke von Cicero. — [4] Von Gresset. (Vgl. Namenverzeichnis)

die er mir nach seiner Rückkehr vortrug. Ich hatte das Buch in der Hand, das er mir gegeben hatte, um ihm zu folgen und ihn zu unterbrechen, wenn er einen Fehler beginge; das geschah jedoch nur einmal.

„Sie sehen, daß ich meine Zeit nicht vergeudet habe. Diese ‚Kartäuserin' hat mir Freude gemacht durch den natürlichen philosophischen Ton, der darin herrscht."

Auf der zweiten Reise, die der König unternahm, um einige Posten zu besuchen, lernte er auch einige Auftritte aus ‚Iphigenie'[1] auswendig, und als er sie mir wie das erstemal vortrug, sagte er auch kein einziges Wort falsch. Man wird sich entsinnen, daß Seine Majestät der König am 2. November von Tombsen aus an Voltaire schrieb und ihn bat, alle Kraft zusammenzunehmen, um seiner Schwester, der Markgräfin von Bayreuth, ein Denkmal zu errichten. Der Dichter der Henriade schickte eine Ode. Der König tadelte mehrere Strophen, die er ziemlich schwach fand, und sandte ihm seine Kritik.

Es schien mir, als wäre dem König nicht ganz gleichgültig, was Herr von Voltaire ihm meldete über die Geschichte Brandenburgs[2], wie es offenbar auch der Bericht nicht war, der dem Briefe beilag. Man behauptete in diesem Berichte, man wüßte ganz gewiß, daß nicht der König, sondern Herr von Voltaire diese Geschichte geschrieben und daß der König nur die Materialien aus den Archiven dazu geliefert habe. Voltaire erhob lebhaften Einspruch gegen die Unverschämtheit dieses Berichtes und versicherte noch nachdrücklicher, daß er die ihm bekannten Personen, die diese Niederträchtigkeit begangen hätten, kräftig zurückgewiesen habe. „Ich habe diese Lüge bestritten und werde sie stets bestreiten"; das sagte er auf einem dem Briefe beigelegten Blatte, und der König sagte dazu:

„Sie sehen, was Voltaire mir meldet; Sie sehen, wie er mir seine Entrüstung bekundet, die dieser Bericht hervorgerufen hat, und wie er von der Mühe spricht, die er sich

[1] Von Racine (1674). — [2] „Memoiren des Hauses Brandenburg", von Friedrich d. Gr. i. J. 1751 geschrieben.

geben wird, die Verleumdung zum Schweigen zu bringen. Nun, mein Lieber, Sie nehmen das alles für bare Münze; aber Sie täuschen sich. Sie können überzeugt sein, daß dieser Schurke diesen Bericht selbst verfaßt hat, den er mir schickt. Niemand anders als er hat eine derartige Gemeinheit gesagt und kann sie überhaupt aussprechen. Sie kennen nicht die ganze Verworfenheit seines Charakters. Er spielt hier den Dienstfertigen; er will, daß ich die Beschwerden vergesse, die ich gegen ihn habe, und zu diesem Zwecke erfindet er eine Sache, um mir zu melden, daß er sie widerlegen wird und daß er so eifrig wie kein anderer auf meinen schriftstellerischen Ruhm bedacht ist. Er will endlich, daß ich ihm danke und daß ich es ihm hoch anrechne, daß er sich der Rachsucht solcher Schurken, wie er selber einer ist, aussetzt, die derartige Ungereimtheiten zusammenschwatzen. Ohne ihn merken zu lassen, daß ich ihn in Verdacht habe, selbst der Verfasser dieser Schmähschrift zu sein, habe ich mich damit begnügt, wie Sie ja gelesen haben, ihm einfach zu sagen, es sei mir sehr gleichgültig, was man in Frankreich oder sonst in der Welt über mich sagt. Ich bin überzeugt, wenn er das liest, wird er sagen: ‚Diesen .... scheint das alles gar nicht zu rühren! Ich bin um den Erfolg meiner Bosheit gekommen! Ach, ich wünschte, das Schicksal versetzte ihm einen recht kräftigen Schlag; wie herzlich wollte ich darüber lachen!‘ So ist er, mein Lieber, so ist er; Sie können überzeugt sein, daß ich mich nicht täusche.“

„Sie hätscheln ihn also, Sire“, sagte ich, „so wie man einem Teufel schmeichelt, damit er uns nicht alles Böse antut, was er tun möchte oder könnte.“

„Gut gesagt, mein Lieber, gut gesagt!“

Zwei Tage vor dem Aufbruch des Königs empfing ich einen Brief von einem Schauspieler, der sich mit einem seiner Genossen duellierte und ihn verletzt hatte und der nun zu Gefängnis auf der Festung Spandau verurteilt worden war. Er bat mich, Seiner Majestät seinen Brief und die Verse vorzulesen, die er beigefügt hatte:

So viele Feinde hat sein Arm geschlagen;
Will er, daß alle Welt sich über ihn erregt,
Wenn er verurteilt, die sich auch mal schlagen,
Er, der die ganze Welt so trefflich schlägt?

Ich las ihm den Brief und die Verse vor.

„Obwohl der Herr Schauspieler in seinen Versen sich nicht genau an die Wirklichkeit hält — Beweis: unsere Hochkirchener Geschichte — so will ich's nicht so genau nehmen und werde befehlen, daß man ihn wieder freiläßt. Ist es nicht lächerlich, daß solche Leute sich schlagen?"

Der Schauspieler wurde freigelassen. Er erhielt einen Verweis, und es wurde ihm gedroht, daß er sein Leben in Spandau beschließen würde, wenn ihn noch einmal das Gelüst anwandeln sollte, sich zu schlagen.

Wenn man sich die Beschäftigungen des Königs in diesem Winterquartier nochmals vergegenwärtigt, wer wird nicht erstaunt sein über ein so ausgefülltes Leben, wer wird ihm Bewunderung und gerechtes Lob versagen, das er verdient!

„Die glückliche Gewohnheit zu arbeiten", sagte er, „für alle Menschen so nützlich, ist besonders für die Fürsten wertvoll, die ihren Untertanen den geordneten Gebrauch eines jeden Augenblickes schulden; alles wird ihnen leicht, wenn sie die Arbeit lieben, und diese geliebte Arbeit ist die Hüterin ihrer Sitten, wie sie auch die Beschützerin derer ist, die jene Fürsten durch ihr gutes Beispiel regieren."

Am Vorabend des Aufbruchs blieb ich länger bei ihm als gewöhnlich. Er endete, womit er begonnen hatte: Er sprach unausgesetzt von seiner Schwester, der Markgräfin, und von seinem Kummer, der niemals aufhören würde.

„Ich habe alles getan, meinen Schmerz zu besänftigen; Sie haben es gesehen: ich habe gelesen und geschrieben wie ein Benediktiner, und mein Schmerz ist immer derselbe geblieben. Ich gehe großen Abenteuern entgegen, und meinem Gram werden sie neuen Kummer hinzufügen — und das Volk ruft: Glücklich wie ein König! Ich breche morgen nach Rohnstock auf, wo wir uns einige Tage aufhalten werden. Unser Feldzug wird nicht so zeitig beginnen, da ich diesmal nicht der erste Angreifer sein werde, es sei denn, daß die Gelegenheit mir sehr günstig ist; dann werde ich sie allerdings sicherlich ergreifen. Die Herren Österreicher, die da meinen, ich liebte es nur, solche Gelegenheiten herbeizuführen, sollen sich diesmal irren; ich werde ihnen in diesem Feldzuge zeigen, wenn der große Fabius ein Pfund Blei im Hintern hat, daß ich dann zwei in jeder Backe habe. Da haben Sie in zwei Worten meinen ganzen Feldzugsplan. Guten Abend! Beten Sie voll Inbrunst, daß dieser Feldzug günstig ausgeht!"

24. bis 31. März 1759. In Rohnstock

Der König brach sehr zeitig auf und erreichte Rohnstock mit mehreren Regimentern, die dort blieben.

Seine Laune war am Tage der Ankunft nicht glänzend. Er hatte einige Befehle gegeben, die schlecht ausgeführt wurden; er sprach zu mir in einem Tone darüber, der mich erkennen ließ, wie sehr er sich darüber geärgert haben mußte.

„Ich habe wirklich oft mit drolligen Leuten zu tun! Hören Sie nur, es sind einige darunter, die ich so gut gebrauchen kann, daß sie, wenn ich sie aus meinem Zimmer schicke, nicht einmal wüßten, wo Norden ist, und andere, die mit der größten Leichtigkeit alle Albernheiten glauben, die man ihnen vorschwatzt, um sie einzuschüchtern."

Diese Mißstimmung, die ihn am ersten Tage befallen hatte, hielt während der ganzen Zeit unseres Aufenthaltes in Rohnstock an. Die mit ihm zu verhandeln hatten oder eine Gnade erbitten wollten, waren alle voll Furcht. Der Prinz von Braunschweig[1], ein Generalmajor, scheute sich indessen nicht, den König um seine Beförderung zu bitten, da er an der Reihe war. Seine Majestät antwortete ihm, er müßte Geduld haben und sollte den Titel eines General-

[1] Erbprinz Friedrich Karl Ferdinand v. Braunschweig-Bevern, der 1757 aus holländischem Kriegsdienst als Generalmajor in das preußische Heer eingetreten war.

leutnants erhalten, den er wünschte. Nachdem er einige Tage gewartet hatte, schrieb er von neuem, und er erhielt dieselbe Antwort. Der König schrieb alsdann einen Brief, in dem er befahl, man sollte ihm die Bestallung als Generalleutnant ausfertigen, und er ließ diesen Brief auf dem Tische liegen. Seine Absicht war ohne Zweifel die, den Prinzen auf die Probe zu stellen und ihn ein wenig zur Geduld zu erziehen; aber der Prinz ging darauf nicht ein, sondern schrieb und bat um seinen Abschied — und er erhielt ihn. Der König, der mit mir über diese Briefe sprach, die er empfing, und über seine Antworten darauf, sowie über seinen Brief, der die Absendung der Bestallung anordnete, sagte kühl:

„So wird es allen gehen, die mich drängen. Ich wünsche nicht, daß man mich zu einer Sache zwingt, da ich gern alles zu der Zeit tue, da es getan werden muß. Ich will, daß meine Gnade freiwillig sei. Wenn ich zu bemerken glaube, daß man sie zu bestimmter Zeit fordert, weil man sich einbildet, sie zu verdienen, so ergebe ich mich nicht so leicht. Wenn der Herr Prinz die Güte gehabt hätte, einige Tage zu warten, so hätte ich die Güte gehabt, seine Wünsche zu erfüllen. Ich gebe zu, daß er ein guter Mensch ist; aber niemand soll mir in irgendeiner Form das Gesetz des Handelns vorschreiben. Wo wäre ich, und was sollte aus mir werden, wenn ich gestattete, daß man mich jeden Augenblick antreibt? Ich habe meine Regeln, von welchen ich nicht abweiche, und ich fühle mich dabei durchaus wohl."

Die Armee bedauerte diesen Prinzen, und das um so mehr, als sie erfuhr, daß er mit ein wenig mehr Geduld befördert worden wäre. Dieses Beispiel verhinderte mehrere derartige Bitten, die man zu tun beabsichtigt hatte.

Während dieses Aufenthaltes in Rohnstock las der König den ‚Gallischen Krieg' von Cäsar, die Geschichte des Kaiserreichs in zwei Bänden von Voltaire und drei Bände seiner Weltgeschichte. Er überarbeitete die Epistel an den Lord und eine Anweisung für die Generalmajore der Kavallerie; diese Arbeit schickte er dem General Fouqué.

Ich empfing in diesem Quartier einen Brief, in dem man mir folgende Verse zusandte, die unter das Bild des Königs gesetzt werden sollten:

Der weise, tapfre Fürst, der Vater von uns allen,
Er siegt und sinnt, regiert, weiß zu gefallen;
Ein Held im Unglück, klug im Überwinden;
Dem Sturm trotzt sein Genie, der sich wie wild gebärdet.
Ihn zu bekämpfen und ihn zu bewundern, werdet
Ihr sicher ganz Europa einig finden[1].

Man hatte in großen Buchstaben unter diese Verse geschrieben: „Bild Seiner Preußischen Majestät. Recht und Gerechtigkeit." Ich las den Brief vor.

„Man denkt viel zu gut von mir", sagte er. „Eins ist sehr wahr in dem, was man Ihnen geschrieben hat: daß tatsächlich Europa einig ist, mich zu zermalmen. Wenn ich seine Bewunderung verdiente, wie man es behauptet, würde sie sich in dem Bestreben äußern, mich zu vernichten? Wenn ich Genie hätte, wie man es mir freigebig zuschreibt, so würde es nur dazu dienen, meinen Sturz hinauszuschieben. Diese guten Leute, die gerührt sind, weil sie mich gegen solche Übermacht kämpfen sehen, wissen das nicht und können das nicht wissen. Aber, mein Freund, ich habe zwei Hilfsmittel für alle Fälle: meine Dose und ein wenig von meinem alten Glück."

1. bis 11. April 1759. In Bolkenhain

Heute marschierte man nach Bolkenhain; der König blieb dort bis zum 12. Während dieses Aufenthaltes las er die Logik von Port-Royal[2], ‚Phädra' und ‚Andromache' von Racine, ‚Vertvert', das ‚Chorpult' und die ‚Epistel an meine Schwester' von Gresset. Als er diese letzten Stücke las, gab er mir zuweilen das Buch und trug vor, damit ich sähe, daß sein Gedächtnis noch immer gut und treu war.

[1] Ein Epigramm von d'Alembert. — [2] Eines der weitverbreiteten Lehrbücher der berühmten Abtei Port-Royal des Champs zu Chevreuse bei Paris. In Port-Royal wurde auch der verwaiste Racine erzogen.

Die Gespräche jedes Abends betrafen ziemlich trübe Dinge, das Unglück, das ihn schon seit frühester Jugend heimgesucht hatte, und das größte Unglück von allen, den Verlust seiner Schwester, der Markgräfin. Als er mit mir über sie und über die Epistel sprach, die er für sie verfaßt hatte, gestand er mir, daß er den ersten Entwurf in Prosa und nicht in Versen niedergeschrieben hatte und zwar eine Seite davon einige Wochen nach der unglücklichen Schlacht bei Kolin, daß er ihn aber nicht wieder angesehen habe bis zu dem Augenblick, als er erfuhr, daß seine Schwester litt. Er gab mir den Versuch, den er gemacht hatte, zum Andenken, sagte er, an die Art seiner Beschäftigung und die Zeit seiner Arbeit.

„Ich weiß nicht, mein Lieber, wie ich das alles glücklich überstehen soll. Wer würde nicht erschrecken angesichts dieser Unzahl von Feinden, die ich auf dem Halse habe, und all der Kräfte, die sie zusammenbringen? Aber es handelt sich hier nicht darum, zu staunen, sondern ich muß handeln, muß sie zerstreuen. Darin besteht das Teuflische meiner Lage, daß ich, um nicht zu unterliegen, gezwungen bin, immer die schwierigsten und ungewissesten, ja sogar sehr gewagte Dinge zu unternehmen, und wie darf ich auf einigen Erfolg hoffen, wenn ich beständig mit dem heiligen Vater Zufall zu tun habe, der mich seit langem wie eine Erzkokette verlassen hat, nachdem er mich oft genug geneckt hat? Um mich ein wenig aufrecht zu halten, um einige Monate Ruhe zu haben und um mit meinem Heere meinen begrenzten Absichten entsprechend frei wirken zu können, habe ich einen Plan ausgedacht, der zu diesem Ziele führen kann, wenn er gut ausgeführt wird. Ich werde Ihnen morgen mehr darüber sagen."

Er sprach nicht am folgenden Tage darüber, wie er es gesagt hatte, sondern erst einige Tage später.

„Die große Zahl von Feinden, die ich gegen mich habe, die Kräfte, die sie von allen Seiten aufbringen, ihr Plan, mich anzugreifen, sobald die Jahreszeit es ihnen erlaubt, das alles hat mich auf den Gedanken gebracht, in Oberschlesien in Tätigkeit zu treten und dort, wenn möglich.

ihre Vorratslager in Troppau und Hof zu zerstören und dasselbe in Böhmen und Polen zu tun. Ein wenig Glück, mein Lieber, und ich werde einige Zeit ziemliche Ruhe haben und werde mich sicherlich gegen den Marschall Daun oder gegen die Russen wenden können. Bedenken Sie nur, wie mühevoll meine Lage ist: Immer bin ich durch die Umstände gezwungen, meine Zuflucht zu nehmen zu Auskunftsmitteln, die unter anderen Verhältnissen nicht gerade die wären, welchen ich den Vorzug gäbe. Ohne diese verwegenen Unternehmungen, auf die ich mich beschränken muß, werde ich noch vor dem Ende des Feldzuges unterliegen. Morgen werde ich nach Landshut marschieren, um die große Truppenmacht, die mir gegenübersteht, auf die falsche Fährte zu bringen."

12. bis 25. April 1759. In Landshut

Der König marschierte mit dem ganzen Heere nach Landshut. Die Kavallerie schlug ein Lager auf, und ein Teil der Infanterie wurde dort untergebracht.

Am ersten Tage seiner Anwesenheit war er von einer seltenen Heiterkeit. Diese frohe Stimmung bereitete mir viele Freude; denn ich litt ernstlich darunter, daß der König seit sechs Monaten in eine Traurigkeit verfallen war, die mich für seine Gesundheit fürchten ließ.

„Ich atme endlich auf, mein Lieber, ich atme auf! Alles wird gut gehen! Der Prinz Ferdinand macht Fortschritte; mein Bruder Heinrich wird in Böhmen sicherlich gut vorwärtskommen. Mein Freund Fouqué wird den Plan geschickt ausführen, den ich ihm vorgeschrieben habe, und Ihr ergebener Diener wird die Maßnahmen, die getroffen werden, nach Kräften unterstützen. Zu diesem Zwecke wird er den Feind soviel wie möglich beunruhigen; er läßt es sich sicherlich nicht träumen, was alles ihm bevorsteht."

„Ich nehme die Wahrsagung an, Sire! Es wird Zeit, daß dieses Leben, das Sie ein Hundeleben nennen, endlich aufhört."

„Ein wenig Glück, mein Lieber, ein wenig Glück! Wenn

alles gut geht, werde ich etwas mehr Ellbogenfreiheit haben. Wenn mein Plan gelingt, so werden die Angelegenheiten sowohl ernster als auch schwieriger werden. Aber hier bringt man mir einen Brief; wir wollen zusehen, was es ist. Mein Gott, ein Brief von Voltaire! Welch guter Tag! Hören Sie nur, mein Lieber!"

Voltaire spendete in diesem Briefe den kleinen Stücken in Versen und in Prosa, die der König ihm gesandt hatte, ein großes Lob.

„Nicht wahr, mein Lieber, dieser Voltaire schreibt doch wie ein Engel! Um recht schnell einen neuen Brief von diesem einzigartigen Manne zu bekommen, werde ich ihm jetzt antworten. Warten Sie einen Augenblick; die Antwort wird sehr schnell zurechtgepfuscht sein."

Und er schrieb sie in der Tat sofort. Der König gab Voltaire einen Teil des Weihrauchs zurück, mit welchem dieser ihn bedacht hatte, und versicherte ihm, daß er alles schreiben könnte, was er wollte, ohne die Neugier der österreichischen Husaren fürchten zu müssen, die begieriger wären auf Branntwein als auf schöne Verse. Und als ich ihm sagte, daß man in Paris einige Werke Voltaires verbrannt habe, fügte er seinem Briefe folgende Nachschrift hinzu:

„Mir wird erzählt, man habe in Paris Ihr Gedicht über die ‚Natürliche Religion', die ‚Philosophie des gesunden Menschenverstandes' und das Werk von Helvetius, ‚Der Geist', verbrannt. Bewundern Sie, wie die Eigenliebe sich selber schmeichelt: Es gereicht mir zu einer Art Ruhm, daß zu gleicher Zeit, da Frankreich Krieg gegen mich führt, Paris auch den gesunden Menschenverstand bekämpft."

Der Briefwechsel des Königs mit dem Patriarchen von Ferney[1] war während dieses Aufenthaltes in Landshut ziemlich lebhaft. Ich will eine Probe davon geben, die erkennen läßt, was Voltaire in seinen Briefen sagte.

[1] Im Schlosse Ferney am Genfer See verbrachte Voltaire die beiden letzten Jahrzehnte seines Lebens; es wurde der Treffpunkt von Schriftstellern und Fürsten, die dort den berühmten Dichter wie einem Könige huldigten.

„Ich beglückwünsche Sie", schrieb ihm der König in seinem Briefe vom 19., „daß Sie noch immer der Edelmann des ‚Vielgeliebten'[1] sind; doch wird nicht sein Patent Sie unsterblich machen, sondern Sie werden Ihre Vergötterung nur der ‚Henriade', ‚Ödipus', ‚Brutus', ‚Semiramis', ‚Mérope', dem ‚Grafen von Foix' verdanken. Diese Werke werden Ihren Ruf begründen, solange es auf Erden Menschen gibt, die die schönen Künste pflegen, solange es Personen von Geschmack und Liebhaber des göttlichen Talentes gibt, das Sie besitzen. Was mich betrifft, so verzeihe ich Ihnen um Ihres Genies willen alle Scherereien, die Sie mir in Berlin bereitet haben, alle Leipziger Schmähschriften[2] und alles, was Sie gegen mich gesagt haben oder was Sie haben drucken lassen — und das war sehr unfreundlich und sehr viel. Ohne deswegen noch den geringsten Groll zu hegen, erfahre ich sogar, ohne mich zu ärgern, daß Ihr französisch-schweizerisches Gut den Räubern, die mich ausplündern wollen, Hilfstruppen gestellt hat. Das ist ja ein recht freundliches Verhalten gegen mich!"

Nachdem der König mir diesen Brief vorgelesen hatte, von dem ich nur einen Teil wiedergebe, las er den Brief Voltaires noch einmal, sowie einen andern, welchen der Patriarch mir geschrieben hatte.

„Sie werden es noch sehen, mein Lieber", sagte er zu mir; „erinnern Sie sich dessen, was ich Ihnen gesagt habe: Dieser Lump ist bereit, mir noch immer seine üblichen Streiche zu spielen — er wird diese verwünschten Verse drucken lassen, die ich ihm geschickt habe! Ich will ihm sogleich ein Wort darüber schreiben."

Er fügte seinem Briefe folgende Nachschrift an:

„*P. S.* Wenn die Verse erscheinen, die ich Ihnen schickte, so werde ich niemand beschuldigen als Sie. Ihr Brief ist das Vorspiel zu dem schönen Gebrauch, den Sie davon

[1] Ludwig XV., König von Frankreich; der „Vielgeliebte" wegen seines Verhältnisses zur Marquise v. Pompadour (und zur Gräfin Dubarry). —
[2] Voltaire ließ, nach der endgültigen Trennung von Friedrich d. Gr., während seines Aufenthaltes in Leipzig Schmähschriften gegen den König und gegen Maupertuis drucken.

machen wollen, und was Sie an Catt geschrieben haben, befriedigt mich nicht. Aber das ist eine Angelegenheit, um die ich mich im übrigen sehr wenig bekümmere."

Der König hatte an Voltaire eine Epistel gesandt, die er für die Prinzessin Amalie geschrieben hatte. Diese Epistel fand starken Beifall, und trotzdem sprach Seine Majestät der König in seiner Antwort vom 22. von seinem Stücke wie von einer Skizze.

Am Tage nach der Absendung dieser Antwort empfing der König einen neuen Brief von Voltaire, der ihm ‚Candide'[1] schickte.

„Dieser Voltaire ist bewundernswürdig, daß er an mich denkt und durch seine Briefe und seine Werke meinen Geist nährt, der ein großes Verlangen nach guter Nahrung empfindet. Wenn das Herz dieses Mannes seinem schönen Genie entspräche — welch ein Mensch wäre er, mein Lieber! Er würde alle Lebenden in den Schatten stellen. Sie sehen, daß er meine Verse nicht schlecht findet in Anbetracht des Umstandes, daß sie in so mühevollen Lagen geschrieben wurden. Aber trotz dieser Lobreden eines so großen Dichters muß man bescheiden sein. Ich habe heute morgen schon einen Teil seines ‚Candide' und die Ode auf den Tod meiner teuren Schwester gelesen. Er hat sie hervorragend verbessert und verschönert. Hier ist die Antwort, die ich ihm geschrieben habe. Sie sehen, daß ich ein sehr pünktlicher Briefschreiber bin; aber so werde ich auch bald wieder einen Brief von meinem Patriarchen erhalten. Alles, was ich von ihm bekomme, ist mir wertvoll, besonders in diesen Augenblicken, da man soviel Ablenkung wie möglich nötig hat."

Damit, daß der König an Voltaire und noch häufiger an seinen Freund Fouqué schrieb, verbrachte er seine Zeit in Landshut bis zum 27.; er las dort auch noch die Einführung

[1] „Candide, oder: Die beste der Welten", Roman. Eines der Hauptwerke Voltaires, der darin die zeitgenössische, optimistisch gerichtete Philosophie (Leibnitz usw.) verhöhnt.

in die Philosophie von S'Gravesande und das Vorwort zum „Enzyklopädischen Wörterbuche".

„Das ist d'Alemberts Meisterwerk", sagte er; „dieses Werk allein wird seinen Namen unsterblich machen."

‚Candide', den er dreimal las, bereitete ihm viel Vergnügen: „Das ist der einzige Roman, den man immer wieder lesen kann."

Alles wäre gut gewesen, wenn der General Fouqué jene Vorratslager genommen hätte, deren Zerstörung dem König so sehr am Herzen lag. Der General schrieb, er fände keine, und man antwortete ihm, es gäbe deren sogar recht ansehnliche und der König rechnete so sehr mit ihnen, daß er aufs Geratewohl mahnte, sie nach Neiße bringen zu lassen. So wenig der König von dem befriedigt war, was sich in Schlesien begab, so sehr war er es von dem Zuge des Prinzen Heinrich nach Böhmen. Er ließ mich rufen, als er am 17. die Nachricht von Linay empfangen hatte.

„Meinem Bruder ist eine schöne Unternehmung geglückt. Er hat beträchtliche Vorratslager zerstört und alle Schiffe verbrannt, die der Feind auf der Elbe hatte. Er hat Standarten, Fahnen, Kanonen erbeutet und hat den General Renard, fünfzig Offiziere und zweitausend Mann gefangengenommen. Endlich hat er alle Feinde verjagt, die er angetroffen hat. Er will jetzt nach Lemberg marschieren und wird dort sicherlich die verbündeten Truppen tüchtig durchprügeln."

Der König war ganz außerordentlich erfreut über diese Nachricht, die er empfangen hatte, und sprach zu mir mit großem Lobe von seinem Bruder und seiner militärischen Begabung.

„Wenn alle, die mich unterstützen sollen, so erfolgreich wirkten wie er, mein Lieber, so bekäme ich die Ellbogen freier, und, was mir recht nötig wäre, ich könnte ein wenig erleichtert aufatmen. Mein Bruder hat durch seine Unternehmung die großen Pläne des Erwählten des Papstes so gestört, daß er schleunigst den General Harsch nach Leitmeritz geschickt hat."

26. April bis 12. Mai 1759. In Landshut

„Morgen breche ich auf nach Neiße. Da die Unternehmungen meines Bruders Daun in die Verteidigung gedrängt haben, so will ich diesen Zeitpunkt ausnutzen und über de Ville herfallen. Wenn er von meinem Marsche nicht benachrichtigt wird, so werde ich ihm tüchtig etwas auf die Finger geben. Ich werde ziemlich schnell vorgehen; daher lasse ich Sie hier, indem ich mich Ihren innigen Gebeten empfehle. Denken Sie zuweilen an den armen Don Quijote; Sie sehen, er schont sich nicht. Beten Sie besonders, daß ein glückliches Ereignis den ersehnten Frieden herbeiführen möge — aber in wie weiter Ferne liegt noch dieser beglückende Augenblick! Ich rechne damit, am 12. oder 13. Mai zurück zu sein; ich kann es aber nicht bestimmt versprechen; denn ich bin abhängig von den Verhältnissen. Leben Sie wohl! Gute Nacht, und, ich wiederhole es, vergessen Sie mich nicht in Ihren demütigen Gebeten."

Der König marschierte wirklich am folgenden Tage sehr zeitig nach Schweidnitz ab, und am 28. begab er sich über Reichenbach, Nimptsch, Münsterberg nach Neiße. Am 3. Mai rückte er mit einem Teile seines Heeres gegen die österreichischen Grenzen bis nach Zuckmantel vor, und als er sah, daß er dort wenig auszurichten vermochte, kam er am 12. auf dem gleichen Wege wie beim Hinmarsch nach Landshut zurück. Das Heer lagerte in der Umgebung; sein Hauptquartier schlug er in Reichhennersdorf auf.

12. Mai 1759

Der König ließ mich am Tage seiner Ankunft rufen. Die Sitzung war nicht lang; er schien von seinem Marsche sehr angestrengt und sehr unzufrieden zurückgekehrt zu sein. „Ich habe nichts geleistet, was etwas taugte, mein Lieber. Wir haben einige schäbige Kerle gefangengenommen, und das ist alles. Entweder ist der Feind vor meinen Märschen gewarnt worden, und zwar durch diese verfluchten Priester, die ihm Nachrichten übermitteln, oder er hält nicht stand, wenn ich gegen ihn vorrücke, oder endlich, meine

Vorstellungen sind falsch. Wissen Sie denn nicht irgendein Mittel, das zum Erfolge führt?"

„Nein, Sire; wenn solche Mittel selbst Eurer Majestät unbekannt sind, wie sollte ich sie finden?"

„Das grenzt ein wenig an die Ausdrucksweise des Höflings, mein Herr."

„In diesem Falle sagt der Höfling die volle Wahrheit."

„Wissen Sie, ich bin heute zu nichts zu gebrauchen, und Sie können mir keinen halbwegs vernünftigen Gedanken entlocken. Darum verabschiede ich Sie, indem ich Sie darauf aufmerksam mache, daß Sie mit geringer Innigkeit gebetet haben, wenn Sie überhaupt für mich gebetet haben, wie ich es von Ihnen erbat — oder Sie sind noch nicht völlig der ‚Gerechte' des Evangeliums."

„Sire, wie hätte ich nicht mit aller Glut beten sollen! Sie sind der Gegenstand meiner Gebete gewesen. Zweifellos bin ich nicht jener Gerechte; vielleicht werde ich's aber in den Feldlagern!"

„Mein Lieber, in Feldlagern gediehen noch niemals Gerechte! Nicht dort habe ich jene Gerechtigkeit erlangt, auf die ich ein wenig zu pochen wage, trotz meines Irrglaubens, der Sie zuweilen seufzen läßt, weil Sie mir wohlwollen. Seien Sie überzeugt, ich bin streng rechtgläubig in der Moral, und die Moral schafft die Gerechten. Aber guten Abend! Wir wollen uns dieses Kapitel für die morgige Sitzung aufsparen."

13. Mai 1759

Ich wurde heute um vier Uhr gerufen. In dieser Sitzung, die einige Stunden währte, war aber keine Rede von Gerechtigkeit und von moralischer Rechtgläubigkeit, sondern von der Königin von Ungarn[1] und dem Grafen Kaunitz. „Diese Königin hat mir viel Übles zugefügt", sagte er, „und hat mich sehr böse Augenblicke durchleben lassen."

„Ich glaube, Sire, daß Sie ihr mit gleicher Münze gezahlt haben."

[1] Maria Theresia.

„Nicht so sehr, mein Lieber, wie ich es gewünscht hätte. Trotz des Üblen, das sie mir zugefügt hat, muß ich zugeben, daß diese Fürstin sehr achtenswert ist durch ihre Sittenreinheit. Es gibt wenig Frauen, welche ihr in dieser Hinsicht gleichen; die meisten sind Huren, und die Königin verabscheut die Huren; sie bemüht sich, sie einsperren zu lassen, besonders wenn sie sie im Verdacht hat, daß sie es auf ihren Gatten abgesehen haben. Sie ist sehr strebsam und hat Talente auf mehr als einem Gebiete; ich muß ihr darin Gerechtigkeit angedeihen lassen, wie ich auch von Kaunitz nicht verhehlen kann, daß er ein kluger Kopf und sehr großer Staatsmann ist; keiner unserer jetzigen Politiker erreicht ihn hierin. Wer Kaunitz bei seiner Toilette sähe, der würde nicht vermuten, daß er so geschickt, ja, so außerordentlich geschickt ist. Sie ersehen daraus, mein Lieber, daß man die Menschen und ihre Fähigkeiten nicht leichtfertig beurteilen darf. Das ist ein wichtiger Punkt, den ich nicht aus dem Auge verliere. Wenn ich die Menschen prüfe, was mein besonderes Studium ist, so lerne ich sie oft durch einfache Kleinigkeiten von Grund aus kennen; ich erkenne diesen Grund in den unbedeutendsten Dingen, die denen entgehen, welche zum Beobachten nicht geeignet sind und denen diese kleinen Dinge nichtssagend erscheinen."

Seine Majestät der König dehnte seine Betrachtungen ziemlich weit aus. Ich konnte sie nicht so recht in Einklang bringen mit der Beobachtung, die ich häufig gemacht hatte, daß der König die Menschen zuweilen nicht so sah, wie sie wirklich waren, sondern dem Bilde entsprechend, das er sich von ihrem Charakter und ihren Fähigkeiten in den Kopf gesetzt hatte. Das, was ich in der Folgezeit beobachten konnte, hat mich in meiner Meinung sehr bestärkt. Aus einer großen Menge von Beispielen, die diese Meinung unwiderleglich machen, will ich nur das folgende berichten.

„Das ist ein Mann", sagte er einmal, „der viele Talente hat; es fehlt ihm nur die Gelegenheit, sie zu zeigen. Mit einem klaren Verstande, der stets gerade auf das Ziel losgeht, verbindet er jenen Eifer, der nötig ist, um große Dinge zu vollbringen. Seine Urteile sind immer richtig. Daher werde ich ihm die Möglichkeit geben, sich auszuzeichnen."

Hätte man nun dem Manne diese Gelegenheit wirklich gegeben, so wären dieser klare Verstand, dieser Tätigkeitsdrang, dieser richtige und durchdringende Blick verschwunden. Der Mann war nichts weiter als ein Dummkopf und Faulenzer. der nie etwas Wertvolles vollbrachte.

Der König machte sich ein Vergnügen und sogar eine Pflicht daraus, einige junge Offiziere zu unterrichten. Er wählte die aus, die nach seiner Meinung am besten geeignet waren, aus seinen Belehrungen Nutzen zu ziehen. „Unter meinen Schülern habe ich zwei oder drei, welche die Natur ausdrücklich zu dem Zwecke geschaffen zu haben scheint, daß sie eines Tages Marschälle meines Heeres werden. Sie begreifen mit erstaunlicher Schnelligkeit meine Gedanken; sie kommen ihnen oft zuvor, und zuweilen übertreffen sie sie noch."

Meine Überraschung war nicht gering, als man mir nach einiger Zeit sagte, diese großen Leute seien Dummköpfe, von denen man niemals den geringsten Vorteil haben würde.

In diesem Quartier zu Reichhennersdorf bekam ich mehrere Beweise für diese Behauptungen, den überzeugendsten aber durch den General von Wedell, den der König unaufhörlich in den Himmel erhob.

„Das ist ein großer Mann", sagte er oft zu mir. „Sie werden sehen, was er in diesem Feldzuge ausrichten wird. Ich werde ihn brauchen bei den großen Unternehmungen!" Niemals sah ich den König so aufmerksam und rücksichtsvoll wie diesem General gegenüber. Das ging so weit, daß er häufig auf ihn wartete, wenn er sich zu Tisch setzen wollte, und daß er ihm somit sein Vergnügen und die Pünktlichkeit opferte, mit der er zu Mittag erschien. Wenn der General, der oft auf Erkundung ausritt, zu lange auf sich warten ließ, so ließ ihm der König besonders auftragen und leistete ihm Gesellschaft.

„Ich habe Sie ein wenig spät rufen lassen, weil ich meinen Freund Wedell erwartet habe, der auf Kundschaft ausgezogen war. Das ist ein großer Mann, von dem ich noch wesentliche Dienste erwarte. Er sitzt unablässig zu Pferde, um alles zu sehen, was vorgeht."

Diese gute Meinung, die er von ihm hatte, hielt, wie man sehen wird, einem Unglück nicht stand, das dem General durch den Verlust einer Schlacht[1] widerfuhr. Da wurden alle Talente ausgelöscht; er war nun nichts weiter als ein sehr gewöhnlicher Mann.

So oft ich sah, daß Seine Majestät der König sich seinen Vorurteilen über einen Menschen überließ und ihn grenzenlos erhob, so oft erlebte ich es auch, daß er seinen Irrtum erkennen und, freilich selten, eingestehen mußte, er habe diesen Menschen sehr leichtfertig beurteilt, der auf den ersten Blick ihm bedeutend erschienen war.

Der Marquis d'Argens hatte mir bei meiner Ankunft in Breslau ganz richtig gesagt: „Wenn der König beim Flötenspiel zu Ihnen oder gar zu anderen sagt, Sie hätten Geist, so haben Sie eben Geist, was man auch dagegen sagen oder tun wollte; wenn er das Gegenteil behauptet, so werden Sie Ihr ganzes Leben lang geistlos sein." In dem Urteil des Marquis lag zuweilen etwas Wahres. Doch das, was ich erzählt habe, entspricht den Tatsachen, und man täte gut, sich dessen zu erinnern.

Die Seine Majestät und diese Schwäche kannten, so leichtfertig über die Menschen zu urteilen hinsichtlich ihrer natürlichen Gaben, ihrer erworbenen Fähigkeiten und auch hinsichtlich ihrer Herzen, die nutzten diese Schwäche aus, indem sie ihm listig zu verstehen gaben, daß sie, wenn sie etwas wüßten und etwas wert seien, nur ihm dieses Glück verdankten, der unaufhörlich ihre Erkenntnis bereicherte und ihren Eifer anregte. Wehe, wer es gewagt hätte, die Begabung und die Ehrlichkeit dieser Leute zu bestreiten!

[1] **General von Wedell wurde im Juli 1759 von den Russen unter Soltykow bei Kay geschlagen. Vgl. Catts Bericht unter dem 11. bis 24. Juli 1759.**

14. Mai bis 30. Juni 1759

In diesem und dem folgenden Monat, die man in Reichhennersdorf verbrachte und während welcher ich täglich gerufen wurde, arbeitete Seine Majestät der König viel an seinem Briefwechsel mit dem General Fouqué, worüber er häufig mit mir sprach.

Bald schien es der Feind mit dem General Fouqué aufnehmen zu wollen, bald sollten seine verschiedenen Korps ohne Schwertstreich in die Berge fliehen. Zuweilen glaubte der König einer Entscheidung nahe zu sein und den Marschall Daun zum Angriff auf unsere Stellung bereit zu sehen, ein andermal wieder hatte der Marschall seine Grenadiere noch gar nicht zu größeren Verbänden zusammengezogen und schien sich nach der Lausitz begeben zu wollen. An einem Tage sollte der Feind Glatz belagern, am andern Tage war nichts mehr davon wahr.

Daher schickte der König dem General Fouqué tagtäglich seine Ansichten und seine Pläne für alle Ereignisse, sei es, daß der Feind ihn angreifen wollte, sei es, daß er selbst die Absicht hätte, den Marschall anzugreifen. Er unterrichtete ihn auch von dem Vormarsch der Russen und von ihren Plänen, in sein Land einzufallen.

„Da der geweihte Mann", sagte er zuweilen, „meinen Plan, in der Verteidigung zu bleiben, nicht erfaßt, so erreiche ich es, daß er durch seine Verbindungen mit dem General Fermor Zeit verliert, und das wird für mich immerhin einige gewonnene Augenblicke bedeuten."

Der König las im Quartier zu Reichhennersdorf die Lobreden der Akademiker von Fontenelle, die „Vielheit der Welten", und seine „Orakel", den „Sethos" und viermal den „Candide" von Voltaire. Dieser Roman gab oft dazu Anlaß, von dieser besten aller Welten, vom Guten und dem moralisch Bösen zu reden.

„Dieses Böse trägt den Sieg davon über das Gute. Wer wird in der Lage, in der ich mich befinde, noch sagen, ich sei ebenso glücklich wie unglücklich? Was mich angeht, so sage ich, was mich tief bewegt, daß es für mich kein Glück mehr gibt."

Ich antwortete dem König, wenn man möglichst richtig über die Frage urteilen wolle, ob es für dieses oder jenes Wesen mehr Unglück als Glück in der Welt gebe, so müsse man das gesamte Leben dieses Wesens betrachten und den Blick nicht nur auf einen einzelnen Punkt seines Lebens lenken. Darauf antwortete er mir:

„Wer kann solche Betrachtungen vornehmen, und wie soll man sie überhaupt anstellen, wenn man leidet? Ich habe einige Freuden in der Welt gehabt, das gebe ich zu; aber alle diese Freuden sind ausgelöscht durch das Leid, das ich seit so vielen Jahren erdulde."

Dann gab er mir eine genaue Beschreibung seines Lebens, und er seufzte, indem er es tat; und während er schnell hinwegging über die Augenblicke der Befriedigung, die er gekostet hatte, redete er lang und breit über die Unannehmlichkeiten seines Daseins.

Der König schrieb während dieses Aufenthaltes drei Briefe an Voltaire. Er hatte ihn beauftragt, den Doktor Tronchin auszuforschen, ob er eine Reise nach Preußen unternehmen wollte, um den Prinzen Ferdinand zu untersuchen und ihn während seiner Krankheit zu behandeln. Voltaire, der vielleicht gar nicht mit dem Doktor gesprochen hatte, antwortete Seiner Majestät, daß der berühmte Arzt auf keinen Fall diese Reise unternehmen könnte, da er für die Gesundheit der Kinder Frankreichs zu sorgen hätte. Der König war außerordentlich ärgerlich über diesen Brief, und er beantwortete ihn in einem Augenblicke des Zornes. Als ich ihm sagte, daß der Brief sehr heftig sei und daß Voltaire ihn mißbrauchen könnte, da änderte er ihn und dankte mir für meine Besonnenheit.

In seinen Gesprächen beschäftigte sich der König während des langen Aufenthaltes in Reichhennersdorf immer wieder mit seiner Schwester, der Markgräfin von Bayreuth. Wenn er, oft unter Tränen, lange von ihr gesprochen hatte, so las er mir die Verse vor, die er für sie geschrieben hatte, und die Tränen flossen von neuem. Ich suchte ihn von diesen trüben Gedanken abzulenken. Anfangs gelang es mir nicht;

aber als ich ihn auf seine Schlachten brachte, da ging er auf meine Absicht ein und gab mir einen kurzen Überblick. „Mir scheint", sagte er, „es geschehen in diesem Kriege recht seltsame Dinge. Niemals ist eine berüchtigtere und blutigere Schlacht geschlagen worden als die, die ich bei Prag geliefert habe. Ich beabsichtige keinen Angriff auf die Österreicher; jedoch der Marschall von Schwerin, ein sehr tapferer und geschickter, aber zu lebhafter Mann, zwang mich einfach, die Feinde in dieser furchtbaren Stellung anzugreifen. Ich war krank während des ganzen Tages; ich gab alles wieder von mir, was ich am Abend zuvor gegessen hatte. Aber ich hatte keine Zeit, ängstlich auf mich zu achten. Wir mußten handeln, und wir handelten gut. Meine Brüder Heinrich und Ferdinand haben wahre Wunder vollbracht. Unser Sieg wäre noch vollständiger gewesen, wenn nicht die ungangbaren Wege den Marsch des Prinzen Moritz verzögert hätten, der nicht über den Nachtrab des fliehenden Feindes herfallen konnte."

Von der Schilderung dieser Schlacht ging der König zu der Schlacht bei Kolin über. Er sagte mir folgendes darüber:

„Ich weiß, man hat mich getadelt, daß ich diese Schlacht geschlagen habe, die, wie man meint, nicht nötig war. Das war die Ansicht des Prinzen von Bevern[1]. Aber ich war überzeugt, sie zu gewinnen, und ich hätte sie unfehlbar gewonnen, wenn meine Anordnungen befolgt worden wären und wenn nicht einige meiner Generale den Kopf verloren hätten. Das Schlachtfeld gehörte uns. Eine feindliche Kavallerieschwadron war auch dort, weil der Adjutant, der den Rückzugsbefehl überbringen sollte, getötet worden war. Als diese Schwadron sah, daß man sie nicht behelligte, da ließ sie den Marschall Daun, der sich in Sicherheit gebracht hatte, sagen, die Schlacht wäre gewonnen. Man ließ neue Truppen vorrücken, und wir zogen uns zurück. Wenn ich Erfolg gehabt hätte, wie es

[1] August Wilhelm, Prinz (Herzog) von Braunschweig-Bevern.

hätte sein müssen, und den Österreichern die Möglichkeit genommen hätte, etwas zu unternehmen, so wollte ich an den Rhein ziehen, die Franzosen angreifen und nach Frankreich gehen. Aber das feindliche Schicksal hat es nicht gewollt."

Folgendes habe ich von zuverlässigen Personen über diese traurige Schlacht bei Kolin gehört.

Als der König sich mit dem Prinzen von Bevern vereinigte, fragte er ihn, ob man den Marschall Daun angreifen sollte oder nicht. „Sprechen Sie offen und als Freund zu mir." — „Sire, wenn ich des Vertrauens würdig sein will, das Sie mir entgegenbringen, so erlaube ich mir, Ihnen mit der aufrichtigen Teilnahme, die ich für Sie hege, zu sagen, daß eine Schlacht keineswegs nötig ist. Sie haben einen Sieg errungen; Sie werden bald den Prinzen Karl mit seiner ganzen Garnison in Ihrer Gewalt haben. Nichts drängt also. Möge doch Daun uns angreifen! Übrigens hat Eure Majestät nur wenig Truppen, und Daun hat mindestens siebzigtausend Mann." — In diesem Augenblick kommt der Prinz Moritz mit einer Verstärkung an. Der König teilt ihm die Ansicht des Prinzen von Bevern mit und betont besonders den Einwand, daß man zu wenig Truppen habe. Darauf ruft der Prinz Moritz: „Sire, Ihre Gegenwart wiegt fünfzigtausend Mann auf! Wir müssen den Feind angreifen!" Man geht vor, kennt jedoch das Gelände so wenig, daß man an Teiche gelangt, so daß man nicht weiter kann. Man kehrt um und marschiert mit dem linken Flügel, um die Österreicher zu umgehen, und man ist um elf Uhr da. Die Hitze ist außerordentlich stark; man läßt die Truppen bis um zwei ausruhen; da sie aber der Sonnenhitze ausgesetzt sind, so sind sie noch mehr ermüdet. Dann greift man an, und anfangs geht alles gut. Der König hat auf dem Boden eines Hauses in der Nähe der Angriffsstelle den Obersten von Balbi bei sich. Er sieht im Hintergrund einen großen, leeren Raum. Man schickt einen Ingenieur namens Streuß hin, um jene entfernte Stelle zu erkunden. Der Ingenieur berichtet, hinter diesem leeren Raume sei überhaupt gar nichts. Balbi antwortet: „Bedenken Sie, was Sie sagen, mein Herr; Ihr Bericht ist nicht richtig." Der König wird zornig auf Balbi und befiehlt ihm, mitsamt dem Ingenieur zum Teufel zu gehen. Inzwischen sieht er, daß die feindlichen Truppen in jenem offenen Raume vorrücken und seine Armee trennen. Bei diesem Anblick geht er hinab, besteigt sein Pferd und zieht sich zurück.

1. Juli 1759

Der König, der, während mehrerer Wochen über die Absichten des Marschalls im unklaren, sich zu unterhalten suchte durch eine Menge Reden, die er hielt und verbreiten ließ, und oft getäuscht wurde durch falsche Nachrichten, die ihm Bauern, Händler und einige Reisende überbrachten, gewann endlich seit einigen Tagen Gewißheit darüber, daß der Feind marschierte und den Beginn seiner Unternehmungen nicht mehr länger hinausschob.

„Der geweihte Hut hat seinen Plan in Verbindung mit den Manövern aufgestellt, die die Russen unternehmen sollen; diese Verbindung wird ganz umsonst sein. Ich bin überzeugt, daß Dohna das russische Korps zurückwerfen wird, das bei Nakel steht, und daß er auch mit den anderen tüchtig abrechnet; dieses Orakel ist sicherer als das des Kalchas[1]. In einigen Tagen werde ich Ihnen die gute Nachricht bestätigen können."

Diesen Hoffnungen gab sich der König in seiner jetzigen Lage hin. Der geringste Erfolg war in seinen Augen eine wichtige Angelegenheit; einige Gefangene, die der General Wedell einbrachte, bereiteten ihm eine unbeschreibliche Freude.

„Verdient dieser Wedell nicht all meine Zuneigung und meine ganze Achtung?" sagte er. „Was er tun soll, das führt er immer sehr gut aus, oft sogar besser, als ich es hoffen durfte."

Er las mir an diesem Abend die Ode Voltaires auf den Tod der Markgräfin von Bayreuth vor. Als er die Strophe

[1] Griechischer Priester und Seher bei der Belagerung Trojas. (Homer, Ilias.) Hier: Zitat aus Racine, Iphigenie.

las, in der vom Mittag die Rede ist, sagte ich: „Ich verstehe nicht, was der Verfasser meint."
„Oh, ich glaube, er hat hier eine Anspielung auf Maupertuis gemacht; aber ich habe diesem Schelm nicht den Gefallen tun wollen, zu bemerken, was ich nach seinem Wunsche bemerken sollte."
Bei dieser Gelegenheit sprach der König lange über den boshaften Charakter des Dichters, der sich in allen seinen Streichen kundtat.
„Hätten Sie geglaubt", sagte er, „daß ich hier so lange ruhig bliebe?"
„Nein, Sire."
„Die Feinde haben es noch weniger geglaubt. Sie kennen mich noch nicht richtig. Sie bilden sich ein, ich könnte nicht ruhig bleiben, ich müßte immer angreifen. Aber ich weiß auch in der Verteidigung zu bleiben, wenn es sein muß, wie ich auch sparen kann, wenn es nötig ist. Seit einem Monat habe ich nun den Schuß zum Zeichen der Nachtruhe nicht abfeuern lassen und habe somit dreißig Schüsse gespart. Aber denken Sie nun nicht etwa, ich beschäftigte mich mit Sparen, wenn es nicht nötig ist. Ich kann Geld ausgeben, wie jeder andere, wenn die Notwendigkeit es erfordert."

2. bis 3. Juli 1759

Ich wurde an diesen beiden Tagen nicht gerufen. Eine heftige Kolik, die durch eine Pastete hervorgerufen war, beraubte mich dieses Vorzuges. Der König litt sehr und nahm sich vor, seiner Vorliebe für Pasteten nicht wieder nachzugeben, und vergaß seinen Vorsatz, als die Kolik vorüber war.

4. Juli 1759

Um drei Uhr wurde ich gerufen; die Sitzung war ziemlich lang.
„Ich habe während dieser beiden Tage sehr gelitten," sagte er, „und ich weiß bis zu diesem Augenblicke nicht, woher diese schreckliche Kolik gekommen ist, die mich sehr angegriffen hat."

„Sire, man sagt, daß eine Pastete, die Eure Majestät gegessen hat, diese Kolik verursacht habe."

„Die das sagen, sind Dummköpfe. Wie kann ein Mund voll Pastete Kolik hervorrufen! Mein Magen ist nicht so schlecht beschaffen, daß er mich um einer Lappalie willen so leiden ließe. Aber es handelt sich nicht mehr um die Kolik; es gibt so viele andere Dinge, die mich quälen.

Morgen brechen wir auf. Der große Hut hat sich vor einigen Tagen in Marsch gesetzt und lenkt seine Schritte nach Marklissa. Machen Sie sich darauf gefaßt, in Kürze eine ernsthafte Schlacht zu erleben."

„Wenn ich alles gut überstehe, so werden Sie sehen, daß ich mich nicht blindlings dem Schicksal anvertraue und daß ich mich mit meinen Erfolgen nicht blähen werde. Ich werde immer daran denken, daß unser bißchen Vorsicht und Weisheit in einem Augenblicke der Spielball des Zufalls und des Verhängnisses wird, das gern den Stolz der Dünkelhaften demütigt. Diese Denkungsart sei hinfort die meine. Finden Sie sie gut?"

„Sehr gut, Sire!"

„Haben Sie bemerkt, ob ich zuweilen dagegen verstoßen habe? Denn Sie müssen mich schon ziemlich gut kennen."
„Ich glaube, Sire, daß Klugheit und menschliche Vorsicht oft der Spielball des Zufalls sind, wie Sie es gesagt haben."
„Ach, mein Herr, Sie beantworten meine Frage nicht richtig. Ich frage Sie, ob Sie mich zu sehr auf meine Erfolge haben pochen sehen?"

„Nein, Sire; aber ich habe oft bemerkt, daß Sie sich zu leicht Hoffnungen hingeben."

„*Bene, bene, dignus est in nostro corpore,* der so oft *bene parlat;* aber es ist Zeit, Schluß zu machen. Molière sagt, wenn man einen mühsamen Marsch machen muß, so müsse man sich am Abend vorher zeitig zu Bett legen. Daher wünsche ich Ihnen also guten Abend. Morgen in den Vorstädten von Hirschberg!"

5. Juli 1759

Der König marschierte heute sehr zeitig mit dem Heere ab. Er begab sich mit zwei Kolonnen nach Hirschberg. Die erste marschierte über Pfaffendorf, Schmiedeberg und Lomnitz, die zweite über Schreibersdorf, Fischbach, Rohrlach, Eichberg und Hartau. Seine Majestät schlug ihr Quartier in der Hirschberger Vorstadt auf, die „Die sechs Städte“ genannt wird. Ich wurde um fünf Uhr gerufen. Einen Augenblick nach meiner Ankunft wurde ein Paket hereingebracht. Der König öffnete es selbst voll Ungeduld. Sobald er den Inhalt sah, gab er ihn mir; mich überraschte, daß ich ihn weinen sah.

„Der Marquis von Adhemar[1],“ sagte er, „der im Dienste meiner armen Bayreuther Schwester stand, schickt mir die Lobrede, die er auf die teure Entschlafene geschrieben hat. Behalten Sie diese Rede, damit ich sie nicht sehe.“

Darauf vergoß er reichlich Tränen.

„Mußte ich diese teure, so zärtlich geliebte Schwester mitten in all meinem Unglück verlieren? Sie allein half mir es tragen, sie tröstete mich, sie feuerte mich an; sie ließ mich jene Augenblicke erhoffen, da ich sie in glücklicheren Zeiten wiedersehen konnte. Ich habe in ihr alles verloren, mein Lieber. Glauben Sie mir, es gibt doch Fürsten, die den Wert treuer Freundschaft kennen; sie sind nicht alle undankbare Erlauchte.“

Er sprach darauf von seiner Zuneigung zu seiner Mutter, der verstorbenen Königin, und von der erstaunlichen Güte, die sie ihm erwiesen habe.

„Das sind zwei Wesen, deren Andenken mir ewig teuer sein wird; es wird erst mit meinem Leben enden.“

So verging diese traurige Sitzung.

„Die Lobrede, die ich empfangen habe,“ sagte er, „macht mich unfähig zu irgendwelcher Tätigkeit. Ich will Sie nicht länger aufhalten. Warum sollte ich Sie betrüben, indem ich Sie noch länger mit den Schmerzen beschäftige, die mein Herz empfindet? Guten Abend!“

[1] Oberhofmeister der Markgräfin von Bayreuth, der Schwester Friedrichs des Großen.

6. bis 7. Juli 1759

Am folgenden Tage marschierte man nach Waltersdorf. Ich wurde nicht gerufen, sondern erst am folgenden Tage, einem Ruhetag, und vier Uhr.

„Gestern war ich zu nichts zu gebrauchen. Infolge heftiger Kopfschmerzen, die den ganzen Tag anhielten, war ich wie ein Schwachkopf. Wenn dieses Leben noch lange anhält, so weiß ich nicht, was aus mir werden soll. Ich werde alt, und ich sehe schon die Gebrechen des Alters nahen. Aber ich werde gute Haltung bewahren und alles tun, was ich vermag; mehr kann man nicht verlangen."

In den Zeiten der Sorge, die der König durchlebte, sprach er ziemlich häufig von seinem Vater. Ich erkannte, wie jene Auftritte, die sich ereignet hatten, diese lebhafte und empfindliche Seele erregt hatten.

„Mein Leben ist seit meiner zartesten Jugend bis zu diesem Augenblicke eine Kette von Leiden gewesen. Für einige Freuden habe ich tausend Mühen erfahren, und selbst mitten in den Freuden, die ich genieße, taucht das Bild meines Vaters auf, um sie zu vermindern. Wie rauh ist er gegen mich gewesen! Sie können sich keine Vorstellung davon machen, mein Lieber, obwohl ich Ihnen oft davon erzählt habe. Trotz meiner begründeten Klagen habe ich ihn stets verehrt, und ich habe seine guten Eigenschaften gerechterweise anerkannt, wie sie es verdienten. In manchen Augenblicken war er seltsam gütig! Sie hätten gemeint, er wäre die gefühlvollste Seele. Folgende Begebenheit wird Sie überraschen. Er hatte Grund zur Unzufriedenheit mit einem seiner Adjutanten, dem er eine Woche lang zürnte. Eines Tages ließ er seinen Rat Eichel rufen und befahl ihm, sich in sein Zimmer zu begeben, in das er auch den Adjutanten kommen ließ. Der König kam, ging auf den Adjutanten zu und sagte: ‚Sie haben einen Fehler begangen. Ich habe wirkliche Ursache, mich über Sie zu beklagen. Rechtfertigen Sie sich nicht! Eine ganze Woche lang zürne ich Ihnen nun; ich kann es nicht länger durchführen. Ich verzeihe Ihnen. Machen Sie es ein andermal besser.' Und er gab ihm einen Schlag auf die Schulter.

Dann wandte er sich an den Rat und sagte: ‚Ich habe Sie hierher bestellt, damit Sie Zeuge meines Verhaltens seien.' Der Adjutant weinte sehr und gestand seinen Fehler ein; seit diesem Augenblicke hat er nie wieder den geringsten Anlaß zur Klage gegeben. — Eines Tages begegnete mein Vater auf einem Spaziergange einem jungen Mädchen, das er so heftig anstieg, daß es zur Erde fiel. Im ersten Augenblick begann er zu lachen; dann aber ärgerte er sich über sich selbst und sagte zu einem seiner Begleiter: ‚Ich habe zur Unzeit gelacht. Dieses Mädchen hat sich vielleicht wehgetan. Man gebe ihm dreißig Taler.' — Er gab zuweilen sein Unrecht zu, so bei folgender seltsamen Gelegenheit. Mein Vater ließ seinen Sekretären und Räten Eichel und Schumacher den Befehl überbringen, sich ungesäumt ins Schloß zu begeben. ‚Ich habe Sie kommen lassen', sagte er zu Ihnen, ‚wegen einer wichtigen Angelegenheit, die tiefstes Geheimnis bleiben muß. Hüten Sie es wohl! Wer die Sache unter die Leute bringt, den soll der Teufel holen; einer von uns dreien muß dann darüber gesprochen haben.' Und er schickte sie weg. Als sich drei Tage später Herr Eichel zum Schlosse begab, hörte er zwei Grenadiere über diese Angelegenheit sprechen. Wie groß war sein Schmerz und seine Überraschung! Er erzählte den Fall Herrn Schumacher; dieser, ebenso in Herzensangst wie Herr Eichel, entschloß sich, dem König Bericht zu erstatten. ‚Wie zum Teufel hat die Sache ruchbar werden können!' antwortete der König in einem Tone, der geeignet war, die armen Räte in Schrecken zu versetzen. — ‚Wir wissen es nicht, Sire. Aber möge doch Eure Majestät sich besinnen, ob Sie nicht etwa über diese Angelegenheit gesprochen haben; denn wir versichern bei allem, was heilig ist und bei dem wir geschworen haben, daß nichts, was geredt wird, durch uns bekannt geworden ist.' Der König besinnt sich, beschäftigt sich einen Augenblick mit dieser Angelegenheit und ruft: ‚Meine Freunde, seien Sie ruhig! Ich selbst bin der Dummkopf, der nicht verschwiegen war. Ich habe zu Grumbkow darüber gesprochen, ohne zu bedenken, daß diese Grenadiere es hörten. Der Teufel hole die Schwachheit, die ich bewiesen habe; eine solche Sache soll mir nicht wieder geschehen. Nicht wahr, Sie sind recht in Angst gewesen!'"

Der Bericht über diese verschiedenen Vorkommnisse bildete den Schluß der Sitzung: „Guten Abend! Morgen brechen wir auf!"

8. Juli 1759. In Lähn; Hauptquartier Wünschendorf

Der König marschierte sehr früh mit dem Heere in zwei Kolonnen bis Lähn. Die erste Kolonne schlug den Weg über Röhrsdorf, Tschischdorf und Wünschendorf ein, wo das Hauptquartier war. Die zweite Kolonne zog über Berbisdorf, Oberlangenau und Gießhübel. Das Heer lagerte auf den Bergen zwischen Lähn und Mauer.

Ich war um drei Uhr bei Seiner Majestät dem König. Obwohl er ermüdet war, so war doch seine Laune heiterer als an den Tagen zuvor. Er sprach viel von seinen Freunden in Rheinsberg und seinem Bestreben, denen, die er dorthin einlud, den Aufenthalt angenehm zu machen.

„Wir waren dort alle wie gute Freunde: Kein Zwang, keine Hofsitte, die die Freude tötet. Ach, mein Lieber, wie oft denke ich an diese glücklichen Zeiten meines Lebens! Wie ist man doch durch Ereignisse, die man nicht voraussehen kann, in eine recht mühevolle Laufbahn gedrängt worden! Ich fühle es, mein Lieber, ich fühle es — aber es ist nicht mehr zu ändern."

Er erzählte mir von der Schlacht bei Mollwitz.

„Ich glaubte sie verloren und zog mich zurück. Es war nicht nötig, daß ich auch noch gefangengenommen wurde; welche Demütigung brachte doch dieser erste Schritt auf dem Wege des Ruhms! Und dann hatte ich meine kleine Dose nicht bei mir, die mich so stärkt!"

Von dieser Schlacht erzählte er mir folgende Begebenheit. Ein Grenadier von Lindstedt, der ziemlich schwer verletzt ist, zieht sich zurück und findet unterwegs ein herrenloses Pferd. Er besteigt es, so gut oder schlecht es gehen mag, sieht unsere Kavallerie, die gerade zum Angriff vorgeht, folgt ihr, nimmt einen General gefangen und bringt ihn in Sicherheit.

„Ergriffen von dem Verhalten und der Tapferkeit dieses Grenadiers, von dem man mir berichtet hatte, befahl ich, daß man ihn sorgfältig pflegen sollte. Als er von seiner Verwundung gut geheilt war, ernannte ich ihn zum Offizier — und am ersten Tage, als er in dieser Eigenschaft Dienst leistete, wurde er fahnenflüchtig. Ich lege Ihnen da einen schönen Stoff vor für Ihre philosophischen Betrachtungen. Jetzt aber ist nicht der geeignete Augenblick, sie anzustellen. Wir müssen morgen sehr zeitig aufbrechen und müssen jetzt schlafen gehen. Guten Abend."

9. bis 10. Juli 1759. In Dürings Vorwerk

Der König marschierte sehr zeitig nach dem Feldlager bei Dürings Vorwerk. Die erste Kolonne zog durch Schiefer und Röhrsdorf, die zweite durch Merzdorf und Schmottseifen. Man lagerte auf dem Berge zwischen Neudorf und Röhrsdorf. Ich wurde an diesem Tage nicht gerufen; wohl aber war ich am folgenden um drei Uhr bei Seiner Majestät dem König. Ich fand ihn sehr angestrengt. Er hatte die Nachricht empfangen, daß der Marschall Daun eine starke Truppenabteilung durch die Lausitz den Russen zur Hilfe schicken wollte.

„Wenn das geschieht, so hoffe ich, daß mein Bruder Heinrich mit dieser Abteilung gründlich abrechnet und daß er sie schönstens durchprügelt. Nicht wahr, diese armen Russen sind doch recht zu beklagen? Sie haben nur vierzig- bis fünfzigtausend Mann!"

Der König scherzte sehr über die Furchtsamkeit all dieser Leute.

„Was wollte ich alles ausrichten, mein Lieber, wenn ich wie Daun einen geweihten Degen und einen geweihten Hut hätte! Aber das kommt davon, wenn man ein Ungläubiger ist! Man wird vom Heiligen Vater verworfen und ist infolgedessen allen Schicksalsschlägen ausgesetzt. Wissen Sie vielleicht einige Mittel, wie man schleunigst ein guter Gläubiger werden und durch eine leuchtende

Gläubigkeit das Wohlwollen des Siebenhügelmannes erwerben kann?"

„Ein gutes Mittel für den Anfang ist das, Ihre Feinde tüchtig zu schlagen. Wenn Sie sie alle zur Vernunft gebracht haben, so wird Ihnen der Heilige Vater vielleicht einen geweihten Degen schicken, da Sie von Ihrem sehr ketzerischen einen so guten Gebrauch zu machen verstanden haben."

„Das ist nicht übel", sagte er. „Ich kann sogar versichern, daß er außerordentlich ketzerisch ist! Aber genug davon! Wir wollen den guten Alten in Ruhe lassen und zusehen, ob die ‚Jungfrau'[1] seines Freundes Voltaire uns mehr zum Lachen reizt als die Gaben des Allerheiligsten Vaters!"

Er las mehrere Gesänge, die er bezaubernd fand.

„Es ist unmöglich, mehr Geist zu haben als dieser Kerl! Morgen die Fortsetzung! Wenn dieses Buch auch nicht gerade erbaulich ist, so bereitet es uns doch wenigstens einige angenehme Augenblicke. Guten Abend! Hüten Sie sich, daß die schönen Dinge, die ich Ihnen vorgelesen habe, Ihre Phantasie gar zu sehr erhitzen! Für die meine ist keine Erhitzung zu befürchten; sie ist schon recht alt und recht kalt, mein Lieber. Guten Abend."

11. bis 24. Juli 1759. In Dürings Vorwerk

Während dieser vierzehn Tage waren meine Sitzungen ziemlich lang. Der König las viel. Er nahm Tacitus, Sallust und Cornelius Nepos vor und sprach an den Nachmittagen mit mir darüber. Er verbesserte auch einige poetische Stücke.

„Sie sehen mich sehr mit Lesen und Schreiben beschäftigt", sagte er oft. „Ich brauche diese Ablenkung von den trüben Gedanken, die mich bewegen. Ich sehe, daß die Wolken sich häufen, und ein starkes Unwetter wird bald los-

[1] „La Pucelle" von Voltaire, damals noch in einzelnen Gesängen verbreitet, 1762 vollständig (in 21 Gesängen) veröffentlicht; eine geistvolle, von frivolem Witz und Hohn sprühende Parodie der Geschichte der Jungfrau von Orléans, Jeanne d'Arc.

brechen; Gott weiß, wo es Verwüstungen anrichten wird! Ich wäre nicht ganz so sehr besorgt, wenn man wenigstens die Befehle ausführte, die ich erteile oder erteilen lasse. Der Oberstleutnant von Lüderitz hat in seiner Stellung bei Friedland Torheit auf Torheit begangen. Mein Dohna hat sich den Russen gegenüber sehr schlecht verhalten und hat mich gezwungen, ihm den Oberbefehl über seine Armee zu entziehen und ihn meinem braven Wedell zu übertragen, der keine Torheiten begehen wird. Und auch mein guter Freund Fouqué macht mir Kummer, da er überall — ich weiß nicht, warum — Nachrichten über eine Stärke des Feindes verbreitet, die dieser durchaus nicht besitzt. Es ist nicht so, und wenn es so wäre, weiß er dann nicht, daß unsere Leute nicht eingeschüchtert werden dürfen? Glauben Sie mir, die Aufgabe, die ich zu erfüllen habe, ist erbärmlich. Man kann in keiner Lebenslage jemals glücklich sein, wenn man mit so vielen Leuten zu tun hat, und um wieviel weniger kann man es auf einem Platze wie dem meinen sein!"

So trübe Klagen äußerte der König in diesem Quartier fast täglich.

„Ich weiß", sagte er eines Abends, „daß Soltykow Lärm schlägt und mit aller Gewalt Hilfe verlangt und daß man ihm eine Abteilung von zwölftausend Mann unter dem Oberbefehl von Loudon schicken wird. Ich hoffe, daß mein Bruder Heinrich diese Hilfstruppen hübsch durchprügelt und sie hinschickt, woher sie gekommen sind."

Diese Vorstellung erheiterte den König sehr; seine gute Laune kehrte schnell zurück.

„Der geweihte Hut wird mich hier mit seiner lebhaften Tätigkeit nicht zu Torheiten veranlassen, dafür bürge ich Ihnen. Ich habe Vorkehrungen getroffen gegen alles, was er unternehmen könnte, und was mich übrigens beruhigt, ist die Hoffnung auf eine gute Nachricht von Wedell. Ich rechne darauf, bald zu erfahren, daß er die Russen tapfer verprügelt hat."

Unglücklicherweise waren es die Russen, die den geliebten General verprügelten. Der König unterhielt sich mit mir am 24. um drei Uhr nachmittags. Er sagte mir, wie einem die Philosophie helfen könnte in verhängnisvollen Lagen und bei den herzbewegenden Verlusten der Freundschaft. Ich sagte zu ihm: „Und ich vergieße Tränen, wenn ich über meine Lage und über meine Verluste philosophiere", als ich von weitem seinen Adjutanten von Bonin mit großen Schritten näherkommen sah. Als er genauer zu erkennen war, bemerkte ich, daß sein Hut an einer Seite durchbohrt war.

‚Sire, dort kommt Ihr Adjutant. Sein Hut ist von einer Kugel getroffen worden. Sicherlich ist eine Schlacht gewesen."

Bei diesen Worten wurde der König ganz rot.

„Wo ist er? Wo ist er?"

„Er wird sofort hereinkommen."

Seine Majestät öffnete selbst die Tür: „Treten Sie ein! Nun, was ist los? Was hat Wedell getan?"

„Sire, er hat den Russen eine Schlacht geliefert und hat sie verloren. Sein Adjutant Wobersnow ist tot."

„Verloren?" sagte der König. „Und wie zum Teufel hat er das angefangen? Sagen Sie die Wahrheit, die volle Wahrheit, hören Sie?"

„Um über Crossen eine Verbindung mit Daun zu schaffen, zog der General von Soltykow am linken Flügel des Generals Wedell vorüber und nahm eine Stellung bei Palzig ein. Herr von Wedell, der es versäumte, dem russischen General zuvorzukommen und der sich nun von Crossen und Frankfurt abgeschnitten sah, begnügte sich damit, die Russen während ihres Marsches mit Kanonen zu beschießen. Er setzt sich in Bewegung und nimmt Stellung längs zweier sehr sumpfiger Bäche. Sein Zentrum versucht den Übergang über eine sehr schmale Brücke; aber das Feuer der Russen hält es auf. Da er den Weg nach Crossen und Frankfurt zurückgewinnen will, richtet der General Wedell seinen Hauptangriff gegen den rechten Flügel der Russen. Manteuffel überschreitet mit mehreren Bataillonen den Bach in der Nähe von Kay und überrennt die Rechte Soltykows. Ihr linker Flügel, Sire, unterstützt diesen schönen Angriff Manteuffels. Aber in Ermangelung ausreichenden Geländes und mangels guter Anordnungen von dem schrecklichen Feuer der russischen Artillerie zugrunde gerichtet, bleibt die Linie ohne Unterstützung, und man sieht sich gezwungen, sich nach Mohsau zurückzuziehen."

„Aber gütiger Gott, von welchen Dummheiten erzählen Sie mir da! Ist es möglich, sich in so unerhörter und alberner Weise aufzuführen? Schnell, sagen Sie Herrn von Wedell" — es war nicht mehr „mein Freund Wedell" — „daß ich bald zu ihm kommen werde. Halten Sie sich nicht auf; beeilen Sie sich, und sagen Sie von alledem kein Wort zu denen, die Ihnen hier etwa noch begegnen."

Als der Adjutant hinaus war, überließ sich der König ganz dem Schmerze, den er über den Verlust dieser Schlacht empfand.

„Bin ich nicht sehr unglücklich? Gibt es eine ähnlich schwierige Lage wie die meine? Von der ganzen Welt angegriffen, bin ich allein, mich zu verteidigen; wie soll ich da standhalten? Aber ich bitte Sie, sagen Sie mir" — dabei betrachtete er die Karte — „ist es erlaubt, sich von Crossen und Frankfurt abschneiden zu lassen? Ist es erlaubt, sich längs eines ungangbaren Baches aufzustellen, seine Truppen über eine schmale Brücke marschieren zu lassen und sie so dem Geschützfeuer auszusetzen? Alle diese Schurken verlieren den Kopf. Sie sind kein Soldat; aber sicherlich hätten Sie nicht alle diese Torheiten begangen. Jetzt bin ich den größten Schicksalsschlägen ausgesetzt; ich erwarte sie; sie werden mich nicht im geringsten überraschen. Aber dieser Wedell, dieser Wedell, daß er mich in diese Patsche bringt! Diese Armee hat von Anfang an nichts Ordentliches geleistet. Verfluchte Mißhelligkeiten zwischen den Generalen dieses Heeres, besonders zwischen Dohna und Wobersnow, haben alles in Mitleidenschaft gezogen, Offiziere und Soldaten, wie auch den Teufel und seine Großmutter. Ich dachte, Wedell würde alles wieder in Ordnung bringen, und dieser Herr verliert mir eine Schlacht, zur ungelegensten Zeit und in der albernsten Weise der Welt! Ich will alles noch einmal durchdenken und sehen, was zu tun ist. Guten Abend! Sie werden sicherlich besser schlafen als ich."

„Ich bezweifle es, Sire."

„Sie sind sehr gut, mein Lieber. Guten Abend noch einmal. Sprechen Sie bitte nicht davon; denn meine guten Leute hier beunruhigen sich sehr leicht."

25. Juli 1759

Der König machte sich Aufzeichnungen über alle Ereignisse des Feldzuges. Er las mir vor, was er über die verlorene Schlacht bei Kay aufgeschrieben hatte. Alles war sehr unfreundlich ausgedrückt. Beim Wiederlesen fühlte es der König selbst.

„Das ist hier ein wenig zu stark", sagte er. „Ich muß es ändern, nicht wahr?"

„Wenn es mir erlaubt ist, es zu sagen, Sire: Diese Milderung wird von guter Wirkung sein. Und was den General von Dohna betrifft, so hat vielleicht nicht nur er Veranlassung gegeben zu der Mißhelligkeit, von der Sie gestern sprachen und über die Sie sich zu beklagen hatten."

„Gut, ich werde auch diesen Abschnitt ändern und einfach sagen, daß Dohna den Oberbefehl über die Armee an Wedell abgab, weil er sehr geschwollene Beine hatte und abreisen mußte, um sich auszuheilen. Nun, und was sagt man im Quartier über unsere unglückliche Geschichte? Man weiß es zweifellos; denn die schlechten Nachrichten verbreiten sich nur zu schnell. Sprechen Sie ganz ungezwungen!"

„Ja, Sire, man weiß, daß der General von Wedell eine Schlacht verloren hat, und man beklagt Eure Majestät."

Der König erwiderte kein Wort darauf. Er sprach von der Geometrie und erklärte mir das Hypotenusenquadrat.

„Sie sehen, ich weiß noch ein wenig von meiner Geometrie. Es ist wahr, ich bin darin nicht sehr weit gekommen, weil es mir nicht von großem Nutzen sein konnte; aber ich habe von dieser Wissenschaft so viel gelernt, wie nötig war, um einen geraden Verstand zu erwerben und um mich zu zwingen, in richtiger Weise Schlüsse zu ziehen. Einige wohl verstandene, wohl beobachtete und wohl überlegte Sätze von Euklid genügten für den Zweck, den ich verfolge."

Während dieses Aufenthaltes in Dürings Vorwerk empfing Seine Majestät Briefe von Voltaire, in welchen er von seiner Nichte[1] sprach, die gegen den König aufgebracht sei, und von dem Urteil anderer Leute darüber. Der König antwortete ihm am 18. folgendes:

„Sie sind wahrlich ein seltsames Geschöpf ... usw."

28. Juli 1759. In Dürings Vorwerk

Heute, am Vorabend des Aufbruchs, wurde ich zweimal gerufen.

„Ich breche morgen auf. So will es das Schicksal, das mir so mißgünstig ist. Ich weiß nicht, wie es über mich entscheiden wird. Wenn Sie mich nicht wiedersehen sollten, so denken Sie zuweilen an ein Geschöpf, das der Spielball des Schicksals gewesen ist und Ihnen wohlgesinnt war."

Diese Worte rührten mich tief; ich vergoß Tränen.

Der König bemerkte es.

„Ich danke Ihnen, mein Lieber, für die rührende Teilnahme, die Sie für mein Schicksal empfinden. Es ist wahr, meine Lage ist grausam, und ich sehe eigentlich nicht, wie sie sich bessern könnte. Doch wir wollen den Mut nicht verlieren, sondern unaufhörlich beten und wiederholen:

Und über sie und Kaunitz wollest du, o Gott ...

Ich werde Ihnen zuweilen ein Wort schreiben, soweit meine Geschäfte es mir erlauben werden."

„Aber Sire", sagte ich, „da Eure Majestät vom Schreiben sprechen, wollen Sie mir nicht erlauben, Sie zu begleiten?"

„Ihr guter Wille genügt mir, mein Lieber. Ich versichere Ihnen, daß ich Ihnen dankbar bin für Ihr Anerbieten; aber es ist unmöglich. Ich kann niemand mitnehmen, wer

[1] Madame Denis.

es auch sei. Der edle Mitchell hat mich auch begleiten wollen; aber wie Ihnen, so habe ich auch ihm gesagt, daß es nicht sein könne, und er hat sich meinen Gründen gefügt. Ich lasse Sie hier bei meinem Bruder Heinrich, der das Heer gegen den Hut befehligen wird, der sich noch immer an Marklissa klammert. Machen Sie ihm zuweilen Ihre Aufwartung; Sie werden in ihm einen durchaus aufgeklärten Fürsten und ein königliches Herz finden. Leben Sie wohl, mein Lieber; bleiben Sie gesund! Beten Sie für mich und auch dafür, daß wir uns bald in glücklicheren Zeiten wiedersehen. Ich habe nun zwölf Schlachten geschlagen, und vielleicht folgt jetzt bald die dreizehnte."
Die Abreise des Königs sollte ein Geheimnis sein; doch jedermann wußte davon schon einen Tag zuvor. Ich ging hinaus, das Herz von Trauer und Sorge zerrissen. Wieviel Mühe hatte sich doch der gute König gegeben, und wieviel wollte er nun wieder aufwenden! Wie vielen Gefahren ging er von neuem entgegen! Alle diese Gedanken ließen mich nicht einschlafen.

29. Juli bis 26. August 1759. In Dürings Vorwerk

Der König brach in der Nacht mit einem Teile seines Heeres auf und begab sich nach Sagan, wo ihn die Truppen erwarteten, die ihm der Prinz zur Verstärkung zugeführt hatte. Der Prinz begab sich in das Quartier zu Dürings Vorwerk, wo er mit dem Heere bis zum 26. August blieb. Man empfing im Hauptquartier die gute Nachricht, daß der König bei Guben den Nachtrab Hadiks völlig geschlagen habe, den Loudon in Stärke von zwölftausend Mann dort zurückgelassen hatte, und daß er zweitausend Gefangene gemacht und vier Kanonen und fünfhundert Wagen erbeutet habe. Man erfuhr dann, daß Seine Majestät der König am 5. bei Müllrose sich mit dem General Wedell vereinigt und, verstärkt durch die Truppen, die ihm der General Finck aus Sachsen zugeführt hatte, während der Nacht die Oder bei Reitwein überschritten und ein Feldlager bei Bischofssee aufgeschlagen habe.

Diese Nachrichten erfreuten das Hauptquartier und das Heer. Alle meinten, daß eine Schlacht bevorstände; alle hofften auf ihren glücklichen Ausgang, wenn der König sich nicht zu sehr hinreißen ließe von dem Wunsche, die Russen zu besiegen. Das war die allgemeine Ansicht. Als man aber einige Tage keine Nachricht vom König erhielt, da folgte die Furcht sehr schnell den schmeichelhaften Hoffnungen, die man sich gemacht hatte. Das trat noch mehr in die Erscheinung, als mehrere Wochen verflossen, ohne daß man die geringste Nachricht bekam, was im Heere des Königs vorging. Man überließ sich der Furcht; jeder malte sich Schreckensbilder aus, um das Vergnügen zu haben, sie zu bekämpfen. Je mehr Prinz Heinrich, dessen Miene und dessen Benehmen man beobachtete, sich undurchdringlich zeigte, indem er stets das gleiche Gesicht und die gleiche Ruhe bewahrte, um so mehr vergrößerte man das geschehene Unheil, und was am Prinzen jedermann hätte zuversichtlich stimmen sollen, das wurde gerade zu einem Merkmal, das alle in Schrecken versetzte. Das überraschte mich um so mehr, als dieselben Menschen zu der Begabung und dem Können des Prinzen mit Recht volles Vertrauen hatten.

Sicherlich hat eine Schlacht stattgefunden, sagte man eines Tages, und diese Schlacht ist unglücklich verlaufen. Der König, sagte man an einem andern Tage, ist getötet worden. Die Feinde werden gegen Berlin vorrücken; alles wird verloren sein. Jeder Tag gebar neues Unheil.

Ein General, der mich eines Nachmittags zum Kaffee eingeladen hatte, äußerte folgende Meinung, die mich überraschte und in lebhafte Entrüstung versetzte:

„Wir wissen nichts von dem, was vorgeht; man verbirgt uns alles. Sicherlich ist der König geschlagen worden. Und warum, zum Teufel, muß man sich so dazu drängen, eine Schlacht zu liefern! Sie werden sehen, man wird uns alle vernichten, und es wird kein großer Schaden sein. Es wird

Zeit, daß dieses erbärmliche Leben und unsere Leiden zu Ende gehen."

„Aber Herr General, was sagen Sie da! Und was für Gedanken haben Sie! Wenn unser guter König tot sein sollte, wenn seinen edlen Bruder Unglück träfe, meinen Sie denn, daß dann das erbärmliche Leben, von dem Sie sprechen, und alle Ihre Leiden endeten? In diesem Falle würde das Leben noch mühevoller werden, und die Leiden aller Art würden sich häufen, um uns zu vernichten."

Der General schien von meinen Worten überrascht und seiner Rede wegen ein wenig beschämt zu sein.

„Sicherlich", sagte er, „ist irgendein Unglück geschehen, und warum verschweigt es uns der Prinz? Denn er muß doch Nachrichten haben."

„Weil der Prinz vorsichtig und weise ist, darum verschweigt er verdrießliche Nachrichten. Er kennt die Menschen und ihre Eigenart, und er hatte vielleicht sehr häufig Gelegenheit, voll Kummer zu beobachten, daß die schlechten Nachrichten das Heer zu sehr entmutigten, daß man sich zu leicht wirklichen oder vermeintlichen Befürchtungen hingab und zu unvermittelt aus der Hoffnung in Mutlosigkeit verfiel."

„Wenn es so ist", erwiderte der General, „muß man also abwarten."

„Das ist das klügste, was man tun kann", sagte ich, „wie es das ruhmvollste ist, für die Sache seines Fürsten und seines Vaterlandes zu sterben."

„Sie werden indessen zugeben", sagte er endlich, „daß man es hinsichtlich der Nachrichten beim König bequemer hat. Wenn ich nicht weiß oder nicht unmittelbar erfahren kann, was geschehen ist oder was geschehen soll, so frage ich meinen Stallknecht und erfahre alles."

„Sie scherzen sicherlich, Herr General! Wenn die Sache so wäre, wie Sie sagen, so würden Sie es vor mir und auch vor sich selbst verbergen; denn dieser Zustand ist nicht rühmlich für die, welche über die zu treffenden Maßnahmen besonders unterrichtet sein sollten, und er erweist den Herren Stallknechten eine zu hohe Ehre, die derart wichtige Leute zu sein vermeinen."

So endete diese Unterhaltung, die mir in sehr unangenehmer Erinnerung blieb, ebenso wie andere Gespräche in diesem Quartier zu Dürings Vorwerk, die mir schlagend bewiesen, daß viele Leute mehr auf ihre eigenen Vorteile als auf die des Königs und des Vaterlandes bedacht waren. Mußte man nicht unabhängig davon, ob das Verhalten des Königs gut oder schlecht war (was ich nicht entscheiden will), diesem Fürsten zugetan sein, der so viele Anstrengungen machte, den Staat zu retten, und der sich so wenig schonte? Verdiente er nicht dafür, daß er seine Ruhe und sein Leben opferte, jene Teilnahme, die man keinem leidenden Wesen verweigert, selbst wenn es sein Unglück durch eigene Schuld trägt?

Übrigens war trotz allem diese Teilnahme für den König, für seine Familie und für das Vaterland das vorherrschende Gefühl. Dieses Lob schulde ich dem größten Teil derer, die ich gesehen und kennengelernt habe. Ich habe beobachtet, daß diese Begeisterung für den König und seinen Bruder das höchste Maß erreichte; ich habe wirkliche Betrübnis bei geschehenem Unglück gesehen; ich habe den Ausbruch lebhaftester Freude über errungene Erfolge erlebt, selbst über die kleinsten, und eine ganz selbstverständliche und entschiedene Bereitschaft, sein Leben zu opfern für die Verteidigung des Staates.

„Man möge unsere Güter plündern", sagte eine große Zahl von Offizieren in diesem Quartier, „man möge sie verwüsten, verbrennen, man möge uns Grund und Boden, ja das Leben rauben — wir werden all diese Opfer unserem großen König und seiner erlauchten Familie freudig bringen, damit er und sie glücklich seien, wie wir es wünschen."

So hat man bei glücklichen und unglücklichen Anlässen zu mir gesprochen und hat es häufig wiederholt. Jedesmal, wenn ich solche Worte hörte, sagte ich es voll Genugtuung dem König wieder, und ich empfand eine köstliche Freude, wenn ich seine Rührung über meinen Bericht sah.

Während des Aufenthaltes des Prinzen in Dürings Vorwerk hatte ich die Ehre, ihm zuweilen meine Aufwartung zu machen. Mit einer ungezwungenen Höflichkeit, die nichts Demütigendes an sich hat, verbindet der Prinz Kenntnisse fast jeder Art, genaue, klare und bestimmte Kenntnisse aller Dinge, über die er spricht. Er ist ein sehr folgerichtig denkender Kopf bezüglich der Grundsätze, die er aufstellt, und der Begriffsbestimmungen, die er gibt. Er ist vielmehr bestrebt, den Gegenstand des Meinungsaustausches zu klären und aufzuhellen, als den anderen durch unnütze Schwierigkeiten und metaphysische Spitzfindigkeiten in Verwirrung zu setzen, worin sein Bruder, der König, es zum Meister gebracht hat. Neben diesen wahrhaften Vorzügen besitzt er noch viele liebenswürdige Talente.

Es steht mir nicht zu, von seinen militärischen Kenntnissen zu sprechen und sie zu würdigen; seine Maßnahmen werden sie genugsam erweisen. Sie werden als Ausfluß jenes Genies kenntlich sein, das alle Schwierigkeiten voraussieht und ihnen begegnet, das alles zu seinem Vorteil wendet und bei jeder Gelegenheit mit bewundernswürdiger Kaltblütigkeit den rechten Weg erkennt.

Aber eine der Eigenschaften des Prinzen, von welchen ich mit mehr Sachkenntnis reden kann, ist seine ausgeprägte Menschlichkeit, selbst den Feinden gegenüber. Immer wieder erschüttert von dem Unheil des Krieges, gerührt von dem Schicksal so vieler unglücklicher Opfer der Kriegswut, hat er Gefallen daran gefunden, die Nöte zu mildern und zu heilen. Ich habe voll Rührung gesehen, wie die armen Bauern erschienen, wenn er vorüberkam, und ihn lobten und segneten — ein Lob von viel höherem Werte als das, welches die großen Talente erringen.

27. August bis 24. September 1759

Der Prinz brach am 27. von Schmottseifen auf und schlug an diesem Tage sein Feldlager bei Bunzlau auf. Von dort marschierte er nach Sprottau. Verschiedene Umstände veranlaßten Seine Königliche Hoheit, sich nach Sagan zu begeben. Es war sein Ziel, den Marschall Daun, der mit seinen gesamten Kräften bei Triebel stand, daran zu hindern, sich den Russen noch mehr zu nähern und ihnen Hilfe zu bringen, die sie unaufhörlich verlangten, obwohl sie über überlegene Kräfte verfügten. Durch diese Bewegung erreichte der Prinz seinen Zweck; der Marschall marschierte am 2. September nach Sorau.

Um das österreichische Heer noch mehr abzudrängen und um sich der Elbe mehr zu nähern, wo dem General Finck sowohl die Reichsarmee, als auch das Korps des Generals Hadik gegenüberstand, brach der Prinz am 5. von Sagan auf und erreichte in fünf Eilmärschen Lauban, das die Feinde verließen, um sich nach Görlitz hinter die Neiße zurückzuziehen.

Er sandte bei seiner Ankunft den General von Stutterheim aus, der sich Friedlands bemächtigte, die Vorratslager zerstörte und die Garnison gefangennahm. Der Husarenmajor Reitzenstein, der in die Richtung auf Gabel gesandt wurde, griff eine Abteilung Infanterie an und nahm drei Offiziere und einige hundert Mann gefangen.

Durch diese Bewegungen des Prinzen sah sich der Marschall Daun gezwungen, schleunigst in die Oberlausitz zurückzukehren. Er traf am 13. mit seinem ganzen Heere in Bautzen ein. Der Prinz brach an diesem Tage von Lauban auf, überschritt den Queis und schlug sein Feldlager in der Nähe von Pfaffendorf, eine Meile von Görlitz entfernt, auf. Er rastete am 11. und lagerte am 12. bei Hermannsdorf, eine Viertelmeile vor der Stadt. Der linke Flügel der Armee stützte sich auf den Berg Moys, wo am 7. September 1757 der Generalleutnant von Winterfeldt tödlich verwundet worden war. Man blieb bis zum 23. in dieser Stellung. Als der Prinz erfuhr, daß der Marschall sich nach Reichenbach begeben hatte, brach er am Abend desselben Tages um acht Uhr auf in der Absicht, dem großen Marschall die beabsichtigte Bewegung zu verschleiern. Er marschierte die ganze Nacht und überschritt die Neiße bei Rothenburg; nach einem Kriegsrat, der zwei Stunden dauerte, setzte er seinen Marsch fort und erreichte Klitten in der Nacht vom 24. zum 25. September.

25. September 1759. In Hoyerswerda

Der General von Lentulus, der die Vorhut der Armee des Prinzen führte, erfuhr in Lohsa, daß der General Vela mit einem Korps von fünftausend Kroaten in Hoyerswerda lagerte. Er benachrichtigte den Prinzen, der durch geschickte Maßnahmen den General Vela überraschte und ihn mit fast allen seinen Truppen gefangennahm. Noch eine Stunde Tageslicht, und keiner von diesem Korps wäre entkommen.

Der General kam zu dem Schlosse, in dem er gewohnt hatte. Die Dame des Hauses sagte weinend zu ihm: „Ach, mein lieber Herr General, ich bin äußerst überrascht, Sie hier zu sehen." — „Ich bin es nicht weniger, gnädige Frau! Wer zum Teufel hätte nach den Nachrichten, die mir zugingen, geglaubt, daß man mich hier angreifen würde und daß man sich über den Marsch des Prinzen in einem so schrecklichen Irrtum befand! Man glaubte, er marschiere nach Schlesien, und zu meinem Unglück ist er hier."

Als der Marschall Daun erfuhr, daß der Prinz aufgebrochen war, glaubte er tatsächlich, er wäre nach Schlesien marschiert, und in dieser falschen Vermutung eilte er nach Görlitz. Als er aber erkannte, daß man ihn umgangen hatte und ihm zuvorgekommen war, da kehrte er nach Bautzen zurück; von dort begab er sich mit größter Geschwindigkeit nach Dresden, wo er am 30. die Elbe überschritt.

28. September bis 15. Oktober 1759

Nach dieser erfolgreichen Unternehmung verließ der Prinz am 28. Hoyerswerda und schlug sein Lager bei Ruhland auf. Am 29. begab er sich nach Elsterwerda, und am 2. Oktober lagerte er in der Nähe von Torgau. Am 3. überschritt Seine Königliche Hoheit die Elbe und lagerte bei Belgern; am 4. bezog er das Feldlager bei Strehla und vereinigte sich mit dem Korps des Generals Finck. Das kaiserliche Heer erschien am 6. und setzte sich dem Prinzen gegenüber, im Feldlager bei Oschatz, fest; die Dörfer Borne und Schönewitz lagen zwischen den beiden Heeren. Während dieses Aufenthaltes in Strehla war man sehr wachsam. Jeden Morgen von vier Uhr an bis zum Wecken war man schon unter den Waffen. Der Kleinkrieg, der sich beim Strehlaer Lager entspann, verlief stets zu unserem Vorteil; selten kehrten unsere Streifwachen zurück, ohne einige Gefangene mitzubringen.

16. bis 25. Oktober 1759

Am 16. abends, nach dem Zapfenstreich, verließ der Prinz Strehla und marschierte in drei Kolonnen zum Torgauer Feldlager. Der Marschall Daun hatte den Plan gefaßt, uns die Zufuhr der Lebensmittel abzuschneiden, die über die Elbe zu uns kamen, und entsandte zu diesem Zwecke den Herzog von Aremberg mit einem Korps von sechzehntausend Mann. Der Herzog marschierte unter Ausnutzung der Wälder, die ihn deckten, so heimlich, daß man erst am 25. nachmittags erfuhr, daß Truppen in beträchtlicher Stärke auf die Elbe zu bei Dommitzsch ständen. Der Prinz marschierte ihnen mit dem Korps des Generals Finck sofort entgegen. Man brach durch das Dorf Vogelsang vor. Der Feind schoß heftig mit Granaten, um das Dorf in Brand zu setzen; aber unsere Kanonen feuerten mit solchem Erfolge, daß der Feind zu schleunigem Rückzuge gezwungen wurde. Die hereinbrechende Nacht verhinderte jede weitere Maßnahme.

26. bis 29. Oktober 1759

Der Prinz erkundete am folgenden Tage den Feind, der hinter dem Dorfe Dommitzsch eine sehr vorteilhafte Stellung bezogen hatte; Bäche, Sümpfe und Wälder umgaben seinen rechten Flügel.

Da das Lager unangreifbar gefunden wurde, so wurde der General Wunsch am selben Abend nach Wittenberg gesandt, um sich mit dem General von Rebentisch zu vereinigen, der von Düben aufgebrochen war in der Absicht, sich nach Bitterfeld zu begeben. Die beiden vereinigten Korps sollten den Herzog von Aremberg auf dem Wege von Pretzsch her angreifen. Während das Korps des Generals Finck die Front des Feindes angreifen sollte, hatte sich ein anderes Korps unter dem General von Wedell auf Trossin zu begeben, um dem Feinde den Rückzug abzuschneiden, und so war der Angriff auf den 29., zwei Uhr nachmittags, angesetzt. Aber der Feind verließ sein Lager in der Nacht vom 28. zum 29. Oktober. Als er ein Lager bei Pretzsch beziehen wollte, begegnete er den Generalen Rebentisch und Wunsch, die in vollem Marsche waren. Der Prinz Heinrich marschierte mit dem Korps des Generals Finck bis Pretzsch, und als sich der Herzog zwischen zwei Korps sah, zog er sich mit der möglichsten Beschleunigung auf dem Wege nach Düben zurück. Eine Kolonne zog über Schmiedeberg und konnte von unseren Truppen, die auf Pretzsch marschiert waren, nicht erreicht werden. Aber die andere feindliche Kolonne wurde auf ihrem Marsche verfolgt, nachdem sie vom General von Rebentisch lebhaft beschossen worden war. Sie zog über Gräfenhainichen; der General von Gemmingen stellte seinen Nachtrab bei Sackwitz zusammen. Darauf griffen der General von Platen und der Oberst von Gersdorf mit ihren Regimentern diesen feindlichen Nachtrab an und nahm den General von Gemmingen, den Obersten Haller, zweiundzwanzig andere Offiziere und eintausendeinhundertsechsundsechzig Mann gefangen. Der Feind verlor in dieser Schlacht eine große Zahl Fuhrwerke, fünf Munitionswagen, Maultiere und Zelte.

3. bis 10. November 1759

Der Prinz, der nach Torgau zurückgekehrt war, brach am 3. November wieder auf und bezog ein Lager in Belgern, am 6. in Strehla und am 7. in Dörschnitz. Kluge Offiziere, die aufmerksam alle Bewegungen des Prinzen verfolgten von dem Augenblicke an, da er in Dürings Vorwerk den

Oberbefehl über die Armee übernahm, bis zum jetzigen Zeitpunkte, urteilten alle, daß die Führung des Prinzen ein Meisterstück der Geschicklichkeit wäre, und wenn sie etwas lernen wollten, so könnten sie nichts Besseres tun, als auf seine Verteidigungsmaßnahmen zu achten, die hinsichtlich der Manöver und der Mittel dem Höchsten glichen, was die Kriegsgeschichte aufweisen könnte. So sprachen die meisten darüber.

Als ich die Ehre hatte, den König wiederzusehen, bestätigte er diese hohe Meinung, indem er zu mir sagte: „Mein Bruder hat sein Schiff hervorragend geführt; er ist ein rechter Lotse, mein Lieber."

Als ich erfuhr, daß Seine Majestät der König zur Armee zurückkehren wollte, entschloß ich mich, ihm entgegenzureisen. Ich ließ mich beim Prinzen melden, der so gütig war, mich zu empfangen. Ich sagte ihm Dank für alle Beweise seines Wohlwollens während der Zeit, die ich bei seinem Heere verbracht hatte; er antwortete in sehr schmeichelhafter Weise. Als ich von meinem Plane sprach, dem König entgegenzureisen, entgegnete er: „Tun Sie das nicht! Die Jahreszeit ist sehr ungünstig; Sie werden eine beschwerliche Reise haben. Und da der König Ihnen nicht befohlen hat, unterwegs zu ihm zu kommen, so wird ihm Ihr Schritt vielleicht nicht einmal angenehm sein."

Trotz meines dringenden Verlangens, den König wiederzusehen, fügte ich mich der Meinung Seiner Königlichen Hoheit. Als ich aber heimkam, fand ich einen Befehl vor, abzureisen und mich nach Elsterwerda zu begeben. Ich machte mich auf den Weg, kam bei Torgau über die Elbe und war am 11. in Elsterwerda, wo ich den König erwartete.

11. November 1759. In Elsterwerda

Er traf am Nachmittag ein. Als ich in sein Zimmer trat, kam er mir entgegen, umarmte mich und sagte mit Tränen in den Augen:

„Ach, mein Freund, Sie sehen einen von Schmerz und

Unglück niedergedrückten Mann[1], der indessen noch immer hofft, sich von beiden wieder zu erheben."

Da ich bei diesem Empfange weinte, so konnte ich kein Wort hervorbringen. Mein Zustand schien Seine Majestät zu rühren; sie sprach:

„Seien Sie ruhig; Sie sehen mich ja wieder; vielleicht bin ich gar nicht so unglücklich. Finden Sie mich nicht recht abgemagert?"

„Außerordentlich, Sire!"

„Und wie sollte es auch anders sein nach so vielem Mißgeschick und so vielen Leiden! Sie sind außerordentlich groß gewesen, mein Lieber, außerordentlich groß; ich begreife noch gar nicht, wie ich sie habe aushalten können. Ich habe Ihnen schon einmal gesagt, daß es beinahe eine Torheit ist, daß ich noch lebe. Wenn mein Kopf erst ein wenig ruhiger ist, so werde ich Ihnen von dem Hundeleben erzählen, das ich geführt habe, seitdem ich Sie nicht gesehen habe. Jetzt bin ich so müde, so niedergeschlagen, daß ich nicht zwei Gedanken aneinanderreihen kann. Ich will Ihnen jedoch trotzdem eine kleine Probe meiner Abenteuer zeigen."

Er zog eine goldene Kapsel hervor, die in der Seitentasche seiner Hose von einer Kugel breitgeschlagen worden war. „Sehen Sie", sagte er, „in welchem Zustande diese Kapsel ist! Man kann nichts herausnehmen. Sie sehen, ich bin nicht geschont worden. Und mein Gewand!" (Der Rockschoß war durchlöchert gewesen, und man hatte das Loch mit weißem Zwirn wieder ausgebessert.) „Leben Sie wohl, mein Lieber, leben Sie wohl! Ich will versuchen, in meinem Bett ein wenig Ruhe zu finden, die mein armer Kopf dringend braucht. Auf morgen!"

12. November 1759. In Elsterwerda

Ich wurde gegen drei Uhr nachmittags gerufen.

„Heute tauge ich ein wenig mehr als gestern, mein Lieber.

[1] Der König war in der Zwischenzeit, am 12. Aug. 1759, in der für Preußen blutigsten und unglücklichsten Schlacht des Siebenjährigen Krieges, bei Kunersdorf, von den Russen und Österreichern geschlagen worden.

Aber die Schwäche in meinen Beinen ist noch immer außerordentlich groß. Sie können sich nicht vorstellen, was ich seit unserer Trennung zu leiden gehabt habe. Was hat man von meinen Abenteuern gesagt? Ich wäre Ihnen dankbar, wenn Sie ganz offen darüber sprächen."

„Man ist lange Zeit ohne Nachrichten von Ihnen gewesen. Man hoffte zunächst, man fürchtete dann —; man sagte sich voll lebhafter Betrübnis ins Ohr, daß eine sehr ernste Schlacht stattgefunden habe und daß Eure Majestät darin gefährlich verwundet worden sei."

„Von einer gefährlichen Verwundung kann keine Rede sein, mein Lieber. Ich habe nur eine Quetschung davongetragen, als ich den Rückzug deckte. Das Pionierregiment wurde hinter mir gefangengenommen, und Ihr ergebener Diener, der als der Letzte zurückging, wäre auch in Gefangenschaft geraten, wenn nicht Prittwitz mit seinen Husaren den Feind angegriffen hätte, der mich verfolgte. Dadurch gewann ich Zeit, durch einen Hohlweg zu entkommen, wo ich ziemlich ins Gedränge geriet. Aber was sagte man bei Ihnen, als man endlich die unheilvolle Nachricht von der verlorenen Schlacht empfing? Ich glaube, man hat nicht wenig über mich und über diese Schlacht geredet; nicht wahr? Sagen Sie es nur; ich kenne meine Leute."

„Ihre Leute, Sire, waren bei der Nachricht von dem geschehenen Unglück sehr ergriffen und erschrocken. Ich wage Eurer Majestät zu versichern, daß Sie selbst gerührt gewesen wären, wenn Sie gehört hätten, was die meisten äußerten. Ergriffenheit und Schrecken ließen nach, als man mit Gewißheit erfahren hatte, daß Sie sich wohlbefänden und nur eine leichte Quetschung davongetragen hätten. ‚Der Verlust dieser Schlacht ist ja zweifellos ein großes Unglück; aber unser König lebt, und er wird das Unheil wiedergutmachen.' So sagte man im Heere."

Der König schien mir sehr gerührt zu sein von diesem Bericht, den ich der Wahrheit gemäß erstattete.

„Nun, mein Freund, habe ich nicht Grund genug, diese Armee zu lieben und mich für sie der Gefahr auszusetzen, da sie sich für mich so sehr in Gefahr begibt? Aber weiter, was hat man darüber gesagt, daß ich diese Schlacht überhaupt geschlagen habe, und über die Gründe des geschehenen Unglücks? Und wie hoch hat man unsere Verluste bemessen?"

Das war nun ein mißlicher Punkt. Da Seine Majestät der König mich sehr dazu drängte, ganz offen mit ihm zu sprechen, so sagte ich ihm, daß viele Leute der Meinung wären, er habe sich zu sehr danach gedrängt, diese Schlacht zu schlagen, er habe den Feind zu sehr in die Enge getrieben, und wenn er sich mit den anfangs errungenen Vorteilen begnügt hätte, so hätte der Feind sich zurückgezogen, und Loudon wäre wahrscheinlich nicht in die Lage gekommen, mit seiner Kavallerie, die noch nicht gelitten hatte, über uns herzufallen. „Und was die Verluste betrifft, die Sie erlitten haben, Sire, so hat man sie auf mehr als achtzehntausend Tote und fast zwölftausend Verwundete beziffert. Man sagt, daß die Österreicher und die Russen, die ebenso viele Verwundete hätten wie Eure Majestät, nur viertausend Mann auf dem Schlachtfelde gelassen haben."

Der König dankte mir sehr für meine freimütigen Mitteilungen.

„Sie kennen die Leute hier genügend, und ich habe Sie sie oft genug kennen gelernt, mein Lieber, daß Sie sich davon haben überzeugen können, wie sie zumeist ohne Kenntnis der Gründe urteilen. Ich denke, Sie werden dem, was ich Ihnen sage, mehr Glauben schenken. Folgendes entspricht der Wahrheit: Nachdem ich so viel Truppen wie möglich an mich gezogen hatte, hatte ich keine Zeit zu verlieren, wenn ich die Russen schlagen wollte; das werden Sie selbst fühlen. Sachsen war ohne Verteidigung; die Reichsarmee konnte leicht bis Berlin vordringen; der General Hadik hatte das Lager bei Müllrose besetzt und konnte sich mühelos zur Hauptstadt begeben — alle diese Erwägungen zwangen mich, mit der größten Beschleunigung zu handeln. Es ist nicht wahr, daß ich die Ausnutzung der über den Feind errungenen Vorteile zu weit hätte treiben wollen. Da alles nach Wunsch verlief, so suchte ich selbstverständlich den guten Willen meiner Truppen auszunutzen. Wir hatten den linken Flügel der Feinde völlig niedergeworfen, der sich nun durch eine tiefe Schlucht bis hinter Kunersdorf zurückzog. Unsere ersten Bataillone, die den Feind durch die Schlucht verfolgten, drangen in diesem Hohlwege vielleicht zu hitzig und etwas ungeordnet vor. Die anderen Bataillone, die zu nahe und zu schnell folgten, kamen ins Gedränge, als der Prinz von Württemberg, der ungeduldig war, daß er nichts tun konnte, sehr zur Unzeit die russische Infanterie ungestüm angriff, zurückgeschlagen wurde und Unordnung in unsere Reihen trug; Loudon, der seine Kavallerie auf dem rechten wie auf dem linken Flügel einsetzte, brachte Verwirrung in unsere Truppen, die in größter Unordnung flohen. Sie mögen sich das Durcheinander und die Bestürzung meiner Truppen vorstellen, mein Lieber; beim bloßen Anblick der Kosaken entflohen die Bataillone, die geschlossen auf einem guten Platze standen, so weit wie möglich, ohne daß man sie aufzuhalten vermochte. Es wäre um uns geschehen gewesen, mein Freund, wenn die Russen und Österreicher ihren Sieg ausgenutzt und meine armen, entmutigten Truppen verfolgt hätten. Aber zufrieden damit, sich ihrer Erfolge und ihres Glückes rühmen zu können, ließen sie mir Zeit, mich zu erholen. Ich armer Teufel, der ich am Abend der Schlacht nur sechstausend Mann hatte, hatte nach einigen Tagen deren achtundzwanzigtausend. Sie können überzeugt sein, es ist falsch, daß wir zwanzigtausend Tote, Verwundete und Gefangener verloren hätten, wie man es Ihnen gegenüber törichterweise behauptet hat. Meine Verluste betrugen alles in allem nur zehntausend Mann, die meiner Feinde vierundzwanzigtausend Mann, und das muß wahr sein, da sie es selbst zugeben. Alles ist besser abgelaufen, als ich es zu hoffen gewagt hatte; so trifft niemals das ganze Unheil und niemals das ganze Glück ein, das man fürchtet oder erhofft. Ich werde Sie nicht langweilen mit einem Bericht über

alle meine Maßnahmen, die Russen zu vertreiben, sie an der Belagerung Glogaus zu verhindern und sie zu zwingen, nach Polen zurückzugehen. Das wäre ein wenig viel für den Augenblick; aber ich werde Ihnen vorlesen, was ich aufgeschrieben habe. Sie werden erkennen, daß ich meine Zeit nicht vergeudet habe, und Sie werden mir das um so mehr danken, als ich nach dem Verlust unserer schrecklichen Schlacht ziemlich krank gewesen bin. Wenn nicht alles so gut ist, wie es hätte sein können, so setzen Sie es auf Rechnung dieses verwünschten Gichtanfalles, der mir viele Schmerzen verursacht hat und dessen Nachwirkungen ich noch immer verspüre.
Als ich die Oder bei Koeben überschritt, in der Nähe jener Mühle, die der General von Schulenburg einstmals berühmt machte durch seinen Rückzug vor Karl XII., da kam mir der Gedanke, über die militärische Begabung und den Charakter dieses Fürsten zu schreiben. Sie werden sich entsinnen, daß ich Ihnen schon immer gesagt habe, man habe von diesem Eroberer keine genügend klaren und genauen Vorstellungen. Ich glaube sein Bild gut entworfen zu haben. Ich will Ihnen nun meine Abhandlung vorlesen; ich habe sie mit peinlichster Unparteilichkeit geschrieben."
Ich fand, daß die Arbeit tatsächlich gut geschrieben war und genau das wiedergab, was mir der König mehrere Male von diesem Fürsten gesagt hatte.
„Sie sehen," sagte er, „ich habe es nicht wie Voltaire gemacht, der bald lobt und bald tadelt, je nachdem, wie der Wind der Umstände und der Vorteile weht. Er hat sich nicht geschämt, sich zu widersprechen. Seine Widersprüche über diesen Fürsten werden ein ewiger Makel für den edlen Herrn Kammergeschichtsschreiber sein.
Wenn ich einige Augenblicke Zeit habe, so werde ich meine Abhandlung überarbeiten. Ich werde zwölf Exemplare davon drucken lassen, und Sie werden eins davon bekommen. Ich denke, die militärischen Sachverständigen, die sie lesen, werden finden, daß meine Ausführungen über diesen außerordentlichen Fürsten recht gut sind. Aber,

mein Lieber, ich habe ja nicht schlecht geplaudert, und vor der morgigen Abreise muß ich mich noch ein wenig ausruhen! Guten Abend und gute Nacht!"

Die Sitzung war in der Tat nicht kurz gewesen; ich ging erst um sieben Uhr abends heim.

13. November 1759. In Hirschberg

Der König, der vielleicht zu aufgeregt war, weil er am Abend zuvor beinahe vier Stunden hintereinander gesprochen hatte, schloß während der ganzen Nacht kein Auge. Er kam in diesem neuen Quartier ganz erschöpft an, und nachdem er eine halbe Stunde an der Tafel gesessen hatte, erteilte er die Befehle für den Marsch des folgenden Tages und begab sich zu Bett. So hatte ich nicht den Vorzug, ihn an diesem Tage zu sehen.

14. November 1759. In Krögis

Man traf ziemlich zeitig in diesem Orte ein, wo ein Feldlager bezogen wurde, das man zum ersten Male in Schlachtordnung aufschlug. Ich wurde um fünf Uhr abends gerufen und fand Seine Majestät beschäftigt, ihre Arbeit über Karl XII. zu verbessern.

„Diesem kleinen Stück gehört meine Teilnahme, mein Lieber, um so mehr, als ich über diesen Fürsten nichts Unparteiisches und Genaues gelesen habe. Ich wünsche, daß mein Werk diese beiden Vorzüge aufweist, und es hat sie wirklich, dafür bürge ich Ihnen. Zu viel Kühnheit und zu wenig Zusammenhang in seinen Unternehmungen haben diesen Mann zugrunde gerichtet. Wenn er stets denselben Plan verfolgt hätte, der ihn während der drei ersten Feldzüge leitete, die bewunderswürdig sind, so hätte er alles erreicht, was er erreichen wollte."

„Aber, Sire, muß man im Kriege nicht kühne Schläge führen? Ich begreife wohl, daß man sich dadurch dem Unheil aussetzen kann; aber müssen diese Schläge nicht trotzdem sein?"

„Ja, sie müssen sein; aber man darf sie niemals unternehmen im Vertrauen auf die Schwäche und Torheit des

Feindes, und wenn der kühne Schlag mißlingt, so muß man es so einrichten, daß der Fehlschlag nicht zum Mißlingen der Hauptsache führt.
Ich selbst, mein Lieber, muß in diesem Augenblicke mit vieler Kühnheit handeln, um alles Unglück dieses Feldzuges wiedergutzumachen, der so unheilvoll für mich war. Ich plane einen Schlag; wenn er mir gelingt, wie ich es hoffe, so werden wir alle Ursache haben, zufrieden zu sein, und der folgende Feldzug, wenn ich ihn überhaupt unternehmen muß, wird eine Kleinigkeit sein im Vergleich mit dem, den ich beenden will. Aber ich darf in diesem Augenblick keine Fehler begehen. Ich habe es mit Leuten zu tun, die ein Feldlager sehr gut einzurichten verstehen und die vorsichtig sind. Wenn sie bei den Erfolgen, die man ihnen nicht abstreiten kann, Kühnheit, Berechnungsgabe und die Fähigkeit gehabt hätten, ihr Glück auszunutzen, mein Lieber, so hätten sie der Tragödie schon längst ein Ende machen können. Aber es muß klar gesagt werden: Wenn ein Führer nicht nach seinem Willen handeln kann, so hat er auf keine großen Erfolge zu hoffen. *Experto credi Roberto:* das ist noch etwas von meinem Latein. Und es ist nun auch die Stunde des Morpheus, der mich vielleicht besser behandeln wird als in den vorhergehenden Nächten. Wir werden zwei Tage hier rasten und werden uns sehen. Guten Abend! Beten Sie, daß mein Schlag gelingt, von dem ich Ihnen morgen erzählen werde. Guten Abend."

15. November 1759. In Krögis

Ich wurde heute um vier Uhr gerufen; der König schien mir sehr guter Laune zu sein.
„Sie sehen mich wohlauf heute, mein Lieber, weil ich geschlafen habe wie ein König. Seit der erbärmlichen Kunersdorfer Geschichte war mir das nicht geschehen. Da sehen Sie, worauf unsere arme Maschine beruht: Ein wenig Ruhe, ein wenig Schlaf, ein wenig Gesundheit machen unsere ganze Philosophie aus. Unser Schlaf ist unser Frohsinn: wenn nun noch ein paar Erfolge hinzu-

kommen, so werden Sie meine gute Laune völlig wiederhergestellt sehen, die Sie einst so bewundernswert fanden. Aber bedenken Sie nur, mein Lieber, wie bescheiden ich bin! Ich erbitte von den Göttern nicht etwa mehrere Erfolge, sondern nur den einen, daß ich Dresden wiedererlange. Der Besitz Dresdens sichert mir meine Winterquartiere und ermöglicht es mir, die Österreicher in ständiger Beunruhigung wegen Böhmens zu halten. Der geweihte Hut, der es liebt, auf hohen Bergen zu hocken, entzieht sich dadurch jedem Angriff. Wissen Sie, was ich tun werde? Ich lasse ihn auf seinen geliebten Bergen sitzen und werde ihn mit starken Truppenabteilungen so geschickt umgehen, daß ich seiner Lebensmittelzufuhr unüberwindliche Hindernisse bereiten und den Hut zwingen werde, Dresden und seine steilen Felsen zu verlassen. Um das alles noch zu erleichtern, werde ich Einfälle nach Böhmen unternehmen lassen."

„Ich nehme die Wahrsagung an, Sire. Dieser Erfolg wird viele andere im Gefolge haben. Sie werden mehr haben, als Sie wünschen."

„Gott gebe es," sagte er. „Beten Sie voll Innigkeit. Ihr Gebet wird mehr wert sein als das meine. Kurz und gut, mein Lieber, wenn das alles mir nicht gelingt, so wird es sicherlich nicht meine Schuld sein. Im Kriege kann man nicht zuviel erhoffen und nicht zuviel befürchten; ein Zwischenfall, den man nicht hat voraussehen können, zerstört von Grund auf den bestgefügten Plan. Jetzt will ich Sie nicht länger aufhalten; ich habe noch einige Briefe zu schreiben. Guten Abend und gute Nacht."

16. November 1759 (In Krögis) bis
17. November 1759 (In Limbach)

Der König, der stark beschäftigt war, ließ mich heute nicht rufen; er ging sehr zeitig zu Bett.

Am folgenden Tage brach er mit dem Heere sehr frühzeitig zum Lager bei Kobach auf. Nachdem er die Triebsche in drei Kolonnen überschritten hatte, ging die erste Kolonne über Roth-Schoemberg, Schmiedewalde, Birkenhain und Wilsdruff vor; die zweite Kolonne zog durch Robschütz, Kottewitz, Lugenheim und Saxdorf; die dritte Kolonne kam durch Korbitz, Meißen, Neustadt, Röhrsdorf und Klipphausen, um nach Hündorf und Kobach zu gehen. Das Heer lagerte vor Wilsdruff; dort war auch das Hauptquartier.

Der General Zieten wurde nach Kesselsdorf geschickt, der General Wedell nach Meißen, der General Diericke auf das jenseitige Ufer der Triebsche und der General Finck nach Dippoldiswalde und nach Maxen.

Ich war heute einen Augenblick bei Seiner Majestät dem König und fand ihn erschöpft von dem Marsche dieses Tages.

„Ach, mein Lieber, mit mir ist nichts mehr los. Ich werde alt, sehr alt sogar; meine Kräfte verlassen mich, meine Stimme erlischt."

Er trug mir, wie schon mehrmals, das Ende der Leichenrede des Prinzen von Condé vor, wo Bossuet trübe Klagen anstimmt.

„Haben Sie heute nichts gehört über meinen Marsch und meine Truppenentsendung? Die einen werden sagen, daß alles gut sei; die Mehrzahl aber wird unsere Manöver tadeln. Man ist hier sehr tadelsüchtig."

„Nein, Sire, ich habe nichts gehört; ich habe niemand gesehen."

„Morgen werden wir in Wilsdruff sein. Wenn Sie etwas hören, so tun Sie mir den Gefallen, es mir zu sagen; denn zuweilen erfährt man Dinge, die einem von Nutzen sein können."

Bei dieser Rede glaubte ich zu ahnen, daß der König selbst beunruhigt war über die verschiedenen Truppenentsendungen, die er vorgenommen hatte.

18. November 1759

Der König nahm in Wilsdruff Quartier und ließ die Armee in den Dörfern unterbringen. Alle, die ich bei meiner Ankunft sah, mißbilligten heftig die Entsendung der Truppen nach Maxen.

„Sie werden sehen, Finck ist verloren; es ist unerhört, daß Seine Majestät sich vom Marschall Daun irreführen läßt, weil er die Reichsarmee in die Gegend von Pirna sendet und das unnütze Gepäck und seine Kranken nach Böhmen zurückschickt, darum hält der König diese Maßnahme für Vorbereitungen zum Rückzug und sendet Finck mit zehntausend Mann weg, so daß dieser mit seinen Truppen in Gefangenschaft geraten muß! Der Prinz Heinrich mißbilligt das Verhalten seines königlichen Bruders; er hat ihm die ernstlichsten Vorhaltungen gemacht, er hat ihm dargelegt, daß es unvermeidlich sei, daß Finck und sein Korps in die Gewalt des Feindes fallen. Man sagt sogar, das Gespräch sei sehr lebhaft gewesen, und der Prinz habe sich, höchst unzufrieden und zum Verlassen des Heeres entschlossen, zurückgezogen: ‚Sie wollen es durchaus, mein Bruder; nun gut, aber wenn ein Unglück geschieht, und es wird sicherlich geschehen, so schreiben Sie es sich selber zu.‘ Der Prinz, der von dieser Unterredung sehr erregt war, sagte zu einigen Offizieren: ‚Ich habe als wahrer Freund des Vaterlandes und als guter Bruder gesprochen; aber man hat nicht auf mich hören wollen. Wenn die Armee ihre Stellung wenigstens ein wenig mehr nach rechts zu hätte, damit sie in erreichbarer Nähe von Dippoldiswalde wäre, so wäre nicht so viel zu fürchten.‘“ So redeten fast alle Offiziere in der Armee. Ich entschloß mich, es dem König aufrichtig zu sagen, wenn er mich nochmals danach fragte, was gesprochen würde.

Um vier Uhr wurde ich gerufen. Ich fand den König mit Verseschreiben beschäftigt; in Nachahmung Voltaires dichtete er eine Parodie des Predigers Salomo.

„Sie sehen mich in Wettbewerb treten mit dem Verfasser der ‚Henriade‘. Er wird den Sieg über mich davontragen; aber ich versuche es und zerstreue mich wenigstens.“

Er dichtete in meiner Gegenwart mehrere Strophen und las sie mir dann vor, und da er nach meinem Urteil fragte, so machte ich ihn darauf aufmerksam, daß in einem Verse ein Hiatus[1] und in einem andern ein mehrdeutiges Wort stände; freilich kleidete ich meine Bemerkung in die Form eines Zweifels.

„Sie haben recht, mein Lieber; ich danke Ihnen. Wie schwierig ist es doch, etwas Gutes zu leisten, wenn der Kopf von tausend Dingen voll ist! Aber was tut es! Diese Kritzeleien beschäftigen mich und besänftigen meine kummervollen Gedanken."

Der König erhob sich und blickte auf seine große Karte, die er stets in seinem Zimmer aufhängen ließ. Nachdem er sie eine Zeitlang betrachtet hatte, sagte er:

„Kommen Sie her; ich will Ihnen Fincks Stellung zeigen."

Mir schlug das Herz. Ich wollte ihm alle Gespräche wiederholen, die ich gehört hatte. Da ich jedoch sofort überlegte, daß ich ihn reizen könnte und daß meine Worte vergeblich wären, nach allem, was der Prinz ihm gesagt hatte, so begnügte ich mich, so zu reden, als täte ich es aus eigenem Antriebe.

„Sire, werden Sie mir verzeihen, wenn ich ganz Unwissender all meine Unwissenheit vor Ihnen auszubreiten wage? Sie werden mich zweifellos auslachen!"

„Nun also, was denken Sie von dieser Stellung Fincks?"

„Sire, ist nicht zu befürchten, daß die Feinde unter dem Vorwande eines Rückzuges ihn von hinten her einschließen, daß der Marschall Daun, der Sie mit seiner ersten Linie in Schach zu halten vermag, seine zweite Linie abkommandiert, Ihren General von der Rückseite her anzugreifen, und zwar in Gemeinschaft mit der Reichsarmee, die den rechten Flügel, und mit den Kroaten, die den linken angreifen werden?"

Der König mußte aus meinen Worten erkennen, daß kein völlig Unwissender so sprechen konnte und daß meine Bemerkungen mir von Fachleuten gesagt worden sein mußten, und er mußte mich fragen, woher ich diese Betrachtungen hätte. Aber er tat nichts dergleichen.

[1] Ein in der französischen Verskunst verpöntes Zusammentreffen zweier Selbstlaute.

„Nein, mein Freund, nein, Sie haben nichts zu fürchten. Sie werden sehen, daß der geweihte Hut und seine Genossen sehr entzückt sein werden, daß sie nach Böhmen zurückkehren können. Ich will Ihnen meine Strophen noch einmal vorlesen."

Ich hörte sie nicht etwa mit Freude, so befremdeten mich die Worte wie auch die Ruhe des Königs, die ich an ihm beobachtete. Nach dem Vorlesen und einigen kleinen Verbesserungen wünscht er mir „Guten Abend", und ich zog mich zurück.

19. November 1759. In Wilsdruff

Das Hauptquartier war heute noch unruhiger als am Tage zuvor. Ein Adjutant, der am Morgen vom König kam, sagte mir, er wäre ihm aufgeregt erschienen. Die Kritik war an diesem Vormittag äußerst lebhaft: „Finck wird ganz gewiß gefangengenommen werden; warum hat man ihn nicht in Dippoldiswalde gelassen? Die Österreicher hätten sich dann vielleicht von selbst zurückgezogen, und man hätte ihnen ein Nachhutgefecht liefern können, das man aber nur begonnen hätte, wenn es aussichtsreich gewesen wäre. Warum hat man nicht auf den Prinzen gehört, der die Dinge immer unter dem richtigen Gesichtspunkte und mit größter Kaltblütigkeit betrachtet?" Diese Warum nahmen kein Ende; da die ganze Armee so fragte, so machten sie mich besorgt um die Stellung des Königs, um seine Ruhe und um die Haltung der sonst so tapferen Truppen.

Um fünf Uhr wurde ich gerufen; ich fand den König mit seinen Versen vom vorigen Abend beschäftigt.

„Ich bin gut vorwärtsgekommen, mein Lieber. Nach Ihrem Weggang schrieb ich noch eine halbe Stunde, und jetzt bin ich wieder seit zweieinhalb Stunden bei der Arbeit. Wie spät ist es?"

„Fünf Uhr, Sire."

„Ach, dann ist's genug. Ich will Ihnen vorlesen, was ich geschrieben habe. Nun, was sagen Sie dazu? Haben Sie nichts bemerkt, was Ihr Ohr beleidigt?"

„Nichts, Sire."

Meine armen Ohren waren zu sehr erfüllt von dem, was ich am Morgen gehört hatte, als daß sie für die Harmonie der Verse empfänglich gewesen wären. Ich gestehe, daß ich fast nichts von dieser Dichtung gehört hatte, so war meine Seele voll Angst, und je mehr ich den König ruhig und mit fernliegenden Dingen beschäftigt sah, desto mehr litt ich.

„Betrachten wir noch unseren Finck auf der Karte!"

Er zeigte mir seine und die feindliche Stellung.

„Hier, mein Lieber, ist der Weg, auf dem er abrücken wird. Wenn das geschehen ist, so werde ich freier atmen können und mich ein wenig mit Dingen beschäftigen, die mir Freude machen."

Ich sagte zu alledem kein Wort.

„Sie scheinen mir heute recht ernst zu sein?" sagte er zu mir.

„Ich bin es wirklich, Sire; oder vielmehr, ich bin traurig, weil man von allen Seiten in mir Befürchtungen wachgerufen hat für das Korps des General Finck, das in großer Gefahr schweben soll."

„Wieso in großer Gefahr? Fürchten Sie nichts für ihn! Kennen Sie denn nicht meine Leute, die alles in Schrecken versetzt und die es lieben, auch meine bestüberlegten Schritte zu kritisieren?"

Ich wollte antworten; aber Seine Majestät sagte: „Ich habe noch einige Befehle zu erteilen, mein Lieber. Guten Abend also! Beunruhigen Sie sich nicht; Sie können ganz ruhig schlafen. Auf Wiedersehen."

20. November 1759. In Wilsdruff

Ich erfuhr, daß der König, der da vorgab, ganz ruhig zu sein, und der am Abend zuvor auch mich zu solcher Ruhe ermahnte, nach meinem Weggang rechte Besorgnisse wegen der Stellung seines Generals Finck bekundet habe. Anstatt Befehle auszugeben, wie er mir gesagt hatte, beschäftigte er sich mit seiner Parodie; aber er tat es voll Angst. Beim geringsten Geräusch, das er hörte, rief er einen Diener, um zu fragen, was es zu bedeuten habe und ob keine Nachrichten eingetroffen seien. Mehrmals erhob er sich, um sich selbst zu vergewissern, ob etwa Offiziere im Vorzimmer wären, und wenn man ihm sagte, es wäre niemand da, so antwortete er: „Ich glaubte einen meiner Adjutanten sprechen zu hören."

Man erfuhr, daß der General Kleist mehrere Vorratslager und Dörfer in Brand gesteckt habe als Vergeltung dafür, daß die Österreicher und Russen Ortschaften eingeäschert hatten, und daß er eine ziemliche Zahl Gefangene gemacht habe. Das war nicht übel; aber diese Erfolge vermochten die ernsten Besorgnisse nicht zu zerstreuen, die man wegen der Armee Finck hegte.

Ich wurde um vier Uhr gerufen und fand den König in außerordentlicher Erregung. Jedesmal, wenn die Tür geöffnet wurde, stieg ihm die Glut ins Gesicht.

„Ach, mein Lieber, hier kommt eine böse Nachricht! Ich bin nicht mehr glücklich. Meine Zeit ist dahin; ich muß jedes Unglücks gewärtig sein."

Und die Meldung, die man ihm dann brachte, lautete, es wären keine Nachrichten eingetroffen.

„Es beruhigt mich ein wenig," sagte er zu mir — denn er hatte mir in diesem Augenblicke eingestanden, daß er Fincks wegen in großer Unruhe sei — „daß ich den General Hülsen mit achttausend Mann ausgesandt habe, um Brentano aus Dippoldiswalde zu vertreiben, wohin er marschiert ist, und um die Verbindung der Armee mit den Truppen in Maxen zu sichern. Was wird aus alledem, mein Lieber? Wenn man seine Seele seherisch begeistern und in der dunklen Zukunft lesen könnte, so würde das zuweilen recht nützlich sein."

„Aber ich glaube fest, Sire, daß es zumeist ein großes Unglück wäre, alles vorauszusehen, was eintreffen könnte."

„Sie haben recht, und obwohl Sie recht haben, wünsche ich in diesem Augenblicke zu wissen, was das Geschützfeuer zu bedeuten hatte, das man gehört hat; ja, ich wünsche es unsagbar. Ich habe eine Menge Leute ausgesandt, um Nachrichten zu erhalten über die Vorgänge;

aber niemand kommt zurück. Vielleicht werde ich in der Nacht Meldungen bekommen, vielleicht auch nicht, und ich werde voll solcher Ungewißheit schlafen gehen. Ach, mein Lieber, was für ein Leben führe ich nur! Und ich veranlasse auch Sie, mein Lieber, ein recht trauriges Dasein zu führen."

„Ja, es ist und bleibt traurig, Sire, solange ich Eure Majestät nicht so glücklich sehe, wie ich es wünsche. Ich beschäftige mich nur mit Ihnen, und ich bitte Sie wirklich inständig, mir das zu glauben."

„Sie sind sehr gut, Catt! Wenn ich alles glücklich überstehe, so sollen Ihre Leiden nicht umsonst gewesen sein."

Der König ging oft an seine Karte.

„Wenn man etwas gegen Finck unternimmt, so hat er viele Möglichkeiten, sich zurückzuziehen. Sehen Sie die Stellungen," sagte er, „sehen Sie die Wege, die er benutzen kann. Die Hauptsache ist, daß meine Generale nicht den Kopf verlieren."

„Ich hoffe, Sire, sie werden ihn nicht verlieren. Es ist ja nicht das erstemal, daß sie angreifen oder sich verteidigen; sie sind es gewöhnt, eines wie das andere zu tun."

„Morgen werden wir ja sehen, mein Lieber. Und daraufhin wünsche ich Ihnen einen guten Abend, und daß Sie mehr Ruhe genießen, als ich haben werde; denn ich wiederhole es Ihnen, ich habe große Besorgnisse, mehr um die Waffenehre als um den Verlust der Truppen, die in Gefangenschaft geraten könnten. Die Ehre und die öffentliche Meinung sind alles."

21. November 1759. In Wilsdruff

Dieser Tag war ein Schmerzenstag für das ganze Heer und für jeden, der im Hauptquartier weilte, besonders aber für den guten König. Das Geschützfeuer am Abend zuvor und die Haufen blaugekleideter Leute, die man von den Vorposten aus auf Dresden zu ziehen sah, verdoppelten die Ängste, die man um das Korps des Generals Finck empfand, und als gegen vier Uhr nachmittags zwei Bauern eintrafen, um zu melden, daß das ganze Korps des Generals gefangengenommen worden sei, da war die Bestürzung allgemein. Als ich um viereinhalb Uhr gerufen wurde, fand ich im Vorzimmer des Königs seinen Generaladjutanten von Krusemarck und das gesamte Gefolge. Beim Anblick der beiden Bauern und der Haltung aller anwesenden Offiziere rief ich:

„Mein Gott, es ist ein Unglück geschehen! Das Korps ist gefangengenommen worden, und was tut unser teurer König?"

„Er weiß noch nichts", antwortete man mir; „keiner von uns wagt es, ihm diese Unheilsbotschaft zu überbringen."

„Aber um des Himmels willen, meine Herren, was tun Sie! In dieser schrecklichen Lage ist jede Verzögerung kostbar für den Feind und schädlich für unsern König! Was kann Ihnen denn geschehen?"

„Aber Sie kennen unsern Herrn nicht!"

„Nun gut, ich werde es wagen! Ich werde ihm voll tiefsten Schmerzes diese grausame Nachricht mitteilen. Es ist wichtig für ihn, daß er sie so bald wie möglich erfährt; er hat keinen Augenblick zu verlieren."

Ich beauftragte den wachhabenden Diener, mich anzumelden, und trat sofort ein. Der König, der mit seinen Versen beschäftigt war, bemerkte meine Anwesenheit nicht. Wie tief ergriffen war ich doch! Welche Beobachtungen stellte ich an, und wieviel Angst war in meiner Seele! Endlich, nach einer halben Viertelstunde, hatte der König seine Strophe beendet und blickte mich an:

„Ach, da sind Sie ja, mein Lieber! Haben Sie nichts erfahren?"

„Ja, Sire; aber traurige Dinge."

„Was, mein Lieber? Was, mein Lieber?" Und sein Gesicht veränderte sich.

„Sire, man hat viele blaugekleidete Truppen in der Richtung auf Dresden vorüberziehen sehen."

„Aber, gerechter Himmel, waren es viele?"

„Ja, Sire! Hier im Vorzimmer sind bei Ihrem General-

adjutanten zwei Bauern, die gerade eingetroffen sind, um das zu melden, was ich Ihnen zu sagen die Ehre hatte."
Der König lief zur Tür, öffnete sie und rief selbst den General und die Bauern herein.
„Was soll das alles bedeuten? Was habt Ihr?"
Die Bauern kratzten sich ganz ruhig den Kopf und sagten: „Majestät, wir haben Ihre Kavallerie absitzen und Ihre Soldaten alle vom Feinde gefangengenommen werden sehen. Das ist mir sehr drollig vorgekommen," sagte einer der Bauern, indem er fortfuhr sich zu kratzen, „als ich sah, wie Ihre Kavallerie vom Pferde stieg."
Der König schickte die Bauern und den Generaladjutanten hinaus. Als er mit mir allein war, lief er einige Minuten lang mit großen Schritten im Zimmer auf und ab; dann umarmte er mich, legte seine Hand auf meine Schulter und rief:
„Ach, mein Freund, welcher Schlag! Mein Gott, welcher Schlag! Ist das nur möglich? Sollte ich nach Sachsen gekommen sein, um all mein Unglück hierher mitzubringen? Das ist ein abscheulicher Schlag; ich kann es nicht glauben!"
Er rief von neuem seinen Adjutanten, den General von Krusemarck.
„Aber, mein Lieber, ist es denn möglich? Haben denn meine Generale alle den Kopf verloren? Hätten sie sich nicht rechtzeitig zurückziehen müssen? Hatten sie keine Rückzugswege? Hat den der Teufel sie alle verblendet? Das ist so entsetzlich, daß ich es noch nicht glauben kann."
„Die Sache ist gewiß", sagte der General; „ich bin von lebhaftestem Schmerze darüber erfüllt."
„Stellen Sie sich den meinen vor, lieber Krusemarck, ich bitte Sie, stellen Sie ihn sich vor!"
Der General weinte; ich weinte ebenfalls. Gütiger Gott, welcher Auftritt! Der König erteilte dem General einen Befehl und schickte ihn weg. Er lief weiter mit großen Schritten durch sein Zimmer, wobei er von Zeit zu Zeit rief:
„Mein Lieber, sollte man es für möglich halten!"

Dann sah er einen Augenblick auf seine Karte, und indem er auf mich zutrat und mir wiederum seine Hand auf die Schulter legte, sagte er:

„Mein Lieber, das ist nun einer jener Schicksalsschläge, die mich noch treffen mußten! Aber ich darf hier den Kopf nicht verlieren, ich muß standhaft sein, und ich werde es sein! Ja, mein Lieber, ich werde es sein, allen geweihten Hüten zum Trotz! Ich habe in diesem Augenblick tausend Dinge zu tun, bei denen Sie mir nicht helfen können. Ich will nur meinen guten Bruder zu mir bitten, und wir werden gemeinsam zusehen, wie wir diese teuflische Geschichte überwinden können. Guten Abend, mein Lieber. Wenn ich der einzige Unglückliche wäre, würde ich mich trösten."

22. November 1759. In Wilsdruff

Welche Erregung im Hauptquartier und im Heere, als die Wahrheit dieser Unheilsbotschaft bekannt wurde! „Die Zeit des Glücks ist vorüber," sagte man ziemlich einstimmig: „wir haben nur noch eine Menge Schicksalsschläge zu erwarten." Wie vergaß man doch in diesem Augenblicke alle Siege und alle Möglichkeiten, die dem König blieben, die Übel zu heilen, die Verluste und Niederlagen wiedergutzumachen! Als man den König nach der verlorenen Schlacht bei Kunersdorf wiedersah, hörte ich von allen Seiten sagen: „Wir haben nichts zu fürchten, solange dieser große Mann an unserer Spitze steht; man kann ihn besiegen, aber man kann ihn nicht zu Boden drücken; sein schönes Genie wird immer noch Wege finden, uns zu retten" — und jetzt sah man nur den völligen, wirklichen Untergang.

Ich wurde heute um drei Uhr gerufen und blieb bis um neun. Welch schmerzensreiche Sitzung!

„Was für eine entsetzliche Nacht habe ich gehabt, Catt! Ich habe also das Unglück, das mich verfolgt, nach Sachsen gebracht! In dem Augenblick, da ich den Feldzug in so glänzender Weise beenden wollte, da ich den Feind Dresden verlassen sehen und seinen Rückzug verderblich gestalten wollte, da meine Truppen, die so viel zu leiden gehabt haben, ausruhen sollten, in diesem Augenblick muß ich den unerhörtesten Rückschlag erleiden! Dieser Gedanke verfolgt mich unaufhörlich; es kommen Augenblicke, da ich mir seine Wirklichkeit nicht vorstellen vermag."

Ich versuchte vergeblich, ihn von seinen Gedanken abzulenken; sie traten immer wieder vor seine Seele, die dieser Schändlichkeit fassungslos gegenüberstand.

„Bedenken Sie nur, mein Freund, wie unglücklich ich immer gewesen bin! Von meinem Vater hart behandelt, drei Monate lang allein in einem Zimmer eingeschlossen, wo ich viele Mißhandlungen zu erdulden hatte und keine anderen Tröster hatte als Bousset und Basnage, unglücklich in jeder Beziehung während dieses Krieges, habe ich nur für kurze Zeit, in Rheinsberg, das Bild des Glückes gesehen. Ich habe jetzt Augenblicke der Ungeduld und des Unwillens, die ich zu unterdrücken suche. Ich bin wie ein Galeerensklave, den man angekettet hat und der nun zappelt, um seine Bande zu sprengen."

In dieser Weise gab er seinem Schmerze Ausdruck, wobei er mit mir in seinem Zimmer umherging. Er setzte sich an den Tisch, nahm ein Papier und zeigte mir einige Verse, die er hatte schreiben wollen. Ich sage: hatte schreiben wollen; denn keiner war beendet. Dieser Anblick, der mir die Unruhe seiner Seele bewies, rührte und betrübte mich lebhaft.

„Um mich zu zerstreuen, mein Lieber, habe ich das hingeschmiert; aber es ist mir unmöglich, etwas zu schreiben, was auch nur den geringsten Sinn hat."

„Ich begreife wohl, daß es unter den gegenwärtigen Verhältnissen unmöglich ist, gute Verse zu schreiben; aber wenn Sie sie schreiben, so wie sie eben werden, so werden Sie dadurch wenigstens für einige Augenblicke Ihre kummervollen Gedanken beruhigen."

„Sie haben recht, mein Lieber; ich will es versuchen."

Er schrieb in meiner Gegenwart eine Strophe, die nicht übel war.

„Nein, es geht nicht; und, zum Teufel, was treibe ich denn da!"

Er erhob sich und trat an seine Karte, die er lange betrachtete.

„Sehen Sie hier, mein Lieber, was meine Leute hätten tun können, wenn sie auch nur ein bißchen gesunden Menschenverstand gehabt hätten. Sie hätten sich über Gießhübel nach Böhmen zurückziehen und von dorther Sachsen über Einsiedel, über Asch oder über den Basberg erreichen können; sie hätten den Glashütter Weg einschlagen können, der über Frauenberg nach Freiberg führt; sie hätten den größten Teil retten können; aber meine Schurken, denen weniger ihre Ehre und ihr Ruf als ihr Gepäck am Herzen lag, begingen die Gemeinheit, die Waffen zu strecken. In meiner Lage ist der Verlust zwar beträchtlich, aber an der Ehre, mein Lieber, an der Ehre haben wir einen ungeheuren und unersetzlichen Verlust erlitten; Jahrhunderte sind nötig, ihn und diesen schimpflichen Flecken wieder zu tilgen. Ich rufe Vernunft und Philosophie zu Hilfe; aber das alles hilft mir nicht, das alles wandelt nicht das Geschick. Mein Lieber, ich habe es Ihnen oft gesagt:

O selig, wem ein stilles Glück genügt,
Wer nicht dem Joch, das schwer mich drückt, sich fügt,
Wer unbekannt im Dunkel leben darf,
Das Gott wie einen Mantel um ihn warf[1].

Aber wie viele traurige Augenblicke bereite ich Ihnen, mein Freund! Ich müßte all meine Besorgnisse in mir verschließen; aber man unterhält sich gern von seinem Leiden mit den Menschen, die man für mitfühlend hält."

„Ob ich es bin, Sire! Ach, was täte ich nicht, um Ihre Leiden zu mildern!"

„Ich glaube es Ihnen, mein Lieber, und das rührt mich tief. Es ist spät; ich habe Sie lange genug festgehalten; ich will Ihre Gefälligkeit nicht mißbrauchen. Guten Abend.

[1] Racine, Iphigenie, 1. Aufzug, 1. Auftritt.

Jedoch noch ein Wort! Ich weiß nicht, mein Herz sagt mir, daß es morgen zu einem Treffen kommen könnte. Wenn ich Glück hätte, wenn ich den Hut schlagen könnte, wie köstlich wäre das, mein Lieber, und wie sollte mich das erquicken! Trotz der Anstrengungen meiner Truppen und der Beunruhigungen, welchen sie ausgesetzt waren, bin ich doch überzeugt, daß sie durchaus bereit sind zu kämpfen. Guten Abend!"

23. November 1759. In Wilsdruff

Am Morgen rückte der Marschall Daun an der Spitze seiner Vorhut bis zu den vorgeschobenen Posten der Armee des Königs vor, offenbar um die Haltung unserer Truppen zu prüfen. Aber der Marschall kehrte recht schnell in sein Lager zurück, als er unsere Armee in Schlachtordnung aufgestellt und völlig zu seinem Empfange bereit sah. So beschränkte sich das Ganze auf ein Geschützfeuer, das sehr lebhaft wurde. Als ich durch die erste Linie eilte, hörte ich ein allgemeines Schreien. Ich fragte den Grafen Heckel, einen sehr angesehenen Offizier des Regimentes Prinz von Preußen, was jene stürmischen Reden zu besagen hätten, die da gehalten wurden.

„Das sind Freudenausbrüche," sagte er mir; „es ist das Verlangen, zu kämpfen. Wenn sie doch herankämen; wir werden sie als gute Preußen empfangen! Heute muß sich alles entscheiden; wir müssen unsere Rache haben. Siegen oder sterben für unseren Fritz!"

Siegen oder sterben, das war der allgemeine Ruf.

Ich werde dieses rührende Schauspiel niemals vergessen, das für die Armee so ehrenvoll war, und mich stets aller Gefühle erinnern, die es in meinem Herzen erregte.

Die Österreicher, die unsere vorgeschobenen Posten verjagt hatten, verbreiteten eine Menge Zettel, worauf sie das Abenteuer Fincks beschrieben hatten. Statt daß aber diese Zettel unsere Truppen einschüchterten, erfüllten sie sie im Gegenteil mit dem Verlangen, die Niederlage zu rächen, die der General erlitten hatte.

Seine Majestät ließ mich um elf Uhr rufen, nachdem sie sich in ihr Quartier begeben hatte.

„Was haben Sie zu dem geweihten Hut gesagt, mein Lieber? Der große General, aufgebläht von seinen Erfolgen, hat nicht vermutet, uns so wohl vorbereitet zu seinem Empfange zu sehen. Er hat vielleicht geglaubt, ich liefe feige davon wie meine Schweine; aber der gute Mann hat seine Rechnung ohne den Wirt gemacht. Vielleicht werde ich ihm sogar in diesem Winter noch viel Garn zu spinnen geben. — Aber es ist mir jetzt nicht gut, mein Lieber. Ich verspüre wieder einige Beschwerden von der Gicht. Das fehlte mir gerade noch zu meinem Ende! Ich werde jedoch meine Gicht und alle meine Leiden so behandeln, wie Sie es an mir schon kennen; ich werde mein Tier anspornen, damit es vorwärtsgeht, es koste, was es wolle. Könnte ich es schonen, mein Lieber, wenn ich sehe, wie so viele brave Leute sich für mich und das Vaterland opfern?"

Ich erzählte ihm, was ich in den Kampflinien gehört und was mir der Graf Henckel erklärt hatte. Tränen traten ihm in die Augen.

„Nun also, wäre ich etwa sehr dankbar, wenn ich mich schonte? Ich ließe mich in Stücke hacken, wenn ich durch dieses Opfer all meinen Leuten den Frieden geben könnte, für den sie so tapfer gekämpft haben. — Kommen Sie nach dem Essen, um drei Uhr; ich habe noch die Befehle auszugeben und einen Brief zu schreiben."

Bei meiner Rückkehr vom König traf ich bei mir daheim einen Offizier an, der mich erwartete. Er erzählte: „Sie wissen vielleicht folgendes noch nicht, mein Freund: Am Abend jener traurigen Nachricht hatte sich Seine Majestät der König ziemlich lange mit seinem Bruder, dem Prinzen Heinrich, unterhalten. Als ihn dieser verlassen hatte, schrieb er ihm: ‚Wollte der Himmel, mein lieber Bruder, mich hätte noch sieben oder acht Tage lang die Gicht recht heftig gequält, bevor ich mich mit Ihnen vereinigte, so hätte dieser Schicksalsschlag mich nicht getroffen."

„Nein, ich weiß nichts von diesem Briefe. Wenn er aber so lautet, wie Sie mir gesagt haben, so hat der König recht gehabt, diesen Wunsch auszusprechen. Er hätte weniger unter seinen Anfällen gelitten, als er unter seinem Mißgeschick und der Scham über seinen Verlust leiden wird."

Um drei Uhr nachmittags begab ich mich zum König, wie er es mir befohlen hatte; ich fand ihn noch mit seinen Versen beschäftigt.

„Sehen Sie, das habe ich geschrieben, nachdem Sie weggegangen waren. Ich will es Ihnen vorlesen. Es ist nicht gut, oder vielmehr, es ist sehr schlecht; aber was kann ich in meiner Lage leisten!"

„Sich zerstreuen, Sire, wodurch es auch sei! Alles wird gut werden, wenn es Ihnen gelingt, Ihre kummervollen Gedanken ein wenig zu verdrängen."

„Zurückdrängen, mein Lieber? Das ist eine schwierige Sache! Ich sehe immer Finck an der Spitze meiner Feder."

Die Verse waren besser als die der ersten Tage; aber man erkannte wohl, daß er nur dichtete, um zu versuchen, seinen Kummer zu stillen. Nachdem er mir seine Verse vorgelesen hatte, redete er sehr hart vom General Finck und einigen anderen Generalen, und zwar mit einer Heftigkeit, die mich recht gut erkennen ließ, was er in seinem Herzen verschloß. Dagegen lobte er den General Wunsch.

„Das ist ein Mann!" sagte er. „Er ist der einzige, der nicht den Kopf verloren hat. Er hat mit seiner Kavallerie durchbrechen wollen; aber die Unwürdigen haben ihn daran gehindert, diese schöne, tapfere Tat auszuführen."

Um seine trüben Gedanken zu verdrängen, wollte ich ihn wieder auf die Dichtkunst bringen. Ich hielt ihm sogar die Schwierigkeit vor, mit Voltaire in einen Wettkampf zu treten, besonders in den kleinen gereimten Stücken. Ich führte ihm einige Verse daraus an in der Meinung, er würde sich nun vielleicht auf diesem Gebiete versuchen. Aber meine Erwartung war falsch. Finck wurde wieder hervorgeholt, und zweifellos hätte er noch lange über diese traurige Angelegenheit gesprochen, wenn man ihm nicht einen Offizier gemeldet hätte, der vom General von Hülsen kam. Er wünschte mir einen guten Abend.

„Schlafen Sie besser als ich! Auf morgen!"

24. November 1759. In Wilsdruff

Ich wurde gegen sechs Uhr gerufen. Meine Sitzung war sehr kurz.

„Mir ist heute recht übel zumute, mein Lieber; alles trifft zusammen, mich zu quälen."

Der König sprach in den wenigen Augenblicken, die ich bei ihm war, nur von seinem Plan eines Lebens in der Zurückgezogenheit, worüber er schon zuweilen geredet hatte, aber nicht so ausführlich wie jetzt.

„Und, mein Freund, wenn ich eines Tages von dieser schrecklichen Plackerei loskommen könnte, so möchte ich den Rest der Tage, die mir das Schicksal gewährt, folgendermaßen verbringen: Ich behielte mir eine Provinz vor, deren Einkünfte sich auf hunderttausend Taler beliefen; ich erwählte mir einige ehrliche, aufgeklärte, gefällige Freunde, die keine niedrige Schmeichelei kennen; ich hielte mit allen meinen Kräften die Ehrgeizigen und die Ränkeschmiede fern; ich möchte dann nicht in zu großer Nähe einer Stadt sein, weil da zu sehr Bedacht zu nehmen wäre auf königliche Würde und allerlei Rücksichten; ich machte es zum unverletzlichen Gesetz, daß jeder frei wäre, daß er wie ein Freund mit mir spräche und umginge. Jeden Fremden, sofern er ein geselliger, sittlich hochstehender, geistvoller oder irgendwie bekannter Mensch wäre, nähme ich mit offenen Armen auf; aber ich hielte sorgfältig alle die fern, die nur die bloße, törichte Neugier hertriebe. Mein Mittagessen wäre sehr einfach — zwölftausend Taler jährlich genügten für meine Tafel; ich verbrauchte zwanzigtausend nach Belieben und bestimmte das übrige für meine Genossen. Ich hinterließe ihnen nach meinem Tode etwas, damit sie sich zuweilen meiner erinnerten. So, mein Freund, streute ich noch einige Blumen auf das Stückchen

Weg, das mir noch zu gehen bleibt."
Er führte jene Verse von Chaulieu an:

So ohne Kummer, ohne Trauer, usw.

Er zeigte mir den am Morgen entworfenen Plan des Hauses, das er für sich und die sechs Freunde haben wollte, die darin wohnen sollten. Er hatte einen kleinen Flügel verdienstvollen Durchreisenden vorbehalten, die einige Tage bei ihm verbringen wollten.
„Leben Sie wohl, mein Lieber; ich will mich zu Bett legen. Denken Sie an mich und an meinen hübschen Plan eines Lebens in der Stille. Guten Abend."

25. November 1759. In Wilsdruff

Ich war heute abend um sieben Uhr bei Seiner Majestät dem König, den ich von seiner Kolik geheilt und mit seiner Dichtung beschäftigt antraf.
„Endlich sehen Sie mein Stück über Salomo vollendet und ziemlich gründlich verbessert, mein Lieber. Ich beendete es mit einem Schlußgedanken, den ich nicht glaube; aber da jedermann ihn glaubt, so kann man nicht anders sagen, als daß er voll Anstand und Ehrenhaftigkeit ist."
Diese Worte vom Anstand und der Ehrenhaftigkeit gefielen mir, und ich lächelte, als ich sie hörte.
„Worüber lachen Sie, mein Lieber?"
„Darüber, daß ich Eure Majestät so nachgiebig sehe gegenüber der Denkungsart der anderen, die von der Ihren abweicht."
„Aber sagen Sie mir, wo und wann haben Sie gehört, daß ich keine Rücksicht nähme auf Glaubensdinge der anderen, besonders wenn sie auf diese Dinge ihre Hoffnung und ihr Glück gründen?"
Ich wollte ihm nicht sagen, daß ich häufig das Gegenteil bemerkt hätte. Ich begnügte mich damit, ihm zu versichern, daß seine Denkungsart der Vernunft völlig entspräche und daß es, wie er selbst sagte, tatsächlich grausam wäre, jemand um Glaubensangelegenheiten zu quälen, ohne ihm tröstliche Ansichten dafür bieten zu können.

„Sie haben recht, mein Lieber. — Meinen Sie, daß mein Stück gut genug ist, an den Patriarchen geschickt zu werden?“

„Ja“, sagte ich, „wenn Sie es in ruhigeren Augenblicken noch einmal durchsehen.“

„Oh, ich dränge mich nicht dazu, dessen kann ich Sie versichern. Ich habe mich leider nur zu sehr beeilt, ihm zu melden, daß ich Dresden wiedernehmen würde, und ich beiße mich in die Finger, daß ich es getan habe. Wenn ich einige Tage gewartet hätte, so hätte er meinen Brief nicht, der mich mehr quält, als ich es Ihnen sagen kann. Dieser alte Affe wird grinsen und sich über mich und mein Abenteuer lustigmachen.“

„Er wird vielleicht gerührt davon sein, Sire.“

„Gerührt? Sie kennen den Schurken schlecht!“

Das brachte ihn wieder auf sein Unheil.

„Je mehr ich an diesen Schlag denke, um so weniger vermag ich davon loszukommen. Er ist fast an der gleichen Stelle erfolgt, wo ich die Sachsen gefangengenommen habe. Ich habe es Ihnen gesagt und wiederhole es: Ich kann nicht mehr glücklich sein; das ist mir fast zur Gewißheit geworden. Zwar werde ich mich von diesem Fehlschlag erholen und werde trotz aller Niederlagen ungefähr das gesamte Gebiet in meiner Gewalt haben, das mir zu Anfang des Feldzuges gehörte; aber was ist das alles im Vergleich mit dem, was ich durch das nichtswürdige Verhalten dieses verfluchten Finck verloren habe? Es wird mir für immer das Leben verbittern. Leben Sie wohl, mein Lieber. Ich will vor dem Schlafengehen mein Trostbuch lesen, den dritten Gesang von Lukrez. Wie Sie wissen, ist das meine Lieblingslektüre in Zeiten der Schicksalsschläge und der Traurigkeit. Dieser Mann hilft mir, ebenso wie mein Marce Antonin. Guten Abend.“

26. bis 27. November 1759. In Willsdruff

An diesen beiden Tagen wurde ich nur gerufen, um ihm eine Minute in seinem Bett zu sehen, wo er stark an gichtischen Schmerzen litt. Aber kräftiges Schwitzen stellte ihn so gut wieder her, daß er am folgenden Tage keine Schmerzen mehr empfand.

28. November 1759

„Ich glaube, mein Lieber, der Teufel muß seine Hand im Spiele haben, daß ich soviel leide. Im jetzigen Augenblick habe ich ein wenig Gesundheit nötiger denn je, und statt dessen leide ich fortwährend an etwas anderem. Wenn das alles und noch etwas Schlimmeres mir vor meiner Ankunft in Elsterwerda zugestoßen wäre, so hätte ich kein Wort gesagt; aber jetzt muß ich handeln, und zwar gut handeln. Ich beklage mich über die körperlichen Schmerzen, die mich heimsuchen, mein Lieber; denn ich habe schon seelische genug, mehr als ich brauche.
Ich habe heute früh meinen ‚Salomo' ein wenig verbessert; er ist weit entfernt von dem Voltaires, nicht wahr?"
„Es wäre nicht verwunderlich, Sire, wenn es so wäre. Voltaire hat die erdenklichste Ruhe zum Dichten, und Eure Majestät hat sie nicht. Er schreibt für die Öffentlichkeit, und Sie schreiben, um sich zu zerstreuen."
„Sie haben recht, Catt. Aber zu allem, was Sie sagen, muß die Hauptsache noch hinzugefügt werden: Er hat die geniale Begabung, Verse zu machen, und ich habe sie nicht. Ich bin nur ein armer Dilettant, dem Nachsicht sehr vonnöten ist. Übrigens, die Strophe mit der Stelle

Ein toter Löwe ist nicht soviel wert
Wie eine lebendige Mücke,

ist die beste. Dieser wahre Gedanke ist hervorragend gut ausgedrückt; alles übrige ist ziemlich schwach. Ich hoffe bald einen Brief von ihm zu erhalten."
„Ich habe einen Brief von ihm an Herrn Haller[1], dazu auch die Antwort. Den Leuten, Sire, hat er sehr gefallen."
„Geben Sie her, geben Sie sie mir, damit ich beide lesen kann!"

[1] Der Schweizer Dichter und Gelehrte, vgl. Namenverzeichnis

Der König las den Brief von Voltaire fließend; aber den von Haller las er so, wie er gewöhnlich das las, was er nicht billigen wollte, das heißt unzusammenhängend, indem er die Sätze auseinanderriß und auf Punkte und Kommas nicht achtgab. Ich schloß aus dieser Art des Vorlesens, daß er die Antwort für schlecht hielt; aber ich schloß falsch.

„Welch hübsche Antwort! Und welch gute Lehren er meinem Fuchs gibt! Nun sehen Sie nur diesen alten Affen! Er regt sich furchtbar darüber auf, daß irgendein Mensch gegen die Religion geredet hat, er, der sie selbst mit Scheußlichkeiten bespien hat. Wieviel listige Schwätzerei ist in seinem Briefe! Ach, mein Lieber, es ist recht schade, daß ein so schönes Genie einen so abscheulichen Charakter hat! Sie wissen vielleicht, daß er eines Tages Crébillon oder Piron sein Herz anbot und dieser ihm antwortete: ‚Pfui, Sie geben mir das schlechteste Stück von sich!' Wissen Sie übrigens, wie dieser Mensch bei mir sein ‚Urteil über die Gelehrten' geschrieben hat? Der Buchhändler, der die ‚Abhandlung über das Leben Ludwigs XIV.' druckte, beklagte sich bitter darüber, daß der zweite Band nicht so umfangreich wie der erste war. Voltaire wollte seinen Klagen ausweichen. ‚Die Schurken von Buchhändlern sind niemals zufrieden; sie wollen stets die armen Schriftsteller betrügen.' Der Buchhändler aber, der zweifellos aus Erfahrung wußte, daß ein gewisser Schriftsteller nicht weniger betrog, bestand darauf, daß der zweite Teil umfangreicher werden sollte. Da fertigte mein Voltaire in der Eile sein ‚Urteil' an und schrieb, was er wußte und nicht wußte. — Aber, mein Lieber, ich glaube, es ist spät. Guten Abend und gute Nacht!" Es war um zehn Uhr.

29. November 1759. In Wilsdruff

Der König ließ mich um fünf Uhr nachmittags rufen.

„Sie haben mich ja gestern recht wacker aufgehalten! Wissen Sie, daß es zehn Uhr war? Heute werde ich eine Uhr auf dem Tische stehen haben. Ich muß morgen sehr früh nach Freiberg aufbrechen; ich will Hülsen Verstärkung bringen und mit ihm Maßnahmen für die Sicherheit meiner Truppen treffen. In einigen Tagen werde ich zurückkehren; ich hoffe Sie dann gesund anzutreffen. Ich lasse Sie hier inmitten erschrockener Leute, die Ihnen unsere jetzige Lage ganz schwarz schildern werden. Sie ist nicht verzweifelt. Daher halten Sie sich an das, was ich Ihnen gesagt habe, und wägen Sie mit Ihrem gesunden Menschenverstande die Befürchtungen, Reden und Kritiken ab! Seit unserem unglücklichen Abenteuer hat man ja nicht wenig kritisiert und wird es auch noch künftighin tun!"

Er kam von da aus auf die Frage nach der besten aller Welten zu sprechen, welche nach seiner Meinung nicht die sei, die wir bewohnen, und auf die Unkörperlichkeit der Seele. Da uns das ziemlich weit hätte führen können und wir schon so oft davon gesprochen hatten, ohne uns zu verstehen, so ließ ich ihn tüchtig reden, ohne ein Wort zu sagen.

„Ich sehe wohl ein, mein Lieber, Sie wollen in diesen Fragen keine klaren und genauen Ansichten erwerben, um nicht in die Lage zu kommen, Ihre Meinung wechseln zu müssen. Daher überlasse ich Sie Ihrer Rechtgläubigkeit und bitte Sie um die Erlaubnis, Ihnen zu sagen, wie völlig überzeugt ich bin, daß nichts mich mehr beunruhigen wird, wenn ich einst tot sein werde und Sie, als biederer Kalvinist, bilden sich ein, es gäbe noch Freuden und Qualen, wenn Sie nicht mehr sein werden auf diesem schönen Planeten, wo wir vegetieren, um zu leiden. Aber da ich vergebens zu Ihnen spreche, so wünsche ich Ihnen eine gute Nacht. Auf frohes Wiedersehen hier am 3. oder 4.! Leben Sie wohl!"

3. Dezember 1759. In Wilsdruff

Der König, der am Morgen zurückgekehrt war, ließ mich um sechs Uhr rufen.

„Ich habe nicht wenig gearbeitet während der beiden Tage, die ich abwesend war, mein Freund. Ich habe eine wunderbare Stellung gefunden für das Korps, das dort bleiben soll. Folgen Sie mir auf der Karte. Die Mulde, die zwischen Felsen dahinfließt, deckt die Front der Armee. Man kann diesen Fluß nur auf drei steinernen Brücken überschreiten, hinter welchen ich starke Infanterie zu ihrer Verteidigung aufgestellt habe; und damit nichts fehlt, den Feind gut zu empfangen, so werden diese Brücken mit Holz und daruntergemengten leichtentzündlichen Stoffen beladen werden. Sie sehen, mein Lieber, daß ich an alles gedacht habe; ich habe auch für die Sicherheit Torgaus Vorsorge getroffen. Ich fürchte nichts von dieser Seite her, und Sie werden sehen, daß ich alles hier gut überstehe, besser, als ich es mir hätte einbilden können. Vielleicht werde ich sogar etwas unternehmen können, und zu diesem Zwecke habe ich den Prinzen Ferdinand[1] gebeten, mir mit dem Erbprinzen[2] einige Hilfe zu schicken. Verstärkt durch diese hannöverischen Truppen und durch meinen Neffen, werde ich etwas versuchen, wenn es menschenmöglich ist."

Bei dieser Gelegenheit spendete er dem Erbprinzen hohes Lob.

„Mit allen möglichen Begabungen, mit der größten Tapferkeit, den umfassendsten Plänen verbindet er ein ausgezeichnetes Herz und eine bezaubernde Höflichkeit. Glauben Sie nicht, mein Lieber, daß die lebhafte Zuneigung, die ich für ihn empfinde, mich über seine Person verblendet; ich schildere ihn Ihnen so, wie er ist. Alle, die ihn kennen, urteilen ebenso über ihn wie ich, und Sie werden es ebenfalls tun, wenn Sie den Vorzug haben werden, ihn zu sehen und ihn zu hören.

Nun, mein Freund, was haben Sie während meiner Abwesenheit getan?"

„Ich habe gelesen und geschrieben, Sire."

„Hat man Sie recht mit hochtrabenden Reden betäubt?"

„Ich habe keine einzige gehört. Obwohl man fühlt, daß

[1] Der Prinz (Herzog) von Braunschweig-Wolfenbüttel; vgl. Namenverzeichnis — [2] Karl Wilhelm Ferdinand, Erbprinz von Braunschweig-Wolfenbüttel, der Neffe Friedrichs d. Gr.; vgl. Namenverzeichnis

die gegenwärtige Lage Eurer Majestät nicht glänzend ist, so gibt man doch zu, daß Sie alles getan haben, sie erträglich zu gestalten, und man hofft, daß Sie das geschehene Unheil wiedergutmachen und den Feind zwingen werden, wohl oder übel Frieden zu schließen."

„Oh, diesmal erweist man mir zu viel Ehre und geht ein wenig zu scharf ins Zeug. Der Himmel gebe übrigens, daß man das Richtige getroffen hat. Was hat Ihnen Ihr Kalvin gesagt, mit dem ich Sie am Abend vor meiner Abreise allein ließ?"

„Nichts, Sire. Ich habe an all das gar nicht gedacht. Ich habe meine Grundsätze; an die halte ich mich und lese nur selten etwas, was ihnen widerstreitet."

„Nun, mein Lieber, so habe ich es besser gemacht als Sie! Ich bin strenggläubiger oder religiöser als Sie. Sie müssen wissen, daß ich in den ruhigen Augenblicken, die ich in Freiberg hatte, eine Predigt von Saurin gelesen habe: ‚Was soll ich dir tun, Ephraime? Deine Frömmigkeit ist wie der Frühtau.' Dieses Stück ist hervorragend gut geschrieben."

„Das ist bezeichnend, Sire! Ich glaube, wie ich Ihnen zu sagen die Ehre hatte, daß Eure Majestät eines Tages wenn auch nicht fromm, so doch sehr gläubig sein werden."

„Sie scherzen mein Freund!"

„Nein, Sire, ich scherze keineswegs. Der Glaube wird kommen, ohne daß Sie es erwarten. Ein Augenblick der Ruhe, des Verdrusses, der Schicksalsschläge kann Eure Majestät zu einem Muster der Frömmigkeit machen."

Er lachte sehr über meine Ansicht.

„Wissen Sie, mein Lieber, ‚es fehlt nicht viel, so überreden Sie mich, daß ich ein Christ würde'!"[1]

Als er diese Stelle anführte, antwortete ich ihm: „Gebe der Himmel, daß nur wenig oder vielmehr gar nichts mehr daran fehlt."

[1] **Apostelgeschichte Kap. 26, Vers 28; Worte des Königs Agrippa auf die Verteidigungsrede des um seiner Lehre willen angeklagten Paulus. — Catts Erwiderung entspricht der Antwort des Apostels, Vers 29.**

„Eines Tages wird das der Fall sein, da Sie standhaft bei Ihren Ansichten bleiben. Aber, mein Lieber, noch ein Wort zu der Predigt, die ich gelesen habe. Sollten nicht alle Prediger sich bemühen, nur über die Moral zu predigen und es so gut zu tun wie Saurin? Statt von der Moral reden diese Pedanten von Glaubenssätzen und Geheimnissen, die man nicht begreifen kann, und behalten diese göttliche Moral für sich, die man den Menschen nicht oft genug wiederholen könnte. Müßten sie nicht die schrecklichsten Schilderungen der Hölle entwerfen, um heilsamen Schrecken zu erregen? Wenn Massillon in seiner Predigt über den Weg zu Christo losdonnerte, war dann nicht seine gesamte Hörerschaft entsetzt? Und wie viele Hörer verzichteten an diesem Tage für immer auf die Welt und ihre Lust! Mein Lieber, lesen Sie diese wunderbare Predigt, die in seinem ‚Kleinen Buch der Fastenpredigten‘ steht."

„Ich habe sie gelesen, und ich habe sie gleich Ihnen bewundert."

„Wissen Sie, warum wir im allgemeinen so armselige Prediger haben? Weil man gewöhnlich Leute dazu bestimmt, die keinerlei Anlagen für dieses würdige Amt haben; weil man schlecht studiert und sich nicht in die Lektüre Ihrer heiligen Schriften vertieft; weil man diese Lektüre nicht zu seiner Hauptaufgabe macht; weil endlich diese für die Kirche bestimmten Leute die gute Welt nicht sehen und in die Menschen und die Leidenschaften, die sie bewegen, nicht aufmerksam genug eindringen. Eine wohlüberlegte Lektüre vermag zu dieser Weltkenntnis hinzuleiten; aber man muß die Welt sehen, so wie sie ist, und muß seine Lektüre berichtigen nach den angestellten Beobachtungen und aus seiner eigenen Erfahrung. Wenn ich wollte, mein Freund, so könnte ich eine ganze Abhandlung über diese Frage schreiben. Wenn ich eines Tages wieder meinen Saurin lese, der mir gefällt, und wenn ich dann erfüllt bin von den schönen Bildern, die er bringt, so werde ich vielleicht eine Abhandlung über die Prediger und die Predigt schreiben, die Sie in Erstaunen setzen wird. Aber bitte, sagen Sie mir, wie spät es bei meinem Predigen geworden ist!"

„Fast elf Uhr, Sire."

„Fast elf Uhr! Das geht zu weit, mein Freund! Sie sind ein Verführer!"

Der Verführer hatte jedoch während dieser Sitzung nur sehr wenig gesprochen.

„Bei Ihnen muß man immer eine Uhr auf dem Tische haben; Sie sollen mich nicht wieder fangen!"

Ich war hocherfreut über die lange Dauer. Ich erkannte daraus, daß der König weniger traurig war als zuvor, und ich wußte, wieviel damit gewonnen war, daß er sich nicht unaufhörlich mit jener verhängnisvollen Geschichte von Maxen beschäftigte.

„Guten Abend, guten Abend! Ein andermal dürfen Sie nicht zugeben, daß ich mich vergesse, wie Sie es diesmal getan haben. Kalvin hat mein ganzes Geschwätz veranlaßt. Leben Sie wohl."

4. Dezember 1759. In Wilsdruff

Als ich am Morgen ins Lager ging, um den Grafen Henckel zu besuchen, den ich liebte um seiner Talente, seiner Tapferkeit und seiner römischen Vaterlandsliebe willen, begegnete ich einigen mir bekannten Offizieren, die mir ein neues Unglück verkündeten.

„Man hat gemeint, der General Beck marschierte auf Torgau zu, und nun hat er den General Diericke eingeschlossen, der bei Meißen auf dem rechten Flußufer steht, und beschießt ihn mit Geschützen. Dieser brave Mann, der seine Verbindungsbrücke über die Elbe nicht mehr hat, läßt soviel Leute seines Korps wie möglich auf schlechten Kähnen übersetzen. Da man aber nicht so klug war, eine große Zahl Fahrzeuge zu sammeln, als man des Eises wegen die Brücke aufheben mußte, so werden Sie sehen, daß der größte Teil seines Korps gefangengenommen wird. Es ist recht seltsam, daß man diesen Schlag nicht vermieden hat, den man voraussah, den man fürchtete und über den Nachrichten vorlagen. Dieser General ist ein tapferer und biederer Mann; in seiner traurigen Lage wird er sicherlich alles tun, was möglich ist; ihn hätte man bei Maxen nicht gefangengenommen."

„Aber ist die Nachricht, die Sie mir mitteilen, auch ganz gewiß?"

„Ganz gewiß! Morgen werden Sie hören, daß das Korps in Gefangenschaft geraten ist."

Diese Mitteilung betrübte mich. Anstatt zum Grafen zu gehen, kehrte ich um, damit ich in der Nähe Seiner Majestät wäre für den Fall, daß er mich rufen ließe, und ich hatte gut daran getan; denn eine Stunde später erhielt ich den Befehl, mich zu ihm zu begeben.

„Sie sehen mich in immer neuen Ängsten und immer neuen Verlusten ausgesetzt. Nun ist Diericke verloren, und zwar verloren allein durch das größte Verhängnis der Welt; solche Schläge fügt mir das verräterische Schicksal zu. Da tritt plötzlich Frost ein; man ist gezwungen, eine Verbindungsbrücke abzubrechen, die ich hatte schlagen lassen, und es sind nur sehr wenig Kähne zu seiner Hilfe vorhanden. Ich bin völlig überzeugt, daß er retten wird, was er kann; denn er ist die Tapferkeit selbst und wird sicherlich den Kopf nicht verlieren, wie es in so unmenschlicher Weise bei Maxen geschehen ist. Ach, mein Lieber, ich habe es Ihnen gesagt und werde nicht müde, es immer wieder zu sagen: Glücklich, wer in Ruhe lebt und zufrieden ist mit einem bescheidenen Glück! Ist mein Schicksal nicht beklagenswert? Ich löse mich ziemlich gut von den Russen und komme mit den besten Aussichten zurück, und alles schwindet hin in der unseligsten Weise. O Schicksal, wie spielst du mit den schwachen Sterblichen! Tun Sie mir den Gefallen, Catt, heute nachmittag gegen vier Uhr wiederzukommen."

Ich kam. Als der König mich fragte, ob ich nichts gehört hätte, meldete man einen Offizier, der einen Brief brachte.

„Er soll hereinkommen. Ich fürchte sehr, es wird eine schlechte Nachricht sein."

Es war jedoch nur eine Meldung vom General Hülsen.

Der König antwortete ihm umgehend und verabschiedete den Offizier.

„Sehen Sie nur, in welch teuflischer Lage ich mich befinde. Öffnet man die Tür oder gibt man mir einen Brief, so steigt mir das Blut in den Kopf, und in solchen Augenblicken bin ich zu nichts zu gebrauchen. Je mehr ich nachdenke über dieses teuflische Leben, desto wunderbarer erscheint mir mein Plan eines Lebens in der Stille; dieser Plan mildert meinen Kummer. Mit aufgeklärten und ehrlichen Menschen in Frieden zu leben, welch eine Freude wäre das, mein Freund! Wenn Voltaire mich besuchte in meiner friedvollen Zurückgezogenheit — und er würde selten kommen —, so würde ich ihn daran hindern, uns Scherereien zu verursachen, die ich verabscheue. Bei mir gäbe es keine Eitelkeit, keinen Hochmut, keinen Ehrgeiz, keine Schemel; jeder hätte seinen Lehnstuhl. Was sagen Sie dazu?"

„Wie wundervoll finde ich das, Sire! Aber der schöne Plan wird sich niemals verwirklichen lassen."

„Warum niemals? Halten Sie mich eines festen und großmütigen Entschlusses für unfähig? Meinen Sie, das Hundeleben, das ich führe, sei ein köstliches Vergnügen?"

„Ich halte Ihr jetziges Leben für höchst beklagenswert, Sire; es rührt und quält mich lebhaft; ich traue Eurer Majestät durchaus einen kräftigen Entschluß zu; Sie haben es tausendfach bewiesen, ebenso wie eine erstaunliche Standhaftigkeit. Aber wenn Sie glänzende Erfolge erringen, wenn Sie alle erdenklichen geweihten Hüte völlig schlagen und Gelegenheit zu einem vorteilhaften Frieden sehen, werden dann diese Erfolge ganz ohne Einfluß auf Ihren Entschluß bleiben, dem Throne zu entsagen, den Sie mit Ihren Truppen durch so mühevolle Arbeit gesichert haben?"

„Mein Lieber, wie köstlich wäre es doch gerade dann, für sich selbst zu leben, wenn man das Geschick des Staates gesichert hat! Und kann man für sich leben, wenn man ein mühevolles Amt zu erfüllen hat? Bilden Sie sich nicht ein, daß alles rosig sei; selbst beim besten Gedeihen einer Regierung dringen überall die Dornen durch."

Wer weiß, wohin diese kleine Unterhaltung oder, wenn man will, diese kleine Komödie noch geführt hätte, wenn man nicht einen Adjutanten gemeldet hätte, der nach Meißen gesandt worden war und nun von dort zurückkehrte. Der König verabschiedete mich mit dem Auftrage, seinen Adjutanten hereinzuschicken. So konnte ich nicht wissen, ob er der Träger guter oder böser Nachrichten sei. Ich wartete eine halbe Stunde auf ihn; aber der König hielt ihn sehr lange zurück, was mir von ungünstiger Vorbedeutung zu sein schien.

5. Dezember 1759. In Wilsdruff

Als ich aufstand, erfuhr ich von einem Offizier, der bei mir Kaffee trinken wollte, daß der General Dieridce bei Meißen seine Kavallerie und einige andere Truppen den Fluß hatte überschreiten lassen, daß er in der Nacht selbst über die Elbe gewollt habe, aber mit dem Reste seines Korps gefangengenommen worden sei, daß der Verlust sich auf eintausendvierhundert Mann beziffere und daß eine große Zahl dieser Soldaten, die sich nicht habe ergeben wollen, sich in den Fluß geworfen habe und darin ertrunken sei.

„Das ist wieder eine recht ärgerliche Angelegenheit", sagte er. „Mein Gott, wie beklage ich unsern guten König! Wie muß ihn dieses Abenteuer aufs tiefste betrübt haben!"

Diese traurigen Abenteuer, die einander Schlag auf Schlag folgten, bekümmerten mich lebhaft und ließen mich für die Gesundheit des Königs fürchten. Wie sollte er sich aufrecht halten bei so vielfachen Schicksalsschlägen! Bis zu dem Augenblick, da ich zum König gerufen wurde, beschäftigte ich mich unaufhörlich mit diesen traurigen Gedanken, und als ich ihn sah, wurden diese Gedanken noch viel schmerzlicher als zuvor.

„Wieder ein verwünschter Schlag des Schicksals, mein Freund! Es wird nicht müde, mich zu verfolgen; aber ich werde auch nicht müde werden, ihm die Stirn zu bieten; denn das verdirbt ihm den Spaß. Da sitze ich nun so tief wie möglich im Sumpfe! Wieviel Unglück! Wie sehr bedarf ich in meiner Lage der Philosophie, und wie nötig habe ich es, Betrachtungen anzustellen mit Leuten, denen das Mißgeschick der anderen ein wenig zu Herzen geht! Wenn ich übrigens heute ein wenig ruhiger erscheine als gewöhnlich" — und er sprach auch tatsächlich ruhiger als an den Tagen zuvor —, „so täuschen Sie sich nicht, mein Freund; es ist nur das ohnmächtige Bemühen eines stolzen Unglücklichen, Zufriedenheit vorzutäuschen.

Die letzte Hoffnung, die mir bleibt, ist nur der Tod. Diericke hat als tapferer Mann sich wenigstens verteidigt; er hat sich nicht schändlich ergeben wie mein Eselskopf zu Maxen. Obwohl ich drei Bataillone verliere, so ist doch die Waffenehre nicht verloren, und das mildert den Verlust. Ich werde ihn wiedergutmachen; aber der bei Maxen erlittene Schlag kann in der öffentlichen Meinung nicht mehr ausgelöscht werden. Der Tölpel schrieb mir und beglückwünschte mich dazu, daß der Feind nach Böhmen zöge, und er ahnte nicht, daß dieser Feind auf dem Marsche war und ihn umging, um ihn zu veranlassen, voll beispielloser Feigheit die Waffen zu strecken."

Ich war versucht, den König an jenes große Korps zu erinnern, das nach der Schlacht bei Höchstädt[1] im Dorfe Blindheim in Gefangenschaft geraten war. Da ich aber überlegte, daß es nur neue Ausfälle gegen diesen armen General veranlassen würde, der sehr gegen seinen Willen ausgesandt worden war und letzten Endes infolge eines unbesonnenen Entschlusses zugrunde ging, so unterließ ich es und äußerte nur Dinge, die mir geeignet schienen, seine trüben Gedanken zu vertreiben. Da er jeden Morgen von einer im Körper umherziehenden Gicht Schmerzen zu leiden hatte, so bat ich ihn, mir zu erklären, was für eine Bewandtnis es mit dieser verwünschten Krankheit

[1] Schlacht bei Höchstädt und Blindheim, 1704 im Spanischen Erbfolgekrieg; Sieg Prinz Eugens und Marlboroughs über die Franzosen und Bayern.

habe. Meine Absicht gelang; der König belehrte mich eine gute Stunde lang über die Gicht, was sie verursache und wie sie zu behandeln sei. Er machte sich lustig über die besonderen Mittel, die der Gicht vorbeugen und die Häufigkeit der Anfälle vermindern sollen. Während dieser Erörterung war keine Rede mehr von Maxen, und das war ein Gewinn hinsichtlich seiner kummervollen Gedanken.
„Ich darf jetzt nicht zuviel plaudern; ich muß morgen nach Freiberg aufbrechen, und ich will versuchen, ob Morpheus mir gnädig gesinnt ist.“
„Werde ich die Ehre haben, Ihnen zu folgen?“
„Nein, mein Freund, das kann augenblicklich nicht sein. Ich habe für mein Heer tausend Anordnungen zu treffen und habe einige Reisen zu unternehmen, um mich aller meiner Stellungen zu vergewissern. Inmitten all dieser Plackereien hätte ich keinen Nutzen von Ihnen. Sobald ich das dringendste erledigt habe, werde ich Sie kommen lassen. Seien Sie darauf bedacht, sich zu vergnügen, wenn es möglich ist; lassen Sie sich nicht betäuben durch tausend hochtrabende Reden, die man über unser Unglück halten wird. Halten Sie sich an das, was ich Ihnen sage; noch ist nichts verzweifelt; ein wenig Standhaftigkeit und gute Fassung werden alles wieder ins Gleichgewicht bringen. Ich beklage meine armen Truppen, die unter diesem Winter sehr zu leiden haben werden, der sich unerbittlich streng anläßt. Gehaben Sie sich wohl, und beten Sie für mich.“

6. Dezember 1759

Der König brach heute um fünf Uhr morgens auf. Sollte man glauben, daß die Mehrzahl derer, die ihn in den Wagen steigen sahen, eine sehr schlechte Vorbedeutung darin erblickte, daß er einige Augenblicke warten mußte, weil die Riemen sich gelöst hatten und das Zaumzeug nicht in Ordnung war?
So abergläubisch machen Furcht und Unglücksfälle diese Geschöpfe, die keine festen Begriffe haben von dem, was in ihrem Gesichtskreise sich ereignet.

Seine Majestät nahm die Leibgarden, die Gendarmen, das Regiment Seydlitz und sechs Bataillone mit. Der Markgraf Karl und der Generalleutnant von Wedell hatten den Oberbefehl über die Armee von Wilsdruff, die in den Dörfern in der nächsten Nachbarschaft des Lagers untergebracht war. Während meines Aufenthaltes in Wilsdruff sah ich in der Abwesenheit des Königs meine Aufzeichnungen aus diesem Feldzuge und die Beobachtungen wieder durch, die ich gemacht hatte. Ich besuchte ziemlich häufig meine Bekannten im Lager und kehrte von dort niemals zurück, ohne gerührt zu sein. Und wer wäre nicht wirklich bewegt gewesen beim Anblick dieser Truppen, die so viel gelitten hatten und die nun in der strengsten Jahreszeit recht schlecht im Lager und in Hütten untergebracht waren! Die Kälte war außerordentlich groß, und diese braven Leute vergnügten sich bei ihren Zelten und sagten, sie nähme dem Marschall Daun die Lust, sie anzugreifen. Unsere Hartnäckigkeit oder vielmehr unsere Unbeugsamkeit, standzuhalten und der Kälte zu trotzen, zwang den Feind, ebenso zu handeln. Die Zelte blieben immer ausgespannt; sechs Bataillone zogen täglich auf Feldwache und wurden jeden Tag durch andere abgelöst. Am Abend war ich mit den in Wilsdruff zurückgebliebenen Herren zusammen, und es erweckte meine Aufmerksamkeit, daß sie keine anmaßenden Reden führten, wozu sie doch ziemlich stark neigten, sondern daß sie auf alle mögliche Art versuchten, den König nun zwar nicht völlig zu rechtfertigen wegen des nach Maxen gesandten Korps, wohl aber wenigstens die Gründe geltend zu machen, die ihn zu dem Plane veranlaßt hatten, die Österreicher aus Dresden und Sachsen durch starke, dazu vom gesamten Heere unterstützte Streifkorps zu vertreiben. Da er befürchten mußte, sagte man, daß der General Beck nach Torgau zöge, um dort die Brücke zu verbrennen, oder um nach Berlin vorzustoßen, dessen Wert für das Heer er kannte, so hat der König durch Aussendung von Streifkorps geschickt alles verhindert, was von der Gegenseite zu fürchten war.

Als wir von den Schlachten bei Kolin und bei Kunersdorf sprachen, sagte mir ein sehr gebildeter Offizier[1], der im allgemeinen über alle Vorgänge sehr gut Bescheid wußte, Seine Majestät der König habe in jener ersten Schlacht sein erstes Gardebataillon mitgenommen, damit es sich eine Vorstellung machen könnte von einer gewonnenen Schlacht, und er sei sehr betrübt gewesen, als er erfuhr, daß dieses schöne Bataillon, das man in die Schlacht verwickelte und das mit höchster Tapferkeit gekämpft hatte, fast völlig vernichtet worden sei. Er erzählte mir ferner, während der Schlacht bei Kunersdorf sei Herr von Bülow, ein sehr fähiger Offizier, eingetroffen, um dem Könige den Sieg zu melden, den der Prinz Ferdinand, dessen Adjutant er war, am 1. August über die Franzosen[2] errungen hatte, und Seine Majestät habe ihn gebeten, dieser Schlacht beizuwohnen, damit er sehen und seinem Prinzen berichten könnte, wie er die Russen geschlagen habe; der Adjutant wurde verwundet und mußte außerdem zu seinem Kummer dem Prinzen Ferdinand eine sehr schlechte Nachricht überbringen.

Derselbe Offizier versicherte mir, daß es der Wahrheit entspreche, was ich von einem General hatte sagen hören. Dieser General verlangte von einem Buchhändler Karten. Es ärgerte ihn, als dieser ihn fragte: „Herr General, wünschen Sie Sonderkarten oder Generalkarten?" — „Welche Frage! Ich bin General, und also muß ich Generalkarten haben!"

„Ich hätte die Geschichte nicht geglaubt," sagte der Offizier, „wenn ich sie nicht mit eigenen Ohren gehört hätte."

Eines Abends, als ich mit demselben Offizier plauderte, brachte ich das Gespräch auf die Schlacht bei Prag und ferner auf die bei Kolin.

„Was die erste betrifft," sagte er, „so habe ich den Aufzeichnungen des Marschalls Schwerin über den Feldzug von 1757 gelesen, daß er die Schlacht nicht wollte: Wir

[1] Der Catt befreundete Graf Henckel von Donnersmarck. — [2] Schlacht bei Minden.

müssen geradewegs auf die Vorratslager zu Königgrätz losgehen, uns nach Mähren begeben, nach Neustadt gehen und dort den Frieden unterzeichnen. Wenn man sich in eine Schlacht einläßt, selbst wenn sie günstig für uns verläuft, so wird ein Teil der geschlagenen Truppen sich nach Prag retten, das gut eingeschlossen werden muß. Wenn der Feind aus der Stadt herauswill, so wird man über ihn herfallen und Kavallerie vorausschicken, um die Dörfer auf seinem Wege zu verbrennen, und damit wird alles zu Ende sein. Als der König bei der Ankunft vor Prag zum Marschall sagte, man müsse diese Stellungen angreifen, da antwortete der Marschall: ‚Sire, ich halte diese Schlacht nicht für nötig; außerdem kenne ich das Gelände; es ist sehr schwierig.‘ — ‚Genug, genug,‘ erwiderte der König, ‚man wird diesen Schuft wegjagen.‘ — ‚Eure Majestät will sie also durchaus angreifen? Nun gut, vorwärts!‘ Er geht vor mit vierundzwanzig Bataillonen, welche aber zurückgeschlagen werden; er stellt sich, den Degen in der Hand, an die Spitze seines Regimentes. Er wird getötet und in eine Fahne gehüllt, die er ergriffen hatte und die ihm als Leichentuch dient. So stirbt dieser große Mann, und der König wird schwerlich einen finden, der ihm gleicht. — Bezüglich der Schlacht bei Kolin kennen Sie sicherlich die Ursachen, die ihren Verlust herbeiführten, und wissen, wie man unglücklicherweise an diesem Tage zum erstenmal erfuhr, daß man nicht unbesieglich war, wie man es zu sein geglaubt hatte. Aber Sie kennen vielleicht einige Tatsachen noch nicht, die Ihnen gefallen werden.

Grant (den ich als General gekannt habe, ein sehr biederer und sehr geschickter Mann) kam zum Adjutanten des Prinzen Heinrich, um ihm die traurige Niederlage zu melden. Dieser teilte die Nachricht von diesem Verluste dem Prinzen mit, welcher zu schluchzen begann. Der Prinz begab sich zu seinem Bruder Ferdinand, der ebenfalls sehr weinte. Alles war in Tränen. Man gab Befehl zu einer Zusammenkunft, um über den Rückzug zu beraten. Der Prinz Ferdinand sagte kein Wort und weinte nur immerzu.

,Weinen ist hier zwecklos; wir müssen zu einem tapferen Entschluß kommen, und es muß etwas getan werden.' In diesem Augenblick kam der König. Der Prinz ging ihm entgegen. Der König ergriff seine Hand, drückte sie, sagte: ,Ach, mein Bruder', und ging weiter. Er begab sich in sein Zelt. Der Prinz folgte ihm; man war sehr bewegt. Er sagte: ,Mein Bruder, wir müssen einen Rückzugsplan entwerfen.' —,Jetzt bin ich unfähig dazu', sagte der König; ,aber morgen.' — ,Mein Bruder, die Lage ist sehr ernst; die Zeit drängt; morgen wird es vielleicht schon zu spät sein.' — ,Gut, mein Bruder, stellen Sie den Plan auf.' — ,Hier ist er, Sire!' — ,Er wird zweifellos gut sein', sagte der König. Am folgenden Tage meldete man dem König den Adjutanten des Prinzen; man ließ ihn eintreten. ,Sire, der Prinz fragt an, ob es nicht gut wäre, beim Aufbruch den Marsch zu schlagen und aufmarschieren zu lassen.' — ,Ja', sagte der König; ,mein Bruder möge tun, was er will; alles wird gut sein.' Man brach also auf, wie der Prinz es gewünscht hatte. Der Marschall von Keith wurde lebhaft angegriffen; man beschoß ihn in seinen Zelten, und er zog weiter."

„Ist das alles verbürgt, was Sie berichten?"

„So gut verbirgt wie möglich."

Da mein Freund über die Vorgänge gut unterrichtet zu sein schien, und da der König selbst ihn als einen begabten Offizier bezeichnet hatte, so brachte ich ihn auf die Schlacht bei Kunersdorf, an der er teilgenommen hatte.

„Seien Sie so freundlich," sagte ich, „mir alles zu sagen, was Sie von dieser Schlacht wissen oder gesehen haben."

„Gern", sagte er und begann zu erzählen.

„Der König, der alles kommende Unglück vorausgesehen hatte, ließ, wie Sie wissen, seinen Bruder, den Prinzen Heinrich, kommen, um sein Korps mit dem geschlagenen des Generals Wedell zu vereinigen. Der Prinz übernahm den Oberbefehl über die Armee, die der König in Schlesien ließ. Man griff unterwegs Hadik an und täuschte sich über Loudon, der dem König einen Tagemarsch vorauskam. Alle möglichen Gründe zwangen den König, eine

Schlacht zu wagen; trotz allem Gerede, er habe sich zu sehr danach gedrängt, zu kämpfen, er hatte keinen Augenblick zu verlieren. Er griff die Russen an, die die Herren von Frankfurt waren und die sich so aufgestellt hatten, daß ihr rechter Flügel sich auf den jüdischen Friedhof stützte; ein sumpfiger Bach floß zu ihrer Rechten. In ihrem Zentrum hatten sie Anhöhen und eine halbe Meile lang die Ortschaft Kunersdorf. Der König nutzte einen Fehler aus, den sie begangen hatten, daß sie nämlich keine Verhaue auf ihrem rechten Flügel angelegt hatten. Er ließ das Korps Finck auf die Höhen von Reitwein[1] vorrücken. Während er sie umging, stellte er sich im Schutze des Dickichts in Schlachtordnung auf. Dann begann die Schlacht mit einem entsetzlichen Geschützfeuer. Die Kanonen Fincks bestrichen die russische Linie. Man drängte alles zurück, man nahm feindliche Batterien, alles ging nach Wunsch. Man war schon dreihundert Schritte vor dem jüdischen Friedhof, als man plötzlich ‚Kavallerie! Kavallerie!' schreien hörte. Die Kavallerie geht vor und greift an ohne den Befehl des Königs. Die des Feindes war noch gar nicht erschienen. Als unsere Kavallerie die Verschanzungen angreift, wird sie zurückgeworfen durch ein schreckliches Kartätschenfeuer. Sie rettet sich und wirft dabei unsere Infanterie über den Haufen, die, ganz verwirrt, ebenfalls zu fliehen beginnt. Loudon nutzt diese Unordnung aus, rückt vor und beendet die Schlacht. Wenn unsere Kavallerie nur eine halbe Stunde hätte standhalten können, bis die Infanterie sich erholt hatte und wieder zum Angriff übergehen konnte, so wäre die Schlacht entscheidend gewonnen worden, und das russische Heer und die österreichischen Hilfstruppen wären verloren gewesen. Sie nahmen uns viertausend Gefangene und einhundertsechsundsiebzig Geschütze ab; wir verloren zwölftausend Mann an Toten und Verwundeten. Seine Majestät zog sich am Ende dieser unglücklichen Schlacht mit sechs Bataillonen zum Schutze der Hauptstadt zurück. Wenn der Feind zu

[1] Soll heißen: Trettin.

handeln verstanden hätte, so wäre es um unseren großen König geschehen gewesen; aber die größten Übel, wie auch die größten Glücksfälle, treffen niemals ein. Nichts ist so schön und so lehrreich wie die Maßnahmen des Königs nach nach dem Verlust dieser Schlacht. Seine Manöver, die er vornahm, um sich zu erholen und die Russen fernzuhalten, sind ein militärisches Meisterstück. Ach, mein Freund, wenn er nicht bei der Ankunft in Sachsen infolge einer Übereilung der Vorteile aus der Hand gegeben hätte, die ihm diese schönen Bewegungen längs der Oder eingebracht hatten, wie schön endete dann dieser Feldzug! Und welcher Ruhm wäre es für ihn, selbst nachdem er soviel an die Russen verloren hatte!

Sein zu großes Vertrauen und seine zu große Mißachtung eines Feindes, der im Grunde durchaus nicht zu verachten ist, haben ihn ins Verderben geführt, und ich gestehe Ihnen, ich weiß nicht mehr recht, wie er hier noch einen Ausweg wird finden können, trotz seines Genies."

So verbrachte ich mehrere Abende mit diesem Freunde und mit anderen Bekannten, indem ich mich mit ihnen über eine Menge Dinge unterhielt, auf die ich vielleicht noch zu sprechen kommen werde. Da empfing ich am 17., abends zehn Uhr, den Befehl, zum König nach Freiberg zu kommen.

18. Dezember 1759. In Freiberg

Ich traf um zwei Uhr nachmittags ein, ganz erschöpft von der Kälte, die außerordentlich streng war. Als ich eintrat, sagte mir der wachthabende Offizier: „Seine Majestät hat befohlen, Sie sollten sich zu ihr begeben, sobald Sie ankommen." Ich tat es.

„Ach, guten Tag, mein Lieber! Ich freue mich, Sie wiederzusehen."

Nach einigen gnädigen Erkundigungen nach meiner Gesundheit fragte er mich, wie ich meine Zeit verbracht und wie ich die Geister zurückgelassen habe an dem Orte, woher ich kam.

Ich habe gelesen, Sire; ich habe auch geschrieben, und

ich war zuweilen im Lager, das im Schnee begraben liegt. Die Geister sind ganz erfüllt von Eifer für Eure Majestät und sind voll Vertrauen zu Ihnen."

„Meine armen Soldaten! Ich beklage sie. Die meinen hier sind nicht besser daran, das versichere ich Ihnen. Ich fürchte, daß sie dort unten und hier noch viel und lange unter dieser strengen Kälte werden leiden müssen. Wie viele Plackereien habe ich gehabt, seitdem ich nicht das Vergnügen hatte, Sie zu sehen, mein Freund! Wieviel Briefe ich zu schreiben, wie viele Anordnungen für das Heer ich zu treffen, wie viel Dinge ich vorherzusehen habe — da hört wirklich der Spaß auf! Trotz allem habe ich einige Augenblicke benutzt, eine Abhandlung über jenen Gegenstand zu schreiben, über den ich mit Ihnen in Wilsdruff sprach. Hier ist meine Arbeit. Sie ist nicht sehr lang; ich will sie Ihnen vorlesen: Plan für die Unterweisung derer, die man für den geistlichen Stand bestimmt."[1]

Folgendes habe ich von diesem Stücke bei diesem einmaligen Vorlesen behalten können. Zunächst legte er dar, daß sich die Jesuiten am besten auf die Unterweisung der jungen Leute verstünden, die man ihnen anvertraute, daß ihre Art, sich in die jungen Leute zu versetzen, sie zu beobachten, Richtung und Ausmaß ihrer Fähigkeiten zu erfassen, sie auf das Gebiet zu drängen, für das sie Begabung zeigen, daß diese Art, Wurzel zu fassen, nicht genug gelobt und empfohlen werden könnte; daß infolgedessen die, die über die Schulen zu wachen hätten, diese Art und Weise empfehlen sollten, daß sie sie von ihren Lehrern fordern und diese veranlassen müßten, einen Abriß der Beobachtungen niederzulegen, die sie an ihren Schülern gemacht haben, sei es hinsichtlich des Herzens, sei es hinsichtlich der geistigen Anlagen. Wenn der Lehrer entschieden hat, daß diese und jene für den geistlichen

[1] Dieses Manuskript wurde, mit anderen Niederschriften Friedrichs, gegen Ende des Krieges bei einem Stubenbrand vernichtet, der dadurch entstand, daß während des Abendessens eine Kerze auf den Arbeitstisch des Königs fiel, ohne daß der schlafende Lakai es bemerkte.

Stand geeignet sind, so müssen sie ermahnt werden, sich in den Inhalt der Bibel zu vertiefen; sie müssen darauf hingewiesen werden, daß dieses ihre Lieblingslektüre sein muß, daß sie unaufhörlich darauf zurückkommen müssen, um deren Schönheit und Geist zu begreifen und um zu lernen, die heiligen Schriften selbst auszulegen und zu vermitteln. Man muß sie stark machen in der Kritik der Bibel, muß ihnen häufig Aufgaben stellen, woran sie sich üben können, und muß sie ihre Art, die Gegenstände zu behandeln, vergleichen lassen mit der Art geschickter Meister, die den gleichen Stoff bearbeitet haben. Man muß jedoch darauf achten, daß diese Gegenstände mehr der Moral als der Glaubenslehre entnommen werden. Die Moral, sagte er, ist das Höchste der Menschen. Gott und den Nächsten von ganzem Herzen zu lieben, ist die Summe des ganzen Gesetzes. Um aber diese Moral gut und in nützlicher Weise zu behandeln, um alle bewegenden Motive darzulegen, um den lebendigsten Eindruck zu machen, um zu erheben und zu beschämen, muß man sorgfältig sich selbst beobachten und studieren und auch die Welt studieren und beobachten. Zu diesem Zwecke muß man die Welt richtig sehen. Die Bücher, die von ihr reden, genügen nicht; man muß das Buch der Welt hinzunehmen. In diesem sieht man die Menschen so, wie sie sind; in den andern sieht man sie so, wie sie nicht sind, sondern wie sie sein sollten. Die Leiter des Studiums könnten ihren Schülern Anleitung geben, diese Welt richtig zu beobachten; aber wie wären sie dazu fähig? Es sind gewöhnlich Leute, die nichts gesehen haben und nichts kennen als ihr Arbeitszimmer. Um richtig zu sehen, braucht man nur ein wenig gesunden Menschenverstand und muß sich einprägen, daß man, um gut zu sehen, viel sehen und hören und wenig sprechen muß. Man muß sie endlich immer wieder die guten Schriftsteller des Altertums lesen lassen, sowie die Predigten der besten Kanzelredner alle Religionen, und muß ihnen häufig jene berühmten Stellen vorführen, die eine ganze Hörerschaft hingerissen haben. Er führte endlich eine ziemliche Anzahl von Stücken an von Saurin,

Bossuet, Fléchier, Mascaron, Bourdaloue und Massillon, sowie vom heiligen Chrysostomus, wobei er kurz darlegte, wieso diese Stellen den Beifall verdient hätten, den man ihnen zollte.

Ich gebe sicherlich eine recht schlechte Zusammenfassung dieses Stückes, das der König ziemlich schnell vorlas. Wenn ich davon spreche, so geschieht es, um zu zeigen, wie dieser Fürst jeden Augenblick ausnutzte, Abhandlungen zu schreiben über Gegenstände, die ihn bewegten und die er nicht aus dem Auge verlor.

Da es mich besonders überraschte, daß er Stellen von Chrysostomus angeführt hatte, so fragte ich ihn, ob er etwa diesen großen Heiligen hier hätte kaufen lassen.

„Kaufen?" sagte er. „Ich bin überzeugt, daß man hier nicht einmal den Namen dieses guten Mannes kennt. Was ich von ihm in meinem theologischen Stücke angeführt habe, ist mir im Gedächtnis geblieben von meiner Lektüre, die ich in meinem so glücklichen Rheinsberg getrieben habe."

„In Rheinsberg, Sire?"

„Ja, dort, und nur dort; und ich habe es seitdem nicht wiedergesehen, wie Sie sich denken können."

„Welch glückliches und sicheres Gedächtnis, Sire!"

„Das kommt daher, daß ich es gut geübt habe in meinen jungen Jahren, und wenn man mit jener Ruhe und Heiterkeit der Seele liest, deren ich mich, ach, damals erfreute, so vergißt man nichts von dem, was man liest. Jetzt könnte ich das nicht mehr von mir sagen, mein Freund, Ich verliere nach und nach diese Fähigkeit, und wer weiß, wenn dieses Leben so fortgeht, ob ich meinen vollen, gesunden Verstand behalten werde."

„Es scheint nicht so, als ob Eure Majestät das Gedächtnis verliere; der gesunde Verstand aber wird Ihnen niemals verlorengehen."

„Sagen Sie nicht zu viel, mein Lieber! Bei dem Leben, das ich führe, und bei dem Kummer, der von allen Seiten auf mich eindringt, kann man nichts mit Bestimmtheit behaupten. Aber, mein Lieber, ich halte Sie zu lange auf. Sie haben vielleicht noch gar nicht gespeist. Wie spät ist es?"

„Fünf Uhr vorüber."

„Das ist stark! Gehen Sie, gehen Sie, mein Lieber, und ruhen Sie sich aus! Morgen werde ich Ihnen zeigen, was ich noch gearbeitet habe. Ich glaube, Sie werden zufrieden sein mit dem, was ich geleistet habe, in Anbetracht meiner hundemäßigen Lage. Guten Abend und gute Nacht!"

19. bis 27. Dezember 1759. In Freiberg

Ich wurde um fünf Uhr abends gerufen. Diese Stunde wurde festgesetzt bis zum 29., an dem Seine Majestät sich nach Pretzschendorf begab in der Absicht, eine Unternehmung gegen die Österreicher zu versuchen mit Hilfe des Erbprinzen, der gegen Ende des Monats in dieser Stadt eintreffen sollte.

Während dieser zehn Tage beschäftigte sich Seine Majestät am Morgen mit seinen militärischen Angelegenheiten und widmete den ganzen Nachmittag der Wissenschaft. Aber die Stunden, die er auf sie verwandte, wurden oft durch Meldungen unterbrochen, die sehr häufig eintrafen.

Er las mir die Epistel ‚Über den Zufall' vor, die an seine Schwester Amalie gerichtet war.

„Das ist mein Lieblingsstück. Ich arbeite seit sehr langer Zeit daran; ich will, daß nichts daran fehlt und daß es, wenn möglich, kernig und zart zugleich nach Art Racines ist. Sie werden das ein wenig anmaßend finden; aber wenn man einem großen Vorbild nachstrebt, braucht man nicht daran zu verzweifeln, ihm nahezukommen."

Er las mir dann am selben Abend mehrmals Verse vor, die er unmittelbar nach dem verhängnisvollen Vorfall von Maxen geschrieben hatte.

„Mein Freund, die Ehre, deren stolzen Grundsätzen ich folgte, hat mich vielleicht in manches Verhängnis geführt; aber

Auf halbe Mittel hab' ich nie gezählt;
Noch immer hat sich kühne Tat bewährt.
Indem ich diesen Grundsatz mir erwählt,
Erschien er mir nur kaum noch hassenswert.
Muß ich mich schon dem Unglück denn vermählen,
Da drohend sich die Wetterwolken ballen,
So will ich lieber kühn und furchtlos fallen,
Statt als ein kleines Feuer zu verschwelen[1]."

In einer meiner Sitzungen las er mir die Epistel an seine Bayreuther Schwester vor, die er schon im Jahre 1758 in Breslau verbessert hatte, und die an den Lordmarschall, die während der Zeit meiner Abwesenheit mit vieler Sorgfalt überarbeitet worden war. Im Anschlusse daran sprach er über seine Schwester.

„Der Tod meiner geliebten Schwester und der meines braven Marschalls treten immer wieder vor meine Seele, die betrübt ist über diese beiden Verluste und bewegt von so vielen Schicksalsschlägen. Meine Schwester, die ich anbetete und die eine Freundin war, wie man keine andere findet, der edle Keith, der mir so notwendig gewesen wäre, beide sind verloren für mich, mein Freund. Der Marschall verband mit großer Zuneigung und vielem Eifer für meine Person eine große Redlichkeit und Liebenswürdigkeit im Umgang; ebensogut geeignet für die Staatskunst wie für den Krieg, hätte er geglänzt an der Spitze der Heere wie in den Kabinetten der Könige."

So wiederholte der König, was er mir über den Marschall von Keith gesagt hatte. Ich habe das Glück gehabt, diesen fähigen Mann viele Male zu sehen; wenn in unseren Gesprächen vom König die Rede war, so sprach er von ihm mit der größten Begeisterung. Es ist nicht zu bezweifeln, daß ein großer Mann nur wieder von einem großen Manne recht gewürdigt werden kann; sie durchschauen sich gegenseitig; sie ahnen die Gründe für ihre Maßnahmen und die Folgen, die sich daraus ergeben müssen, wenn nicht unerwartete Zufälle sie durchkreuzen.

[1] Verse des Königs, an den Marquis d'Argens gerichtet.

Daher hat es mich niemals überrascht, wenn ich bemerkte, daß die meisten Offiziere am Marschall von Keith nur eine große Gutmütigkeit erkannten. — Außer daß der König während dieses kurzen Aufenthaltes in Freiberg diese Abhandlung schrieb und seine Stücke verbesserte, wovon ich gesprochen habe, las er alle Reden von Cicero und zwei Bände der Briefe an Atticus. Zuweilen sprach er eine Stunde lang über dieses erste Werk, indem er eine Zusammenfassung der Reden gab, die ihn am meisten interessieren: für Marcellus, für den Dichter Archias, für Milon, gegen Catilina.

„Geben Sie acht", sagte er immer zu mir, „ob ich meinen Cicero nicht gut kenne! Es gibt viele Magister von Beruf, die ihn nicht besser kennen als ich und die seinen Geist und seine Schönheiten vielleicht nicht so gut begriffen haben."

28. Dezember 1759. In Freiberg

Am Tage vor seiner Abreise wurde ich um drei Uhr gerufen. Da es bisher alle Tage um fünf Uhr geschehen war, so ließ mich diese Veränderung der Stunde fürchten, daß irgendeine ärgerliche Geschichte sich zugetragen habe; denn da ich in jedem Augenblick bemerkte, daß alles, was geschehen war oder noch geschehen konnte, zu Befürchtungen Anlaß gab, so fing auch ich an, vielerlei zu fürchten. Ich täuschte mich denn auch nicht völlig. Ich fand den König in seinem großen Stuhle, in seinen Pelz gehüllt. „Mein Freund, es geht mir nicht gut. Ich leide an der Gicht und muß notwendig morgen aufbrechen."

„Aber, Sire, um des Himmels willen, warum wollen Sie sich einem unvermeidlichen Anfall aussetzen, der Sie am Handeln hindern wird, der Ihnen nicht einmal gestatten wird, Befehle zu erteilen?"

„Schon gut, mein Freund! Ich werde handeln, ich werde Befehle erteilen. Wollen Sie, daß ich mich unter diesen Umständen ängstlich behorche wie unser Marquis?"

„Ich sage ja nicht, Sire, daß Sie sich behorchen sollten

wie der Marquis; dahin werden Sie nie gelangen. Aber ich bitte Eure Majestät, Ihre Abreise aufzuschieben; denn die Gicht wird Sie bestimmt befallen, und was wollen Sie dann in einem Dorfe beginnen?"

„Dasselbe wie in einer Stadt! Ich werde Fieber haben, ich werde leiden, ich werde zuweilen schreien; meine Pfoten werden anschwellen, und danach werde ich wieder ganz wie Sie sein. Ich will mich zu Bett legen und schwitzen, und wenn es das Schicksal nicht anders bestimmt, werde ich morgen früh um fünf schon weit weg von hier sein. Guten Abend. Bedenken Sie wohl, daß der, der sich am ängstlichsten belauscht, auch am meisten leidet, und wenn Sie an den Marquis schreiben, so teilen Sie ihm diesen guten Grundsatz mit, indem Sie ihm schildern, wie ich mich verhalte. Nochmals guten Abend! Vergnügen Sie sich, wenn es Ihnen möglich ist; das ist das beste, was man tun kann. Wenn ich Gelegenheit habe, den Schlag zu führen, den ich plane, so werde ich sehr schnell nach hier zurückkehren; wenn nicht, so lasse ich Sie vielleicht nachkommen. Guten Abend."

29. Dezember 1759

Ich verließ den König, sehr beunruhigt wegen seiner Gesundheit. Als ich aber sehr zeitig anfragen ließ, wie der König sich befände, sagte man mir, er warte auf den Wagen und spiele Flöte; er habe in der Nacht tüchtig geschwitzt und beklage sich über nichts. Er gelangte am Vormittag nach Pretzschendorf; die Truppen des Erbprinzen hatte er hinter der Mulde gelassen, um im Rücken geschützt zu sein. Er marschierte mit seinen eigenen Truppen nach Dippoldiswalde, verjagte alle feindlichen Abteilungen von den Ufern der Wilden Weißeritz, aus Frauenberg und aus Pretzschendorf und quartierte dort seine Truppen ein. Der Angriff auf Dippoldiswalde wurde als unausführbar erkannt, da der Marschall Daun infolge der Bewegungen, die der König unternommen hatte, beträchtliche Hilfskräfte dorthin gesandt hatte, und weil der einzige Weg, den man hätte einschlagen können, um den in Dippoldiswalde kommandierenden General Maquire zu umgehen, ungangbar war, da dieser General aufmerksam genug gewesen war, starke Abteilungen an dem Hohlweg aufzustellen, durch den man ziehen mußte, um die Höhe zu erreichen.

In Freiberg war man sehr in Sorgen wegen des Schlages, den der König gegen den Feind führen wollte. Bevor man Nachrichten von seinem Marsche hatte, sagte man: Obwohl er keine Übereilung begehen und das traurige Schauspiel von Maxen nicht erneuern wird, so ist er doch so gereizt, daß er angreifen wird, wenn sich ihm nur die geringste Möglichkeit dazu bietet, und der Groll, den er über die erlittene Schande empfindet, wird ihm selbst das Unmögliche möglich erscheinen lassen. So sprach fast jedermann. Als man jedoch erfuhr, daß in Anbetracht der harten Jahreszeit und der Unmöglichkeit, mit der Infanterie und den Geschützen auf den schneebedeckten Wegen vorwärtszukommen, auf denen man dem Feinde hätte entgegenziehen müssen, der König sich entschlossen hatte, in Pretzschendorf zu bleiben, um alles Futter der Gegend aufzukaufen und alle Lebensmittel aufzuzehren, da priesen ihn alle, die in Furcht geschwebt und an des Königs Vorsicht in dieser mißlichen Lage gezweifelt hatten, und erhoben ihn bis in den Himmel wegen seiner Vorsicht, seiner Ruhe und des edlen Entschlusses, seinen Groll dem Wohle der Truppen zu opfern — als ob der König jemals die Absicht gehabt hätte, seine tapferen Truppen zu opfern um des Vergnügens willen, sie zu verlieren! Diese bald zu günstigen, bald zu ungünstigen Beurteilungen des Königs erschienen mir in den allermeisten Fällen außerordentlich übereilt; zumeist wußte man gar nicht recht, was man wollte oder nicht wollte, und was man zu fürchten oder zu erhoffen hatte.

Ich sagte zu mehreren meiner Bekannten, als ich alle ihre Gespräche hörte: „Ich beschwöre Sie, seien Sie still! Der König ist viel zu ergriffen von dem Unglück, das ihn betroffen hat, und er erkennt viel zu deutlich alle die Schwierigkeiten, die zu überwinden sind, als daß er sich noch größerem Unglück aussetzen wollte! Er hat es mir in Willsdruff gesagt und hat es mir hier wiederholt: ‚Beim geringsten Unglück, das mir zustößt, bei der geringsten Niederlage, die ich erleide, bin ich rettungslos verloren, mein Lieber!‘ “

8. Januar 1760. In Pretzschendorf

Dieses wahre Wort hätte die Befürchtungen ein wenig beruhigen müssen, wenn sie nicht eben außerordentlich groß gewesen wären. Alles Reden war unnütz; Tatsachen waren nötig, und die hatte man, als man, wie gesagt, erfuhr, daß der König sich in Pretzschendorf festsetzte. Sollte man aber meinen, daß diese Befürchtungen teilweise wiederauflebten, als mir ein Jäger mit ziemlichem Lärm den Befehl überbrachte, mich sofort zum König zu begeben? Ich war bei der Ankunft des Jägers beim Ritter Mitchell. „Ich ahne den Grund, weswegen man Sie bestellt“, sagte er; „da man weiß, daß der König seine Abende im Gespräch mit Ihnen verbringt, so soll man glauben, es sei sein Plan, noch einige Zeit in diesem verdammten Dorfe zu bleiben, wo er unfehlbar seine Gesundheit verlieren wird, wenn er seinen Aufenthalt dort länger ausdehnt.“ Da der Ritter den Grund meiner Berufung richtig geraten haben mochte, so teilte ich ihn meinen Bekannten mit, und dieser Grund beruhigte sie. Ich brach sofort auf, und um fünf Uhr nachmittags kam ich, gehörig durchgefroren, in Ober-Pretzschendorf an. Der König ließ mich alsbald rufen.

„Sie treffen mich hier an einem verfluchten Orte, mein Freund. Ich habe eine Unternehmung versuchen wollen; aber es war unmöglich. Sie dürfen überzeugt sein, wenn ich die geringste Aussicht gehabt hätte, den Schlag mit einigem Erfolge zu führen, so hätte ich nicht gezögert. Das unwegsame Gelände, das abscheuliche Wetter, die Verschanzungen und die Batterien der Feinde, die auf dem Gipfel der Felsen sitzen, das alles hat mich veranlaßt, sehr viel Wasser in meinen Wein zu gießen. Ich werde bis zum 12. hierbleiben, um alles aufzuzehren, was aufzuzehren ist, damit der Feind während des Winters in dieser Gegend keine großen Korps unterbringen kann. Sie werden mir wohl verzeihen, daß ich mir die große Freiheit genommen habe, Sie bei dieser strengen Kälte hierherkommen zu lassen. Ich wollte Sie gern wiedersehen, und ich wollte außerdem, offen gesagt, den Eindruck erwecken, daß ich hier noch lange bleiben könnte. Hat man nicht ein wenig Furcht gehabt bei Ihnen in Freiberg?"

„Ein wenig wohl, Sire; aber die Furcht ist nicht von langer Dauer gewesen."

„Es hätte Grund zu Befürchtungen vorgelegen, wenn ich mich hartnäckig darauf versteift hätte, alles zu verjagen, was ich vor mir hatte. Haben Sie meinen Neffen, den Erbprinzen gesehen?"

„Nein, Sire, da ich mich im Augenblick meiner Ankunft hierher begeben habe, so habe ich nicht die Ehre haben können, ihm meine Aufwartung zu machen."

„Besuchen Sie ihn noch heute abend, wenn Sie von mir weggehen. Ich bin ganz entzückt von ihm, von seinen Gaben, von seiner Anmut im Umgang, von seinem Eifer für das Militär und von seinen großen Plänen. Er wird uns alte Soldaten alle übertreffen. Ich sage das nicht, weil er mein Neffe ist, sondern weil es der Wahrheit entspricht. Alle, die ihn sehen und Verdienste zu schätzen wissen, werden Ihnen dasselbe sagen. Mein Neffe hat einen äußerst verdienten Offizier mitgenommen; es ist derselbe Bülow, der unglücklicherweise verwundet wurde, als er mir am Tage der Schlacht bei Kunersdorf eine Nachricht vom Prinzen Ferdinand überbrachte. Leben Sie wohl, mein Lieber! Auf morgen für längere Zeit! Sie werden sich sicherlich gern ausruhen nach Ihrer kalten und langen Reise. Aber besuchen Sie nur noch meinen Neffen, bevor Sie Ihre Hütte beziehen, die ungefähr dieser hier gleichen wird."

Ich ließ mich beim Prinzen melden, der mich sehr gütig empfing. Ich ging von ihm, entzückt von seiner interessanten Unterhaltung, von seiner Höflichkeit, die nicht demütigend ist, von allem, was er über den König und seine lebhafte Anhänglichkeit an ihn sagte: „Ich hoffe, mein Herr, daß ich während meines Aufenthaltes in Freiberg oft das Vergnügen haben werde, Sie bei mir zu sehen und mich mit Ihnen zu unterhalten. Wie werden von meinem angebeteten Onkel sprechen und von all den schönen Dingen, die er vollbracht hat, und von allem, was Sie von diesem einzigartigen Manne gesehen haben. Das Beste, was wir ihm wünschen können, ist ein Leben nach unserem Wunsche: Wenn er gesund ist, wird alles gut gehen."

Ich war darauf einen Augenblick bei den Adjutanten, die Seine Majestät mitgenommen hatte. Man sprach vom Prinzen. Alle lobten ihn über die Maßen und stellten ihn noch hoch über alles, was man von ihm sprach und dachte.

„Aber was sagen Sie zu unserem verwünschten Aufenthalte hier? Und Gott weiß, wie lange wir noch hierbleiben werden! Sie haben keine Ahnung, wie wir gelitten haben unter der Kälte und unter der Furcht, der König könnte etwas unternehmen. Aber Gott sei Dank, daß er den Angriff unmöglich gefunden hat!"

„Wenn alle Lebensmittel aufgezehrt sind, werden wir abziehen, meine Herren!

In dieser schönen Hoffnung wünsche ich Ihnen einen guten Abend."

9. Januar 1760. In Pretzschendorf

Während der Nacht war so überreichlich Schnee gefallen, daß mein Bedienter nicht ausgehen konnte, eine Besorgung zu erledigen, die ich ihm aufgetragen hatte. Er mußte warten, bis zwei Bauern vorüberkamen, die den Schnee wegräumten, welcher die Tür versperrte, und diese Arbeit war erst gegen neun Uhr beendet. Ich begab mich um elf Uhr ins Hauptquartier, wo ich die Ehre hatte, dem Erbprinzen nochmals meine Aufwartung zu machen. Jedermann im Quartier seufzte, daß er während einer so kläglichen Zeit an einem so traurigen Orte bleiben mußte.

„Meine Herren", sagte ich, „Ihre Klagen werden Ihnen wenig helfen. Wir wollen lieber versuchen, uns zu erheitern und die kurze Zeit angenehm zu verbringen, die wir hier noch weilen müssen."

Ich kam auf den Gedanken, ein Lied nach der Weise einer Anglaise zu dichten, die in Freiberg viel getanzt wurde. Ich verglich den Aufenthalt in Pretzschendorf mit dem in Freiberg und machte Anspielungen auf kleine Schliche unserer Herren und einiger Schönen der Stadt. Dieses Lied machte Eindruck; man sang es während des ganzen Tages. Der Prinz, der uns singen hörte, meinte, wir täten sehr gut daran, uns in den trüben Stunden so zu erheitern. Diese Kleinigkeit genügte, um das Ende unseres Aufenthaltes erträglich zu machen.

Ich wurde um fünf Uhr abends gerufen.

„Was sagen Sie zu dieser schönen Jahreszeit, mein Freund? Finden Sie sie nicht entzückend?"

„Ganz entzückend, Sire. Es gibt nichts Angenehmeres als diesen Schnee."

„Ach, zum Teufel! Aber haben Sie Geduld; in ein paar Tagen werden wir in Freiberg sein, wo es besser ist als hier."

„Um uns zu stärken, Sire, und um jene Geduld zu erwerben, die Sie empfehlen, habe ich ein kleines Lied gedichtet, das Ihre Adjutanten und ich nach besten Kräften singen."

„Zeigen Sie es mir."

Ich zeigte es.

„Das ist gut", sagte er; „so kann man sich mit wenig Kosten erheitern. Wohlan, da Sie mir Ihre Dichtungen mitteilen, so will ich Ihnen auch zeigen, was ich geschrieben habe, nicht um meine Adjutanten zu unterhalten, sondern um Ihrem ergebenen Diener die Zeit zu vertreiben, die ihm rechtschaffen mühselig erscheint."

Er las mir eine Epistel vor, die er an den Marquis d'Argens gerichtet hatte als Antwort auf dessen Nachricht, daß in Berlin ein Mann als Prophet aufgestanden sei und zahlreiche Anhänger gefunden habe. Diese Epistel begann:

Man suchte stets geheime Wissenschaften ...

„Ist es nicht recht leidlich in Anbetracht meiner Lage und der kalten Zeit? Wenn Ihnen übrigens alles das kalt erscheint, so suchen Sie den Grund in meiner geringen Begabung und im Schnee."

„Sire, es ist aber recht gut, und Sie haben es gar nicht nötig, sich über den Schnee und über Ihr Genie zu beklagen."

„Das sind leere Worte, mein Lieber, noch dazu an einem Orte, wo man dergleichen sicherlich noch nie gesagt hat. Ich habe noch andere Lappalien geschrieben, die ich Ihnen morgen zeigen werde. Ich will Ihnen meine Epistel über den Zufall vorlesen, die ich nochmals verbessert habe; sie soll aller Kritik gegenwärtiger und zukünftiger d'Olivets standhalten können.

„Der große Voltaire hat niemals mehr beansprucht", sagte ich.

„Sie wollen also sagen, mein Lieber, meine Ansprüche seien zu hoch?"

„Nein, Sire, das ist nicht meine Absicht. Ich will sagen, daß man hohe Ansprüche stellen muß, wenn man etwas Gutes leisten will."

„Obgleich ich ziemlich viel gekritzelt habe, so habe ich doch hier auch nicht wenig gelesen. Mein Lieber, ich habe Lukrez, die Natur der Götter, die Tusculanen und die schwere, wiewohl gute Logik der Herren von Port-Royal[1] bewältigt. Ich bezweifle, daß in diesem erdenklich traurigsten aller Dörfer jemals so viel gelesen worden ist. Haben Sie meinen teuern Neffen gesehen?"

„Ja, Sire, ich habe ihm gestern und heute meine Aufwartung gemacht."

„Sie können ihn nicht oft genug besuchen. Nicht wahr, er ist sehr liebenswürdig?"

„Außerordentlich, Sire."

„Aber sein Herz, mein Freund, seine militärischen Gaben, seinen schönen und edlen Ehrgeiz, seine Tapferkeit — das alles können Sie noch gar nicht recht beurteilen. Leben

[1] Vgl. Catts Bericht vom 1. bis 11. April 1759.

Sie wohl, mein Lieber. Ich leide ein wenig an Kolik. Ich werde zu Bett gehen; ich darf nicht krank werden in diesem erbärmlichen Dorfe."

10. bis 11. Januar 1760. In Pretzschendorf

Während der beiden Tage, die wir noch in Pretzschendorf verbrachten, ließ mich Seine Majestät der König auf einige Augenblicke rufen. Er war leidend und plauderte sehr wenig; er las mir von Zeit zu Zeit aus seinen alten Gedichten vor, die er, wie er sagte, in jenen glücklichen Zeiten des Friedens und des ruhigen Lebens geschrieben hatte.

„Morgen brechen wir endlich auf, mein Lieber", sagte er am Tage vor der Abreise; „Gott sei gelobt! Obwohl mir alle Orte gleich sind, da ich mich überall zu beschäftigen weiß, so gestehe ich doch, daß ich mich sehr freuen werde, in Freiberg zu sein. Ich werde es dort wenigstens etwas bequemer haben. Überrascht Sie nicht mein fröhliches Aussehen, das meiner Lage so gar nicht angemessen ist? Denn ach, mein Freund, wie viele Angelegenheiten aller Art, wie viele Plackereien, wie viele Schreibereien, wie viele Sorgen und wieviel Kummer erwarten mich dort ganz gewiß! Doch wir werden den Mut nicht verlieren! Leben Sie wohl, mein Freund! Morgen in Freiberg! Packen Sie sich gut ein!"

Die Freude des ganzen Hauptquartiers war außerordentlich groß, als man gewiß wußte, daß man nun abzöge.

12. Januar 1760. In Freiberg

Der König brach sehr zeitig von Pretzschendorf auf und war um zehn Uhr in Freiberg. Er ließ mich um fünf Uhr abends rufen.

„Hier habe ich endlich ein wenig Bequemlichkeit. Sie wissen übrigens, daß ich sie nicht zu eifrig suche; ich bin jedoch zufrieden, mich ein wenig besser untergebracht zu sehen als bisher. Ich wohne hier beim Bürgermeister. Er und seine Frau sind brave Leute. Sie haben mir bei meiner Ankunft alles angeboten, was in ihrem Hause ist. Im allgemeinen sind die Sachsen gute Leute; das muß man zugeben. Stellen Sie sich vor, mein Lieber: Trotz allem, was ich aus dem Lande ziehe, und das ist viel, bringen sie Geld auf, um es ihrem König zu liefern. Das ist schön und groß. Ein Fürst darf angesichts solcher Beweise von Edelmut stolz darauf sein und sich dessen rühmen, sie zu Untertanen zu haben."

Als ich ihm sagte, daß Sachsen ziemlich zugrunde gerichtet sei und daß es nicht mehr werde bestehen können, wenn der Krieg auch nur noch eine kurze Weile währte, sagte er: „Ja, so geht es ihm, und es wird ihm in diesem Jahre noch viel schlechter gehen. Ich habe es nicht geschont; ich bin streng gewesen, das gebe ich zu; aber wenn diese Leute ruhiger gewesen wären, wenn sie es sich nicht in den Kopf gesetzt hätten, den Feind über alles zu benachrichtigen, was mich betrifft, so hätte ich nicht so viel gefordert, das versichere ich Ihnen. Es ist wahr, sie sind sehr unglücklich.

Sehen Sie, wie ich mich eingerichtet habe. Hier stehen die Bücher, die ich während meines hiesigen Aufenthaltes bewältigen will, und dort sind meine Geräte zum Schmieren, Kritzeln und Ausstreichen. Wie Sie sehen, habe ich mich ziemlich mit Arbeit versehen. Ich brauche das alles zur Ablenkung von meinen lästigen Gedanken und um meinen armen Kopf zu erfrischen, der ganz voller Pläne für den nächsten Feldzug ist. Das wird meine Hauptarbeit während dieser Ruhezeit sein, und diese Arbeit wird mein Heer so leidlich wiederherstellen. Sie wird nicht gering sein; sie alleine würde genügen, einen Mann völlig zu beschäftigen.

Ich hatte Ihnen schon gesagt, daß ich trotz allem Unheil bis auf Dresden und Peenemünde das ganze Gebiet in Besitz habe, das ich im vorigen Winter besetzt hielt, und daß meine Lage nicht so kläglich ist, wie ich es fürchten mußte nach dem schändlichen Verluste bei diesem verfluchten Maxen.

Bedenken Sie, mein Freund, wie viele Schicksalsschläge ich in diesem Feldzuge erduldet habe! Alles ist mir beständig fehlgeschlagen. Ich hatte alle Veranlassung zu hoffen, daß ich den General de Ville verprügeln konnte; ich breche von Landshut auf, und de Ville, der von meinem Marsche durch schurkische Priester Nachricht erhält, zieht sich zurück, ohne daß ich ihm etwas anhaben kann. Ich erwarte, daß der geweihte Hut mich in meinem Lager zu Reichhennersdorf angreifen wird, und er läßt mich dort völlig ungeschoren. Ich fürchte, daß der Feind in die Lausitz geht, und er geht hin. Ich hoffe, daß Dohna die Russen aufhalten wird, und er hält sie nicht auf und begeht nur Schurkereien. Ich schicke Wedell aus, um die Angelegenheiten in Ordnung zu bringen; er verwirrt sie noch mehr und läßt sich in unerhörter Weise schlagen. Ich ziehe den Russen entgegen, und meine schönsten Hoffnungen werden grausam getäuscht; ich werde selbst geschlagen, und die Gicht befällt mich ganz schrecklich. Ich komme nach Sachsen zurück in der Absicht, die Österreicher aus Dresden zu verjagen, und mein Plan wird zum Scheitern gebracht durch die abscheulichsten und unbegreiflichsten Manöver. Ich entsende Diericke nach Meißen, um die Nachhut der Österreicher anzugreifen, wenn sie etwa die Elbe überschreiten wollen, und mein tapferer General wird selbst mit einigen Bataillonen weggefangen infolge eines jener Zufälle, die man nicht vorauszusehen vermag. Gibt es noch eine solche Kette von Unglücksfällen? Und wäre es erstaunlich, mein Lieber, wenn ich unterläge bei all diesen Schlägen des Schicksals, das mich verfolgt? Nicht das geringste glückliche Ereignis in dieser ganzen Zeit der Trübsal!"

„Aber Sire, in dieser Zeit des Unglücks, von der Sie reden, haben Sie doch einige gute Nachrichten erhalten: von dem Siege, den der Prinz Ferdinand errang, von dem wohlgelungenen Schlage, den der Prinz Heinrich bei Hoyerswerda[1] geführt hat, von der Einnahme von Münster und von Quebec[2] und von der gewonnenen Schlacht bei La Vilaine."

[1] Sieg des Prinzen Heinrich über den General Vela. Vgl. Catts Bericht vom 25. Sept. 1759. — [2] Frankreich verlor im Siebenjährigen Kriege außer Ostindien auch das ganze östliche Nordamerika an England.

„Das ist immerhin etwas, und es wäre noch mehr gewesen, mein Lieber, wenn ich armer Teufel in irgendeinem Punkte Erfolg gehabt hätte. Glauben Sie mir, ein Verhängnis stößt uns ins Glück oder ins Unglück und fragt nichts nach unserem Willen; es wirkt sich aus, den Plänen unserer Vorsicht und unserer Weisheit zum Trotz. Man möchte sagen, es sei sein Ziel, uns zu überzeugen, daß unsere Vernunft ein Dummkopf ist. Sehen Sie die Spuren dieses Verhängnisses in einem Falle, dessen ich mich entsinne: Als die Generalin von Polentz eines Tages ihr Schloß verläßt und eine Viertelmeile gereist ist, sieht sie es infolge eines Blitzschlages in Flammen stehen, die es einäschern; sie erfährt, daß auf einem anderen Gute der Blitz eine ihrer Töchter getötet hat und, einige Tage später, daß die einzige Tochter, die ihr blieb, auf ebenso tragische Weise umgekommen ist. Ist das nicht die Geschichte Hiobs, mein Lieber? Und wenn Sie solches Verhängnis betrachten, von dem ich spreche: Welche Namen geben Sie diesem Schicksal, das uns und mit uns alle Ereignisse lenkt?“

„Sire, ich nenne es Vorsehung. Ich entsinne mich, daß Sie eines Tages in Breslau über die Schlacht bei Hochkirchen sprachen, und wie die Ereignisse häufig unseren bestüberlegten Absichten zuwiderliefen. Damals sagten Sie, daß eine weise Vorsehung sie alle leite, und wenn man diese Vorsehung nicht anerkenne, so sei es unmöglich, über irgend etwas vernünftig zu reden, und man stürze sich in eine Menge Ungereimtheiten, deren eine immer gröber sei als die andere.“

Bei diesen Worten sprach der König: „Ich glaube, es ist spät. Wir haben beide Ruhe nötig. Guten Abend! Auf morgen.“

Januar bis April 1760. Winterquartier zu Freiberg

So verlief meine erste Sitzung in Freiberg. Ich beabsichtige nun nicht, einen Abriß aller folgenden zu geben, es sei denn, daß sich Züge fänden, die dazu beitragen könnten, die Denkungsart des Königs zu beleuchten. Ich werde mich darauf beschränken, von seinen mancherlei Beschäf-

tigungen zu sprechen sowie von dem Interessantesten, was während seines Aufenthaltes in dieser Stadt geschah.
Er stand täglich um sechs Uhr auf, las seine Briefe und diktierte seinen Schreibern die Antworten, die darauf zu erteilen waren. Er unterhielt sich dann mit einigen Offizieren und gab ihnen seine Befehle, die das Heer betrafen. Das dauerte gewöhnlich bis neun Uhr. Zu dieser Stunde spielte er Flöte, und während des Spielens beschäftigte er sich, wie er mir oft sagte, mit Heeres- und Staatsangelegenheiten. Um zehn Uhr schrieb er an neuen kleinen Abhandlungen oder verbesserte die alten. Um elfeinhalb Uhr, nach Beendigung dieser Arbeit, gab er noch einige Befehle aus und setzte sich um die Mittagsstunde zu Tisch. Um eineinhalb Uhr wurde das Mittagessen beendet. In diesem Quartier dehnte er nur sehr selten die Tischgespräche lange aus, wie er es liebte, wenn er zufrieden und ruhig war. Gegen zwei Uhr bis um vier nahm er seine Handschriften wieder vor; dann las er bis um fünf und ließ mich rufen. Ich hatte die Ehre, ihm bis sieben Uhr zuzuhören, wobei er bald von der Literatur, bald von der Metaphysik und der Religion sprach, mir zuweilen etwas erzählte und mich von seinen Geschäften, seiner künftigen Lage, dem Zustand seines Herzens unterhielt und ziemlich häufig von seinen Offizieren und von Wissenschaftlern redete, die in seinem Dienste gestanden hatten. Von sieben, zuweilen auch von acht Uhr an, je nachdem, wie er aufgelegt war zu plaudern, las er bis um zehn, und wenn er, statt zu lesen, zu schreiben begann, so geschah es oft, daß er erst um elf oder um Mitternacht aufhörte. In dieser Weise verfügte der König über seine Zeit. Er kam nur ein einziges Mal aus seinen Gemächern heraus, nämlich um sich nach Wilsdruff zu begeben, da er die Nachricht empfangen hatte, der Feind bereite einen Angriff auf seinen Bruder, den Prinzen, vor. Dieser angebliche Angriff erfolgte nicht, und der König kehrte am zweiten Tage nach seiner Abreise wieder zurück.
Der König, der auf seiner zweiten Reise von Wilsdruff nach Freiberg seine an die Prinzessin Amalie gerichtete

Epistel ‚Über den Zufall' verbessert hatte, überarbeitete dieses seit langem geschriebene Stück in Ober-Pretzschendorf nochmals und legte hier endlich die letzte Hand daran. Er hatte viel Mühe auf die Epistel verwandt.

„Sicherlich wird Voltaire sie voll Wahrheit, voll starker Gedanken und wohl auch recht gut dargestellt finden."

Nach der Verbesserung dieses Stückes nahm der König eine Ode an den Herzog Ferdinand von Braunschweig vor, die er am 6. April 1758 in Grüssau geschrieben hatte.

Als er vieles verbessert hatte, sagte er: „Ich habe mehr Kraft hineinlegen wollen, indem ich mich kürzer faßte. Glauben Sie nicht, daß sie in der jetzigen Fassung Aufsehen erregen wird? Der Patriarch hat nur die erste Skizze davon gehabt; wenn er dieses hier sieht, so wird er sagen: ‚Siehe da, inmitten so vieler Beschäftigungen und Verdrießlichkeiten macht dieser Schlingel noch ziemlich gute Verse!' Wenn nur dieser Schurke die andern Stücke nicht mißbraucht, die ich ihm geschickt habe!"

Obgleich der König Ärger gehabt hatte wegen dieser sogenannten Skizze, die er an Voltaire geschickt hatte, so fand er doch Gefallen daran, mir folgende Strophe immer wieder vorzulesen:

Der Schwächling auf dem Throne[1],
Spielball der Pompadour —
Mit bösem Liebeslohne
Brandmarkte ihn Natur.
Er fürchtet Pein und Mühen;
Sein Reich ist am Verblühen;
Hier herrscht des Zufalls Blick.
Als Sklave muß er schreiten,
Und schmachtend will er leiten
Der Könige Geschick!

Nachdem der König die Überarbeitung der Ode an den Herzog Ferdinand beendet hatte, verbesserte er seine geliebte Epistel an seine Bayreuther Schwester. Wie ich

[1] Ludwig XV. von Frankreich.

bereits mitgeteilt habe, hatte er diese Epistel einige Tage nach der Schlacht bei Kolin begonnen; er hatte sie beendet am Abend vor der Schlacht bei Hochkirchen, während des Winterquartiers zu Breslau im Jahre 1758 mehrmals überarbeitet, hatte die Arbeit zu anderen Zeiten wieder aufgenommen und legte während der jetzigen Ruhezeit die letzte Hand daran. Der Anfang lautete:

O süßte, teure Hoffnung des Lebens, das mir bleibt,
O Schwester, deren Freundschaft, die dich zum Helfen treibt,
An meinem Kummer teilnimmt, bei meinem Schmerze weint,
Mit hilfsbereitem Arme im Leidenstal erscheint . . .

Als er mir diese vier Verse vortrug, vergoß er Tränen, die nicht aufhörten zu fließen, solange er diese Epistel las. Als er geendet hatte, wiederholte er mir nochmals alles, was er bereits so oft über diese so zärtlich geliebte Schwester gesagt hatte.

Der König verbesserte darauf die Epistel an den Lordmarschall, die er am 16. Februar 1759 in Breslau geschrieben hatte.

Er verwandte mehrere Tage auf die Überarbeitung dieses Entwurfes, und er gab mir immer die Konzepte davon. Zuweilen gestattete er mir auf meine Bitte sogar, eine Abschrift dieser verbesserten Stücke zu nehmen, da er zweifellos überzeugt war, daß ich das erwiesene Vertrauen nicht mißbrauchen würde. Er sagte öfters zu mir:

„Wenn Sie zuweilen meine Albernheiten daheim wieder lesen, so werden Sie Fehler finden, die sich eingeschlichen haben. Haben Sie die Güte, mich davon in Kenntnis zu setzen; ich wäre Ihnen sehr verbunden. Ein Schriftsteller ist gewöhnlich voreingenommen für die Gegenstände seiner Arbeiten, und in dieser zärtlichen Voreingenommenheit bemerkt er ihre Schwächen nicht; er ahnt sie nicht einmal. — Jetzt aber: Fertig! mein Freund; meine Verbesserungen sind nun beendet. Ich werde mich jetzt mit einer Ode beschäftigen, die ich an meinen teuren Neffen, den Erbprinzen, richten werde."

Das „Fertig" des Königs war verfrüht; er wurde diesmal

zu nochmaliger Überarbeitung gezwungen, wozu er nicht in der Lage zu sein vermeint hatte. Das ging so zu:

Ende Januar erhielt ich folgenden anonymen Brief:

„Soeben ist eine unberechtigte Ausgabe der Dichtungen des Philosophen von Sanssouci erschienen. Zweifellos hat die schwärzeste Bosheit erheblichen Anteil an dieser Veröffentlichung. Da es den König, seine Ruhe und seinen Ruhm angeht und da Sie dem großen Herrscher sehr zugetan sind, so zögern Sie nicht, ihm mitzuteilen, was ich Ihnen zu sagen die Ehre hatte. Sie können von der Wahrheit der Nachricht, die ich Ihnen melde, überzeugt sein; in vier Tagen werden Sie das Buch selbst in Händen haben."

Da man mir versicherte, daß ich in vier Tagen das Buch haben würde, so wartete ich diesen Tag ab, um dem König die empfangene Nachricht mitzuteilen und ihm das Buch selbst zu geben. Ich glaubte dadurch dem Fürsten einige unangenehme Augenblicke zu ersparen, da ich überzeugt war, er würde deren schon genug haben, wenn er das Werk sähe. Nach vier Tagen erhielt ich tatsächlich das Buch. Es fiel mir nicht ein, es erst schnell zu lesen. Am Abend war ich wie gewöhnlich beim König. Ich traf ihn bei sehr guter Laune an. Er kam auf mich zu mit offenherziger und lachender Miene.

„Mein Freund, ich habe heute viel gelesen und bin königlich zufrieden. Was haben Sie heute begonnen? Haben Sie Nachrichten?"

Ich litt lebhaft darunter, daß ich gezwungen war, diese Zufriedenheit zu stören, von der er sprach:

„Sire, ich habe Eure Majestät heute keine guten Nachrichten zu melden, und das betrübt mich. Sie werden aus diesem soeben erschienenen Buche ersehen, um was es sich handelt."

Bei diesem Anblick rief er:

„Meine Gedichte! Meine Gedichte! Und wer ist dieser leibhaftige Teufel, der sie veröffentlicht und mir diesen niederträchtigen Streich gespielt hat?" Und nach einigen Augenblicken: „Mein Freund, das ist abscheulich! Meine

Gedichte! Woher haben diese Lumpe sie gehabt? Welch höllische Schurken!"

Das war der erste Ausbruch. Seine Entrüstung und sein Kummer waren ungeheuer. „Der Schurke!" wiederholte er unaufhörlich. Im ersten Zorn sagte er:

„Der Herzog von Nivernois[1] hat mir diesen Streich gespielt! Das ist um so häßlicher und niederträchtiger, als der Herzog sehr gut weiß, daß ich ihn stets geliebt, geachtet und vor allen anderen in Frankreich ausgezeichnet habe. Aber nein, mein Lieber, er ist es nicht; er ist zu ehrlich und zu wohlgesinnt; ich werde ihm Genugtuung verschaffen für den Verdacht, der in meiner Seele aufgetaucht ist. Sie werden sehen, Sie werden sehen, daß Voltaire es war! Nur dieser Schurke kann mir einen solchen Streich spielen! Ich kenne diesen Schelm von Grund auf!" —

„Nein," sagte er nach einigen Augenblicken der Überlegung, „nein, er ist nicht der Urheber dieser Niderträchtigkeit. Wie boshaft er auch sei, so ist er doch unfähig, eine derartige Treulosigkeit zu begehen."

Sein Verdacht fiel endlich auf Darget[2], auf einen seiner Adjutanten, dem er seine Gedichte gegeben hatte, und zuletzt auf den Hauptmann von Bonneville[3].

„Ja, ja, er ist's, er selbst! Es ist kein Zweifel daran! Diesem Schuft werde ich's heimzahlen!"

Niemals sah ich einen Menschen in solcher Unruhe.

„Mir, der ich meine Gedichte nur geschrieben habe, um mich zu erholen und mich zu erheitern auf Kosten derer, die mir Leid zufügten, mir muß es geschehen, daß sie im bedenklichsten Augenblick meines Lebens bekannt werden! Wenn ich diese Veröffentlichung hätte vermuten können, so hätte ich mein Buch und alle meine Hefte verbrannt. Was ein König sagt an Gutem oder Bösem, das wird niemals ausgetilgt."

[1] Vgl. Catts Bericht vom 1. bis 3. Mai 1758. — [2] Sekretär Friedrichs d. Gr. — [3] Bonneville war zeitweilig preußischer Hauptmann in Potsdam, vorher Adjutant des Marschalls Moritz von Sachsen (Sohnes des sächsischen Königs August II. und der Aurora v. Königsmarck).

Da ich dieses Buch noch nicht gelesen und somit keine Vorstellung davon hatte, sagte ich zum König:

„Aber, Sire, welcher Schaden kann Ihnen erwachsen aus der Veröffentlichung dieses Werkes?“

„Welcher Schaden? Aber, mein Lieber, haben Sie denn nicht gelesen, wie ich über England, Rußland und andere herziehe? Das ist das Teuflische im jetzigen Augenblick, und das muß ich schleunigst ändern!“

„Nein, Sire, ich habe keine jener Stellen gelesen, von denen Sie sprechen; denn ich kenne Ihr Werk nicht.“

„Aber Sie haben es mir doch gebracht!“

„Wohl wahr, Sire; aber es ist ebenso wahr, daß ich das Buch nicht einmal aufgeschlagen habe.“

„Daraus spricht gewiß eine große Zurückhaltung! Nun, so will ich Ihnen diese unglücklichen Verse vorlesen, die mich beunruhigen.“

Er las sie mir vor.

„Jetzt sehen Sie wohl, daß ich aus wichtigen politischen Gründen Ursache habe, unruhig zu sein und mich zu beeilen, eine andere Ausgabe zu veranstalten, wo ich die nötigen Verbesserungen vornehmen werde. Wenn ich mich beeile, werde ich diese Ausgabe zu Fall bringen, die ich als sehr fehlerhaft bezeichnen werde, und ich werde die Aufregung der Leute verhindern. Diese Verbesserungen sind nur um der Politik willen erforderlich. Zum Teufel, ohne diese Lumpenkerle würde ich mein Werk wohl wieder anrühren!“

Der König verbrachte die Nacht sehr unruhig und sehr erregt. Als er aufstand, waren sein Kopf und sein Gesicht stark geschwollen. Beim Zubettgehen hatte er einen Augenblick über heftige Zahnschmerzen geklagt. Als ich mich am folgenden Tage zur festgesetzten Stunde zu ihm begab, fand ich Seine Majestät mit derart eingehülltem Kopf, daß man nur die Nasenspitze sah, und seine Augen waren fast zur Hälfte geschlossen. In diesem Zustand, der mir sehr leidtat, arbeitete er an den Verbesserungen, von welchen er am Abend zuvor gesprochen hatte.

„Ach, da sind Sie ja, mein Lieber! In welchem Zustande treffen Sie mich an! Ich habe eine schreckliche Nacht verbracht. Mein armer Kopf, der voll ist von Geschäften und Hindernissen, muß sich auch noch mit diesen verfluchten Versen beschäftigen, die ich ändern muß! Sehen Sie, wieviel ich schon gearbeitet habe, mein Freund!"

Er hatte mehr als einhundertundfünfzig Verse umgearbeitet; ich führe diese Zahl an, weil er sie am Rande vermerkt hatte. Diese mühselige und unangenehme Änderung nahm den König bis zum 19. Februar in Anspruch. Er hatte außerdem in aller Eile ein kleines Vorwort geschrieben, in dem er sich über die fehlerhafte Ausgabe beklagte, die aus Bosheit veröffentlicht worden sei.

„So man das tut am grünen Holz, was will am dürren werden!" sagte er.

Er stellte an die Spitze seines verbesserten Werkes eine Ode gegen die Verleumdung und einige Strophen nach dem Prediger Salomo.

„Eine heilige Kapuzinerpredigt", sagte er, „die ich ausschließlich darum geschrieben habe, um das Wutgeschrei sinnloser Eiferer zu beschwichtigen, die die ganze Welt aufwiegeln und sie auch gegen mich aufwiegeln werden."

Der König beauftragte mich, alles an den Marquis d'Argens zu senden und ihn zu bitten, einen Drucker auszuwählen und diesem zu befehlen, sich möglichst zu beeilen. Der ganze Packen ging am 19. ab.

Der gute Marquis wandte sich an Néaulme[1], einen holländischen Verleger, der sich damals in Berlin aufhielt. Er ging zunächst auf den Vorschlag des Marquis ein; aber auf Veranlassung seiner Frau, die törichterweise befürchtete, es würden ihrem Gatten aus der Veröffentlichung dieses Werkes Verlegenheiten und Unannehmlichkeiten erwachsen, schrieb er dann dem Marquis, daß er sich damit nicht befassen könnte. Der Marquis schrieb mir, Néaulme wollte dieses Gedichtbuch nicht haben; er habe an Voß gedacht, einen Buchhändler in Berlin, der sich freuen würde, diesen Druck zu besorgen, und ich solle die Erlaubnis Seiner Majestät einholen. Ich berichtete, was mir

[1] Der Verleger Néaulme hatte Geschäfte im Haag und in Berlin.

geschrieben worden war; der König ärgerte sich und geriet in sehr üble Laune.

„Welch törichte Schwierigkeiten bereitet man mir da, und wieviel Zeit verliert man, um zu erfahren, ob dieser oder ein anderer mein Werk drucken wird! Was zum Teufel ist mir daran gelegen, ob Néaulme oder Voß es druckt, wenn man sich nur beeilt! Der Marquis sollte doch begreifen, daß es hier gilt, Zeit zu gewinnen und sie nicht zu verlieren in fruchtlosen Unterhandlungen mit diesem Lumpenvolk. Ich bitte Sie, schreiben Sie doch noch heute abend dem Marquis, man solle es um Himmels willen drucken und solle sich beeilen. Ich werde ihm auch ein Wort schreiben, das Sie Ihrem Briefe beifügen können. Guten Abend, mein Freund! Schreiben Sie schnell; diese lächerlichen Menschen betrüben mich. Sagen Sie dem Marquis noch, er solle mir meinen ‚Karl XII.' schicken; er sollte längst gedruckt sein. Wie langsam sind doch diese Berliner! Leben Sie wohl, mein Lieber."

Als der König die erwähnten Stücke überarbeitete, schrieb er auch noch während des Essens auf einen Papierfetzen Gedanken, die ihm einfielen über neue Gegenstände, die er zu bearbeiten sich vornahm.

Er begann die Reihe seiner Dichtungen mit einer Ode an den Erbprinzen von Braunschweig; dieses Stück wurde in den letzten Tagen des Januar beendet.

„Mein Freund, das wird mein Lieblingsstück sein, da es sich auf meinen teuren Neffen bezieht. Ich lasse es einige Zeit auf meinem Tische ruhen, um es dann nochmals vorzunehmen und zu verbessern. Dann werde ich mein Gedicht lesen und werde den geringsten Fehler merken. Das ist ein gutes Verfahren. Wenn man den behandelten Gegenstand überprüft, solange der Kopf noch voll davon ist, so wird man keinen Fehler bemerken."

Obwohl er erkannte, daß es gut sei, ein Werk liegen zu lassen, um es mit ausgeruhtem Kopfe durchzusehen, nahm er doch seine Ode schon am folgenden Tage wieder vor, verbesserte sie und sagte mir, ich sollte sie dem Marquis schicken. Dies tat ich noch am selben Tage und bat ihn, wenn er Seiner Majestät antwortete, so möchte er ihn aufmerksam machen auf einige Nachlässigkeiten und zwei oder drei mehrdeutige Verse.

Nach dieser Ode schrieb der König den ‚Bericht des Phihihu, Gesandten des Kaisers von China in Europa; aus dem Chinesischen übersetzt. In Köln bei Peter Hammer 1760. In Klein-Duodezformat."

Er schickte dem Marquis das kleine Stück mit diesem Titel, um es drucken zu lassen, und befahl ihm, nur sechs Abzüge davon herstellen zu lassen. Er fügte eine Epistel bei, die folgendermaßen beginnt:

Marquis, ich breche
In Ihre Hürde,
Als Schweizer bald,
Bald als Chinese.

„Glauben Sie, mein Lieber, daß man mich in diesem Werke erkennen wird?"

„Ich zweifle nicht daran, Sire; *ex ungue leonem.*"

„Die Mucker werden höllisch keifen; davon bin ich überzeugt. Es gehört nicht viel dazu, daß sie kläffen; oh, das macht mir Spaß. Sie werden sehen, der Heilige Vater vergibt mir die Sünden, trotz kleiner Tatzenschläge, die ich ihm versetzte, wenn es mir nur gelingt, seine teuren Freunde recht zu verprügeln." —

Auf einen Brief des Marquis d'Argens an den König, worin er ihm viel Lob spendete, antwortete Seine Majestät mit einer gereimten Epistel, die da beginnt:

Kein Höfling streute je mit Schmeichelreden
Noch süßern Weihrauch seinem Abgott hin.

Er las sie mir zweimal vor.

„Sie sehen, mein Lieber, daß ich Freunden wie Feinden gegenüber mit meiner Meinung nicht hinter dem Berge halte. Als guter Christ müßte ich diesen den linken Backen darbieten, wenn sie mir einen Streich geben auf meinen rechten; aber so sehr ich das Verzeihen von Beleidigungen bewundere, so fühle ich mich nicht stark genug, das Böse zu erdulden, das man mir antut, ja, nicht einmal das, von dem ich vermute, daß man es mir erst zufügen will."

Der König dichtete darauf folgende Epistel an Voltaire, der sich über Maupertuis in niederträchtiger Weise geäußert hatte:

Die kalte, tote Asche laßt in Frieden,
Wie auch die Manen von Maupertuis

„Dieser Mensch," sagte er, „ist hundertmal boshafter als jene Köter, die sich auf der Straße um einen Knochen streiten. Sie vergessen ihren Haß, wenn sie sich gerächt haben; aber Voltaire vergißt niemals und verzeiht niemals. Er ist ein ungewöhnlich falsches Geschöpf. Es ist gefährlich, ihn zu reizen; er beißt sogar, ohne daß man ihn reizt."

Ein schweizerischer Offizier, namens Herr von Holland, hatte auf eifriges Betreiben des Herrn von Hellen, unseres Gesandten im Haag, den holländischen Dienst verlassen, um als Artillerist in den des Königs zu treten. Da er in seinem Berufe geschickt und ein guter Mathematiker war, so hatte er dem König gefallen, der ihm versprach, ihn so zu stellen, daß er seinen Schritt nicht bereuen sollte. Diese schönen Besprechungen wurden aber nicht so bald erfüllt, wie der Offizier es wünschte, und da er seine Verlobte in Holland gelassen hatte, so bat er mich, bei Seiner Majestät für ihn um die Erlaubnis nachzusuchen, die Dame zu heiraten. Obgleich der Zeitpunkt nicht günstig war, übermittelte ich dem König sein Anliegen; aber er verweigerte die Erlaubnis. Ich benutzte einen Augenblick, in dem ich den König heiter sah, um auf den Auftrag zurückzukommen. Diesmal gewährte er die Bitte des Majors, aber unter der Bedingung, daß die Eheschließung nicht vor dem Ende des Krieges vollzogen würde. Ich gab dem Major Bescheid von der Einwilligung und der Bedingung. Er fand diese durchaus angebracht; aber die Verlobte, eine reiche Erbin, meinte, der Friede könnte noch weit entfernt sein, für ihre Wünsche wohl gar zu weit, und da sie von einem anderen Verehrer umworben wurde, der ihr nahe

nahe war, so zog sie diesen vor und gab dem armen Major den Laufpaß, der es in Geduld ertragen mußte. Ich erzählte dem König dieses Mißgeschick.
„Wie hat er es aufgenommen?"
„Sehr gut, Sire, und mit um so größerer Ergebung, als er alle seine Hoffnungen auf Eure Majestät gründet."
„Ich werde ihn für seinen Verlust entschädigen."
Ich übermittelte dem Major diese gute Nachricht.
Der König entwarf über diese Angelegenheit eine Skizze, deren Anfang er mir zeigte; er lautete:

In diesen schönen Tagen verjüngt sich die Natur,
Verschwindet aus den Lüften des Reifes letzte Spur.

„Hier habe ich ein Gedicht für Ihren Major; ich werde es unterwegs in unseren Quartieren beenden. Ich werde es dann verbessern und wieder verbessern, damit es seiner würdig sei. Jetzt habe ich noch zwei oder drei Stücke, die ich noch vollenden will, bevor wir diesen Ort verlassen."
Nachdem er sich ein wenig auf Kosten des Majors erheitert hatte, schrieb der König eine Ode an die Deutschen:

O unglückselge Deutsche! Eure innern Kriege,
Unruhen, Rasereien verkünden euren Fall.

Das war das einzige Stück, bei dem der König sehr wenig Streichungen und Verbesserungen vornahm.
„Ich habe es fast ganz auf den ersten Anhieb geschaffen," sagte er; „ich war ganz erfüllt von meinem Gegenstande. Ich glaube, es ist ziemlich gut gelungen, ziemlich in Racines Art, und ist voll neuer Gedanken."
Herr d'Alembert schrieb dem König, man habe in Frankreich die ‚Enzyklopädie' verboten und wolle seine Werke verbrennen. Der Marquis d'Argens, der dem König diesen Brief zusandte, bestätigte den ersten Punkt, und bezüglich der Absicht, die Werke des Philosophen zu verbrennen, schrieb er, daß man es schon getan habe. Um Herrn d'Alembert über diese Verbrennung zu trösten, dichtete der König eine Epistel für ihn und sagte ihm in einem

eigenhändig geschriebenen Briefe, daß die Verbrennung, weit entfernt, seinen Werken zum Schaden zu gereichen, sie und ihn noch berühmter machen werde, obwohl sie diese Maßnahme hätten entbehren können, um zur größten Berühmtheit zu gelangen. Der Anfang dieser Epistel lautete:

Ein Midasrat[1] in Priesterrock und Stola
Hat Ihre Werke, die unsterblich sind, geächtet.

Seit der Rückkehr des Königs nach Elsterwerda und vor dem Gefecht bei Maxen hatte Voltaire oft an den König geschrieben, um ihn zum Frieden zu bewegen. Der König antwortete ihm, er wünsche nichts sehnlicher als das; der Patriarch erwiderte, daß die Angelegenheit sich wohl bewerkstelligen ließe, daß er eine Möglichkeit dazu sähe und daß er sich gelegentlich dafür verwenden wollte auf einem gewissen Wege, von dem er künftig einmal sprechen würde. Der König schöpfte aus diesen Briefen einige Hoffnung, obwohl er den Patriarchen und seine Briefe ins Lächerliche zog.

„Er leidet an der krankhaften Sucht, zu unterhandeln, wie auch an der, reich zu sein. Er will die Rolle Priors spielen, der von London nach Frankreich gesandt worden ist. Er brüstet sich und meint, er sei dazu geschaffen, würdevoll aufzutreten. Dieser alte Tor weiß und bemerkt nicht, daß kein Mensch jemals weniger zum Unterhandeln geeignet war als er."

Indessen antwortete der König Voltaire in Versen und richtete folgende politische Epistel an ihn:

Sie müßten, glauben Sie, zum Frieden mich bewegen,
Der doch schon jederzeit in meinem Wunsch gelegen.

Er schrieb noch eine zweite Epistel für ihn; nachdem er ihm gesagt hatte, daß er in seiner schriftstellerischen Laufbahn viel Lorbeer erworben hätte, endete er mit folgenden Versen:

[1] Der phrygische König Midas bekam Eselsohren, weil er den Silen Marspas dem Apollon vorzog.

Trotz soviel wohlgelungner Schriften
Hab' ich doch auch, wie alle Welt, gedacht:
Geläng' es Ihrer klugen Macht,
Den Frieden unter uns zu stiften,
So hätten Sie Ihr Meisterwerk vollbracht.

Der Patriarch stand hinter dem König nicht zurück; er antwortete sehr schnell, wobei er den empfangenen Versen ein sehr hohes Lob spendete, und der König, sehr geschmeichelt, verlor keinen Augenblick, um an den Dichter und Unterhändler eine weitere Epistel zu richten:

In Cäsars Kunst und in die Ihre
War ich in meiner Jugend zu verliebt . . .

und er schloß:

Um all mein schwaches Tun auf treue Hilfe
Für Witwen und für Waisen zu beschränken.

Die Briefe über diese lobenswerten Unterhandlungen folgten einander sehr schnell. Voltaire schrieb noch: Auf Bitten einer schönen Dame, eines Zieraffen zwar, aber einer guten Freundin eines gewissen Herzogs und Ministers, habe er sich entschlossen diesem zu übermitteln, was ihm der König geschrieben habe, und er könne nicht umhin, seinem Briefe die Antwort beizufügen, die ihm der Herzog erteilte. Seine Majestät der König nahm weder den Brief des Dichters, noch die Antwort des gewissen Ministers freundlich auf; er verhöhnte beide, und dieser Spott war ein wenig mehr als bittersüß.

„Die Leute sind verrückt," sagte er, „und werden es bleiben bis ans Ende der Welt. Ich habe den Schwätzereien des Dichters Prior-Voltaire niemals im mindesten getraut, und ich habe nichts Gutes von diesem Lothringer erhofft. Es gibt zwei Richtungen in Versailles; die eine will den Frieden; aber der gewisse Minister, der Freund des Zieraffen, will den Krieg; er hat Mittel und Wege gefunden, über die anderen den Sieg davonzutragen, und denken Sie an das, was ich Ihnen sage: Sie werden sehen, daß die Friedensaussichten schwächer sind denn je."

Dagegen hatte der König wenige Tage zuvor gesagt: „Sie werden sehen, die Franzosen sind gezwungen, Frieden zu schließen. Ihre Geldmittel sind erschöpft, ihr Handel ist vernichtet. Der Frieden wird zustandekommen, das erwarte ich, und das wird immerhin einen beträchtlichen Gewinn bedeuten."

Dieser Brief Voltaires an den König und die Antwort des Herzogs an den Dichter ließen den Plan entstehen zu folgender Epistel an den Patriarchen:

Reizende Leute, liebenswürdige Toren,
Sie reden vom Frieden und vergessen den Blitz!

Der König beschloß die Reihe seiner Dichtungen in Prosa und in den Versen mit folgender Epistel:

Der trübe Winter geht, von banger Hast erfüllt;
Er flieht nun endlich, dicht in Nacht und Reif gehüllt.

„Mein Lieber, so nehme ich Abschied von diesem strengen Winter, den wir hier erduldet haben, und von diesem Aufenthalte, der mir, weiß Gott, genug Ängste gebracht hat."

Dieser ausführliche Bericht von den Verbesserungen und Dichtungen, die der König in diesem Winterquartier vollendete, könnte die Meinung erwecken, es wäre ihm keine Zeit zum Lesen geblieben. Er fand jedoch auch dazu Gelegenheit und benutzte sie, indem er sich, wie ich es bereits bei unserer Ankunft in Freiberg berichtete, für seine Lektüre, die er allein vornahm, bestimmte Zeiten festsetzte. Hier ist der Bericht darüber. Er begann mit dem Volksbuch von der schönen Magelone und dem Märchen Blaubart.

„Sie würden nie erraten, was ich gelesen habe", sagte er an dem Abend, als er diese Lektüre vorgenommen hatte.

„Nein, Sire."

„Die schöne Magelone und Blaubart! Bin ich nicht ein alter Tor, daß ich mich mit derartigen Hirngespinsten vergnüge? Ich bin wie Malebranche, der sich mit Kinderspielzeug zu unterhalten wünschte, und ich sage mit La Fontaine:

Wenn ich nur Märchen hören durfte,
War ich von ganzem Herzen froh.

Ach, mein Freund, ich brauche alle Mittel, um mein jetziges Unglück zu ertragen und die Bilder der Zukunft zu verdrängen, die vielleicht unheilvoll sein wird. Als ich meinen Blaubart las, habe ich übrigens sehr ernsthafte Betrachtungen angestellt, die ich auch aufgezeichnet habe. Wenn ich zu dem so ersehnten Frieden gelange, so werde ich diese Betrachtungen erweitern und werde daraus das seltsamste, erstaunlichste, rechtgläubigste, erbaulichste und lächerlichste Werk des achtzehnten Jahrhunderts gestalten." Nach dieser schönen Lektüre las der König folgende Bücher, und zwar in der Reihenfolge, wie ich sie anführe: den ‚Beobachter', den ‚Modernen Erzieher' und den ‚Menschenfeind'.

„Ich wollte mir ein Fest damit bereiten, diese Bücher wieder zu lesen. Sie hatten mir in meinem Rheinsberg ausnehmend zugesagt, und nun mißfallen sie mir. So verändert das Alter oder vielleicht auch die Lage eines Menschen seine Art, die Dinge zu betrachten und Geschmack an ihnen zu finden."

Er schenkte mir diese drei Werke. Dann las er: ‚Virgil' vom Abbé des Fontaines und ‚Horaz' von Sanadon[1], und zwar in der Ausgabe in einem Bande, die er in der königlichen Druckerei veranstaltet hatte, ferner die Werke Ovids in zwei Bänden, ebenfalls aus seiner Druckerei, Racines Tragödien, Voltaires Trauerspiele und vier Bände seiner vermischten Schriften; von Gresset, ‚Vert-Vert', die ‚Kartäuserin', die Epistel an den Pater Bougeant und seine Epistel an seine Schwester über ihre Genesung; die Jahrbücher des Kaiserreiches[2], die Erinnerungen von Feuquières,

[1] Noël Etienne Sanadon (1676—1733), Jesuit; die Ausgabe seiner Horaz-Übersetzung von 1747 schreibt man Friedrich d. Gr. zu. — [2] Von Voltaire.

die beiden letzten Feldzüge von Turenne, die er sehr hochschätzte, und was er vom Prinzen Eugen zur Hand hatte, „ein Werk", sagte er, „das sehr viel besser hätte sein können." Er beschloß seine Lektüre, wie er sie begonnen hatte, mit leichtem Lesestoff, mit den Erzählungen von Hamilton[1] und den Erinnerungen des Grafen ‚Grammont', die die Fortsetzung jener hübschen Erzählungen bilden.

Das waren die Überarbeitungen, die Dichtungen und die Lektüre des Königs während seines Aufenthaltes in Freiberg. Die literarische Beschäftigung zog ihn niemals auch nur einen Augenblick von seinem Hauptgeschäft ab: von den Heeresangelegenheiten, von seinem Bestreben, die erlittenen Verluste auszugleichen, Vorbereitungen zu treffen für einen neuen Feldzug und durch Verhandlungen dem verhängnisvollen Kriege ein Ende zu bereiten. Wie viele Briefe schrieb er in diesem Winterquartier an den Prinzen Ferdinand, an seine Gesandten an den fremden Höfen, an die Generale, die Korps befehligten, an die Minister der Provinzen, an die Statthalter, an die Festungskommandanten, an die Regimentsführer, an alle Verwalter der Lebensmittel und all der Ausrüstungsgegenstände, die zu einem Feldzug nötig sind! Dieser Briefwechsel war ungeheuer ausgedehnt; er allein hätte genügt, die gesamte Zeit eines Mannes auszufüllen, der sich nur ihm hätte widmen dürfen.

Der König war fast während der ganzen Zeit seines Aufenthaltes in Freiberg verdrießlich, äußerst traurig und sehr übler Laune. Zuweilen, wenn er einigen Hoffnungsschimmer sah, überließ er sich seiner natürlichen Heiterkeit: Er schrieb Scherzgedichte, erzählte und sagte:

„Mein Freund, das sind Lieder, mit welchen ich mein armes kleines Kind einwiege, um es am Schreien zu

[1] Antoine d'Hamilton (1646—1720), französischer Schriftsteller, beliebter Märchendichter; seine hier erwähnten Erzählungen sind Nachahmungen der damals in Frankreich bekannt gewordenen Märchensammlung „Tausendundeine Nacht". In den berühmten „Erinnerungen des Grafen Grammont" erzählt er die Abenteuer seines Schwagers; das Werk schildert sehr anziehend den Hof und die Zeit Karls II. v. England.

hindern, um die Schmerzen zu besänftigen, die es empfindet, und um es, wenn möglich, einzuschläfern."
Aber diese glücklichen Augenblicke, die mich entzückten, waren von sehr kurzer Dauer.
„Ich bin wie der Schwan, dessen Stimme niemals melodischer ist, als wenn sein Leben erlischt. Mein Lieber, ich fühle und sehe, wie der Augenblick meines Falles sich naht. Sie können überzeugt sein, daß ich mich den Schicksalsschlägen, die ich über meinem Haupte sehe, mit standhaftem Mut widersetzen werde. Wie entsetzlich, wenn ich mein Volk und mich selbst überleben müßte!"
Sein Vater, der König, und seine Mutter, die Königin, der Prinz von Preußen, die Markgräfin von Bayreuth traten nacheinander vor sein geistiges Auge und vermehrten die Traurigkeit, die er empfand. Er wiederholte mir voll Betrübnis, was er mir so oft über sie gesagt hatte, und jedesmal, wenn er davon sprach, sagte er:
„Mein armer Freund, ich werde Sie noch ganz ebenso traurig und schwermütig machen, wie ich es bin."
Eines Tages, als der Marquis d'Argens ihm den Tod eines seiner Köche meldete, sagte er: „Lesen Sie, was der Marquis mir mitteilt und was ich ihm darauf geantwortet habe. Halten Sie mich nicht für recht verrückt, daß ich daran denke, die Stelle dieses Taugenichtses von Koch einzunehmen in diesem bedenklichen Augenblick, da ich durchaus nicht weiß, ob ich das Ende dieses unglücklichen Krieges erleben werde und ob mir Geld genug bleiben wird, um die zu befriedigen, die in meinem Dienste stehen?"
In diesem Tone bewegten sich fast alle seine Gespräche. Aber er wurde während der beiden letzten Tage, die man in dieser Stadt verbrachte, noch viel trauriger.

23. April 1760. In Freiberg

Der König ließ am Morgen seine Bücher und seine Papiere einpacken. Jedermann glaubte daher, er würde am selben Tage noch aufbrechen; aber es wurde nichts daraus. Ich hatte Befehl, mich um ein Uhr zu ihm zu begeben,

unmittelbar nach seinem Mittagessen, das nur einige Minuten dauerte.
„Ich fühle mich nicht wohl", sagte er, „durchaus nicht wohl. Ich weiß nicht, was mir fehlt. Da ich unfähig bin zum Lesen und zum Schreiben, so habe ich alle meine Albernheiten einpacken lassen. Wissen Sie ein Mittel, daß man sich wohlfühlt bei dem unheilvollen Gedanken, früher oder später zu unterliegen? Sie haben gesehen, mein Lieber, daß ich hier buchstäblich das Leben eines Benediktiners geführt habe, daß ich mich förmlich begraben habe mit meinen Büchern und mit meinen Schriften und daß ich zumeist meine traurigen Mahlzeiten in ihrer Gesellschaft eingenommen habe. Ich habe in diesen Stunden, da ich las und schrieb, die wohltuende Macht dieser Beschäftigung verspürt; aber, aber, das hilft jetzt zu nichts mehr. Nun geht der Feldzug wieder an, große Schläge werden nun fallen, und soll ich nach all den Schicksalsschlägen, die ich erduldet habe, nicht fürchten, noch schrecklichere ertragen zu müssen? Alles, was ich tun kann, ist nur das eine: alles ins Werk zu setzen, um diese Schicksalsschläge zu verhüten, wenn es möglich ist, und mich zu wappnen, sie auszuhalten, wenn sie eintreten. Ich werde mich gewiß nicht schonen und werde zur Rettung meines Volkes gern mein Leben opfern, das sehr hart, mühevoll und grausam ist. Welch armseliges Opfer würde ich ihm im Grunde damit bringen, mein Lieber!"
Bei diesen düsteren Gesprächen erinnerte ich ihn an sein reiches Genie, das ihn hinreichende Mittel würde finden lassen, allen seinen Feinden zu widerstehen. Ich hielt ihm die Standhaftigkeit seiner Seele, ja sogar die Furcht entgegen, die er empfand, früher oder später zu unterliegen:
„Ich hoffe, Sire, daß der Zusammenbruch, den Sie fürchten, nicht eintreten wird, eben weil Sie ihn fürchten und weil alles besser gehen wird, als Sie meinen, oder weniger schlecht, als Sie denken."
„Ach, das ist ein drolliger Gedanke! Und wie kommen Sie darauf? Das sagen Sie mir bitte."
„Ich habe die Ehre, Eure Majestät damit die Beobachtung

mitzuteilen, die ich gemacht habe, daß gewöhnlich alles gut ging, wenn Sie das Gegenteil befürchteten, und daß die Erfolge nur selten den Erwartungen, die Sie daran knüpften, kurz, Ihren Hoffnungen, entsprachen."

Ich wollte nicht sagen: seinem zu großen Vertrauen, das ihn zuweilen verleitete, die Feinde zu unterschätzen.

„Aber Sie müssen Tatsachen anführen!"

Ich nannte ihm Olmütz. „Eure Majestät sagten eines Abends in Schmiersitz zu mir: ‚Jetzt werde ich die Belagerung vornehmen. Stellen Sie Ihr Bett auf, schlafen Sie ruhig. Sie werden sehen, daß ich die Stadt ohne Schwertstreich nehme.' "

„Richtig. Und dann?"

„Am Abend vor der Schlacht bei Zorndorf, als Sie in Dammühle wohnten, sagten Sie: ‚Morgen greife ich die Russen an; ich werde sie tüchtig verprügeln ohne viel eigene Verluste.' "

„Das mag auch noch hingehen. Wissen Sie noch mehr?"

„Bei Hochkirchen glaubten Sie, die Österreicher würden von selbst nach Böhmen ziehen, und Sie könnten Sie dazu zwingen, wenn sie darauf bestehen sollten, in der Lausitz zu bleiben."

„Sie rufen da eine traurige Erinnerung wach, mein Lieber! Aber Sie sagen ja nichts von meinen Befürchtungen?"

„Nach dieser Schlacht fürchteten Sie sehr für Neiße und für Sachsen, und Sachsen und Neiße blieben Ihnen erhalten. Sie fürchteten nach dem Tage von Kunersdorf, daß nun das ganze Schiff verloren wäre, und das Schiff schwimmt noch immer und wird noch lange schwimmen."

Der König lächelte über meine Ansicht und führte selbst alle Fälle aus diesem Feldzuge an, die die Richtigkeit meiner Beobachtung dartun konnten. Zu meiner großen Überraschung sprach er sogar von dem Gefechte bei Maxen, und er zog folgenden Schluß:

„Um ein wenig Glück zu haben, muß man also zweifeln, fürchten und den Ereignissen mißtrauen. Wenn das alles erforderlich ist, um Erfolge zu erringen, ach, mein Freund, welche Erwartungen darf ich dann jetzt hegen!"

Dieses Gespräch endete um vier Uhr.

„Ich habe noch einige Befehle zu erteilen für den Marsch, den wir machen müssen. Wenn das Gespräch eines Unglücklichen Ihnen nicht gar zu sehr zur Last wird, so tun Sie mir doch den Gefallen, um sechs Uhr wiederzukommen."

Ich kam wieder. Der König empfand nicht mehr dieses Unbehagen, über das er sich beklagte. Aber sein Gespräch war nicht minder ernsthaft und traurig.

Nachdem er einige Zeit vom Erbprinzen gesprochen hatte, von der Freude, die ihm das Wiedersehen mit ihm bereitet, von dem Kummer, den seine Abreise ihm verursacht habe, von allen traurigen Gedanken, die bei dieser Gelegenheit von neuem in seinem Geiste aufgetaucht seien, von den Gaben und der Herzensgüte dieses Prinzen, da schloß er endlich mit Tränen in den Augen: „Wer weiß, ob wir uns jemals wiedersehen!"

Dieser Ausruf rührte mich, da er aus tieftrauriger Seele kam. Ich versuchte, diese trübe Stimmung zu verscheuchen, indem ich selbst vom Erbprinzen sprach, sowie von der Ode, die er an ihn gerichtet, von der Sorgfalt, mit der er daran gearbeitet hatte, und von dem Beifall, den sie fände, wenn sie bekannt würde.

„In Anbetracht meiner unerhörten Lage ist sie nicht schlecht", sagte er; „aber was nützt mir das? Die Verhältnisse werden dadurch für mich nicht weniger stürmisch und schrecklich; ich werde dadurch nicht weniger rasend über mein Mißgeschick und über mein gar zu unglückliches Leben. Es genügt, daß ich mir etwas wünsche, so bleibt es mir unerreichbar. In Tantalus sehen Sie das Bild der Qualen, die ich erdulde. Ich habe ernstlich den Frieden gewünscht; ich habe das Menschenmögliche getan, ihn zu erlangen; ich habe an allen Türen geklopft, oder andere haben es für mich getan, und alle Türen sind verschlossen geblieben. Einige Male war ich so töricht zu glauben, der Frieden wollte mir lächeln, und in dem

Augenblick, da ich ihn in Händen zu haben vermeinte, als ich mir sagte: Da ist er nun, endlich ist er da — da entschlüpft mir der Falsche! Urteilen Sie selbst, mein Lieber, nach dem Bilde, das ich Ihnen entwerfe, ob es ein unglücklicheres Geschöpf gibt als mich! Ich hoffe, daß der Tod eines meiner erlauchten Brüder auf dem Throne einige Veränderungen herbeiführen wird, die mir günstig sein könnten; doch zu meinem und ganz Europas großen Erstaunen ändert sich nichts, und meine Hoffnungen sind umsonst gewesen. Ich sende den erfahrenen und geschickten Cocceji nach Turin, damit er versuchen soll, den König von Sardinien[1] zu einem Ablenkungsfeldzug in der Lombardei zu bewegen, der entweder den König von Frankreich oder die Kaiserin-Königin beschäftigt hätte, und mein Versuch ist erfolglos. Mein Lieber, das ist eine Reihe von Mißerfolgen, wie sie nur mir vorbehalten sind; das ist das verhängnisvolle Los, das ich gezogen habe in der großen Lotterie dieser besten aller Welten, und dieses Los ist dadurch um so verhängnisvoller, daß ich es behalten und damit zufrieden sein muß. Wenn das alles jedoch zu einem Zusammenbruch führt, mein Freund, so dürfen Sie glauben, daß ich nicht der Geprellte des Schicksals sein werde, das mich verfolgt; ich werde das Stück so beenden, wie es enden muß."

Bei diesen Worten führte er nochmals jene oft gehörten Verse an:

Hat man alles verloren, ohne Hoffnung und Licht,
Wird das Leben zur Schande, der Tod zur Pflicht[2].

„Ich werde ganz gewiß meine Pflicht erfüllen, in jeder Hinsicht!"

Indem er dann seine Hand auf meine Schulter legte, sagte er: „Mein Freund, ich fühle es wohl, daß ich Ihre Gefälligkeit mißbrauche. Sie haben gehofft, angenehme Zeiten mit mir zu verbringen, und infolge der Teilnahme,

[1] Karl Emanuel I. (1701—1773), seit 1730 König von Sardinien. — [2] Verse von Voltaire aus „Mérope". (Vgl. unterm 14. Okt. 1758.)

die Sie für mich und meine Lage empfinden, habe ich Sie sehr traurige erleben lassen."

Die Antwort, die ich ihm gab und welche die Antwort eines ihm ergebenen Herzens war, wurde mir mit einer Umarmung gelohnt.

„Bleiben Sie immer derselbe, und in welchen Verhältnissen ich mich auch befinden mag, so sollen Sie keine Veranlassung haben, die Stunden zu betrauern, die Sie mir gewidmet haben. Machen wir uns auf alles gefaßt, und überlassen wir uns dem Strome der Wechselfälle, der uns trägt und hinwegführt! Guten Abend und gute Nacht! Morgen zum letzten Male in diesem Zimmer, in dem ich so schwere Stunden verbracht habe. Ich glaube, es ist spät."

„Zehn Uhr, Sire."

„Was habe ich Ihnen nun wieder vorgeschwatzt! Leben Sie wohl."

24. April 1760. In Freiberg

Ich wurde um vier Uhr gerufen; ich fand den König mit Schreiben beschäftigt.

„Sie sehen mich hier Verse kürzen, die ich im vergangenen Monat dem guten Marquis geschickt habe. Sie sind eine ziemlich wohlgelungene Darstellung meiner Gedanken über die Art und Weise, eine Tragödie zu beschließen."

„Sie wissen, mein Lieber, daß ich seit dem Augenblick, da ich Ihnen in Doberschütz meine Trösterin, die kleine Dose, zeigte, meine Absicht nicht geändert habe. Sie ist fest und wird fest bleiben. Sollte ich mein völliges Verderben überleben? Dieser Gedanke flößt mir Entsetzen ein! Nein, nein, mein Freund, das wird nicht geschehen! Mein ehrlicher Marquis versteht das nicht ganz. Er glaubt, da ich Verse schreibe, sei meine Seele ruhig; aber ich schreibe sie, um mich abzulenken von dem Schmerze, der mich zu Boden drückt, und um mir ein paar sorglose Augenblicke zu verschaffen. Sie dürfen überzeugt sein, mein Lieber, daß ich weniger um meinetwillen leide und meine Lage entsetzlich finde, sondern weil ich sehe, wieviel

Unheil auf mein Vaterland zu stürzen im Begriff ist. Ich gestehe Ihnen, daß dieser schreckliche Gedanke, der sich unaufhörlich meinem Geiste aufdrängt, meine Standhaftigkeit völlig erschüttert.

D'Argens hofft wie Sie, daß ich alles überstehen werde. Aber er vergleicht nicht, wie Sie es zu tun vermögen, meine Kräfte und Hilfsquellen mit denen der vielen Feinde, die ich auf meinem Wege finden werde und die ich bekämpfen muß. Glauben Sie mir, Catt, die Aussicht ist trostlos; ich überschaue sie in ihrer gangen Ausdehnung. Und nachdem ich solange der Spielball des Schicksals gewesen bin, wie sollte ich nicht die Schläge fürchten, die es mir noch aufspart? Aber genug der Jeremiaden! Sie führen zu nichts. Ich muß handeln, muß mich stärken gegen die Schläge des Schicksals und standhalten so gut wie möglich. Ich habe, so gut ich es vermochte, die Regimenter ersetzt, die ich bei Maxen und bei der Dierickeschen Angelegenheit verloren habe. Aber was für Regimenter, mein Lieber! Sie sind nur Aushängeware! Ich habe sowohl sächsische Bauern als auch Fahnenflüchtige nehmen müssen, und dazu, was ich an Offizieren habe finden können, um diesen Haufen Menschen zu führen. Trotz dieser Übelstände werde ich tatkräftig wirken, aber mit jener Vorsicht, die der jetzige Zustand meiner Truppen und die Zahl meiner Feinde erfordern, die in diesem Feldzuge noch stärker sind als in den vorigen. Ich habe mir mit zwei Dragonerregimentern zu helfen gesucht, die ich von der Armee des Prinzen Ferdinand hergerufen habe, um meine Reiterei zu verstärken. Morgen nachmittag werden wir Segel setzten, und dann möge die Galeere schwimmen! Ich habe noch einige Anordnungen zu treffen; daher werde ich Sie nicht länger mehr aufhalten. Vielleicht werde ich Sie morgen früh einen Augenblick kommen lassen. Wenn es nicht der Fall sein sollte, so wünsche ich Ihnen einen guten Abend und glückliche Ankunft in Schlettau, wo ich Quartier beziehen werde. Vergessen Sie mich nicht in Ihren Gebeten; ich denke, sie werden inbrünstig sein. Leben Sie wohl!"

25. April 1760. In Freiberg

Ich wurde um neun Uhr morgens gerufen. Der König hatte seine Bücher wieder ausgepackt.

„Ich habe alle meine Geschäfte erledigt," sagte der König, „und da ich ein paar freie Augenblicke ausnutzen wollte, so habe ich meine Bücher noch einmal ausgepackt. Sie sehen mich damit beschäftigt, einige Stellen meiner ‚unehelichen Werke' zu überprüfen."

„Unehelichen, Sire?"

„Ja, oder unechten, wenn Sie wollen."

Er las mir die Stücke seiner ‚Vermischten Gedichte' vor, die er geändert hatte, und fragte mich bei jeder Änderung, ob sie mir natürlich scheine und ob das Publikum glauben werde, daß die Ausgabe, die er veröffentlichen lasse, wirklich die rechtmäßige Ausgabe sei.

„Ich glaube wohl, Sire."

„Heißt das nicht, aus einer sehr ehrenhaften Frau eine große Kokette zu machen?"

„Ja, Eure Majestät versteht es aufs beste, derartige Verwandlungen vorzunehmen."

„Aber diese Verwandlung hier hat mich viel Mühe gekostet, und der Grund, der mich gezwungen hat, sie vorzunehmen, hat mich beunruhigt und tut es noch immer. Denn nun bin ich wider Willen in den Augen der ganzen wissenschaftlichen Sippe ein entlarvter Dichter, und ich werde wahrhaft rasend, daß ich es bin. Was wird man nicht alles von mir sagen, und was für verfluchte und elende Stücke wird man nun unter meinem Namen in die Welt gehen lassen! Die Schurken, die meine Gedichte veröffentlicht haben, die haben mir in jeder Hinsicht den teuflischsten Streich gespielt. Aber nicht das darf mich jetzt beschäftigen; hier gilt es, das Verhängnis zu überwinden. Mein Lieber, wenn ich unter den jetzigen Verhältnissen am Ende dieses Feldzuges, der sehr mühevoll sein wird, noch aufrecht stehen werde, dann kann ich hoffen, daß ich mein Schiff noch retten werde und daß ich endlich ein wenig werde aufatmen können. Was meinen Sie dazu? Hoffen Sie noch immer?"

„Ja, Sire, ich hoffe.“

„Sie sind wirklich ein seltsames Geschöpf! Wie können Sie noch Hoffnung haben? Verlassen sie sich, wie unser guter Marquis, auf diese Weissagungen, die man jetzt aussprengt und die uns durchaus günstig sind, wie er mir schreibt?“

„Nein, Sire, ich glaube durchaus nicht an all die modernen Weissagungen, und ich bin überzeugt, daß der Marquis nicht mehr als ich daran glaubt.“

„O zum Teufel, er glaubt daran! — Nun also, mein Herr, was läßt Sie so vertrauensvoll sein?“

„Daß Sie mir in diesem Winterquartier oft die Ehre erwiesen, mir zu sagen, daß Sie den Feinden gegenüber den Zügel äußerst fest in der Hand behalten wollten; daß Sie bestrebt sein würden, ihnen niemals irgendwelche Leute zu überlassen; daß Sie alle Fehler ausnutzen wollten, die sie etwa begehen könnten; daß Sie sie aber ansehen wollten als Leute, die nicht unterschätzt werden dürften. Das waren Ihre Worte, Sire, und diese Worte beruhigen mich. Die Hauptsache ist, daß Eure Majestät über Ihre Gesundheit wachen und sich niemals, wie bisher, mit soviel kummervollen Gedanken beschäftigen.“

„Ich glaube beinahe, Sie haben mir nun eine ganz kleine Predigt gehalten. Und wissen Sie, wie man in meiner jetzigen Lage keine kummervollen Gedanken haben könnte? Geben Sie mir das Mittel an, wenn Sie es können! Mein kummervoller Gedanke ist der Zustand meines Vaterlandes. Ich werde alles opfern, um es zu retten; die Ungewißheit aber, ob ich es retten werde oder nicht, die martert mich, die macht mich zuweilen rasend! Mein Lieber, wie oft an jedem Tage verschreibe ich mein Leben dem Teufel!“

Vierter Teil

25. April 1760. In Schlettau

Ich wurde um acht Uhr gerufen und fand den König damit beschäftigt, seine Papiere und seine Bücher zu ordnen.

„Sie sehen mich hier mit meinen Tröstern. Da ich hier auf einen ziemlich langen Aufenthalt rechne, so habe ich mir diese Arbeit zugemessen. Ich werde diese Bücher bewältigen, und ich werde dieses Papier vollkritzeln, das Sie da sehen."

„Und das ist nicht wenig, Sire! Ein Benediktiner brauchte nicht mehr im Laufe eines Jahres."

„Das könnte sehr wohl sein."

Er hatte die Bücher so geordnet, wie er sie zu lesen sich vorgenommen hatte. Der erste Band von Lukrez, der zweite Band von ‚Art und Weise, die schönen Wissenschaften zu studieren', die Rhetorik und die Poetik des Aristoteles, die Leichenreden von Flèchier, das ‚Kleine Buch der Fastenpredigten' von Massillon; ‚Zaïre' von Racine; ‚Alzire', ‚Orest', ‚Mérope' und ‚Brutus' von Voltaire; Tacitus; ‚Nötige sie, hereinzukommen' von Bayle[1], und die beiden letzten Feldzüge von Turenne: das sollte seine Lektüre in diesem Quartier sein.

„Ich werde hier meine Seele gründlich speisen; denn ich ahne wohl, daß ich in diesem Feldzuge der Literatur und der Philosophie nicht mehr viel Zeit werde widmen können. Dieser Feldzug wird lebhaft werden, mein Lieber;

[1] Eine Schrift über Luk. 14, 23 von Pierre Bayle (vgl. Namenverzeichnis). Friedrich d. Gr. schätzte den Skeptiker Bayle und empfahl dessen Werke auch seinem Bruder, dem Prinzen Heinrich.

er wird schrecklich sein. Und welches Ergebnis wird er haben? *Ignoramus!* Ist das gutes Latein?"

„Sehr gutes, Sire."

„Ich glaube, ein wenig Ruhe wird sowohl Ihnen wie mir sehr wohltun. Ich grüße Sie also! Morgen um fünf Uhr!"

26. April 1760. In Schlettau

Während der ersten Augenblicke, die ich beim König war, erschien er mir ziemlich zufrieden und ruhig.

„Ich bin heute morgen viel umhergelaufen. Ich habe alle meine Truppen ordnungsmäßig untergebracht. Der größte Teil liegt in Quartieren. Das wird sie wieder ein wenig erquicken. Was haben sie doch leiden müssen während des ganzen vorigen Feldzuges und besonders seit dem vergangenen November bis zu diesem Augenblicke! Mich haben ihre Leiden lebhaft gerührt, und wenn diese braven Leute so für mich leiden, soll ich ihnen dann nicht das Opfer meiner Ruhe und meiner Bequemlichkeit bringen? Auf der Rundreise heute morgen bin ich einem ganz kleinen Offizier begegnet. ‚Sie sind noch recht jung', habe ich zu ihm gesagt; ‚sind Sie denn schon trocken hinter den Ohren?' Ohne die Fassung zu verlieren, antwortete mir dieses Endchen Mann, indem es mich fest anblickte: ‚Sire ich bin zwar jung; aber mein Mut ist alt.' Diese Antwort hat mir gefallen; ich glaube, er wird ein tüchtiger Mann werden."

Als er das erzählte, sah er andere, ebenfalls junge Leute, die unter seinen Fenstern Pferd spielten, so wie es die kleinen Knaben tun.

„Kommen Sie schnell her, mein Lieber! Sehen Sie nur diese kleinen Buben! Welche Kinderei!"

Dann deklamierte er folgende Verse[1]:

„Sieh, was für Rächer zu dem Streit sich rüsten:
Ein Greis, und Kinder! O du ew'ge Weisheit!
Doch hältst du sie, wer wollte sie erschüttern?"

[1] Nach Racine, „Athalia", 3. Aufz., 7. Auftr. Statt „ein Greis" steht im Original: „ein Priester".

Der Anblick dieser jungen Offiziere, die sich so vergnügten, bereitete ihm großen Kummer, und seine traurigen Gedanken erschienen wieder.

„Mein Freund, weder die Anstrengungen, noch die Gefahr fürchte ich, sondern die Unerfahrenheit so vieler Offiziere, die ich habe nehmen müssen, wie sie waren. Aber wie schwierig ist es, diesen Köpfen, deren ich mich bedienen muß, alle meine Anordnungen und alle meine Absichten einzuprägen! Der geringste Fehler, der in diesem Feldzug begangen wird, stürzt mich unfehlbar ins Verderben. Bedenken Sie, wen ich gegen mich haben werde: Soltykow und Loudon streben an der Spitze ihrer zahlreichen Heere nach Schlesien; Daun, der Prinz von Württemberg[1] und der von Zweibrücken[2] richten ihr Augenmerk auf Sachsen und auf mein armes Land. Wenn Sie zu dieser Unzahl von Feinden, deren Hälfte zu meiner Vernichtung genügen würde, noch die Schweden, Tottleben[3] und die Flotten hinzurechnen, so sagen Sie selbst, ob eine schrecklichere Lage möglich ist als die meine, ob meine Ängste nicht natürlich sind und ob ich nicht allen erdenklichen Grund habe zu rufen: Mein Gott, laß diesen Kelch an mir vorübergehen!" In dieser Art sprach er bis zu dem Augenblick, da ich mich zurückzog.

„Guten Abend; es ist sieben Uhr. Ich will versuchen, ob mein armer Geist einige Gedanken hergibt zu den ‚Liebschaften eines Schweizers', die ich in Freiberg entworfen habe. Ich fürchte manchmal, daß ich meinen armen Verstand verliere, und ich sage Ihnen, das wird geschehen, wenn dieser ganze Wirrwarr noch einige Zeit anhält. Leben Sie wohl. Morgen um fünf Uhr."

27. April 1760. In Schlettau

Ich kam zur vorgeschriebenen Stunde. Der König beendete das Stück, von dem er am Abend zuvor gesprochen hatte.

[1] Karl Eugen, Prinz von Württemberg (1728—1793), Herzog 1737, führte im Siebenjährigen Kriege in französischem Solde ein Heer ins Feld; Gründer der Karlsschule (Schiller). — [2] Friedrich, Prinz (Herzog) von Pfalz-Zweibrücken. — [3] Russischer Heerführer. Über seine Rolle bei der Besetzung Berlins vgl. Catts Berichte vom 2. Okt. und 24. Nov. 1760.

„Nun habe ich die ‚Schweizerischen Liebschaften' bewältigt. Sie sehen, ich habe ziemlich gearbeitet. Ich werde sie noch verbessern, und dann mögen Sie sie Ihrem Schweizer[1] geben. Dieses Stück wird nicht so ganz übel sein; es wird ihn trösten können und ihn entschädigen für den Verlust seiner Liebsten. Was meinen Sie dazu?"

„Ich glaube, Sire, er wird das Stück hübsch finden; es wird ihm Freude bereiten; er wird empfänglich sein für die Mühe, die Sie sich gegeben haben, seine unglückliche Liebe zu besingen, aber ..."

„Ich will kein ‚Aber' hören! Seien Sie überzeugt, er wird zufrieden sein."

Die Entschädigung, die Seine Majestät versprochen hatte, beschränkte sich auf diesen Scherz.

„Sie werden vielleicht überrascht sein, daß ich diese schönen ‚Liebschaften' so bald beendet habe. Aber ich habe mich eine halbe Stunde vor dem Mittagessen darangesetzt, und als es vorüber war, habe ich weiter daran geschrieben. Wenn ich zu arbeiten habe, so sitze ich nur sehr kurze Zeit an der Tafel, und die Zahl meiner Gerichte ist sehr gering. Ich glaube, niemand könnte so billig leben wie ich. Wäre ich in einer Lage, in der ich tun könnte, was ich wollte, so ließe ich mir einen Kapaun kaufen, und dieses armselige Tier ernährte mich drei Tage. Mit meinen vier Gerichten bin ich nicht so glücklich, wie ich es dann wäre bei einer einfacheren Lebensweise. Glücklich! Ist dieses Wort auch für mich geschaffen, der ich stets die krampfhaften Zuckungen der Unruhe empfinde? Dieses Wort, mein Freund, ist für Sie da, der Sie niemals die Schläge des Schicksals erduldet haben."

„Empfinde ich sie nicht auch, Sire, da Sie so grausam darunter leiden? Aber alles wird ein gutes Ende nehmen."

„Sie sind noch immer guten Mutes?"

„Sehr guten Mutes sogar."

„Aber Sie müssen sich doch bei mir sehr langweilen, der ich Ihnen unaufhörlich mit so traurigen Gedanken komme!

[1] **Major v. Holland. Vgl. unter Januar bis April 1760.**

Welch mühevolles Leben müssen Sie meinetwegen führen!"

„Ich denke durchaus nicht an mich, Sire! Ich beschäftige mich nur mit Eurer Majestät und mit den Hoffnungen, die ich bezüglich dieses Feldzuges hege."

„*Faxit Deus.*"

Als er dann von seiner Kindheit und von seiner Jugend sprach und ausführte, daß er keineswegs das Glück gekannt habe in jenem Alter, das man das glückliche nennt, gab er zu, daß er sich in vielen Fällen eine Menge Unannehmlichkeiten selbst zugezogen habe.

„Ich gestehe, daß meine außerordentliche Heftigkeit mich oft die Grenzen hat überschreiten lassen, *unde mala.* Wenn man sich übrigens mir gegenüber etwas sanfter benommen hätte, so wäre es vielleicht gelungen, diese Heftigkeit zu mäßigen, die ich mir im stillen selbst zum Vorwurf machte und gegen die ich mit aller meiner Kraft ankämpfte. Aber wie schwer ist es, diese Naturanlage zu lenken und zu mäßigen, wenn man sie in der Kindheit aus Nachlässigkeit oder Ungeschicklichkeit zu mächtig hat werden lassen!" Bei dieser Gelegenheit erzählte er mir folgendes:

„Ein Staatsminister, dessen Heftigkeit man in seiner Jugend nur sehr unvollkommen gebändigt hatte, fuhr im Wagen über die große Brücke in Berlin. Als er meinen Vater auf sich zukommen sah, der mit einem General ebenfalls in einem Wagen saß, rief er seinem Kutscher zu: Halt, halt! Da aber der Kutscher nicht sogleich anhielt, sprang meine Exzellenz vom Wagen, fluchte wie ein Besessener und schlug seinen Kutscher in Gegenwart meines Vaters, welcher halten ließ. Der General, der ihn begleitete, sagte zu der Exzellenz: ‚Aber mein Gott, was tun Sie? Sie vergessen sich! Sehen Sie denn den König nicht?' — ‚Ich sehe ihn wohl; aber mein Kutscher, dieser Schuft, dieser Lumpenkerl, warum hält er nicht! Dieser Schurke muß noch kräftig verprügelt werden!' Obwohl mein Vater selbst sehr heftig war, tadelte er die Heftigkeit der Exzellenz und mißbilligte das Verhalten solcher Eltern, die sich so wenig Mühe gäben, die raschen Aufwallungen der Jugend zu beschwichtigen, die den Menschen doch für immer unglücklich machten. — Das wäre also eine ganz kleine moralische Belehrung. Sie werden mir gestatten, damit zu schließen und Ihnen guten Abend zu wünschen."

28. April bis 13. Juni 1760. In Schlettau

Ich werde hier nicht über alle Unterredungen berichten, die ich in diesem Quartier mit dem König hatte, sondern werde mich damit begnügen, von einigen den Hauptinhalt und nur die letzte vor unserer Abreise von Schlettau vollständig wiederzugeben.

Nachdem der König seine ‚Liebesgeschichte eines Schweizers' beendet hatte, überlas und verbesserte er die kleinen Stücke, die er im Jahre 1758 in Grüssau, während der Belagerung von Schweidnitz, geschrieben hatte: ‚Die Küfer' und eine ‚Epistel an den Obersten Balbi', der die Belagerung leitete. Er nahm dann seine ‚Ode an den Herzog Ferdinand von Braunschweig' wieder vor. Wie gesagt, hatte er dieses Stück schon in Freiberg durchgesehen; wenn er es nun nochmals überarbeitete, so veranlaßte vermutlich eine kleine Mißstimmung diese neue Nachprüfung. Trotz allem, was der König über die Franzosen sagte, über ihren flatterhaften Geist, über ihre geringe Friedensbereitschaft, über ihre unerhörte Ergebenheit dem Hause Österreich gegenüber, das sie ins Verderben führe, hoffte er doch zuweilen, daß sie von selbst diesen so erwünschten Frieden herbeiführen würden. Ein Brief, den er durch einen Boten erhielt, überzeugte ihn aber, daß dieser Frieden nicht erreichbar sei. Er bekam üble Laune, und am folgenden Tage besah er sein Gedicht wieder durch. Eine Woche lang beschäftigte er sich in den für die Verbesserung bestimmten Stunden ausschließlich mit ihm. Er fügte einige Strophen hinzu, in die er alle Bitterkeit und die ganze Stärke seiner Einbildungskraft legte. Aber diese Strophen wurden vierzehn Tage später zerrissen und verbrannt. Ich wäre mit dieser Opferung seiner Arbeit noch viel zufriedener gewesen, wenn ihn nicht ein sehr unangenehmer Umstand dazu gezwungen hätte. Man wird sich dessen entsinnen, was ich berichtet habe über die Absendung dieser Ode im Jahre 1758 und über den Argwohn des Königs, Voltaire würde ihm einen seiner üblichen Streiche spielen. Eines Morgens empfing ich nun einen Brief ohne Unterschrift, in dem eine Einlage für den König sich befand. Man schrieb mir:

„Mein Herr, hiermit empfangen Sie einen Brief für Seine Majestät. Haben Sie die Güte, ihn unverzüglich abzugeben. Er ist wichtig. Seine Majestät wird auf anderen Wegen erfahren, daß dieser Brief Ihnen gesandt worden ist."

Ich eilte zum Quartier des Königs. Er war schon weg, die Kavallerieposten zu besichtigen. Ich wartete im Vorzimmer. Nach einer Stunde kam er. Als er mich sah, sagte er:

„Was führt Sie so zeitig hierher, mein Lieber? Ist es eine gute oder eine schlimme Nachricht?"

„Sire, ich wünsche, es möge eine gute Nachricht sein. Dieser Brief wird es Ihnen sagen."

Er ließ mich in sein Zimmer treten, öffnete schnell den Brief, und nachdem er ihn gelesen hatte, sagte er mit flammendem Gesicht:

„Was für einen verfluchten Brief bringen Sie mir da?"

Er zerriß ihn und gab mir die Stücke. „Bringen Sie mir niemals wieder solche Gemeinheiten."

Ich zeigte ihm den Brief, den ich empfangen hatte. Er beruhigte sich, nachdem er ihn gelesen hatte.

„Man muß gestehen, es gibt große Schufte auf der Welt. Guten Tag! Kommen Sie um fünf Uhr wieder."

Diese verwünschte Epistel beschäftigte mich in unangenehmer Weise während des ganzen Tages. „Welch traurige Sitzung wird das heute abend werden!" sagte ich mir unaufhörlich. Wenn Seine Majestät der König meinen dringenden Bitten gefolgt wäre, diese unglückselige Ode nicht an Voltaire zu senden, so hätte er sich viel Unruhe erspart; dabei wird es nicht einmal bleiben — kurz, ich machte mir tausend unangenehme Gedanken bis zu dem

Augenblick, da ich mich zum König begab. Aber zu meiner großen Überraschung und zu meiner großen Befriedigung sagte er kein Wort von dem Abenteuer des Morgens. Er war sogar weniger traurig als an den Tagen zuvor. Er sprach nur von Voltaire. Aus einigen kleinen Ausfällen gegen den Dichter ersah ich, daß er argwöhnte, er habe diese gemeine Spottschrift verfaßt und habe sie mir geschickt. Er lobte sehr sein schönes Genie und beschloß sein Lob und die Sitzung mit der folgenden kleinen Geschichte: „Als Voltaire ein Trauerspiel aufführen ließ, rief er aus den Kulissen, wo er sich befand: ‚Feuer! Feuer!‘ Die Schauspieler, welche vermeinten, es bezöge sich auf sie, deklamierten lauter. und Voltaire rief immer noch: ‚Feuer!‘ Bei diesen verstärkten Rufen bemühten sich die Schauspieler noch mehr, alle Kräfte aufzubieten. Da sagte der Affe Voltaire zu ihnen: ‚Ach, zum Teufel, meine Herren, ich meine Sie ja gar nicht; ich will meinen Wärmstein haben.‘ “

Er hatte mir diese Geschichte schon mehrmals erzählt.

Die Lektüre des zweiten Bandes der ‚Art und Weise, die schönen Wissenschaften zu studieren und zu lehren‘ brachte ihn auf den Gedanken einer Arbeit über ‚Das Studium der Alten und der Modernen, das der Jugend sehr empfohlen wird‘. Das war der Titel dieser Abhandlung.

„Ich will hier durchaus keine Entscheidung fällen über das Verdienst der einen und der andern und wer von beiden den Sieg davonträgt. Man hat dieser Frage schon zu lange und zu hitzig erörtert, die doch mit wenigen Worten entschieden werden könnte. Es ist ganz natürlich, daß die Modernen von den Alten etwas gelernt haben und daß sie in allen Arten der menschlichen Kenntnisse weiter sind. Indem ich also diese sehr unnötige Frage beiseitesetze, beschränke ich mich darauf, den jungen Leuten die fleißige Lektüre der Alten zu empfehlen, damit sie, wenn sie diese gründlich innehaben, desto größeren Nutzen von den Neueren haben. Nichts erweitert so sehr die Kenntnisse, die Ansichten und den Geschmack wie solche richtig angestellten Vergleiche. Und wie soll man sie richtig anstellen, wenn man nicht gründlich Bescheid weiß über die Gegenstände, welche die einen und die andern behandelt haben? Ich habe stets beobachtet, daß die Leute, die sich zunächst von den schönen Werken des Altertums genaue Kenntnisse erworben und jene Schöpfungen dann mit den neueren Meisterwerken verglichen hatten, daß diese Leute gründlich gebildet waren und daß diese Bildung von günstigem Einfluß auf alle ihre Studien war."

Der König mißbilligte sodann die Art zu studieren, die unzureichende Zeit, die man den Schriftstellern des Altertums widmete, die geringe Sorgfalt, die man aufwandte, um deren Schönheiten und Fehler zu erkennen, die Erklärungen, die man darüber der Jugend gab, Erklärungen, die gewöhnlich zu buchstäblich und zu platt wären, und diese Lehrer, die, zumeist selbst ohne den geringsten Geschmack, aus Unfähigkeit nicht imstande wären, die schönen Stellen, die sie zu erklären hätten, zu vergleichen mit denen der Modernen, die den gleichen Gegenstand behandelt hatten.

Er stellte dann auch Betrachtungen an über die falsche Art, diese Neueren zu lehren und zu studieren.

„Wenn man beim Studium der Alten und der Modernen den einzig richtigen Weg einschlüge, das klare, genaue und feine Verständnis des behandelten Schriftstellers zu vermitteln, seine Schönheiten und Fehler zu prüfen und das, was man erklärt, zu vergleichen mit hervorragend behandelten Gegenständen derselben Art, so würde dieser Weg zu dem erfreulichen Ziele führen, daß die Jugend gelehrter wäre; sie würde eine Neigung fassen zu lesen und würde es zu ihrer Hauptbeschäftigung, ihrem Vergnügen machen, statt daß man jetzt die Jugend voll unbesieglichen Ekels sieht vor den Dingen, die man sie schlecht gelehrt oder in denen man sie falsch geleitet hat.

Im Anschluß daran spendete er Herrn Rollin und den Jesuiten hohes Lob, die er als die einzigen guten Lehrer betrachtete, welche zur Erziehung der Jugend geeignet seien: „Vielleicht werde ich eines Tages durch Errichtung einer Unterrichtsanstalt für die adlige Jugend zeigen, daß meine Ansichten über deren Erziehung denen der großen Lehrer ziemlich nahekommen, von welchen ich soeben sprach.“

Das ungefähr ist die Zusammenfassung dessen, was der König geschrieben hatte. Fleißiges Lesen der alten Schriftsteller, genaue und feine Auslegung und Vergleich mit den Modernen, davon handelt das ganze Stück. — Nach dieser Abhandlung schrieb der König ein kleines Stück in Versen, das er mir gab. Der Marquis d'Argens hatte dem König nach Freiberg geschrieben, Herr Gleditsch, Mitglied der Akademie, habe hoch und heilig geschworen, daß ihm Herr von Maupertuis im Saale der Akademie neben einer Pendeluhr erschienen sei und daß er ihn mehrere Augenblicke lang gesehen habe. Ganz Berlin sei in Verzückung über diese Erscheinung, an die er bestimmt glaube. Der König machte sich lustig über Herrn Gleditsch, die leichtgläubigen Berliner und den Marquis, der ihm derartige Albernheiten mitteilte. Nebenbei versetzte er dem Präsidenten ein paar Tatzenhiebe, den man aus dem Jenseits hatte wiederkommen lassen. Unmittelbar, nachdem er den Brief des Marquis gelesen hatte, schrieb er einige Verse; aber da er unterbrochen wurde, ließ er sie liegen und hätte sich vielleicht nicht mehr damit beschäftigt, wenn nicht der Marquis auf die Wahrsager zurückgekommen wäre, die große Ereignisse ankündigten. Er nahm daraufhin die angefangenen Verse wieder vor und beendete sie. Anfang Mai erhielt der König in meinem Beisein einen Brief. Nachdem er ihn gelesen hatte, kam er auf mich zu, drückte mir die Hand und sagte:

„Mein Freund, mein Freund, wir müssen wieder Mut fassen! Das Schicksal scheint sich zu besänftigen und scheint geneigt zu sein, mich aus diesem Labyrinth herauszubringen, in dem mein Untergang unvermeidlich gewesen wäre. Welch süße Befriedigung, mein Lieber, daß ich mich endlich rächen kann an diesen gekrönten Räubern, die mich vernichten wollten!"

Ich bekundete meine Freude über die Zusicherung, daß nun ein baldiges Ende des Unglücks abzusehen sei, das er erduldet hatte.

„Sie werden nicht erraten, mein Lieber, wer mir diese Pforte des Heils öffnet."

„Nein, Sire."

„Es ist die Hohe Pforte[1]! Das sind Leute, die man für Barbaren hält; aber sie sind es nicht. Wenn sie es wären, so wären meine Feinde noch barbarischer als sie. Sagen Sie noch kein Wort von dem allen."

Ach, diese rosenfarbenen Tage, wie er sie nannte, währten nur kurze Zeit. Die düsteren Tage kamen wieder. Der König hatte zu früh gehofft; im Unglück wird einem der geringste Hoffnungsschimmer zur Wirklichkeit.

Das waren seine Lektüre, seine Verbesserung einiger Gedichte und seine neuen Schöpfungen. Aus den Einzelheiten, die ich angeführt habe, sieht man von neuem, wie der Fürst jeden Augenblick des Tages ausnutzte: den Morgen für seine militärischen und politischen Angelegenheiten und zur Besichtigung der Armee und der Stellungen; den Nachmittag zu seinen literarischen Beschäftigungen, die oft unterbrochen wurden durch Meldungen, die man ihm erstattete und die zu beantworten er niemals versäumte.

„Ich verlängere die Tage und mein Leben", sagte er, „und die Zeit ist noch zu kurz für das, was ich zu tun habe. Aber indem ich so mein Leben verlängere, vermehre ich auch die Summe meiner Leiden, da ich sie ja ununterbrochen sechzehn bis siebzehn Stunden täglich fühle. Bedenken Sie, ich bin beständig zwischen drei und vier Uhr morgens aufgestanden, und Sie haben mich gegen acht oder neun Uhr die Ruhe suchen sehen, die ich sehr oft nicht gefunden habe. Die Sorgen haben sich mit mir ins Bett gelegt. Ach, das Hundeleben, mein Freund!"

Fast während der ganzen Zeit unseres Aufenthaltes in

[1] Die Türkei.

Schlettau zeugten die Gespräche des Königs von Traurigkeit und nur zuweilen einmal auch von Heiterkeit; aber diese glücklichen Augenblicke waren, wie gesagt, nur von sehr kurzer Dauer.

14. Juni 1760. In Schlettau

Ich wurde heute um zwei Uhr gerufen und blieb bis um fünf.

„Mein Lieber, die Würfel sind gefallen. Wir brechen morgen auf, zu siegen oder zu sterben. Wenn ich meine Stärke mit der meiner Verfolger vergleiche, wenn ich sie mit zweihundertzwanzigtausend Mann sehe, denen ich nur ein Drittel entgegenzustellen vermag, und noch dazu was für Truppen seit den erlittenen Verlusten — meinen Sie, da könnte meine Seele ruhig sein, und ich könnte während dieser höchst gefährlichen Zeit ein wenig an meine Bequemlichkeit denken? Glauben Sie mir, mein Lieber, ich befinde mich jetzt in einem gewaltsamen Zustande, und in dieser Lage stehe ich außerhalb der Vorschriften der klugen Vorsicht. In dem entsetzlichen Wirrwarr, der jetzt beginnen wird, gibt es für mich keinen Mittelweg; Sie werden sehen, es erwarten mich entweder schwere Schicksalsschläge oder große Erfolge. Und nachdem ich soviel Unglück ertragen habe, mein Freund, darf ich da noch auf Erfolge hoffen?"

„Sire, gerade weil Sie ohne Unterbrechung soviel schweres Mißgeschick erfahren haben, gerade darum hoffe ich nun auf große Erfolge. Kein äußerster Zustand vermag lange anzudauern; Ihr äußerst schweres Unglück wird zu Ende gehen."

„Ich sehe eigentlich keine Möglichkeit, mein Lieber. Ich hoffte einige Zeit, der Halbmond würde etwas zu meinen Gunsten unternehmen; aber er ist taub für meine Bitten. ‚Alles schweigt, das Meer und der Wind und Neptun': Sehen Sie die Engländer; sie bleiben mit ihren starken Flotten ruhig in der Themse und schicken nicht einmal die Verstärkung nach Deutschland, die sie schicken müßten. Alles wendet sich gegen mich, und Sie können noch hoffen?"

„Ja, Sire! Ich fürchte nicht, daß all das Unglück, das Sie ins Auge fassen, wirklich eintritt. Die Zahl der Truppen ist nicht immer ausschlaggebend für Erfolge, und sie ist es gewöhnlich nicht in einer Schlacht. Ich vertraue schrankenlos auf Ihr Genie und Ihre Standhaftigkeit. Und dann, Sire, ich wiederhole: Kein äußerster Zustand vermag lange anzudauern."

„Mein Lieber, ich bewundere Sie mit Ihren Hoffnungen. Aber ich sage es Ihnen nochmals, ich erwarte nichts Gutes. Wie Kassandra verkünde ich Ihnen das Unglück Trojas; ich habe es auch dem guten Marquis angekündigt, der gleich Ihnen noch Hoffnungen hegt. Gütiger Gott, Hoffnungen! Guten Abend! Morgen marschieren wir, und Sie werden sehen, das Stück wird sofort beginnen. Ich empfehle mich Ihren Hoffnungen und Ihren Gebeten."

15. Juni 1760. In Schlettau

Der König ließ mich um vier Uhr morgens rufen.

„Da ich Sie heute abend nicht werde sehen können, so habe ich Ihnen noch ein Wort sagen wollen, bevor ich mich aufs Meer hinaus begebe. Hier liegt nun also mein Schiff bereit, das vielleicht nach dem Willen des ungestümen Äolus umherirren wird; das eine ist gewiß, mein Freund, daß nämlich der Führer sehr schwankend ist in seinen Gedanken. Ich muß Schlesien und Sachsen verteidigen. Gehe ich weg, um jenes zu schützen, so gebe ich meine Leute bier einem Schwarm zahlreicher feindlicher Truppen preis; bleibe ich in Sachsen, was habe ich dann alles für mein Schlesien zu fürchten! Von zwei Übeln wähle ich das kleinere und marschiere nach Schlesien in der Weise, daß ich mich der möglichst geringen Gefahr aussetze. Sie werden zugeben, daß diese kaiserlichen, königlichen und prinzlichen Räuber und diese Schufte von Kaiserinnen mir viel zu schaffen machen und mir das Leben abscheulich verbittern. Wenn ich es meinerseits mit diesen gekrönten Lumpenkerlen ebenso machen könnte, die mich verfolgen — ach, Catt, welch köstliches Vergnügen wäre das! Denn obwohl das nicht Ihrem strengen Glauben entspricht, so können Sie mir glauben, daß die Rache süß ist. Aber wie darf ich in meiner Lage hoffen, daß ich diesen köstlichen Bissen werde kosten dürfen! Im Hinblick darauf wünsche ich Ihnen einen guten Tag. Heute abend, wenn es möglich ist!"

Man überschritt heute die Elbe bei Zehren und vereinigte sich jenseits des Flusses mit dem Prinzen von Holstein[1] und dem General Grafen von Finckenstein, die die beiden Dragonerregimenter von der Armee der Verbündeten[2] herangeführt hatten. Am Abend wurde die gesamte Infanterie dicht bei dem Dorfe Zadel in drei Linien in Schlachtordnung aufgestellt und war während der ganzen Nacht unter den Waffen, da der General von Lacy mit einem beträchtlichen Korps gegenüberlag. Der König bezog sein Quartier in Proschwitz, und ich wurde nicht gerufen.

16. Juni 1760. In Proschwitz

Ich war heute um fünf Uhr nachmittags beim König. Ich fand ihn sehr ermüdet; er war am Morgen lange Zeit umhergeritten.

„Mein Lieber, ich werde noch ganz wie eine Schindmähre; finden Sie das nicht? Ich kann mich fast nicht mehr rühren."

„Man kann ermüdet sein, Sire, ohne daß man eine Schindmähre ist. Ich habe einiger Ihrer Adjutanten gesehen, die nicht schlecht galoppierten!"

„Wollen Sie damit sagen: die nicht schlecht einer Schindmähre glichen oder nicht schlecht ermüdet waren? Ihr Ausdruck ist unklar."

„Ich will sagen: ermüdet."

„Meine Adjutanten, wenigstens einige davon, sind ein wenig verzärtelt. Die geringste Anstrengung macht ihnen Mühe. Ich glaube wohl, sie wünschen dieses ganze Spiel zum Teufel; was mich betrifft, so wünsche ich es zu hunderttausend Teufeln; und Sie, zu wievielen wünschen Sie es?"

[1] Georg Ludwig, Prinz von Holstein-Gottorp. — [2] Vom Heere des Herzogs Ferdinand v. Braunschweig. Vgl. Namenverzeichnis.

„Zu keinem, Sire."

„Wie, Sie wünschen es nicht wenigstens um meinetwillen dahin?"

„Ich beklage Eure Majestät ganz aufrichtig wegen Ihrer mißlichen Lage, und da der Teufel in diesem ganzen Spiele nichts zu tun hat, so kann ich es auch nicht zu ihm wünschen. Sie werden gut tun, in Ihrem jetzigen großen Spiel den Trumpf ohne ihn auszuspielen."

„Noch immer Hoffnungen, mein Lieber!"

„Ja, Sire; ich bitte Sie inständig, rauben Sie sie mir nicht, und, was mir noch mehr am Herzen liegt, mögen Sie selbst sie nicht verlieren!"

Man brachte in diesem Augenblicke einen Brief des Generals von Hülsen, den der König sofort beantwortete.

„Hülsen liegt mir gegenüber in Meißen, und zur Verbindung zwischen seinem Korps und meiner Armee habe ich Brücken über die Elbe schlagen lassen."

Er zeichnete mir diese beiden Brücken auf Papier, ebenso die, welche wir am Tage zuvor überschritten hatten. Man brachte dem König noch weitere Depeschen.

„Sie sehen, man läßt mir keinen ruhigen Augenblick. Ich muß diesen ganzen Plunder beantworten. Daher guten Abend und gute Nacht. Morgen um fünf Uhr!"

17. Juni 1760. In Proschwitz

Meine Sitzung war sehr kurz. Fortwährend meldete man dem König Husarenoffiziere und brachte ihm Briefe.

„Sie sehen, wie man mich belästigt. Aber ich muß das alles überstehen. Mein Freund, ich weise keine Sorge von mir ab, keine Mühe, wie anstrengend sie auch sein möge, und keine Gefahr; ich bin zu allem bereit, wenn nur das Geschick, das mich so sehr hin und her geworfen hat, mir einen Augenblick günstig sein wollte, damit ich meine Feinde, die so erpicht sind auf meinen Untergang, tüchtig durchprügeln könnte. Morgen werden Sie vielleicht das Vorspiel unserer Kämpfe sehen; vielleicht gibt es dann eine Menge Schweinehunde weniger auf der Welt. Leben Sie wohl. Gehen Sie zur Ruhe; wir brechen um drei Uhr

früh von hier auf. Ich kann Ihnen nicht sagen, ob ich Sie morgen sehen werde oder nicht; denn ich schwöre Ihnen hoch und heilig, daß ich meine Seele nicht seherisch begeistern kann wie der gelehrte Maupertuis. Guten Abend."
Als ich hinausgehen wollte, führte man einen Bauern herein.
„Bleiben Sie noch einen Augenblick hier; ich will mit diesem Schelm sprechen."
„Du mußt heute abend ins Lager der Österreicher gehen und mußt mir Nachrichten bringen."
„Nein, Eure Majestät, ich will nicht gehen; man wird mich hängen."
„Nun gut, wenn du nicht hingehst, so werde ich dein Haus anzünden lassen."
„Eure Majestät mögen tun, was Sie wollen. Aber ich will nicht gehängt werden, und Sie können nicht nach Belieben über mein Leben verfügen."
„Du hast recht."
Der König schickte ihn weg und erklärte mir das Gespräch, das ich nicht hatte verstehen können.
„Das ist ein sehr standhafter und sehr entschlossener Schelm", sagte er. „Er hat übrigens nicht so ganz unrecht; es ist ein zweifelhaftes Vergnügen, gehängt zu werden. Für diesmal: guten Abend."

18. Juni 1760. In Radeburg

Um drei Uhr morgens marschierte der König mit drei Kolonnen nach Radeburg. Die erste zog über Jessen, Groß-Döbritz, Nauenhof in Richtung auf Beerwalde; die zweite marschierte über Marschau, Lauterbach und Ober-Ebersbach, die dritte Kolonne über Laubach, Baßlitz, Böhla, Ermensdorf, Beyersdorf, Mittel-Ebersbach und Ober-Rädern. Der König traf auf seinem Marsche auf leichte feindliche Truppen. Er ließ sie von seiner Vorhut verjagen, die dreihundert Mann Kroaten, Ulanen, Panduren und ungarische Infanterie gefangennahm. Der Rest der Flüchtlinge zog sich auf das große Korps des Herrn von Lacy zurück, das bei Berbisdorf am Fuße der Höhen von Bernsdorf und Reichenberg lagerte. Der König ließ seine Armee zwischen Radeburg und Beerwalde in fünf Linien lagern und bezog ein Quartier im ersten dieser Orte. Um vier Uhr nachmittags ließ Seine Majestät der König alle Generale und Offiziere zu sich kommen. Er sagte ihnen, daß es seine Absicht sei, am folgenden Tage Herrn von Lacy entgegenzuziehen und ihn in seiner Stellung anzugreifen; daß er hoffe, alle miteinander werden ihre Pflicht tun und sich das Namens „Preußen" würdig erweisen; daß er seinerseits seine Person nicht schonen werde und daß sie ihn immer bereit sehen werden, sein Blut für das Wohl des Vaterlandes zu vergießen; daß hohe oder niedere Offiziere, die sich auszeichnen, auf Belohnung rechnen dürften, aber auch auf Brandmarkung, wenn sie ihre Pflicht nicht erfüllen, und daß er keine Entschuldigung gelten lassen werde. Er befahl endlich noch den unteren Offizieren, ihre Soldaten ordentlich in Zucht zu halten, besonders die neuen Truppen, die man bei der Kürze der Zeit noch nicht gründlich habe ausbilden können. „Leben Sie wohl, meine Herren", sagte er zu ihnen; „ich rechne auf Ihre Vaterlandsliebe und auf Ihren Eifer für meine Person."

Das war die Rede, die der König hielt und von der man mir eine Zusammenfassung gab. Er wiederholte sie mir selbst um sechs Uhr, als ich gerufen wurde.

„Morgen, mein Lieber, werden Herr von Lacy und ich uns bei den Ohren nehmen. Wenn ich ihn tüchtig verprügeln kann, wie ich es hoffe, so werde ich ein wenig Spielraum bekommen. Ich habe meinen Offizieren eine Rede gehalten, nicht an der Spitze der Truppen, wie es die Alten getan haben sollen, sondern bei der großen Lagerwache, nachdem der Feind ausgekundschaftet worden war. Ich habe Ursache zu hoffen, daß ihnen meine Rede zu Herzen gegangen ist und daß die Zusicherung von Auszeichnungen für die, welche ihre Pflicht tun, und die Androhung meines Unwillens über die, welche sie etwa versäumen, ihre Wirkung getan haben. Ich habe dem General Hülsen Befehl erteilt, sich mit einem Teile seines Korps mit mir zu vereinigen. Alle meine Anordnungen sind getroffen, und ich stehe ganz zu Ihrer Verfügung."

In diesem Augenblick meldete man ihm seinen Adjutanten Dyherrn.

„Zum Teufel, man will mich nicht in Ruhe lassen! Er soll eintreten! — Was wollen Sie?"

„Sire, das Korps des Generals Hülsen wird erst gegen Nacht hier sein können."

„Gut, wenn es nur überhaupt ankommt, so genügt es mir. Guten Abend."

Dieser Dyherrn brachte ihn auf den Gedanken, mir von einem seiner Verwandten, dem General Dyherrn, zu erzählen.

„Er war ein großer Ungläubiger, aus Eitelkeit; aus dem gleichen Grunde hat er sich später bekehrt. Ich liebe diese Art nicht. Wenn ich fest glaubte, was Sie glauben, mein Lieber, so wäre ich der gläubigste Mensch der Welt. Sie würden mich so eifrig zu Füßen der Altäre sehen wie sonst jemand und würden mich als eifrigen Kalvinisten sterben sehen. Voltaire wird wie ein Lump sterben unter den Händen einiger elender Franziskaner. Sie werden sicherlich einmal hören, daß er in der Todesstunde manche Kapuzinerpredigt gehalten hat. Ich kenne ihn: Er glaubt nichts und hat Furcht vor allem. Ich hingegen, mein Lieber, ich glaube aufrichtig, was ich nun einmal glaube: Ich bin keineswegs überzeugt von der Unsterblichkeit der Seele; was die Welt betrifft, so halte ich sie für ewig; wenn es eine Vorsehung gibt, wie eine Menge Dinge sie ankünden, so bestehen da jedoch sehr viele Schwierigkeiten, die kein Kalvinist wird lösen können; im übrigen ist es das Beste und Weiseste, was man tun kann, daß man ein ehrlicher Mensch ist. — Aber ich muß zu Bett gehen und in einigen Stunden wieder aufstehen. Ich habe mein Schiff so gut instand gesetzt, wie es mir möglich war. Ich habe heute ein wenig den Prahlhans gespielt, indem ich meinen Offizieren versicherte, alles würde wunderbar gehen; man darf seine Befürchtungen nicht zeigen und darf sich nicht in die Karten schauen lassen. Guten Abend und gute Nacht. Halten Sie morgen Ihre Arme recht gen Himmel erhoben[1], und hüten Sie sich, sie sinken zu lassen."

Wenn der König sein Vertrauen auf Erfolge den Generalen und anderen Offizieren der Armee eingeflößt hatte, an die er eine Ansprache hielt, so hatte er im Hauptquartier nicht dasselbe erreicht. Als ich von ihm wegging, wurde ich von vielen Offizieren umringt, die keineswegs für die Schlacht waren, die am folgenden Tage stattfinden sollte.

„Warum diese Schlacht? Warum sich so in Gefahr begeben? Das Gelände, das zum Feinde führt, ist schwierig; die Stellung des Generals Lacy ist furchtbar; der Marschall Daun ist sicherlich heranmarschiert, um Lacy zu unterstützen — statt e i n e Armee zu bekämpfen, wird man zwei auf dem Halse haben; und haben wir noch nicht genug Schicksalsschläge erlitten, daß wir uns noch anderen aussetzen wollen?"

Alle sahen schwarz.

„Meine Herren", sagte ich zu ihnen, „ich kenne weder die Wege, noch die Stellung des Herrn von Lacy. Aber ich kann Ihnen sagen, daß der König, der den Feind und seine Stellung gut erkundet hat, ihn für durchaus angreifbar hält und daß er über das Ereignis sehr ruhig ist. Guten Abend, meine Herren! Morgen werden wir mehr darüber wissen als heute."

19. Juni 1760. In Radeburg

Man zog um zwei Uhr morgens dem Feinde entgegen. Unsere Husaren unternahmen einen Vorstoß und meldeten, Herr von Lacy sei nicht mehr da. Fahnenflüchtige bestätigten diese Nachricht. Sie sagten, ihr General sei um Mitternacht aufgebrochen, um, wie sie gehört hätten, den rechten Flügel des Marschalls Daun in seiner Stellung

[1] Nach 2. Mos. 17 siegten die Israeliten über die Amalektiker, solange Mose die Hände zum Himmel erhob.

bei Lausa zu decken. Bei dieser Nachricht nahm der König einige Grenadierbataillone, Dragoner und Husaren und ging an die Verfolgung des Feindes, dem er einige Gefangene abnahm. Er ließ durch seine Truppen das Gelände besetzen, das der Feind verlassen hatte. Der rechte Flügel reichte bis Berbisdorf, hinter dem sich ein großer Wald befindet, der sich über Moritzburg hinaus bis nach Dresden erstreckt; der linke Flügel wurde auf Radeburg gestützt. Der General Hülsen erhielt den Befehl, noch am selben Tage nach dem alten Lager bei Proschwitz aufzubrechen, damit er in erreichbarer Nähe wäre, den Oberst von Linden zu unterstützen, welcher jenseits der Elbe lagerte, und die Bäckerei zu beschützen, die noch in Meißen war.

Nach all diesen Anordnungen kam der König mit seinem Gefolge nach Radeburg zurück. Er versicherte, daß im allgemeinen die Armee vor Verlangen brenne zu kämpfen, und daß sie einmütig die Feinde für Hasenfüße halte, die wie Lumpe davongegangen seien.

Um sechs Uhr wurde ich gerufen. Der König schien mir sehr üble Laune zu haben. Er schalt alle seine Leute, die alles, was er ihnen auftrug, schlecht ausführten oder mit einer Langsamkeit, die ihn ungeduldig machte. Ein Glas Wasser, das er verlangte, kam nicht rechtzeitig genug; ein Adjutant war nicht in dem Augenblick zur Stelle, als er da sein sollte; die Briefe, die man ihm zur Unterschrift vorlegte, hätten schon längst abgesandt sein sollen. Die Ungeduld war äußerst groß.

„Sie sehen mich sehr ungeduldig und sehr traurig" — ich sah es nur zu gut —; „mein Schlag ist fehlgegangen, mein Lieber, in trauriger Weise fehlgegangen. Ich hätte große Lust, mich aufzuhängen. Haben Sie niemals diese Neigung verspürt?"

„Nein, Sire, und ich werde sie niemals verspüren. Sie haben mir gelegentlich gesagt, es sei eine große Torheit, sich aufzuhängen, und es gebe andere Mittel, sich umzubringen, wenn man diese Grille habe."

„Aber sehen Sie nur, wie mich das Unglück verfolgt! Es bestand die größtmögliche Wahrscheinlichkeit, daß ich Lacy schlagen würde, und er muß mir entschlüpfen! Vielleicht ist man gestern abend mit der Vorhut zu weit vorgerückt. Wie es auch sei, mein Schicksal ist nicht beneidenswert; würden Sie mich darum beneiden, so wie Sie es sehen?"

Er ließ mir keine Zeit zu antworten.

„Sie wären ein recht großer Tor, wenn Sie einen Unglücklichen wie mich beneideten. Wozu ist dieser Ruhm nütze, den man so sehr preist? Welchen Zweck hat es, ein großer Mann zu sein, wenn man nicht mehr lebt? Man wird übrigens erst dann für einen großen Mann gehalten, wenn man über die Mauern der Welt hinausgelangt ist."

Als ich ihm sagte, es gebe einen, den zu kennen ich die Ehre habe, der schon bei Lebzeiten ein großer Mann sei, seufzte er tief und blickte mich sehr fest an.

„Leben Sie wohl, mein Lieber; ich bin erschöpft vor Müdigkeit und Traurigkeit. Ich will mich schlafen legen, ohne auf viele Ruhe zu hoffen. Vergessen Sie nicht, mir morgen einen Strick mitzubringen."

Er lächelte jedoch bei diesem Worte. —

Während unseres Aufenthaltes in Radeburg gab es häufigen Lärm, der aber zu nichts führte. Meine Sitzungen fanden noch immer zur gleichen Stunde statt. Sie verliefen stets recht traurig; aber die am 25. war trostlos.

24. bis 25. Juni 1760

Die Feinde hatten Viktoria geschossen. Trotz der Mühe, die man sich gab, konnte man den Grund dieser Fröhlichkeit nicht erfahren. Man erging sich in Mutmaßungen; aber am Abend erfuhr man die traurige Tatsache. An diesem Tage wünschte gegen acht Uhr abends ein Offizier der vorgeschobenen Posten des Feindes einen der unseren zu sprechen.

„Es tut mir leid," sagte der Österreicher, „Ihnen eine böse Nachricht überbringen zu müssen. Der General Loudon hat den General Fouqué mit seinem ganzen Korps

gefangengenommen[1]. Um dieses schönen Erfolges willen haben wir unser Freudenschießen veranstaltet."
Als der Offizier von diesem Verhängnis hörte, schickte er ins Hauptquartier, um den König davon zu unterrichten. Da aber Seine Majestät schlief, wartete der wachthabende Adjutant den folgenden Tag ab, um diese traurige Meldung zu machen.
„Der König war von dieser Nachricht wie von einem Blitzstrahl getroffen," sagte mir der Adjutant, und zwar war er so erschüttert, daß er einige Minuten lang den Adjutanten unbeweglich mit jenem erstaunten Blicke ansah, der die tiefste Betrübnis verkündet.
„Fouqué gefangen, sein Korps gefangen? Ist das möglich?" Das war alles, was er zu dem Offizier sagte. „Schon gut."

25. Juni 1760, morgens. In Radeburg

Der König ließ mich um neun Uhr rufen. Seine Traurigkeit erschien mir gedämpfter, als ich sie sonst bei ähnlichen Gelegenheiten an ihm beobachtet hatte, und sie griff mir mehr ans Herz. Es fiel kein Wort von Barbaren, Räubern und Huren, die ihn vernichten wollten.
„Mein guter Catt," sagte er, „nicht wahr, ich bin sehr unglücklich! Mein Leben wird mir wirklich sehr zur Last. Wie mich das Schicksal in meinem Alter verfolgt! Ohne einen großen Schlag ist es unmöglich, einen Ausweg zu finden. Sie würden es nicht glauben, wie sehr ich leide, daß alles sich gegen mich erhebt, und wie man ächzt, wenn einem die Rettung des Vaterlandes so sehr am Herzen liegt wie mir. Ich muß hier, in diesem Augenblicke, gute Haltung bewahren — ach, was mich das kostet, mein Freund!"
Das sprach er mit vielen Pausen und Seufzern. Je mehr ich sah, wie der König unter diesem fessellosen Mißgeschick litt und wie er die Gichtanfälle erduldete, während welcher er die Sanftmut selbst war, desto mehr bekümmerte mich dieses Unheil und die Art, wie er es

[1] Bei Landshut; Fouqué geriet schwer verwundet in Gefangenschaft.

ertrug. Ich vergoß Tränen; der König sah es und sagte, indem er seine Hand auf meine Schulter legte:
„Sie werden doch also eines Unglücklichen nicht müde, mein Lieber! Wie hoch stehen Sie über jenen Freunden, welche die verlassen, die ihnen nicht nützen und von der Last den Unglücks zu Boden gedrückt werden! Das aber sehe ich alle Tage. Tun Sie mir den Gefallen, heute abend gegen fünf Uhr wiederzukommen. Ich will zu Pferde steigen, um, wenn möglich, zu versuchen, meine so kummervollen Gedanken zu zerstreuen, und um zu sehen, was vorgeht."

25. Juni 1760, abends. In Radeburg

Ich war zur festgesetzten Stunde dort. Ich erfuhr aber nur, daß man nach Mitternacht einen Marsch nach rückwärts vornehmen würde, der jedoch nur eine Meile betragen sollte.
„Ich bin heute zu nichts fähig, was es auch sei. Mein armer Kopf ist so verwirrt, daß ich unfähig bin, einige Gedanken zu fassen. Vielleicht erholt er sich wieder."
„Ich fürchte nicht für Ihren Kopf, Sire, sondern für Ihre Gesundheit, die im gegenwärtigen Augenblicke so wesentlich ist."
„Ach, mein Freund, Sie schmeicheln mir! Wenn ich diese rauhe Arbeit nicht beenden kann, so werden es viele andere für mich tun, und sie werden vielleicht besser als ich einen Ausweg finden aus all diesem abscheulichen Wirrwarr."
„Daran zweifle ich sehr, Sire."
„Ich aber zweifle durchaus nicht daran. Man sagt zu den Königen: ‚Was sollte aus dem Staate werden, wenn Eure Majestät ihm fehlten?' — und die Staaten bleiben bestehen, ob ihre Fürsten nun sterben oder leben. Oft steht es nach ihrem Tode sogar besser um die Staatsangelegenheiten als zu ihren Lebzeiten."
Ich hätte den Unterschied dieser beiden Fälle dargelegt; aber er wünschte mir guten Abend: „Ich muß ein wenig schlafen."

26. Juni 1760. Im Hauptquartier Groß-Döbritz

Man brach eine Stunde nach Mitternacht von Radeburg auf, um nach Groß-Döbritz zu marschieren, wo die Armee auf den Höhen zwischen diesem Orte und Hohendorf ihr Lager aufschlug. Der rechte Flügel wurde auf Groß-Döbritz gestützt. Hinter diesem Dorfe ließ man ein dreihundert Schritte langes Verhau anlegen, an welchem Soldaten arbeiteten, die aus der ganzen Armee dazu bestimmt worden waren und welche vier Groschen täglich erhielten. Der linke Flügel, der Hohendorf besetzt hielt, wurde mit Schanzen und schwerer Artillerie versehen. Vor der Front des Lagers wurden große Batterien aufgestellt; alles wurde durch Schanzen gesichert. Hinter dem linken Flügel, in Großenhain, richtete man die Bäckerei ein.

Der König ließ mich an diesem ersten Tage nach seiner Ankunft nicht rufen. Er litt heftig unter einer hämorrhoidalen Kolik, welche die Leute aber auf eine Verdauungsstörung zurückführten. Am folgenden Tage hatte ich Befehl, mich um vier Uhr zu ihm zu begeben.

27. Juni 1760

„Gestern, mein Lieber, habe ich während des ganzen Nachmittags an heftigen Leibschmerzen gelitten — ein gutes Mittel, sich wohl zu fühlen in diesem erbärmlichen Leben, das ich führe! Wir befinden uns hier in einem schönen Lager, wo wir noch einige Tage hübsch ruhig bleiben werden, denke ich, wenn man uns nur nicht neues Unglück meldet! Niemals geht meine Tür auf, ohne daß ich mir sage: Da kommt eine traurige Nachricht! Ich segne den Himmel, wenn man dann beim Eintreten mir nur kleine Verluste meldet. Können Sie sich diesen Zustand meiner Seele vorstellen? Gibt es etwas Ähnliches? Dennoch muß ich Haltung bewahren, und potztausend, das werde ich tun bis zu meinem letzten Seufzer!

Diese grausame und trostlose Angelegenheit meines lieben Fouqué wirft alle meine Maßnahmen völlig über den Haufen. Ich kann jetzt weniger denn jemals Sachsen verlassen, es sei denn, daß ich durch List den geweihten Hut veranlassen wollte, mir überallhin zu folgen, wohin ich marschiere. Ich weiß noch keine Einzelheit über das Mißgeschick meines Freundes. Er hat unglücklich sein und unterliegen können, denn was vermag Tapferkeit gegen die Übermacht auszurichten! Aber ich bin völlig überzeugt, daß er sich verteidigt hat wie ein braver Offizier und nicht etwa die Waffen gestreckt hat wie jene Schweinehunde bei Maxen. Ich kenne meinen Fouqué seit langem; er ist einer der tapfersten und klügsten Offiziere, die ich gehabt habe, seitdem verhängnisvolle Umstände mich zwangen, Kriege zu führen. Aber lebt er wohl noch?"

Der König war während dieses ganzen Abends sehr traurig. Er war es etwas weniger in den beiden folgenden Sitzungen. Als er aber am 29. Einzelheiten über die Gefangennahme seines lieben Fouqué erfuhr, steigerte sich seine Traurigkeit sehr, und ihre Äußerungen waren sehr heftig.

29. Juni 1760. In Groß-Döbritz

Er ließ mich um sieben Uhr rufen.

„Ich habe Nachrichten, die Ihren Abscheu erregen werden. Loudon und seine Genossen haben sich wie die Barbaren benommen. Nach der Gefangennahme Fouqués haben sie Landshut in so niederträchtiger und unerhörter Weise plündern lassen, daß es Ihnen schwer würde, es zu glauben, und wie keine ehrliche und fühlende Seele es sich jemals hätte vorstellen können. Die Generale selbst haben Beifall gespendet und haben gelächelt zu der Grausamkeit und zu den Freveltaten dieser Räuber, welche die arme Stadt ausplünderten. Sie haben nur dem Elend eine Stätte bereitet. Ein echt barbarischer Frevel! Er schreit nach Rache. Wenn ich diese Rache nehmen kann, so will ich sie üben an diesen Rasenden und an denen, die ihre Grausamkeit erregen und sie zu ihren Schandtaten aufreizen. Ich habe es Ihnen schon gesagt, mein Lieber: Der Krieg, der nur in barbarischer Weise geführt wird, verdirbt alle Sitten und macht den Menschen zu einem wilden

Geschöpf; er macht ihn tierisch, wild und barbarisch. Ich kann Ihnen nicht sagen, mein Lieber, wie groß meine Entrüstung und mein Zorn sind!"

Der König brauchte es mir auch gar nicht zu sagen; ich sah es schon ohnehin. Sein Zustand quälte mich, und ich seufzte, wenn ich an die Wiedervergeltung dachte, die nicht ausbleiben würde, wenn er Gelegenheit dazu haben sollte. Er ging mehrmals mit großen Schritten in seinem Zimmer umher, indem er wiederholte:

„Heißt das Krieg führen? Betragen sich so Menschen, Offiziere, die, ob auch an Blutbäder gewöhnt, gleichwohl die Unglücklichen achten und ihnen Hilfe gewähren sollten?"

30. Juni 1760. In Groß-Döbritz

Am folgenden Tage kam der König nochmals mit der gleichen Heftigkeit wie am Abend zuvor auf seine Anklage zurück. Es fehlte nicht an beißendem Spott.

„Sie werden zugeben, daß diese Schufte nicht viel zu tun hatten, um das Korps meines armen Fouqué gefangenzunehmen. Achtundzwanzigtausend Mann gegen achttausend — das ist wirklich nichts, um in Entzücken zu geraten; das heißt, sich mit wenig Kosten in den Augen der Unwissenden einen glänzenden Ruf verschaffen. Überlassen wir diese wilden Tiere ihrem Hochmut und ihren Grausamkeiten; lassen wir sie sich brüsten mit ihren Erfolgen, ihren Plünderungen und ihren Räubereien. Vielleicht werde ich Rache üben können, und ohne ein Barbar zu sein, wie sie es sind, werde ich sie tüchtig fühlen lassen, daß man es nicht sein darf.

Habe ich es Ihnen nicht gleich gesagt, daß Fouqué sich wie ein Mann von Ehre verhalten haben müßte und daß er ein treffendes Beispiel geben würde, was Tapferkeit und Standhaftigkeit gegen die Übermacht ausrichten können? Er hat sich wie ein Römer verhalten. Er hat von zwei Uhr morgens bis um zehn alles getan, was Geschicklichkeit und Klugheit, gepaart mit Mut, in einer so verzweifelten Lage ausrichten können. Er hat zwei

Verwundungen davongetragen; man teilt mir mit, er werde sie überstehen. Ich war furchtbar in Sorge seinetwegen; man findet nicht leicht wieder einen solchen Mann. Übrigens hat der Feind auch beträchtliche Verluste erlitten. Morgen werde ich Ihnen mehr über dieses traurige und barbarische Abenteuer sagen. Guten Abend; ich muß noch einige Briefe schreiben."

1. Juli 1760. In Groß-Döbritz

An diesem Tage, an dem ich um zwei Uhr gerufen wurde, sprach er nicht über den erlittenen Verlust und das freute mich; denn ich litt darunter, den König beim Bericht über diese Angelegenheit sich ereifern zu sehen.

„Ich habe Sie zeitig kommen lassen, mein Lieber, um Ihnen mitzuteilen, daß wir in der Nacht abmarschieren. Richten Sie sich also ein; Sie werden zu allem die nötige Zeit reichlich zur Verfügung haben. Ich will versuchen, Herrn von Lacy bei den Ohren zu nehmen; wenn ich sie ihm recht langziehen könnte, so wäre das eine kleine Linderung meiner Leiden. Ich will zu Pferde steigen und mich nach meiner Rückkehr zu Bett legen. Guten Tag und guten Abend! Beten Sie ein wenig für uns alle."

Nachdem ich vom König weggegangen war, besuchte ich Herrn von Gaudi, seinen Adjutanten. Da dieser geschickte und pfiffige Offizier ein Tagebuch über den Feldzug führte und man ihm regelmäßig Einzelheiten mitteilte von allem, was in der Armee und in den Streifkorps sich zutrug, so bat ich ihn, er möge mich über das Gefecht bei Landshut aufklären, was er auch bereitwilligst tat.

„Der König ist wütend über diese Schlacht und über die unerhörte Plünderung Landshuts," sagte er; „er hat die übelste Laune auf der ganzen Welt; er weist jedermann barsch von sich. Haben Sie es nicht gemerkt?"

„Ich habe gesehen, daß er ziemlich traurig ist. Wie sollte es auch anders sein! Denn es ist ein großer Verlust."

„Er ist viel größer, als er meint. Hören Sie die Wahrheit über die tragische Gesichte: Der General Fouqué stand mit einem Korps von höchstens achttausend Mann bei

Landshut in einem verschanzten Lager. Sie werden sich entsinnen, daß wir durch diese Stellung gekommen sind, als wir bei Reichhennersdorf lagerten. Der General hatte dieses Lager bezogen, um über Böhmen eine Verbindung mit Glatz zu haben; er wußte, daß man nach dieser Festung trachtete. Loudon, der die Absichten des Herrn von Fouqué durchschaute und die Notwendigkeit erkannte, ihn aus seiner Stellung zu verjagen, griff ihn am 23. um zwei Uhr morgens mit fünf Korps an fünf verschiedenen Stellen an. Der General Wolfersdorff griff längs des Bober über Reichhennersdorf an, der General Janus von der anderen Seite des Dorfes her, der General Gaisruck längs des Dorfes Zieder; Loudon und der General Müffling, um das Dreifache stärker als der General Fouqué, schlossen die preußischen Bataillone ein, die in großen Abständen auf den Bucher Höhen aufgestellt waren, und verjagten sie über Nieder-Zieder.

Loudon schickte darauf seine Kavallerie aus, um ihnen den Rückzug nach Schweidnitz und Breslau abzuschneiden. Fouqué wurde bis an den Bober zwischen Landshut und Breitenau zurückgedrängt, und auf diesem geschickten Rückzuge wurde er verwundet und gefangengenommen. Er hat so heldenmütig gekämpft wie seine Truppen; selbst in seinem Unglück hat er sich unsterblichen Ruhm erworben. Wir haben fast achttausend Mann, vierzig Kanonen und vierundzwanzig Fahnen verloren, die Feinde zweitausendneunhundert Mann. Unter unseren verlorenen achttausend Mann sind sechstausend Gefangene. Das ist die Wahrheit über die Sache; aber sprechen Sie bitte zu niemanden darüber. Ich warte auf den Befehl des Königs, um wieder zum General Hülsen zu gehen."

2. Juli 1760. Im Hauptquartier Quolsdorf

Um zwei Uhr morgens marschierte das Heer in drei Kolonnen zum Lager bei Quolsdorf; die erste Kolonne zog über Nieder-Ebersbach, Kunersdorf, Lötschen, Sacka und Röhrsdorf; die zweite Kolonne marschierte über Bieberach,

Mühlbach, Tiendorf, Welkander und Sella; die dritte ging über Großenhain, Schönfeld, Lüttichau und Zochau ins Lager.

Das Lager wurde auf dem Berge von Quolsdorf angelegt, den linken Flügel gegen Zietsch, den rechten gegen die kleine Stadt Krakau gerichtet. Vor der Front war ein kleiner Fluß mit Namen Pulsnitz. Das Heer empfing zwei Tage lang Zwieback statt Brot.

Der König, den ich um vier Uhr nachmittags sah, war nicht so übel gelaunt wie an den Tagen zuvor. Die heitere Stimmung, in der er war oder zu sein vorgab, machte mir Freude.

„Obwohl ich von dem Marsch, den wir gemacht haben, hundemüde bin, so fühle ich mich dennoch wohl. Der Gedanke, Herrn von Lacy ein wenig zu verprügeln, versetzt mich in frohe Stimmung; ich freue mich und überlasse mich dieser angenehmen Vorstellung. Es wäre hohe Zeit, daß ich etwas Glück hätte; meine Truppen und ich würden uns in diesem Feldzuge sehr wohl dabei befinden."

Als ich diese Worte hörte, sagte ich bei mir selbst: „Man soll das Fell des Bären nicht verkaufen, bevor man ihn erlegt hat." Und ich lächelte.

„Worüber lachen Sie, mein Lieber?"

„Darüber, daß Eure Majestät zufrieden sind. Ich wünsche, daß Ihre Hoffnungen nicht enttäuscht werden mögen."

„Ich wünsche es noch mehr als Sie; ich glaube, daran werden Sie nicht zweifeln. — In der vorigen Nacht habe ich einen seltsamen Traum gehabt. Sie dürfen sich aber nicht einbilden, daß ich auch nur den geringsten Wert legte auf die Narrheiten eines Traumes. Mir träumte also, ich befände mich in Straßburg mit dem Marschall Daun, der mit mir plötzlich, ohne daß ich wüßte wie, nach Charlottenburg versetzt wurde. Dort sah ich meinen Vater und den alten Dessauer. ‚Habe ich's gut gemacht?' sagte ich zu diesem. — ‚Sehr gut.' — ‚Das freut mich; Ihr Beifall und der meines Vaters schmeicheln mir mehr als der der ganzen Welt.' — Als ich das sagte, kam ein Husar mit der Meldung, die Franzosen seien in vollem Marsche. ‚Soll ich angreifen?' fragte ich den alten Fürsten. — ‚Ja.' Und darüber wachte ich auf, mein Lieber. Kann man sich etwas Wunderlicheres denken als diesen Traum? Nun gut, sollte man glauben, daß er, so wunderlich und närrisch er ist, doch für viele Leute, die ihn gehabt hätten, ein Gegenstand der Furcht und der Hoffnung wäre, deren eine so töricht ist wie die andere?"

Nachdem mir der König den Traum erzählt hatte, las er mir die ‚Kartäuserin' von Gresset vor, die er größtenteils aus dem Gedächtnis vortrug. Er betonte besonders folgenden Vers:

Denn auch im prächtigsten Palast
Ist oft ein Elender zu Gast.

„Aber, mein Lieber, Sie sagen ja kein Wort über meinen Vortrag! Es sind jedoch wohl nicht gerade wenig Verse, die ich Ihnen sage, ohne ins Buch zu sehen!"

„Ich bewundere Ihr Gedächtnis, und wenn ich Ihnen in allem Bewunderung zollen wollte, was sie verdient, so müßte ich Sie mit meiner Bewunderung geradezu überhäufen."

Er machte mir eine sehr schöne Verbeugung.

„Weg mit den Lobreden, mein Lieber; Sie werden mich noch verwöhnen. Denken wir jetzt daran, beim göttlichen Morpheus ein wenig Ruhe zu finden; denn morgen werden wir auf Seine Göttlichkeit verzichten. Guten Abend, mein Freund; schlafen Sie wohl, und träumen Sie nicht von Schlachten."

3. Juli 1760. Im Hauptquartier Quolsdorf

Der König ritt am Morgen aus. Nach seiner Rückkehr sandte er viele Befehle ab, und um sechs Uhr abends ließ er die gesamte Generalität zu sich kommen, welcher er seine Absicht mitteilte, am folgenden Tage Herrn von Lacy anzugreifen.

„Ich hoffe," sagte der König, „daß jeder seine Pflicht tun wird; ich werde die meine gewiß erfüllen. Hier ist der Befehl zum Angriff; daß ihn sich jeder gut einprägt, damit er handeln kann wie an einem Übungstage in Potsdam!"

Alle versicherten Seiner Majestät, sie würden sich nicht schonen und sich des preußischen Namens würdig zeigen, den sie zu tragen die Ehre hätten.

Er schien entzückt zu sein von diesen Worten, sagte allen die schönsten Artigkeiten der Welt und umarmte die Generale, die ihm am nächsten standen. Der General von Zieten, der, in seiner ganz schmucklosen und einfachen Redeweise, vielleicht mehr Eifer bezeugte als die anderen, wurde auch am heftigsten umarmt und gedrückt. Als der edle und achtenswerte Greis den König verließ, machte er mehrere Luftsprünge, deren ein junger Mann sich nicht zu schämen gehabt hätte; er erfaßte einen der Generale, den er zwang mitzutun, und rief: „Es lebe unser guter, unser lieber, unser großer König! Wer opferte sich wohl nicht für ihn!"

Diese Luftsprünge und diese Rufe bemerkte und hörte der König, der davon sehr bewegt wurde. Das sagte mir der Lakai, der mir den Befehl überbrachte, mich sofort zu Seiner Majestät zu begeben.

Ich bemerkte beim Eintreten die Rührung des Monarchen.

„Sie sehen mich ganz bewegt von dem, was ich beobachtet habe. Ich habe meine Generale zusammengerufen und habe sie belehrt über die Schlacht, die wir morgen schlagen werden. Besonders mein guter, alter Zieten hat Freudensprünge ausgeführt wie ein junger Mann, der zu einem Feste gehen soll; man hätte meinen mögen, er wolle seiner ganzen Umgebung seinen Mut und seinen Eifer mitteilen. Welch außerordentlicher Mann ist doch dieser brave Zieten! — Schnüren Sie Ihr Bündel, mein Lieber, und ruhen Sie sich aus. Weder Sie noch ich haben Zeit zu verlieren; denn ich breche in der Nacht auf. Ein wenig Glück, mein Freund, ein wenig Glück, und alles wird wieder gut werden. Guten Abend! Wenn ich morgen noch lebe. werden wir uns wiedersehen.“

4. Juli 1760. Im Hauptquartier Pulsnitz

Die Zelte waren schon am Abend um neun Uhr abgebrochen worden. Die Armee setzte sich nach Mitternacht in drei Kolonnen in Marsch auf Lichtenberg, wo der General von Lacy mit seinem Korps auf Bergen und Hügeln stand und Engpässe, Gehölz und Sümpfe vor seiner Front hatte.

Die erste Kolonne berührte Steinborn und Stentz und zog dicht bei Lausnitz vorüber, um nach Lomnitz zu gelangen; die zweite Kolonne marschierte rechts über Königsbrück, Höckendorf und Groß-Nauendorf; die dritte Kolonne zog über Schmorke, Weißbach, Reichenau bei Hohen-Eule und ging nach Mittelbach. Da der Feind sich mit solcher Geschwindigkeit zurückgezogen hatte, daß man ihn nicht erreichen konnte, so marschierte der König nach Pulsnitz, wo er das Lager so aufschlug, daß der rechte Flügel sich an diese Stadt und der linke an den Pfaffenberg-Grund lehnte. Man nahm auf diesem Marsche zweihundert Mann der feindlichen Nachhut gefangen, Husaren und Ulanen. Seine Majestät wohnte im Schloß, wo man auch mir ein Zimmer anwies. Sei es nun, daß der König sich nicht ganz wohl fühlte, wovon ich mich nicht überzeugen konnte, obwohl ich am selben Orte wohnte, sei es, daß er mit mir nicht über das geschickte Manöver des Generals Lacy reden wollte, der ihm entschlüpft war und den er noch am Abend zuvor völlig schlagen zu können vermeinte — er ließ mich nicht rufen. Er ließ mir nur durch den Boten sagen, ich sollte mich zu Bett legen, da man in der Nacht aufbräche, und ich sollte mich darauf gefaßt machen, am folgenden Tage bei alten Nonnen zu wohnen.

5. Juli 1760. In Marienstern

Um zwei Uhr morgens marschierte das Heer in drei Kolonnen nach links zum Lager bei Marienstern. Die erste

Kolonne benutzte die Landstraße über Rehnsdorf, Elster und Kriepitz; die zweite zog über Mersdorf, Poritz und Banschwitz; die dritte marschierte über Weisbach, Nieder-Gersdorf, Prieditz und Miltitz zum Feldlager. Der linke Flügel berührte das Kloster Marienstern und der rechte Flügel das Dorf Kannewitz. Vor dem Dorfe waren zwei große Schanzen und zwei Halbmondschanzen, die einst der schwedische General von Moltke hatte aufwerfen lassen, als die Schweden in Sachsen waren. Hinter der Front waren Kamenz und die Elster.

Wir kamen im Kloster Marienstern an, wo vierzig vornehme Nonnen wohnten. Der König befahl, daß seine Gardekompanie im Kloster untergebracht würde, da er viele Bataillone im Dorfe einquartieren ließ. Man benachrichtigte die Damen von deren Einzug. Die Sturmglocke wurde geläutet; die Nonnen waren erschrocken und machten Kreuzeszeichen.

„Jesus, mein Gott!" sagte die Priorin; „ach, Garden mit meinen Jungfrauen! Ach, mein Herr", sagte sie zu dem Hauptmann Wedell, der die Kompanie befehligte, „haben Sie Mitleid mit uns." — Ich war bei diesem Auftritt zugegen. — „Fürchten Sie nichts," sagte der Haupmann und hob die Priorin auf, die ihm zu Füßen gefallen war; „man wird niemandem Gewalt antun, und alle meine Grenadiere werden sich ruhig verhalten." — Man schickte die Nonnen zur Kirche; dort stimmten diese armen Tauben Kirchenlieder an, um den Sturm und die Vergewaltigung abzuwenden, die sie fürchteten. Aber alles vollzog sich in Ordnung. Die Priorin war zufrieden. Man verletzte nicht die Schamhaftigkeit der heiligen Jungfrauen, die am folgenden Morgen mit gerührtem Auge diese schönen und großen Grenadiere betrachteten, welche in zwei Tagen vielleicht schon nicht mehr lebten.

6. Juli 1760. Im Hauptquartier Nieder-Gurk

Um drei Uhr morgens setzte sich das Heer in Marsch nach dem Lager zu Nieder-Gurk. Die erste Kolonne zog durch Mecknitz, Milkwitz, Bornitz, Dallwitz und Doberschütz, die zweite über Lauske, Luga, Quoas, Radibor, Klein-Dubrau und Piskowitz; die dritte Kolonne schlug den Weg über Buschwitz, Übigau, Luppe, Lomske und Leichnam zum Feldlager ein. Den rechten Flügel vor Doberschütz und den linken am Malschwitzer Mühlberge — das war so etwa das gleiche Lager, das Seine Majestät nach dem Verlust der Schlacht bei Hochkirchen bezog; doch war das Lager damals auf den Hügeln, und heute lagerte man in der Ebene. Man verlor auf diesem Marsche fast zweihundert Mann, die bei der außerordentlichen Hitze vom Schlage getroffen wurden. Ich wurde heute nicht gerufen. Der König, der vom Marsche und von der Hitze ermüdet und erschöpft war, hatte heftige Kopfschmerzen, die ihn zwangen, sich zu Bett zu begeben.

7. Juli 1760. In Nieder-Gurk

Ich hatte Befehl, um vier Uhr nachmittags zu erscheinen. Die Vorgänge des Morgens hatten den König in sehr üble Laune versetzt.

„Mein Lieber, gestern war ich während des ganzen Tages krank und unfähig, irgend etwas zu beginnen. Mein Kopf war so verwirrt, daß ich nicht zwei Gedanken aneinanderzureihen vermochte. Das sind die Wirkungen des schönen Lebens, das ich führe. Entzückt Sie dieses Leben nicht?"

„Nein, Sire, ich sehe nichts sehr Angenehmes in ihm."

„Angenehmes? Ich bitte Sie, sagen Sie: Ich sehe darin nichts als Entsetzliches — und Sie werden es *bene, recte et rectissime* ausdrücken."[1]

[1] **Hier endet Catts zusammenhängende Darstellung. Auch die dieser zugrunde liegenden Tagebücher hat er nur bis zur Schlacht bei Liegnitz (August 1760) weitergeführt. Doch hat er dann, wohl im Sommer 1762, die Erlebnisse seit dem August 1760 zusammengefaßt. Dieser Bericht folgt hier als „Anhang zu den Tagebüchern".**

Fünfter Teil

(Anhang zu den Tagebüchern)

Es ist sehr unrecht, daß man dem König vorgeworfen hat, er liebe es, Zivilisten großen Anstrengungen und der Gefahr auszusetzen. Ich habe stets nur das Gegenteil erfahren. Nach der Schlacht bei Palzig[1], die in so seltsamer Weise geschlagen und verloren wurde, verließ Seine Majestät der König seine Armee bei Dürings Vorwerk, deren Oberbefehl er seinem Bruder, dem Prinzen Heinrich, übergab. Er selbst übernahm den Befehl über die Armee des Prinzen, vereinigte sich mit dem General Wedell und marschierte den Russen entgegen. Ich bat ihn inständig um die Erlaubnis, ihn zu begleiten. Er sagte: „Warum sollte ich Sie ermüden und ohne jeglichen Grund der Gefahr aussetzen? Bleiben Sie bei dem Heere meines Bruders, wo Sie mehr Ruhe haben werden." — Er ist stets so aufmerksam gegen mich gewesen. Erst nach vielen Bitten erlaubte er mir, ihn nach Zorndorf zu folgen; er bedauerte mich, daß ich der Schlacht bei Hochkirchen hatte beiwohnen müssen; er wiederholte mir mehrmals auf unseren mühevollen Märschen, die der Schlacht bei Liegnitz vorausgingen: „Es wäre mir eine große Freude, wenn ich Sie mit Herrn Mitchell sicher nach Glogau schicken könnte; aber Sie könnten nicht durchkommen."

Nach der unerwarteten Schlacht bei Liegnitz[2] schickte er mich nach Breslau, damit ich mich von den Anstrengungen

[1] Schlacht bei Kay, die von Catt unterm 11.—24. Juli 1759 geschilderte Niederlage Wedells gegen die Russen. — [2] In der Schlacht bei Liegnitz (15. August 1760) schlug der König, den die Feinde mit überlegenen Kräften fast völlig umstellt hatten und den sie schon verloren glaubten, überraschend die Österreicher.

erholte, die außerordentlich groß gewesen waren. Dorthin sandte er mich nochmals, als er mit den Russen[1] jene schwierigen Märsche unternahm, um den Marschall Daun aus der Gegend von Schweidnitz zu entfernen. Dieser mehrmaligen Abwesenheit habe ich seine Briefe zu verdanken; diese Beurlaubungen beweisen die Güte und die Aufmerksamkeit des Königs und die Ungerechtigkeit derer, die ihm die Absicht zuschreiben, daß jeder kämpfen sollte. Es ist das Schicksal großer Männer, getadelt zu werden. Ihm ist dieses Schicksal in reichem Maße beschieden gewesen; er wußte es und verzieh, und er beklagte sich nur sehr selten darüber.

27. August 1760

In großem Unglück glaubt man an Propheten, Träume und Teufel. Das ganze Heer sprach nur von Wahrsagern. Der eine war für die Berliner Propheten, der andere für die schlesischen. Einer dieser letzten, dessen seltene Gaben man rühmte, verscherzte schließlich alle Gunst. Er kündigte für den 18. August eine Schlacht in der Nähe von Schweidnitz an. Das Gerücht verbreitete sich; die Freude war sehr groß. Diejenigen, die an der Schlacht nicht teilzunehmen brauchten, zählten die Augenblicke; die Soldaten erwarteten sie stillschweigend. Am 18. mußte die Truppe zu ihrer Beschämung einsehen, daß sie von den Lügenpropheten irregeführt worden war; aber man glaubte trotzdem noch immer an Wahrsager.

29. August 1760

Es gab kein Mittel, den Marschall Daun in eine Schlacht zu verwickeln. Daß er sich auf Bergen festzusetzen liebte, machte ihn unangreifbar. Der König manövrierte unnötig und beunruhigte sich über das Ende des Feldzuges. Vor der Schlacht bei Liegnitz wohnte er in der Vorstadt im Narrenhause. — „Sie sehen mich hier in einem drolligen Quartier, mein Lieber", sagte er zu mir; „wenn ich einen schweren Fehler begehe, so werde ich hier am richtigen

[1] Im Jahre 1762, nach dem Tode der Zarin Elisabeth.

Ort sein, und ich werde die Zahl dieser Unglücklichen vermehren. Wahrhaftig, bei so vielen Sorgen und so vieler Arbeit kann sich der Kopf sehr leicht verwirren. Wenn mir das zustößt, so beten Sie für mich."

Ich glaube, jedermann weiß, daß ein französischer Gelehrter[1] vorgab, man könnte seine Seele begeistern und in diesem Zustande der Schwärmerei in der Zukunft lesen. Wenn der Präsident Maupertuis diese glückliche Gabe gehabt hätte, so hätte er sich viele Unruhe erspart. Der König scherzte oft über diesen Gedanken des Philosophen. „Wo zum Teufel hat er ihn nur aufgefischt? Geben Sie zu, daß er lächerlich ist!"

2. Oktober 1760

Man hatte den König mehrmals benachrichtigt, daß die Österreicher ein großes Streifkorps unter dem Befehl des Generals Lacy ausgesandt hätten und daß es sich Berlin mit großer Schnelligkeit näherte. Seine Majestät der König schenkte dieser Nachricht keinen Glauben, und nicht ohne Grund seufzte man über seine Ungläubigkeit. Endlich überzeugte er sich davon, aber zu spät. Der General Lacy war dem König um mehrere Tagemärsche voraus. Er gelangte nach Berlin[2] mit dem Grafen Tottleben, der ein russisches Korps befehligte.

Der König setzte sich mit dem ganzen Heere in Marsch, um der Hauptstadt zu Hilfe zu kommen. Aber dem General Lacy, der einen großen Vorsprung hatte, blieb genügend Zeit, sich in Berlin aufzuhalten, Forderungen zu stellen und zu zerstören, was ihm beliebte. Wäre der Graf Tottleben nicht gewesen, so hätte der General Lacy arge Verwüstungen angerichtet, wozu sein über den König erbittertes Herz ihn trieb, obwohl doch der König nach der Schlacht bei Gottesberg so aufmerksam gegen ihn gewesen war, wie es der General gewiß nicht verdiente. Seine Majestät schickte ihm alle seine Wagen zurück, die

[1] Maupertuis. — [2] Die Besetzung und Plünderung Berlins durch ein russisch-österreichisches Korps im Oktober 1760 wurde nach 4 Tagen aufgegeben, als der Anmarsch des Königs bekannt wurde.

die Husaren erbeutet hatten und die nun noch aufzutreiben waren. Der Graf Lacy schrieb ihm einen Brief, über den der Prinz Liechtenstein, dem er ihn zeigte, für ihn errötete. Der Prinz sagte es einem Freunde, der mir diese Geschichte mitteilte. Als Seine Majestät der König diesen Brief in meiner Gegenwart las, sagte er: „Herr von Lacy hat keine Lebensart; aber antworten Sie ihm recht höflich."

24. November 1760

Es ist wahr, Berlin bot nach dem Abzuge der Russen und der Österreicher dem Auge nur Reste dessen, was es früher gewesen war.

Die Stadt war während mehrerer Tage in der fürchterlichsten Unruhe. Es waren zu wenig Truppen dort, um sie zu retten. Man hielt einige Tage stand. Der gereizte Feind warf eintausendfünfhundert Bomben, die aber ohne Wirkung blieben. Man ergab sich. Die Russen und die Österreicher zogen in die Stadt ein; aber der Graf Tottleben übernahm den Oberbefehl. Die Generale Tschernyschew und Lacy wurden glücklicherweise von dem Führer der Kosaken im Zaume gehalten. Welcher Schrecken und welche Trostlosigkeit herrschten unter den Bewohnern der unglücklichen Hauptstadt! Wieviel Tränen wurden vergossen über das Geschick des Königs! Wieviele Untertanen seufzten im geheimen, daß sie sehen mußten, wie die Feinde im Herzen seiner Staaten Gesetze vorschrieben, seine Untertanen bestraften und als Herren Forderungen stellten! Wenn man in der Hauptstadt Ehrlose sah, die den Feinden Vorratslager für das Heer zeigten, so sah man doch auch eine große Anzahl eifriger Bürger, welche sich bemühten, die erregten Geister zu beruhigen und alles, was dem König und dem Heere gehörte, zu erhalten. Unter diesen braven und ehrenwerten Untertanen darf man den Bankier Gotzkowsky[1] nicht vergessen, der selbst unter der Gefahr, sein Leben zu verlieren oder gefangen

[1] Gotzkowsky (1710—1775), Samt- und Seidenfabrikant in Berlin, gründete 1761 die Berliner Porzellanmanufaktur. Durch seinen Einfluß und erhebliche finanzielle Opfer erreichte er 1760, daß die Plünderung der Hauptstadt eingestellt und die Kontribution stark herabgesetzt wurde. Er starb in Armut.

weggeführt zu werden, alles Menschenmögliche tat, um den Greueltaten Einhalt zu tun, mit welchen man drohte. Der Gesandte Hollands, Herr von Verelst, verhielt sich so, daß er die herzlichste Zuneigung des Königs, der königlichen Familie und der Preußen verdiente. Daher auch sagte der König, der von den Taten dieses hervorragenden Mannes ganz durchdrungen war, mit Tränen in den Augen: „Die königliche Familie, ich und die Preußen sollten diesem ehrenwerten Gesandten Altäre bauen.“ — Ich wage zu behaupten, daß die meisten Bürger ihr eigenes Unglück vergaßen und sich nur mit dem des Königs beschäftigten, und daß es ihnen unerträglich war, daß der Feind sich zum Herrn der Hauptstadt gemacht hatte. In dem Kummer, den der König empfinden mußte, erblickten sie ihre eigene Demütigung.

Die Russen, die man für so grausam und barbarisch hielt, retteten jedoch die Stadt vor den Greueltaten, mit welchen die Österreicher sie bedrohten. Sie hielten bewundernswürdige Ordnung, während jene in den königlichen Häusern, in der Umgebung der Stadt, unerhörte Unwürdigkeiten begingen. Wird die Nachwelt es sich vorstellen können, daß man die Gemächer der Königin und des Königs zu Aborten machte, wo man den Schmutz ablud? Könnte man denken, daß mehrere Wohnungen zu Pferdeställen bestimmt wurden, und sollte man endlich glauben, daß der Groll sich bis auf die Standbilder erstreckte, die völlig verstümmelt wurden? Die Goten, diese Barbaren, begingen in Rom dieselben Ausschreitungen! Ich weiß wohl, man wird sagen, es sei zur Wiedervergeltung dafür geschehen, daß die Preußen die Schlösser des Grafen Brühl ausgeplündert und zerstört hatten. Aber hätte man dieses Äußerste getan, wenn nicht der Graf in den Zeitungen bekanntgemacht hätte, der König habe die Plünderung eines seiner Schlösser befohlen? Das war falsch. Vielleicht wäre es ein rühmlicheres Zeichen von Größe gewesen, die Schreie und die Schriftstücke eines kleinen Privatmannes zu verachten, der sich an einem großen König vergreifen wollte, als ihn durch Vergeltungsmaßnahmen zu lehren, daß er nicht versuchen sollte, damit bei den Leuten Eindruck zu machen. Aber selbst vorausgesetzt, Seine Majestät hätte ohne jeglichen Grund diese Ausschreitungen befohlen, mußte dann der Minister, wenn er der wahre Freund der Sachsen und ihres Königs gewesen wäre, nun seinerseits anordnen, die königlichen Häuser zu verwüsten? Mußte er nicht vermuten, daß die Folge dieser Verheerungen die Verwüstung der Schlösser des Königs von Polen und ein vermehrter, begründeterer Groll gegen das Land Sachsen sein mußte?

3. November 1760. Schlacht bei Torgau

Als die Österreicher und die Russen erfuhren, daß der König gegen die Hauptstadt vorrückte, dachten sie an den Rückzug. Jedes der Korps vereinigte sich mit seiner Armee. Seine Majestät der König marschierte auf die Elbe zu, die er oberhalb Dessaus überschritt, und umging das österreichische Heer, das auf den Torgauer Höhen lagerte. Alles schien wohl vorbereitet zu sein, um dem König glänzende Erfolge zu gewährleisten. Aber zwei Zwischenfälle machten die Schlacht hartnäckig und mörderisch, besonders für die Preußen.

Der König wollte die Front des österreichischen Heeres angreifen, unterstützt von der Kavallerie, die der Herzog von Holstein führte, oder doch im Bereiche ihrer Hilfe. Der General Zieten sollte den Feinden in den Rücken fallen. Man war übereingekommen, daß, sobald der eine den Angriff begann, der andere folgen sollte. Als Seine Majestät der König sich den Österreichern näherte, hörte er lebhaftes Schießen. Er glaubte, der brave General Zieten habe die Schlacht schon begonnen: das erste Unglück! Er rückt schnell vor; unter dem Geschützfeuer des Feindes entwickelt er sich und nimmt Aufstellung; die Preußen wanken unter dem heftigen Kartätschenfeuer. Man verlangt die Kavallerie; sie ist aber nicht aufzufinden. Denn der Herzog hatte schlechte Führer genommen; als er in einen Wald geraten war, konnte er nicht wieder heraus und mußte umkehren: das zweite Unglück! Wäre diese Kavallerie zur rechten Zeit gekommen, so hätte sie die Infanterie unterstützt, die im vernichtenden Geschützfeuer stand, und sie hätte den Angriff der österreichischen Kavallerie aufgehalten. Der König jedoch beruhigt und sammelt seine Truppen und führt sie zum dritten Male vor. Endlich trifft die Kavallerie ein; der General Zieten greift an, und in den Schrecken der Nacht stellt man wieder her, was man während des Tages verloren hatte. Man marschiert; man weiß nicht, ob man es mit seinen eigenen Leuten oder mit dem Feinde zu tun hat. Der König, der die Geistesgegenwart niemals verlor, läßt den Marsch seiner Truppen schlagen; von drüben erfolgt Antwort. Dadurch vergewissert man sich, daß es Preußen sind. Man vereinigt sich mit ihnen und drängt zurück, was sich in den Weg stellt. Der Marschall Daun hatte eine leichte Verletzung davongetragen. Als er nach hinten gebracht wurde, tröstete er sich über seine Verwundung mit dem Gedanken, daß der König geschlagen war. Einige Generale und die Prinzen von Sachsen, die bei dem verwundeten Marschall waren, beglückwünschten ihn zu dem Siege. Man führte Herrn Pirch vor ihn, einen Adjutanten Seiner Majestät. Seine Exzellenz sagte zu ihm: „Nun also, Ihr Herr ist geschlagen worden! Was wird nun aus ihm werden?" — Kaum hatte er geendet, als das Feuer näher kam. „Was soll das bedeuten? Ist Ihr König nicht zufrieden? Will er denn heute das ganze Weltall vertilgen?" — Die Schlacht wurde ernst; der Marschall dachte daran, sich wegbringen zu lassen; die Prinzen säumten nicht, ihm zu folgen — alles begab sich in Unordnung nach Torgau. Während der Nacht überschritt man die Elbe, und der König von Preußen war der Herr des Schlachtfeldes. Man stelle sich vor, welche Folgen dieser Tag gehabt hätte ohne die beiden Zwischenfälle, die ich angeführt habe, und was aus den Österreichern geworden wäre, die die Elbe auf Pontons überqueren mußten! In dieser Weise treibt das Schicksal häufig sein Spiel mit allen Maßnahmen und mit der klugen Vorsicht der

Sterblichen. Die Infanterie des Königs hatte schwere Verluste erlitten. Er selbst erhielt einen Schuß, der ihm die Brust streifte; aber die Verletzung war unbedeutend und hatte keinerlei Folgen. Die Österreicher, die sich für die verlorene Schlacht rächen wollten, sprengten das Gerücht aus, der König sei gar nicht verwundet worden, und man wisse von zuverlässiger Seite, daß er sich der Gefahr nicht aussetze. Diese Beschuldigung war ungerecht, war unerhört, und ich zweifle nicht daran, daß sie bestraft worden wäre, wenn der Hof zu Wien ihren Urheber gekannt hätte. Der König hatte genügend Beweise seiner Tapferkeit erbracht; wenn er hingegen sich der Gefahr nicht so sehr ausgesetzt hätte, wie er es ungeachtet der Bitten der Offiziere und Soldaten tat, wer hätte es dann noch wagen dürfen, in Gegenwart eines ganzen Heeres zu sagen: „Der König setzt sich der Gefahr aus; er schont sich nicht?" Der Soldat, der sehr gut merkt, welches die Tapferen und die Furchtsamen sind, hätte den König schon sehr richtig beurteilt. — Dem Könige wurde diese Angelegenheit mitgeteilt; er lachte darüber und schrieb im Bericht, er habe die Schlacht nur darum gewonnen, weil der Marschall Daun verwundet worden sei.

Es war die Frucht dieses Tages, daß er sich in Sachsen ausbreiten und dort überwintern konnte, statt daß er sich unter die Kanonen von Magdeburg zurückziehen mußte, und daß er seine Truppen in diesem Lande wiederherstellen konnte, wo es noch viele Hilfsquellen gab. Man ließ ein Korps vorstoßen, um Dippoldiswalde zu besetzen und Dresden zu Fall zu bringen; aber man kam zu spät. Die Festung war vom Kommandanten dieser Stadt besetzt worden, der dorthin marschierte, sobald er erfuhr, welches Unglück den Truppen der Königin zugestoßen sei und daß der Marschall sich zurückziehe.

22. März 1761

Seine Majestät der König hatte mich für drei Wochen in Leipzig gelassen, damit ich hier einige Personen erwartete, die mit mir über Angelegenheiten sprechen sollten, die ihn interessierten.

31. August 1761

Die Russen lagerten bei Striegau und die Österreicher bei Kunzendorf, entschlossen, den König anzugreifen. Er ließ sein Lager sehr stark befestigen. Er mußte diese Vorsichtsmaßregel treffen, da er den beiden vereinigten Heeren weit unterlegen war. Niemals bereitete sich der Fürst mehr Unrast als jetzt, niemals war er stärker darauf bedacht, zu triumphieren. Da er sich in Bunzelwitz zu weit von seinem Heere entfernt glaubte, so ging er näher heran. Er lagerte in einem Walde und ging von dort jede Nacht zur großen Batterie von Jauernik, wo er seine Anwesenheit für nötiger hielt, und schlief dort auf Stroh. Er schickte mich wieder nach Schweidnitz, von wo aus ich täglich zu ihm in sein Zelt kam. Man machte sich jeden Augenblick auf eine Entscheidungsschlacht gefaßt. Der König besonders war überzeugt, daß sie stattfinden werde. Die Russen hatten in der Tat den Plan zum Angriff ausgegeben. Die Generale sollten um neun Uhr abends ihre Anweisungen öffnen und losmarschieren. Aber die Armee empfing den Befehl, ruhig zu bleiben. Das Mißtrauen zwischen dem russischen und dem österreichischen General, vielleicht auch die Furcht vor den Gefahren, die eine Schlacht für sie hatte, hinderte die Feinde an der Ausführung ihres Angriffsplanes. Der König war betrübt darüber. „Es war sicher“, sagte er oft zu mir, „daß die Feinde dabei ihre besten Truppen verloren hätten.“ Wer in der Zukunft hätte lesen können, der hätte vielleicht Unglück gesehen, wo Seine Majestät einen Erfolg sah, der zur Beendigung des Krieges beigetragen hätte. Zwar war sein Feldlager stark befestigt; aber wenn man unglücklicherweise an einer Stelle nachgegeben hätte, was wäre an den anderen geschehen? Man läßt sich um so leichter Furcht einjagen und ist um so mehr geneigt, sich zu beunruhigen, wenn man sich in großer Sicherheit glaubt und nun das Unwetter sich bilden, herankommen und drohen sieht. Auf jeden Fall ist es gewiß, daß das Blutbad schrecklich gewesen wäre, daß aber auch andrerseits die Haltung und die Manöver des Königs, diesen beiden Herren gegenüber bewundernswert waren und daß sie auch bewundert wurden. — Trotz seiner Sorgen, seiner Anstrengungen, seiner Reisen und seiner Nachtwachen fand er Zeit, alle Reden des Cicero und die ‚Natur der Götter' zu lesen. Wenn ich, wie alle Tage, von ihm wegging, um nach Schweidnitz zurückzukehren, so sagte er:

„Leben Sie wohl, mein Lieber. Schlafen Sie recht ruhig in Ihrem Bett, während ich auf meinem Stroh liegen werde. Sie werden sehen, daß wir uns morgen bei den Ohren nehmen werden. Sollte das geschehen, so kommen Sie nicht; bleiben Sie in Schweidnitz, und beten Sie dort für mich und für meine Truppen. Ich werde mich nicht schonen; ich werde meinen Offizieren und meinen Soldaten den Weg zum Tode oder zum Siege zeigen."

September bis November 1761

Nachdem die Russen aus Striegau abgezogen[1] waren, um nach Polen zurückzugehen, kehrte der König nach Bunzelwitz zurück, wo er einige Zeit Herrn Loudon gegenüber blieb. Als er von den Erfolgen Platens unterrichtet wurde, der russische Vorratslager in Polen zerstören sollte, da beschloß er, sich nach Neiße zu begeben, um den österreichischen General zu beunruhigen, ihn in seine Nähe zu locken und dann in Eilmärschen umzukehren, um das Lager von Kunzendorf zu besetzen, dort ein Korps zu lassen und sich darauf nach Sachsen zu begeben. Der König brach tatsächlich von Bunzelwitz auf, erteilte beim Aufbruch dem General Zastrow seine Befehle und begab sich nach Groß-Nossen, einen Tagemarsch von Neiße entfernt. Dort erfuhr er, in meinem Beisein, daß der General Loudon die Stadt Schweidnitz im Sturme genommen hatte,

[1] Die Verpflegung der 60 000 Russen und 75 000 Österreicher vor Friedrichs Bunzelwitzer Lager, das sie nicht anzugreifen wagten, verursachte solche Schwierigkeiten, daß in der Nacht zum 10. September die russische Hauptarmee abzog; nur das Korps Tschernyschew, fast 20 000 Mann stark, blieb zurück.

und zwar innerhalb vier Stunden. Das war ein Blitzstrahl für das Heer, für die Beendigung des Feldzuges und für die Zukunftsaussichten. — „Ist das möglich, mein Lieber! Ist das möglich!“ — Der General Lentulus brachte die Bestätigung dieser traurigen Nachricht. Der König verlor die Fassung nicht. Er ließ zunächst einen Teil seiner Truppen zurückrufen, die schon auf Neiße zu marschierten, und nach einigen Tagen machte er sich auf, um das Lager von Strehlen zu besetzen und zu sehen, ob er von dort aus sein Unglück wiedergutmachen könnte, sowie um im Bereiche von Breslau zu sein und den Feind daran zu hindern, sich auszubreiten.

Nach dem Abenteuer von Glatz[1] mußte es als im Bereiche der Möglichkeit liegend erscheinen, daß der Stadt Schweidnitz Unheil drohte. Obwohl bei einem geschehenen Unglück jeder es sich zum Verdienst anrechnet, zu behaupten (freilich immer erst nach dem Eintritt des Ereignisses): „Ich hatte es wohl vorausgesehen“, so ist es doch diesmal gewiß, daß alle Offiziere beim Aufbruch des Königs aus seinem Lager bei Bunzelwitz in großer Sorge waren: Man fürchtete für die Stadt, die man, wie gesagt wurde, sehr zur Unzeit im Stiche ließ und die mit schlecht ausgebildeten und übel gesinnten Bataillonen besetzt war, welche zum größten Teil aus Räubern und Fahnenflüchtigen bestanden, und wo die ränkesüchtigen Katholiken die Preußen haßten. Diese Ansichten des Heeres waren durchaus begründet; aber in ruhigeren Stunden bedachte man, daß es sich um eine starkbefestigte Stadt handelte und daß das Heer nur drei Tagemärsche von ihr entfernt war. Die Unruhe gewann indessen die Oberhand, und man wagte den König zu tadeln. Er hatte jedoch alle Vorsichtsmaßregeln getroffen. Er ließ den General Zastrow nach Piltzen kommen und sagte ihm, er sollte mit aller Offenheit sich aussprechen;

[1] Glatz war 1760 an die Österreicher unter Loudon verlorengegangen, und zwar (nach Carlyles Urteil:) „durch die Unfähigkeit seines Kommandanten, durch die Verräterei der Besatzung (größtenteils österreichischer Ausreißer), unter dem Einfluß verstohlener Jesuiten“.

wenn er Truppen nötig hätte oder für die Stadt fürchtete, so wollte er ihm einige Bataillone geben. — „Ich befürchte nichts", sagte der Befehlshaber, „und wenn diese Leute es sich einfallen ließen zu kommen, so geschähe es zu ihrer eigenen Schande." — „Sind Sie aber auch Ihrer Truppen sicher?" sagte der König. — „Ja, Sire", antwortete der General, „ich bin ihrer sicher!" Das ist buchstäblich wahr. Der Markgraf Karl und der General Lentulus waren Zeugen der Vorschläge des Königs und der Ablehnung des Kommandanten, die wohl ihn befriedigte, aber die das Heer nicht beruhigte. Wie schrecklich irrte sich der General! Er wurde nicht benachrichtigt, daß der Feind vorrückte, trotz der Wachen, die er vorn ausgestellt hatte und die ihm Meldung erstatten sollten. Er mißtraute nicht den Übelgesinnten der Stadt, er zählte zu sehr auf seine Bataillone, die in der Mehrzahl sehr feige kämpften. Vielleicht traf man hinsichtlich der Aufstellung der Geschütze und der Verteidigung im Falle eines Angriffes nicht alle Vorsichtsmaßregeln, die möglich gewesen wären; zum mindesten war der Feind in den Vorwerken, als man ihn gerade am wenigsten erwartete. Herr von Beville, der Adjutant des Königs, verteidigte sich bis zum Morgen und errang durch seine Verteidigung den Beifall der Offiziere und der Armee. Die Stadt wurde genommen, und der König sah sich dadurch dem größten Unglück preisgegeben und verlor in einem Augenblick die Früchte des glänzendsten Feldzuges, der jemals geführt wurde.

Man möge mir noch eine Betrachtung gestatten. Der Plan, den der König ausgearbeitet hatte, sollte geheim bleiben, blieb es aber nicht. Jedermann im Hauptquartier und im Heere wußte, daß der König nach Neiße ziehen würde, um den österreichischen General dorthin zu locken, und daß er nach Erreichung dieses Zieles umkehren wollte, um nach Sachsen zu gehen. Es ist sehr wahrscheinlich, daß der Österreicher, der uns mit Spähern überschwemmte, den Plan erfuhr, den man gefaßt hatte. Daher blieb er ruhig auf den Höhen von Kunzendorf, mit welchen er unlöslich verbunden zu sein schien, und ließ den König wegmarschieren, um ihm diesen herben Schlag zuzufügen, von dem man auch sagte, Loudon habe ihn seit langer Zeit erwogen. Es ist sehr schmerzlich für einen Fürsten, seine Pläne zunichte werden zu sehen und das Opfer von Leuten zu werden, die aus Unachtsamkeit, Unbesonnenheit und Eitelkeit nicht wissen, was sie sagen oder verschweigen sollen. Das Bekanntwerden des Planes Seiner Majestät war einer der Gründe für die Besorgnisse des Heeres um die Stadt Schweidnitz.

Als der König in seinem Feldlager zu Strehlen ankam, traf er zunächst alle möglichen Vorsichtsmaßregeln, damit ihn kein weiteres Unglück treffen möchte und um so in Ruhe das Schicksal Kolbergs[1] abzuwarten, über das er sich viele Sorgen zu machen begann.

„Sie werden zugeben, daß ich sehr unglücklich bin: Ich befleißige mich der größten Sorgfalt, und man unterstützt mich nicht. Wer hätte die Eroberung dieser Stadt vermuten können! Das ist unerhört!"

Niemals trug das Hauptquartier deutlicher den Stempel des Kummers und der Beunruhigung über die Zukunft. Alle Gesichter erschienen schmal und verzweifelt; man sah alles in düsteren Farben. „Man wird nicht standhalten können! Wenn man wenigstens noch nach Schweidnitz marschiert wäre; vielleicht hätte man im ersten Augenblick diese traurige Stadt wiedererobern können!" — Unangebrachte Redereien! Diese Wiedereroberung war unmöglich. Abscheuliche Wege, eine Armee, die die Stadt verteidigte, zehn Bataillone in der Festung — welche Erfolge hätte man da wohl erwarten können? Jedermann wünschte, man sollte an den Frieden denken; der König blieb fast allein standhaft und machte gute Miene zum bösen Spiel. Während seiner Rast ging er wenig aus; er beschäftigte sich mit Lesen und mit Schriftstellern, um sich abzulenken von dem Unglück, das ihm widerfahren

[1] Kolberg ergab sich den Russen nach heldenmütiger Verteidigung, durch Hunger gezwungen, nachdem die geforderte Übergabe fünfundzwanzigmal abgelehnt worden war.

war oder das ihm noch drohte. Er dichtete eine Ode auf den Tod des Prinzen von Braunschweig; er schrieb eine ‚Epistel über die Bosheit der Menschen‘ und ‚Der Stoiker‘ und setzte das Beste von Mark Aurel in Verse.

„Sie sehen mich bei Lukrez und bei meinen Stoikern“, sagte er eines Abends zu mir. „Das sind tüchtige Leute, die im Unglück standhalten.“

Ich antwortete ihm, wenn man nicht in sich selbst die Kraft finde, die Schicksalsschläge zu ertragen, so spende sie einem die Lektüre der Stoiker durchaus nicht.

„Oh, ich sehe wohl, Sie sind diesen Leuten nicht wohlgesinnt, die so düster sind. Aber, glauben Sie mir, sie sind eine gute Hilfe.“

Dieses Gespräch brachte ihn auf den Gedanken, eine Epistel zu schreiben, die er an mich richtete und die er mir am folgenden Tage zusandte. Mit seinen Dichtungen verband er die Lektüre von Vertot, der ‚Vermischten Schriften‘ von d'Alembert, der philosophischen Werke Ciceros, der Geschichte des Diodoros von Sizilien[1]. Trotz dieser Lektüre, die unter solchen Umständen nur dieser Fürst vorzunehmen vermochte, quälten ihn äußerste Besorgnisse. Die Vorgänge in Pommern verursachten ihm viele Pein. Jedoch hatte er eine Woche lang einen Schimmer von Hoffnung. Und als ob jeder Augenblick seines Lebens durch auffallende Begebenheiten gekennzeichnet sein sollte, so war es etwa während dieser hoffnungsfreudigen Zeit, daß ein Edelmann namens Warkotsch den Plan faßte, den König zu entführen und ihn den Österreichern auszuliefern. Daß der König bei ihm gewohnt hatte, nahm er zur Veranlassung, ihm seine Aufwartung zu machen, indem er sich bei der Befehlsausgabe einfand. Er speiste mit den Adjutanten Seiner Majestät. Dort sprach er vom König voll höchsten Lobes. „Ich kann diesen Fürsten nicht sehen, ohne traurig zu werden und ohne ihn zu bewundern. Welche Anstrengungen hat er ertragen, wieviel Kummer hat er gehabt! Wie schmerzlich ist es für

[1] Griechischer Geschichtsschreiber in Rom, schrieb zur Zeit Cäsars die „Historische Bibliothek“, eine Geschichte aller Völker.

ihn gewesen, die Festung Schweidnitz zu verlieren! Mein Herz hat mir gebebt; er weiß nicht, wie sehr ich ihn anbete." — Er schickte täglich Früchte für den König, die dieser sehr liebte, und fast jeden Tag kam er, um bei der Parole seinen Freunden, den Offizieren gegenüber die Ausdrücke seiner Beflissenheit für den König, seiner aufrichtigen Anhänglichkeit an dessen Person, seines Mitgefühls für dessen Unglück zu wiederholen — und dieser falsche, abscheuliche Mensch unternahm diese Gänge nur, um die Umgebung des Hauses zu studieren, das der König innehatte, um sich zu vergewissern über den Eingang zu seinen Gemächern und über die Mittel, ihn mit Sicherheit zu entführen. So trieb dieser widerwärtige Edelmann sein Spiel mit den Treuschwüren, die er dem König leistete, und mit der Vertrauensseligkeit derer, die seinen Worten Glauben schenkten und niemals daran dachten, daß ein Mensch die Untreue und Undankbarkeit so weit treiben könnte. Als dieser Unwürdige sich überzeugt hatte, daß es leicht sei, den König zu entführen, der in der Tat der Gefahr ziemlich ausgesetzt war und bei der Wahl seiner Quartiere keinerlei Rücksicht auf seine Person nahm, da teilte er seine Pläne dem Obersten Wallis mit, der die Vorposten der österreichischen Armee befehligte.

Zu ihrer Ausführung bediente er sich eines unehrlichen römischen Geistlichen, gesinnt wie Warkotsch, welcher ihn in Anspruch nahm. Der Edelmann ließ durch einen seiner Jäger dem Priester Briefe zukommen, der sie sicher in die Hände des Obersten der österreichischen Posten gelangen ließ. An dem Tage, als der Anschlag ausgeführt werden sollte, schickte Warkotsch, seiner Gewohnheit gemäß, sehr zeitig einen Brief durch seinen Jäger an den Priester, wobei er dem Boten sagte: „Wenn du preußische Husaren triffst, so wirf den Brief weg; wenn du aber Österreichern begegnest, so behalte ihn, geh geradeswegs zu dem Priester, berichte mir seine Antwort, und überbringe sie niemandem als mir." — Der Jäger, den diese Worte überraschten, sagte sich unterwegs: „Sicherlich geht da etwas Unrechtes vor. Die Preußen haben mein Haus in Böhmen geplündert und zerstört: das tut nichts! Ich werde den Brief dem preußischen König geben; denn sicherlich betrifft es ihn." — Er kam ins Hauptquartier und verlangte von dem Offizier, mit dem König zu sprechen. Der Offizier sagte ihm, daß man ihn so nicht sprechen könnte. — „Ich muß ihn sprechen und ihm einen Brief geben." — „Sie werden ihn nicht abgeben." — Er drängte aber so, daß man ihn zum Generaladjutanten Herrn von Krusemarck führte. Glücklicherweise traf man ihn zu Hause an. Der Jäger gab ihm den Brief und teilte ihm seinen Argwohn mit. Herr von Krusemarck, der dem König sehr ergeben war, führte diesen Mann vor. Seine Majestät öffnete den Brief und las, daß alles gut gehen werde, daß Herr von Wallis einhundert Panduren und einhundert Husaren schicken solle und daß er einen Wagen für den König bereitgestellt habe, daß er sich in der Abenddämmerung auf sein Schloß begeben solle und daß er sie um Mitternacht sicher zum Quartier des Königs führen werde und daß alle Maßnahmen so gut getroffen seien, daß der Erfolg unfehlbar sicher sei. — „Diese guten Leute wollen mich entführen; sie geben sich viele Mühe." — Er schickte einen Kavallerieoffizier mit einer Abteilung Dragoner aus, um den Schuft Warkotsch zu ergreifen. Der Offizier fand ihn, und Warkotsch sagte zu ihm, ohne die Fassung zu verlieren: „Ich weiß gar nicht, warum man soviel Spektakel macht; ich weigere mich ja nicht, Futtermittel zu liefern! Warten Sie, Herr Hauptmann, ich werde mich ankleiden und mit Ihnen ins Hauptquartier gehen." — Der Offizier, den man unglücklicherweise nicht eingeweiht hatte, glaubte ohne weiteres, was der Verräter ihm sagte, der den Augenblick, den man ihm gelassen hatte, benutzte, zu den Österreichern zu entkommen. Als dem Offizier sein langes Ausbleiben auffiel, begann er ihn in seinen Zimmern zu suchen; er merkte, daß er verschwunden war. Der Offizier mußte dafür einige Wochen im Arrest verbleiben. Während das auf dem Landgute dieses Verräters sich zutrug, trafen die Generale alle Vorsichtsmaßregeln, um das Hauptquartier zu sichern. Seine Majestät der König hatte diese Nachricht mit solcher Ruhe aufgenommen, daß er nur an die Ergreifung des Verräters dachte. Am Abend wurde ich gegen fünf Uhr gerufen.

„Kennen Sie schon den schönen Plan, den man gegen mich geschmiedet hatte, mein Lieber?" fragte mich der König.

„Nein, Sire."

„Nun, man wollte mich heute abend entführen." — Ich war erschrocken.

„Jawohl, heute abend! Aber er hätte mich nicht bekommen; denn ich hätte mich getötet."

„Aber, Sire, man kann sich nicht immer töten, wie man es möchte."

„Glauben Sie mir," sagte er, „sie hätten mich nicht lebend in ihre Gewalt bekommen."

Das ganze Hauptquartier hielt es indessen doch für leicht möglich. Meine Seele war von diesem Schrecken so erfüllt, daß ich nicht eine ganze Stunde lang auf das achten konnte, was Seine Majestät sagte. Ich machte es ihm bemerkbar.

„Beruhigen Sie sich, mein Lieber! Ich werde Ihnen ein Trauerspiel vorlesen; so werden wir unseren Abend verbringen." Als er die Tragödie gelesen hatte, ließ er sich ein paar Butterbrote bringen. Ich blieb noch einen Augenblick bei ihm.

„Jetzt werde ich zu Bett gehen; ich werde ruhig schlafen. Tun Sie dasselbe, und denken Sie nicht mehr an diese tragikomische Szene. Sicherlich wäre die Sache gar nicht gelungen."

Als ich wegging, sah ich Posten und bemerkte, daß alle Wege bewacht waren. Das beruhigte mich über Seine Majestät. Diese Geschichte war der Gegenstand aller Unterhaltungen; man sprach von nichts weiter als von dem Verräter und von dem Unglück, dem wir ausgesetzt gewesen wären, wenn der Schlag gelungen wäre.

1762

Die außerordentliche Kälte und der Mangel an Lebensmitteln veranlaßten den König, seine Winterquartiere zu beziehen. Er begab sich nach Breslau, wo er sich beständig in seinem Zimmer aufhielt, um sein Unglück nochmals zu durchdenken, um sich mit dem Unheil zu befassen, das ihn bedrohte, und um Vorbereitungen für den nächsten Feldzug zu treffen, wenn es möglich sein sollte, einen zu unternehmen. Er empfing die Nachricht vom Falle Kolbergs, die ihn nicht in Erstaunen setzte; er hatte sich schon darauf gefaßt gemacht.

„So stürzt also alles Unglück auf mich herein! Was soll im nächsten Jahre aus uns werden? Was soll aus meinem Volke werden, und was aus meinem Heere? Ich sehe keine Möglichkeit, hier einen Ausweg zu finden. Ich werde jedoch alles ins Werk setzen; ich muß siegen oder sterben. Ich werde gewiß nicht als Feigling sterben, und wenn ich am 28. Februar[1] sehe, daß meine Anstrengungen nutzlos sind, so werde ich meine Zuflucht zu meinen Stoikern und zu meiner Dose nehmen. Wenn ich dagegen die geringste Möglichkeit sehe, einen Ausweg zu finden, so werde ich die größten Anstrengungen machen. Es wäre eine Feigheit, ohne zwingende Gründe zu verzweifeln."

Diese Reden betrübten mich lebhaft. Ich versuchte zunächst, freilich vergeblich, ihn von seinen traurigen Gedanken abzulenken; aber die Schicksalsschläge waren zu schwer gewesen, künftiges Mißgeschick lag zu klar vor Augen, als daß es sich aus dem Bewußtsein verdrängen ließ. Dieser gespannte Zustand dauerte bis zu dem Augenblick, da man erfuhr, die Kaiserin Elisabeth sei ihrem Ende nahe. Trotz der Aufregungen dieses Zustandes, in dem der König sich befand, benutzte er manche Stunde zum Dichten. Er schrieb eine Epistel über die Systeme der Philosophen, die er an Herrn Mitchell richtete. Er las die Abhandlung über den ‚Gottesstaat' vom Heiligen

[1] Ein Termin, den sich der König selbst gesetzt hatte; bis dahin wollte er sich abwartend verhalten.

Augustin[1] und ‚Nötige sie, hereinzukommen' von Bayle[2], und er beendete gerade den dritten Band seiner ‚Gedanken über die Kometen', als man erfuhr, daß die Kaiserin gefährlich krank sei. An diesem Abend teilte er mir die Nachricht mit:

„Sie werden sehen, mein Lieber, daß sie nicht stirbt und daß ich gegen das Unwetter werde kämpfen müssen. Ich gehe eine Wette ein, daß sie wieder gesund wird."

„Und ich gehe eine ein, Sire, daß sie in Frieden ins Grab steigen wird."

„Nun gut, um was wollen Sie wetten?"

„Wie es beliebt!"

„Gut. Wenn ich verliere, so werde ich Ihnen ein Geschenk machen, und wenn ich gewinne, so werden Sie mir geben, was Sie wollen."

Jeden Tag sprachen wir von ihrer Krankheit, ihrem Tode und unserer Wette. Eines Tages ließ er mich zeitig rufen. Als ich eintrat, kam er mir entgegen, indem er mir tiefe Verbeugungen machte:

„Mein Herr, hier haben Sie meine Gabe: Die Kaiserin ist tot! Ihre Grabschrift ist's die ich Ihnen überreiche, und somit bin ich meiner verlorenen Wette ledig."

Das war eine bequeme Art, sich einer Schuld zu entledigen, noch dazu in einer Angelegenheit von solcher Wichtigkeit. Aber ich war zu sehr erfüllt von hoffnungsvollen Gedanken über das Schicksal des Königs, als daß ich ihm scherzend gesagt hätte, daß seine Gabe recht bequem wäre. Wir sprachen nur von den Folgen dieses Todes, der zu so gelegener Zeit eintrat.

„Ich hege noch immer Befürchtungen, mein Lieber," sagte er. „Wer weiß, was dieser Fürst[3] tun wird, den ich geliebt habe, und ob er es mir vergelten wird. Der Thron verändert häufig die Ansichten."

Ich sage hier ohne Eitelkeit: Ich schilderte ihm den ganzen

[1] Augustinus (354—430), Heiliger, Kirchenvater, Bischof von Hippo in Nordafrika. Hauptwerke: „Vom Gottesstaat", „Bekenntnisse". — [2] Vgl. Catts Bericht vom 25. Apr. 1760. — [3] Peter III., der Nachfolger der Zarin Elisabeth. Vgl. Namenverzeichnis.

Plan, dem der neue Kaiser folgen würde, und buchstäblich genau diesem Plane gemäß handelte er in der Folgezeit tatsächlich. Daher auch sagte der König oft zu mir:

„Ich werde jetzt immer Ihrer gedenken In meinem größten Unglück haben Sie mir Hoffnung gemacht, und diese Hoffnungen sind durchaus nicht trügerisch gewesen. Ach, daß doch alles zu Ende ginge, und daß ich die Marter des Grames, der Sorgen und der Unruhe nicht mehr zu ertragen hätte!"

Der König schien diesen Todesfall gar nicht so zu empfinden, wie es zu erwarten gewesen wäre, und der Grund ist sehr natürlich: Seine Seele, die sich nur mit Unglück befaßt hatte, war noch so völlig von düsteren Vorstellungen erfüllt, daß die glücklichen Ereignisse nur leichte Spuren in ihr zurücklassen konnten. Ich hatte kaum bemerkt, daß er die Veränderung seiner Lage zu empfinden begann, als er zu mir sagt:

„Haben Sie nicht gefunden, daß ich diese wichtige Nachricht mit ziemlicher Kaltblütigkeit aufgenommen habe?"

Er wandte sich wieder mehr als jemals den militärischen und Zivilangelegenheiten und dem Studium zu. Er hatte schon die größten Anstrengungen gemacht, Vorratslager anzulegen und seine Truppen zu vervollständigen, als Herr Gudowitsch, der Günstling Peters des Dritten, in Breslau eintraf. Man erwartete ihn seit einem Monat, man zählte die Augenblicke, und da sich seine Ankunft so sehr verzögerte, so sahen darin die Offiziere, die Stadt und die Truppen üble Vorzeichen. Er kam an, gab den besorgten Herzen die Ruhe wieder und öffnete den Ungläubigen die Augen. Als man ihn sah, zweifelte man nicht mehr, daß er glücklich angekommen war.

21. Februar 1762

Der Günstling wurde dem König vorgestellt, der auf seinem Zimmer eine lange Unterredung mit ihm hatte. Als er von diesem Empfange zurückkam, wollte jeder mit Herrn Gudowitsch sprechen. Der eine las in seinen Augen, daß alles gut gehen werde; der andere las darin, daß das noch nicht so sicher sei; ein dritter sah darin denselben Groll gegen den König, den Elisabeth gehegt hatte. Ich meinerseits sah und las in der Miene des Russen viel Gutmütigkeit, viel Verlegenheit, wie er seine Rolle zu spielen habe, und viel Neigung, für eine wichtige Person angesehen zu werden. — Ein vierter, der vielleicht nicht viel aus dem Gesichtsausdruck eines Menschen herauszulesen verstand, fragte ihn: „Nun, also, mein Herr, bringen Sie uns gute Nachrichten?" — Als der Günstling diese unbescheidene Frage hörte, runzelte er die Stirn und sagte in sehr feierlichem Tone: „Wenn mein Herr, der Kaiser, sich für seine Majestät erklärt, wünsche ich es; wenn er sich nicht für ihn erklärt, so weiß er ohne Zweifel, was er zu tun hat." — Bei diesem orakelhaften Ausspruch schwieg man, und jeder begann sich wichtigen Mutmaßungen hinzugeben. Wie köstlich erschien es einigen Offizieren, ein paar Augenblicke mit Herrn Gudowitsch zu verbringen, ihn zum König zu geleiten und ihn wieder zurückzuführen! Es schien ihnen, als strahlte der Glanz des Amtes dieses Günstlings auf sie über. Alle diese Erbärmlichkeiten erheiterten mich, und ich gönnte sie der Jugend und der unangebrachten Eitelkeit um der guten Absichten des hervorragenden russischen Kaisers willen.

Seine Majestät der König schien mir völlig beruhigt und befriedigt zu sein von dem, was ihm der Oberst Gudowitsch gesagt hatte. Er sandte ihn zurück, mit Geschenken überhäuft, und schickte sich an, den Feldzug zeitig zu beginnen. Aber während der König sich auf die schönen Pläne Peters des Dritten verließ, taten die Engländer unter der Leitung des Ministers Bute[1] alles, was sie vermochten, um ihm beim Kaiser zu schaden. Dieser edle Fürst aber erstattete dem König genauen Bericht darüber, was die Engländer, seine Freunde, gegen ihn an-

[1] Nach dem Tode König Georgs II. von England wurde der preußenfreundliche Minister William Pitt (der Ältere) gestürzt; sein Nachfolger Bute stellte die Zahlung der englischen Hilfsgelder an Friedrich d. Gr. ein.

zettelten. So sehr der König über diese heimlichen und treulosen Manöver entrüstet war, so sehr war er auch gerührt von dem edelmütigen Verhalten des Kaisers. Er schrieb ihm den liebevollsten und freundschaftlichsten Brief. Peter der Dritte antwortet in demselben Tone. Diese beiden Briefe waren das Siegel einer gegenseitigen Freundschaft. Der König schickte den jungen Grafen Schwerin[1] nach Petersburg, der den Entwurf des Friedensvertrages und der Vereinbarung über die russischen Truppen überbrachte, die in den Dienst des Königs treten sollten. Der Graf kam mit dem unterzeichneten Vertrage zurück und berichtete, daß der General Tschernyschew sich zunächst mit soviel Truppen in Marsch setzen würde, wie Seine Majestät verlangte. Sie wünschte aber nur zwölftausend Mann und eintausend Kosaken.

Der König, der ruhig in Bettlern war, bemühte sich, zu lesen und seinen durch soviele Erschütterungen erregten Geist Erholung zu verschaffen. Er las hier einen Teil der französischen Dichter und mehrere Bände der Kirchengeschichte von Fleury[2]. In einem dieser Augenblicke, da er guter Laune war, fragte er mich, ob ich meiner Braut noch keine Verse geschickt habe. Ich sagte nein.

„Diese Verse sind jedoch die Sprache der Liebe; wenn sie sie von Ihnen verlangen sollte, werden Sie sie ihr schicken?"

„Ja, zweifellos."

„Nun gut, nehmen Sie an, sie wünschte Verse von Ihnen; schreiben Sie sie, zeigen Sie sie mir, und ich werde sie verbessern."

Am folgenden Tage brachte ich ihm meine Epistel und zeigte sie ihm; er verbesserte einige mangelhafte Stellen und fügte einige Verse hinzu. — „Schicken Sie sie Ihrer Braut; sie wird zufrieden sein." — Einige Tage später schrieb er für mich ein hübsches Gedicht, worin er uns Lehren gab zur Regelung unseres künftigen Haushalts.

[1] Graf Wilhelm Friedrich Karl v. Schwerin; er war bei Zorndorf in russische Gefangenschaft geraten. — [2] Claude Fleury (1640—1723), Kirchenhistoriker, Beichtvater Ludwigs XV.

Juni 1762

Als der Marschall Daun mit seinem ganzen Heere auf dem Zobtenberg[1] lagerte, traf Seine Majestät alle Maßnahmen, damit er auch im Quartiere nichts zu fürchten habe.

Er sagte: „Ich will dem Marschall nicht die Ehre erweisen, ihm gegenüber zu lagern. Ich bin überzeugt, daß mir kein Unglück geschehen wird; denn ich habe geeignete Vorsichtsmaßregeln getroffen, und ich werde ihn sogar beunruhigen."

Tatsächlich nahm er sich vor, die österreichische Kavallerie oft zu belästigen und ihr für den ganzen Rest des Feldzuges Mißtrauen einzuflößen. Die Bosniaken, die Husaren und die anderen leichten Truppen, die das Hauptquartier vorschickte, wurden täglich mit den Feinden handgemein, und jeden Tag brachten sie Beute ein. Die Feinde waren schon etwas eingeschüchtert; die Kosaken sollten das Werk vollenden und ihnen einen heiligen Schrecken einjagen. Sie drangen schnell gegen die Ufer der Oder vor; die Infanterie, die zwei Tagemärsche hinter ihnen war, beeilte sich. Endlich kamen die Kosaken in Auras an. Das war eine Freude für das ganze Heer: „Sie werden die Österreicher schon vertreiben," sagte man, „und diese Leute werden es nun am eigenen Leibe erfahren, was es heißt, es mit Barbaren zu tun zu haben."

Diese Barbaren, die ihren Freunden gegenüber so nachgiebig sind, auf die sie aber keine Rücksicht nehmen, wenn sie vermuten, daß man sie nicht erkennen kann und daß die ungestraft Blutbäder anrichten können, diese Barbaren lagerten hinter Auras in erdenklichster Ordnung. Keiner von ihnen wagte zu entweichen oder sich aus einem bestimmten Umkreise zu entfernen, den man ihnen abgesteckt hatte. Es bereitete ihnen Vergnügen, die Waffen zu zeigen, die sie in Berlin erbeutet hatten, und sie freuten sich darauf, sich mit den Österreichern zu messen, welche ihnen jedoch, wie sie sagten, mehr Lebensmittel gegeben

[1] Zobten, Vorberg der Sudeten in Schlesien zwischen Weistritz und Lohe; 718 m hoch.

hätten, als sie von uns empfangen. Die Leute sind erstaunlich bescheiden und sanftmütig, wenn man sie in ihrem Feldlager sieht, könnte man niemals diese Barbarei vermuten.

25. Juni 1762

Am Tage nach ihrer Ankunft überschritten sie die Oder. Da sie in dem Getümmel Freunde und Feinde nicht unterschieden, sondern plünderten und töteten, um alles Erreichbare zu stehlen, so gab man der gesamten Kavallerie, den Generalen, den höheren Offizieren, den Adjutanten eine Art weißer Federbüsche, die man am Hute trug. Der König selbst und der Prinz trugen sie. Man machte die Herren Kosaken darauf aufmerksam, daß sie die weißen Federn schonen müßten. Man führte sie zu den Vorposten. Trotz ihrer Ermüdung wollten sie zunächst österreichische Wachen angreifen; sie schlugen sie in die Flucht. Jeden Tag begannen sie Plänkeleien; mehrere kühne Streiche, die sie ausführten, schüchterten die feindliche Kavallerie ein; sie wagte sich nur noch in großer Zahl zu zeigen. Während sie den Österreichern, deren Freunde sie gewesen waren, soviel Achtung einflößten, traf Herr von Tschernyschew mit zwölf Bataillonen an der Oder ein. Er ließ einen Tag rasten, überschritt die Oder und schickte sich an, bei Lissa zu lagern.

30. Juni 1762

Der König begab sich mit seinem Gefolge nach Lissa, um die russischen Truppen zu sehen, die ihm einst soviel Unruhe verursacht hatten, und um den kommandierenden General und die anderen Generale zu bewirten. Bei der Ankunft erfuhr er vom Grafen Dohna, daß Prinz Ferdinand, der ihn geschickt, einen beträchtlichen Erfolg über die Franzosen davongetragen habe.

„Sie sehen," sagte Seine Majestät zum General Tschernyschew, „daß Sie den Sieg mitbringen." — Dem General schmeichelte dieser Anfang, und indem er den Helden bewunderte, begann er ihn zu lieben. Jedermann wußte, daß Herr von Tschernyschew diesem Fürsten gezürnt hatte.

Den Grund dieses Hasses suchte man darin, daß ihn der König in der Schlacht bei Zorndorf als Brandstifter bezeichnet hatte.

Die Russen verdienten diesen Namen; sie hatten ohne Grund Küstrin angezündet. Aber ein Großer muß einen Privatmann immer schonen. Ein Wort, das eine Kleinigkeit ist, wenn ein Gleichgestellter es ausspricht, wird im Munde eines Königs zum durchbohrenden Pfeil, der fast immer schmerzt, und ein König, wie hoch erhoben er auch sei, darf niemanden erbittern.

Nachdem der König die Reihen durchschritten hatte, war er in Lissa mit dem kommandierenden General und den Oberen der russischen Armeen zusammen. Er begegnete ihnen mit solcher Güte, behandelte sie mit solcher Höflichkeit und sagte ihnen soviel Verbindliches, daß sie ganz gerührt waren, darüber gerührt, daß sie die Feinde eines Fürsten gewesen waren, der soviel Zuneigung verdiente. „Wir werden es ihm beweisen," sagten sie, „wie sehr wir ihm ergeben sind." — Sie sehnten tatsächlich eine Gelegenheit herbei, sich auszuzeichnen und dem Könige zu zeigen, wie aufrichtig ihre Gefühle waren.

„Es sind gute Truppen," sagte der König bei seiner Rückkehr zu mir; „aber sie sind noch nicht gut ausgebildet. Ich werde es nicht den Österreichern gleichtun, die sie opferten. Meine Truppen werden der Gefahr zuerst ausgesetzt werden, und wenn ihnen Unglück zustößt, so werden die Russen da sein, um sie zu unterstützen. Warum sollte ich diese Truppen unnötig der Gefahr aussetzen und so ihren guten Willen und den meines Freundes, des Kaisers, mißbrauchen?

Da meine Märsche sehr anstrengend sein werden, so gehen Sie nach Breslau, um sich auszuruhen und die Ereignisse abzuwarten. Wenn ich den Marschall schlage oder ihn aus der Nähe von Schweidnitz verdränge, so werde ich Sie wieder zu mir rufen, sobald wir die Belagerung dieser Festung beginnen."

Nach einem Ruhetage marschierte Seine Majestät mit den Russen auf Schweidnitz zu. Herr Daun, der in seinem Feldlager zu Zobten nicht standgehalten hätte, auch wenn der König allein ihm entgegengezogen wäre, brach sein Lager sehr schnell ab, als er erfuhr, daß er mit den Russen käme. Er zog sich hinter Schweidnitz zurück. Der König beschloß, ihn von dieser Stadt abzudrängen; er ließ einen Angriff auf eine Stellung unternehmen, die Herr Brentano verteidigte. Der General Wied, welcher den Angriff leitete, wurde jedoch zurückgeschlagen. Seine Majestät der König, der nicht noch mehr Leute opfern wollte, ließ ihn zurückgehen und suchte andere Mittel, die Österreicher zum Verlassen der Berge zu zwingen, welche sie besetzt hielten. Er sandte denselben General Wied nach Böhmen; dieser errang auch einige Erfolge über den General Brentano, der herbeigeeilt war, um das Vorratslager zu retten. Er setzte sich in Braunau fest und ließ den Kosaken freie Hand, welche die Gegend von Königgrätz verwüsteten; einige stießen sogar bis zu den Toren von Prag vor. Die Ausschreitungen, die sie begingen, waren entsetzlich; sie reichten indessen nicht an die heran, deren Nachwirkungen die unglücklichen Bewohner Pommerns zu verspüren hatten. Die Österreicher schrien über Barbarei. Sie hatten jedoch keinen Grund, sich zu beklagen; denn sie beklagten sich auch nicht, als diese Kosaken die Länder des Königs verbrannten und verwüsteten. Sind die Schrecken, die der Krieg nach sich zieht, nicht schon groß genug, auch ohne daß man Leute dazu heranzieht, welchen es Freude bereitet und Herkommen und Gesetz bedeutet, auf ihrem Wege die Spuren der Verwüstung, des Mordes, der Gewalttat und der Feuersbrünste zurückzulassen?

Verdeutschung der lateinischen Ausdrücke

Seite

22 *hinc lites, hinc Akakia:* Daher der Streit, daher Akakia (= Schmähschrift).

47 *mensa, dominus, ardor:* Tisch, Herr, Brand.

51 *impedimenta:* Hindernisse (= Gepäck, Bagage eines Heeres).

66 *timet timentes:* Er fürchtet die sich Fürchtenden.

87 *non sempre (semper) tendit arca (arcum) Apollo:* Nicht immer spannt Apoll den Bogen.

108 *credat Judaeus Apella, non credo ego:* Das glaube ein abergläubischer Jude, nicht ich. (Horaz, Satiren I, 5, 100.)

111 *cum (post) hoc, ergo propter hoc:* Danach, also deswegen.

112 *vale:* Leben Sie wohl.

179 *in periculo mortis:* in Todesnot.

185 *bene, bene, dignus est intrare in nostro corpore:* Gut, gut; er ist würdig, in unsere Körperschaft einzutreten.

193 *hoc est non verum:* Das ist nicht wahr.

319 *facie ad faciem:* von Angesicht zu Angesicht.

320 *ecoque bonus dormitat Bossuetus (= Quandoque dormitat bonus Homerus):* Zuweilen schläft selbst der wackere Homer. Nach Horaz, *De arte poetica,* Vers 359.

332 *de finibus (bonorum et malorum libri V):* 5 Bücher über das höchste Gut und Übel (Cicero).

384 *experto credi (credite) Roberto:* Glaubt es Robert, der es selbst erfahren hat. (Nach Vergils Äneis 11, 283.)

447 *ex ungue leonem:* An der Klaue erkennt man den Löwen.

465 *ignoramus:* Wir wissen es nicht.

468 *faxit Deus:* Gott gebe es.

468 *unde mala:* daher das Böse.

497 *bene, recte et rectissime:* gut richtig, sehr richtig.

Zu Friedrichs Heer

B a t a i l l o n. 2 Bataillone bildeten ein Regiment. Gliederung und Stärke eines Bataillons:

1 Bataillon = 6 Kompanien, darunter 1 Grenadierkompanie (unter Friedrich I. noch Handgranaten werfende Infanterie, unter Friedrich d. Gr. nur noch Bezeichnung einer besonders uniformierten Kerntruppe der Infanterie).

1 Bataillon = 25 Offiziere, 59 Unteroffiziere, 126 Grenadiere (+ 10 überzählige), 570 Musketiere (+ 40 überzählige), 3 Pfeifer, 19 Tambours. Zusammen 802 Mann.

D r a g o n e r. Etwa seit 1550, ursprünglich berittene, aber zu Fuß kämpfende Infanterie; seit dem Großen Kurfürsten leichte Reiterei.

E s k a d r o n. 5 oder 10 Eskadrons bilden ein Reiterregiment. Stärke einer Eskadron:

1 Eskadron = 6 Offiziere, 12 Unteroffiziere, 132 Dragoner, 3 Tambours. Zusammen 153 Mann.

F r e i b a t a i l l o n. Leichte Infanterie, von Friedrich d. Gr. mit Husaren zusammen namentlich im Kleinkrieg verwendet; meist aus Ausländern, Kriegsgefangenen und Fahnenflüchtigen bestehend, auch die Offiziere waren Ausländer.

F r e i k o m p a n i e, siehe Freibataillon.

G a r n i s o n - B a t a i l l o n e bildeten die Festungsbesatzungen oder wurden im inneren Dienst verwendet.

G e n d a r m e n, das „Regiment Gens d'armes", in Preußen bis 1808 ein in Berlin stationiertes Kürassierregiment, eine Art Gardetruppe.

G e s c h ü t z e. Zahl der Geschütze anfangs etwa 200, i. J. 1781 960.

H e e r e s - E t a t.

1740: 5½ Millionen Taler (von 7 Millionen jährlichen Gesamteinnahmen);

H e e r e s - E t a t.
Ende der Regierungszeit Friedrichs d. Gr.: 12½ Millionen Taler (von 21 Millionen jährlichen Gesamteinnahmen).

H u s a r e n, leichte Reiterei, zuerst in Ungarn, seit 1721 in Preußen. Frdr. d. Große schuf das durch Zieten und Seydlitz berühmt gewordene „Husaren-Korps“ (10 Regimenter).

K a r a b i n i e r s, schwere Reiterei, die mit größeren Schußwaffen, Karabinern, versehen war.

R e g i m e n t.
1 Infanterie-Regiment = 2 Bataillone, also rund 1600 Mann stark.
1 Dragoner-Regiment = 5 oder 10 Eskadrons, also 765 bzw. 1530 Mann stark.

R i e s e n g a r d e, die Lieblingstruppe Friedrich Wilhelms I., wurde von Friedrich d. Gr. nach seiner Thronbesteigung bis auf ein Bataillon aufgelöst.

S t ä r k e des Heeres:
unter Friedrich Wilhelm I.: 80 000 Mann (vorher: 40 000), unter Friedrich d. Gr.: nach dem Regierungsantritt verstärkt auf 90 000 Mann.
1753: 135 000 Mann.
1763: 210 000 Mann, davon beim Friedensschluß 60 000 Mann entlassen als Arbeitskräfte.
1786: 220 000 Mann.

V e r s t ä r k u n g des Heeres unter Friedrich d. Gr.:
16 neue Infanterie-Regimenter.
Garnison-Bataillone von 6 auf 20 erhöht.
Dragonerschwadronen von 45 auf 80 erhöht.
Husarenschwadronen von 9 auf 80 erhöht.
Artillerie:
1. Feldbataillone von 1 auf 2 erhöht.
2. Festungsbataillone von 4 auf 8 erhöht.
1 Pionier-Regiment neu gebildet.

Zeittafel

Friedrich I., 1688—1713

1701	18. Jan.	Kurfürst Friedrich III. in Königsberg zum König (Friedrich I.) in Preußen gekrönt.
1712	24. Jan.	Friedrich der Große geboren.

Friedrich Wilhelm I., 1713—1740

1724		Pragmatische Sanktion: Kaiser Karl VI. bestimmt die weibliche Erbfolge.
1725		Heinrich de Catt geboren.
1730	4. Aug.	Fluchtversuch des Kronprinzen Friedrich.
	6. Nov.	Leutnant Katte hingerichtet.
bis 1732		Friedrich als Auskultator bei der Regierung in Küstrin
1732	29. Febr.	Friedrich zum Oberst des Goltzischen Regimentes in Ruppin ernannt.
bis 1736		Friedrich in Ruppin.
1733	12. Juni	Vermählung Friedrichs mit Elisabeth Christine von Braunschweig-Bevern.
1734		Friedrich im Rheinfeldzuge bei Prinz Eugen; er empfängt bei Philippsburg die Feuertaufe.
1736		Friedrich und seine Gemahlin beziehen Schloß Rheinsberg
1740	31. Mai	Tod Friedrich Wilhelms I.

Friedrich II. der Große, 1740—1786

1740	20. Okt.	Tod des Kaisers Karl VI.; Nachfolgerin: Kaiserin Maria Theresia. (* 1717, † 1780) Königin von Ungarn.
1740	16. Dez.	Beginn des Ersten Schlesischen Krieges. Einmarsch in Schlesien.
1741	3. Jan.	Einzug in Breslau.
1741—48		Österreichischer Erbfolgekrieg. Maria Theresia wehrt sich gegen die Ansprüche von Bayern, Sachsen, Frankreich, Spanien, Preußen.
	10. April	Sieg bei Mollwitz über Neipperg.

1742	24. Jan.	Karl VII. von Bayern in Frankfurt zum Römischen (Deutschen) Kaiser gewählt.
		Ergebnisloser Einfall Friedrichs in Mähren.
	17. Mai	Sieg bei Chotusitz (Böhmen) über Karl v. Lothringen.
	11. Juni	Friede zu Breslau; Schlesien fällt an Preußen.
1744		Beginn des Zweiten Schlesischen Krieges. Einmarsch in Böhmen; Rückzug.
1745	20. Jan.	Kaiser Karl VII. stirbt.
	4. Juni	Sieg bei Hohenfriedberg über Karl v. Lothringen.
		Sieg Zietens bei Soor (Böhmen) über Karl v. Lothringen.
		Sieg Leopolds v. Dessau bei Kesselsdorf über die Sachsen.
	Dez.	Friede zu Dresden; Bestätigung des Breslauer Friedens; Friedrich erkennt Franz I., den Gemahl Maria Theresias, als Deutschen Kaiser an.
1747	Mai	Schloß Sanssouci eingeweiht.
1750	10. Juli	Voltaire trifft in Berlin ein.
1753	25. März	Voltaires Bruch mit Friedrich.
1755		Friedrich zu Heeresbesichtigungen in den westlichen Provinzen.
		Reise nach Holland; Friedrich lernt Catt kennen.
1756	29. August	Beginn des Siebenjährigen Krieges: Eroberung Sachsens; Einschließung des sächsischen Heeres.
	1. Okt.	Schlacht bei Lobositz; preußischer Sieg über das österreichische Entsatzheer.
		Kapitulation der Sachsen bei Pirna.
1757	6. Mai	Schlacht bei Prag; preußischer Sieg über die Österreicher unter Karl v. Lothringen; Feldmarschall Schwerin gefallen.
	18. Juni	Schlacht bei Kolin; preußische Niederlage durch den österreichischen Feldmarschall Daun.
		Sieg der Russen über Lehwaldt bei Großjägersdorf.

	5. Nov.	Schlacht bei Roßbach; Friedrich besiegt Franzosen und Reichstruppen.
1757	5. Dez.	Schlacht bei Leuthen; glänzender preußischer Sieg über die Österreicher unter Karl v. Lothringen.
		Winterquartier in Breslau.
1758	13. März	Catt trifft in Breslau ein.
		Einfall in Mähren; Olmütz vergeblich belagert.
	25. Aug.	Schlacht bei Zorndorf; Friedrich siegt über die Russen.
	14. Okt.	Schlacht bei Hochkirch; Friedrich von Daun geschlagen.
		Tod der Markgräfin v. Bayreuth.
1759	23. Juli	Schlacht bei Kay; Sieg der Russen über v. Wedell.
	12. Aug.	Schlacht bei Kunersdorf; Friedrich von Russen und Österreichern geschlagen. Blutigste Schlacht des Krieges.
	21. Nov.	Daun besetzt Dresden.
		Daun zwingt Finck bei Maxen zur Kapitulation.
1760	23. Juni	Schlacht bei Landeshut; Fouqué von Loudon geschlagen.
	15. Aug.	Schlacht bei Liegnitz; Friedrich besiegt Loudon.
		Berlin von Russen und Österreichern besetzt und geplündert.
	3. Nov.	Schlacht bei Torgau; Friedrich besiegt Daun.
1761		Festes Lager bei Bunzelwitz.
		Kolberg von den Russen erobert.
		Der englische Minister Pitt gestürzt.
1762	5. Jan.	Elisabeth von Rußland stirbt; Peter III. wird
	17. Juli	Zar. Peter III. gestürzt und ermordet; Katharina II. wird Zarin.
	29. Juli	Schlacht bei Burkersdorf; Friedrich besiegt die Österreicher.
	29. Okt.	Schlacht bei Freiberg; Prinz Heinrich siegt über Österreicher und Reichstruppen.
1763	Febr.	Ende des Siebenjährigen Krieges: Friede zu Hubertusburg; Friedrich behält Schlesien.

1765		Joseph II. wird Deutscher Kaiser; Maria Theresia bleibt Kaiserin in den Erblanden.
1772		Erste Teilung Polens; Preußen erwirbt Westpreußen (außer Danzig und Thorn), Ermland und den Netzedistrikt.
1778—1779		Der Bayrische Erbfolgekrieg.
1780		Catt fällt bei Friedrich in Ungnade.
	29. Nov.	Tod Maria Theresias.
1785		Stiftung des Deutschen Fürstenbundes.
1786	17. Aug.	Tod Friedrichs des Großen.

Friedrich Wilhelm II., 1786—1797

1790		Tod Joseps II.
1795	23. Nov.	Tod Heinrich de Catts.

Namenverzeichnis

Namenverzeichnis

in den Schlachten bei Prag, Kolin, Breslau, Leuthen; fiel bei Hochkirch.

Friedrich II., der Große, geb. 24. Jan. 1712 im Schlosse zu Berlin, König am 31. Mai 1740, gest. 17. Aug. 1786 in Sanssouci.

Seine Familie:

Vater: Friedrich Wilhelm I. (1688—1740, König seit 1713), der „Soldatenkönig", Schöpfer des preußischen Heeres.

Mutter: Sophie Charlotte (1687—1757), geborene Prinzessin von Hannover, die geistvolle Tochter der Sophie Dorothea, Kurfürstin von Hannover, der Freundin von Leibniz, der „hannöverischen Großmutter".

Geschwister. — A. Brüder:

a) August Wilhelm (1722—1758); Thronfolger seit 1744; Vater des späteren Königs Friedrich Wilhelm II.; als Heerführer im Siebenjährigen Kriege zog er sich 1757 durch einen verlustreichen Rückzug den Zorn seines königlichen Bruders zu und schied unversöhnt von ihm.
b) Heinrich (1726—1802); als Heerführer mit Friedrichs Kriegführung häufig nicht einverstanden, doch bereit, seine „Pflicht zu tun"; Sieger in der letzten Schlacht des Krieges, bei Freiberg 1762.
c) Ferdinand (1730—1813); Generalmajor 1756; bei Prag verwundet; schätzte Musik und Literatur; sein Sohn war der 1806 bei Saalfeld gefallene Prinz Louis Ferdinand.

B. Schwestern:

a) Sophie Friederike Wilhelmine (1709—1758), die „Bayreuther Schwester"; heiratete, nachdem vorteilhaftere Pläne gescheitert waren, auf strengen Befehl des Vaters den Markgrafen Friedrich von Bayreuth. Der große König war ihr inniger zugetan als allen seinen anderen Geschwistern.
b) Friederike Luise (1714—1784), vermählt mit dem gewalttätigen Markgrafen Karl Wilhelm Friedrich von Brandenburg-Ansbach; starb in geistiger Umnachtung.
c) Charlotte (1716—1801), vermählt mit Karl, Herzog von Braunschweig-Lüneburg.
d) Sophie (1719—1765), verheiratet mit dem Markgrafen Friedrich Wilhelm von Brandenburg-Schwedt, dem „schlechtesten Fürsten, den es je gegeben hat", der nicht allein seine Untertanen, sondern auch seine Gattin mißhandelte.
e) Ulrike (1720—1782), aus Gründen der Staatsraison vermählt mit dem schwedischen König Adolf Friedrich.
f) Amalie (1723—1787), unvermählt; bekannt wegen

mischen Lehrsatzes, der Fluxionsrechnung, Entdecker der Gravitationsgesetze und der Zusammensetzung des Lichtes, Erbauer des ersten Spiegelteleskops.

d'Olivet 96. 434. — Abbé d'Olivet (1682—1768), französischer Wissenschaftler, Mitglied der Akademie; bemüht sich mit Boileau um die Reinigung und Erforschung der französischen Sprache und Literatur. Hauptwerk: „Geschichte der Akademie".

Ovid 453. — Publius Ovidius Naso (43 v. Chr. bis 17 n. Chr.), römischer Dichter. Werke: Metamorphosen, Liebeskunst, Fasti, Trista.

Peter I., der Große 120—122. — Peter I., der Große (1672—1725), seit 1682 Zar, stärkte Rußlands militärische Macht, verbreitete europäische Kultur, gründete Petersburg (1703); im Nordischen Kriege gegen Karl XII. von Schweden siegreich, erwarb die Ostsee-Provinzen.

Peter III. 516—519. 522. — Peter III. (1728—1762), nach Elisabeths Tode (1762) Zar von Rußland, Bewunderer Friedrichs d. Gr., mit dem er sofort Frieden und einen Bündnisvertrag schloß, nach welchem 20 000 Russen für den preußischen König fechten sollten. Peter wurde im gleichen Jahre ermordet; Nachfolgerin war seine Gemahlin Katharina II.

Piron 26. 405. — Aimé Piron (1640—1727), Schriftsteller, lebte mit Voltaire in gespanntem Verhältnis, was seine Ursache in Voltaires Bosheit und in Pirons Empfindlichkeit hatte.

Plutarch 29. 332. — Plutarch (46—120), griechischer Schriftsteller, Verfasser vergleichender Lebensbeschreibungen berühmter Griechen und Römer, und der *„Morialia"*, popularphilosophischer Aufsätze.

Poliorkétes (griech.) Städtebelagerer. Beiname des Demetrios I. von Makedoninen, † 283 v. Chr.

Pompadour 258. 342. 440. — Marquise de Pompadour (1721—1764), bürgerlicher Name: Jeanne Antoine Poisson; Mätresse König Ludwigs XV., von beherrschendem Einfluß auf die französische Politik; entschiedene Gegnerin Friedrichs.

Pope 40. — Alexander Pope (1688—1744), berühmter englischer Dichter, geistreich, witzig, boshaft. Satiren; ungriechische, doch kunstvolle Ilias-Übersetzung in Reimen; didaktische Episteln; Hauptwerk: das komische Heldengedicht „Der Lockenraub".

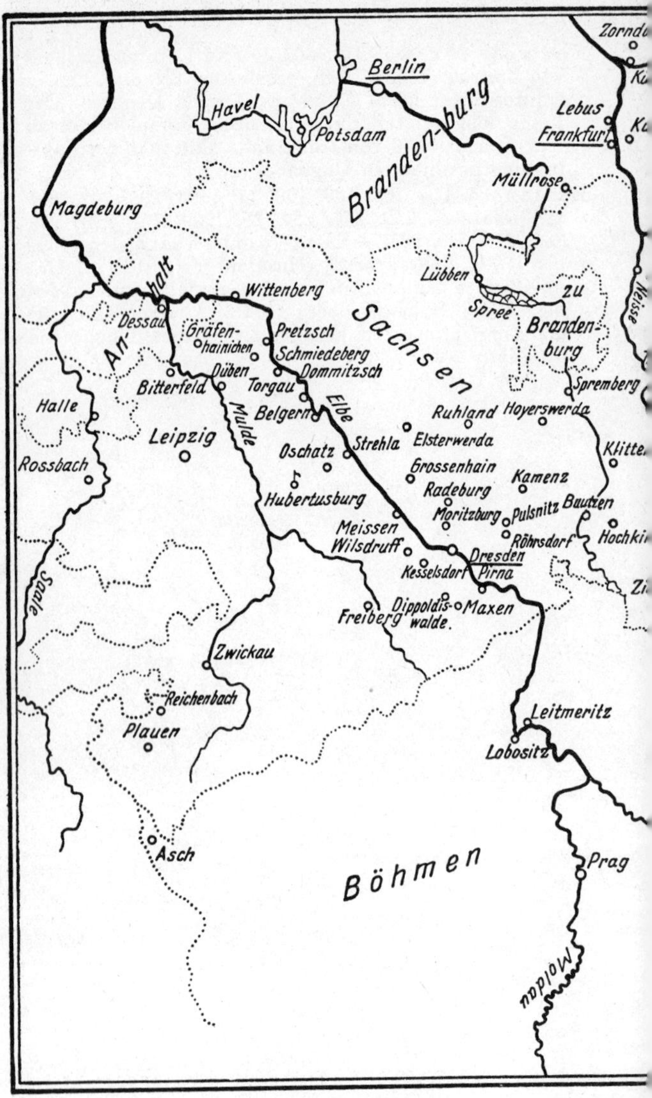

Berlin
Havel
Potsdam
Brandenburg
Lebus
Frankfurt
Müllrose
Magdeburg
Anhalt
Wittenberg
Dessau
Gräfenhainichen
Pretzsch
Schmiedeberg
Dommitzsch
Düben
Torgau
Bitterfeld
Belgern
Elbe
Mulde
Sachsen
Lübben
Spree
zu Brandenburg
Spremberg
Halle
Leipzig
Rossbach
Oschatz
Strehla
Ruhland
Hoyerswerda
Elsterwerda
Grossenhain
Kamenz
Hubertusburg
Radeburg
Moritzburg
Pulsnitz
Bautzen
Meissen
Wilsdruff
Röhrsdorf
Dresden
Kesselsdorf
Pirna
Saale
Freiberg
Dippoldiswalde.
Maxen
Zwickau
Reichenbach
Plauen
Leitmeritz
Lobositz
Asch
Böhmen
Prag
Moldau
Neisse

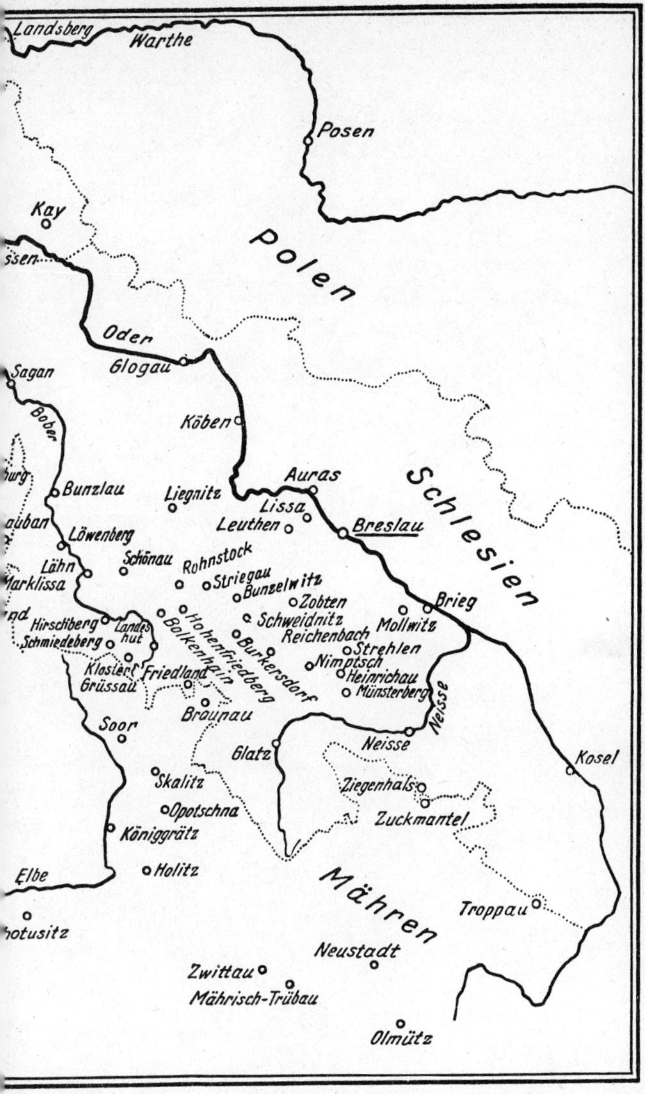
Landsberg
Warthe
Posen
Kay
Polen
Oder
Glogau
Sagan
Bober
Köben
Schlesien
Auras
Bunzlau
Liegnitz
Lissa
Leuthen
Breslau
Löwenberg
Schönau
Rohnstock
Lähn
Marklissa
Striegau
Bunzelwitz
Zobten
Brieg
Hirschberg
Landeshut
Schmiedeberg
Hohenfriedberg
Bolkenhain
Schweidnitz
Reichenbach
Mollwitz
Strehlen
Burkersdorf
Nimptsch
Heinrichau
Kloster Grüssau
Friedland
Münsterberg
Neisse
Braunau
Soor
Glatz
Kosel
Skalitz
Ziegenhals
Opotschna
Zuckmantel
Königgrätz
Holitz
Elbe
Mähren
Troppau
Neustadt
Zwittau
Mährisch-Trübau
Olmütz

Geschichte

dtv -Atlas zur Weltgeschichte
von Hermann Kinder und Werner Hilgemann
Karten und chronologischer Abriß
Originalausgabe, 2 Bände
dtv 3001/3002

Jochen Schmidt-Liebich: Daten der englischen Geschichte
Von der keltischen Besiedlung bis zum Eintritt des Vereinigten Königreichs in die EWG.
Herrschertafeln, Regierungslisten, Bibliographie.
Originalausgabe
dtv 3134

Konrad Fuchs und Heribert Raab: dtv-Wörterbuch zur Geschichte
Das Arbeitsmittel für den Wissenschaftler und den Studenten.
Originalausgabe, 2 Bände
dtv 3036/3037

Deutsche Geschichte in Daten
Band 1: Von den Anfängen bis 1770
von Adrea van Dülmen
Von den Anfängen bis zum Vorabend der industriellen Revolution.
Herrschertafeln, Reichsstände, Bibliographie.
Originalausgabe
dtv 3194

Erzählte Geschichte
Romane, Biographien

Jochen Klepper:
Der Vater
Roman eines Königs
dtv 1258

Robert von Ranke Graves:
Ich, Claudius, Kaiser und Gott
dtv 1300

Eckart Kleßmann:
Prinz Louis Ferdinand von Preußen 1772–1806
Gestalt einer Zeitenwende
dtv 1366

Marguerite Yourcenar:
Ich zähme die Wölfin
Die Erinnerungen des Kaisers Hadrian
dtv 1394

Henry Benrath:
Die Kaiserin Galla Placidia
dtv 1322
Die Kaiserin Theophano
dtv 1368
Die Kaiserin Konstanze
dtv 1415

Caroline
Das Leben der Caroline Michaelis-Böhmer-Schlegel-Schelling (1763–1809)
dtv 1474

Paul Barz:
Heinrich der Löwe
Ein Welfe bewegt die Geschichte
dtv 1512

Ludwig Reiners:
Friedrich
dtv 1522